普通高等教育"十二五"规划教材

高等学校电子信息类教材

物联网技术

（第2版）

Internet of Things Technology, 2nd Edition

刘化君　刘传清　编著

电子工业出版社

Publishing House of Electronics Industry

北京·BEIJING

内 容 简 介

本书系统全面地介绍了物联网基本知识、相关理论及技术体系，对自动识别、传感网、物联网智能设备设计、物联网通信与网络、物联网数据处理等关键技术分别进行了阐释和讨论，并对与物联网密切相关的工程设计与构建也做了介绍。本书图文并茂，语言简洁，知识结构系统，不仅能使读者对物联网有一个全景性的认识和了解，还能为他们进一步理解和掌握物联网及其应用系统的设计提供参考。

本书可作为物联网工程专业及其相关专业本科生和研究生的教材或参考书，也可供相关领域工程技术人员、科研人员、IT 管理人员阅读，或作为相关培训班的教材使用。

本书的电子教学课件（PPT 文档）可从华信教育资源网（www.hxedu.com.cn）下载，或者通过与本书责任编辑（zhangls@phei.com.cn）联系获取。

未经许可，不得以任何方式复制或抄袭本书之部分或全部内容。
版权所有，侵权必究。

图书在版编目（CIP）数据

物联网技术/刘化君，刘传清编著. —2 版. —北京：电子工业出版社，2015.10
高等学校电子信息类教材
ISBN 978-7-121-26200-5

Ⅰ. ①物… Ⅱ. ①刘… ②刘 Ⅲ. ①互联网络－应用－高等学校－教材 ②智能技术－应用－高等学校－教材
Ⅳ. ①TP393.4 ②TP18

中国版本图书馆 CIP 数据核字（2015）第 118540 号

责任编辑：张来盛（zhangls@phei.com.cn）
印　　刷：北京七彩京通数码快印有限公司
装　　订：北京七彩京通数码快印有限公司
出版发行：电子工业出版社
　　　　　北京市海淀区万寿路 173 信箱　邮编　100036
开　　本：787×1 092　1/16　印张：22.25　字数：569.6 千字
版　　次：2010 年 9 月第 1 版
　　　　　2015 年 10 月第 2 版
印　　次：2024 年 8 月第 13 次印刷
定　　价：49.80 元

第 2 版前言

物联网引领信息产业革命的第三次浪潮，使地球变得更加智慧，使人类的生活无限美好。应新兴产业发展迫切需求而编著的《物联网技术》自 2010 年出版发行以来每年重印，深受广大读者的喜爱和盛赞，并被相关著作、教材作为主要参考文献引用。转眼已过去 5 年，物联网又有了迅猛异常的进步，为适应物联网技术发展及其课程教学需要，决定对《物联网技术》第 1 版进行全面修订。

随着信息社会的形成发展，物联网技术也在随之不断变化而更新。本书这次修订在基本保持第 1 版体例结构、编著特色的基础上，主要是围绕"技术"调整了内容结构，重点突出了物联网的"感知、传输、应用"，修订了一些有关概念的表述，凝练了知识点，增加了物件智能化设计、传感网节点设计、承载网等实用性技术，修订、更新内容达 60%以上。经过修订，本书更加全面、系统、完整地从理论与技术紧密结合的角度阐释了物联网的基本概念、物联网支撑技术、物联网设计等，反映了物联网领域的最新成果和应用。

全书内容共分 8 章。第 1 章讨论物联网的概念、体系结构、技术体系和软硬件系统组成，以及物联网的应用与发展。第 2 章以自动识别为主题，介绍条形码、磁卡（条）、IC 卡和射频识别的概念和工作原理，并给出基于射频识别技术应用系统的开发案例。第 3 章介绍传感器及无线传感网。第 4 章讨论智能设备设计，包括嵌入式操作系统、中间件技术。第 5、6 章介绍无线通信网及承载网技术，承载网主要是目前常用的通信网络，如 3G/4G 通信网，或者是互联网、移动通信网、移动互联网等，并引入了软件定义网络（SDN）技术。第 7 章基于物联网数据特点，介绍数据融合、云计算、海量数据存储、数据挖掘与智能决策。第 8 章讨论物联网规划、设计与构建。

本书知识结构系统、完整，不仅能够使读者对物联网有一个全景性认识和了解，还能够为进一步理解掌握物联网及其应用系统的规划设计提供参考。在内容上既涵盖物联网基本概念、理论与技术，也引入了较深入的研究成果及新技术，包括智能设备设计、移动互联网、软件定义网络（SDN）、基于大数据的智能决策与控制等。在体例上对每一个知识单元按基本认知、基本技术、应用设计及示例递进展开。在表达方式上图文并茂，语言简洁，层次清楚。总之，本书力争呈现的特色是：理论联系实际，体现实用性；内容系统全面，突出技术先进性；技术翔实准确，实现应用性。

本书适用范围广，可作为物联网工程、计算机类、电子信息类、自动化等相关大类专业的教材，供需要掌握物联网基础知识的高年级本科生和研究生选读，也可作为相关领域工程技术人员、科研人员、IT 管理人员的技术参考书以及相关培训班的教材。

本书第 2 版由刘化君、刘传清编著，其中第 2 章、第 3 章、第 4 章由刘传清执笔，第 8 章由刘枫执笔，其余由刘化君执笔撰写。全书由刘化君统改定稿。参加本书编写工作的还有解玉洁、陈杰、柳群英等；在编写过程中研究生顾礼峰、钱骁、邓大为等也参与了少量编写工作。在此，向所有为本书的编撰、出版做出贡献的人们表示衷心的感谢！

物联网是信息技术的一次颠覆性创新，其应用发展日新月异，技术在进步，应用在拓展。物联网发展之路尚在伊始，前路尚长。编著本书目的在于，既呈现其对物联网探究认识之概貌，亦抛砖引玉以期更多的物联网技术研究成果问世。但囿于编著者理论水平和时间仓促，在这次修订中难免还存在一些不妥或疏漏之处，衷心希望广大读者批评指正。

编著者
2015 年 8 月

第 1 版前言

物联网是国家新兴战略产业中信息产业发展的核心领域，将在国民经济发展中发挥重要作用。目前，物联网是全球研究的热点问题，国内外都把它的发展提到了国家级的战略高度，称之为继计算机、互联网之后世界信息产业的第三次浪潮。新技术发展需要大批专业技术人才，为适应国家战略性新兴产业发展需要，加大信息网络高级专门人才培养力度，许多高校利用已有的研究基础和教学条件，设置传感网、物联网工程技术专业，或修订人才培养计划，推进课程体系、教学内容、教学方法的改革和创新，以满足新兴产业发展对物联网技术人才的迫切需求。为适应电气信息类相关专业的教学需要，以及社会各界对了解信息网络新技术的迫切需求，我们编写了《物联网技术》这本书。

从"智慧地球"的理念到"感知中国"的提出，全球一体化、工业自动化和信息化进程不断深入，物联网悄然来临。何谓物联网？不同的阶段在不同的场合有不同的描述。目前对物联网比较准确的表述是：通过各种信息传感设备及系统（传感网、射频识别、红外感应器、激光扫描器等）、条码与二维码、全球定位系统，按约定的通信协议，将物与物、人与物连接起来，通过各种接入网、互联网进行信息交换，以实现智能化识别、定位、跟踪、监控和管理的一种信息网络。物联网的主要特征是每一个物件都可以寻址，每一个物件都可以控制，每一个物件都可以通信。显然，它作为"感知、传输、应用"三项技术相结合的一种产物,是一种全新的信息获取和处理技术。因此，本书将紧紧围绕物联网中"感知、传输、应用"所涉及的技术来架构物联网技术知识体系，分为基本概念、节点感知、通信网络和系统应用四部分共 8 章内容，比较全面地介绍物联网的概念、实现技术和典型应用。

本书作为一本物联网技术的导论性教材，涵盖了当前物联网领域的各种新技术及其研究成果。为使读者能够快速地对物联网技术有一个全面、系统的认识，本书的指导思想是从宏观上、从顶层介绍物联网技术。第一部分（第 1 章），主要介绍物联网的基本概念、体系结构、软硬件平台系统组成、关键技术，以及主要应用领域与发展；第二部分（第 2、3 章）介绍射频识别（RFID）工作原理、RFID 系统的基本组成以及 RFID 的典型应用，并以传感器及检测技术为背景，重点介绍传感器的基本知识和现代智能检测技术；第三部分（第 4、5 章）介绍与物联网相关的无线通信与网络技术、传感网及其关键支撑技术等；第四部分（第 6、7、8 章）介绍物联网的系统应用，其中第 6 章介绍数据融合的基本原理、数据融合方法以及数据管理，第 7 章介绍云计算工作原理与关键技术、云计算模式下的互联网以及云计算的应用，第 8 章介绍物联网规划设计及构建。通过阅读本书，读者不仅可以从技术理论上对物联网有较全面的了解，而且可以根据应用实例对物联网技术有更直观的认识。

另外，在本书的有关章节中，还涉及了一些相对深入的物联网前沿技术问题和较新的研究成果，有些内容直接取自研究论文，并进行了整理和加工。其中也包括编著者自己的部分研究工作，如物联网体系结构、关键技术以及应用案例等。建议教师在教学中根据自己的研究兴趣和专长进行选择与补充。

虽然本书的出发点是一种概括性的导论，但并不希望因此而使读者远离物联网前沿问题的深入研究和全面学习。鉴于这一考虑，本书对每类问题的讨论都试图达到一定的深度和广度，并在章末附有简明扼要的小结与进一步学习建议，以及一定数量的讨论与思考题。这些学习建议旨在为读者进一步开阔视野提供一些帮助；讨论和思考题与章节内容密切相关，以帮助读者巩固和复习有关概念。

　　本书力求在创新性、前瞻性和应用性等方面形成特色，并做到内容丰富、语言简洁易懂、适用范围广，既可作为高等院校电气信息类专业物联网技术课程的教材或教学参考书，也可作为物联网技术培训教材；对于具有一定信息网络基础知识，并希望进一步提高技术水平的读者，也是一本理想的参考读物。

　　本书主要由刘化君、刘传清编著，其中第 2、3、5 章由刘传清执笔，第 7 章由刘枫执笔，其余部分由刘化君执笔，全书由刘化君统编定稿。本书相关科研工作得到了先进数控技术江苏省高校重点建设实验室开放基金项目（KXJ07117）以及应用型本科院校"十一五"国家课题"我国高校应用型人才培养模式研究"子项目"通信与电子信息类专业课程体系研究与建设（FIB070335-A7-08）"的资助支持；在编写过程中得到了许多同学的支持和帮助；全书由华中科技大学电子与信息工程系博士生导师胡修林教授作为主审进行了审改，最后由东南大学移动通信国家重点实验室博士生导师沈连丰教授审定。在此，向所有为本书的出版做出贡献的人们表示衷心的感谢！

　　随着物联网技术及应用的飞速发展，物联网的理论与技术水平也必将快速提升。在编撰过程中，尽管我们力求精益求精，及时吸纳最新的物联网研究成果及技术，但囿于编著者理论水平和时间所限，错误与不妥之处在所难免，恳请广大读者不吝赐教，批评斧正。

编著者

2010 年 6 月 18 日

目　录

第1章 概　述

"物联网"已经成为炙手可热的科技术语之一，各行各业都在谈论物联网（Internet of Things，IOT）。什么是物联网？虽然物联网技术已经引起国内外学术界、工业界的高度重视，但当前对物联网的定义、体系结构、组成原理、关键技术和应用前景等都还在进行着热烈讨论。虽然大家都在谈论物联网，但是谈的却似乎不完全相同。

本章重点讨论物联网的基本概念、定义、体系结构模型、技术体系结构以及物联网的基本组成和应用场景，给出一个关于物联网的整体视图，使读者能够对物联网有一个比较全面而准确的认识。

1.1　何谓物联网

物联网是继计算机、互联网和移动通信之后的又一次信息产业革命。从"智慧地球"的理念到"感知中国"的提出，物联网随着全球一体化、工业自动化和信息化进程的不断深入而悄然兴起，它就在人们身边。让我们一起来认识物联网，理解物联网，应用物联网。

1.1.1　物联网的定义

物联网作为一种新兴的网络技术，得到了人们的广泛关注，被称为继计算机、互联网之后，世界信息产业的第 3 次浪潮。物联网是新一代信息技术的重要组成部分，在不同的阶段从不同的角度出发，会有不同的理解、解释。目前，有关物联网定义的争议还在进行之中，尚不存在一个世界范围内认可的权威定义。要确切地表达物联网的内涵，需要全面分析其实质性技术要素，这样才能有一个较为客观的诠释。

1. 物联网的基本定义

物联网的出现可以追溯到 1998 年，美国麻省理工学院（Massachusetts Institute of Technology，MIT）基于射频识别（Radio Frequency Identification，RFID）技术提出了产品电子编码（Electronic Product Code，EPC）系统。2005 年，国际电信联盟（International Telecommunication Union，ITU）发布了《ITU 互联网报告 2005：物联网》，系统阐述了物联网的基本概念、相关技术、潜在市场、所面临的挑战以及对未来全球经济和社会发展的可能影响，正式向全球揭示了物联网。

"物联网"的英文名称为"The Internet of Things"，简称 IOT。顾名思义，物联网就是物物相连的互联网。这说明物联网的核心和基础是互联网，物联网是互联网的延伸和扩展。其延伸和扩展到了任何人与人、人与物、物与物之间进行的信息交换和通信。对于物联网（IOT）可以给出如下基本定义：

物联网是通过各种信息感知设施，按约定的通信协议将智能物件互联起来，通过各种通信网络进行信息传输与交换，以实现决策与控制的一种信息网络。

这个定义表达了以下 3 个含义：

（1）信息全面感知。物联网是指对具有全面感知能力的物件及人的互联集合。两个或两个以上物件如果能交换信息即可称为"物联"。使物件具有感知能力需要在物件上装置不同类型的识别装置，如电子标签、条码与二维码等，或通过传感器、红外感应器以及控制器等感知其存在。同时，这一概念也排除了网络系统中的主从关系，能够自组织。

（2）通过网络传输。互联的物件要互相交换信息，就需要实现不同系统中的实体通信。为了成功通信，它们必须遵守相关的通信协议，同时需要相应的软件、硬件来实现这些协议，并可以通过现有的各种通信网络进行信息传输与交换。

（3）智能决策与控制。物联网可以实现对各种物件（包括人）的智能化识别、定位、跟踪、监控和管理等功能。这也是组建物联网的目的。

物联网定义中所说的"物"在学术上不能解释成哲学意义上的"物质"或物理学意义上的"物体"，而是日常生活中的"物件"。这种物件应具备：①相应的数据收发器；②数据传输信道；③一定的存储功能；④一定的计算能力（CPU）；⑤操作系统；⑥专门的应用程序；⑦网络通信协议；⑧可被标识的唯一标志。也就是说，物联网中的每一个物件都可以寻址，每一个物件都可以通信，每一个物件都可以控制。物件一旦具备这些性能特征，就可称之为"智能物件（Smart Object）"。

智能物件是物联网的核心概念。从技术的角度看，智能物件是指装备了信息感知设施（如传感器）或制动器、微处理器、通信装置和电源的设备。其中，传感器或制动器赋予了智能物件与现实世界交互的能力。微处理器保证智能物件即使在有限的速度和复杂度上，也能对传感器捕获的数据进行转换。通信装置使得智能物件能够将其传感器读取的数据传输给外界，并接收来自其他智能物件的数据。电源为智能物件提供其工作所需的电力。

简言之，物联网是连接物件的互联网。

2．有关物联网定义的其他表述

由于物联网概念提出不久，其内涵还在不断发展、完善。在不同的阶段从不同的角度出发对物联网就有了不同的理解、解释。目前，存在着物联网、传感网以及泛在网络等相关概念，而且对于支持人与人、人与物、物与物广泛互联，实现人与客观世界的全面信息交互的全新网络如何命名，也存在着物联网、传感网、泛在网三个概念之争。有关物联网概念，比较有代表性的表述有如下几种：

（1）麻省理工学院（MIT）最早提出的物联网概念。早在 1999 年，MIT 的 Auto-ID 研究中心首先提出：把所有物品通过射频识别（RFID）和条码等信息传感设备与互联网连接起来，实现智能化识别和管理。这种表述的核心是 RFID 技术和互联网的综合应用。RFID 标签可谓是早期物联网最为关键的技术与产品，当时认为物联网最大规模、最有前景的应用就是在零售和物流领域。利用 RFID 技术，通过计算机互联网实现物品（商品）的自动识别、互联与信息资源共享。

（2）国际电信联盟（ITU）对物联网的定义。2005 年，国际电信联盟（ITU）在《The Internet of Things》报告中对物联网概念进行了扩展，提出了任何时刻、任何地点、任意物体之间的互联，无所不在的网络和无所不在的计算的发展愿景，如图 1-1 所示。该图显示：物联网是在任何时间、任何环境，任何物品、人、企业、商业采用任何通信方式（包括汇聚、连接、收集、计算等），来满足提供的任何服务。按照 ITU 给出的这个定义，物联网主要解决物品到物品（Thing to Thing，T2T）、人到物品（Human to Thing，H2T）、人到人（Human to Human，H2H）之间的互联。这里与传统互联网最大的区别是，H2T 是指人利用通用装置与物品之间的连接，H2H 是指人之间不依赖于个人计算机而进行的互联。需要利用物联网才能解决的，是传统意义上的互联网没有考虑的、对于任何物品连接的问题。

物联网是连接物件的互联网络，有些学者在讨论物联网时，常常提到 M2M 的概念。可以将M2M 解释成为人到人（Man to Man）、人到机器（Man to Machine）、机器到机器（Machine to Machine）。实际上 M2M 所有的解释在现有的互联网中都可以实现，人到人之间的交互可以通过互联网进行，最多可以通过其他装置间接地实现，例如第三、四代移动电话，可以实现十分完美的人到人的交互；人到机器的交互一直是人体工程学和人机界面领域研究的主要课题；而机器与机器之间的交互已经由互联网提供了最为成功的案例。

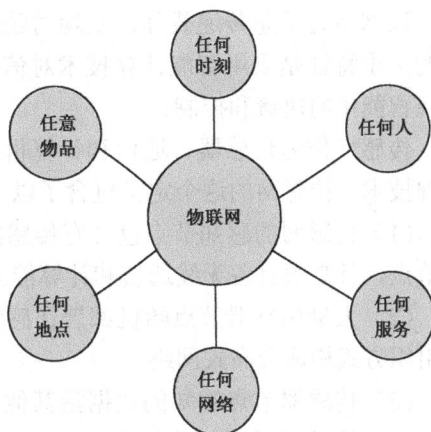

图 1-1　ITU 物联网示意图

本质上，人与机器、机器与机器的交互，大部分是为了实现人与人之间的信息交互。万维网（World Wide Web）技术成功的动因，在于通过搜索和链接，提供了人与人之间异步进行信息交互的快捷方式。通常认为，在物联网研究中不应该采用 M2M 概念，因为这是一个容易形成思路混乱的概念，采用 ITU 定义的 T2T、H2T 和 H2H 的概念比较清楚。

（3）欧洲智能系统集成技术平台报告对物联网的阐释。2008 年 5 月 27 日，欧洲智能系统集成技术平台（The European Technology on Smart Systems Integration，EPoSS）在其发布的《Internet of Things in 2020》报告中，分析预测了物联网的发展趋势。该报告认为：由具有标识、虚拟个性的物体/对象所组成的网络，其标识和个性等信息在智能空间使用智慧的接口与用户、社会和环境进行通信。显然，对物联网的这个阐释说明 RFID 和相关的识别技术是未来物联网的基石，侧重于 RFID 的应用以及物体的智能化。

（4）欧盟第 7 框架下 RFID 和物联网研究项目组对物联网给出的解释。欧盟第 7 框架下RFID 和物联网研究项目组对 RFID 和物联网进行了比较系统的研究后，在其 2009 年 9 月 15日发布的研究报告中指出：物联网是未来互联网的一个组成部分，可以被定义为基于标准的和交互通信协议的且具有自配置能力的动态全球网络基础设施，在物联网内物理和虚拟的"物件"具有身份、物理属性、拟人化等特征，它们能够被一个综合的信息网络所连接。

欧盟第 7 框架下 RFID 和物联网研究项目组的主要任务是：①实现欧洲内部不同 RFID 和物联网项目之间的组网；②协调包括 RFID 在内的物联网的研究活动；③对专业技术平衡，以使得研究效果最大化；④在项目之间建立协同机制。

综上所述，虽然这些概念与物联网不尽相同，但是其理念都是一致的，即全面感知、可靠传输和智能处理。"物联网"的内涵起源于由 RFID 对客观物体进行标识并利用网络进行数据交换这一概念，经不断扩充、延展、完善而逐步形成，并且还在丰富、发展、完善之中。

1.1.2　与物联网相关的网络概念

为了更加深入地理解物联网的基本概念和本质，有必要简单阐释与物联网相关的网络概念——传感网、互联网和泛在网。它们与物联网有着密切联系，又有本质区别。

1. 物联网与传感网

无线传感网（WSN）简称为传感网。传感网是由若干具有无线通信与计算能力的感知节点，以网络为信息传递载体，实现对物理世界的全面感知而构成的自组织分布式网络。传感网的突出特征是采用智能计算技术对信息进行分析处理，从而提升对物质世界的感知能力，实现智能化的决策和控制。

传感网作为传感器、通信和计算机三项技术密切结合的产物，是一种全新的数据获取和处理技术。传感网的这个定义包含了以下 3 个主要含义：

（1）传感网的感知节点包含有传感器节点（Sensor Node）、汇聚节点（Sink Node）和管理节点，且必须具备无线通信和计算能力。

（2）大量传感器节点随机部署在感知区域（Sensor Field）内部或附近，这些节点能通过自组织方式构成分布式网络。

（3）传感器节点感知的数据沿其他传感器节点逐跳进行传输，在经过多跳路由后到达汇聚节点，最后可通过互联网或其他通信网络传输到管理节点。传感网拥有者通过管理节点对传感网进行配置和管理，收集监测数据和发布监测控制任务，实现智能化的决策和控制。协作地感知、采集、处理、发布感知信息是传感网的基本功能。

对于传感网的定义也有多种表述，不同的历史时期其含义有所差异，比较有代表性的表述如下：

美国军方对传感网的表述：传感网是由若干具有无线通信能力的传感器节点自组织构成的网络。这一概念起源于 1978 年美国国防部高级研究计划局资助卡耐基-梅隆大学进行分布式传感器网络的研究项目。当时在缺乏互联网技术、多种接入网络以及智能计算技术的条件下，此概念局限于由节点组成的自组织网络。这也是"传感网"这一简称的来源。因此，在大多数场合，都将传感网描述为一种由大量微型化、低成本、低功耗的传感节点组成的分布式自组织网络。

ITU-T 对传感网给出的定义：泛在传感器网络（Ubiquitous Sensor Network，USN）是由智能传感器节点组成的网络，能以"任何地点、任何时间、任何人、任何物"的形式被部署。该技术具有巨大的潜力，因为它可以在广泛的领域中推动新的应用和服务，从安全保卫、环境监控到推动个人生产力和增强国家竞争力。这一概念来自于 2008 年 2 月 ITU-T 的《Ubiquitous Sensor Networks》研究报告。该报告中提出了泛在传感器网络体系架构。ITU-T 将泛在传感器网络自下而上分为底层传感器网络、泛在传感器网络接入网络、泛在传感器网络基础骨干网络、泛在传感器网络中间件、泛在传感器网络应用平台 5 个层次。底层传感器网络由传感器、执行器、RFID 等设备组成，负责对物理世界的感知与反馈；泛在传感器网络接入网络实现底层传感器网络与上层基础骨干网络的连接，由网关、汇聚节点等组成；泛在传感器网络基础骨干网络基于互联网、下一代网络（NGN）构建；泛在传感器网络中间件负责处理、存储传感数据，并以服务的形式对各类传感数据提供访问；泛在传感器网络应用平台实现各类传感器网络应用的技术支撑平台。

国家信息技术标准化技术委员会对传感网做出的定义：传感器网络是以对物理世界的数据采集和信息处理为主要任务，以网络为信息传递载体，实现物与物之间、物与人之间的信息交互，提供信息服务的智能网络信息系统。该定义来自于我国信息技术标准化技术委员会所属的传感器网络标准工作组 2009 年 9 月的工作文件。该文件认为传感器网络的具体表现为：它综合了微型传感器、分布式信号处理、无线通信网络和嵌入式计算等多种先进信息技术，能对物理世界进行信息采集、传输和处理，并将处理结果以服务的形式提供给用户。

比较以上对于传感网的 3 种不同描述，可以发现，传感网的内涵起源于"传感器组成通信网络，对所采集到的客观物品信息进行交换"这一概念。ITU-T 的报告对传感网给出了相对完整的体系架构，并且描述了各个层次在体系架构中的位置和功能。我国对传感网的表述尽管与 ITU-T 的定义在文字描述上有所不同，但其内涵基本一致，并未对 ITU-T 的定义进行实质性的改进。对传感网的这几种表述都是把美国军方定义的"网络"作为底层的、对客观物质世界信息进行获取和交互的技术手段之一，对其进行了更为精确的文字描述而已。

通过物联网的定义可知，物联网是在互联网的基础上，将其用户端延伸和扩展到了任何物品之间，进行信息交换和通信，从而实现人与物、物与物的相连。从物联网的组成结构来看，物联网包括各种末端网络，如传感网、RFID、二维码、短距离无线通信、移动通信网络等。由此不难看出，传感网是物联网末端采用的关键网络技术之一，传感网是物联网的一个重要组成部分。

如果将传感器的概念进一步扩展，把射频识别、二维条码等信息的读取设备、音视频录入设备等数据采集设备都认为是一种传感器，并提升到智能感知水平，则范围扩展后的传感网也可以认为是物联网。从 ITU-T、ISO/IEC JTC1 SC6 等国际标准组织对传感网、物联网的定义和标准化范围来看，传感网与物联网是一个概念的两种不同表述，都是依托各种信息设备实现物理世界和信息世界的无缝融合。此外，也有观点认为物联网是从产业和应用角度，传感网是从技术角度对同一事物的不同表述，其实质没有什么区别。可见，无论从哪个角度看，目前为人所熟知的"物联网"和"传感网"都可以认为是以智能传感器、RFID 等客观世界标识和感知技术，借助于无线通信技术、互联网、移动通信网络等实现人与物理世界的信息交互。

2. 物联网与互联网

互联网是 20 世纪人类最伟大的发明之一。互联网的出现使人们的交往方式，社会和文化形态等都发生了重大变化。它不仅改变了现实世界，更催生了虚拟世界。互联网缩短了人与人之间的时空距离。它成功地运用计算机网络体系结构的设计思想与原则，组建并运行了一个覆盖全世界的大型网络信息系统。

全球最大的互联网——因特网（Internet），是由计算机连接而成的全球网络，即广域网、局域网及个人计算机按照一定的通信协议组成的国际计算机网络。美国联邦网络委员会（FNC）认为因特网（Internet）是全球性的信息系统，通过全球性的地址逻辑地链接在一起，这个地址是建立在网际互联协议（IP）或今后其他协议基础之上，可以通过传输控制协议（TCP），或者今后其他接替的协议或与互联网协议（TCP/IP）兼容的协议来进行通信，可以让公共用户或者私人用户使用高水平的服务，这种访问是建立在上述通信及相关的基础设施之上的。具体而言，因特网是一个网络实体，没有特定的网络边界，泛指通过网关连接起来的网络集合；是一个由各种不同类型、规模的独立运行与管理的计算机网络组成的全球信息网络。组成因特网的计算机网络，包括局域网（LAN）、城域网（MAN）及广域网（WAN）等。这些网络通过普通电话线、高速专用线路、卫星、微波和光缆等通信线路，把不同国家的大学、科研机构、公司、社会团体及政府等组织机构以及个人的网络资源连接起来，从而进行通信和信息交换，实现资源共享。通过多年的发展，因特网已经在社会的各个层面为全人类提供了便利。因特网、移动通信网等可作为物联网的核心承载网。

物联网可以说是互联网应用的拓展、升级。物联网就是物物相连的互联网，它的核心依然是互联网。互联网与物联网的区别在于它们的主要作用。互联网的产生是为了人能够通过网络交换信息，服务的主体是人。物联网是为物而生，主要是为了管理物，让物自主交换信息，服务于人。既然物联网为物而生，要让物具备智能，物联网的真正实现必然比互联网的实现更困难、更复杂。另外，从信息化进程而言，从人的互联到物的互联是一种自然的递进，在本质上互联网与物联网都是人类智慧的物化而已。人的智慧对自然界的影响才是信息化进程本质的原因。

物联网比互联网技术更复杂，产业辐射面更宽，应用范围更广，对经济社会发展的驱动力和影响力更强。但没有互联网作为物联网的基础，那么物联网将只是一个概念。互联网着重于信息的互联互通和共享，虽然它解决的是人与人之间的信息交换问题，但为物联网解决人与人、物与物、人与物之间相连的信息化智能管理与决策控制奠定了基础，提供了条件。物联网与互联网之间的关系可以这样概括：物联网是互联网应用的新产物，它抛开了时间和空间的限制将互联网应用到更加广泛的领域。

3. 物联网与泛在网

泛在计算（Ubiquitous Computing）也称为普适计算，其中"Ubiquitous"源自拉丁语，意为存在于任何地方。1991 年，Xerox 实验室的计算机科学家 Mark Weiser 首次提出此概念，描述了一个任何人无论何时何地都可通过合适的终端设备，以不可见的方式获取计算能力的全新信息社会。

泛在计算是继主机计算、桌面计算之后发展起来的一种新的计算模式。在普适计算环境中，人会连续不断地与不同的计算设备进行隐性的交互。在这个交互过程中，计算系统实际上是根据感知与用户认为相关的上下文信息来向用户提供服务的。上下文总的来讲是指任何用于表征实体状态的信息。这里的实体可以是个人、位置和物理空间或虚拟空间中的对象，也可以理解为用户所处的环境。它包括过去的活动记录、当前的状态以及对未来可能发生的事件的预估计。与之对应，日本、韩国提出了泛在网络（Ubiquitous Network）的概念，欧盟提出了环境感知智能（Ambient Intelligence）等概念。

泛在网络的含义是：无所不在的网络社会将是由智能网络、最先进的计算技术以及其他领先的数字技术基础设施武装而成的技术社会形态。根据这样的构想，泛在网络将以"无所不在"、"无所不包"、"无所不能"为基本特征，帮助人类在任何时间、任何地点，实现任何人、任何物品之间的顺畅通信。泛在网也被称为"网络的网络"，是面向泛在应用的各种异构网络的集合。

网络在向泛在化演进，物联网可以看作泛在网的起点，是泛在网发展的物联阶段；而泛在网则是物联网发展的终极目标。

4. 物联网与现有网络之间的关系

通过以上对现有各种网络概念的讨论可知：物联网是一种关于人与物、物与物广泛互联，实现人与客观世界进行信息交互的信息网络；传感网是利用传感器作为节点，以专门的无线通信协议实现物品之间连接的自组织网络；泛在网是面向泛在应用的各种异构网络的集合，强调的是跨网之间的互联互通和数据融合/聚类与应用；互联网是指通过 TCP/IP 协议将异种计算机网络连接起来实现资源共享的网络技术，实现的是人与人之间的通信。目前，传感网和互联网已经发展得比较成熟，物联网还处于发展的初级阶段，其终极目标是泛在网络。物联网与现有网络（如传感网、互联网、泛在网络以及其他网络通信技术）之间的关系如图 1-2 所示。

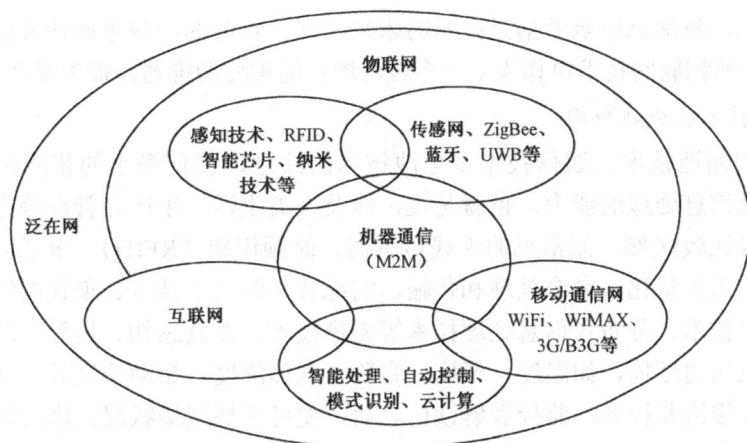

图 1-2　物联网与现有网络之间的关系

由图 1-2 可以看出物联网与现有网络之间的包容、交互作用关系。物联网隶属于泛在网，但不等同于泛在网，只是泛在网的一部分。物联网起源于射频识别领域，涵盖了物品之间通过感知设施连接起来的传感网；不论传感网是否接入互联网，都属于物联网的范畴；传感网可以不接入互联网，但当需要时，随时可利用各种接入网接入互联网。互联网（包括下一代互联网）、移动通信网等可作为物联网的核心承载网。

1.1.3　对物联网的深入认识

对于实现人与人、人与物、物与物广泛互联，构建一个智能化社会这样一个远大愿景的物联网，在开始阶段是很难给出一个全世界公认、统一的定义的。实际上，对一个新兴的技术领域没有必要给出一个准确的定义，也不可能形成完美的定义。在目前阶段，先了解物联网近来受到热捧的原因，然后就其技术本身和应用层面来认识、理解它的现实意义可能更为准确一些。

1. 物联网产生的主要原因

物联网的产生有其技术发展的原因，也有应用环境和经济背景的社会需求。物联网之所以被称为第三次信息革命浪潮，主要源于以下几种因素。

1）经济危机催生新产业革命

2009 年全球发生的金融危机，把全球经济带入了深渊。自然，战略性新兴产业将成为"后危机时代"的新宠儿。按照经济增长理论，每一次的经济低谷必定会催生某些新技术的发展，而这种新技术一定可以为绝大多数工业产业提供一种全新的应用价值，从而带动新一轮的消费增长和高额的产业投资，以触发新经济周期的形成。美国、日本、欧盟等均已将注意力转向新兴产业，并给予前所未有的强有力政策支持。例如，奥巴马的能源计划是发展智能电网产业，全面推进分布式能源信息管理。我国专家提出坚强智能电网概念，催生了以智能电网技术为基础，通过电子终端将用户之间、用户和电网公司之间形成网络互动和即时连接，实现数据读取的实时、高速、双向的总体效果，实现电力、电信、电视、远程家电控制和电池集成充电等的多用途开发。电力检测无线传感器电网配电传输系统，智能电表的用电智能感知网络在很多地区已呈现出其优越性能。传感网技术将在新兴产业（如工业测量与控制、智能电网领域）中扮演重要角色，发挥重要作用。传感网所带来的一种全新的信息获取与信息处理模式，将深刻影响着信息技术的未来发展。目前的经济危机让人们又不得不面临紧迫的选择，显然物联网技术可作为下一个经济增长的重要助推器，催生新产业革命。

2）传感网技术已成熟应用

近年来微型制造技术、通信技术及电池技术的改进，促使微小的智能传感器可具有感知、无线通信及信息处理的能力。也就是说，涉及人类生活、生产、管理等方方面面的各种智能传感器已经比较成熟，如常见的无线传感器、射频识别（RFID）、电子标签等。传感网能够实现数据的采集量化、融合处理和传输，它综合了微电子技术、现代网络及无线通信技术、嵌入式计算技术、分布式信息处理技术等先进技术，兼具感知、运算与网络通信能力，通过传感器侦测周边环境，如温度、湿度、光照、气体浓度、振动幅度等，并由无线网络将搜集到的信息传送给监控者；监控者解读信息后，便可掌握现场状况，进而维护、调整相关系统。由于监控物理环境的重要性从来没有像今天这么突出，传感网已被视为环境监测、建筑监测、公用事业、工业控制与测量、智能家居、交通运输系统自动化中的一个重要发展方向。传感网使目前的网络通信技术功能得到极大的拓展，使通过网络实时监控各种环境、设施及内部运行机理等成为可能。经过十余年的研究发展，可以说传感网技术已是相对成熟的一项能够引领产业发展的先进技术。

3）网络接入和信息处理能力已适应多媒体信息传输处理需求

目前，随着信息网络接入多样化、IP 宽带化和计算机软件技术的飞跃发展，对海量数据采集融合、聚类或分类处理的能力大大提高。在过去的十几年期间，从技术演进视野来看，信息网络的发展已经历了三个大的发展阶段，即：①大型机、主机的联网；②台式计算机、便携式计算机与互联网相联；③一些移动设备（如手机、PDA 等）的互联。信息网络的进一步发展，显然是更多与智能社会相关物品的互联。宽带无线移动通信技术在过去数十年内，已经历了巨大的技术变革和演变，对人类生产力产生了前所未有的推动作用。以宽带化、多媒体化、个性化为特征的移动型信息服务业务，成为公众无线通信持续高速发展的源动力，同时也对未来移动通信技术的发展提出了巨大挑战。当前，移动通信系统（4G）已经进入商业化应用阶段，可以说网络接入和数据处理能力已适应构建物联网进行多媒体信息传输与处理的基本需求。

2. 技术层面的认识

由于物联网目前尚处在概念形成阶段，存在着物联网、传感网、泛在网的概念之争。通过上述对这三个概念的讨论可知，可以分别从不同的领域、不同的角度、不同的层面上去认识、理解。

从技术层面上看，物联网是指实现智能物件互联互通的信息网络。物联网可以提供所有对象在任何时间、任何地点的互联。ITU 在泛在网的任何地方、任何时间互联的基础上增加了"任何物体连接"，从时间、地点与物件三个维度对物联网的运行特点做了分析，如图 1-3 所示。

该图描述了物联网的重要特点：在物联网

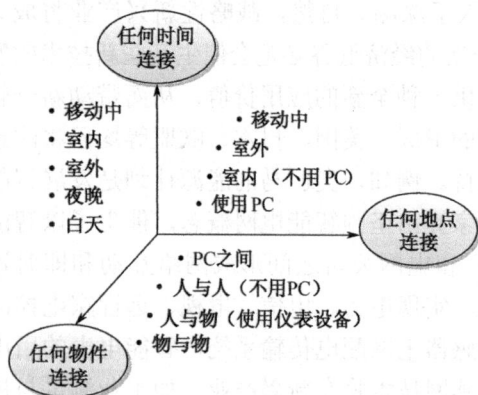

图 1-3　物联网运行的特点

中任何一个合法的用户（人或物）可以在任何时候（Anytime）、任何地点（Anywhere）与任何一个物件（Anything）通信、交换和共享信息，协同完成特定的服务功能。

更值得关注的是，2006年在美国国家科学基金会上，美国科学家 Helen Gill 提出了信息物理系统（Cyber Physical Systems，CPS）的概念。他认为：CPS 是融合计算与物理能力，能通过多种方式与人类进行互动的新一代系统。与物理世界交互或者增大物理世界的能力是通过计算和通信的方式，控制技术是实现新一代系统的核心。CPS 一经提出，很快引起各国研究者与企业的广泛关注。综其研究结论可以得出：CPS 是融合嵌入式系统（ES）、计算机、传感网（WSN）等技术，能够处理、融合海量异构数据，在复杂环境下能稳定、安全地处理信息，有较高的自适应、自主协调以及自治能力，计算与物理进程以相互反馈信息的方式紧密融合、互相影响的新一代智能网络控制系统。与物联网的定义对照，可以将 CPS 理解为是物联网的专业称谓，侧重了物联网内部的技术内涵；而物联网则是 CPS 的通俗称呼，侧重了CPS 的日常生活应用。

3. 从应用的角度理解

纵观信息网络发展应用过程，可以认为物联网是网络的应用延伸，物联网不是网络而是应用和业务。它能把世界上所有的物件都连接到一个网络中，形成"物联网"。因此，也可以认为物联网是信息网络上的一种增值应用，例如，把与人们日常生活密切相关的应用设备（如洗衣机、冰箱、电视、微波炉等）互联互通，实现全球统一的"物联网"。由于物联网应用涵盖的范围小到家庭网络，大到工业控制系统、智能交通系统，甚至是国家级、世界级的应用，这种涵盖不是物与物的简单互联，而要催生许多具有"计算、通信、控制、协同和自治"特点的智能设备与智能系统。物联网的目标就是要帮助人们对物理世界具有透彻的感知能力、全面的认知能力和智慧的处理能力。这种新的计算模式在帮助人类提高生产力、生成效率的同时，也进一步改善了人类社会发展与地球生态环境的关系。

从应用的角度来看，物联网主要是在提升数据传送效率、改善民生、提高生产率、降低企业管理成本等方面发挥重要作用。例如，就电信运营的产业链而言，物联网的内涵主要是基于特定的终端，以有线或无线（IP/CDMA）等为接入手段，为集团和家庭客户提供机器到机器、机器到人的解决方案，满足客户对生产过程/家居生活监控、指挥调度、远程数据采集和测量、远程诊断等方面的信息化需求。

应用是技术进步的源动力，只有具有广阔的应用前景，技术才能得以发展。在目前技术背景、政府高度重视的大环境下，重要的是社会各领域深度挖掘物联网应用价值和产业链效益。让人们清楚，对于消费者来说，物联网到底能给人们能带来什么？诸如：①自动化，降低生产成本和效率，提升企业综合竞争能力；②信息的实时性，借助通信网络，及时地获取远端的信息；③提高便利性，如 RFID 电子支付交易业务；④有利于安全生产，及时发现和消除安全隐患，便于实现安全监控监管；⑤提升社会的信息化程度……都是发挥物联网作用的领域。只有广泛挖掘应用需求，才能使物联网的内涵更加丰富、具体而清晰。

4. 物联网的主要特征

总结目前对物联网概念的表述，可以将其核心要素归纳为"感知、传输、智能、控制"八个字。也就是说，物联网的主要特征表现在以下几个方面：

（1）全面感知。物联网的智能物件具有感知、通信与计算能力。在物联网上部署的信息感知设备（包括 RFID、传感器、二维码等智能感知设施），不仅数量巨大、类型繁多，而且可随时随地感知、获取物件的信息。每个信息感知设备都是一个信息源，不同类别的感知设备所捕获的信息内容和信息格式不同。例如，传感器获得的数据具有实时性，按一定的频率周期性地采集环境信息，不断地更新数据。

（2）可靠传输。可靠传输是指把信息感知设施采集的信息利用各种有线网络、无线网络与互联网，将信息实时而准确地传递出去。例如，在物联网上的传感器定时采集的信息需要通过网络传输，由于其数据量巨大，形成了海量信息。在传输过程中，为了保障数据的正确和及时，必须采用各种异构网络和协议，通过各种信息网络与互联网的融合，才能将物件的信息实时准确地传送到目的地。

（3）智能处理。在物联网中，智能处理是指利用数据融合及处理、云计算、模式识别、大数据等计算技术，对海量的分布式数据信息进行分析、融合和处理，向用户提供信息服务。物联网中的数据通常是体量特别大、数据类别特别多的数据集，即"大数据"，并且这样的大数据无法用传统数据库工具对其内容进行抓取、管理和处理。大数据本质也是数据，其关键技术依然包括：①大数据存储和管理；②大数据检索使用（包括数据挖掘和智能分析）。围绕大数据，一批新兴的数据挖掘、数据存储、数据处理与分析技术不断涌现，以使得处理海量数据更加容易、更加便宜和迅速。

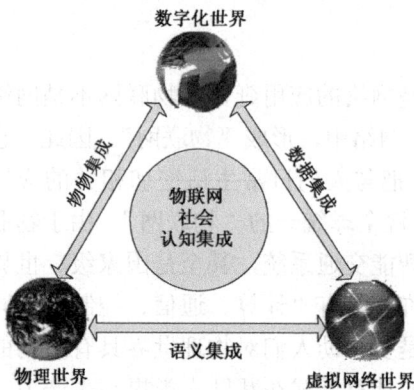

图 1-4 物理、数字、虚拟世界和社会互动共生

（4）自动控制。利用模糊识别等智能控制技术对物体实施智能化控制和利用。最终形成物理、数字、虚拟世界和社会共生互动的智能社会，如图 1-4 所示。

1.2 物联网体系结构

体系结构（Architecture）是研究系统各部分组成及相互关系的技术科学。例如，国际标准化组织（ISO）提出的开放系统互连（Open System Interconnection，OSI）参考模型，就是最著名的计算机网络体系结构。该网络体系结构定义了计算机设备和其他设备如何连接在一起，以形成一个允许用户共享信息和资源的通信系统。体系结构可以精确地定义系统的组成部件及其之间的关系，指导开发者遵循一致的原则实现系统，以保证最终建立的系统符合预期的需求。因此，物联网体系结构是设计与实现物联网系统的基础。

1.2.1 物联网体系结构的建构原则

物联网概念的问世，打破了传统的思维模式。在提出物联网概念之前，一直是将物理基础设施和 IT 基础设施分开：一方面是机场、公路、建筑物，而另一方面是数据中心，个人计算机、宽带等。在物联网时代，将把钢筋混凝土、电缆将与芯片、宽带整合为统一的基础设施。在这种意义上的基础设施就像是一块新的地球工地，世界在它上面运转，包括经济管理、生产运行、社会管理以及个人生活等。因此，在设计与实现物联网系统之前需要先建立物联网体系结构，以使最终建立的物联网系统的性能与预期需求一致。研究物联网的体系结构，首先需要明确架构物联网系统的基本原则，以便在已有网络体系结构的基础之上，形成参考标准。

物联网有别于现有各种网络，包括互联网。互联网主要是建构一个全球性的计算机通信网；物联网主要是以数据为中心，利用各种网络通信技术进行业务信息的传输，是智能决策与应用技术的综合展现。从不同的功能角度或模型角度建立的体系结构可能具有不同的样式和性能。一般来说，架构物联网体系结构模型应该遵循以下几条原则或者说评价标准：

（1）多样性。物联网体系结构须根据服务类型、节点的不同，具有多种类型，能够平滑地与互联网实现互联互通。

（2）包容性。物联网尚在发展之中，其体系结构应能满足在时间、空间和能源方面的需求，可以集成不同的通信、传输和信息处理技术，应用于不同的领域。

（3）可扩展性。对于物联网体系的框架，应该具有一定的扩展性，以便最大限度地利用现有网络通信基础设施，保护已投资利益。

（4）互操作性。指不同的物联网系统可以按照约定的规则互相访问、执行任务和共享资源。

（5）安全性。指物联网系统可以保证信息的私密性，具有访问控制和抗攻击能力，具备相当好的健壮性。智能物件互联的安全性将比互联网的安全性更为重要。

1.2.2 物联网体系结构模型

"化整为零、分而治之"的"分层结构"研究方法，是设计一个复杂的大系统经常采用的一种方法，计算机网络体系结构的建立就是一个很好的例证。物联网是一个形式多样、涉及社会和生活各个领域的复杂系统。尽管物联网系统结构复杂，不同应用系统的功能、规模差异较大，但其体系结构的概念与计算机网络系统的体系结构具有相似性。建立物联网体系结构主要是从各种应用需求中抽取组成系统的部件以及部件之间的组织关系。通常，可以从不同角度抽取系统的组成部件以及它们之间的关系，如功能角度、模型角度和处理过程角度等。

借鉴计算机网络体系结构模型的研究方法，将物联网系统组成部分按照功能分解成若干层次，由下（内）层部件为上（外）层部件提供服务，上（外）层部件可以对下（内）层部件进行控制。因此，若从功能角度建构物联网体系结构，可划分为感知层、网络层和应用层 3 个层级。依照工程科学的观点，为使物联网系统的设计、实施与运行管理做到层次分明、功能清晰、有条不紊地实现，再将感知层细分成感知控制、数据融合两个子层，将网络层细分成接入、汇聚和核心交换 3 个子层，将应用层细分成智能处理、应用接口两个子层。考虑到物联网的一些共性功能需求，还应有贯穿各层的网络管理、服务质量和信息安全 3 个面。物联网体系结构模型如图 1-5 所示。

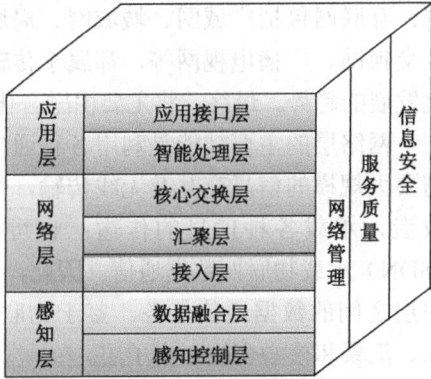

图 1-5 物联网体系结构模型

1. 感知层

在物联网体系结构模型中，感知层位于底层，是实现物联网的基础，是联系物理世界与虚拟世界的纽带。感知层的作用相当于人的眼、耳、鼻、喉和皮肤等神经末梢，其主要功能是信息感知、采集与控制。物联网采集的信息主要有：①传感信息，如温度、湿度、压力、气体浓度、生命体征等；②物件属性信息，如物件名称、型号、特性、价格等；③工作状态信息，如仪器仪表、设备的工作参数等；④地理位置信息，如物件所在的地理位置等。感知层可分为感知控制和数据融合两个子层。

1）感知控制层

作为物联网的神经末梢，感知控制层的主要任务是实现全面感知与自动控制，即通过实现对物理世界各种参数（如环境温度、湿度、压力、气体浓度等）的采集与处理，以其需要进行行为自动控制。感知控制层的设备主要分为两大类型：①自动感知设备。这类设备能够自动感知外部物理物件与物理环境信息的设备，主要包括二维码标签和识读器、RFID标签和读写器、传感器、GPS，以及智能家用电器、智能测控设备、智能机器人等；②人工生成信息的智能设备，包括智能手机、个人数字助理（PDA）、计算机、视频摄像头/摄像机等。作为一个具有智能处理能力的感知节点或者说智能物件，必须具备感知能力、控制能力和执行能力，同时具备适应周边环境的运动能力。

2）数据融合层

在许多应用场合，由单个传感器所获得的信息通常是不完整、不连续或不精确的，需要其他信息源的数据协同。数据融合子层的任务就是将不同感知节点、不同模式、不同媒质、不同时间、不同表示的数据进行相关和综合，以获得对被感知对象的更精确的描述。融合处理的对象不局限于接收到的初级数据，还包括对多源数据进行不同层次抽象处理后的信息。

总体来说，感知层的功能具有泛在化的特点，能够全面采集数据信息，使物联网建立在全面感知基础之上。

2. 网络层

网络层位于物联网体系结构的中间，为应用层提供数据传输服务，因此也可称为传输层。这是从应用系统体系结构的视域提出的，既将一个大型网络应用系统分为网络应用与传输两个部分，凡是提供数据传输服务的部分都作为"传输网"或"承载网"。按照这个设计思想，互联网包括广域网、城域网、局域网与个人区域网，以及无线通信网、移动通信网、电话交换网、广播电视网等，都属于传输网范畴，并呈现出互联网、电信网与广播电视网融合化发展的趋势。最终，将主要由融合化网络通信基础设施承担起物联网数据传输任务。

网络层的主要功能是利用各种通信网络，实现感知数据和控制信息的双向传递。物联网需要大规模的信息交互及无线传输，可以借助现有通信网设施，根据物联网特性加以优化和改造，承载各种信息的传输；也可开发利用一些新的网络技术，例如，软件定义网络（SDN）承载物联网数据通信。因此，网络层的核心组成是传输网，由传输网承担感知层与应用层之间的数据通信任务。鉴于物联网的网络规模、传输技术的差异性，将网络层分为接入、汇聚和核心交换3个子层。

1）接入层

接入层是指直接面向用户连接或访问物联网的组成部分。接入层的主要任务是把感知层所获取的数据信息通过各种网络技术进行汇总，将大范围内的信息整合到一起，以供传输与交换。接入层的重点是强调接入方式，一般由基站节点或汇聚节点（Sink）和接入网关（Access Gateway）等组成，完成末梢各节点的组网控制，或完成向末梢节点下发控制信息的转发等功能。也就是在末梢节点之间完成组网后，如果末梢节点需要上传数据，则将数据发送给基站节点，基站节点收到数据后，通过接入网关完成和承载网络的连接；当应用层需要下传数据时，接入网关收到承载网络的数据后，由基站节点将数据发送给末梢节点，从而完成末梢节点与承载网络之间的信息转发和交互。物联网网关作为接入子层的主要设备，起着现场网络管理的功能，并负责现场网络与各种网络层设备的信息转发。

2）汇聚层

将位于接入层和核心交换层之间的部分称为汇聚层。该层是区域性网络的信息汇聚点，为接入层提供数据汇聚、传输、管理、分发。汇聚层应能够处理来自接入层设备的所有通信量，并提供到核心交换层的上行链路。同时，汇聚层也可以提供接入层虚拟网之间的互连，控制和限制接入层对核心交换层的访问，保证核心交换层的安全。

汇聚层的具体功能是：①汇集接入层的用户流量，进行数据分组传输的汇聚、转发与交换；②根据接入层的用户流量进行本地路由、包过滤和排序、流量均衡与整形、地址转换，以及安全控制等；③根据处理结果把用户流量转发到核心交换层，或者在本地重新路由；④在VLAN之间实现路由功能以及其他工作组所支持的功能；⑤定义组播域和广播域等。

汇聚层的设备一般采用可管理的三层交换机或堆叠式交换机，以达到带宽和传输性能的要求。其设备性能较好，但价格高于接入层设备，而且对环境的要求也较高，对电磁辐射、温度、湿度和空气洁净度等都有一定的要求。汇聚层设备之间以及汇聚层设备与核心交换层设备之间多采用光纤互连，以提高系统的传输性能和吞吐量。

一般来说，用户访问控制设置在接入层，也可以安排在汇聚层。在汇聚层实现安全控制、身份认证时，采用集中式管理模式。当网络规模较大时，可以设计综合安全管理策略，例如在接入层实现身份认证和 MAC 地址绑定，在汇聚层实现流量控制和访问权限约束。

3）核心交换层

核心交换层主要为物联网提供高速、安全、具有服务质量保障力的通信环境。一般将网络主干部分划归为核心交换层，其主要目的是通过高速转发交换，提供优化、可靠的骨干传输网络结构。传感网与移动通信技术、互联网技术相融合，完成物联网层与层之间的通信，实现广泛的互联功能。

传感器网络与移动通信技术、互联网技术相融合，完成物联网层与层之间的通信，实现更加广泛的互联功能，包括各种通信网络与物联网形成的承载网络，能够把感知到的信息无障碍、高可靠性、高安全性地进行传送。

3. 应用层

物联网应用层利用经过分析处理的感知数据，为用户提供不同类型的特定服务，主要功能是解决数据处理和人机交互问题。网络层传送过来的数据在这一层进入各类信息系统进行处理，并通过各种设备与人机交互。应用层按功能可划分为智能处理、应用接口两个子层。

1）智能处理层

以数据为中心的物联网的核心功能是对感知数据的智能处理，它包括对感知数据的存储、查询、分析、挖掘、理解，以及基于感知数据的决策和行为控制。物联网的价值主要体现在对于海量数据的智能处理与智能决策水平上。智能处理利用云计算（Cloud Computing）、数据挖掘（Data Mining）、中间件（Middleware）等实现感知数据的语义理解、推理和决策。智能处理层对下层网络层的网络资源进行认知，进而达到自适应传输的目的；对上层的应用接口层提供统一的接口与虚拟化支撑。虚拟化包括计算虚拟化和存储资源虚拟化等。智能决策支持系统是由模型库、数据仓库、联机分析处理（OLAP）、数据挖掘及交互接口集成在一起的。

2）应用接口层

物联网应用涉及面广，涵盖业务需求多，其运营模式、应用系统、技术标准、信息需求、产品形态均不相同，需要统一规划和设计应用系统的业务体系结构，才能满足物联网全面实时感知、多业务目标、异构技术融合的需要。应用接口层的主要任务就是将智能处理层提供的数据信息，按照业务应用需求，采用软件工程方法，完成服务发现和服务呈现，包括对采集数据的汇聚、转换和分析，以及用户层呈现的适配和事件触发等。

应用接口层是物联网与用户（包括组织机构、应用系统、人及物品）的能力调用接口，包括物联网运营管理平台、行业应用接口、系统集成、专家系统等，用于支撑跨行业、跨应用、跨系统之间的信息协同、共享和互通。除此之外，应用接口层还可以包括各类用户设备（如 PC、手机）、客户端、浏览器等，以实现物联网的智能应用。

应用层是物联网应用的体现。目前，物联网的应用领域主要为：绿色农业、工业监控、公共交通、公共安全、城市管理、远程医疗、智能家居、智能交通和环境监测等行业。在这些应用领域均已有成功的尝试，某些行业已经积累了很好的应用案例。物联网应用系统的特点是多样化、规模化和行业化，为了保证应用接口层有条不紊地交换数据，需要制定有一系列的信息交互协议。应用接口层的协议一般由语法、语义与时序组成。语法规定智能处理过程的数据与控制信息的结构及格式；语义规定需要发出什么样的控制信息，以及完成的动作与响应；时序规定事件实现的顺序。对不同的物联网应用系统制定不同的应用接口层协议。例如，智能电网的应用接口层的协议与智能交通应用接口层的协议不可能相同。通过应用层接口协议实现物联网的智能服务。

4. 支持物联网共性需求的功能面

物联网体系结构还应包括贯穿各层的网络管理、服务质量（Quality of Service，QoS）、信息安全等共性需求的功能面，为用户提供各种具体的应用支持。

（1）网络管理：网络管理是指通过某种方式对网络进行管理，使网络能正常、高效地运行。国际标准化组织（ISO）为网络管理定义了 5 个功能：配置管理、性能管理、记账管理、故障管理和安全管理。它认为，开放系统互连管理是指这样一些功能，它们控制、协调、监视 OSI 环境下的一些资源，这些资源保证 OSI 环境下的通信。

（2）服务质量（QoS）：物联网传输的信息既包含海量感知信息，又包括反馈的控制信息；既包括对安全性、可靠性要求很高的多媒体信息，也包括对安全性、可靠性与实时性要求很高的控制指令。网络资源总是有限的，只要存在网络资源的竞争使用，就会有服务质量要求。服务质量是相对于网络业务而言的，在保证某类业务服务质量的同时，可能是在损害其他业务的服务质量。例如，在网络总带宽固定的情况下，若某类业务占用带宽较多，其他业务能使用的带宽就会减少。因此，需要根据业务的特点对网络资源进行合理规划、分配，以使得网络资源得到高效利用。可以说，物联网对数据传输的 QoS 要求比互联网更复杂，需要贯穿于物联网体系结构的各个层级，通过协同工作的方式予以保障。

（3）信息安全：物联网场景中的实体均具有一定的感知、计算和执行能力，这些感知设备将会对网络基础设施、社会和个人信息安全构成安全威胁。就传感网而言，其感知节点大都部署在无人监控的环境中，具有能力脆弱、资源受限等特点。由于物联网是在现有网络基础上扩展了传感网和应用平台，互联网的安全措施已不足以提供可靠的安全保障，使得安全问题更具特殊性。物联网信息安全包括物理安全、信息采集安全、信息传输安全和信息处理安全，目标是确保信息的机密性、完整性、真实性和网络的容错性。因此，信息安全需要贯穿在物联网体系结构的各个层级。

1.2.3　物联网的其他体系架构

物联网把传统的信息通信网络延伸到了更为广泛的物理世界，到目前"物联网"仍然还是一个发展的概念，但将"实物"纳入"网络"中，已是信息化发展的一个大趋势。在公开发表物联网应用系统的同时，很多研究人员也提出了若干个物联网体系结构，例如物品万维网（Web of Things，WoT）的体系结构，它定义了一种面向应用的物联网，把万维网服务嵌入到系统中，可以采用简单的万维网服务形式使用物联网。这是一个以用户为中心的物联网体系结构，试图把互联网中成功的、面向信息获取的万维网结构移植到物联网上，用于物联网的信息发布、检索和获取。当前，较具代表性的物联网架构有欧美支持的 EPC Global 物联网体系架构和日本的 Ubiquitous ID（UID）物联网系统等。

1. 物联网的自主体系结构

为了适应异构物联网无线通信环境需要，Guy Pujolle 在 An autonomic-oriented architecture for the Internet of Things（IEEE John Vincent Atanasoff 2006 International Symposium on Modern Computing）中提出了一种采用自主通信技术的物联网自主体系结构，如图 1-6 所示。所谓自主通信，是指以自主件（Self Ware）为核心的通信。自主件在端到端层次以及中间节点，执行网络控制面已知的或者新出现的任务；自主件可以确保通信系统的可进化特性。

由图 1-6 可以看出，物联网的这种自主体系结构由数据面、控制面、知识面和管理面 4 个面组成。数据面主要用于数据分组的传送；控制面通过向数据面发送配置信息，优化数据面的吞吐量，提高可靠性；知识面是最重要的一个面，它提供整个网络信息的完整视图，并且提炼成为网络系统的知识，用于指导控制面的适应性控制；管理面用于协调数据面、控制面和知识面的交互，提供物联网的自主能力。

在图 1-6 所示的自主体系结构中，其自主特征主要是由 STP/SP 协议栈和智能层取代了传统的 TCP/IP 协议栈，如图 1-7 所示。其中，STP 表示智能传输协议（Smart Transport Protocol），SP 表示智能协议（Smart Protocol）。物联网节点的智能层主要用于协商交互节点之间 STP/SP 的选择、优化无线链路之上的通信和数据传输，以满足异构物联网设备之间的联网需求。

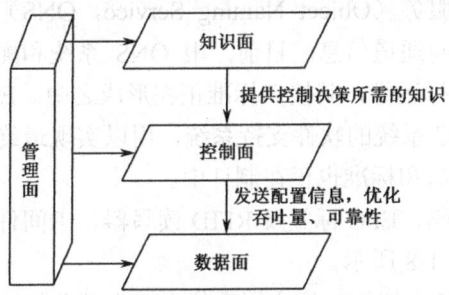

图 1-6　物联网的一种自主体系结构　　　　图 1-7　实现 STP/SP 协议栈的自主体系结构

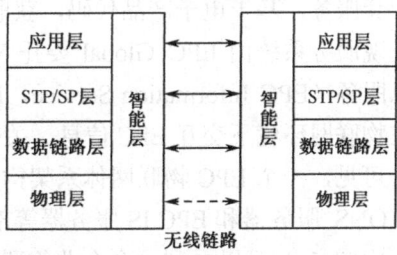

这种面向物联网的自主体系结构所涉及的协议栈比较复杂，只能适用于计算资源较为富裕的物联网节点。

2. 物联网的EPC体系结构

随着全球经济一体化和信息网络化进程的加快，为满足对单个物品的标识和高效识别，美国麻省理工学院的自动识别实验室（Auto-ID）在美国统一代码协会（UCC）的支持下，提出要在计算机互联网的基础上，利用RFID、无线通信技术，构造一个覆盖世界万物的系统。同时，还提出了电子产品编码（EPC）的概念，即：每一个对象都将赋予一个唯一的EPC，并由采用射频识别技术的信息系统管理，彼此联系；数据传输和数据储存由EPC网络来处理。随后，国际物品编码协会（EAN）和美国统一代码协会（UCC）于 2003 年 9 月联合成立了非营利性组织——EPC Global，将EPC纳入了全球统一标识系统，实现了全球统一标识系统中的GTIN编码体系与EPC概念的完美结合。

EPC Global 对于物联网的描述是，一个物联网主要由 EPC 编码体系、射频识别系统和信息网络系统三部分组成。

（1）EPC 编码体系：物联网实现的是全球物品的信息实时共享。显然，首先要做的是实现全球物品的统一编码，即对在地球上任何地方生产出来的任何一件物品，都要给它打上电子标签。这种电子标签携带有一个电子产品编码，并且全球唯一。电子标签代表了该物品的基本识别信息，例如，表示"A 公司于 B 时间在 C 地点生产的 D 类产品的第 E 件"。目前，欧美支持的 EPC 编码和日本支持的 UID（Ubiquitous Identification）编码是两种常见的电子产品编码体系。

（2）射频识别系统：射频识别系统包括 EPC 标签和读写器。EPC 标签是编号（每一个商品唯一的号码，即牌照）的载体，当 EPC 标签贴在物品上或内嵌在物品中时，该物品与 EPC 标签中的产品电子代码就建立起了一对一的映射关系。EPC 标签从本质上来说是一个电子标签，通过 RFID 读写器可以对 EPC 标签内存信息进行读取。这个内存信息通常就是产品电子代码。产品电子代码经读写器报送给物联网中间件，经处理后存储在分布式数据库中。用户查询物品信息时只要在网络浏览器的地址栏中，输入物品名称、生产商、供货商等数据，就可以实时获悉物品在供应链中的状况。目前，与此相关的标准已制定，包括电子标签的封装标准，电子标签和读写器间数据交互标准等。

（3）EPC 信息网络系统：EPC 信息网络系统包括 EPC 中间件、发现服务和 EPC 信息服务三部分。EPC 中间件通常指一个通用平台和接口，是连接 RFID 读写器和信息系统的纽带。它主要用于实现 RFID 读写器和后端应用系统之间信息交互，捕获实时信息和事件，或向上传送给后端应用数据库软件系统以及 ERP 系统等，或向下传送给 RFID 读写器。EPC 信息发现服务（Discovery Service）包括对象名称解析服务（Object Naming Service，ONS）以及配套服务，基于电子产品代码，获取 EPC 数据访问通道信息。目前，根 ONS 系统和配套的发现服务系统由 EPC Global 委托 Verisign 公司进行运维，其接口标准正在形成之中。EPC 信息服务（EPC Information Service，EPC IS）即 EPC 系统的软件支持系统，用以实现最终用户在物联网环境下交互 EPC 信息。关于 EPC IS 的接口和标准也正在制订中。

可见，一个 EPC 物联网体系架构主要由 EPC 编码、EPC 标签及 RFID 读写器、中间件系统、ONS 服务器和 EPC IS 服务器等部分构成，如图 1-8 所示。

由图 1-8 可以看到一个企业物联网应用系统的基本架构。该应用系统由三大部分组成，即 RFID 识别系统、中间件系统和计算机互联网系统。其中 RFID 识别系统包含 EPC 标签和 RFID 读写器，两者通过 RFID 空中接口通信，EPC 标签贴于每件物品上。中间件系统含有

EPC IS 服务器、PML 服务器以及 ONS 服务器及其缓存系统，其后端应用数据库软件系统还包含 ERP 系统等，这些都与计算机互联网相连，故可及时、有效地跟踪、查询、修改或增减数据。

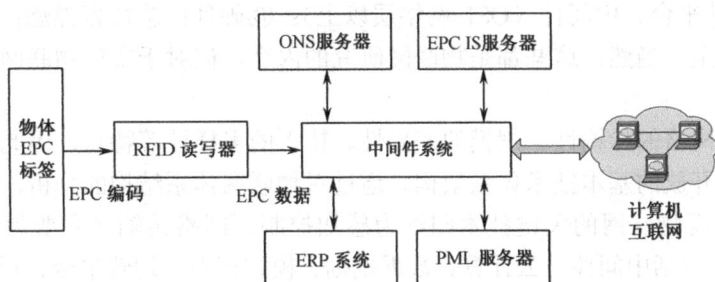

图 1-8　EPC 物联网体系架构示意图

　　RFID 读写器从含有一个 EPC 或一系列 EPC 的标签上读取物品的电子代码，然后将读取的物品电子代码送到中间件系统中进行处理。当读取的数据量较大而中间件系统处理不及时的时候，可应用 ONS 来储存部分读取数据。中间件系统以该 EPC 数据为信息源，在本地 ONS 服务器获取包含该产品信息的 EPC 信息服务器的网络地址。当本地 ONS 不能查阅到 EPC 编码所对应的 EPC 信息服务器地址时，就向远程 ONS 发送解析请求，获取物品的对象名称，继而通过 EPC 信息服务的各种接口获得物品信息的各种相关服务。整个 EPC 网络系统借助于计算机互联网系统，利用在互联网基础上发展产生的通信协议和描述语言来运行。因此，也可以说物联网是架构在互联网基础上的关于各种物理产品信息服务的总和。

　　综上所述，EPC 物联网系统是在计算机互联网基础上，通过中间件系统、对象名称解析服务（ONS）和 EPC 信息服务（EPC IS）来实现物物互联的。

3. 物联网的UID体系结构

　　鉴于日本在电子标签方面的发展，早在 20 世纪 80 年代中期就提出了实时嵌入式系统（TRON），其中的 T-Engine 是其体系的核心。在 T-Engine 论坛领导下，泛在 ID 中心设立在东京大学，于 2003 年 3 月成立，并得到日本政府以及大企业的支持。组建 UID 中心的目的是为了建立和普及自动识别"物品"所需的基础性技术，实现"计算无处不在"的理想环境。

　　UID 是一个开放性的体系结构，由泛在识别码（uCode）、泛在通信器、信息系统服务器和 uCode 解析服务器等部分构成。UID 使用 uCode 作为现实世界物品和场所的标识，UC 从 uCode 电子标签中读取 uCode，以获取这些设施的状态并控制它们，UC 类似于 PDA 终端。UID 可广泛应用于多种产业行业，它能将现实世界用 uCode 标签的物品、场所等各种实体与虚拟世界中存储在信息服务器中的各种相关信息联系起来，实现物物互联。

1.3　物联网技术体系

　　物联网已成为目前 IT 业的新兴领域，引发了相当热烈的研究和探讨。不同的视角对物联网概念的看法不同，所涉及的关键技术也不相同。可以确定的是，物联网技术涵盖了从信息获取、传输、存储、处理直至应用的全过程，在材料、器件、软件、网络、系统各个方面都要有所创新才能会促进其发展。国际电信联盟报告提出，物联网主要需要 4 项关键性应用技术：①标签物品的 RFID 技术；②感知事物的传感网络技术（Sensor Technologies）；③思考事物的智能技术（Smart Technologies）；④微缩事物的纳米技术（Nanotechnology）。显然这侧重了物联网的末梢网络。欧盟《物联网研究路线图》将物联网研究划分为 10 个层面：①感知，ID 发布机制与识别；②物联网宏观架构；③通信（OSI 物理与数据链路层）；④组网（OSI 网络层）；⑤软件平台、中间件（OSI 网络层以上）；⑥硬件；⑦情报提炼；⑧搜索引擎；⑨能源管理；⑩安全。当然，这些都是物联网研究的内容，但对于实现物联网而言略显重点不够突出。

物联网具有网络的异构性、规模的差异性、接入的多样性等特点，因此需要有一个可扩展的、分层的、开放的基本技术体系架构。通过对物联网体系结构的分析，从物联网工程的角度，可以将实现物联网的关键技术归纳为感知控制、网络传输（主要为传感网、通信网络）、系统应用（包括中间件、云计算、数据挖掘、模式识别、运营平台、行业接口、系统集成、专家系统）等关键技术，如图 1-9 所示。

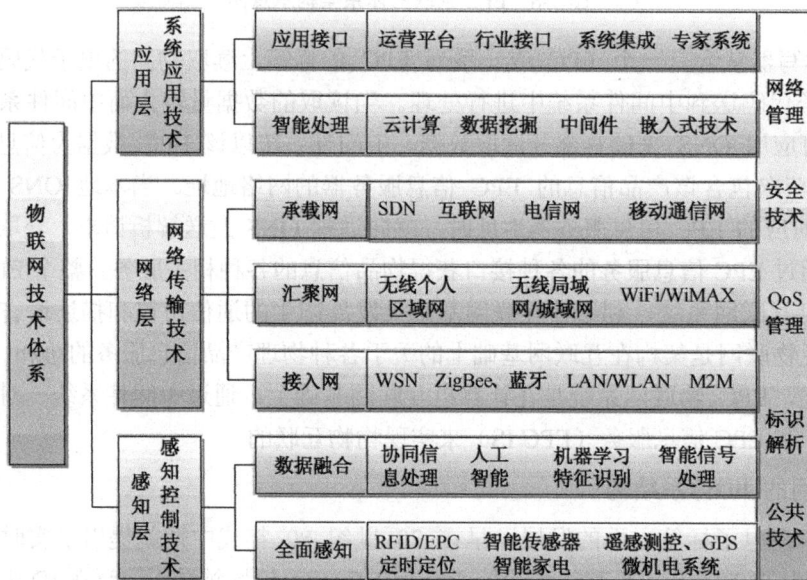

图 1-9　物联网技术体系

1.3.1　感知控制技术

节点感知控制技术是实现物联网的基础。它主要包括用于对物质世界进行感知识别的电子标签技术、RFID 技术、智能传感器技术、智能化传感网节点技术、全球定位系统（Global Positioning System，GPS），以及数据融合与处理技术。

1. 电子标签技术

在感知技术中，电子标签用于对采集点信息进行标准化标识。EPC 技术将物体进行编号，该编号是全球唯一的，以方便接入网络。编码技术是 EPC 的核心，该编码可以实现单品识别，使用射频识别系统的读写器可以实现对 EPC 标签信息的读取，互联网 EPC 体系中实体标记语言服务器把获取的信息进行处理，服务器可以根据标签信息实现对物品信息的采集和追踪，利用 EPC 体系中的网络中间件等，对所采集的 EPC 标签信息进行管理。

2. RFID技术

RFID 是一种非接触式的自动识别技术，属于近程通信，与之相关的技术还有蓝牙

（Bluetooth）技术等。RFID 通过射频信号自动识别目标对象并获取相关数据，识别过程无须人工干预，可工作于各种恶劣环境。RFID 使用射频信号对目标对象进行自动识别，获取相关数据，目前该方法是物品识别最有效的方式。根据工作频率的不同，可以把 RFID 标签分为低频、高频、超高频、微波等不同的种类。RFID 技术与互联网、通信等技术相结合，可实现全球范围内物品跟踪与信息共享。

RFID 主要采用 ISO 和 IEC 制定的技术标准。目前可供射频卡使用的几种射频技术标准有 ISO/IEC 10536、ISO/IEC 14443、ISO/IEC 15693 和 ISO/IEC 18000。应用最多的是 ISO/IEC 14443 和 ISO/IEC 15693，这两个标准都由物理特性、射频功率和信号接口、初始化和反碰撞以及传输协议 4 部分组成。

RFID 与人们常见的条形码相比，比较明显的优势体现在：①阅读器可同时识读多个 RFID 标签；②阅读时不需要光线，不受非金属覆盖的影响，而且在严酷、肮脏条件下仍然可以读取；③存储容量大，可以反复读、写；④可以在高速运动中读取。当然，目前 RFID 也还存在许多技术难点与问题，主要集中在：①RFID 反碰撞、防冲突问题；②RFID 天线研究；③工作频率的选择；④安全与隐私等。

3. 智能传感器技术

传感器是节点感知物质世界的"感觉器官"，用来感知信息采集点的环境参数。传感器可以感知热、力、光、电、声、位移等信号，为物联网系统的处理、传输、分析和反馈提供最原始的数据信息。目前，使用智能传感器是获取信息的一个重要途径。常见的智能传感器包括温度传感器、压力传感器、湿度传感器、霍尔磁性传感器等。

随着电子技术的不断进步，传统的传感器正逐步实现微型化、智能化、信息化、网络化。同时，也正经历着一个传统传感器（Dumb Sensor）—智能传感器（Smart Sensor）—嵌入式 Web 传感器（Embedded Web Sensor）的不断丰富发展的过程。应用新理论、新技术，采用新工艺、新结构、新材料，研发各类新型传感器，提升传感器功能与性能，降低成本，是实现物联网的基础。目前，已经有大量门类齐全、技术成熟的智能传感器产品可供选择使用。

4. 智能化传感网节点技术

智能化传感网节点是一个微型化的嵌入式系统。在感知物质世界及其变化的过程中，需要检测的对象很多，如温度、压力、湿度、应变等。因此，需要针对低功耗传感网节点设备的低成本、低功耗、小型化、高可靠性等要求，研制低速、中高速传感网节点芯片，以及集射频、基带、协议、处理于一体，具备通信、处理、组网和感知能力的低功耗片上系统（System on Chip，SoC）；针对物联网行业应用，研制系列节点产品。这不但需要采用微机电系统（MEMS）加工技术，设计符合物联网要求的微型传感器，使之可识别、配接多种敏感元件，并适用于主被动各种检测方法。另外，传感网节点还应具有强抗干扰能力，以适应恶劣工作环境的需求。重要的是，如何利用传感网节点具有的局域信号处理功能，在传感网节点附近局部完成一定的信号处理，使原来由中央处理器实现的串行处理、集中决策的系统，成为一种并行的分布式信息处理系统。这还需要开发基于专用操作系统的节点级系统软件。

5. GPS技术

全球定位系统（GPS）是美国从 20 世纪 70 年代开始研制，于 1994 年全面建成，具有海、陆、空全方位实时三维导航与定位能力的新一代卫星导航与定位系统。GPS 由空间星座、地面控制和用户设备 3 部分构成。GPS 测量技术能够快速、高效、准确地提供点、线、面要素的精确三维坐标以及其他相关信息，具有全天候、高精度、自动化、高效益等显著特点，广泛应用于军事、民用交通（船舶、飞机、汽车等）导航、大地测量、摄影测量、野外考察探险、土地利用调查、精确农业以及日常生活（人员跟踪、休闲娱乐）等不同领域。

GPS 的基本定位原理是：卫星不间断地发送自身的星历参数和时间信息，用户接收到这些信息后，经过计算求出接收机的三维位置、三维方向以及运动速度和时间。GPS 作为感知技术，是物联网延伸到移动物体采集移动物体信息的重要技术，也是实现物流智能化、可视化及智能交通的重要技术。

6. 数据融合与处理

对于由大量传感网节点构成的物联网，在信息感知的过程中，采用各个节点单独传输数据到汇聚节点的方法是不可行的，需要采用数据融合与智能技术进行处理。因为网络中存有大量冗余数据，会浪费通信带宽和能量资源。此外，还会降低数据的采集效率和及时性。

所谓数据融合，是指将多种数据或信息进行协同处理，组合出高效、符合用户要求的信息的过程。在传感网应用中，多数情况只关心监测结果，并不需要收到大量原始数据；数据融合是处理这类问题的有效手段。例如，借助于数据稀疏性理论在图像处理中的应用，可将其引入传感网数据压缩，以改善数据融合效果。

数据融合技术需要人工智能理论的支持，包括智能信息获取的形式化方法、海量数据处理理论和方法、网络环境下数据系统开发与利用方法，以及机器学习等基础理论。同时，还包括智能信号处理技术，如信息特征识别和数据融合、物理信号处理与识别等。

1.3.2　网络传输技术

在物联网体系结构的网络层中引入了接入层、汇聚层和核心交换层 3 个子层。接入层通过各种接入技术连接用户末端设备；汇聚层聚合接入层的用户流量，实现数据路由、转发与交换；核心交换层为物联网提供一个高速、安全及 QoS 保障的数据通信环境。汇聚层与核心交换层的网络通信设备与通信线路构成承载网，即传输网。

1. 接入网技术

根据对物联网网络层所赋予的含义，其工作范围可以分成两大块：一块是体积小、能量低、存储容量小、运算能力弱的智能物件的互联，如传感网；另一块是没有约束机制的智能终端互联，如智能家电、视频监控等。目前，对于智能物件网络层的通信技术有两项：一是基于 ZigBee 联盟开发的 ZigBee 协议，实现传感器节点或者其他智能物体的互联；另一项技术是 IPSO 联盟倡导的通过 IP 实现传感网节点或者其他智能物体的互联。在物联网的机器到机器、人到机器和机器到人的数据传输中，有多种组网及其通信网络技术可供选择。在物联网的实现中，格外重要的是传感网、ZigBee 技术。

1）传感网技术

传感网是集分布式数据采集、传输和处理技术于一体的网络系统，以其低成本、微型化、低功耗和灵活的组网方式、铺设方式以及适合移动目标等特点受到广泛重视。物联网正是通过遍布在各个角落和物体上的形形色色的传感器节点以及由它们组成的传感网来感知整个物质世界的。目前，面向物联网的传感网主要涉及以下关键技术：

（1）传感网体系结构及底层协议。对传感网而言，其网络体系结构虽不同于传统的计算机网络和通信网络，但也可以由分层的网络通信协议、传感网管理以及应用支撑技术三部分组成。其中，分层的网络通信协议结构类似于 TCP/IP 协议体系结构；传感网管理技术主要是对传感器节点自身的管理以及用户对传感网的管理；在分层协议和网络管理技术的基础上，支持传感网的应用支撑技术。

（2）协同感知技术。协同感知技术包括分布式协同组织结构、协同资源管理、任务分配、信息传递等关键技术，以及面向任务的动态信息协同融合、多模态协同感知模型、跨层协同感知、协同感知物联网基础体系与平台等。只有依靠先进的分布式测试技术与测量算法，才能满足日益提高的测试、测量需求。这显然需要综合运用传感器技术、嵌入式计算机技术、分布式数据处理技术等，协作地实时监测、感知和采集各种环境或监测对象的信息，并对其进行处理、传输。

（3）对传感网自身的检测与自组织。由于传感网是整个物联网的底层及数据来源，网络自身的完整性、完好性和效率等性能至关重要。因此，需要对传感网的运行状态及信号传输通畅性进行良好监测，才能实现对网络的有效控制。在实际应用当中，传感网中存在大量传感器节点，密度较高，当某一传感网节点发生故障时，网络拓扑结构有可能会发生变化。因此，设计传感网时应考虑自身的自组织能力、自动配置能力及可扩展能力。

（4）传感网安全。传感网除了具有一般无线网络所面临的信息泄露、数据篡改、重放攻击、拒绝服务等多种威胁之外，还面临传感网节点容易被攻击者物理操纵，获取存储在传感网节点中的信息，从而控制部分网络的安全威胁。这显然需要建立起物联网网络安全模型来提高传感网的安全性能，如：在通信前进行节点与节点的身份认证；设计新的密钥协商算法，使得即使有一小部分节点被恶意控制，攻击者也不能或很难从获取的节点信息推导出其他节点的密钥；对传输数据加密，解决被窃听的问题；保证网络中传输的数据只有可信实体才可以访问；采用一些跳频和扩频技术减轻网络堵塞等问题。

2）ZigBee 技术

ZigBee 是基于底层 IEEE 802.15.4 标准，用于短距离范围、低数据传输速率的各种电子设备之间的无线通信技术，它定义了网络/安全层和应用层。ZigBee 拥有 250 kb/s 的宽带，传输距离可达 1 km 以上，功耗小。经过多年的发展，ZigBee 技术体系已经成熟，在标准方面已发布 ZigBee 技术的第 3 个版本 V1.2；对于芯片，已能够规模生产基于 IEEE 802.15.4 的网络射频芯片和新一代的 ZigBee 射频芯片（将单片机和射频芯片整合在一起）。在应用方面，ZigBee 技术已广泛应用于工业自动化、精准农业、智能医疗、智慧家居等众多领域。

3）蓝牙技术

蓝牙是一种支持设备短距离通信的无线电技术，可以在移动电话、PDA、无线耳机、笔记本电脑等众多设备之间进行无线信息交换。利用该技术可以简化设备终端之间的通信，也能简化设备与互联网之间的相互通信，从而使数据传输准确、高效。

物联网的接入方式较多，需要将多种接入手段整合起来，一般是使用网关设备统一接入到通信网络中，以满足不同的接入需求。常见的近程通信技术除了 WSN、ZigBee、蓝牙之外，还有多跳移动无线网络（Ad hoc）、无线高保真（Wireless Fidelity，WiFi）、全球微波互联接入（Worldwide Interoperability for Microwave Access，WiMAX）、无线局域网（Wireless Local Area Network，WLAN）、无线城域网（Wireless Metropolitan Area Network，WMAN）、M2M、Mesh 网络及全 IP 网络等。M2M 是机器之间建立连接的所有技术和方法的总称，也属于物联网的一种接入方式。

2. 汇聚网技术

汇聚层物联网技术可以分为无线和有线两大类型。无线网络技术主要有无线个人区域网、无线局域网/城域网、3G/4G 移动通信网，以及专用无线通信技术。有线通信网络技术主要有局域网、工业现场总线网络以及电话交换网等。目前，这些通信网络技术均已成熟。

在市场方面，目前 GSM 技术仍在全球移动通信市场占居优势地位；数据通信厂商比较青睐 WiFi、WiMAX、移动宽带无线接入（Mobile Broadband Wireless Access，MBWA）通信技术，传统电信企业倾向使用移动通信网络技术。WiFi、WiMAX、MBWA 和 3G/4G 在高速无线数据通信领域扮演着重要角色。这些通信技术都具有很好的应用前景，它们彼此互补，既在局部有竞争、融合，又不可互相替代。

从竞争的角度来看，WiFi 主要被定位在室内或小范围内的热点覆盖，提供宽带无线数据业务，并结合 VoIP 提供语音业务；3G/4G 所提供的数据业务主要是在室内低移动速度的环境下，而在高速移动时以语音业务为主。因此，两者在室内数据业务方面存在明显的竞争关系。WiMAX 已由固定无线演进为移动无线，并结合 VoIP 解决了语音接入问题。WBMA 与 3G/4G 两者存在较多的相似性，导致它们之间有较大的竞争性。

从融合的角度来看，在技术方面 WiFi、WiMAX、MBWA 仅定义了空中接口的物理层和 MAC 层，4G 技术作为一个完整的网络已经商用。在业务方面，WiFi、WiMAX、WBMA 主要是提供具有一定移动特性的宽带数据业务，4G 是为语音业务和数据业务共同设计的。双方侧重点不同，在一定程度上它们需要互相协作、互相补充。

未来的无线通信网络，将是多个现有网络系统的融合与发展，为用户提供全接入的网络传输系统。未来终端的趋势是小型化、多媒体化、网络化、个性化，并将计算、娱乐、通信等功能集于一身。移动终端将会面向不同的无线接入网络。这些接入网络覆盖不同的区域，具有不同的技术参数，可以提供不同的业务能力，相互补充、协同工作，实现用户在无线环境中的无缝漫游。

3. 承载网技术

目前，有多种通信技术可供物联网作为核心承载网络选择使用，可以是公共通信网（如 3G/4G 移动通信网），或者 SDH/MSTP 技术、PTN 技术、光传送网（OTN），或者互联网、移动互联网、企业专用网、卫星通信等。另外，一种称为软件定义网络（Software Defined Network，SDN）的热门网络技术已经提出。

若将物联网建立在数据分组交换技术基础之上，则将采用数据分组网即互联网作为核心承载网。其中，IPv6 作为下一代 IP 网络协议，具有丰富的地址资源，能够支持动态路由机制，可以满足物联网对网络通信在地址、网络自组织以及扩展性方面的要求。但是，由于 IPv6 协议栈过于庞大复杂，不能直接应用到传感器设备中，需要对 IPv6 协议栈和路由机制做相应的裁剪，才能满足低功耗、低存储容量和低传送速率的要求。目前有多个标准组织进行了相关研究，IPSO 联盟于 2008 年 10 月已发布了一款最小的 IPv6 协议栈——μIPv6。

软件定义网络（SDN）是一种全新的网络技术，它通过分离网络设备的控制与数据面，将网络的能力抽象为应用程序接口（Application Programming Interface，API）提供给应用层，从而构建开放可编程的网络环境，在对底层各种网络资源虚拟化的基础上，实现对网络的集中控制和管理。与采用嵌入式控制系统的传统网络设备相比，SDN 将网络设备控制能力集中到中央控制节点，通过网络操作系统以软件驱动的方式实现灵活、高度自动化的网络控制和业务配置。SDN 将打破传统网络设备制造商独立而封闭的控制面结构体系，改变网络设备形态和网络运营商的工作模式，对网络的应用和发展将产生直接影响。

1.3.3 系统应用技术

物联网以终端感知网络为触角，全面感知物理世界的每一个角落，获得客观世界的各种测量数据。但它的战略目标是为人服务，需要将获得的各种物理量进行综合分析，智能地优化人类生产与生活。因此，物联网的系统应用技术包括了对海量信息的智能处理，建立起专家系统、预测模型、行业接口和运营平台，实现人机交互服务。

1. 海量数据智能处理

海量数据智能处理是指依托先进的软件工程技术，对物联网的各种数据进行海量存储与快速处理，并将处理结果实时反馈给网络中的各种"控制"部件。智能处理技术就是为了有效地达到某种预期目的，对数据进行知识分析所采用的各种方法和手段：当传感网节点具有移动能力时，网络拓扑结构如何保持实时更新；当环境恶劣时，如何保障通信安全；如何进一步降低能耗。通过在物件中植入智能系统，可以使得物件具备一定的智能性，主动或被动地实现与用户的沟通，这也是物联网的关键技术之一。智能处理技术主要包括人工智能理论、先进的人-机交互技术、智能控制技术与系统等。物联网的实质性含义是要给物体赋予智能，以实现人与物、物与物之间的交互对话。为了实现这样的智能性，需要智能化的控制技术与系统。例如，怎样控制智能服务机器人完成既定任务，包括运动轨迹控制、准确的定位及目标跟踪等。

1）云计算

随着互联网时代信息与数据的快速增长，有大规模、海量的数据需要处理。为了节省成本和实现系统的可扩放性，云计算（Cloud Computing）的概念应运而生。云计算是基于网络将计算任务分布在大量计算机构成的资源池上，使用户可以借助网络按需求获取计算力、存储空间和信息服务。云计算为感知数据的存储、分析提供平台，是信息处理的重要组成部分，也是物联网各种应用的基础。

云计算是一种网络应用模式，由 Google 首先提出。云计算最基本的概念是透过网络将庞大的计算处理程序自动分拆成无数个较小的子程序，再交由多部服务器所组成的庞大系统经搜寻、计算分析之后将处理结果回传给用户。通过云计算技术，网络服务提供者可以在数秒之内，形成处理数以千万计甚至亿计的数据，达到与超级计算机具有同样强大效能的网络服务。

云计算是分布式计算技术的一种，可以从狭义和广义两个角度理解。狭义的云计算是指 IT 基础设施的交付和使用模式，指通过网络以按需、易扩展的方式获得所需的资源。广义云计算是指服务的交付和使用模式，指通过网络以按需、易扩展的方式获得所需的服务；这种服务可以是 IT 与软件、互联网相关的，也可以是任意其他的服务，它具有超大规模、虚拟化、可靠安全等独特功效。云计算的核心是要提供服务。例如，Microsoft 的云计算有三个典型特点：软件+服务、平台战略和自由选择。未来的互联网世界将会是"云+端"的组合，用户可以便捷地使用各种终端设备访问云端数据和应用。终端设备可以是便携式计算机、手机、电视机等大家熟悉的各种电子产品，同时用户在使用各种设备访问云服务时，获得的是完全相同的无缝体验。

实现云计算还面临诸多挑战，现有云计算系统的部署相对分散，只能在各自内部实现虚拟机自动分配、管理和容错等，云计算系统之间的交互还没有统一标准。关于云计算系统的标准化还存在一系列亟待解决的问题。然而，云计算一经提出，便受到了产业界和学术界的广泛关注。目前，国外已经有多个云计算的科学研究项目，比较有名的是 Scientific Cloud 和 Open Nebula 项目。产业界也在投入巨资部署各自的云计算系统，参与者主要有 Google、Amazon、IBM、Microsoft 等。国内关于云计算的研究也已起步，并在计算机系统虚拟化基础理论与方法研究方面取得了阶段性成果。

2）数据挖掘

数据挖掘是指利用关联规则、分类与预测、聚类分析、序列分析、离群点、预测模型等方法，从大量数据中提取或挖掘知识的过程。面对物联网的海量数据，必须借助于智能处理方法（包括大数据）才能获得相关的知识。在获取海量数据的基础上，通过对物理空间的建模和数据挖掘，提取出对人类处理物理世界有价值的知识。然后利用这些知识产生正确的控制策略，将策略传递到物理世界的执行设备，实现对物理世界的智能决策与控制。

3）中间件

中间件是物联网应用的共性需求（感知、互联互通和智能），是一种可扩展的开放性数据处理软件平台，主要为支持不同厂家、不同型号、不同通信方式、不同通信协议、不同数据格式的物联网感知末端设备，为应用软件提供基于标准的数据调用。物联网中间件一般位于物联网的集成服务器和感知层、网络层的嵌入式设备中。通过中间件实现感知硬件与应用软件之间物理上的隔离与逻辑上的无缝连接，为行业应用提供安全的网络管理与智能服务。

2. 应用接口技术

应用层主要是集成系统底层的功能，根据行业特点，借助于互联网技术手段，开发各类应用接口和解决方案，将物联网的优势与行业的生产经营、信息化管理、组织调度结合起来，构建智能化的应用服务方案。行业的智能应用涉及较多的系统集成、运营平台和行业接口。专家系统是指含有大量的某个领域专家水平的知识库，能够利用人类专家的知识和经验处理该领域问题并进行智能决策的计算机程序系统。

另外，对于物联网而言，还需要许多共性技术的支持，如网络管理、对象名字解析（ONS）、服务质量保障和信息安全。其中，对象名字解析是在 RFID 应用中需解决的问题。在物联网中，ONS 的功能与互联网的域名解析（DNS）功能类似。要查询 RFID 标签对应的物品的详细信息，必须借助于对象名字解析服务器、数据库与服务器体系。

1.4 物联网系统的组成及类型

计算机互联网可以把世界上不同角落、不同国家的人们通过计算机紧密地联系在一起，而采用感知识别技术的物联网也可以把世界上所有不同国家、地区的物品联系在一起，彼此之间可以互相"交流"数据信息，从而形成一个全球性物物相互联系的智能社会。

从不同的角度看，物联网会有多种类型，不同类型的物联网，其软硬件平台组成也会有所不同。从其系统组成来看，可以把它分为软件平台和硬件平台两大系统。

1.4.1 物联网硬件平台组成

物联网是以数据为中心的面向应用的网络，主要完成信息感知、数据处理、数据回传以及决策支持等功能，其硬件平台可由传感网、承载网和信息服务系统等几大部分组成。系统硬件平台组成示意图如图 1-10 所示。其中，传感网包括感知节点（数据采集、控制）和末梢网络（汇聚节点、接入网关等）；核心承载网为物联网业务的基础通信网络；信息服务系统硬件设施主要负责信息的处理和决策支持。

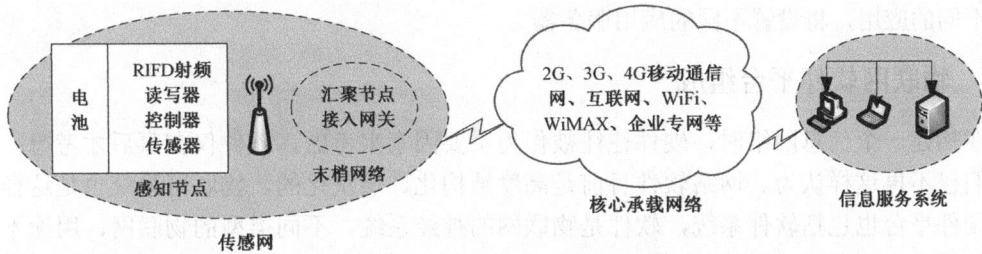

图 1-10　物联网硬件平台示意图

1．感知节点

感知节点由各种类型的采集和控制模块组成，如温度传感器、声音传感器、振动传感器、压力传感器、RFID 读写器、二维码识读器等，完成物联网应用的数据采集和设备控制等功能。

感知节点包括 4 个基本单元：传感单元（由传感器和模数转换功能模块组成，如 RFID、二维码识读设备、温感设备）、处理单元（由嵌入式系统构成，包括微处理器、存储器、嵌入式操作系统等）、通信单元（由无线通信模块组成，实现末梢节点间以及与汇聚节点的通信）以及电源/供电部分。感知节点综合了传感器技术、嵌入式计算技术、智能组网技术及无线通信技术、分布式信息处理技术等，能够通过各类集成化的微型传感器协作地实时监测、感知和采集各种环境或监测对象的信息，通过嵌入式系统对信息进行处理，并通过随机自组织无线通信网络以多跳中继方式将所感知的信息传送到接入层的基站节点和接入网关，最终到达信息应用服务系统。

2．末梢网络

末梢网络即接入网络，包括汇聚节点、接入网关等，完成应用末梢感知节点的组网控制和数据汇聚，或完成向感知节点发送数据的转发等功能。也就是在感知节点之间组网之后，如果感知节点需要上传数据，则将数据发送给汇聚节点（基站）；汇聚节点收到数据后，通过接入网关完成和承载网络的连接。当用户应用系统需要下发控制信息时，接入网关接收到承载网络的数据后，由汇聚节点将数据发送给感知节点，完成感知节点与承载网络之间的数据转发和交互功能。

感知节点与末梢网络承担物联网的信息采集和控制任务，构成传感网，实现传感网的功能。

3．核心承载网络

核心承载网络可以有很多种，主要承担接入网与信息服务系统之间的数据通信任务。根据具体应用需要，承载网络可以是公共通信网，如 3G/4G 移动通信网、WiFi、WiMAX、SDN、互联网以及企业专用网，甚至是新建的专用于物联网的通信网。

4. 信息服务系统硬件设施

物联网信息服务系统硬件设施由各种应用服务器（包括数据库服务器）组成，还包括用户设备（如 PC、手机）、客户端等，主要是对采集数据的融合/汇聚、转换、分析，以及用户呈现的适配和事件的触发等。对于信息采集，从感知节点获取的大量原始数据，对于用户来说只有经过转换、筛选、分析处理后才有实际价值。对这些有实际价值的信息，由服务器根据用户端设备进行信息呈现的适配，并根据用户的设置触发相关的通知信息；当需要对末端节点进行控制时，信息服务系统硬件设施生成控制指令，并发送到末端节点对其进行控制。针对不同的应用，将设置不同的应用服务器。

1.4.2 物联网软件平台组成

在构建一个信息网络时，硬件往往被作为主要因素来考虑，软件仅在事后才考虑；但现在人们已不再这样认为。网络软件目前是高度结构化、层次化的，物联网系统也是这样，既包括硬件平台也包括软件系统，软件是物联网的神经系统。不同类型的物联网，用途不同，其软件系统也不相同，但软件系统的实现技术与硬件平台密切相关。相对于硬件技术而言，软件开发及实现更具有特色。一般说来，物联网软件系统建立在分层的通信协议体系之上，通常包括信息感知系统软件、中间件系统软件、网络操作系统（包括嵌入式系统）、物联网管理信息系统（Management Information System，MIS）等。

1. 信息感知系统软件

信息感知系统软件主要完成物品的识别和物品 EPC 的采集和处理，主要由企业生产的物品、物品电子标签、传感器、读写器、控制器、物品代码（EPC）等部分组成。存储有 EPC 的电子标签在经过读写器的感应区域时，物品的 EPC 会自动被读写器捕获，从而实现 EPC 信息采集的自动化，采集的数据交由上位机信息采集软件进行进一步处理，如数据校对、数据过滤、数据完整性检查等，这些经过整理的数据可以为物联网中间件、应用管理系统使用。对于物品电子标签国际上多采用 EPC 标签，用 PML 语言来标记每一个实体和物品。

2. 中间件系统软件

中间件是位于数据感知设施（读写器）与在后台应用软件之间的一种应用系统软件。中间件具有两个关键特征：一是为系统应用提供平台服务，这是一个基本条件；二是需要连接到网络操作系统，并且保持运行工作状态。中间件为物联网应用提供一系列计算和数据处理功能，其主要任务是对感知系统采集的数据进行捕获、过滤、汇聚、计算，并进行数据校对、解调、数据传送、数据存储和任务管理，减少从感知系统向应用系统中心的数据传送量。同时，中间件还可提供与其他 RFID 支撑软件系统进行互操作等功能。引入中间件使得原先后台应用软件系统与读写器之间非标准的、非开放的通信接口，变成了后台应用软件系统与中间件之间，读写器与中间件之间的标准的、开放的通信接口。

一般，物联网中间件系统包含有读写器接口、事件管理器、应用程序接口、目标信息服务和对象名解析服务等功能模块。

（1）读写器接口。物联网中间件必须优先为各种形式的读写器提供集成功能。协议处理器确保中间件能够通过各种网络通信方案连接到 RFID 读写器。RFID 读写器与其应用程序间通过普通接口相互作用的标准，大多数采用由 EPC-global 组织制定的标准。

（2）事件管理器。事件管理器用来对读写器接口的 RFID 数据进行过滤、汇聚和排序操作，并通告数据与外部系统相关联的内容。

（3）应用程序接口。应用程序接口是应用程序系统控制读写器的一种接口。中间件还要能够支持各种标准的协议，如支持 RFID 以及配套设备的信息交互和管理。同时，还要屏蔽前端的复杂性，尤其是前端硬件（如 RFID 读写器等）的复杂性。

（4）目标信息服务。目标信息服务由两部分组成：一是目标存储库，用于存储与标签物品有关的信息并使之能用于以后查询；二是服务引擎，提供由目标存储库管理的信息接口。

（5）对象名解析服务。对象名解析服务（ONS）是一种目录服务，主要是将每个带标签物品分配的唯一编码与一个或多个拥有关于物品更多信息的目标信息服务的网络定位地址进行匹配。

3．网络操作系统

物联网通过互联网实现物理世界中的任何物件的互联，在任何地方、任何时间可识别任何物件，使物件成为附有动态信息的"智能产品"，并使物件信息流和物流完全同步，从而为物件信息共享提供一个高效、快捷的网络通信和云计算平台。

4．物联网管理信息系统

物联网也要管理，类似于互联网上网络管理。目前，物联网大多是基于 SMNP 建设的管理系统，这与一般的网络管理类似。提供名称解析服务（ONS）是很重要的。名称解析服务类似于互联网的 DNS，要有授权，并且有一定的组成架构。它能把每一种物件的编码进行解析，在通过 URL 服务获得相关物件的进一步信息。

物联网管理机构包括企业物联网信息管理中心、国家物联网信息管理中心以及国际物联网信息管理中心。企业物联网信息管理中心负责管理本地物联网。这是最基本的物联网信息服务管理中心，为本地用户单位提供管理、规划和解析服务。国家物联网信息管理中心负责制定和发布国家总体标准，负责与国际物联网互联，并且对现场物联网管理中心进行管理。国际物联网信息管理中心负责制定和发布国际框架性物联网标准，负责与各个国家的物联网互联，并且对各个国家物联网信息管理中心进行协调、指导、管理等工作。

1.4.3　物联网的主要类型

物联网尚处于萌芽时期，还谈不上分类，但可以借鉴计算机网络划分为专用网和公用网的分类方法，按照接入方式、应用类型等进行简单分类，以便于建设、发展和应用。

按照物联网的用户范围不同，可将其分为公用物联网和专用物联网。公用物联网是指为满足大众生活和信息需求提供物联网服务的网络；专用物联网是指满足企业、团体或个人特色应用，有针对性地提供专业性业务应用的物联网。专用物联网可以利用公用网络（如计算机互联网）、专网（局域网、企业网络或公用网中的专享资源）等进行数据传输。也可以按照网络的隶属关系及管理权限等因素划分。

按照接入网络的复杂程度，物联网可分为简单接入和多跳接入网络。简单接入是指在感知设施获取信息后直接通过有线或无线方式将数据直接发送至承载网络。目前 RFID 读写设备主要采用简单接入方式，简单接入方式可用于终端设备分散、数据量较小的应用场合。多跳接入是指利用传感网（WSN）技术，将具有无线通信与计算能力的微小传感器节点通过自组织方式，根据环境的变化，自主地完成网络自适应组织和数据的传送。由于节点间距离较短，一般多采用多跳方式进行通信。而后传感网络将数据通过接入网关传送到承载网络。多跳接入方式适用于终端设备相对集中、终端与网络间数据传输量较小的场合。采用多跳接入方式可以降低末端感知节点、接入网和承载网络的建设投资和应用成本，提升接入网络的健壮性。

若按照应用类型进行划分，有数据采集应用、自动化控制应用、日常便利性应用以及定位类应用等物联网。

1.5 物联网的应用与发展

物联网是通信网络的应用延伸和拓展，是信息网络上的一种增值应用。感知、传输、应用三个环节构成物联网产业的关键要素：感知识别是基础和前提；传输是平台和支撑；应用则是目的，是物联网的标志和体现。物联网发展不仅需要技术，更需要应用，应用是物联网发展的强大推动力。

1.5.1 物联网的主要应用领域

物联网的应用领域非常广阔，从日常的家庭个人应用，到工业自动化应用，以至军事反恐、城建交通。当物联网与互联网、移动通信网相连时，可随时随地全方位"感知"对方，人们的生活方式将从"感觉"跨入"感知"，从"感知"到"控制"。目前，物联网已经在智能交通、智能安防、智能物流、公共安全等领域得到实际应用。比较典型的应用包括水电行业无线远程自动抄表系统、数字城市系统、智能交通系统、危险源和家居监控系统、产品质量监管系统等，如表 1-1 所示。

表 1-1 物联网主要应用类型

应用分类	用户/行业	典型应用
数据采集	公共事业基础设施 机械制造 零售连锁行业 质量监管行业 石油化工 气象预测 智能农业	自动水表、电表抄读 智能停电车场 环境监控、治理 电梯监控 物品信息跟踪 自动售货机 产品质量监管等
自动控制	医疗 机械制造 智能建筑 公共事业基础设施 工业监控	远程医疗及监控 危险源集中监控 路灯监控 智能交通（包括导航定位） 智能电网等
日常生活便利性应用	数字家庭 个人保健 金融 公共安全监控	交通卡 新型电子支付 智能家居 工业和楼宇自动化等
定位类应用	交通运输 物流管理及控制	警务人员定位监控 物流、车辆定位监控等

表 1-1 中所列应用是一些实际应用或潜在应用，其中某些应用案例已取得了较好的示范效果。

在环境监控和精细农业方面，物联网系统应用最为广泛。早在 2002 年，英特尔公司率先在俄勒冈建立了世界上第一个无线葡萄园，这是一个典型的精准农业、智能耕种的实例。杭州齐格科技有限公司与浙江农科院合作研发了远程农作管理决策服务平台，该平台利用了无线传感器技术实现对农田温室大棚温度、湿度、露点、光照等环境信息的监测。

在民用安全监控方面，英国的一家博物馆利用传感网设计了一个报警系统，他们将节点放在珍贵文物或艺术品的底部或背面，通过侦测灯光的亮度改变和振动情况，来判断展览品的安全状态。中科院计算所在故宫博物院实施的文物安全监控系统也是无线传感网（WSN）技术在民用安防领域中的典型应用。

在医疗监控方面，美国英特尔公司目前正在研制家庭护理的传感网系统，作为美国"应对老龄化社会技术项目"的一项重要内容。另外，在对特殊医院（精神类或残障类）中病人的位置监控方面，WSN 也有巨大的应用潜力。

在工业监控方面，美国英特尔公司为俄勒冈的一家芯片制造厂安装了 200 台无线传感器，用来监控部分工厂设备的振动情况，并在测量结果超出规定时提供监测报告。通过对危险区域/危险源（如矿井、核电厂）的安全监控，能有效地遏制和减少恶性事件的发生。

在智能交通方面，美国交通部提出了"国家智能交通系统项目规划"，预计到 2025 年全面投入使用。该系统综合运用大量传感器网络，配合 GPS 系统、区域网络系统等资源，实现对交通车辆的优化调度，并为个体交通推荐实时的、最佳的行车路线服务。目前在美国的宾夕法尼亚州的匹兹堡市已经建有这样的智能交通信息系统。中科院软件所在地下停车场基于WSN 网络技术实现了细粒度的智能车位管理系统，使得停车信息能够迅速通过发布系统推送给附近的车辆，能够及时、准确地提供车位使用情况及停车收费等。

物流管理及控制是物联网技术最成熟的应用领域。尽管在仓储物流领域，RFID 技术还没有被普遍采纳，但基于 RFID 和传感器节点在大粒度商品物流管理中已经得到了广泛的应用。例如，宁波中科万通公司与宁波港合作，实现了基于 RFID 网络的集装箱和集卡车的智能化管理，还使用 WSN 技术实现了封闭仓库中托盘粒度的货物定位。

智能家居领域是物联网技术能够大力应用的地方：通过感应设备和图像系统相结合，可实现智能小区家居安全的远程监控；通过远程电子抄表系统，可减少水、电表抄表时间间隔，能够及时掌握用电、用水情况；基于 WSN 网络的智能楼宇系统，能够将信息发布在互联网上，通过互联网终端可以对家庭状况实施监测。

物联网应用前景非常广阔，应用领域将遍及工业、农业、环境、医疗、交通、社会各个方面。从感知城市到感知中国、感知世界，信息网络和移动信息化将开辟人与人、人与机、机与机、物与物、人与物互联的可能性，使人们的工作生活时时联通、事事链接，从智能城市到智能社会、智慧地球。

物联网的应用领域虽然广泛，但其实际应用却是针对性极强的，是一种"物物相联"的对物应用。尽管它涵盖了多个领域与行业，但在应用模式上没有实质性区别，都是实现优化信息流和物流，提高电子商务效能，便利生产，方便生活的技术手段。

1.5.2　物联网产业链

物联网作为新一代信息技术产业的重要组成部分，我国已将其列入战略性新兴产业重点扶持对象。加快物联网产业发展对推动经济社会发展方式转变，推动产业结构调整升级，提高自主创新能力，具有重要的战略意义。

1. 物联网产业链结构

一般来说，产业是指生产物质产品的集合体，包括农业、工业、交通运输业等，一般不包括商业；有时专指工业，如产业革命；有时泛指一切生产物质产品和提供劳务活动的集合体。通过分析物联网的体系结构、组成和关键技术可知，物联网产业链主要由感知与控制，数据传输，智能处理与应用服务 3 个环节构成。每个环节都包含着硬件产品、软件产品，以及系统集成、行业应用等关键技术。因此，还可以将物联网产业链细分为核心感知器件、感知层末端设备制造、网络通信产品制造、网络通信服务提供、软件开发与系统集成、运维及应用服务等环节。物联网产业链如图 1-11 所示。

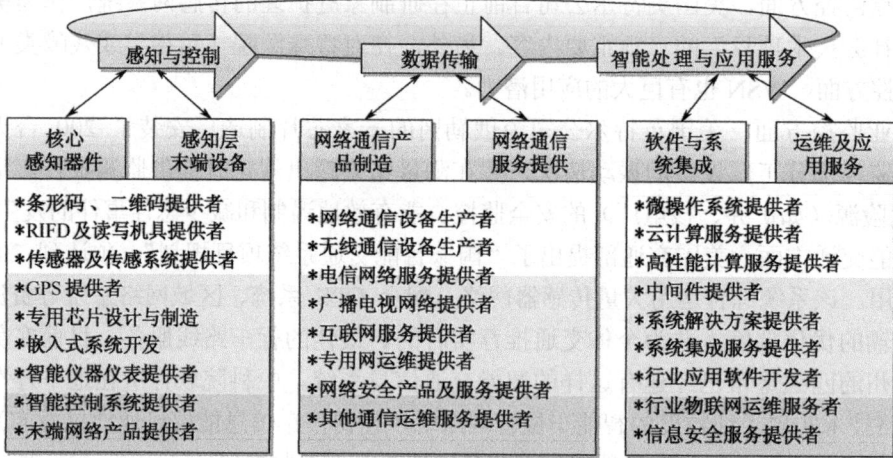

图 1-11　物联网产业链示意图

1）感知与控制产品制造产业

感知与控制设备分为核心感知器件和感知层末端设备。

核心感知器件是物联网标识、识别以及采集信息的基础和核心。其感应器件主要包括 RFID、传感器（生物、物理和化学等）、智能仪器仪表、GPS 等；主要控制器件包括微操作系统、执行器、嵌入式系统等，它们用于完成"感"、"知"后的"控"类指令的执行。

感知层末端设备具有一定独立功能，其典型设备有传感节点设备、传感器网关等完成底层组网（自组网）功能的末端网络产品设备，以及射频识别设备、传感系统及设备、智能控制系统及设备等。

2）数据传输（通信网络）产业

对物联网数据传输提供支撑和服务的产业，涵盖网络产品制造与营销、网络通信服务两大类，涉及互联网、电信网、广播电视网、专网以及其他网络等。

3）智能处理与应用服务产业

智能处理与应用服务产业内涵丰富，主要包括软件与系统集成、运维与应用服务两大产业。

软件与系统集成产业主要是软件产品开发和行业解决方案服务：①感知层的主要软件产品，包括微操作系统、嵌入式操作系统、实时数据库、运行集成环境、信息安全软件、组网通信软件等产品。②处理层的软件产品，包括网络操作系统、数据库、中间件、信息安全软件等。其中，中间件是物联网应用中的关键软件，它是衔接相关硬件设备和业务应用的桥梁，主要是对传感层采集来的数据进行初步加工，使得众多采集设备得来的数据能够统一，便于信息表达与处理，使语义具有互操作性，实现共享，便于后续处理应用。③行业解决方案。行业解决方案提供商提供了应用和服务于各行业或各领域的系统解决方案。目前，物联网的应用遍及智能电网、智能交通、智能物流、智能家具、环境保护、医疗卫生、金融服务业、公共安全、国防军事等领域，根据不同行业应用特点，需要提出个性化的解决方案。系统集成服务产业主要是根据用户需求，将实现物联网的硬件、软件和网络集成为一个完整解决方案提供给用户，部分系统集成商也提供软件产品和行业解决方案。

运维及应用服务产业主要指行业、领域的物联网应用系统的专业运维服务，为用户提供统一的终端设备鉴权、计费等服务，实现终端接入控制、终端管理、行业应用管理、业务运营管理、平台管理等服务。无论是政府公共服务领域，还是纯粹的商业领域，第三方服务将是物联网平台运营的发展趋势。

2. 物联网核心产业链的组成

"感、知、控"构成了物联网功能的核心，与感知层直接相关的产业构成核心产业链，涉及硬件、软件和服务等各种业态。在物联网应用中，没有感知和控制的需求，就没有数据传输和数据处理的需求。单纯从物联网实现的功能角度分析，感知层的关联产业处于物联网产业链的关键地位，感知层涉及核心感知器件提供者、感知层末端设备提供者和软件开发者，它们是物联网产业的基础。拥有自主知识产权的感应器件的研发、设计和制造，是我国物联网产业发展的核心环节，与此相关的射频芯片、传感器芯片和系统芯片等核心智能芯片的设计者和生产者，以及感应器件的制造者是其重点。

物联网底层实现了"感"，要实现对物品的"知"，然后实现对物品的"控"，应用层的智能处理非常关键。应用层的软件开发者、系统集成者、运营服务提供者在物联网产业链中具有重要地位。一个应用系统建成之后，持续的应用和经济价值来源于应用层的服务，未来商业模式的创新也要基于应用层平台服务模式建构。在一个实际的物联网应用系统建成后，其经济价值、社会价值是通过运行服务实现的，这是实现物联网核心价值的关键环节。因此，在物联网发展处于应用推广、试点示范的前期，产品生产、技术开发和解决方案提供者均处于主导地位，它们占据着技术应用市场。而当物联网市场真正成熟即进入市场成熟期后，新兴的信息技术服务企业——物联网平台运营服务者将在物联网产业链中发挥主导地位，它们会成为物联网产业的主角，占据物联网服务市场，能够真正产生网络产业、平台产业特有的零边际成本、强用户锁定、高规模效益的经济效能。

物联网网络层属于独立运行服务的成熟通信网络，技术成熟，应用成熟，属于物联网的网络支撑服务系统，不应该属于物联网核心产业链内容。当然，通信网络运营者如果基于自己的通信网络优势，向上、下的感知层、应用层延伸服务，提供应用系统服务，那它就不是传统意义的网络通信提供者了。

1.5.3 物联网技术发展

在信息技术发展演变的过程中，一次又一次的技术飞跃帮助人们不断获取了新的知识。物联网技术也将会给人类社会又一次带来新的信息革命。目前，物联网技术正处于起步阶段，而且将是一个持续长效的发展过程，必然会呈现出自己独特的发展模式。

从信息技术的起源到现代信息技术，经历了从烽火台到电报电话，再到计算机互联网等阶段，每一次技术进步，都是一次信息技术的飞跃发展。从人与人之间的通信、物与物互联通信两条发展演进模式，可以总结得到信息技术进一步发展的趋势。

1. 人与人之间的通信

人与人之间的通信已经有上百年；无数人的研究发明、推广应用，建立了一整套科学的、可控可管的信息通信网络体系，可安全、高效地服务于人类的信息通信。纵观通信技术的发展过程，一直在沿着两大方向不断探索未知领域：一个是移动化方向，人们为了追求通信的自由，逐步由移动电话替代固定电话，实现位置上的自由通信；另一个是宽带化方向，通信从电路交换转变为以数据分组交换为主，从电报电话到互联网，逐步实现了宽带化的自由通信。人类的信息化从电报、固定电话开始，然后逐步探究更便捷、更大容量的信息传递方式，如移动通信、局域网、互联网。随着网络通信技术的不断发展，人与人之间的通信未知领域不断缩小，目前已经发展到了移动互联网阶段，使社会快步进入了宽带化、移动化数字通信时代。

2. 物与物互联通信

在人们不断探索人与人之间的通信技术时，又从物与物互联通信的角度开始探索研究，并沿着智能化和 IP 化方向演进。为了更好地服务于物与物互联信息的传递，最初，一部分物体被打上条码，有效地提高了物品识别的效率，随着近场通信（Near Field Communication）技术（如 RFID、ZigBee、蓝牙等）的发展，RFID、二维码、传感器等各种现代感知识别技术得到推广应用，在摩尔定律的推动下，芯片的体积不断缩小，功能更加强大，物件自身的网络与人的通信网络开始联通，并快速向未知领域开拓进取，使社会快步进入了基于 IP 数据通信的智能化、数字化时代。

在未来的发展过程中，未知领域显然将逐步缩小，从人的角度和从物的角度对通信的探索将实现融合，最终实现无所不在的物联网。因此，物联网的发展将呈现两大发展趋势。其中一大趋势是智能化：物件要更加智能，能够自主实现信息交换，而这将需要对海量数据进行智能处理。随着云计算技术的不断成熟，这一难题将得到解决。另一大趋势是 IP 化：未来的物联网，将给所有的物件都赋予一个标识，实现"IP 到末梢"，只有这样才能随时随地了解、控制物件的即时信息。在这方面，"可以给每一粒沙子都设定一个 IP 地址"的 IPv6 将能够承担起这项重任。

综上所述，若把人类信息网络划分为实现人与人通信的通信网和实现物与物互联通信的物联网两种类型，从通信网络技术的发展历程来看，它们将并行推进应用发展，逐步实现融合。物联网仅仅是刚刚起步，要想进一步推进其发展，更好地为社会和人们的生活服务，不仅需要研究人员开展广泛的应用系统研究，更需要国家、地区以及优质企业在各个层面上的大力推动和支持。

欧洲智能系统集成技术平台（EPoSS）在 Internet of Things in 2020 报告中预测，物联网发展将经历以下 4 个阶段：

（1）2010 年前，RFID 被广泛应用于物流、零售和制药等领域；

（2）2010—2015 年物件互联；

（3）2015—2020 年物件进入半智能化；

（4）2020 之后物件进入全智能化。

小结与进一步学习建议

在人类发展历史上，人们从来没有停止对自由和美好事物的追求。人们早已不满足于享受"随时、随地"两个维度的自由，而在梦想着"随物"的第三维度自由，即能够与物体自由交流，让物件也有灵感。目前，物联网成为全球研究的热点，国内外都把它的发展提到了国家级的战略高度。何谓物联网，需要一个概述性的导论。本章作为全书的导引和概览，主要介绍了物联网的概念、体系结构、技术体系和硬件、软件平台系统组成，以及物联网的主要应用与发展。

物联网起源于由 RFID 对客观物体进行标识并利用网络进行数据交换这一概念，并不断扩充、延展而逐步形成，而且还在丰富、发展之中。目前，对物联网比较准确的表述是：物联网是通过各种信息感知设施，按约定的通信协议，将物与物、人与物、人与人连接起来，通过各种通信网络进行信息传输与交换，以实现智能化识别、定位、跟踪、监控和管理的一种信息网络。这个定义的核心是，物联网中的每一个物件都可以寻址，每一个物件都可以控制，每一个物件都可以通信。

物联网的理论体系尚未完全建立，对其认识还不够深入。物联网的概念应当分为广义和狭义两方面。广义地讲，物联网是一个未来发展的愿景，等同于"未来的互联网"，或者是"泛在网络"，能够实现人在任何时间、任何地点，使用任何网络与任何人与物的信息交换。狭义地讲，物联网隶属于泛在网，但不等同于泛在网，只是泛在网的一部分；物联网涵盖了物件之间通过感知设施连接起来的传感网。从不同的角度看，物联网会有多种类型，不同类型的物联网其软硬件平台组成也会有所不同；但在任何一个网络系统中，软硬件平台是相互依赖、共生共存的。

物联网与互联网的业务是不同的。互联网是全球化的，只要计算机接入互联网就与全球相连。物联网建设在互联网之上，但并不是任何人、任何物件都能接入。例如，电力系统的物联网只有电力系统的相关人员才能进入，交通系统的物联网只有交通系统的相关人员才能接入，所以物联网实际上是一种专用网。互联网是全球性的，物联网是区域性的。因此，与其说物联网是网络，不如说它是业务和应用。物联网的核心承载网既可以是下一代互联网，也可以是现有的互联网。当然，在下一代互联网中，物联网是最主要的应用目标。所谓泛在网，则是在预订服务的情况下，个人或设备无论何时、何地、用何种方式以最少的技术实现服务和通信的能力。

作为新一轮 IT 革命，智慧地球对于人类文明的影响之深远，可能将远远超过互联网。RFID技术为客观世界中的物件和虚拟世界中的网络提供了沟通的桥梁，未来全球的物件都可能被物联网所覆盖。通过 RFID 技术联入物联网的物件数量，将远远超过当前互联网用户的数量。物联网对于人类社会的工作和生活将会越来越重要，全世界对这个巨大的信息宝藏正进行不断的发掘和利用。因此，物联网产业也将是一个随着新技术发展而不断发展的产业，而且是一个非常有发展前景的新兴产业。当然，本书只能是一个简要的介绍讨论，以引起大家的关注与兴趣。

在物联网技术方面，已有许多内容比较全面而又丰富的著作可供阅读学习，许多专业学术刊物发表了相关的论文也可供参考，许多网络站点和 Web 资源对物联网内容也提供支持，许多 USENET 新闻组、论坛等都致力于物联网技术研究与讨论，希望读者及时查阅相关资料，以跟踪该领域的最新研究与发展。

讨论与思考

1. 什么是物联网？你认为应如何理解物联网的内涵？
2. 简述互联网、传感网与物联网之间的关系。
3. 一般来说，物联网的体系结构分哪几层？每层的主要功能是什么？
4. 归纳物联网的技术体系，简述各层的关键技术。
5. 简述物联网的基本组成。
6. 列举物联网的主要应用领域，并描绘物联网的应用前景。

第 2 章　自动识别技术

自动识别技术就是应用一定的装置，通过被识别物件和识别装置之间的接近活动，主动地获取被识别物件的相关信息，并提供给后台计算机系统来完成相关后续处理的一种技术。在物联网的快速发展中，它已成为集计算机、光、机电、通信技术为一体的高新技术领域。常用的自动识别技术有条形码识别技术、磁卡（条）和 IC 卡技术、射频识别技术、图像识别技术、光学字符识别（OCR）技术和生物识别技术等。本章主要介绍条形码、磁卡（条）、IC 卡和射频识别技术的基本概念和工作原理，并给出基于射频识别技术应用系统的开发案例，供读者参考。

2.1　条形码识别技术

条形码技术是集条码理论、光电技术、计算机技术、图像技术、条码印制技术于一体的一种针对识别技术。条形码技术具有速度快、准确率高、可靠性强、寿命长、成本低等特点，因而被广泛应用。

2.1.1　条码的基本概念

条形码（简称条码）由一组规则排列的条、空以及对应的字符组成，用以表达一组信息的图形标识符。"条"指对光线反射率较低的部分，"空"指对光线反射率较高的部分，这些条和空组成的数据表达一定的信息，并能够用特定的设备识读，转换成与计算机兼容的二进制和十进制信息。

（1）条码的编码：指按一定的规则，用条、空图案对一数字或一字符集合进行表示。条码编码方法有以下两种：宽度调节法和模块组配法。宽度调节法指条码的条（空）宽的宽窄设置不同，用宽单元表示二进制 1，用窄单元表示二进制 0；模块组配法指条码符号中每个字符的条与空分别由若干个模块组配而成，模块宽的条表示二进制 1，模块宽的空表示二进制 0。

（2）模块的概念：构成条码的基本单位是模块，模块是指条码中最窄的条或空。模块的宽度通常以 mm 或 mil（千分之一英寸）为单位。构成条码的一个条或空称为一个单元，一个单元包含的模块数是由编码方式决定的。在有些码制中，如 EAN 码，所有单元由一个或多个模块组成；而另一些码制，如 39 码中，所有单元只有两种宽度，即宽单元和窄单元，其中的窄单元即为一个模块。

（3）条码符号的密度：指单位长度的条码所表示的字符个数。对于一种码制而言，密度主要由模块的尺寸决定，模块尺寸越小，密度越大，所以密度值通常以模块尺寸的值来表示（如 5 mil）。通常 7.5 mil 以下的条码称为高密度条码，15 mil 以上的条码称为低密度条码，条码密度越高，要求条码识读设备的性能（如分辨率）也越高。高密度的条码通常用于标识小的物体，如精密电子元件；低密度条码一般应用于远距离阅读的场合，如仓库管理。

（4）条码的宽窄比：对于只有两种宽度单元的码制，宽单元与窄单元的比值称为宽窄比，一般为 2～3 左右（常用的有 2:1、3:1）。宽窄比较大时，阅读设备更容易分辨宽单元和窄单元，因此比较容易阅读。

（5）条码的对比度：条码的对比度（PCS）是条码符号的光学指标，PSC 值越大则条码的光学特性越好。其数学表达式为：PCS=（RL-RD）/RL×100%，其中 RL 表示条的反射率，RD 表示空的反射率。

（6）条码字符集：指某种条码所含全部条码字符的集合。条码字符中字符总数不能大于该种码制的编码容量。

（7）条码的连续性与非连续性：连续性指每个条码字符之间不存在间隔；相反，非连续性指每个条码字符之间存在间隔。连续性条码密度相对较高，非连续性条码密度较低。

（8）定长条码与非定长条码：定长条码指仅能表示固定字符个数的条码；非定长条码指能表示可变字符格式的条码。定长条码由于限制了字符个数，译码误读率相对较低；非定长条码具有灵活、方便等优点，但译码误读率较高。

（9）条码双向可读性：条码双向可读性指从条码的左、右两侧开始扫描都可被识读的特性。双向可读的条码，识读过程译码器需要判别扫描方向。

（10）条码的码制：指条码符号的类型，不同类型的条码符号，其条、空图案对数据的编码方法各有不同。每种码制都具有固定的编码容量和所规定的条码字符集。目前常用的一维码码制有 EAN 码、UPC 码、交叉 25 码、39 码、128 码以及库德巴（Codabar）码等。不同的码制有各自应用的领域。

2.1.2 条码符号的组成

一个完整的条码的组成次序依次为静区（前）、起始符、数据符、中间分割符（主要用于EAN 码）、校验符、终止符、静区（后），如图 2-1 所示。

图 2-1 条码符号的组成

（1）静区：指条码左右两端外侧与空的反射率相同的限定区域，它能使阅读器进入准备阅读的状态，当两个条码相距较近时，静区则有助于对它们加以区分，静区的宽度通常应不小于 6 mm（或 10 倍模块宽度）。

（2）起始/终止符：指位于条码开始和结束的若干条与空，标志条码的开始和结束，同时提供了码制识别信息和阅读方向的信息。

（3）数据符：位于条码中间的条、空结构，它包含条码所表达的特定信息。

2.1.3 一维条码与二维条码

目前，按照维数的不同，条形码可以分为一维条码和二维条码两种。

1. 一维条码

一维条码指通常说的传统条码，只在一个方向（一般是水平方向）上表达信息。按照用途分为商品用条码（如 EAN 码和 UPC 码）和物流条码（如 EAN128 码、ITF 码、39 码）两种。常用的一种一维条码——商品用条码如图 2-2 所示，其尺寸用基本宽度单位——模块表示，

图 2-2　商品用条码

其中的两条中间分隔符将数据符分成两半。

1）EAN 码

EAN 码是全球推广应用的商品用条码，是定长的纯数字条码，有 EAN-13、EAN-8 码。EAN-13 码的一个模块宽度为 0.33 mm，左空最小宽度为 11 个模块，右空最小宽度为 7 个模块。商品条码的每一个字符由 2 个条、2 个空组成，一个字符的宽度为 7 个模块。EAN-8 码的起始符、中间分隔符、校验符和终止符的结构与 ENA-13 码相同，其左右空的最小宽度均为 7 个模块。

2）UPC 码

UPC 码是美国统一编码委员会制定的一种在北美地区应用的条码。在技术上 UPC 码与 EAN 码完全一样，定长、纯数字型码，有 5 种版本，常用的商品用条码版本为 UPC-A 码和 UPC-E 码。UPC-A 码只包括 12 个数字，是 EAN-13 码的一种特殊形式，其符号长度与 EAN-13 码符号相同，条的高度也相同，但整个标准尺寸的条码符号的高度低于 EAN-13 码的 0.33 mm。UPC-A 码左侧第一个数字字符为系统字符，最后一个字符是校验字符，它们分别放在起始符与终止符的外侧，表示系统字符与校验字符的条码符号的条长，且起始符与终止符的条码字符的条长相等。UPC-E 码左侧第一个字符为编码系统字符，只能取数值 0，其终止符与 UPC-A 码不同。

3）UCC/EAN-128 码

UCC/EAN-128 码是一种连续型非定长条码，是唯一能够表示应用标识的条码符号，能够更多地标识贸易单元中需要表示的信息，如产品批号、规格、生产日期、有效期等。UCC/EAN-128 码是由一组平行的条和空组成的长方形图案。每个字符由 3 个条和 3 个空共 11 个模块组成，终止符由 4 个条和 3 个空共 13 个模块组成。

4）交叉 25 码

交叉 25 码是一种高密度的物流码，第一个数字由条开始，第二个数字由空组成。应用于商品批发、仓库、机场、生产/包装识别。

5）39 码

39 码是一种可表示数字、字母等信息的条码，主要用于工业、图书及票证等方面的自动化管理，目前使用极为广泛。

6）库德巴码

库德巴码也可表示数字和字母信息的条码，主要用于医疗卫生、图书情报、物资流通等领域的自动识别。

2. 二维条码

随着条码技术应用领域的不断扩展，传统的一维条码渐渐表现出了它的局限。首先，使用一维条码，必须通过连接数据库的方式提取信息才能明确条码所表达的信息含义，因此在没有数据库或者不便联网的地方，一维条码的使用就受到了限制。其次，一维条码表达的只能为字母和数字，而不能表达汉字和图像，在一些需要应用汉字的场合，一维条码便不能很好地满足要求。另外，在某些场合下，大信息容量的一维条码通常受到标签尺寸的限制，也给产品的包装和印刷带来了不便。

二维条码是用某种特定的几何图形，按一定规律在平面（二维方向）上分布的黑白相同的图形。它在代码编制上利用计算机内部的逻辑基础的"0"和"1"，使用若干个与二进制相对应的几何图形体来表示文字数值信息，通过图像输入设备或光电扫描设备自动识读来实现信息自动处理。二维条码解决了一维条码存在的许多问题，能够在横向和纵向两个方位同时表达信息，不仅能在很小的面积内表达大量的信息，而且能够表达汉字和存储图像。

常见的二维条码可分为行排式（堆积式）和矩阵式（棋盘式）两大类。行排式的有 Code 49、Code 16K、PDF417；矩阵式的有 Codeone、Datamatrix、Maxicode、QR 码，以及自主知识产权的汉信码、CM 码、GM 码、龙贝码。

1）Code 49 码

Code 49 是一种多层、连续型、可变长度的条码符号，它可以表示全部的 128 个 ASCII 字符，如图 2-3 所示。每个 Code 49 条码符号由 2～8 层组成，每层有 18 个条和 17 个空。层与层之间由一个层分隔条分开。每层包含一个层标识符，最后一层包含表示符号层数的信息。

2）Code 16K 码

Code 16K 码是一种多层、连续型、可变长度的条码符号，可以表示全 ASCII 字符集的 128 个字符及扩展 ASCII 字符，如图 2-4 所示。它采用 UPC 及 Code128 字符。一个 16 层的 Code 16K 符号，可以表示 77 个 ASCII 字符或 154 个数字字符。Code 16K 码通过唯一的起始符/终止符标识层号，通过字符自校验及两个模数 107 的校验字符进行错误校验。

图 2-3　Code 49 码

图 2-4　Code 16K 码

3）PDF（Portable Data File，便捷数据文件）417 码

PDF417 码是一种多层、可变长度、具有高容量和纠错能力的二维码，如图 2-5 所示。它可以表示超过 1 100 个字节、1 800 个 ASCII 字符或 2 700 个数字的数据，可通过线性或二维成像设备识读。

图 2-5　PDF417 码

4）Code one 码

Code one 码是一种由成像设备识别的矩阵式二维码，条码符号中包含可由快速线性探测器识别的图案，每一模块的宽和高的尺寸为 X，如图 2-6 所示。Code one 码共有 10 个版本及 14 种尺寸。最大的符号，即版本 B，可以表示 2 218 个数字字母型字符或 3 550 个数字，以及 560 个纠错字符。Code one 码可以表示全部 256 个 ASCII 字符，另加 4 个功能字符及 1 个填充字符。

5）Data Matrix 码

Data Matrix 码是矩阵式二维码，如图 2-7 所示。Data Matrix 码有 ECC000-140 和 ECC200

两种类型，可表示全部 ASCII 字符及扩展 ASCII 字符，其最大数据容量为 2 335 个文本字符、2 116 个数字或 1 556 个字节。

6）Maxicode 码

Maxicode 码是一种固定长度的矩阵二维码，如图 2-8 所示。Maxicode 码由紧密相连的多行六边型模块和位于符号中央位置的定位图形组成，共有 7 种模式，可表示全部 ASCII 字符和扩展 ASCII 字符，其最大数据容量为 93 个文本字符、138 个数字。

图 2-6　Code one 码

图 2-7　Data Matrix 码

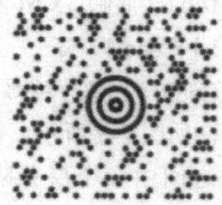
图 2-8　Maxicode 码

7）QR 码

QR 码是日本电装公司在 1994 年向世界公布的快速响应矩阵码的简称。它可容纳大量信息，可表示数字数据 7 089 个字符，密度高，可对英文、数字、汉字进行编码，360 度全方位高速阅读，即使损坏或污损也可读取，具有识读速度快、数据密度大、占用空间小的优势，如图 2-9 所示。

8）汉信码

汉信码是中国物品编码中心研制的具有自主知识产权的矩阵二维码，如图 2-10 所示。它具有汉字编码能力强、抗污损、抗畸变识读能力、识读速度快、信息密度高、纠错能力强、图形美观等优点，是一种十分适合在我国广泛应用的二维码。

9）CM 码（紧密矩阵码）

CM 码是中国自主知识产权的一种高容量接触式识读的二维码，如图 2-11 所示。它具有低误码率、编码信息广泛、支持用户自定义信息、支持隐形防伪印刷等优点。CM 码长宽比可任意调整，具备 1～8 共 8 个纠错等级，极大地提高了条码自身的纠错能力，采用了先进的结构设计和数据压缩模式，其编码数据容量有了质的飞跃，在第 6 级纠错的情况下仍可达到 32 KB 容量。

图 2-9　QR 码

图 2-10　汉信码

图 2-11　CM 码

10）GM 码（网络矩阵码）

GM 码是深圳矽威公司研发的一种二维码，具有纠错能力强、污损容忍度高、抗形变能力强、识读范围大、储存密度高等优点，如图 2-12 所示。目前，在电子商务、电子政务、物流、产业链及移动增值业务等方面得到广泛应用。

11）龙贝码

龙贝码是目前中国拥有完全自主知识产权的二维码，如图 2-13 所示。它具有全方位同步信息，无剩余码字与剩余位，无版本限制，任意调节外形及长宽比，数据结构化压缩和编码，多种及多重语言系统，多重信息加密功能等优点。此外，它还有极强的抗破损、抗污染能力，条码表面任意区域的污损，都不会影响数据信息的正确性。龙贝码广泛应用于证照、物流、电子商务、国防军事、商品流通和公共安全等领域。

图 2-12　GM 码

图 2-13　龙贝码

2.1.4　条码的识读

条码符号是图形化的编码符号，对条码符号的识读需要借助一定的专用设备，将条码符号中含有的编码信息转换成计算机可识别的数字信息。从系统结构和功能上讲，条码识读系统由阅读系统、信号整形、译码和计算机系统等部分组成，如图 2-14 所示。

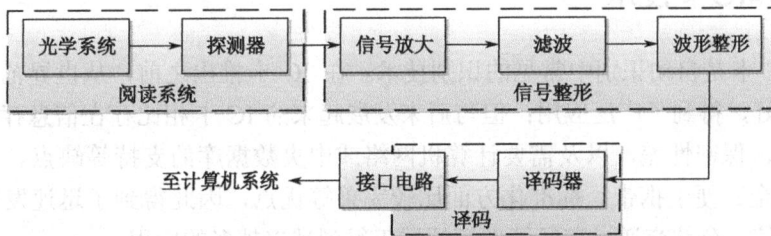

图 2-14　条码识读系统的组成

1. 阅读系统

阅读系统由光学系统及光电探测器（即光电转换器件）组成，它完成对条码符号的光学扫描，并通过光电探测器，将条码条空图案的光信号转换成为电信号。条码阅读系统的主体是光学系统，如图 2-15 所示，包含两部分：①一个扫描器光路，用于产生一个光点，该光点能沿某一轨迹做直线运动；②一个条码符号反射光的接收系统。当条码扫描器光源发出的光照射到条码上时，反射光经凸透镜聚焦后，照射到光电转换器上。光电转换器接收到与空和条相对应的强弱不同的反射光信号，将光信号转换成相应的电信号输出到放大电路进行放大。

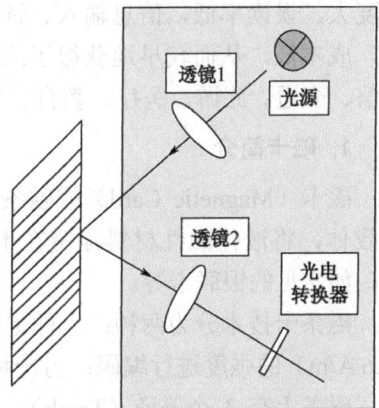

图 2-15　条码阅读的光学系统

2. 信号整形

信号整形部分由信号放大、滤波、波形整形部分组成。它能够将接收到的光信号经光电转换器转换成电信号，并通过放大电路进行放大。放大后的电信号仍然是一个模拟信号，为了避免由条码中的疵点和污点导致错误信号，在放大电路后加一整形电路，把模拟信号转换成数字信号，以便计算机系统能准确判断。信号整形系统的功能在于将条码的光电扫描信号处理成为标准电位的矩形波信号，其高低电平的宽度和条码符号的条空尺寸相对应。

3. 译码

译码部分一般由嵌入式微处理器构成，其功能是对条码的矩形波信号进行译码。它首先通过识别起始、终止字符来判断出条码符号的码制及扫描方向，通过测量脉冲数字电信号0、1 的数目来判断条和空的数目，通过测量 0、1 信号持续的时间来判别条和空的宽度，由此得到被识读的条码的条和空的数目以及相应的宽度和所用的码制。然后，根据码制所对应的编码规则，将条形符号转换成相应的数字、字符信息。最后，通过接口电路，将所得的数字和字符信息通过接口电路输出到条码应用系统中的计算机系统数据终端。

综上所述，条码识读的基本工作原理如下：由光源发出的光线经过光学系统照射到条码符号上面，被反射回来的光经过光学系统成像在光电转换器上，使之产生电信号，信号经过电路放大后产生一模拟电压，它与照射到条码符号上被反射回来的光成正比，再经过滤波、整形，形成与模拟信号对应的方波信号，经译码器解释为计算机可以直接接受的数字信号。

2.2　磁卡和IC卡技术

磁卡和 IC 卡是自动识别中常见的识别技术。在 IC 卡推出之前，从世界范围来看，磁卡由于技术基础好，得到了广泛应用；但与后来发展起来的 IC 卡相比存在信息存储量小，磁条易读出和伪造，保密性差，以及需要计算机网络或中央数据库的支持等缺点。相比之下，IC卡具有信息安全、便于携带、标准化方面比较完善等优点，因此得到了迅速发展，在身份认证、银行、电信、公共交通、车场管理等领域正得到越来越多的应用。

2.2.1　磁卡技术

磁卡一般作为识别卡用，可以写入、储存、改写信息内容，特点是可靠性强，记录数据密度大，误读率低，信息输入、读出速度快。由于磁卡的信息读写相对简单、容易，使用方便，成本低，从而较早地获得了应用发展，并进入了多个应用领域，如金融、财务、邮电、通信、交通、旅游、医疗、教育、宾馆等。

1. 磁卡简介

磁卡（Magnetic Card）或磁条卡（Magnetic Stripe Card），是以液体磁性材料或磁条为信息载体，将液体磁性材料涂覆在卡片上（如存折）或将宽约 6～14 mm 的磁条压贴在卡片上，如常见的银联卡等。

磁条卡技术分为两种：一种是高磁（HICO）卡，即以 2 750 或 4 000 奥[特斯]（1 奥 ≈ 79.6 A/m）的强度进行编码；另一种是低磁（LOCO）卡，即以 300 奥的强度进行编码。

磁条上有 3 个磁道（Track）。磁道 1 与磁道 2 是只读磁道，在使用时磁道上记录的信息只能读出而不允许写或修改。磁道 3 为读写磁道，在使用时可以读出，也可以写入。磁道 1

可记录数字（0～9）、字母（A～Z）和其他一些符号（如括号、分隔符等），最大可记录 79 个数字或字母。磁道 2 和 3 所记录的字符只能是数字（0～9）。磁道 2 最多可记录 40 个字符，磁道 3 最多可记录 107 个字符。

一般非金融领域用磁卡，只将信息记录在第 2 磁道上；而金融领域用磁卡，磁道 1、2、3 都可能用，如工行用 1、3 磁道，建行用 2、3 磁道。1、2、3 磁道均可读写的读写器价格较高。磁卡阅读器的价格一般较低，但读写器价格较高。在一般应用中，磁卡只记录个人账号等只读信息，使用时并不往卡中写信息。

2. 磁卡的物理结构及数据结构

一般而言，应用于银行系统的磁卡上的磁带有 3 个磁道（Track），分别为 Track1、Track2 及 Track3。每个磁道都记录着不同的信息，这些信息有不同的应用，也有一些应用系统的磁卡只使用了两个磁道，甚至只有一个磁道。

磁道的应用分配一般是根据特殊的使用要求而定制的，如银行系统、证券系统、门禁控制系统、身份识别系统、驾驶员驾驶执照管理系统等，都会对磁卡上的 3 个磁道提出不同的应用格式要求。符合国际流通应用系统磁卡上的 3 个磁道的标准定义如下：

（1）磁道 Track1。Track1 的数据标准制定最初是由国际航空运输协会（International Air Transportation Association，IATA）完成的。Track1 上的数据和字母记录了航空运输中的自动化信息，如货物标签信息、交易信息、机票定票/定座情况等。这些信息由专门的磁卡读写设备进行数据读写处理，并且在航空公司中有一套应用系统为此服务。应用系统包含了一个数据库，所有这些磁卡的数据信息都可以在此找到记录。

（2）磁道 Track2。Track2 的数据标准制定最初是由美国银行家协会（American Bankers Association，ABA）完成的。该磁道上的信息已经被当今很多银行系统所采用。它包含了一些最基本的相关信息，如卡的唯一识别号码、卡的有效期等。

（3）磁道 Track3。Track3 的数据标准制定最初是由财政行业（THRIFT）完成的，主要应用于一般的储蓄、货款和信用单位等那些需要经常对磁卡数据进行更改、重写的场合。典型的应用包括现金售货机、预付费卡（系统）、借贷卡（系统）等。这类应用很多都是处于"脱机（Off Line）"的模式，即银行（验证）系统很难实时对磁卡上的数据进行跟踪，表现为用户卡上磁道上 Track3 的数据与银行（验证）系统所记录的当前数据不同。

3. 磁道上允许使用的数字和字符

在磁卡上的 3 个磁道一般都使用"位"（bit）方式来编码。根据数据所在的磁道不同，由 5 bit 或 7 bit 组成一字节。

（1）Track1（IATA）的记录密度为 210 bpi（位每英寸），可以记录 0～9 数字及 A～Z 字母等，总共可以记录多达 79 个数字或字符（包含起始结束符和校验符），每个字符（1 字节）由 7 bit 组成。由于 Track1 上的信息不仅可以用数字 0～9 来表示，还能用字母 A～Z 来表示信息，因此 Track1 上信息一般记录了磁卡的使用类型、范围等一些"标记"性、"说明"性信息。例如在银行用卡中，Track1 记录了用户的姓名、卡的有效使用期限以及其他的一些"标记"信息。

（2）Track2（ABA）的记录密度为 75 bpi，可以记录 0～9 数字，不能记录 A～Z 字符；总共可以记录多达 40 个数字（包含起始结束符和校验符），每个数据（1 字节）由 5 bit 组成。

（3）Track3（THRIFT）。记录密度为 210 bpi，可以记录 0～9 数字，不能记录 A～Z 字母，总共可以记录多达 107 个数字或字符（包含起始结束符和校验符），每个字符（1 字节）由 5 bit 组成。

由于 Track2 和 Track3 上的信息只能用数字 0～9 等来表示，不能用字母 A～Z 来表示信息，因此在银行用卡中，Track2、Track3 一般用以记录用户的账户信息、款项信息等，当然还有一些银行所要求的特殊信息。

在实际的应用开发中，如果希望在 Track2 或 Track3 中表示数字以外的信息，如"ABC"等，一般应采用按照国际标准的 ASCII 码来映射。例如，要将字母"A"记录在 Track2 或 Track3 上时，则可以用"A"的 ASCII 值"0x41"来表示。"0x41"可以在 Track2 或 Track3 中用两个数据来表示"4"和"1"，即"0101"和"0001"。

4. 磁卡识别系统的通信

磁卡技术是接触识读，与条码相比主要有 3 点不同：①可进行部分读写操作；②给定面积的编码容量比条码大；③对于物件逐一标识成本比条码高。接触性识读，其最大的缺点是灵活性太差。磁卡与读卡器之间的通信是通过磁场进行的。读出时需要将磁卡划过读卡器，读卡器再通过磁头拾取磁卡上磁极性的变化；写入时，读卡器产生一个磁场，通过在磁卡上一个较小的区域内有效地改变磁极性的取向，向磁卡写入信息。磁卡与读写器之间交换信息的速率一般为 12 000 b/s。

与磁卡有关的通信参数包括记录介质的物理特性、磁卡上磁道的定位、编码技术、译码技术和数据格式等。磁卡上的信息容易被其他磁场更改或被消除，或由于环境的因素而造成损害。为避免这些损坏，往往需要开发抗磁性较强的磁卡。

2.2.2 IC卡技术

IC 卡是超大规模集成电路技术、计算机技术以及信息安全技术等发展的产物。目前这项技术已成为一门新兴的技术产业，并以其强大的生命力飞速发展。

1. 何谓IC卡

20 世纪 70 年代初，法国人罗兰德·莫瑞诺首次提出 IC 卡的概念。IC 卡即集成电路卡（Integrated Circuit Card），也称为智能卡（Smart Card）、芯片卡，是指以芯片作为交易介质的卡。它将集成电路芯片镶嵌于塑料基片的指定位置上，利用集成电路的可存储特性，保存、读取和修改信息。

IC 卡的芯片尺寸很小，一般内部无电源，用 EEPROM 来存储数据，这样数据不会因断电而丢失，又可方便修改数据。实际上，目前流行的各种卡都是混合型的芯片，即在芯片内部采用多种类型的存储芯片。这主要是因为不同的存储器所占的体积不同，这对超微芯片的生产极为重要。另外，不同的存储器各有各的特点，因此操作系统存储区常采用 ROM，CPU 的内部缓存区采用 RAM，数据应用区采用 EEPROM。

IC 卡应用系统由 IC 卡、读写器以及后台计算机管理系统组成。其中，读写器是一种接口设备（IFD）。它是 IC 卡与应用系统之间的桥梁，不同系统读写器差别很大，但都具备对卡的基本操作功能：

（1）向卡提供稳定的电源和时钟，向无触点卡发射射频信号，并提供卡工作所需的能量；

（2）IC 卡插入/退出的识别和控制；

（3）实现读写器与卡之间的数据交换，并提供控制信号；

（4）对加密数据系统提供相应的加密/解密处理及密钥管理机制；

（5）提供外部控制信息，与其他设备进行信息交换。

2. IC卡的类型

1）按功能分类

根据 IC 卡芯片的功能有如下几种类型：

（1）存储器卡。存储器卡的内嵌芯片相当于普通串行 EEPROM 存储器。这类 IC 卡信息存储方便，使用简单，价格便宜；但由于它本身不具备信息保密功能，一般只能用于保密性要求不高的应用场合。

（2）逻辑加密卡。逻辑加密卡内嵌芯片在存储区外增加了控制逻辑，在访问存储区之前需要核对密码，只有密码正确时才能进行存取操作。这类 IC 卡信息保密性较好，使用方法与普通存储器卡类似。

（3）CPU 卡。CPU 卡内嵌芯片相当于一个特殊类型的单片机，内部除了带有控制器、存储器、时序控制逻辑等外，还带有算法单元和操作系统。CPU 卡具有存储容量大、处理能力强、信息存储安全等特性，广泛用于信息安全性要求特别高的场合。

（4）超级智能卡。这类卡上具有 MPU 和存储器，并装有键盘、液晶显示器和电源，有的还具有指纹识别装置等。

2）根据数据读写方式分类

根据 IC 卡对卡内数据进行读写方式的不同可以分为接触式 IC 卡和非接触式 IC 卡两大类。

接触式 IC 卡具有标准形状的铜皮触点，读写机具上有一个带触点的卡座，通过卡座上的触点与卡上的铜皮触点的接触后，实现对卡上数据进行读写和处理。接触式 IC 卡可包含一个微处理器，使其成为真正的智能卡，或者只是简单地成为一个存储卡（作为保密信息存储器件）。国际标准 ISO7816 对此类 IC 卡的机械特性、电器特性等进行了严格的规定。通常所说的 IC 卡多指接触式 IC 卡。

非接触式 IC 卡（又称感应式 IC 卡、射频卡）与接触式 IC 卡的区别是卡片内封装有感应天线，无外露部分，对卡上芯片的读写和操作是通过读写机具（基站）发出的电磁波来进行的。其内嵌芯片除了 CPU、逻辑单元、存储单元外，增加了射频收发电路。国际标准 ISO10536 阐述了对非接触式 IC 卡的规定。这类 IC 卡一般用在使用频繁、信息量相对较少、可靠性要求较高的场合。

3）根据应用领域分类

若根据应用领域划分 IC 卡类型，可分为金融芯片卡和非金融芯片卡两种。金融芯片卡又有信用卡和现金储值卡之分。金融芯片卡已成为全球银行卡的应用趋势，市场上有两种金融芯片卡标准，一种是国际上应用较多的 EMV 标准，另一种是我国央行的 PBOC2.0 标准。从2014 年起，我国各银行将陆续停发磁条卡，只发行金融芯片 IC 卡。

3. IC卡系统通信

接触式 IC 卡系统主要由收（付）费卡、读卡器、中央控制单元三部分组成。接触式 IC 卡内通信是通过收（付）费卡表面的电接触点与读写器装置之间进行接触而实现通信的，因而在实际操作时收（付）费卡必须插入读卡器才能传送消息。接触式 IC 卡收（付）费卡与读写器装置之间的信息传递速率通常为 9 600 b/s。接触式 IC 卡的 ISO 标准体系指标（包括体系方式和规程）在 ISO7816 第二部分中做了说明。大多数接触式 IC 卡的电源是由读写器通过收（付）费卡表面的触点提供的。在有些情况下，电池也可装入收（付）费卡中。依照 ISO 规定，IC 卡可在 5 V±0.5 V 及 1~5 MHz 的任何频率（时钟速率）下正常工作。

非接触式 IC 卡系统采用射频通信技术在读卡器和 IC 卡之间采用半双工通信方式，以 1 356 MHz 的高频电磁波为媒介，采用 106 kb/s（载波频率的 128 分频）的传输速率进行通信。由于基带数字信号不可以直接进行传输，在读卡器和 IC 卡之间进行通信时，需要对该基带信号进行调制和解调处理。非接触式 IC 卡系统是一个数字通信系统，一般采用数字调制方法进行调制。在读卡器发送给非接触式 IC 卡数据时，采用 100%或 10%的幅度调制。当非接触式 IC 卡给读卡器返回数据时，采用负载调制方式。负载调制是幅度调制的一种形式，它是通过改变天线的负载，从而改变天线两端信号幅度的一种调制方式。

4. IC卡与磁卡的区别

IC 卡与磁卡有较大的区别。IC 卡是通过卡里的集成电路存储信息，而磁卡是通过卡内的磁力记录信息的。

IC 卡通过芯片上写有的密钥参数进行识别，在使用时必须通过读写设备间特有的双向密钥认证。它在出厂时，先对 IC 卡进行初始化（加密）；交付使用时还需通过 IC 卡发行系统将各用户卡生成自己系统的专用密钥。因此，IC 卡的信息安全性很高。

2.3 射频识别

射频识别（RFID）技术是众多自动识别技术中的一种，也是当今第三次信息浪潮——物联网的关键技术之一。有人称其为一项具有革命性的技术。射频识别的应用领域广泛，发展迅速，正在逐步走向成熟。近年来，射频识别技术在全球得到了迅速发展，在人们的日常生活中已经出现并且产生了越来越大的影响。那么，什么是射频识别技术？它是怎样发展起来的，有哪些特点？都有什么用处？应遵循哪些技术标准？本节将予以简要的介绍。

2.3.1 何谓射频识别

随着高科技的蓬勃发展，智能化管理已经走进了人们的社会生活，一些门禁卡、第二代身份证、公交卡、超市的物品标签等，这些卡片正在改变人们的生活方式。其实秘密就在这些卡片都使用了射频识别技术，可以说射频识别已成为人们日常生活中最简单的身份识别系统。射频识别技术带来的经济效益已经开始呈现在世人面前。射频识别是结合了无线电、芯片制造及计算机等学科的新技术。

1. 射频识别的定义

射频识别（RFID）是一种非接触式的自动识别技术，它利用射频信号及其空间耦合的传输特性，实现对静止或移动物品的自动识别。RFID常称为感应式电子芯片或近接卡、感应卡、非接触卡、电子标签、电子条码等。一个简单的RFID系统由阅读器（Reader）、应答器（Transponder）或电子标签（Tag）组成，其原理是由读写器发射一特定频率的无线电波能量给应答器，用以驱动应答器电路，读取应答器内部的ID码。应答器其形式有卡、钮扣、标签等多种类型，电子标签具有免用电池，免接触、不怕脏污，以及芯片密码为世界唯一、无法复制，安全性高、长寿命等特点。所以，RFID标签可以贴在或安装不同物品上，由安装在不同地理位置的读写器读取存储于标签中的数据，实现对物品的自动识别。RFID的应用非常广泛，目前典型应用有动物芯片、汽车芯片防盗器、门禁管制、停车场管制、生产线自动化、物料管理、校园一卡通等。

2. 射频识别技术的特点

射频识别（RFID）技术的主要特点是通过电磁耦合方式来传送识别信息，不受空间限制，可快速地进行物体跟踪和数据交换。由于 RFID 需要利用无线电频率资源，必须遵守无线电频率管理的诸多规范。具体来说，与同期或早期的接触式识别技术相比，RFID 还具有如下一些特点：

（1）数据的读写功能。只要通过 RFID 读写器即可不需接触，直接读取射频卡内的数据信息到数据库内，且可一次处理多个标签，也可以将处理的数据状态写入电子标签。

（2）电子标签的小型化和多样化。RFID 在读取上并不受尺寸大小与形状的限制，不必为了读取精确度而配合纸张的固定尺寸和印刷品质。此外，RFID 电子标签更易于小型化，便于嵌入到不同物品内，因此可以更加灵活地控制物品的生产和控制，特别是在生产线上的应用。

（3）耐环境性。RFID 最突出的特点是可以非接触读写（读写距离可以从 10 cm 至几十米），可识别高速运动物体，抗恶劣环境，对水、油和药品等物质具有强力的抗污性。RFID 可以在黑暗或脏污的环境之中读取数据。

（4）可重复使用。由于 RFID 为电子数据，可以反复读写，因此可以回收标签重复使用，提高利用率，降低电子污染。

（5）穿透性。RFID 卡即便是被纸张、木材和塑料等非金属或非透明材质包覆，也可以进行穿透性通信；但是不能穿过铁质金属物体进行通信。

（6）数据的记忆容量大。数据容量会随着记忆规格的发展而扩大，未来物品所需携带的数据量会愈来愈大，对卷标所能扩充容量的需求也增加，对此 RFID 将不会受到限制。

（7）系统安全性。将产品数据从中央计算机中转存到标签上将为系统提供安全保障，大大地提高系统的安全性。射频标签中数据的存储可以通过校验或循环冗余校验的方法来得到保证。

2.3.2 RFID技术分类

对于 RFID 技术，可依据标签的供电形式、工作频率、可读性和工作方式进行分类。

1. 根据标签的供电形式分类

在实际应用中，必须给电子标签供电它才能工作，虽然它的电能消耗非常低（一般是 10^{-6} mW 级）。按照标签获取电能的方式不同，常把标签分成有源式、无源式及半有源式。

1）有源式标签

有源式标签通过标签自带的内部电池进行供电，它的电能充足，工作可靠性高，信号传送的距离远。另外，有源式标签可以通过设计电池的不同寿命，对标签的使用时间或使用次数进行限制，它可以用在需要限制数据传输量或者使用数据有限制的地方。有源式标签的缺点主要是价格高，体积大，标签的使用寿命受到限制，而且随着标签内电池电力的消耗，数据传输的距离会越来越短，影响系统的正常工作。

2）无源式标签

无源式标签的内部不带电池，需靠外界提供能量才能正常工作。无源式标签中天线与线圈是典型的产生电能的装置，当标签进入系统的工作区域，天线接收到特定的电磁波，线圈就会产生感应电流，再经过整流并给电容充电，电容电压经过稳压后作为工作电压。无源式标签具有永久的使用期，常常用在标签信息需要每天读写或频繁读写多次的地方，而且无源式标签支持长时间的数据传输和永久性的数据存储。无源式标签的缺点主要是数据传输的距离要比有源式标签短。因为无源式标签依靠外部的电磁感应来供电，它的电能就比较弱，数据传输的距离和信号强度就受到限制，需要敏感性比较高的信号接收器才能可靠识读。但它的价格、体积、易用性决定了它是电子标签的主流。

3）半有源式标签

半有源式标签内的电池仅对标签内要求供电来维持数据的电路供电，或者对标签芯片工作所需电压提供辅助支持，为本身耗电很少的标签电路供电。标签未进入工作状态前，一直处于休眠状态，相当于无源标签，标签内部电池能量消耗很少，因而电池可维持几年，甚至长达 10 年有效。当标签进入读写器的读取区域时，受到读写器发出的射频信号激励，进入工作状态后，标签与读写器之间信息交换的能量支持以读写器供应的射频能量为主（反射调制方式），标签内部电池的作用主要在于弥补标签所处位置的射频场强不足，标签内部电池的能量并不转换为射频能量。

2. 根据标签的工作频率分类

从应用概念来说，电子标签的工作频率也就是射频识别系统的工作频率，是其最重要的特点之一。电子标签的工作频率不仅决定着射频识别系统工作原理（电感耦合还是电磁耦合）和识别距离，还决定着电子标签及读写器实现的难易程度和设备的成本。工作在不同频段或频点上的电子标签具有不同的特点。射频识别应用占据的频段或频点在国际上有公认的划分，即位于 ISM 波段。典型的工作频率有：125 kHz、133 kHz、13.56 MHz、27.12 MHz、433 MHz、902～928 MHz、2.45 GHz、5.8 GHz 等。

1）低频段电子标签

低频段电子标签，简称为低频标签，其工作频率范围为 30～300 kHz。典型工作频率有：125 kHz、133 kHz（也有接近的其他频率的，如 TI 公司使用 134.2 kHz）。低频标签一般为无源标签，其工作能量通过电感耦合方式从读写器耦合线圈的辐射近场中获得。低频标签在与读写器之间传送数据时，应位于读写器天线辐射的近场区内。低频标签的阅读距离一般小于 1 m。

低频标签的典型应用有：动物识别、容器识别、工具识别、电子闭锁防盗（带有内置应答器的汽车钥匙）等。与低频标签相关的国际标准有：ISO 11784/11785（用于动物识别）、ISO 18000-2（125～135 kHz）。低频标签有多种外观形式，应用于动物识别的低频标签外观有：项圈式、耳牌式、注射式、药丸式等。

低频标签的主要优势体现在：标签芯片一般采用普通的 CMOS 工艺，具有省电、廉价的特点；工作频率不受无线电频率管制约束；可以穿透水、有机组织、木材等；非常适合近距离、低速度、数据量要求较低的识别应用等。低频标签的劣势主要体现在：标签存储数据量较少；只能适合低速、近距离识别应用。

2）中高频段电子标签

中高频段电子标签的工作频率一般为 3～30 MHz，典型工作频率为 13.56 MHz。该频段的电子标签，从射频识别应用角度来看，因其工作原理与低频标签完全相同，即采用电感耦合方式工作，所以宜将其归为低频标签类中。另一方面，根据无线电频率的一般划分，其工作频段又称为高频，所以也常将其称为高频标签。

高频电子标签一般也采用无源方式，其工作能量同低频标签一样，也是通过电感（磁）耦合方式从读写器耦合线圈的辐射近场中获得。在与读写器进行数据交换时，标签必须位于读写器天线辐射的近场区内。中频标签的阅读距离一般也小于 1 m（最大读取距离为 1.5 m）。

高频标签由于可方便地做成卡状，其典型应用包括：电子车票、电子身份证、电子闭锁防盗（电子遥控门锁控制器）等。相关的国际标准有：ISO 14443、ISO 15693、ISO 18000-3（13.56 MHz）等。

高频标签的基本特点与低频标签相似，由于其工作频率的提高，可以选用较高的数据传输速率。电子标签天线的设计相对简单，标签一般制成标准卡片形状。

3）超高频与微波电子标签

超高频与微波频段的电子标签，简称为微波电子标签，其典型工作频率为 433.92 MHz、862(902)～928 MHz、2.45 GHz 和 5.8 GHz。微波电子标签可分为有源标签与无源标签两类。工作时，电子标签位于读写器天线辐射场的远区场内，标签与读写器之间的耦合方式为电磁耦合方式。读写器天线辐射场为无源标签提供射频能量，将有源标签唤醒。相应的射频识别系统阅读距离一般大于 1 m，典型情况为 4～7 m，最大可达 10 m 以上。读写器天线一般均为定向天线，只有在读写器天线定向波束范围内的电子标签可被读写。

由于阅读距离的增加，应用中有可能在阅读区域中同时出现多个电子标签的情况，从而提出了多标签同时读取的需求，进而这种需求发展成为一种潮流。目前，先进的射频识别系统均将多标签识读问题作为系统的一个重要特征。

以目前技术水平来说，无源微波电子标签比较成功的产品多集中在 902～928 MHz 工作频段上。2.45 GHz 和 5.8 GHz 射频识别系统多以半有源微波电子标签产品面世。半有源标签一般采用钮扣电池供电，具有较远的阅读距离。

微波电子标签的选用，主要考虑其是否无源，无线读写距离，是否支持多标签读写，是否适合高速识别应用，读写器的发射功率容限，电子标签和读写器的价格等方面。对于可无线写的电子标签而言，通常情况下写入距离要小于识读距离，其原因在于写入时要求有更大的能量。

微波电子标签的数据存储容量一般限定在 2 Kbit 以内，再大的存储容量似乎没有太大的意义。从技术及应用的角度来看，微波电子标签并不适合作为大量数据的载体，其主要功能在于标识物品并完成无接触的识别过程。典型的数据容量指标有 1 Kbit、128 bit、64 bit 等。

微波电子标签的典型应用包括移动车辆识别、电子身份证、仓储物流应用、电子闭锁防盗（电子遥控门锁控制器）等。相关的国际标准有 ISO 10374，ISO 18000-4（2.45GHz）/–5（5.8 GHz）/–6（860～930 MHz）/–7（433.92 MHz），ANSI NCITS 256-1999 等。

3. 根据标签的可读性分类

根据使用的存储器类型，可以将标签分成只读（Read Only，RO）标签、可读写（Read

and Write，RW）标签和一次写入多次读出（Write Once Read Many，WORM）标签。

1）只读标签

只读标签内部只有只读存储器（Read Only Memory，ROM）。ROM 中存储有标签的标识信息。这些信息可以在标签制造过程中由制造商写入 ROM 中，电子标签在出厂时，即已将完整的标签信息写入标签。这种情况下，在应用过程中，电子标签一般具有只读功能。也可以在标签开始使用时由使用者根据特定的应用目的写入特殊的编码信息。

只读标签信息的写入，更多的情况是在电子标签芯片的生产过程中将标签信息写入芯片，使得每一个电子标签拥有唯一的标识 UID（如 96 bit）。应用中，需再建立标签唯一 UID 与待识别物品的标识信息之间的对应关系（如车牌号）。只读标签信息也有的在应用之前由专用的初始化设备将完整的标签信息写入。

只读标签一般容量较小，可以用作标识标签。对于标识标签来说，一个数字或者多个数字、字母、字符串存储在标签中，其储存内容是进入信息管理系统中数据库的钥匙（Key）。标识标签中存储的只是标识号码，用于对特定的标识项目（如人、物、地点）进行标识，关于被标识项目的详细的特定信息，只能在与系统相连接的数据库中进行查找。

2）可读写标签

可读写标签内部的存储器，除了 ROM、缓冲存储器之外，还有非活动可编程记忆存储器。这种存储器一般是 EEPROM（电可擦除可编程只读存储器），它除了存储数据功能外，还具有在适当的条件下允许多次对原有数据的擦除和重新写入数据的功能。可读写标签还可能有随机存储器（Random Access Memory，RAM），用于存储标签反应和数据传输过程中临时产生的数据。

可读写标签一般存储的数据比较大，这种标签一般都是用户可编程的，标签中除了存储标识码外，还存储有大量的被标识项目的其他相关信息，如生产信息、防伪校验码等。在实际应用中，关于被标识项目的所有信息都是存储在标签中的，读标签就可以得到关于被标识目标的大部分信息，而不必连接到数据库进行信息读取。另外，在读标签的过程中，可以根据特定的应用目的控制数据的读出，实现在不同的情况下所读出的数据部分不同。

一般电子标签的 ROM 区存放有生产商代码和无重复的序列码，每个生产商的代码是固定和不同的，每个生产商的每个产品的序列码也是肯定不同的。所以每个电子标签都有唯一码，这个唯一码又是存放在 ROM 中，所以标签就没有可仿制性，是防伪的基础点。

3）一次写入多次读出标签

应用中，还广泛存在着一次写入多次读出（Write Once Read Many，WORM）的电子标签。WORM 标签既有接触式改写的电子标签，也有无接触式改写的电子标签。WORM 标签一般大量用在一次性使用的场合，如航空行李标签、特殊身份证件标签等。

RW 卡一般比 WORM 卡和 RO 卡价格高得多，如电话卡、信用卡等。WORM 卡是用户可以一次性写入的卡，写入后数据不能改变，比 RW 卡要便宜。RO 卡存有一个唯一的 ID 号码，不能修改，具有较高的安全性。

4. 根据标签的工作方式分类

根据标签的工作方式，可将电子标签分为被动式、主动式和半主动式。

1）主动式电子标签

一般来说，主动式 RFID 系统为有源系统，即主动式电子标签用自身的射频能量主动地发送数据给读写器，在有障碍物的情况下，只需穿透障碍物一次。由于主动式电子标签自带电池供电，它的电能充足，工作可靠性高，信号传输距离远。其主要缺点是标签的使用寿命受到限制，而且随着标签内部电池能量的耗尽，数据传输距离越来越短，从而影响系统的正常工作。

2）被动式电子标签

被动式电子标签必须利用读写器的载波来调制自身的信号，标签产生电能的装置是天线和线圈。标签进入 RFID 系统工作区后，天线接收特定的电磁波，线圈产生感应电流供给标签工作，在有障碍物的情况下，读写器的能量必须来回穿过障碍物两次。这类系统一般用于门禁或交通系统中，因为读写器可以确保只激活一定范围内的电子标签。

3）半主动电子标签

在半主动式 RFID 系统里，电子标签本身带有电池；但是标签并不通过自身能量主动发送数据给读写器，电池只负责对标签内部电路供电。这类标签需要被读写器的能量激活，然后才通过反向散射调制方式传送自身数据。

2.3.3 RFID技术应用

RFID 系统的最大优点是减少了人工干预，可应用于跟踪和识别物体、人或动物的多个行业，并在不断发展。当然，RFID 技术在不同应用中所起的作用是不同的，表 2-1 列出了 RFID 在各个领域的一些具体应用实例。

表 2-1 RFID 的应用列表

	应用领域	应用说明
1	物流	物流仓储是 RFID 最有潜力的应用领域之一，UPS、DHL、Fedex 等国际物流巨头都在积极试验 RFID 技术，以期将来大规模应用，提升其物流能力。包括：物流过程中的货物追踪，信息自动采集，仓储管理应用，港口应用，邮政包裹和快递等
2	交通	高速不停车，出租车管理，公交车枢纽管理，铁路机车识别等。已有不少较为成功的案例
3	汽车	制造、防盗、定位、车钥匙。可以应用于汽车的自动化，个性化生产，汽车的防盗，汽车的定位，可作为安全性极高的汽车钥匙。国际上有成功案例
4	零售	由沃尔玛、麦德隆等大超市一手推动的 RFID 应用，可以为零售业带来包括降低劳动力成本、商品的可视度提高，降低因商品断货造成的损失，减少商品偷窃现象等好处。其应用包括商品的销售数据实时统计、补货、防盗等
5	身份识别	RFID 技术由于天生的快速读取与难伪造性，而被广泛应用于个人的身份识别证件，如现在开展的电子护照项目、我国的第二代身份证、学生证以及其他各种电子证件
6	制造业	应用于生产过程的生产数据实时监控、质量追踪、自动化生产、个性化生产等。在贵重和精密的货品生产领域应用更为迫切
7	服装业	可以应用于服装的自动化生产、仓储管理、品牌管理、单品管理、渠道管理等过程，随着标签价格的降低，这一领域将有很大的应用潜力。但在应用时，必须仔细考虑如何保护个人隐私问题
8	医疗	可以应用于医院的医疗器械管理、病人身份识别、婴儿防盗等领域。医疗行业对标签的成本比较不敏感，所以该行业将是 RFID 应用的先锋之一
9	防伪	RFID 技术具有很难伪造的特性，但是如何应用于防伪还需要政府和企业的积极推广。可以应用的领域包括贵重物品（烟、酒、药品）的防伪、票证的防伪等
10	资产管理	各类资产（贵重的或数量大相似性高的物品或危险品等）。随着标签价格的降低，几乎可以涉及所有的物品

	应用领域	应 用 说 明
11	食品	水果、蔬菜、生鲜、食品等保鲜度管理。由于食品、水果、蔬菜、生鲜上含水分多，会影响正常的标签识别，所以该领域的应用将在标签的设计和应用模式上有所创新
12	动物识别	训养动物、畜牧牲口、宠物等识别管理，动物的疾病追踪，畜牧牲口的个性化养殖等。在国际上已有不少较为成功的案例
13	图书馆	书店、图书馆、出版社等应用。可以大大减少书籍的盘点和管理时间，可以实现自动租借、还书等功能。在美国、欧洲、新加坡等已有图书馆应用成功案例，在国内有图书馆正在测试中
14	航空	制造、旅客机票、行李包裹追踪。可以应用于飞机的制造，飞机零部件的保养和质量追踪，旅客的机票、快速登机、旅客的包裹追踪
15	军事	弹药、枪支、物资、人员、卡车等识别与追踪。美国在伊拉克战争中已有大量使用。美国国防部已与其上万的供应商正在对军事物资进行电子标签标识与识别
16	其他	门禁、考勤、电子巡更、一卡通、消费、电子停车场等

在表 2-1 中所列出的 RFID 技术应用领域中，有些已经在实际应用，有些正在研究探讨和发展，特别值得关注的是在物联网中的应用。

1. RFID技术与传感器技术

当电子标签具有感知能力时，RFID 与无线传感网的界限就变得模糊不清了。很多主动式和半主动式电子标签结合传感器进行设计，使得传感器可以发送数据给读写器，而这些电子标签并不完全是无线传感网的节点，因为它们之间缺乏通过相互协同组成的自组织网络进行通信，但是它们又超越了一般的电子标签。另一方面，一些传感器节点正在使用 RFID 读写器作为它们感知能力的一部分。温度标签、振动传感器、化学传感器能大大提高了 RFID 技术的功能。

若将智能传感器与准确的时间、位置感应的电子标签结合起来，将能够记录给定物体的状态及其被处理的情况。例如，人们正在研究开发易腐食品是否过期的生物传感器，这种传感器十分微小，能检测出任何生物或化学制剂。这种传感器由发射器和计算机芯片组成，它能嵌入电子标签，能在水瓶里甚至肉品包装袋的积水底部工作。RFID 生物传感器的研制还需要几年时间，但有些公司，包括麦当劳最大的牛肉供应商——金州食品公司，自 2002 年以来一直在试验 RFID 生物传感器。由 RFID 传感器构成的系统最终将跟踪和监测所有的食品供应，防止污染和生物恐怖主义者。

2. 应用近距离无线通信技术组成无线支付系统

近距离无线通信（Near Field Communication，NFC）技术是由飞利浦公司发起，由诺基亚公司、索尼公司等著名厂商联合主推的一项无线通信技术。NFC 工作在 13.56 MHz 频段，其数据传输速率取决于工作距离，可以是 106 kb/s、212 kb/s 或 424 kb/s；其最长通信距离为 20 cm，在大多数应用中，实际工作距离不会超过 10 cm。NFC 技术的出现将在很大程度上改变人们使用某些电子设备的方式，甚至改变信用卡、现金和钥匙的使用方式，它可以应用在手机等便携型设备上，实现安全的移动支付和交易、简便的端对端通信、在移动中轻松接入信息等功能。

NFC 与 RFID 技术所针对的行业不同，NFC 技术针对的是消费类电子产品，而 RFID 技术针对的是所有行业，包括物流、交通等诸多行业。从某种意义上讲，NFC 也是 RFID 的一种应用，也可以把 NFC 看成是 RFID 的升级。RFID 与 NFC 是相互促进的：一方面，RFID

应用的普及需要无处不在的读写器；另一方面，NFC 是与手机紧密结合的技术，NFC 的普及将解决 RFID 读写器存在的一些难题，为 RFID 的进一步发展助力。此外，RFID 市场的存在和扩大，也给 NFC 技术的推广普及提供了基础环境。从通信角度来看，近距离内工作的 RFID 技术也是近距离无线通信技术的一种。RFID 技术的下一个应用热点将是手机、个人数字助理（PDA）和汽车电子产品等消费性的电子产品领域，它们的表现形式将是基于 NFC 等技术的非接触式移动支付等，例如以手机取代电子钱包、信用卡、积分卡、银行卡和交通卡等。

NFC 手机与用户识别模块（SIM 卡）整合，让手机拥有小额付费功能，并同时可以兼容如 MasterCard Paypass 及 VISA Wave 等多张非接触式感应信用卡，以一部手机就可乘地铁、巴士，还能当作电子钱包，而无须携带许多张卡出门。空中下载（Over The Air，OTA）技术是通过移动通信的空中接口对 SIM 卡数据及应用进行远程管理的技术。借由 OTA，可以简单便捷地配置 NFC 手机的多元化服务。这种移动支付模式将带给消费者极大的方便，它可以随时随地快速选择新的支付模式。NFC 手机将会内建密钥以增加安全性，也可以设定让每一笔交易都必须经过使用者以密码或其他生物特征确认，在系统支持下还能记录每笔交易信息，而客户也可以随时通过手机查询每次充值或交易的记录。NFC 手机还可以读取内建感应线圈的海报提供的优惠信息。如果主要路标也布有内建感应线圈的电子标签，手机就能接收道路、旅游、环境、消费与公共服务等相关信息，使 NFC 的应用更加多元化。

3. RFID技术与4G

RFID 技术在当前的移动通信领域中已经有所应用，但是大部分还处于试验阶段，从 RFID "标记"、"地址号码"和"传感功能"这三个本质特点来看，RFID 在 4G 产业中的应用前景非常广阔。移动通信技术发展到 4G 的直接结果是一个结构更加复杂和功能更加强大的通信系统，除了传统的人与人之间的通信外，设备与设备之间的通信业务（Machine to Machine，M2M）也将得到迅速发展，而 RFID 将在其中扮演关键的角色，因为 RFID 所具有的"标记"、"地址号码"和"传感功能"能够解决 M2M 中很多实际的问题。虽然设备或物品本身并不具备感知的功能，但可以利用支持 RFID 技术的 4G 终端了解设备或物品所处的外界环境，从而更好地实现对设备或物品的数据读取、状态监测和远程管理控制等诸多业务。新融合的需求对移动设备提出了前所未有的挑战，如果需要手持设备支持丰富的融合业务，除了强大的处理器之外，还需要支持无线局域网（WLAN）、超宽带（UWB）、蓝牙、ZigBee、通用移动电话业务（UMTS）等诸多无线协议，用以支持移动通信、娱乐体验的需求。

4G 手机加上 RFID 技术可以实时传递信息和上传或下载多媒体影音档案，提供数据的读取与更新，存储用于对象识别与获取信息的功能。该研究表明，通过 4G 系统结合日常生活中各项物品，如家电用品、日常用品、大众运输、餐厅、电影及卖场等内含的电子标签，各项物品的服务经 4G 手机上的读写器读取之后，产品的具体信息将显示于 4G 手机屏幕，从而达到服务数字化，并且无所不在、无所不用，大大提高了人们数字生活的方便程度。若 RFID 的相关设备成本可以降低的话，未来日常生活中的各项物品均有可能内嵌电子标签，那样 RFID 技术与 4G 系统的结合可为人类未来的生活带来极大方便。

2.4　RFID系统的组成

在实际 RFID 解决方案中，不论是简单的 RFID 系统还是复杂的 RFID 系统，都包含一些基本组件。组件分为硬件组件和软件组件。

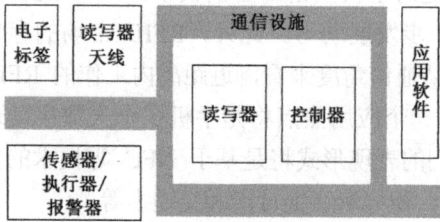

图 2-16　RFID 系统组成结构

从端到端的角度看，一个 RFID 系统由电子标签、读写器天线、读写器、传感器/执行器/报警器、控制器、主机和软件系统、通信设施等部分组成。图 2-16 所示给出了以读写器为中心的 RFID 系统组成结构。

若从功能实现的角度看，可将 RFID 系统分成边沿系统和软件系统两大部分，如图 2-17 所示。这种观点同现代信息技术观点相吻合。边沿系统主要是完成信息感知，属于硬件组件部分；软件系统完成信息的处理和应用；通信设施负责整个 RFID 系统的信息传递。

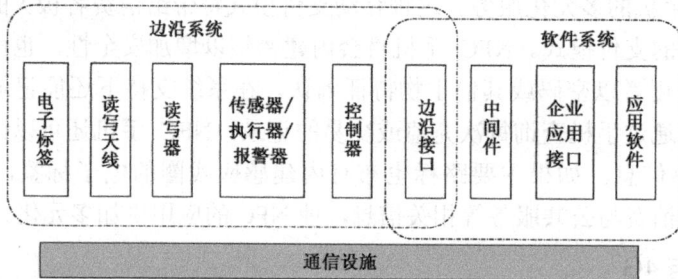

图 2-17　RFID 系统基本组成

2.4.1　RFID 系统的硬件组件

RFID 系统中的硬件组件包括电子标签、读写器（包括传感器/执行器/报警器和边沿接口电路）、控制器和读写天线；系统中当然还要有主机，用于处理数据的应用软件程序，并连接网络。

1. 电子标签

电子标签也称应答器，是一个微型的无线收发装置，主要由内置天线和芯片组成。芯片中存储有能够识别目标的信息，当读写器查询时它会发射数据给读写器。RFID 标签具有持久性、信息接收传播穿透性强、存储信息容量大、种类多等特点。根据电子标签组成原理和工作方式不相同，有被动式、主动式、半主动式电子标签之分。

1）被动式电子标签

被动式电子标签无板载电源，其电源由读写器供给。电子标签必须利用读写器的载波来调制自身的信号，标签产生电能的装置是天线和线圈。标签进入 RFID 系统工作区后，天线接收特定的电磁波，线圈产生感应电流供给标签工作。被动式标签与读写器之间的通信，总是由读写器发起，标签响应，然后由读写器接收标签发出的数据。被动式标签的读写距离小于主动式和半主动式标签，一般为 3 cm～9 m。

被动式电子标签由微芯片和天线组成，如图 2-18 所示。

微芯片主要由数字电路及存储器组成，图 2-19 所示是被动式标签微芯片的内部结构原理示意图。电源控制/整流器模块将读写器天线发出的电磁波交流信号经过整流转换为直流电源，为微芯片及其组件工作供电；时钟提取器从读写器的天线信号中提取时钟信号；调制器调制接收到的读写器信号，标签对接收的调制信号做出响应，然后传回读写器；逻辑单元负责标签和读写器之间通信协议的实施。存储器用于存储微处理器记忆数据，记忆体一般是分段的（分块或字段），寻址能力就是地址读写范围，不同的分块可以存储不同的数据类型。例如，部分标记标签对象的标识数据，数据校验（循环冗余校验（CRC））保证发送数据的准确性，等等。近年来随着技术的进步，可以将小规模的微芯片做得很小；然而，一个标签的物理尺寸不仅取决于它的芯片的大小，还与其天线有关。

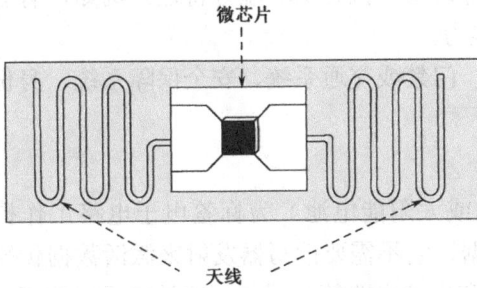

图 2-18 被动式电子标签组成原理示意图

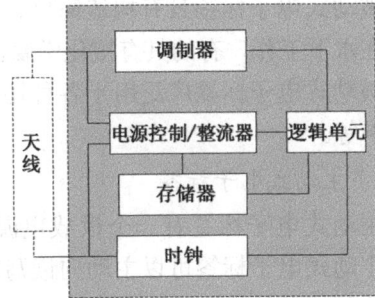

图 2-19 微芯片内部结构原理示意图

标签天线是电子标签与读写器的空中接口，不管是何种电子标签读写设备，均少不了天线或耦合线圈。标签天线用于接收读写器的射频能量和相关的指令信息，发射带有标签信息的反射信号。标签天线设计与标签相关，天线长度与标签波长成正比。一个偶极子天线由直线电导体组成，总长度是半个波长。双偶极子天线是由两个偶极子组成，大大降低了标签的敏感性。因此，读写器可以在不同的标签环境下读标签。叠偶天线由两个或两个以上的直电导体并联在一起构成，每导体长度均为半个波长。当两个导体折叠时称为二线折叠偶极子天线，由 3 个导体折叠的偶极子称为三线折叠偶极子天线。图 2-20 所示给出了几种偶极子天线的结构示意图。

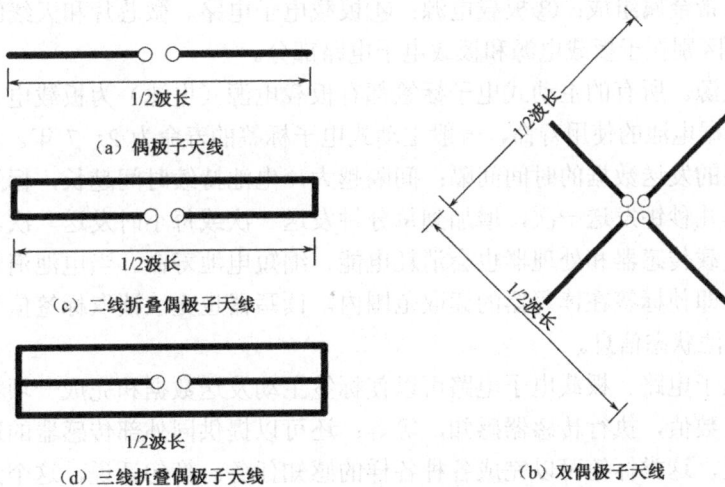

图 2-20 偶极子天线结构示意图

一般，一个标签天线长度远超过标签微芯片大小，因此最终由天线尺寸决定一个标签的物理尺寸。天线设计可以基于如下几个因素：①标签同读写器之间的距离；②标签同读写器之间的方位和角度；③产品类型；④标签的运动速度；⑤读写器天线极化类型。微芯片和天线之间的连接点是标签最薄弱的地方，如果这些连接点受损，标签可能失效或性能显著下降。

目前，标签天线是采用薄带的金属（如：铜、银或铝）构成。然而，将来有可能会直接使用导电油墨、碳或铜镍将天线印刷在标签标识、容器、产品的包装上。微芯片是否也用这种导电油墨印刷技术正在研究中。到那时，这些先进的技术可能使制作一个 RFID 电子标签就像用计算机打印一个条形码和物品的包装条一样容易。这样，RFID 标签价格可能会大幅下跌。

被动式电子标签具有构造简单、价格低、寿命长、抗恶劣环境等特点。例如，有些标签可以在水下工作，有的具有抗化学腐蚀、抗酸能力。

被动式电子标签广泛用于各种场合，例如，门禁或交通系统、安全保障系统、身份证、消费卡等。

2）主动式电子标签

主动式电子标签有一个板载电源（如电池或太阳能电池）为标签电子电路工作提供能量。主动式电子标签可以主动向读写器发送数据，它不需要读写器发射来激活数据传输。板载电路包括微处理器、传感器、输入/输出端口和电源电路等。因此，这类电子标签可以测量环境温度和生成平均温度数据，然后将这些数据、当时日期和唯一标识符等发送到读写器。

主动式电子标签同读写器之间的通信始终都是由标签主动发起的，读写器做出响应。在这类标签中，不管读写器是否存在，标签都能够连续发送数据。另外，这类标签在读写器没有询问时，可以进入休眠状态或低功耗状态，从而可以存储电池能量。另外，读写器可以通过发出适当的命令唤醒休眠的电子标签。因此，与主动连续发送电子标签相比，这类标签通常具有较长的生存时间。因为标签仅仅在读写器询问时发送数据，这样可以减少大量的电磁射频噪声。这类主动式电子标签也称为发射机/接收机（或应答器）。

主动式电子标签的阅读距离一般可达 30 m 以上。主动式电子标签通常包括：①微芯片；②天线，以射频组件的形式发送标签信号和接收读写器的信号响应，而半主动式标签的天线，一般由铜薄带金属组成；③板载电源；④板载电子电路。微芯片和天线的构成与被动式电子标签相同，区别在于板载电源和板载电子电路部分。

（1）板载电源。所有的主动式电子标签都有板载电源（电池）为板载电子电路提供能量和发送数据。根据电池的使用寿命，一般主动式电子标签的寿命为 2～7 年。决定寿命的因素之一是电子标签的发送数据的时间间隔：间隔越大，电池持续时间越长，标签的寿命越长。例如，标签每隔几秒钟发送一次，增加到每分钟发送一次或每小时发送一次，则会增加电池寿命。另外，板载传感器和处理器也会消耗电能，缩短电池寿命。当电池消耗完后，标签就停止发送数据，即使标签在读写器的读取范围内，读写器也无法读取标签信号，除非标签向读写器发送了电池状态信息。

（2）板载电子电路。板载电子电路可以使标签主动发送数据和完成一项特殊任务，如计算、显示某种参数值，执行传感器感知，等等；还可以提供同外部传感器的连接。因此，根据传感器的类型，这类标签可以完成各种各样的感知任务。换句话说，这个元件的功能是无限的。但是其功能和物理大小是成比例的，功能越强，要求物理尺寸越大；不过只要标签易于部署和没有硬件大小的限制，这种增长是可以接受的。

3）半主动式电子标签

半主动式电子标签也有板载电源和完成特殊任务的电子元件，板载电源仅仅为标签的运算操作提供能量；但其发送信号由读写器提供电源。半主动式电子标签也称为电池辅助电子标签。标签和读写器之间的通信始终是读写器处于主动发起方，标签则是被动地响应。为什么使用半主动式电子标签而不用被动式电子标签？因为半主动式电子标签不像被动式电子标签由读写器来激活自己，它可以读取一个更远距离的读写器信号。因为无须通电激活，这样在读写器区域内，标签有充分的时间被读写器读取数据。因此，即使标签目标在高速移动，它仍可被可靠读取数据。此外，半主动式电子标签通过使用透明材料和吸附剂性材料，使其具有更好的可读性。在理想条件下，半主动式标签使用反向散射调制技术，其读写距离最大可达 30 m。

2. 读写器

读写器是一个捕捉和处理 RFID 标签数据的设备，可以是单独的个体，也可以嵌入到其他系统之中。读写器也是构成 RFID 系统的重要部件之一，由于它能够将数据写到 RFID 标签中，因此称为读写器；但早期由于其功能单一，在许多文献中称之为阅读器、查询器等。读写器还负责与主机接口，通过计算机软件来读取或写入标签内的数据信息。由于标签是非接触式的，因此必须借助读写器来实现标签和应用系统之间的数据通信。

1）读写器的组成结构

读写器的硬件部分通常由收发机、微处理器、存储器、外部传感器/执行器/报警器的输入输出（I/O）接口、通信接口以及电源等组成，如图 2-21 所示。

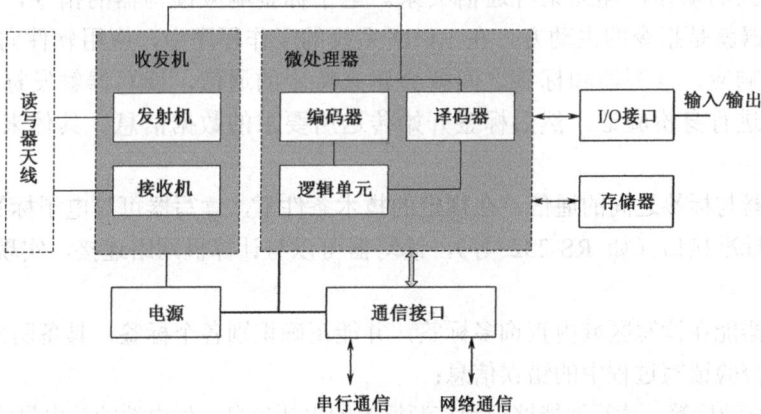

图 2-21　读写器组成示意图

（1）收发机。收发机包含有发射机和接收机两个部分，通常由收发模块组成。发射机在读写器的读写区域内发送电磁波功率信号；接收机负责接收标签返回读写器的数据信号，并传送给微处理器。收发模块同天线模块相连接。目前，有的读写器收发模块可以同时连接 4 个天线。

（2）微处理器。微处理器是实现读写器和电子标签之间通信协议的部件，同时它还完成接收数据信号的译码和数据纠错功能。另外，微处理器还有低级数据滤波和处理逻辑功能。

（3）存储器。存储器用于存储读写器的配置参数和阅读标签的列表。因此，如果读写器与控制器/软件系统之间的通信中断，所有阅读标签数据就会丢失。存储容量的大小受实际应用情况的限制。

（4）外部传感器/执行器/报警器的输入输出（I/O）接口。为了降低能耗，读写器不能始终处于开启状态。因此，读写器需要一个能够在工作周期内开启和关闭读写器的控制机制。输入输出端口提供了这种机制，使读写器依靠外部事件开启和关闭读写器工作。

（5）通信接口。通信接口为读写器和外部实体提供通信指令，通过控制器传输数据和接收指令并做出响应。一般，通信接口可以根据通信要求分为串行通信接口和网络通信接口。串行通信接口是目前读写器普遍的接口方式。读写器同计算机通过串行端口 RS-232 或 RS-485 连接。因此，串行通信被推荐为 RFID 最小系统的首选方式。串行通信的缺点是通信受电缆长度的限制，通信数据速率较低，更新维护成本也高。网络通信接口通过有线或无线方式连接网络读写器和主机。读写器就像一台网络设备，其优点是同主机的连接不受电缆线的限制，维护更新容易；缺点是网络连接可靠性不如串行接口，一旦网络通信链路失败，就无法读取标签数据。随着物联网技术的应用推广，网络通信接口将作为一个标准逐渐成为主流。网络读写器可以根据应用自动发现读取目标，嵌入式服务器允许读写器接收命令，并通过标准浏览器显示读取结果。

2）读写器的功能

读写器可将主机的读写命令传送到电子标签，再把从主机发往电子标签的数据加密，并将电子标签返回的数据经解密后送到主机。读写器和标签的所有行为均由应用软件来控制完成。在系统中，应用软件作为主动方对读写器发出读写指令，而读写器则作为从动方只对应用软件的读写指令做出回应。读写器接收到应用软件的动作指令后，回应的结果就是对电子标签做出相应的动作，建立某种通信关系。电子标签响应读写器的指令，因此相对于标签来说，读写器就是指令的主动方。在 RFID 系统的工作程序中，应用软件向读写器发出读取命令，作为响应，读写器和标签之间就会建立特定的通信，读写器触发标签工作，并对所触发的标签进行身份验证，然后标签开始传送所要求的数据信息。具体来说，读写器具有以下功能。

（1）读写器与标签之间的通信，在规定的技术条件下，读写器可与电子标签进行通信；

（2）通过标准接口（如 RS-232 等），读写器可以与计算机网络连接，实现多读写器的网络通信；

（3）读写器能在读写区域内查询多标签，并能正确识别各个标签，具备防碰撞功能；

（4）能够校验读写过程中的错误信息；

（5）对于有源标签，读写器能够识别有源标签的电池信息，如电池的总电量、剩余电量等。

综上所述，读写器的功能包括：①发送和接收功能，用来与标签和分离的单个物品进行通信；②对接收信息进行初始化处理；③连接主机网络，将信息传送到数据交换与管理系统。

3. 控制器

控制器是读写器芯片有序工作的指挥中心，其主要功能是：与应用系统软件进行通信；执行从应用系统软件发来的动作指令；控制与标签的通信过程；基带信号的编码与解码；执行防碰撞算法；对读写器和标签之间传送的数据进行加密和解密；进行读写器与电子标签之间的身份认证；对键盘、显示设备等其他外部设备的控制。其中，最重要的是对读写器芯片的控制操作。

4. 读写器天线

天线是一种以电磁波形式把前端射频信号功率接收或辐射出去的设备；是电路与空间的

界面器件，用来实现导行波与自由空间波能量的转化。在 RFID 系统中，天线分为电子标签天线和读写器天线两大类，分别承担接收能量和发射能量的作用。

在确定的工作频率和带宽条件下，天线发射射频载波，并接收从标签或反射回来的射频载波。目前，RFID 系统主要集中在 LF（135 kHz）、HF（13.56 MHz）、UHF（860～960 MHz）和微波（2.45 GHz）频段，不同工作频段的 RFID 系统，其天线的原理和设计有着根本的不同。RFID 读写器天线的增益和阻抗特性会对 RFID 系统的作用距离等产生影响，RFID 系统的工作频段反过来对天线尺寸以及辐射损耗有一定要求。所以，RFID 天线设计的好坏，关系到整个 RFID 系统的成功与否。

RFID 系统读写器天线的特点是：①足够小，以至于能够贴到需要的物品上；②有全向或半球覆盖的方向性；③能提供尽可能大的信号给标签的芯片；④无论物品位于什么方向，天线的极化都能与读卡机的询问信号相匹配；⑤具有鲁棒性；⑥非常便宜。

在选择读写器天线的时应考虑的主要因素有：①天线的类型；②天线的阻抗；③在应用到物品上的 RF 的性能；④在有其他的物品围绕贴标签物品时的 RF 性能。

RFID 系统的天线类型主要有偶极子天线、微带贴片天线、线圈天线等。偶极子天线辐射能力强，制造工艺简单，成本低，具有全向方向性，通常用于远距离 RFID 系统；微带贴片天线的方向图是定向的，但工艺较复杂，成本较高；线圈天线用于电感耦合方式，适合于近距离的 RFID 系统。

5. 通信设施

通信设施为不同的 RFID 系统管理提供安全通信连接，是 RFID 系统的重要组成部分。通信设施包括有线、无线网络以及与读写器、控制器和计算机连接的串行通信接口。无线网络可以是：个域网（PAN），如蓝牙技术；局域网，如 802.11x、WiFi；广域网，如 GPRS、3G/4G 技术；卫星通信网络，如同步轨道卫星 L 波段的 RFID 系统。

2.4.2 RFID系统中的软件组件

RFID 系统中的软件组件主要完成数据信息的存储、管理以及对 RFID 标签的读写控制，是独立于 RFID 硬件之上的部分。RFID 系统归根结底是为应用服务的，读写器与应用系统之间的接口通常软件组件来完成。一般，RFID 软件组件包含有：①边沿接口系统；②RFID 中间件，即为实现采集信息的传递与分发而开发的中间件；③企业应用接口，指企业前端软件，如设备供应商提供的系统演示软件、驱动软件、接口软件、集成商或者客户自行开发的 RFID 前端操作软件等；④应用软件，主要指企业后端软件，如后台应用软件、管理信息系统（MIS）软件等。

1. 边沿接口系统

边沿接口系统完成 RFID 系统硬件与软件之间的连接，通过使用控制器实现同 RFID 硬软件之间的通信。边沿接口系统的主要任务是从读写器中读取数据和控制读写器的行为，激励外部传感器、执行器工作。此外，边沿接口系统还具有以下功能：①从不同读写器中过滤复制数据；②允许设置为基于事件方式触发外部执行机构；③提供智能功能，选择发送到软件系统；④远程管理功能。

2. RFID中间件

RFID 中间件是介于读写器和后端软件之间的一组独立软件，它能够与多个 RFID 读写器和多个后端软件应用系统连接。应用程序使用中间件所提供的通用应用程序接口（API），就能够连接到读写器，读取 RFID 标签数据。即中间件屏蔽了不同读写器和应用程序后端软件的差异，从而减轻了多对多连接的设计与维护的复杂性。使用 RFID 中间件有 3 个主要目的：①隔离应用层和设备接口；②处理读写器和传感器捕获的原始数据，使应用层看到的都是有意义的高层的事件，大大减少所需处理的信息；③提供应用层接口，用于管理读写器和查询 RFID 观测数据，目前大多数可用的 RFID 中间件都有这些特性。

3. 企业应用接口

企业应用接口为 RFID 前端操作软件，主要是提供给 RFID 设备操作人员使用的，如手持读写设备上使用的 RFID 识别系统、超市收银台使用的结算系统和门禁系统使用的监控软件等。此外，还应包括将 RFID 读写器采集到的信息向软件系统传送的接口软件。

前端软件最重要的功能是保障电子标签和读写器之间正常通信，通过硬件设备的运行和接收高层的后端软件控制来处理和管理电子标签和读写器之间的数据通信。前端软件完成的基本功能有：

（1）读/写功能：读功能就是从电子标签中读取数据，写功能就是将数据写入电子标签。这中间涉及编码和调制技术的使用，例如采用 FSK 还是 ASK 方式发送数据。

（2）防碰撞功能：很多时候不可避免地会有多个电子标签同时进入读写器的读取区域，要求同时识别和传输数据，此时就需要前端软件中具有防碰撞功能。具有防碰撞功能的 RFID 系统可以同时识别进入识别范围内的所有电子标签，其并行工作方式大大提高了系统的效率。

（3）安全功能：确保电子标签和读写器双向数据交换通信的安全。在前端软件设计中，可以利用密码限制读取标签内的信息、读写一定范围内的标签数据以及对传输数据进行加密等措施来实现安全功能；也可以使用与硬件结合的方式来实现安全功能。标签不仅提供了密码保护，而且能对数据从标签传输到读取器的过程进行加密，而不仅是对标签上的数据进行加密。

（4）检/纠错功能：由于使用无线方式传输数据很容易被干扰，使得接收到的数据产生畸变，从而导致传输出错。前端软件可以采用校验和的方法，如循环冗余检验（Cyclic Redundancy Check，CRC）、纵向冗余检验（Longitudinal Redundancy Check，LRC）、奇偶检验等检测错误。可以结合自动重传请求（Automatic Repeat reQuest，ARQ）技术重传有错误的数据来纠正错误，以上功能也可以通过硬件来实现。

4. 应用软件

由于信息是为生产决策服务的，因此，RFID 系统所采集的信息最终要向后端应用软件传送，应用软件系统需要具备相应的处理 RFID 数据的功能。应用软件的具体数据处理功能需要根据客户的具体需求和决策的支持度来进行软件的结构与功能设计。

应用软件也是系统的数据中心，它负责与读写器通信，将读写器经过中间件转换之后的数据插入到后台企业仓储管理系统的数据库中，对电子标签管理信息和采集到的电子标签信息等集中进行存储和处理。一般来说，后端应用软件系统需要完成以下功能：

（1）RFID 系统管理：系统设置以及系统用户信息和权限。

（2）电子标签管理：在数据库中管理电子标签序列号，每个物品对应的序号和产品名称、型号规格，以及芯片内记录的详细信息等，完成数据库内所有电子标签的信息更新。

（3）数据分析和存储：对整个系统内的数据进行统计分析，生成相关报表，对采集到的数据进行存储和管理。

2.5 RFID系统的工作原理

RFID 系统的基本工作原理是：由读写器通过发射天线发送特定频率的射频信号，当电子标签进入有效工作区域时产生感应电流，从而获得能量被激活，使得电子标签将自身编码信息通过内置天线发射出去；读写器的接收天线接收到从标签发送来的调制信号，经天线的调制器传送到读写器信号处理模块，经解调和解码后将有效信息送到后台主机系统进行相关处理；主机系统根据逻辑运算识别该标签的身份，针对不同的设定做出相应的处理和控制，最终发出信号控制读写器完成不同的读写操作。

从电子标签到读写器之间的通信和能量感应方式来看，RFID 系统一般可以分为电感耦合（磁耦合）系统和电磁反向散射耦合（电磁场耦合）系统。电感耦合系统是通过空间高频交变磁场实现耦合的，依据的是电磁感应定律；电磁反向散射耦合（即雷达原理模型）发射出去的电磁波碰到目标后反射，同时携带回目标信息，依据的是电磁波的空间传播规律。

电感耦合方式一般适合于中、低频率工作的近距离 RFID 系统；电磁反向散射耦合方式一般适合于高频、微波工作频率的远距离 RFID 系统。两种耦合方式如图 2-22 所示。

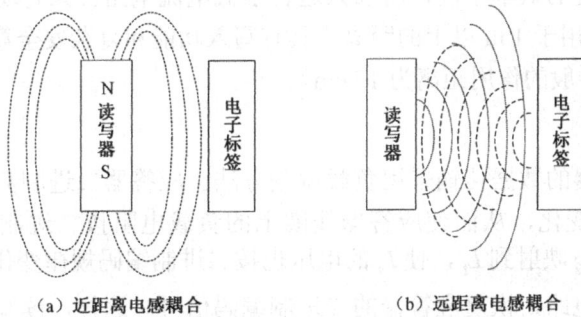

（a）近距离电感耦合　　　　　　　　（b）远距离电感耦合

图 2-22　电感耦合和电磁反向散射耦合

2.5.1　电感耦合RFID系统

电感耦合方式电路结构如图 2-23 所示。电感耦合的射频载波频率为 13.56 MHz 和小于 135 kHz 的频段，应答器和读写器之间的工作距离小于 1 m。

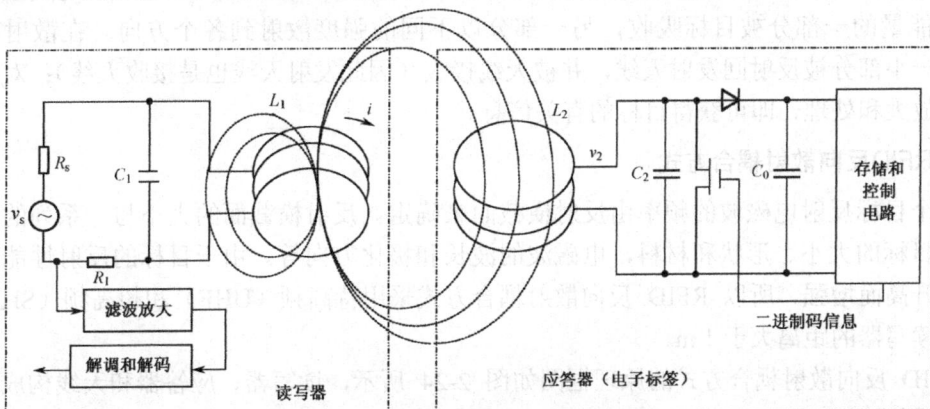

图 2-23　电感耦合方式的电路结构

1. 应答器的能量供给

电磁耦合方式的应答器几乎都是无源的，其能量（电源）从读写器获得。由于读写器产生的磁场强度受到电磁兼容性能有关标准的严格限制，因此系统的工作距离较近。

在图 2-23 所示的读写器中，v_s 为射频信号源，L_1C_1 构成谐振回路（谐振于 v_s 的频率），R_s 是射频源的内阻，R_1 是电感线圈 L_1 的损耗电阻。v_s 在 L_1 上产生高频电流 i，谐振时高频电流 i 最大，高频电流产生的磁场穿过线圈，并有部分磁力线穿过距离读写器电感线圈 L_1 一定距离的应答器线圈 L_2。由于所有工作频率范围内的波长（13.56 MHz 的波长为 22.1 m，135 kHz 的波长为 2 400 m）比读写器和应答器线圈之间的距离大很多，所以两线圈之间的电磁场可以当作简单的交变磁场。

穿过电感线圈 L_2 的磁力线通过感应，在 L_2 上产生电压 v_2，将其通过 VD 和 C_0 整流滤波后，即可产生应答器工作所需的直流电压。电容器 C_2 的选择应使 L_2C_2 构成对工作频率谐振的回路，以使电压 v_2 达到最大值。

电感线圈 L_1 和 L_2 可以分别看作变压器的初、次级线圈，不过它们之间耦合很弱。读写器和应答器之间的功率传输效率，与工作频率 f、应答器线圈的匝数 n、应答器线圈包围的面积 A、两线圈的相对角度以及它们之间的距离是成比例的。

因为电感耦合系统的效率不高，所以只适合于低电流电路。只有功耗极低的只读电子标签（小于 135 kHz）可用于 1 m 以上的距离。具有写入功能和复杂安全算法的电子标签，其功率消耗较大，因而其一般的作用距离为 15 cm。

2. 数据传输

从应答器到读写器的数据传输采用负载调制方法。应答器二进制数据编码信号控制开关器件，使其电阻发生变化，从而使应答器线圈上的负载电阻按二进制编码信号的变化而改变。负载的变化通过 L_2 映射到 L_1，使 L_1 的电压也按二进制编码规律变化。该电压的变化通过滤波放大和调制解调电路，恢复应答器的二进制编码信号。这样，读写器就获得了应答器发出的二进制数据信息。

2.5.2　电磁反向散射耦合RFID系统

1. 反向散射

雷达技术为 RFID 的反向散射耦合方式提供了理论和应用基础。当电磁波遇到空间目标时，其能量的一部分被目标吸收，另一部分以不同的强度散射到各个方向。在散射的能量中，有一小部分被反射回发射天线，并被天线接收（因此发射天线也是接收天线）；对接收信号进行放大和处理，即可获得目标的有关信息。

2. RFID反向散射耦合方式

一个目标反射电磁波的频率由反射横截面来确定。反射横截面的大小与一系列的参数有关，如目标的大小、形状和材料，电磁波的波长和极化方向等。由于目标的反射性能通常随频率的升高而增强，所以 RFID 反向散射耦合方式采用特高频（UHF）和超高频（SHF），应答器和读写器的距离大于 1 m。

RFID 反向散射耦合方式的原理框图如图 2-24 所示，读写器、应答器和天线构成一个收发通信系统。

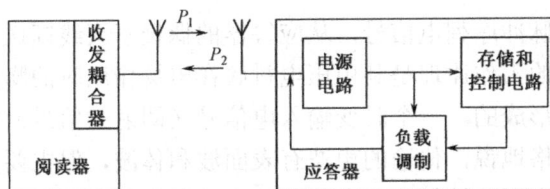

图 2-24　RFID 反向散射耦合方式的原理框图

1）应答器的能量供给

无源应答器的能量由读写器提供，读写器天线发射的功率 P_1 经自由空间衰减后到达应答器，设到达功率为 P_1'。P_1' 中被吸收的功率经应答器中的整流电路后形成应答器的工作电压。

在 UHF 和 SHF 频率范围内，有关电磁兼容的国际标准对读写器所能发射的最大功率有严格的限制，因此在有些应用中，应答器采用完全无源方式会有一定困难。为解决应答器的供电问题，可在应答器上安装附加电池。为防止电池不必要的消耗，应答器平时处于低功耗模式，当应答器进入读写器的作用范围时，应答器由获得的射频功率激活，进入工作状态。

2）应答器至读写器的数据传输

由读写器传到应答器的功率 P_1' 的一部分被天线反射，反射功率 P_2 经自由空间后返回读写器，被读写器天线接收。接收信号经收发耦合器电路传输到读写器的接收通道，被放大后经处理电路获得有用信息。

应答器天线的反射性能受连接到天线的负载变化的影响，因此，可采用相同的负载调制方法实现反射的调制。其表现为反射功率 P_2 是振幅调制信号，它包含了存储在应答器中的识别数据信息。

3）读写器至应答器的数据传输

读写器至应答器的命令及数据传输，应根据 RFID 的有关标准进行编码和调制，或者按所选用应答器的要求进行设计。

3. 声表面波应答器

1）声表面波器件

声表面波（Surface Acoustic Wave，SAW）器件以压电效应和与表面弹性相关的低速传播的声波为依据。SAW 器件体积小、重量轻、工作频率高、相对带宽较宽，并且可以采用与集成电路工艺相同的平面加工工艺，制造简单，重获得性和设计灵活性高。

声表面波器件具有广泛的应用，如通信设备中的滤波器。在 RFID 应用中，声表面波应答器的工作频率目前主要为 2.45 GHz。

2）声表面波应答器

声表面波应答器的基本结构如图 2-25 所示，长长的一条压电晶体基片的端部有指状电极结构。基片通常采用石英铌酸锂或钽酸锂等压电材料制作，指状电极为电声转换器（换能器）。在压电基片的导电板上附有偶极子天线，其工作频率和读写器的发送频率一致。在应答器的剩余长度上安装了反射器，反射器的反射带通常由铝制成。

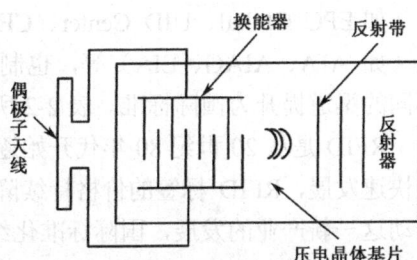

图 2-25　声表面波应答器的基本结构

读写器送出的射频脉冲序列电信号，从应答器的偶极子天线馈送至换能器。换能器将电信号转换为声波。转换的工作原理是利用压电衬底在电场作用时的膨胀和收缩效应。电场是由指状电极上的电位差形成的。一个时变输入电信号（即射频信号）引起压电衬底振动，并沿其表面产生声波。严格地说，传输的声波有表面波和体波，但主要是表面波，这种表面波纵向通过基片。一部分表面波被每个分布在基片上的反向带反射，而剩余部分到达基片的终端后被吸收。

一部分反向波返回换能器，在那里被转换成射频脉冲序列电信号（即将声波变换为电信号），并被偶极子天线传送至读写器。读写器接收到的脉冲数量与基片上的反射带数量相对应，单个脉冲之间的时间间隔与基片上反射带的空间间隔成比例，因而通过反射的空间布局可以表示一个二进制的数字序列。

由于基片上的表面波传播速度缓慢，在读写器的射频脉冲序列电信号发送后，经过约 1.5 ms 的滞后时间，从应答器返回的第一个应答脉冲才到达。这是表面波应答器时序方式的重要优点。因为在读写器周围所处环境中的金属表面上的反向信号以光速返回到读写器天线（例如，与读写器相距 100 m 处的金属表面反射信号，在读写器天线发射之后 0.6 ms 就能返回读写器），所以当应答器信号返回时，读写器周围的所有金属表面反射都已消失，不会干扰返回的应答信号。

声表面波应答器的数据存储能力和数据传输取决于基片的尺寸和反射带之间所能实现的最短间隔，实际上，16～32 bit 的数据传输速率大约为 500 kb/s。

声表面波 RFID 系统的作用距离主要取决于读写器所允许的发射功率，在 2.45 GHz 下，其作用距离可达 1～2 m。

采用偶极子天线的好处是它的辐射能力强，制造工艺简单，成本低，而且能够实现全向性的方向图。微带贴片天线的方向图是定向的，适用于通信方向变化不大的 RFID 系统；但其工艺较为复杂，成本也相对较高。

2.6 RFID标签编码标准

由于 RFID 的应用牵涉到众多行业，因此其相关的标准非常复杂。从类别看，RFID 标准可以分为以下四类：技术标准（如 RFID 技术、IC 卡标准等）；数据内容与编码标准（如编码格式、语法标准等）；性能与一致性标准（如测试规范等）；应用标准（如船运标签、产品包装标准等）。具体来讲，RFID 相关的标准涉及电气特性、通信频率、数据格式和元数据、通信协议、安全、测试、应用等方面。

与 RFID 技术和应用相关的国际标准化机构主要有：国际标准化组织（ISO）、国际电工委员会（IEC）、国际电信联盟（ITU）、世界邮联（UPU）。此外，还有一些区域性标准化机构（如 EPC Global、UID Center、CEN）、国家标准化机构（如 BSI、ANSI、DIN）和产业联盟（如 ATA、AIAG、EIA）等，也制定与 RFID 相关的区域、国家、产业联盟标准，并通过不同的渠道提升为国际标准。表 2-2 所示列出了目前 RFID 系统主要频段的标准与特性。

RFID 是从 20 世纪 80 年代开始逐渐走向成熟的一项自动识别技术。近年来由于集成电路的快速发展，RFID 标签的价格持续降低，因而在各个领域的应用发展十分迅速。为了更好地推动这一新产业的发展，国际标准化组织（ISO）、以美国为首的 EPC Global、日本 UID 等标准化组织纷纷制定 RFID 相关标准，并在全球积极推广这些标准。

表 2-2　RFID 系统主要频段标准与特性

	低　频	高　频	超高频	微　波
工作频率	125～134 kHz	13.56 MHz	868～915 MHz	2.45～5.8 GHz
读取距离/m	1.2	1.2	4（美国）	15（美国）
速度	慢	中等	快	很快
潮湿环境	无影响	无影响	影响较大	影响较大
方向性	无	无	部分	有
全球适用频率	是	是	部分	部分
现有 ISO 标准	11784/85，14223	14443，18000-3，15693	18000-6	18000-4/555

2.6.1　ISO/IEC RFID标准体系

RFID 标准化工作最早可以追溯到 20 世纪 90 年代。1995 年，国际标准化组织 ISO/IEC 联合技术委员会 JTCl 设立了子委员会 SC31（以下简称 SC31），负责 RFID 标准化研究工作。SC31 子委员会由来自各个国家的代表组成，如英国的 BSI IST34 委员、欧洲 CEN TC225 成员。他们既是各大公司内部咨询者，也是不同公司利益的代表者。因此在 ISO 标准化制定过程中，有企业、区域标准化组织和国家三个层次的利益代表者。SC31 子委员会负责的 RFID 标准可以分为四个方面：数据标准（如编码标准 ISO/IEC 15691、数据协议 ISO/IEC 15692、ISO/IEC 15693，解决了应用程序、标签和空中接口多样性的要求，提供了一套通用的通信机制）；空中接口标准（ISO/IEC 18000 系列）；测试标准（性能测试 ISO/IEC 18047 和一致性测试标准 ISO/IEC 18046）；实时定位（RTLS）（ISO/IEC 24730 系列应用接口与空中接口通信标准）方面的标准。这些标准涉及 RFID 标签、空中接口、测试标准以及读写器与应用程序之间的数据协议，它们考虑的是所有应用领域的共性要求。

ISO 对于 RFID 的应用标准由应用相关的子委员会制定。RFID 在物流供应链领域中的应用方面的标准由 ISO TC 122/104 联合工作组负责制定，包括 ISO17358（应用要求）、ISO 17363（货运集装箱）、ISO 17364（装载单元）、ISO 17365（运输单元）、ISO 17366（产品包装）、ISO 17367（产品标签）。RFID 在动物追踪方面的标准由 ISO TC23 SC19 来制定，包括 ISO11784/11785（动物 RFID 畜牧业的应用）、ISO 14223（动物 RFID 畜牧业的应用高级标签的空中接口、协议定义）。

从 ISO 制定的 RFID 标准内容来看，RFID 应用标准是在 RFID 编码、空中接口协议、读写器协议等基础标准之上，针对不同使用对象，确定了使用条件、标签尺寸、标签粘贴位置、数据内容格式、使用频段等方面特定应用要求的具体规范，同时也包括数据的完整性、人工识别等其他一些要求。通用标准提供了一个基本框架，应用标准是对它的补充和具体规定。这一标准制定思想，既保证了 RFID 技术具有互通性与互操作性，又兼顾了应用领域的特点，能够很好地满足应用领域的具体要求。

2.6.2　EPC Global RFID标准

EPC Global 是由美国统一代码协会（UCC）和国际物品编码协会（EAN）于 2003 年 9 月共同成立的非营利性组织，其前身是 1999 年 10 月 1 日在美国麻省理工学院成立的非营利性组织——Auto-ID 中心。Auto-ID 中心以创建物联网为使命，它与众多成员企业共同制定一个统一的开放技术标准。EPC Global 旗下有沃尔玛集团、英国 Tesco 等 100 多家欧美零售流通企业，同时有 IBM、微软、飞利浦、Auto-ID Lab 等公司提供技术研究支持，目前已在加拿大、日本、中国等国建立了分支机构，专门负责 EPC 码段在这些国家的分配与管理，EPC 相关技术标准的制定，以及 EPC 相关技术在本国宣传普及和推广应用等工作。

与 ISO 通用性 RFID 标准相比，EPC Global 标准体系面向物流供应链领域，可以看成一个应用标准。EPC Global 的目标是解决供应链的透明性和追踪性，透明性和追踪性是指供应链各环节中所有合作伙伴都能够了解单件物品的相关信息，如位置、生产日期等。为此，EPC Global 制定了 EPC 编码标准，它可以实现对所有物品提供单件唯一标识；也制定了空中接口协议、读写器协议。这些协议与 ISO 标准体系类似。在空中接口协议方面，目前 EPC Global 的策略尽量与 ISO 兼容，如 EPC C1Gen2 UHF RFID 标准已递交到 ISO，将成为 ISO 18000 6C 标准。但 EPC Global 空中接口协议有它的局限范围，仅仅关注 UHF（860～930 MHz）。

除了信息采集以外，EPC GlobalE 非常强调供应链各方之间的信息共享，为此制定了信息共享的物联网相关标准，包括 EPC 中间件规范、对象名解析服务（Object Naming Service，ONS）、物理标记语言（Physical Markup Language，PML）。这就从信息的发布、信息资源的组织管理、信息服务的发现以及大量访问之间的协调等方面做出规定。"物联网"的信息量和信息访问规模大大超过普通的因特网；但"物联网"是基于因特网的，与因特网具有良好的兼容性。因此，"物联网"系列标准是根据自身的特点参照因特网标准制定的。

EPC Global 物联网体系架构由 EPC 编码、EPC 标签及读写器、EPC 中间件、ONS 服务器和 EPCIS 服务器等部分构成。EPC 赋予物品唯一的电子编码，其位长通常为 64 bit 或 96 bit，也可扩展为 256 bit。

物联网标准是 EPC Global 所特有的，ISO 仅仅考虑自动身份识别与数据采集的相关标准，而对数据采集以后如何处理、共享并没有做出规定。物联网是未来的一个目标，对当前应用系统建设来说具有指导意义。

2.6.3 UID编码体系

日本在电子标签方面的发展，始于 20 世纪 80 年代中期的实时嵌入式系统 TRON，T-Engine 是其中核心的体系架构。日本泛在中心制定 RFID 相关标准的思路类似于 EPC Global，其目标也是构建一个完整的标准体系，即从编码体系、空中接口协议到泛在网络体系结构。

在 T-Engine 论坛领导下，泛在中心于 2003 年 3 月成立，并得到日本经济产业省、总务省和大企业的支持，目前包括微软、索尼、三菱、日立、日电、东芝、夏普、富士通、NTT DoCoMo、KDDI、J-Phone、伊藤忠、大日本印刷、凸版印刷、理光等重量级企业。

泛在中心的泛在识别技术体系架构由泛在识别码（uCode）、信息系统服务器、泛在通信器和 uCode 解析服务器四部分构成。uCode 采用 128 bit 记录信息，提供了 340×1036 编码空间，并可以以 128 bit 为单元进一步扩展至 256 bit、384 bit 或 512 bit。uCode 能包容现有编码体系的元编码设计，以兼容多种编码，包括 JAN、UPC、ISBN、IPv6 地址，甚至电话号码。uCode 标签具有多种形式，包括条码、射频标签、智能卡、有源芯片等。泛在 ID 中心把标签进行分类，设立了 9 个级别的不同认证标准。信息系统服务器用来存储和提供与 uCode 相关的各种信息。uCode 解析服务器用于确定与 uCode 相关的信息存放在哪个信息系统服务器上，其通信协议为 uCodeRP 和 eTP，其中 eTP 是基于 eTron（PKI）的密码认证通信协议。泛在通信器主要由 IC 标签、标签读写器和无线广域通信设备等部分构成，用来把读到的 uCode 送至 uCode 解析服务器，并从信息系统服务器上获得有关信息。

2.6.4 我国RIFD标准体系的研究与发展

目前，全球 RFID 标准呈三足鼎立局面，国际标准 ISO/IEC 18000、美国的 EPC Global 和日本的 UbiquitousID，技术差别不大却各不兼容，因此造成了几大标准在中国的混战局面。

在我国，由于技术标准的不统一，RFID 技术在应用中遇到了很多问题，如缺乏 RFID 系列技术标准，编码与数据协议冲突等。为使 RFID 技术在我国得到更广阔的应用，"十一五"期间，中国物品编码中心联合中国标准化协会等单位，承担国家科技部"863"计划——"RFID 技术标准的研究"项目，系统开展了 RFID 相关标准的研究制定工作。此外，中国物品编码中心以全国信息技术标准化技术委员会自动识别与数据采集技术分委会和我国自动识别技术企业为依托，结合物联网应用，全方位推进我国 RFID 技术的技术研究和标准化工作。

全国信息技术标准化技术委员会自动识别与数据采集技术分技术委员会（SC31 标委会）于 2002 年组建成立，其秘书处设在中国物品编码中心，对口国际 SC31 开展标准化研究工作，是负责全国自动识别和数据采集技术及应用的标准化工作组织。

2004 年初，中国国家标准化管理委员会宣布，正式成立电子标签国家标准工作组，负责起草、制定中国有关电子标签的国家标准，使其既具有中国的自主知识产权，同时和目前国际的相关标准互通兼容，促进中国的电子标签发展纳入标准化、规范化的轨道。

2005 年 4 月，中国信息产业商业联合会联合众多组织和企业成立"中国 RFID 联盟"（下称"R 盟"）。据悉，国际 RFID 联盟组织也将成为 R 盟常务理事。R 盟将致力于促进 RFID 的产业化进程，以解决目前市场推广中存在的技术标准、实施成本和市场需求等三大难题。

2006 年 6 月，发表了《中国射频识别（RFID）技术政策白皮书》。

2010 年 5 月，第十六届国际自动识别和数据采集技术标准化分委员会（SC31）年会在北京成功举行。该会议是我国第一次承办的自动识别与数据采集技术领域标准化国际会议，吸引了来自全球 10 多个国家的国家团体和机构代表出席会议。SC31 标委会将致力于国际 RFID 标准进展的跟踪，对于标准的过程性投票文件严格审核，加快 RFID 关键技术标准的制修订工作，填补国内 RFID 标准的空白，履行 SC31 标委会与国际 SC31 的对口职责，对国内企业提交的 RFID 技术提案组织专家组审评，对于有创新性的技术提案尽快提交国际 SC31，争取国内 RFID 技术提案在国际标准中的地位。

2.7 RFID应用系统开发示例

运用 RFID 技术设计开发一个实际应用系统是主要目的所在。下面通过一个 RFID 应用系统的示例，在介绍阅读器的开发技术基础上，介绍 RFID 在 ETC 系统的应用示例。

2.7.1 RFID读写器设计

一个实际的 RFID 应用系统一般有硬件和软件两大部分组成，其中硬件部分的关键是读写器。读写器的硬件结构主要可以分为主控制器模块和射频发射模块两部分以及其他辅助部分，其组成框图如图 2-26 所示。

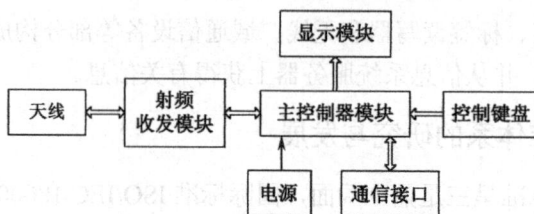

图 2-26　RFID 系统读写器硬件的组成框图

1. 主控制器

读写器主控制器可以采用 Nios II 软核处理器，该软核处理器被嵌入到 Altera Cyclone FPGA 系列的 EP1C6T144C8 中。

1）Altera Cyclone FPGA 系列简介

FPGA 是英文 Field Programmable Gate Array 的缩写，即现场可编程门阵列，它是在可编程阵列逻辑（Programmable Array Logic，PAL）、门阵列逻辑（Gate Array Logic，GAL）、可编程逻辑器件（Programmable Logic Device，PLD）等可编程器件的基础上进一步发展的产物。它是作为专用集成电路（Application Specific Integrated Circuit，ASIC）领域的一种半定制电路而出现的，既解决了定制电路的不足，又克服了原有可编程器件门电路数有限的缺点。

Altera Cyclone FPGA 是目前市场上性价比最优且价格最低的 FPGA。Cyclone 器件具有为大批量价格敏感应用优化的功能集，其应用市场包括消费类、工业类、汽车业、计算机和通信类。Cyclone 器件基于成本优化的全铜 1.5 V SRAM 工艺，容量为 2 910～20 060 个逻辑单元，具有多达 294 912 bit 的嵌入 RAM。

Altera Cyclone FPGA 支持各种单端 I/O 标准，如 LVTTL、LVCMOS、PCI 和 SSTL-2/3，通过 LVDS 和 RSDS 标准提供多达 129 个通道的差分 I/O 支持。每个 LVDS 通道的速率高达 640 Mb/s。Cyclone 器件具有双数据速率（DDR）SDRAM 和 FCRAM 接口的专用电路。Cyclone FPGA 中有两个锁相环（PLL）提供 6 个输出和层次时钟结构，以及复杂设计的时钟管理电路。这些业界最高效架构特性的组合使得 FPGA 系列成为 ASIC 最灵活和最合算的替代方案。

2）Nios II 简介

Nios II 系列软核处理器是 Altera 的第二代 FPGA 嵌入式处理器，其性能超过 200DMIPS，在 Altera FPGA 中实现仅需 35 美分。Altera 的 Stratix、StratixGX、Stratixn 和 Cyclone 系列 FPGA 全面支持 Nios II 处理器，以后推出的 FPGA 器件也将支持 Nios II。

Nios II 系列包括 3 种产品：Nios II /f（快速）——最高的系统性能，中等 FPGA 使用量；Nios II /s（标准）——高性能，低 FPGA 使用量；Nios II /e（经济）——低性能，最低的 FPGA 使用量。这 3 种产品具有 32 位处理器的基本结构单元——32 位指令大小、32 位数据和地址路径、32 位通用寄存器和 32 个外部中断源；使用同样的指令集架构（ISA），100%二进制代码兼容，设计者可以根据系统需求的变化更改 CPU，选择满足性能和成本的最佳方案，而不会影响已有的软件投入。

3）SOPC 简介

SOPC 是英文 System on Programmable Chip 的缩写，即可编程片上系统。用可编程逻辑技术把整个系统放到一块硅片上，称为 SOPC。可编程片上系统（SOPC）是一种特殊的嵌入式系统：首先它是片上系统（SOC），即由单个芯片完成整个系统的主要逻辑功能；其次，它是可编程系统，具有灵活的设计方式，可裁减、可扩充、可升级，并具备软硬件在系统中可编程的功能。

SOPC 结合了 SOC 和 PLD、FPGA 各自的优点，一般具备以下基本特征：①至少包含一个嵌入式处理器内核；②具有小容量片内高速 RAM 资源；③丰富的 IP Core 资源可供选择；④足够的片上可编程逻辑资源；⑤处理器调试接口和 FPGA 编程接口；⑥可能包含部分可编程模拟电路；⑦单芯片、低功耗、微封装。

SOPC 设计技术涵盖了嵌入式系统设计技术的全部内容，除了以处理器和实时多任务操作系统（RTOS）为中心的软件设计技术，以 PCB 和信号完整性分析为基础的高速电路设计技术以外，SOPC 还涉及目前已引起普遍关注的软硬件协同设计技术。由于 SOPC 的主要逻辑设计是在可编程逻辑器件内部进行，而 BGA 封装已被广泛应用在微封装领域，传统的调试设备（如逻辑分析仪和数字示波器）已很难进行直接测试分析，因此，必将对以仿真技术为基础的软硬件协同设计技术提出更高的要求。同时，新的调试技术也已不断涌现出来，如 Xilinx 公司的片内逻辑分析仪 Chip Scope ILA 就是一种价廉物美的片内实时调试工具。

2. 射频收发模块

目前，射频收发模块可供选择的产品主要有 SkyeModle 模块和 CC1100 模块。

1）SkyeModle 模块简介

SkyeModule 是 SkyeTek 公司生产的超高频（562～955 MHz）RFID 读写器模块，可以对基于 ISO18000-6B、EPC Class1 Genz 空中接口标准的标签进行可读写操作。SkyeTek 公司已经为 SkyeModule 模块制定了专门的通信协议，控制器只需按照通信协议格式就可以通过串行接口或 USB 接口与 SkyeModule 模块进行通信，读取标签信息或对 SkyeModule 模块进行配置。

两根串口线分别是 TXD 和 RXD 连接（没有握手协议）。TXD 和 RXD 可以在模块上找到相应的点。根据 SkyeTek Protocol v3 协议（ASCII 或二进制格式），数据在主机和 SkyeModule 之间进行交换。图 2-27 所示为典型的例子。发送 1 的 ASCII 码，即 49（十进制）=0X31（十六进制）=0b00110001（二进制）。

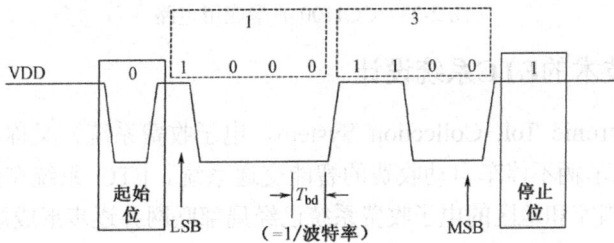

图 2-27 SkyeModule 发射示意图

对于 SkyeModule 模块，波特率是可选的，通过相应的系统参数来设置，程序出厂默认波特率为 38 400 波特，无奇偶检验，8 位数据，1 位停止位。

当 SkyeModule 模块和 PC 相连时，应进行 TTL 和 RS-232 间的电平转换。

2）CC1100 模块简介

CC1100 是一种低成本真正单片的 UHF 收发器，它是为低功耗无线应用而设计的。其电路主要设定于 315 MHz/433 MHz/868 MHz 和 915 MHz 的 ISM 和 SRD（短距离设备）频率波段，也可以很容易地设置为 300～348 MHz、400～464 MHz 和 800～928 MHz 的其他频率。

RF 收发器集成了一个高度可配置的调制解调器。这个调制解调器支持不同的调制格式，其数据传输速率可达 500 kb/s。通过开启集成在调制解调器上的前向误差校正选项，能使性能得到提升。

CC1100 可为数据包处理、数据缓冲、突发数据传输、清晰信道评估、连接质量指示和电磁波激发提供广泛的硬件支持。其主要操作参数和 64 位传输/接收 FIFO（先进先出）堆栈可通过 SPI 接口控制。在一个典型系统里，CC1100 和一个微控制器及若干被动元件一起使用，只需少量的外部元件。其典型应用电路如图 2-28 所示。

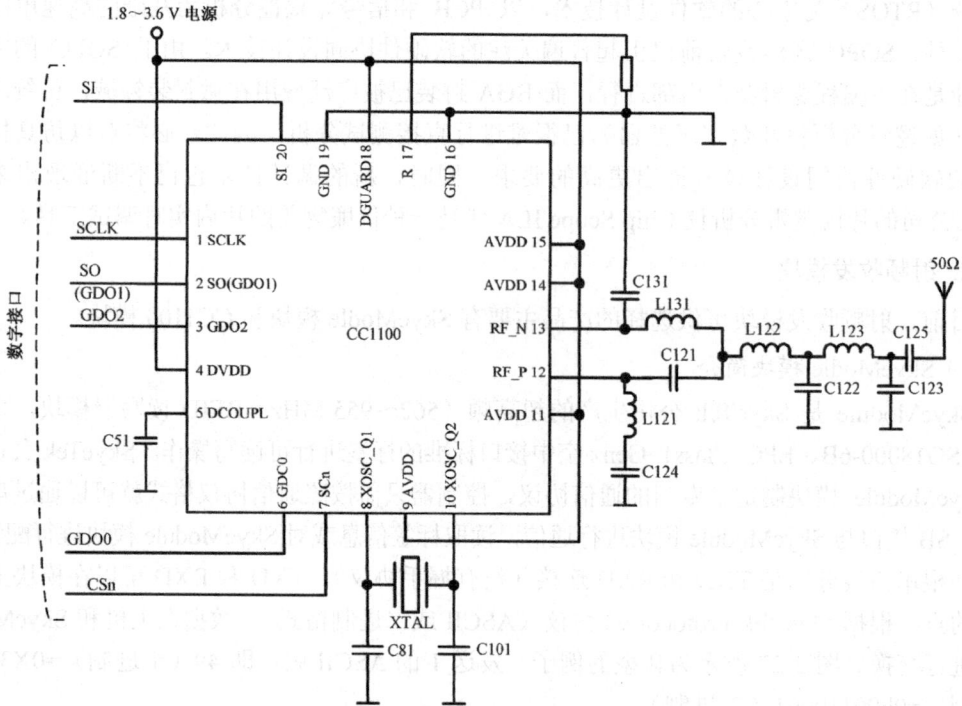

图 2-28　CC1100 典型应用电路

2.7.2　基于RFID技术的ETC系统设计

ETC 系统（Electronic Toll Collection System，电子收费系统）又称不停车收费系统，是利用 RFID 技术实现车辆不停车自动收费的智能交通系统。ETC 系统在国外已有较长的发展历史，美国、欧洲等国家和地区的电子收费系统已经局部联网并逐步形成规模效益。我国以 IC 卡、磁卡为介质，采用人工收费方式为主的公路联网收费方式，无疑将受到这一潮流的影响。

在不停车收费系统特别是高速公路自动收费应用上，RFID 技术可以充分体现出它的优势，即在让车辆高速通过完成自动收费的同时，还可以解决原来收费成本高、管理混乱以及停车排队引起的交通拥塞等问题。

1. ETC系统的组成

ETC 系统广泛采用了现代高新技术，尤其是电子方面的技术，包括无线电通信、计算机、自动控制等多个领域。与一般半自动收费系统相比，ETC 系统具有两个主要特征：一是在收费过程中流通的不是传统的现金，而是电子货币；二是实现了公路的不停车收费。使用 ETC 系统的车辆只需按照限速要求直接驶过收费道口，收费过程通过无线通信和机器操作自动完成，不必再像以往一样在收费亭前停靠、付款。ETC 系统功能包括：收费站，收费数据采集，管理收费车道的交通，车道控制机与后台结算网络的数据接口，内部管理功能，查询系统。ETC 系统结构如图 2-29 所示。

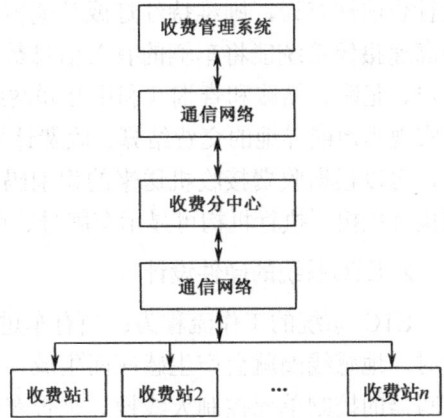

图 2-29 ETC 系统结构

1）收费管理系统

收费管理系统是整个收费管理系统的控制和监视中心。各收费分中心的运作都要通过收费管理系统来完成。它提供以下几个功能：①汇集各个路桥自动收费系统的收费信息；②监控所有收费站系统的运行状态；③管理所有标识卡和用户的详细资料，并详细记录车辆通行情况，管理和维护电子标签的账户信息；④提供各种统计分析报表及图表；⑤收费管理中心可通过网络连接各收费站，以进行数据交换和管理（也可采用脱机方式，通过便携机或权限卡交换数据）；⑥查询缴费情况、入账情况、各路段的车流量等情况；⑦执行收费结算，形成电子标签用户和业主的转账数据。

2）收费分中心

收费分中心的主要功能有：①接收和下载收费管理系统运行参数（费率表、黑名单、同步时钟、车型分类标准及系统设置参数等）；②采集辖区内各收费站上传的收费数据；③对数据进行汇总、归档、存储，并打印各种统计报表；④给收费管理系统上传数据和资料；⑤票证发放、统计和管理；⑥抓拍图像的管理；⑦收费系统中操作、维修人员权限的管理；⑧数据库、系统维护，网络管理等。

3）通信网络

通信网络负责在收费系统与运行系统之间以及各站口的收费系统之间传输数据，包括：

（1）收费站与收费中心的通信。出于对安全的考虑，收费站与收费中心之间采用 TCP/IP 协议进行文件传输的方式。

（2）收费站数据库服务器与各车道控制机之间的数据通信。该模块与车道控制系统的通信模块是对等的，提供的主要功能为：①更新数据，即当接收完上级系统下传的更新数据并写入数据库后，向各车道控制机发送更新后的数据；②接收数据，即实时接收车道上传的原始过车记录和违章车辆信息；③发送控制指令，即当接收到车道监控系统发来的车道控制指令后，将该指令实时地转发到对应的车道控制机中。

4）收费站

收费站采用智能型远距离非接触收费机。当车辆驶抵收费站时，通过车辆上配备的电子标签"刷卡"，收费站的收费机将数据写入卡片并上传给收费站的微机，可使唯一车辆收到信号，车辆在驶至下一个收费站并刷卡后，经过卡片和收费机的 3 次相互认证，将电子标签上的相关信息发给收费站的收费机。经收费机无线接收系统核对无误后完成一次自动收费，并开启绿灯或其他放行信号，控制道闸抬杆，指示车辆正常通过。如收不到信号或核对该车辆通行合法性有误，则维持红灯或其他停车信号，指示该车辆属于非正常通行车辆，同时安装的高速摄像系统能将车辆的有关信息数据快速记录下来，并通知管理人员进行处理。车主的开户、记账、结账和查询（利用互联网或电话网），可利用计算机网络进行账务处理，通过银行实现本地或异地的交费结算。收费计算机系统包括一个可记录存储多达 20 万部车辆的数据库，可以根据收费接收机送来的识别码、入口码等进行检索、运算与记账，并将运算结果送到执行机构。执行机构可显示车牌号、应交款数、余款数等。

2. ETC系统的硬件设计

ETC 系统的工作流程为：当有车进入自动收费车道并驶过在车道的入口处设置的地感线圈时，地感线圈就会产生感应而生成一个脉冲信号，由这个脉冲信号启动射频识别系统。由读写器的控制单元控制天线搜寻是否有电子标签进入读写器的有效读写范围。如果有，则向电子标签发送读指令，读取电子标签内的数据信息，送给计算机，由计算机处理完后再由车道后面的读写器写入电子标签，打开栏杆放行并在车道旁的显示屏上显示此车的收费信息，这样就完成了一次自动收费。如果没找到有效的标签，则发出报警，放下栏杆阻止恶意闯关，迫使其进入旁边预设的人工收费通道。

从 ETC 的工作流程分析可知一个较为完整的 ETC 车道所需的各个组成部分，据此可设计如图 2-30 所示的 ETC 车道自动收费系统框图。ARM 嵌入式系统主要完成总体控制，MSP430 单片机则主要负责车辆缴费信息的显示，二者互为冗余且都可控制整个系统。一旦一方出现异常，另一方即可发出报警信息，在故障排除前代其行使职责，以保证 ETC 车道的正常工作。具体各部分的硬件选择和设计将在后面具体说明。

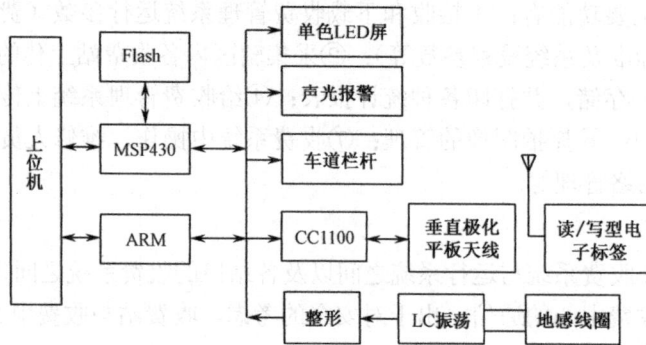

图 2-30　ETC 车道自动收费系统框图

1）车辆检测器的设计

车辆检测器是高速公路交通管理与控制的主要组成部分之一，是交通信息的采集设备。它通过数据采集和设备监控等方式，在道路上实时地检测交通量、车辆速度、车流密度和时空占有率等各种交通参数，这些都是智能交通系统中必不可少的参数。检测器检测到的数据，通过通信网络传送到本地控制器中或直接上传至监控中心计算机中，作为监控中心分析、判断、发出信息和提出控制方案的主要依据。它在自动收费系统中除了采集交通信息外还扮演着 ETC 系统开关的角色。

使用车辆检测器作为 ETC 系统的启动开关，当道路检测器检测到有车辆进入时，就发送一个电信号给 RFID 读写器的主控 CPU，由主控 CPU 启动整个射频识别系统，对来车进行识别，并完成自动收费。

目前，常用的车辆检测器种类很多，有电磁感应检测器、波频车辆检测器、视频检测器等，具体包括环形线圈（地感线圈）检测器、磁阻检测器、微波检测器、超声波检测器、红外线检测器等。其中，地感线圈检测器和超声波检测器都可做到高精度检测，且受环境以及天气的影响较小，更适用于 ETC 系统。但是，超声波检测器必须放置在车道的顶部，而 ETC 中最关键的射频识别读写器天线也需要放置在车道比较靠上的位置，二者就有可能会互相影响，且超声波检测器价格较高，故其性价比要稍逊于地感线圈检测器。更重要的是，地感线圈的技术更加成熟。

地感线圈检测器的原理结构框图如图 2-31 所示，其工作原理是：埋设在路面下使环形线圈电感量随之降低，当有车经过时会引起电路谐振频率的上升，只要检测到此频率随时间变化的信号，就可检测出是否有车辆通过。环形线圈的尺寸可随需要而定，每车道埋设一个，计数精度可达到±2%。

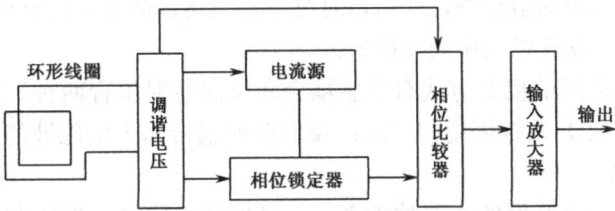

图 2-31　地感线圈检测器的原理结构框图

2）双核冗余控制设计

考虑到不停车电子收费系统需要常年在室外环境下工作，会受到各种恶劣天气的影响以及各种污染的侵蚀，对其核心控件采取冗余设计以保证系统的正常工作，即采用了双核控制的策略——嵌入式系统和单片机的冗余控制。这一策略的具体内容是：平时二者都处于工作状态，各司其职，嵌入式系统负责总体控制，单片机负责大屏幕显示，相互通信时都先检查对方的工作状态，一旦某一个 CPU 状态异常，另一个就立即启动设备异常报警，并暂时接管其工作以保证整个系统的正常工作，直到故障排除，恢复正常状态。之所以选择嵌入式系统和 MSP430 单片机，是因为嵌入式系统的实时性、稳定性更好，功能更加强大，有利于产品的更新换代；而 MSP430 单片机则以超低功耗、超强功能的低成本微型化的 16 位单片机著称，这有利于降低系统功耗、提高系统寿命，其众多的 I/O 接口也可为日后的系统升级提供足够的空间。

这种冗余设计的实现主要是通过两套控制系统完成的，即嵌入式系统和 MSP430 单片机都各有一套控制板，都可与射频收发芯片进行信息交换，都可采集地感线圈的脉冲信号，都可控制栏杆、红绿灯、声光报警、显示屏等车道设备。这二者之间采用 RS-485 通信，每次通信时都先检测对方的工作状态；如果出现异常，则紧急启动本控制系统中的备用控制程序。

3）电子标签与阅读器

电子标签与阅读器的核心收发模块可采用 CC1100。有关内容可查看相关资料。

小结与进一步学习建议

自动识别技术是以计算机技术和通信技术相结合的综合性科学技术，它具有数据自动识别、自动采集并且自动输入计算机进行处理，成为物联网应用发展过程中的重要技术。自动识别技术是集成计算机、光、机电、通信技术为一体的高新技术学科，主要涉及条码技术、磁卡（条）和 IC 卡技术、射频技术等智能识别技术。

条码分为一维条码与二维条码。一维条码简单，成本低，是商品流通过程中的主要识别技术；二维条码所含信息量大，成为目前物联网中信息交互的主流发展方向。磁卡是以液体磁性材料或磁条为信息载体，可以写入、储存、改写信息内容，可靠性强，记录数据密度大，误读率低，信息输入、读出速度快，而且具有使用方便、成本低等特点，从而较早地获得了广泛应用。但是，由于磁卡较易损坏，目前逐渐被 IC 卡代替。

射频识别（RFID）技术是无线电频率识别的简称。RFID 系统主要由应答器（电子标签）、读写器和软件系统组成。应答器存储的数字识别信息，通过无线电磁波的方式传送到读写器；应答器有无源、有源和半有源三种类型，其中无源应答器需要从读写器中获取能量。读写器除了读取电子标签的信息外，还可以对电子标签传送命令并进行读写操作。RFID 软件系统由前端软件和后端软件以及中间件组成。

读写器和应答器之间的耦合方式有电感耦合和反向散射耦合两种。电感耦合是基于交变磁场的，是近距离 RFID 系统采用的方式；反向散射耦合基于电磁波的散射特性，是远距离 RFID 系统采用的方式。

自动识别技术作为物联网的主要技术之一，虽然基本成熟，但还有很多问题急需解决。例如，射频标签的微型化、中间件系统和即将面临的安全问题等，都需要进一步学习和研究。本章简单介绍了自动识别技术的条码技术、磁卡和 IC 技术以及 RFID 技术的一些基本概念、工作原理及相关技术。若需要进一步研究自动识别技术、深入学习其技术理论知识，如条码的识读原理、RFID 技术的工作原理、RFID 技术的芯片技术、RFID 开发技术等，请访问有关 RFID 技术专业网站（如 http://www.rfidchina.org），跟踪最新技术发展和研究成果。

讨论与思考

1. 什么是自动识别技术，自动技术主要有哪些？
2. 二维条码的主要特点是什么？常用的二维条码有哪些类型？
3. 简单说明磁卡的物理结构。
4. 简介 IC 卡及其通信机制。
5. 什么是 RFID？简述 RFID 技术组成。
6. 简述 RFID 的基本工作原理以及 RFID 系统的工作频率。
7. 简述 RFID 的分类。
8. 射频标签的能量获取方法有哪些？
9. 射频标签的天线有哪几种？各自的作用是什么？
10. 试自行设计一个基于 RFID 技术的自动识别应用系统。

第3章 无线传感网

无线传感网（WSN）是随机分布的集成有传感器、数据处理单元和通信单元的微小节点通过自组织的方式构成的无线网络，是一个集信息采集、数据传输、信息处理于一体的综合智能信息系统。WSN 涉及计算机、电子学、传感器技术、机械、生物学、航天、医疗卫生、农业、军事国防等众多领域，具有广阔的应用前景。

本章在讲述传感器基本概念的基础上，介绍传感器的简单工作原理以及典型的传感器技术。然后重点介绍传感网的基本概念、网络拓扑结构、协议体系结构、关键技术，并讨论传感网节点的部署和覆盖问题，以及传感网 MAC 协议和路由协议。

3.1 传感器技术

目前，人类已进入了科学技术空前发展的信息社会。在这个瞬息万变的信息社会里，传感器为人类敏感地检测出形形色色的有用信息，充当着电子计算机、智能机器人、自动化设备、自动控制装置的"感觉器官"。如果没有传感器将各种各样的形态各异的信息转换为能够直接检测的信息，现代科学技术将是无法发展的。显而易见，传感器在现代科学技术领域占有极其重要的地位。

实现物联网，需要感知节点及时、准确地获取外界事物的各种信息，需要感知外部世界的各种电量、非电量数据，如温度、湿度、压力、流量、速度、光强等，这就必须合理选择和善于应用各种传感器。传感器技术是当今世界各发达国家普遍重视并大力发展的高新技术之一。在人类社会步入信息时代、实现物物相联的今天，传感器技术已成为物联网技术中必不可少的关键技术之一。

3.1.1 传感器概述

传感器最早来自"感觉"一词。人用眼睛看，可以感觉到物体的开关、大小和颜色；用耳朵听，可以感觉到声音；用鼻子嗅，可以感觉气味。这种视觉、听觉、味觉和触觉是人感觉外界刺激所必须具备的感官，它们就是天然的传感器。

从字面上看，要求传感器不但要对被测量敏感，即"感"，而且具有把它对被测量的响应传送出去的功能，即"传"。通常传感器又称为变换器、转换器、检测器、敏感元件、换能器和一次仪表等。这些不同的提法，已反映在不同的技术领域中。例如，从仪器仪表学科的角度强调，它是一种感受信号的装置，所以称为"传感器"；从电子学的角度，则强调它是能感受信号的电子元件，称为"敏感元件"，如热敏元件、磁敏元件、光敏元件及气敏元件等；在超声波技术中，则强调的是能量转换，称为"换能器"，如压电式换能器。这些不同的名称在大多数情况下并不矛盾，例如，热敏电阻既可以称为"温度传感器"，也可以称为"热敏元件"。但有些情况下，则只能用"传感器"一词，如利用压敏元件并具有质量块、弹簧和阻尼等结构的加速度传感器，是用"敏感元件"等词来称谓的，只有用"传感器"才更为贴切。可见，其他的提法在含义上有些狭窄，而"传感器"是使用最为广泛而更具概括性的用词。

1. 传感器的定义

传感器是一种能把特定的被测量信息按一定规律转换成某种可用信号输出的器件或装置，以满足信息的传输、处理、记录、显示和控制等要求。应当指出，这里所谓的"可用信号"是指便于处理、传输的信号，一般为电信号，如电压、电流、电阻、电容、频率等。传感器的共同特点是利用各种物理、化学、生物效应等实现对被检测量的测量。可见，在传感器中包含着两个必不可少的概念：一是检测信号；二是能把检测的信息变换成一种与被测量有确定函数关系而且便于传输和处理的量。例如，传声器（话筒）就是这种传感器，它感受声音的强弱，并转换成相应的电信号；气体传感器感受空气环境中气体成分的变化；电感式位移传感器能感受位移量的变化，并把它们转换成相应的电信号。

随着信息科学与微电子技术，特别是微型计算机与通信技术的快速发展，传统传感器已开始与微处理器、微型计算机相结合，形成了兼有信息检测和信息处理等多项功能的智能传感器。

2. 传感器的性能参数及要求

传感器的优劣，一般通过若干性能指标来表示。除了在一般检测系统中所用的特征参数（如灵敏度、线性度、分辨率、准确度、频率特性等）之外，还常用阈值、漂移、过载能力、稳定性、可靠性以及与环境相关的参数、使用条件等。不同的传感器常常根据实际需要来确定其指标参数，有些指标可以低些或不考虑。下面简单介绍阈值、漂移、过载能力、稳定性、重复性的定义，以及可靠性的指标内容和传感器工作要求。

（1）阈值：零位附近的分辨力，也就是指能使传感器输出端产生可测变化量的最小被测输入量值。

（2）漂移：一定时间间隔内传感器输出量存在着与被测输入量无关的、不需要的变化，包括零点漂移与灵敏度漂移。

（3）过载能力：传感器在不致引起规定性能指标永久改变的条件下，允许超过测量范围的能力。

（4）稳定性：传感器在具体时间内仍保持其性能的能力。

（5）重复性：传感器输入量在同一方向做全量程内连续重复测量所得输出/输入特性曲线不一致的程度。产生不一致的主要原因，是传感器的机械部分不可避免地存在着间隔、摩擦和松动等。

（6）可靠性：通常包括工作寿命、平均无故障时间、保险期、疲劳性能、绝缘电阻、耐压等指标。

（7）传感器工作要求：主要要求有高精度、低成本、高灵敏度、稳定性好、工作可靠、抗干扰能力强、动态特性良好、结构简单、使用维护方便、功耗低等。

3. 传感器的标定与校准

1）传感器的标定

标定是指利用标准设备产生已知非电量（标准量），或用基准量来确定传感器输出电量与非电输入量之间关系的过程。工程测试中传感器的标定在与其使用条件相似的环境状态下进行，并将传感器所配用的滤波器、放大器及电缆等和传感器连接后一起标定。标定时应按传感器规定的安装条件进行安装。

（1）标定系统的组成：一般由被测非电量的标准发生器，被测非电量的标准测试系统，待标定传感器所配接的信号调节器和显示器、记录器等组成。

（2）静态标定：指输入已知标准非电量，测出传感器的输出，给出标定曲线、标定方程和标定常数，计算灵敏度、线性度、滞差、重复性等传感器的静态指标。静态标定用于检测传感器（或系统）的静态特性指标。对标定设备的要求是：具有足够的精度，至少应比被标定的传感器及其系统高一个精度等级，且符合国家计量量值传递的规定，或经计量部门检查合格；量程范围应与被标定的传感器的量程相适应；性能稳定可靠；使用方便，能适用于多种环境。

（3）动态标定：用于确定动态性能指标。通过确定其线性工作范围（用同一频率、不同幅值的正弦信号输入传感器，测量其输出）、频率响应函数、幅频特性和相频特性曲线、阶跃响应曲线来确定传感器的频率响应范围、幅值误差、相位误差、时间常数、阻尼比和固有频率等。

2）传感器的校准

传感器需定期检测其基本性能参数，判定是否可以继续使用。如能继续使用，则应对其有变化的主要指标（如灵敏度）进行数据修正，以确保传感器的测量精度。这个过程称为传感器的校准。校准与标定的内容是基本相同的。

总之，由于传感器种类很多，一种传感器可以测量几种不同的被测量，而同一种被测量可以用几种不同类型的传感器来测量。再加上被测量要求千变万化，为此选用的传感器也不同。传感器的工作原理与测量电路密切相关，为了能够正确选用传感器，必须熟悉常用传感器的工作原理、结构性能、测量电路和使用性能等方面的内容。

3.1.2 传感器的工作原理

传感器是一种以一定精度把被测量（主要是非电量）转化为与之有确定关系、便于应用的某种物理量（主要是电量）的测量装置。传感器的这一描述确立了传感器的基本结构与工作原理。

1. 传感器的组成

当前，电子技术、微电子技术、电子计算机技术的迅速发展，使电学量具有易于处理、便于测量等特点，因此传感器一般由敏感元件、转换元件和测量电路三部分组成，有时还加上辅助电源。其基本组成结构如图 3-1 所示。

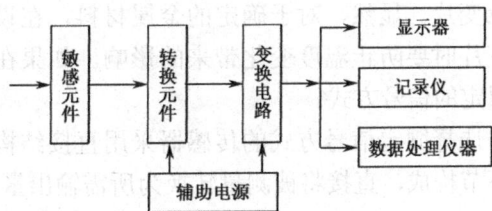

图 3-1 传感器的基本组成结构

1）敏感元件

敏感元件（Sensitive Element）直接感受被测量，并输出与被测量成确定关系的某一物理量的元件。

2）转换元件

转换元件（Transduction Element）是传感器的核心元件，它以敏感元件的输出为输入，把感知的非电量转换为电信号输出。转换元件本身可作为一个独立的传感器使用。这样的传感器一般称为元件式传感器，如图 3-2 所示。例如，电阻应变片在进行应变测量时，就是一个元件式传感器，它直接感受被测量——应变，输出与应变有确定关系的电量——电阻变化。

转换元件也可不直接感受被测量，而是感受与被测量成确定关系的其他非电量，再把这一"其他非电量"转换为电量。这时转换元件本身不作为一个独立的传感器使用，而作为传感器的一个转换环节；而在传感器中，尚需要一个非电量（同类的或不同类的）之间的转换环节，这一转换环节需要由另外一些部件（敏感元件等）来完成。这样的传感器通常称为结构式传感器，如图 3-3 所示。传感器中的转换元件决定了传感器的工作原理，也决定了测试系统的中间变换环节；敏感元件等环节则大大扩展了转换元件的应用范围。在大多数测试系统中，应用的都是结构式传感器。

图 3-2　元件式传感器　　　　　　　　图 3-3　结构式传感器

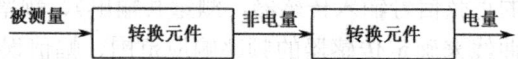

3）变换电路

变换电路（Transduction Circuit）将上述电路参数接入转换电路，便可转换成电量输出。实际上，有些传感器很简单，仅由一个敏感元件（兼做转换元件）组成，它感受被测量时直接输出电量，如热电偶；有些传感器由敏感元件和转换元件组成，没有转换电路；还有些传感器的转换元件不止一个，要经过若干次转换，较为复杂，大多数是开环系统，也有些是带反馈的闭环系统。

2. 传感器的结构形式

传感器的结构形式取决于传感器的设计思想；而传感器设计的重要一点是选择信号的方式，把选择出来的信号的某一个方面性能在结构上予以具体化，以满足传感器的技术要求。

1）选择固定信号方式的传感器直接结构

固定信号方式是把被测量以外的变量固定或控制在某个定值上。以金属导线的电阻为例，电阻是金属的种类、纯度、尺寸、温度、应力等的函数。例如，仅选择根据温度产生的变化作为信号时，就可制成电阻温度计；当选择尺寸或应力的变化作为信号时，就可制成电阻应变片。显然，对于确定的金属材料，在设计温度计时要防止应力带来的影响，而在设计应变片时要防止温度变化带来的影响。如果在测试中控制前者的应力和后者的温度，则可选择固定的信号方式。

选择固定信号方式的传感器采用直接结构形式。这种传感器由一个独立的传感元件和其他环节构成，直接将被测量转换为所需输出量。直接式传感器的构成方法如图 3-4 所示。

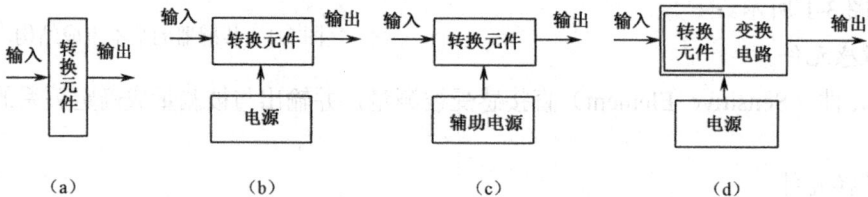

图 3-4　直接式传感器的构成方法

图 3-4（a）是仅有传感元件的最简单的一种，如热电偶和压电元件；图 3-4（b）使用电

源提供输出能量，如光敏晶体管；图 3-4（c）利用磁铁为传感元件提供能量，如磁电式传感器；而霍尔传感器则是图（b）和（c）两种情况的结合。图 3-4（d）所示的传感元件是阻抗元件，输入信号改变其阻抗值，为得到具有能量的输出信号，必须设计包括元件在内的变换电路（实际环节也可归入中间变换电路），如具有电桥电路的电阻应变传感器等。

固定信号方式和直接式传感器结构是最简单、最基本的形式，传感器设计中常常采用这种形式。但在一些场合下这种传感器往往不能满足要求，主要原因是它的灵敏度低，易受外界干扰。

2）选择补偿信号方式的传感器补偿结构

在大多数情况下，传感器特征要受到周围环境和内部各种因素的影响，当这些影响不能被忽略时，必须采取一定措施，以消除这些影响。

在设计某些传感器时，面临两种变量：一个是需要的被测量，另一个是不希望出现而又存在的某种影响量（通常称为干扰量）。假设被测量和影响量都起作用时的变化关系为第一函数，仅仅是影响量起作用时的变化关系为第二函数。对于被测量来说，如果影响量的作用效果是叠加的，则可取两函数之差；如果影响量的作用效果是乘积递增，则可取两函数之商：即可消除影响量的影响，这种信号方式称为补偿方式。实际补偿信号方式的传感器结构是补偿式结构，如图 3-5 所示。

图 3-5 中使用两个原理和特征完全一样的传感元件，其中一个接收输入信号（被测量），另一个不接收输入信号。两个元件对环境、内部条件的特征变化相同。虚设一个传感元件的目的，在于抵消环境及内部条件对接收输入信号的传感元件的影响。

3）选择差动式信号方式的传感器差动结构

使被测量反向对称变化，影响量同向对称变化，然后取其差，就能有效地将被测量选择出来，这就是差动方式。图 3-6 所示为实现差动方式的差动式传感器的构成方法。其结构特点是把输入信号加在原理和特征一样的两个传感元件上，但在变换电路中，是传感元件的输出对输入信号（被测量）反向变换，对环境、内部条件变化（影响量）同向变换，并且以两个传感元件输出之差为总输出，从而有效地抵消环境、内部条件变化所带来的影响。

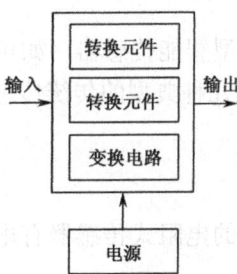

图 3-5　补偿式传感器的构成方法　　　　　图 3-6　差动式传感器的构成方法

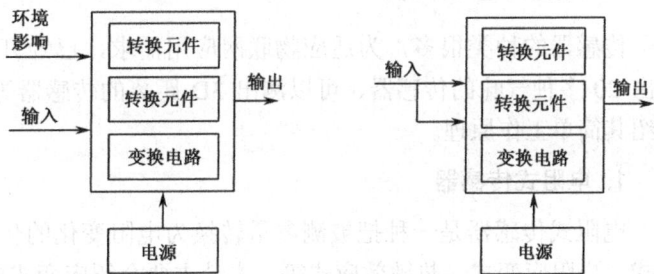

4）选择平均信号方式的传感器平均结构

平均信号方式来源于误差分析理论中对随机误差的平均效应和信号（数据）的平均处理，在传感器结构中，利用 n 个相同的转换元件同时感受被测量，则传感器的输出为各元件输出之和，而随机误差则减小为单个元件的 $1/\sqrt{n}$。

采用平均结构的传感器有光栅、磁栅、容栅、感应同步器等，带有弹性敏感元件的电阻应变式传感器在进行力、压力、扭矩等量的测试时，也多粘贴多枚电阻应变片，在具有差动作用的同时，具有明显的平均效果。平均结构的传感器不仅有效地采用平均信号方式，大幅度降低测试误差，而且可弥补传感器制造工艺缺陷所带来的误差，同时还可以补偿某些非测量载荷的影响。

5）选择平衡信号方式的传感器闭环结构

一般由敏感元件、转换元件组成的传感器均属于开环式传感器。这种传感器和相应的中间变换电路、显示分析仪器等构成开环测试系统。在开环式传感器中，尽管可以采用补偿、差动、平均等结构形式，有效地提高自身性能，但仍然存在两个问题：第一，在开环系统中，各环节之间是串联的，环节误差存在累积效应。要保证总的测试准确度，需要降低每一环节的误差，因此提高了对每一环节的要求。第二，随着科技和生产的发展，对传感器技术提出了更高的要求，传感器乃至整个测试系统的静态特性、动态特性、稳定性、可靠性等同时具有较高性能，而采用开环系统很难满足这一要求。

依据测量学中的零示法测量原理，选择平衡信号方式，采用闭环式传感器结构，可有效地解决上述问题。闭环传感器采用控制理论和电子技术中的反馈技术，极大地提高了性能。同开环传感器相比，闭环传感器在结构上增加了一个由反向传感器构成的反馈环节，其原理结构如图 3-7 所示。

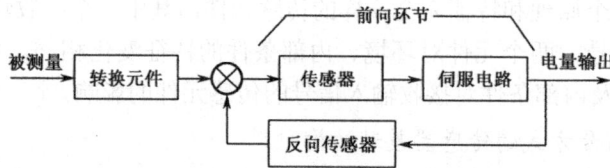

图 3-7　闭环式传感器原理结构

构成反馈环节的反向传感器（转换元件）一般为磁电式、压电式等具有双向特性的传感器，实现"电-机"变换，起到力发生器或力矩发生器的作用。

3.1.3　典型传感器简介

传感器的种类很多，为适应物联网应用需求，已经开发出许多新型智能传感器，如可以测出 20 多种气味的传感器、可以测出 3D 距离的传感器等。在此仅就几种典型的传统传感器介绍其简单工作原理。

1. 电阻式传感器

电阻式传感器是一种把被测参量转换为电阻变化的传感器。常用的电阻式传感器有电位器式、电阻应变式、热敏效应式等。本节主要介绍应变式电阻传感器。

应变式电阻传感器是一种利用电阻应变效应，由电阻应变片和弹性敏感元件组合起来的传感器。将应变片粘贴在各种弹性敏感元件上，当弹性敏感元件感受到外力、位移、加速度等参数的作用时，弹性敏感元件产生应变，再通过粘贴在上面的电阻应变片将其转换成电阻的变化。通常，它主要由敏感元件、基底、引线和覆盖层等组成。其核心元件是电阻应变片（敏感元件），主要作用是实现应变—电阻的变换。根据敏感元件材料与结构的不同，应变片可分为金属电阻应变片和半导体应变片。

1）金属电阻应变片

目前，常用的金属电阻应变片主要有金属丝式应变片、箔式应变片和金属薄膜应变片等结构形式。金属电阻应变片的基本结构如图 3-8 所示，它由盖层、敏感栅、基底及引线四部分组成。敏感栅可由金属丝、金属箔制成，它是转换元件，被粘贴在基底上。用黏合剂粘贴在传感器弹性元件或试件上的应变片通过基底把应变传递到敏感栅上，同时基底起绝缘作用。盖层起绝缘保护作用。焊接于敏感栅两端的引线起到连接测量导线的作用。

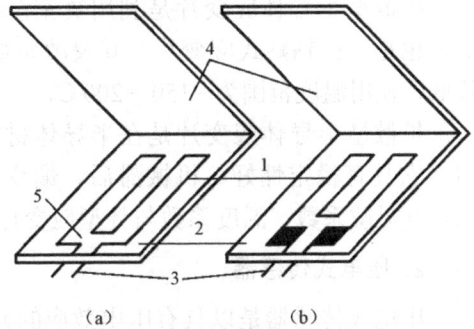

（a）   （b）

1. 敏感栅；2. 基底；3. 引线；4. 盖层；5. 粘贴剂

图 3-8　金属电阻应变片的基本结构

金属丝式应变片的敏感栅由金属丝绕制而成。金属丝材料为电阻率 ρ 大而电阻温度系数 α 小的材料。金属丝式应变片的规格一般以使用面积（$L \times b$）和敏感栅的电阻值来表示。阻值一般在 $50 \sim 1\,000\,\Omega$ 范围内，常用的为 $120\,\Omega$。

金属电阻应变片的工作原理是利用金属材料的电阻定律，当应变片的结构尺寸发生变化时，其电阻也发生相应的变化。下面介绍应变片电阻变化与应变的关系。金属导体的电阻 R 为：

$$R = \rho \frac{l}{A} \tag{3-1}$$

式中，ρ 为金属导线电阻率（Ω/m）；l 为金属丝长（m）；A 为金属丝的横截面积，$A = \frac{\pi}{4}d^2$（m^2）；d 为金属丝直径（m）。

如果对电阻丝长度上作用的应力均匀，则导线电阻的相对变化为：

$$\frac{\mathrm{d}R}{R} = \frac{\mathrm{d}\rho}{\rho} + \frac{\mathrm{d}l}{l} - \frac{\mathrm{d}A}{A} \tag{3-2}$$

式中，$\frac{\mathrm{d}l}{l} = \varepsilon$ 为材料的轴向应变。令 $\frac{\mathrm{d}r}{r} = \varepsilon'$ 为金属丝径向应变，根据材料力学的知识，在弹性范围内，金属丝受拉力沿轴向伸长时，沿径向缩短，则轴向应变和径向应变的关系为：

$$\varepsilon' = -\mu\varepsilon \tag{3-3}$$

式中，μ 为金属材料的泊松系数。根据此关系有 $\frac{\mathrm{d}A}{A} = 2\frac{\mathrm{d}r}{r} = -2\mu\varepsilon$，故：

$$\frac{\mathrm{d}R}{R} = (1 + 2\mu)\varepsilon + \frac{\mathrm{d}\rho}{\rho} = \left[(1 + 2\mu) + \frac{\mathrm{d}\rho/\rho}{\mathrm{d}l/l} \right]\varepsilon \tag{3-4}$$

式中，$(1 + 2\mu)$ 为形变效应部分，由电阻丝几何尺寸改变所引起；$\frac{\mathrm{d}\rho/\rho}{\mathrm{d}l/l}$ 为压阻效应部分，由电阻丝的电阻率随应变的改变所引起，对于大多数金属电阻丝而言，其值为常数，通常很小，可以忽略。式（3-4）表明，材料电阻的变化是应力引起形状的变化和电阻率变化的综合结果。

2）半导体应变片

根据制造工艺和安装方法的不同，半导体应变片可分为体型、薄膜型和扩散型。

体型半导体应变片也是一种粘贴式应变片，它所使用的粘贴技术与金属应变片相同，但半导体应变片较脆、易损坏。体型半导体应变片又分为一般型、温度自补型、灵敏度补偿型、高阻型、超线性型、P-N 组合型等不同特点的应变片。

扩散型半导体应变片是利用真空沉积技术将半导体材料沉积在带绝缘层的基底上制成的，也是一种粘贴式应变片。其灵敏系数、温度系数与电阻温度系数比其他类型半导体应变片低，使用温度范围为 $-150 \sim 200℃$。

扩散型半导体应变片是在半导体材料硅的基片上用集成电路工艺制成扩散电阻而构成的。它具有稳定性好、机械滞后、蠕变小等特点；但其线性度比金属应变片和体型应变片差，其灵敏系数、温度系数与体型应变片相同，比金属应变片和薄膜型应变片大。

2. 压电式传感器

压电式传感器是以具有压电效应的元件作为转换元件的有源传感器，它既可以把机械能转化为电能，也可以把电能转化为机械能。这样的特性使其可用于跟力有关的物理量的测量，如力、压力、加速度、机械冲击和振动等，也可用于超声波的发射与接收装置。

压电式传感器具有体积小、重量轻、工作频带宽、灵敏度和精确度高等特点，随着目前与其配套的后续仪器，如电荷放大器等技术的日益提高，这种传感器在声学、医学、力学、宇航等方面得到越来越广泛的应用。压电式传感器的工作原理是基于某些材料的压电效应。

1）压电效应

某些物质，当沿着一定方向受到压力或者拉力作用而发生变形时，其两个表面上会产生符号相反的电荷；当外力去掉时，它们又重新回到不带电的状态；当受力方向变化时，电荷的极性也随着变化。我们把这种现象称为压电效应。相反，如果把这些物质置于电场中，其几何尺寸也会发生变化，我们把这种由于电场作用导致物质发生形变的现象称为逆压电效应（也称电致伸缩效应）。这种具有压电效应的物质我们称为压电材料或压电元件，常见的压电材料有石英、钛酸钡、锆钛酸铅等。

天然结构的正六面体石英晶体，其各个方向的特性是不相同的。在直角坐标系中，我们把纵向轴 z 轴称为光轴，把平行于六面体棱线并垂直于光轴的 x 轴称为电轴，把垂直于六面体棱面的 y 轴称为机械轴。把沿电轴（x 轴）方向受力作用下产生电荷的压电效应称为"纵向压电效应"；而把沿机械轴（y 轴）方向受力产生电荷的压电效应称为"横向压电效应"；而沿光轴（z 轴）方向受力时不产生压电效应。从石英晶体上沿机械轴（y 轴）方向切下一块如图 3-9（a）所示的晶体片，当在电轴（x 轴）方向受力时，在与电轴垂直的平面上将产生电荷 q_x，如图 3-9（b）所示，其大小为：

$$q_x = d_{11}F_x \tag{3-5}$$

式中，d_{11} 为 x 轴方向受力的压电系数；F_x 为 x 轴方向受到的力。

若在同一晶体片上，当在机械轴（y 轴）方向受到力作用时，则仍在与电轴（x 轴）垂直的平面上产生电荷 q_y，如图 3-9（c）所示，其大小为：

$$q_y = d_{12}\frac{a}{b}F_x \tag{3-6}$$

式中，d_{12} 为 y 轴方向受力的压电系数，$d_{12} = -d_{11}$；F_y 为 y 轴方向受到的力；a、b 分别为晶体片的长度和厚度。

电荷 q_x 和 q_y 的符号由拉力和压力决定。同时，从式（3-5）和式（3-6）可以看出，q_x 的大小与晶体片形状尺寸无关，而 q_y 与晶体片的几何尺寸有关。

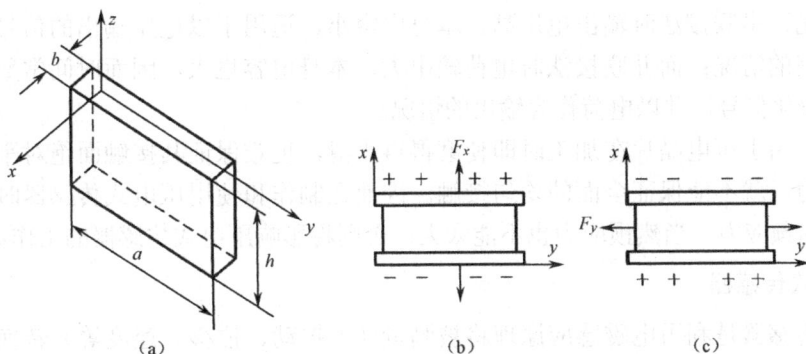

图 3-9　石英晶体受力方向与电荷极性的关系

2）压电式传感器

当压电晶体片受力时，在晶体片的两表面上出现等量的正、负电荷，晶体片的两表面相当于一个电容的两个极板，两极板之间的物质相当于电容极板间的介质，因而压电晶体片在工作时就等效于一只平行板介质电容，如图 3-10 所示。其电容量为

$$C_e = \varepsilon A \delta \qquad (3\text{-}7)$$

式中，ε 为压电材料的介电常数；A 为压电晶体片工作面的面积（m^2）；δ 为极板间距，即晶体片厚度（m）。

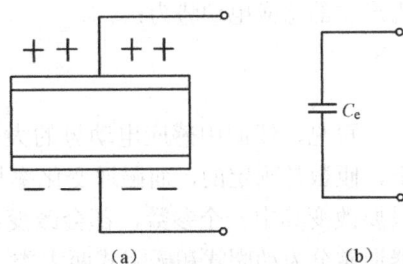

图 3-10　压电式传感器等效电路

如果施加于晶体片上的外力不变，晶体片两表面上的电荷又无泄漏，那么当外力继续作用时，电荷保持不变，而在外力作用消失时，电荷也随之消失。故压电式传感器在工作时可以等效为一个与电容并联的电荷源，如图 3-11（a）所示；同时压电式传感器也可看成为一个电压源，如图 3-11（b）所示。电压 U、电荷量 q 和电容量 C_e 三者之间的关系为 $U = q / C_e$。

实际压电式传感器中，往往采用两片或两片以上的具有相同性能的压电晶体片粘贴在一起使用，由于压电晶体片有电荷极性，因而接法有串联和并联两种，这里以两片为例对其串联和并联进行分析，如图 3-12 所示。

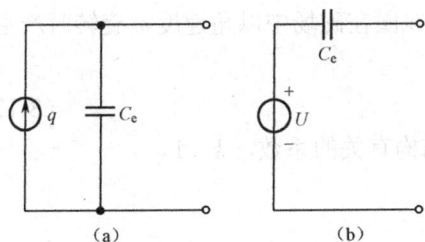

图 3-11　压电式传感器的等效电路

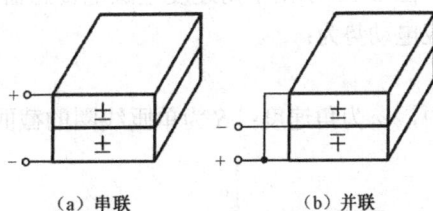

图 3-12　压电晶体片串联和并联接法

串联时，输出电荷 q' 等于单片上的电荷 q，输出电压 U' 为单片电压 U 的 2 倍，总电容 C' 为单片电容 C 的 1/2，即

$$q' = q , \quad U' = 2U , \quad C' = C/2 \qquad (3\text{-}8)$$

并联时，输出电荷 q' 为单片上电荷 q 的两倍，输出电压 U' 等于单片电压 U，总电容 C' 等于单片电容 C 的两倍。即

$$q' = 2q , \quad U' = U , \quad C' = 2C \qquad (3\text{-}9)$$

由此可见，串联接法时输出电压高，本身电容小，适用于以电压输出的信号和测量电路输入阻抗很高的情况；而并联接法时电荷输出大，本身电容也大，因而时间常数大，故适用于测量缓慢变化信号，并以电荷作为输出的情况。

实际中，由于压电晶片在加工时即使磨得再光滑，也难保证其接触面绝对平坦，如果没有足够的压力，就不能保证全面的均匀接触。因而在制作和使用压电式传感器时，应使压电晶片有一定的预应力。当然预应力也不能太大，否则将影响压电式传感器的工作灵敏度。

3. 磁电式传感器

磁电式传感器是利用电磁感应原理将被测量（如振动、位移、速度等）转换成电信号的一种传感器，也称为电磁感应传感器。

根据电磁感应定律，当 N 匝线圈在恒定磁场内运动时，设穿过线圈的磁通为 N，则线圈内产生的感应电动势为：

$$\varepsilon_e = -N\frac{d\Phi}{dt} \tag{3-10}$$

可见，线圈中感应电动势的大小跟线圈的匝数和穿过线圈的磁通变化率有关。一般情况下，匝数是确定的，而磁通变化率与磁场强度 B、磁路磁阻 R_m、线圈的运动速度 v 有关，故只要改变其中一个参数，都会改变线圈中的感应电动势。根据结构方式的不同，磁电式传感器通常分为动圈式和磁阻式两大类，下面分别加以介绍。

1）动圈式磁电传感器

动圈式磁电传感器又可分为线速度型与角速度型。图 3-13 所示为线速度型磁电传感器结构原理图。在永久磁铁产生的恒定磁场内放置一个可动线圈，当线圈沿磁场方向做直线运动时，线圈相对于磁场的运动速度为 v，它所产生的感应电动势为：

$$e = -NBlv \tag{3-11}$$

式中，B 为磁场的磁感应强度，l 为单匝线圈的有效长度，N 为线圈匝数，v 为线圈相对于磁场方向的运动速度。

式（3-11）表明，当 B、N 和 l 恒定不变时，便可以根据感应电动势 e 的大小计算出被测线速度 v 的大小。

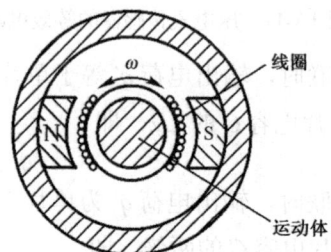

图 3-14 示出了角速度型磁电传感器的工作原理，线圈在磁场中以角速度 ω 旋转时产生的感应电动势为：

$$e = -kNBS\omega \tag{3-12}$$

式中，ω 为角速度；S 为单匝线圈的截面积；k 为与结构有关的系数，$k < 1$。

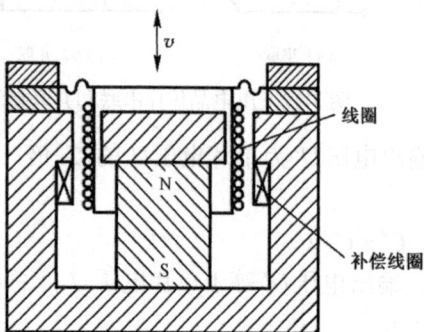

图 3-13　线速度型磁电传感器结构原理图　　　　图 3-14　角速度型磁电传感器工作原理

式（3-12）表明，当传感器结构确定后，N、B、S 和 k 恒定不变时，便可以根据感应电动势 e 的大小确定被测量 ω。故这种传感器常被用于测量转速。需要注意的是，在式（3-11）、式（3-12）中的 v、ω 指的是线圈与磁铁的相对速度，而不是线圈的绝对速度。

2）磁阻式磁电传感器

磁阻式磁电传感器跟动圈式磁电式传感器不一样，在工作时它的线圈与磁铁部分是相对静止的，由与被测量连接的物体（导磁材料）的运动来改变磁路的磁阻，从而改变贯穿线圈的磁通量，在线圈中产生感应电动势。磁阻式磁电传感器常用于测量转速、偏心、振动等。以产生的感应电动势的频率作为输出，而电动势的频率取决于磁通变化的频率，其工作原理及应用如图 3-15 所示。图 3-15（a）所示可测旋转物体的角频率，在圆轮旋转时，圆轮上的凸处的位置发生变化，引起磁路中磁阻变化，从而引起贯穿线圈的磁通量发生变化，其产生的交变电势的频率为：

$$f = n/60 = \omega/(2\pi) \tag{3-13}$$

式中，f 为感应电势的频率（周/秒），ω 为圆轮的角速度，n 为圆轮的转速（r/min）。这样，就可测得运动物体的频率 f。

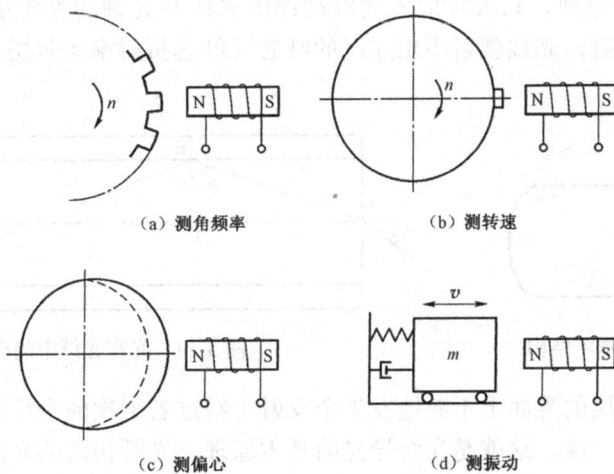

（a）测角频率　　　　　（b）测转速

（c）测偏心　　　　　（d）测振动

图 3-15　磁阻式传感器工作原理及应用

4. 光纤传感器

光纤传感器（Fiber Optical Sensor，FOS）是基于光导纤维的新型传感器。光导纤维是 20 世纪 70 年代发展起来的一种新兴的光电子技术材料。到目前为止，光纤技术主要用于光纤通信、直接信息交换，以及把待测的量和光纤内的导光联系起来，形成光纤传感器。光纤传感器目前已经广泛应用于磁、声、压力、温度、加速度、位移、液面、转矩、光声、电流和应变等物理量的测量，其种类达到了数百种。光纤传感器的应用，解决了以前认为难以解决，甚至不能解决的技术难题。本节介绍其中几种典型的光纤传感器。

1）光纤的结构

光导纤维，简称光纤，是一种用于传输光信息的多层介质结构的对称圆柱体，其基本结构包括纤芯、包层和涂敷层等，如图 3-16 所示。

纤芯材料的主体是二氧化硅，里面掺入极微量的其他材料，如二氧化锗、五氧化二磷等。掺杂的目的是为了提高材料的光折射率。纤芯直径一般为 5～75 μm。

纤芯外面为包层，可以是一层、二层（内、外包层）或者更多层结构。总直径在 100～200 μm 之间。包层的材料一般为纯二氧化硅，有的也掺入极微量的三氧化二硼或四氟化硅，掺杂的目的是为了降低包层对光的折射率。包层外面涂上硅铜或丙烯酸盐等涂料，其作用是保护光纤不受外来的损害，增加光纤的机械强度。光纤的最外层加上一层不同颜色的塑料管套，一方面起到保护作用，另一方面以颜色区分各种光纤。可以将许多单条光纤组成光缆。光缆中的光纤数少则几根，多则几千根。光缆主要用于通信。

2）光纤的导光原理

根据几何光学理论，当光线以某一较小的入射角 θ_1，由折射率较大的光密物质射向折射率较小的光疏物质时，一部分入射光以折射角 θ_2 折射入光疏物质，其余部分以 θ_1 角度反射回光密物质，根据光的折射定律，光折射和反射之间关系为当光线的入射角 θ_1 增大到某一角度 θ_c 时，透射入光疏物质的光线的折射角 $\theta_2 = 90°$，折射光沿界面传播，称此时的入射角 θ_c 为临界角，大于临界角入射的光线在介质交界面全部被反射回来，即发生光的全反射现象。其中 $\sin\theta_c = n_2/n_1$，说明临界角 θ_c 仅与介质的折射率之比有关。

利用光的全反射原理，只要让射入光纤端面的光线与光轴的夹角小于一定值，使得光纤中的光线发生全反射，光线就射不出光纤的纤芯（纤芯折射率＞包层折射率），如图 3-17 所示。

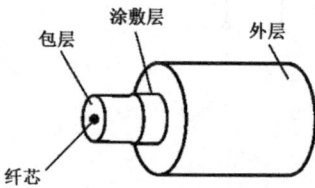

图 3-16　光纤的基本结构　　　　图 3-17　光在光纤中的全反射

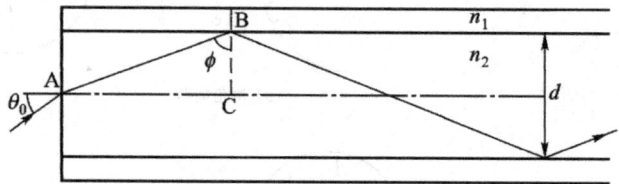

光线在纤芯和包层的界面上不断地发生全反射，经过若干次的全反射，光就能从光纤的一端以光速传播到另一端，这就是光纤导光的基本原理。光纤传输的光波，可以分解为沿纵轴向传播和沿横切向（剖面方向）传播的两种平面波成分。沿横切向传播的光波在纤芯和包层界面上会发生全反射，当它在横切向往返一次的相位变化为 2π 的整数倍时，将形成驻波。只有能形成驻波的那些以特定角度射入光纤的光才能在光纤内传播。形成驻波的光线组称为模，它们是离散存在的，即某一种光纤只能传输特定模数的光。一般用麦克斯韦方程导出的归一化频率 f 作为确定光纤传输模数的参数。f 的值可由下式确定：

$$f = 2\pi r \times \mathrm{NA}/\lambda \tag{3-14}$$

式中，r 为纤芯半径，λ 为光波长；NA 为数值孔径，$\mathrm{NA} = \sin\theta_c$。

当光线经某一端面射入光纤时，光纤端面的临界入射角 θ_c 的两倍称为光纤的孔径角。$2\theta_c$ 的大小表示光纤能接收的光的范围，$2\theta_c$ 越大，光纤入射端的端面上能接收光的范围就越大，进入纤芯的光线也越多。可以证明：光纤的集光能力与 NA 的平方成正比，当 $\mathrm{NA}\geqslant 1$ 时，光纤的集光能力达到最大。从公式还可知，纤芯和包层介质的折射率差值越大，数值孔径越大，光纤的集光能力就越强。

3）光纤传感器基本原理及类型

光纤传感器的基本原理是将来自光源的光经过光纤送入调制器，使待测参数与进入调制区的光相互作用后，导致光的光学性质（如光的强度、波长、频率、相位、偏振态等）发生变化，成为被调制的信号光，再经过光纤送入光探测器，经解调器解调后，获得被测参数。由于光纤既是一种电光材料，又是一种磁光材料，即同电和磁存在着某些相互作用的效应，可以说光纤兼具"传"和"感"两种功能。

按照光纤在传感器中的作用，光纤传感器可以分为两大类：一类是导光型（也称非功能型）光纤传感器，简称 NFF 型传感器；另一类是传感型（或称功能型）光纤传感器，简称 FF 型传感器。前者多数使用多模光纤，后者常使用单模光纤。

在导光型光纤传感器中，光纤仅作为传播光的介质，不是敏感元件，即只"传"不"感"，对外界信息的"感觉"功能是依靠其他物理性质的功能元件来完成的。传感器中的光纤是不连续的，其间有中断，中断的部分要接上其他介质的敏感元件，调制器可能是光谱变化的敏感元件或其他敏感元件。导光型光纤传感器又分为两种：一种是将敏感元件置于发射、接收的光纤中间，在被测对象参数的作用下，或使敏感元件遮挡光路，或使敏感元件的光透过率发生某种变化，这样受光的光敏元件所接收的光量便成为被测对象参数调制后的信号，如图 3-18（a）所示；另一种是在光纤终端设置"敏感元件+发光元件"的组合体，敏感元件感知被测对象参数的变化，并将其转变为电信号输出给发光元件，光敏元件以发光元件的发光强度作为测量所得到的信息，如图 3-18（b）所示。导光型光纤传感器主要利用已有的其他敏感材料作为其敏感元件，这样可以利用现有的优质敏感元件来提高光纤传感器的灵敏度。导光介质是光纤，要求能传送尽量多的光量，所以应采用多模光纤。一般来说，通信光纤甚至普通的多模光纤就能满足要求。导光型光纤传感器在技术上容易实现，结构简单可靠，占据了光纤传感器的绝大多数。

传感型光纤传感器是利用对外界信息具有敏感能力和检测功能的光纤（或特殊光纤）做传感元件，将"传"和"感"合为一体的传感器。在这类传感器中，光纤不仅起传光的作用，而且还利用光纤在外界因素（弯曲、相变）的作用下，其光学特性（光强、相位、偏振态等）的变化来实现"传"和"感"的功能。因此，传感器中的光纤是连续的，如图 3-18（c）所示。这类光纤又可分为光强调制型、相位调制型、偏振态调制型和波长调制型等。由于光纤本身也是敏感元件，所以加长光纤的长度，也可以提高灵敏度。

传感型光纤传感器在结构上比导光型光纤传感器简单，因为光纤是连续的，可少用一些光耦合器件。但为了光纤能接收外界物理量的变化，往往需要采用特殊光纤做探头，增加了传感器制造的难度，结构也比较复杂，调整比较困难。随着对光纤传感器基本原理的深入研究和各种特殊光纤的成功研制，高灵敏度的传感型光纤传感器必将得到更广泛的应用。

（a）导光型光纤（一）

（b）导光型光纤（二）

（c）传感型光纤传感器

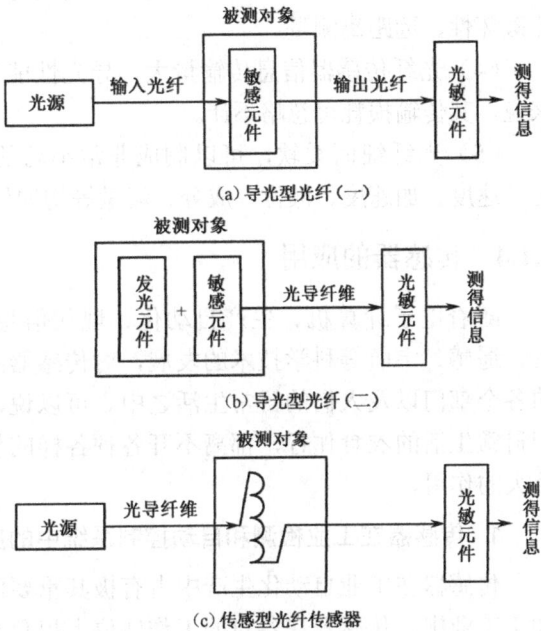

图 3-18　光纤传感器原理结构图

4）光纤传感器的特点

光纤传感器主要具有以下特点：

（1）光纤传感器不受电磁场的干扰。光信息在光纤中传输时，不会与电磁场发生作用，所以信息在传输过程中抗电磁干扰能力很强，特别适用于电力系统。

（2）光纤传感器的绝缘性能高。光纤是不导电的非金属材料，其外层的涂敷材料（硅胶）也不导电，因而光纤绝缘性能高，很方便测量带高压设备的各种参量。

（3）光纤传感器防爆性能好，体积很小、重量轻、耐高压、耐腐蚀。在光纤内部传输的信号能量很小，不会产生火花、高温、漏电等不安全因素，适用于恶劣条件下的非接触式、非破坏性、远距离测量。

（4）光纤传感器信息传输量大、导光性能好、灵敏度高，对传输距离较短的光纤传感器来说，其传输损耗可忽略不计。

（5）光纤细而柔软，可以制成非常小巧的光纤传感器，广泛地应用于位移、温度、压力、速度、加速度、液位、成分、流量等物理量及其他特殊对象和场合的参数测量中。

3.1.4 传感器的应用

随着电子计算机、生产自动化、现代信息、军事、交通、化学、环保、能源、海洋开发、遥感、宇航等科学技术的发展，对传感器的需求量与日俱增，其应用已渗入到国民经济的各个部门以及人们的日常生活之中。可以说，从太空到海洋，从各种复杂的工程系统到人们日常生活的衣食住行，都离不开各种各样的传感器，传感技术对国民经济的发展日益起着巨大的作用。

1. 传感器在工业检测和自动控制系统中的应用

传感器在工业自动化生产中占有极其重要的地位。在石油、化工、电力、钢铁、机械等加工工业中，传感器在各自的工作岗位上担负着相当于人们感觉器官的作用，它们每时每刻地按需要完成对各种信息的检测，再把大量测得的信息通过自动控制、计算机处理等进行反馈，用以进行生产过程、质量、工艺管理与安全方面的控制。在自动控制系统中，电子计算机与传感器有机结合在实现控制的高度自动化方面起到了关键的作用。

2. 汽车与传感器

目前，传感器在汽车上的应用已不只局限于对行驶速度、行驶距离、发动机旋转速度以及燃料剩余量等有关参数的测量。由于汽车交通事故的不断增多和汽车对环境的危害，传感器在一些新的设施（如汽车安全气囊系统、防盗装置、防滑控制系统、防抱死装置、电子变速控制装置、排气循环装置、电子燃料喷射装置及汽车"黑匣子"等）中都得到了实际应用。可以预测，随着汽车电子技术和汽车安全技术的发展，传感器在汽车领域的应用将会更为广泛。

3. 传感器与家用电器

传感器已在现代家用电器中得到普遍应用，例如，在电子炉灶、自动电饭锅、吸尘器、空调器、电子热水器、热风取暖器、风干器、报警器、电熨斗、电风扇、游戏机、电子驱蚊器、洗衣机、洗碗机、照相机、电冰箱、彩色电视机、录像机、录音机、收音机、电唱机及家庭影院等方面都得到了广泛应用。

随着人们生活水平的不断提高，对提高家用电器产品的功能和自动化程度的要求极为强烈。为满足这些要求，首先要使用能检测模拟量的高精度传感器，以获取正确的控制信息，再由微型计算机进行控制，使家用电器的使用更加方便、安全、可靠，并减少能源消耗，为更多的家庭创造一个舒适的生活环境。

目前，家居自动化的蓝图正在设计之中，未来的家居将由作为中央控制装置的微型计算机，通过各种传感器代替人监视家居环境的各种状态，并通过控制设备进行各种控制。家居智能化的内容主要包括：安全监视与报警、空调及照明控制、耗能控制、太阳光自动跟踪、家务劳动自动化及人身健康管理等。

4. 传感器在机器人上的应用

目前，在劳动强度大或危险作业的场所，已逐步使用机器人取代人的工作。一些高速度、高精度的工作，由机器人来承担也是非常合适的。但这些机器人多数是用来进行加工、组装、检验等工作的，属于生产用的自动机械式的单能机器人。在这些机器人身上便采用了检测臂的位置和角度的传感器。

要使机器人和人的功能更为接近，以便从事更高级的工作，要求机器人能有判断能力，这就要给机器人安装物体检测传感器，特别是视觉传感器和触觉传感器，使机器人通过视觉对物体进行识别和检测，通过触觉对物体产生压觉、力觉、滑动感觉和重量感觉。这类机器人被称为智能机器人，它不仅可以从事特殊的作业，而且一般的生产、事务和家务，全部可由智能机器人去处理。

5. 传感器在医疗及人体医学上的应用

随着医用电子学的发展，仅凭医生的经验和感觉进行诊断的时代将会结束。现在，应用医用传感器可以对人体的表面和内部温度、血压及腔内压力、血液及呼吸流量、肿瘤、血液分析、脉波及心音、心脑电波等进行高准确度的诊断。显然，传感器对促进医疗技术的高度发展起着非常重要的作用。

为增进全国人民的健康水平，我国医疗制度的改革，将把医疗服务对象扩大到全民。以往的医疗工作仅局限于以治疗疾病为中心，今后，医疗工作将在疾病的早期诊断、早期治疗、远距离诊断及人工器官的研制等广泛的范围内发挥作用，而传感器在这些方面将会得到越来越多的应用。

6. 传感器与环境保护

目前，全球的大气污染、水质污浊及噪声已严重地破坏了地球的生态平衡和我们赖以生存的环境，这一现状已引起世界各国的重视。为保护环境，利用传感器制成的各种环境监测仪器正在发挥着积极的作用。

7. 传感器与航空及航天

在航空及航天的飞行器上广泛地应用着各种各样的传感器。为了解飞机或火箭的飞行轨迹，并把它们控制在预定的轨道上，就要使用传感器进行速度、加速度和飞行距离的测量。要了解飞行器飞行的方向，就必须掌握它的飞行姿态，飞行姿态可以使用红外水平线传感器陀螺仪、阳光传感器、星光传感器及地磁传感器等进行测量。此外，对飞行器周围的环境、飞行器本身的状态及内部设备的监控也都要通过传感器进行检测。

8. 传感器与遥感技术

所谓遥感技术，简单地说就是从飞机、人造卫星、宇宙飞船及船舶上对远距离的广大区域的被测物体及其状态进行大规模探测的一门技术。

在飞机及航天飞行器上装用的传感器是近紫外线、可见光、远红外线及微波等传感器。在船舶上向水下观测时多采用超声波传感器。例如，要探测一些矿产资源埋藏在什么地区，就可以利用人造卫星上的红外接收传感器将地面发出的红外线的量进行测量，然后由人造卫星通过微波再发送到地面站，经地面站计算机处理，便可根据红外线分布的差异判断出埋有矿藏的地区。

3.2 传感网的基本概念

随着半导体技术、微机电系统技术、无线通信和数字电子技术的进步和日益成熟，出现了具有感知能力、计算能力和通信能力的微型传感器。1988 年，Mark Weiser 提出了"Ubiquitous Computing"（缩写为 Ubicomp 或 UC）的思想，即"普适计算"，促使计算、通信和传感器 3 项技术相结合，产生了传感网。传感网是由集成了传感器、微机电、嵌入式计算、网络通信、分布式信息处理等技术的微型传感器，通过协作地实时监测、感知和采集各种环境信息，并以自组多跳网络方式传送到用户终端而构成的自组织网络，从而实现物理世界、计算世界以及人类社会三元世界的连通。

3.2.1 传感网的基本组成

传感网与普通的 Ad Hoc 网络不同，前者以收集和处理信息为目的，后者以通信为目的。传感网集中了传感器技术、嵌入式计算技术和无线通信技术，能协作地感知、收集和测控各种环境下的感知对象，通过对感知信息的协作式数据处理，获得感知对象的准确信息，然后通过 Ad Hoc 方式传送到需要这些信息的观察者，即用户。协作地感知、采集、处理、发布感知信息是传感网的基本功能。

由传感网的描述可知，传感网包含有传感器、感知对象和观察者 3 个基本要素。通常情况下，一个典型传感网系统的基本组成结构如图 3-19 所示。它由分布式传感器节点、汇聚节点、互联网和远程用户管理节点组成。

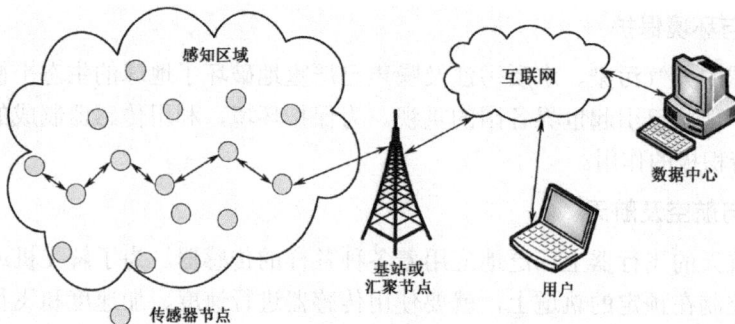

图 3-19　传感网系统的基本组成结构

大量传感器节点散布在感知区域内部或附近，这些节点都可以采集数据，并利用自组织多跳路由（Multi-hop）无线方式构成网络，把数据传送到汇聚节点。同时，汇聚节点也可以将数据信息发送给各节点。汇聚节点直接与互联网或卫星通信网络以有线方式或无线方式相连，通过互联网或无线方式实现与管理节点（即用户）之间的相互通信。管理节点对传感网进行配置和管理，发布测控任务并收集监测数据。

1. 传感器节点组成

传感器节点是一个微型化的嵌入式系统，它构成了传感网的基础层支持平台。典型的传感器节点由数据采集的感知模块、数据处理模块、无线通信模块和节点供电的电源供给模块4 个部分组成。图 3-20 所示是传感器节点硬件基本组成示意图。其中，感知模块由传感器、A/D 转换器组成，负责感知监控对象的信息；电源供给模块负责供给节点工作所消耗的能量，一般为小体积的电池；无线通信模块完成节点间的交互通信工作，一般为无线电收发装置；数据处理模块包括存储器和微处理器等部分，负责控制整个传感器节点的操作，存储和处理本身采集的数据以及其他节点发来的数据。同时，有些节点上还装配有能源再生装置、移动或执行机构、定位系统及复杂信号处理（包括声音、图像、数据处理及数据融合）等扩展设备，以获得更完善的功能。

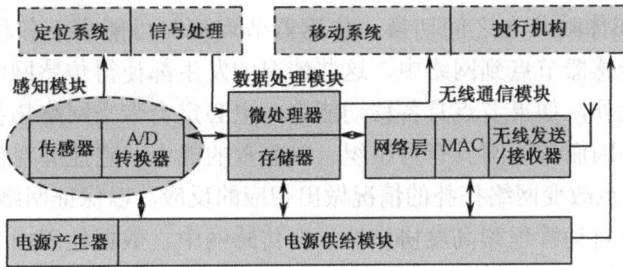

图 3-20　传感器节点基本组成示意图

由于具体的应用背景不同，目前国内外出现了多种传感网节点的硬件平台。典型的节点包括美国 CrossBow 公司开发的 Mote 系列节点 Mica2、MicaZ 和 Mica2Dot，以及 Infineon 公司开发的 EYES 传感器节点等。实际上，各平台最主要的区别是采用了不同的处理器、无线通信协议以及与应用相关的不同传感器。常用的处理器有 Intel Strong ARM、Texas Instrument MSP430 和 Atmel Atmega，常用的无线通信协议有 802.11b、802.15.4/ZigBee 和 Bluetooth 等。与应用相关的传感器有光传感器、热传感器、压力传感器以及湿度传感器等。虽然具体应用不同，传感器节点的设计也不尽相同，但其基本结构是一样的。

2. 汇聚节点

汇聚节点的处理能力、存储能力和通信能力比普通传感器节点更强，它连接着传感网与互联网、移动通信网或者卫星通信网等，实现两种协议栈协议之间的转换，同时发布管理节点的监测任务，并将收集到的数据转发到外部网络上。汇聚节点既可以是一个具有增强功能的传感器节点，有足够的能量提供给更多的内存与计算资源，也可以是没有监测功能仅带有无线通信接口的特定网关设备。

3. 管理节点

管理节点用于动态地管理整个传感网。终端用户通过管理节点对传感网进行管理与配置，发布感知任务及收集感知数据。管理节点通常为运行网络管理软件的 PC、便携式计算机或手持终端设备。

3.2.2 传感网的特点

传感网作为一种新型的智能网络系统，具有极其广阔的应用前景。同传统网络相比，传感网具有许多显著的特点：

（1）传感器节点数目大，密度高，采用空间位置寻址。在一个传感网中，为了保证网络的可用性和生存能力，可能有成千上万的节点，节点的密度很高。正由于传感器节点数目大，而且网络中一般不支持任意两个节点之间的点对点通信，以及每个节点不存在唯一的标识，因而在进行数据传输时采用空间位置寻址方式。

（2）传感器节点的能量、计算能力和存储容量有限。随着传感器节点的微型化，在设计中大部分节点的能量靠电池提供，其能量有限，而且由于条件限制，难以在使用过程中给节点更换电池；所以传感器节点的能量限制是整个传感网设计的瓶颈，它直接决定了网络的工作寿命。另一方面，传感器节点的计算能力和存储能力都较低，使其不能进行复杂的计算和数据存储。

（3）传感网的拓扑结构易变化，具有自组织能力。由于传感网中节点节能的需要，传感器节点可以在工作和休眠状态之间切换，传感器节点随时可能由于各种原因发生故障而失效，或者添加新的传感器节点到网络中，这些情况的发生都使得传感网的拓扑结构在使用中很容易发生变化。此外，如果节点具备移动能力，也必定会带来网络拓扑的变化。由于网络的拓扑结构易变化，因而传感网具有自组织、自配置的能力，它能够对由于环境、电能耗尽因素造成的传感器节点改变网络拓扑的情况做出相应的反应，以保证网络的正常工作。

（4）传感网具有自动管理和高度协作性。在传感网中，数据处理由节点自身完成，这样做的目的是减小无线链路中传送的数据量，只有与其他节点相关的信息才在链路中传送。以数据为中心的特性是传感网的又一个特点，由于节点不是预先计划的，而且节点位置也不是预先确定的，这样就有一些节点由于发生较多错误或者不能执行指定任务而被中止运行。为了在网络中监视目标对象，配置冗余节点是必要的，节点之间可以通信和协作，共享数据，这样可以保证获得被监视对象比较全面的数据。对用户来说，向所有位于观测区内的传感器发送一个数据请求，然后将采集的数据送到指定节点处理，可以用一个多播路由协议把消息送到相关节点，这需要一个唯一的地址表，对于用户而言，不需要知道每个传感器的具体身份号，所以可以用于以数据为中心的组网方式。

（5）传感器节点具有数据融合能力。在传感网中，由于传感器节点数目大，很多节点会采集到具有相同类型的数据，因而，通常要求其中的一些节点具有数据融合能力，对来自多个传感器节点采集的数据进行融合，再送给信息处理中心。数据融合可以减少冗余数据，从而可以减少在传送数据过程中的能量消耗，延长网络寿命。

（6）传感网是以数据为中心的网络。目前的互联网是先有计算机终端系统，然后再互连成为网络，终端系统可以脱离网络独立存在。在互联网中，网络设备用网络中唯一的 IP 地址标识，资源定位和信息传输依赖于终端、路由器、服务器等网络设备的 IP 地址。如果想访问互联网中的资源，首先要知道存放资源的服务器 IP 地址。可以说，目前的互联网是一个以地址为中心的网络。

传感网是任务型的网络，脱离传感网谈论传感器节点没有任何意义。传感网中的节点采用节点编号标识，是否需要节点编号唯一取决于网络通信协议的设计。由于传感器节点随机部署，构成的传感网与节点编号之间的关系是完全动态的，表现为节点编号与节点位置没有必然联系。用户在使用传感网查询事件时，直接将所关心的事件通告网络，而不是通告给某个确定编号的节点；网络在获得指定事件的信息后汇报给用户。这种以数据本身作为查询或传输线索的思想更接近于自然语言交流习惯，所以通常说传感网是一个以数据为中心的网络。

（7）传感网存在诸多安全威胁。由于传感网节点本身的资源（如计算能力、存储能力、通信能力和电量供应能力）十分有限，并且节点通常部署在无人值守的野外区域，使用不安全的无线链路进行数据传输，因此传感网很容易受到多种类型的攻击，如选择性转发攻击、采集点漏洞攻击、伪造身份攻击、虫洞攻击、Hello 消息广播攻击、黑洞攻击、伪造确认消息攻击以及伪造、篡改和重放路由攻击等。

（8）传感网与现有无线网络具有明显区别。传感网与无线 Mesh 网络相比，传感网的业务量较小，无线 Mesh 网络业务量较大，主要是互联网业务（包括多媒体业务）。传感网移动性较强，因而能源问题是传感网的主要问题；而无线 Mesh 网络是固定的，即使移动，其移动性也很小，所以可以直接由电网供电，其节点能量不受限制。

传感网是无线 Ad Hoc 网络的一种典型应用，虽然它具有无线自组织特征，但与传统的 Ad Hoc 网络相比，又有许多不同，它们之间的主要区别是：①在网络规模方面，传感网包含的节点数量比 Ad Hoc 网络高几个数量级；②在分布密度方面，传感网节点的分布密度很大；③由于能量限制和环境因素，传感网节点易损坏、易出故障；④由于节点的移动和损坏，传感网的拓扑结构频繁变化；⑤在通信方式方面，传感网节点主要使用广播通信，而 Ad Hoc 节点采用点对点通信；⑥传感网节点能量、计算能力和存储能力受限；⑦由于传感网节点数量的原因，节点没有统一的标识；⑧传感网以数据为中心。

3.2.3 传感网的关键技术

传感网作为当今信息领域新的研究热点，涉及多学科交叉的研究领域，所需要研究的内容包括通信、组网、管理、分布式信息处理等许多方面，可分为四部分：网络通信协议，核心支撑技术，自组织管理，开发与应用。其中，每部分又有许多需要研究解决的关键技术。下面仅就部分关键技术进行简单介绍。

1. 网络通信协议及功率控制

由于传感器节点的计算能力、存储能力、通信能力以及携带的能量都十分有限，每个节点只能获取局部网络的拓扑信息，其上运行的网络协议也不能太复杂。同时，传感器拓扑结构动态变化，网络资源也在不断变化，这些都对网络协议提出了更高的要求。传感网协议负责使各个独立的节点形成一个多跳的数据传输网络，目前研究的重点是网络层协议和数据链路层协议。网络层的路由协议决定监测信息的传输路径；数据链路层的介质访问控制用来构建底层的基础结构，控制传感器节点的通信过程和工作模式。

在传感网中，路由协议不仅关心单个节点的能量消耗，更关心整个网络能量的均衡消耗，这样才能延长整个网络的生存期。同时，传感网是以数据为中心的，这在路由协议中表现得最为突出，每个节点没有必要采用全网统一的编址，选择路径可以不用根据节点的编址，更多的是根据感兴趣的数据建立数据源到汇聚节点之间的转发路径。

传感网的 MAC 协议首先要考虑节省能源和可扩展性，其次才考虑公平性、利用率和实时性等。在 MAC 层的能量浪费主要表现在空闲侦听、接收不必要数据和碰撞重传等。为了减少能量的消耗，MAC 协议通常采用"侦听/休眠"交替的无线信道侦听机制，传感器节点在需要收发数据时才侦听无线信道，没有数据需要收发时就尽量进入休眠状态。由于传感网是应用相关的网络，应用需求不同时，网络协议往往需要根据应用类型或应用目标环境特征定制，没有任何一个协议能够高效地适应所有的不同的应用。

2. 网络拓扑控制

对于传感网而言，网络拓扑控制具有特别重要的意义。通过拓扑控制自动生成良好的网络拓扑结构，能够提高路由协议和 MAC 协议的效率，可为数据融合、时间同步和节点定位等奠定基础，有利于节省节点的能量来延长网络的生存期。所以，拓扑控制是传感网的核心技术之一。

目前，传感网拓扑控制的主要问题是在满足网络覆盖度和连通度的前提下，通过功率控制和骨干网节点选择，剔除节点之间不必要的无线通信链路，生成一个高效的数据转发网络拓扑结构。拓扑控制可以分为节点功率控制和层次型拓扑控制两个方面。功率控制机制用于调节网络中每个节点的发射功率，在满足网络连通度的前提下，减小节点的发送功率，均衡节点单跳可达的邻居数目；层次型拓扑控制利用分簇机制，让一些节点作为簇头节点，由簇头节点形成一个处理并转发数据的骨干网，其他非骨干网节点可以暂时关闭通信模块，进入休眠状态以节省能量。除了传统的功率控制和层次型拓扑控制，人们也提出了启发式的节点唤醒和休眠机制。该机制能够使节点在没有事件发生时设置通信模块为休眠状态，而在有事件发生时及时自动醒来并唤醒邻居节点，形成数据转发的拓扑结构。这种机制重点在于解决节点在休眠状态和活动状态之间的转换问题，不能独立作为一种拓扑结构控制机制，因此需要与其他拓扑控制算法配合使用。

3. 网络安全技术

传感网作为任务型的网络，不仅要进行数据传输，还要进行数据采集和融合、任务协同控制等。如何保证任务执行的机密性、数据产生的可靠性、数据融合的高效性以及数据传输的安全性，是传感网安全需要全面考虑的问题。

为了保证任务的机密布置以及任务执行结果的安全传递、融合，传感网需要实现一些最基本的安全机制：机密性、点到点的消息认证、完整性鉴别、新鲜性、认证广播和安全管理。除此之外，为了确保数据融合后数据源信息的保留，水印技术也成为传感网安全的研究内容。虽然在安全研究方面，传感网没有引入太多的内容，但传感网的特点决定了它的安全与传统网络安全在研究方法和计算手段上有很大不同。首先，传感网单元节点的各方面能力都不能与目前互联网的任何一种网络终端相比，所以必然存在算法计算强度和安全强度之间权衡的问题，如何通过更简单的算法实现尽量坚固的安全外壳是传感网安全的主要挑战；其次，有限的计算资源和能量资源往往需要对系统的各种技术进行综合考虑，以减少系统代码的数量，如安全路由技术等；再者，传感网任务的协作特性和路由的局部特性使节点之间存在安全耦合，单个节点的安全泄漏必然威胁网络的安全，所以在考虑安全算法时要尽量减小这种耦合性。

4. 时间同步技术

时间同步是传感网系统协同工作的一个关键机制。例如，测量移动车辆速度需要计算不同传感器检测事件时间差，通过波束阵列确定声源位置节点间的时间同步。NTP 协议是互联网上广泛使用的网络时间协议，但只适用于结构相对稳定、链路很少失败的有线网络系统；GPS 系统能够以纳秒级精度与世界标准时间 UTC 保持同步，但需要配置固定的高成本接收机，同时，在室内、森林或水下等有掩体的环境中，无法使用 GPS 系统。因此，它们不适用于传感网。

目前已提出了多个时间同步机制，其中 RBS、TINY/MINI-SYNC 和 TPSN 被认为是三个基本的同步机制。RBS 机制是基于接收者-接收者的时钟同步：一个节点广播时钟参考分组，广播域内的两个节点分别采用本地时钟记录参考分组的到达时间，通过交换记录时间来实现它们之间的时钟同步。TINY/MINI-SYNC 是简单的轻量级的同步机制：假设节点的时钟漂移遵循线性变化，那么两个节点之间的时间偏移也是线性的，可通过交换时标分组来估计两个节点间的最优匹配偏移量。TPSN 采用层次结构实现整个网络节点的时间同步：所有节点按照层次结构进行逻辑分级，通过基于发送者-接收者的节点对方式，每个节点能够与上一级的某个节点进行同步，从而实现所有节点都与根节点的时间同步。

5. 定位技术

位置信息是传感器节点采集数据中不可缺少的部分，没有位置信息的监测消息是毫无意义的。确定事件发生的位置或采集数据的节点位置是传感网最基本的功能之一。为了提供有效的位置信息，随机部署的传感器节点必须能够在布置后确定自身位置。

由于传感器节点存在资源有限、随机部署、通信易受环境干扰甚至节点失效等特点，定位机制必须满足自组织性、健壮性、能量高效、分布式计算等要求。根据节点位置是否确定，传感器节点分为信标节点和位置未知节点。信标节点的位置是已知的；位置未知节点需要根据少数信标节点，按照某种定位机制确定自身的位置。

在传感网定位过程中，通常会使用三边测量法、三角测量法或极大似然估计法确定节点位置。根据定位过程中是否实际测量节点间的距离或角度，传感网中的节点定位有基于距离的定位、距离无关的定位两种类型。

6. 数据融合与管理

传感网是能量约束的网络，减少传输的数据量能够有效地节省能量，提高网络的生存期。因此，在各个传感器节点数据收集过程中，可利用节点的本地计算和存储能力、数据处理融合能力，去除冗余信息，从而达到节省能量的目的。由于传感器节点的易失效性，传感网也需要数据融合技术对多份数据进行综合，以提高信息的准确度。

1）数据融合技术

数据融合技术已经在目标跟踪、目标自动识别等领域得到了广泛的应用。在应用层设计中，可以利用分布式数据库技术，对采集到的数据进行逐步筛选，达到融合的效果；在网络层中，很多路由协议均结合了数据融合机制，以期减少数据传输量。

数据融合技术在节省能量、提高信息准确度的同时，需要以牺牲其他性能为代价。首先是延迟的代价，在数据传送过程中寻找易于进行数据融合的路由、进行数据融合操作、为融合而等待其他数据的到来，这三个方面都可能增加网络的平均延迟。其次是健壮性的代价，传感网相对于传统网络有更高的节点失效率以及数据丢失率，数据融合可以大幅度降低数据的冗余性，但丢失相同的数据量可能损失更多的信息，因此相对而言也降低了网络的健壮性。

2）数据管理技术

从数据存储的角度来看，传感网可被视为一种分布式数据库。以数据库的方法在传感网中进行数据管理，可以将存储在网络中的数据逻辑视图与网络中的实现进行分离，使得传感网用户只需要关心数据查询的逻辑结构，而无须关心实现细节。虽然对网络所存储的数据进行抽象会在一定程度上影响执行效率，但可以增强传感网的易用性。美国加州大学伯克利分校的 Tiny DB 系统和 Cornell 大学的 Cougar 系统，是目前具有代表性的传感网数据管理系统。

传感网的数据管理与传统的分布式数据库有很大差别。由于传感器节点能量受限且容易失效，数据管理系统必须在尽量减少能量消耗的同时提供有效的数据服务。同时，传感网中节点数量庞大，且传感器节点产生的是无限的数据流，无法通过传统的分布式数据库数据管理技术进行分析、处理。此外，对传感网数据的查询经常是连续的查询或随机抽样的查询，这也使得传统分布式数据库的数据管理技术不适用于传感网。

传感网数据管理系统的结构主要有集中式、半分布式、分布式以及层次式 4 种结构。目前大多数研究工作集中在半分布式结构。传感网中数据的存储采用网络外部存储、本地存储和以数据为中心的存储 3 种方式。相对于其他两种方式，以数据为中心的存储方式可以在通信效率和能量消耗两个方面取得折中。基于地理散列表的方法便是一种常用的以数据为中心的数据存储方式。在传感网中，既可以为数据建立一维索引，也可以建立多维分布式索引（DIM）。

传感网的数据查询语言目前多采用类 SQL 的语言。查询操作可以按照集中式、分布式或流水线式查询进行设计。集中式查询由于传送了冗余数据而消耗额外的能量；分布式查询利用聚集技术可以显著降低通信开销；而流水线式查询可以提高分布式查询的聚集正确性。在传感网中，对连续查询的处理也是需要考虑的，利用自适应技术（CACQ）可以处理传感网节点上的单连续查询和多连续查询请求。

7. 嵌入式操作系统

传感器节点是一个微型嵌入式系统，携带非常有限的硬件资源，要求操作系统能够节能、高效地使用其有限的内存、处理器和通信模块，且能够对各种特定应用提供最大的支持。在面向传感网的操作系统的支持下，多个应用可以并发地使用系统的有限资源。

传感器节点有两个突出的特点：一是并发性密集，即可能存在多个需要同时执行的逻辑控制，这需要操作系统能够有效地满足这种发生频繁、并发程度高、执行过程比较短的逻辑控制流程；二是传感器节点模块化程度很高，要求操作系统能够让应用程序对硬件进行控制，且保证在不影响整体开销的情况下，应用程序中的各个部分能够进行重新组合。针对上述特点，美国加州大学伯克利分校研发了 TinyOS 操作系统，在科研机构的研究中得到比较广泛的使用，但仍然存在不足之处。

3.2.4 传感网的应用与发展

传感网是一种新型的网络和计算技术，它可以将客观世界中不断变化的信息持续、高效地传递给人们，为人们提供各种形式的服务，在军事、商业、医疗、环境保护以及灾难拯救等领域具有广阔的应用前景。随着传感网的日益成熟和普及，人们的生产、生活方式和工作效率也将得到不断的改善和提高。

1. 传感网的应用

传感网被认为是 21 世纪最重要的技术之一，2003 年 2 月份的美国《技术评论》杂志评出对世界产生深远影响的十大新兴技术，传感网被列为第一。科学家预言，无线传感器将引发新的信息革命。2003 年 8 月 25 日出版的美国《商业周刊》杂志在其"未来技术专版"中发表文章指出，效用计算、传感网、塑料电子学和仿生人体器官是全球未来的四大高科技产业，它们将引发新的产业浪潮。由于传感网具有不需要预先铺设网络设施、快速自动组网、传感器节点体积小等特点，使得它在军事、环境、工业、医疗等方面有着广阔的应用前景。

（1）军事应用。传感网可用来建立一个集命令、控制、通信、计算、智能、监视、侦察和定位于一体的战场指挥系统。因为传感网是由密集型、低成本、随机分布的节点组成的，自组织性和容错能力使其不会因为某些节点在恶意攻击中损坏而导致整个系统的崩溃，这一点是传统传感技术所无法比拟的。也正是这一点，使传感网非常适合应用于恶劣的战场环境，使用声音、压力等传感器可以侦探敌方阵地动静以及人员、车辆行动情况，实现战场实时监督、战场损失评估等。

（2）环境监测。传感网可以布置在野外环境中获取环境信息。例如，可以应用于森林火险监测，传感器节点被随机密布在森林之中，当发生火灾时，这些传感器会通过协同合作在很短的时间内将火源的具体地点、火势的大小等信息传给终端用户。另外，传感网在监视农作物灌溉，土壤空气情况，牲畜、家禽的环境状况，大面积的地表监测，气象和地理研究，洪水监测，以及跟踪鸟类、小型动物和昆虫对种群复杂度的研究等方面都有较大的应用空间。

（3）工业应用。在工业安全应用方面，传感网可应用于有毒、放射性的场合，它的自组织算法和多跳路由传输可以保证数据有更高的可靠性。在设备管理方面，可用于监测材料的疲劳状况、机械的故障诊断、实现设备的智能维护等。传感网采用分布式算法和近距离定位技术，对于机器人的控制和引导将发挥重要作用。传感网可实现家居环境、工作环境智能化，例如，嵌入信息家电和家具中的传感器与执行机构所组成的无线网络与互联网连接在一起，将会为人们提供更加舒适、方便和具有人性化的智能家居和办公环境。

（4）医疗应用。在医疗上，如果在住院病人或老人身上安装特殊用途的传感器节点，医生就可以随时了解被监护病人或老人的情况，进行远程监控，掌握他们的身体状况，如实时掌握血压、血糖、脉搏等情况，一旦发生危急情况可在第一时间实施救助；也可实现在人体内植入人工视网膜（由传感器阵列组成）让盲人重见光明。所以，传感网将为未来的远程医疗提供更加方便、快捷的技术实现手段。

（5）其他方面的应用。传感网在商业、交通等方面也具有广泛的应用。在商业应用方面，可用在货物的供应链管理中，它可以帮助定位货品的存放位置、货品的状态、销售状况等。每个集装箱内的大量传感器节点可以自组织成一个无线网络，集装箱内的每个节点可以和集装箱上的节点相联系。通过装载在节点上的温湿度、加速度传感器等记录集装箱是否被打开过，是否过热、受潮或者受到撞击。

在交通运输应用中，可以对车辆、集装箱等多个运动的个体进行有效的状态监控和位置定位。传感器节点还可以用于车辆的跟踪，将各节点收集到的有关车辆的信息传给汇聚节点（基站），经过基站处理获得车辆的具体位置。

2. 传感网的研究与发展

由于传感网巨大的科学意义和商业、军事应用价值，已经引起了许多国家学术界、军事部门和工业界的极大关注。对传感网的研究可以追溯到 1978 年由美国国防部高级计划署（DARPA）资助的在卡耐基-梅隆大学（Camegie-Mellon University）举行的"分布式传感网论坛"，但 20 世纪 90 年代才真正进入热潮。

对传感网的研究起源于 20 世纪 70 年代，最早应用于军事领域。1994 年美国加州大学洛杉矶分校（UCLA）的 William J.Kaiser 教授向 DARPA 提交了"Low Power Wireless Integrated Micro Sensors（LWIM）"的研究计划书，该计划书不但给出了基于微机电系统（MEM）的微小节点的概念设计模型，还描绘出了传感网的广泛诱人而极具想象力的应用前景，特别是其在军事领域的应用。自此相关研究在各大高校迅速展开。比较著名的实验室和研究项目包括美国加州大学洛杉矶分校（UCLA）的 CENS（Center for Embedded Network Sensors）实验室，UCLA 大学电子工程系的 WINS（Wireless Integrated Network Sensors）项目，加州大学伯克利分校的 BWRC（Berkeley Wireless Research Center）研究中心和 WEBS（Wireless Embedded System）等研究项目，俄亥俄州立大学的 ESWSN（Extreme Scale Wireless Sensor Networking）项目，Stony Brook 大学的 WNS 实验室（Wireless Networking and Simulation Laboratory），哈佛大学的 Code Blue 项目，耶鲁大学的 ENALAB 实验室（Embedded Networks and Allocations Lab），美国麻省理工大学（MIT）的 NMS（Network and Mobile Systems）项目等。此外，欧洲及亚洲的很多大学研究所也开始了这方面的研究，如新加坡国立大学的传感网实验室等也有关于传感网方面的研究。

迄今为止，已经开发出一些实际可用的传感器节点平台和面向传感网的操作系统。比较具有代表性的传感器节点包括 UeB 大学和 Crossbow 公司联合开发的 Mica A 系列节点，UeB 大学 BWRC 研究中心开发的 Pico Radio 传感器节点，加州大学开发的 MecaMK-2 节点，Intel 公司开发的 Intel Mote 节点等。而传感网操作系统中比较著名的操作系统有 UeB 大学开发的 TinyOS 系统，Colorad 大学开发的 MANTIS 系统以及 UCLA 大学开发的系统等。

传感网的主要特点是资源受限，每个传感器节点的能量、处理能力、存储能力都是非常有限的，而且由于对传感器节点的成本要求，导致节点的可靠性也不是很高，这些都给传感网的应用发展带来极大的挑战。鉴于传感网的这些独到特点以及相关要求，与传感网相关的一些技术难题还有待研究和认识。图 3-21 所示是对传感网研究的主要内容及其发展方向进行的概括性归纳。

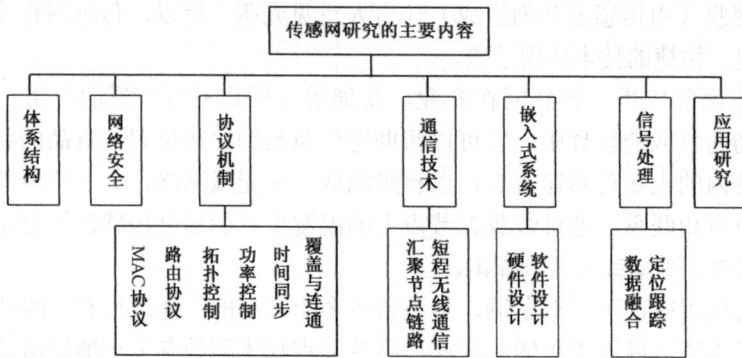

图 3-21　传感网研究内容及其发展方向

3.3　传感网的体系结构

传感网作为一种自组织通信网络，其基本组成单元是感知节点和汇聚节点（或基站节点）。尽管传统通信网络技术中已成熟的解决方案可以借鉴到传感网技术中来，但由于传感网是能量受限制的自组织网络，加上其工作环境和条件与传统网络有非常大的不同，所以设计网络时要考虑更多的对传感网有影响的因素，尤其是传感网的协议体系结构、拓扑结构以及协议标准。

3.3.1 传感网拓扑结构

传感网的拓扑结构是组织传感网节点的组网技术，有多种形态和组网方式。按照组网形态和方式，传感网的结构有集中式、分布式和混合式。传感网的集中式结构类似于移动通信的蜂窝结构，集中管理；传感网的分布式结构，类似 Ad Hoc 网络结构，可自组织网络接入连接，分布式管理；传感网的混合式结构是集中式与分布式结构的组合。如果按照节点功能及结构层次来看，传感网通常可分为平面网络结构、分级网络结构、混合网络结构和 Mesh 网络结构。传感器节点经多跳转发，通过基站或汇聚节点或网关接入网络，在网络的任务管理节点对感应信息进行管理、分类和处理，再把感知信息送给用户使用。研究和开发有效、实用的传感网结构，对构建高性能的传感网十分重要，因为网络的拓扑结构严重制约传感网通信协议（如 MAC 协议和路由协议）设计的复杂度和性能的发挥。下面根据节点功能及结构层次分别加以介绍。

1. 平面网络结构

平面网络结构是传感网中最简单的一种拓扑结构，所有节点为对等结构，具有完全一致的功能特性，也就是说每个节点均包含相同的 MAC、路由、管理和安全等协议，如图 3-22 所示。这种网络拓扑结构简单，易维护，具有较好的健壮性，实际上就是一种 Ad Hoc 网络结构形式。由于没有中心管理节点，故采用自组织协同算法形成网络，其组网算法比较复杂。

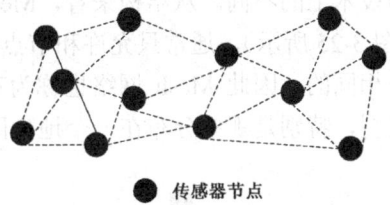

● 传感器节点

图 3-22　传感网平面网络结构

2. 分级网络结构

分级网络结构（也叫层次网络结构）如图 3-23 所示，它是传感网平面网络结构的一种扩展，网络分为上层和下层两部分：上层为骨干节点，下层为一般传感器节点。通常网络可能存在一个或多个骨干节点，骨干节点之间或一般传感器节点之间采用的是平面网络结构，具有汇聚功能的骨干节点和一般传感器节点之间采用的是分级网络结构。所有骨干节点为对等结构，骨干节点和一般传感器节点有不同的功能特性，也就是说每个骨干节点均包含相同的 MAC、路由、管理和安全等功能协议，而一般传感器节点可能没有路由、管理和汇聚处理等功能。这种分级网络通常以簇的形式存在，按功能分为簇首（具有汇聚功能的骨干节点，即 Cluster Head）和成员节点（一般传感器节点，即 Members）。这种网络拓扑结构扩展性好，便于集中管理，可以降低系统建设成本，提高网络覆盖率和可靠性；但是集中管理开销大，硬件成本高，一般传感器节点之间可能不能够直接通信。

3. 混合网络结构

混合网络结构如图 3-24 所示，它是传感网平面网络结构和分级网络结构的一种混合拓扑结构，网络骨干节点之间以及普通传感器节点之间都采用平面网络结构，而网络骨干节点和普通传感器节点之间采用分级网络结构。这种网络拓扑结构和分级网络结构不同的是普通传感器节点之间可以直接通信,不需要通过汇聚节点来转发数据。同分级网络结构相比,这种结构支持的功能更加强大,但所需的硬件成本更高。

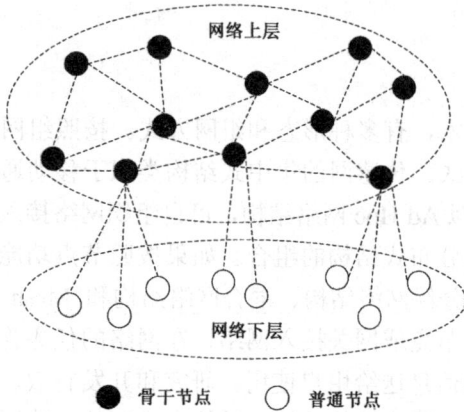

图 3-23 传感网分级网络结构

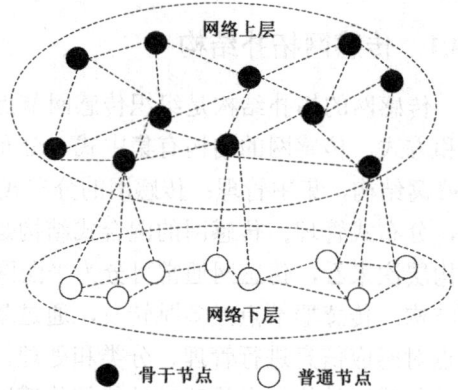

图 3-24 传感网混合网络结构

4. Mesh网络结构

Mesh 网络结构是一种新型的传感网拓扑结构,它与前面的传统网络拓扑结构具有一些结构和技术上的不同。从结构来看,Mesh 网络是规则分布的网络,不同于完全连接的网络结构(如图 3-25 所示),通常只允许和节点最近的邻居通信,如图 3-26 所示。网络内部的节点一般都是相同的,因此 Mesh 网络也称为对等网。Mesh 网络是构建大规模传感网的一个很好的结构模型,特别是那些分布在一个地理区域的传感网,如人员或车辆安全监控系统。

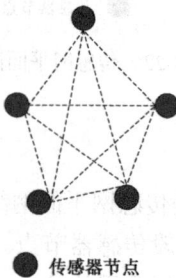

图 3-25 完全连接的网络结构

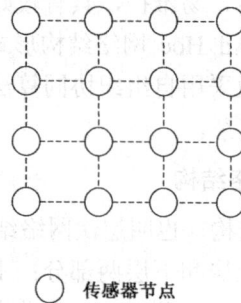

图 3-26 传感网 Mesh 网络结构

尽管这里反映通信拓扑的是规则结构,然而节点实际的地理分布不必是规则的 Mesh 结构形态。由于通常 Mesh 网络结构的节点之间存在多条路由路径,网络对于单点或单个链路故障具有较强的容错能力和健壮性。Mesh 网络结构最大的优点就是尽管所有节点都是对等的地位,且具有相同的计算和通信传输功能,但某个节点可被指定为簇首节点,而且可执行额外的功能。一旦簇首节点失效,另一个节点就可以立刻补充并接管原簇首那些额外执行的功能。不同的网络结构对路由和 MAC 的性能影响较大,例如,一个 $N \times M$ 的一维 Mesh 网络结构的传感网拥有 NM 条连接链路,每个源节点到目的节点有多条连接路径。

对于完全连接的分布式网络,其路由表随着节点数增加而呈指数增加,且路由设计复杂度是一个 NP-hard 问题。通过限制允许通信的邻居节点数目和通信路径,可以获得一个具有多项式复杂度的再生流拓扑结构,基于这种结构的流线型协议本质上就是分级的网络结构。

采用分级网络结构技术可简化 Mesh 网络路由设计，如图 3-27 所示，由于其数据处理可以在每个分级的层次里完成，因而比较适合于传感网的分级式信号处理和决策。

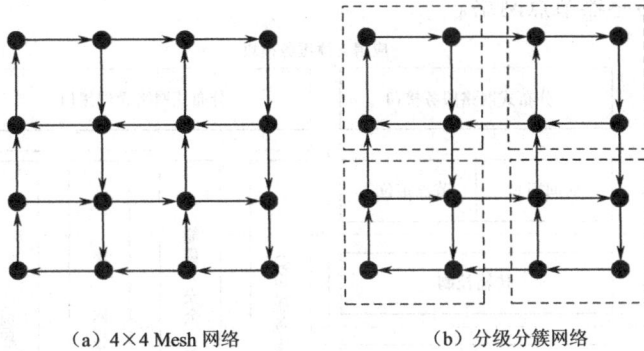

(a) 4×4 Mesh 网络   (b) 分级分簇网络

图 3-27　采用分级技术的 Mesh 网络结构

从技术上来看，基于 Mesh 网络结构的无线传感器具有以下特点：

（1）无线节点构成网络。这种类型的网络节点是由一个传感器或执行器构成且连接到一个双向无线收发器上的。数据和控制信号是通过无线通信的方式在网络上传输的，节点可以方便地通过电池来供电。

（2）节点按照 Mesh 拓扑结构部署。网内每个节点至少和一个其他节点通信，这种方式可以实现比传统的集线式结构或星状拓扑更好的网络连通性。

（3）支持多跳路由。来自一个节点的数据在其到达一个主机网关或控制器之前，可以通过其余节点转发，在不牺牲当前信道容量的情况下，扩展无线网络的范围是传感网设计和部署的一个重要目标。通过 Mesh 方式的网络连接，只需短距离通信链路，经受较少的干扰，因而可以为网络提供较大的吞吐量和较高的频谱利用率。

（4）功耗限制和移动性取决于节点类型和应用的特点。通常基站或汇聚节点移动性较低，感知节点移动性较高。基站通常不受电源限制，而感知节点通常由电池供电。

（5）存在多种网络接入方式。可以通过星状、Mesh 等节点方式和其他网络集成。在传感网实际应用中，通常根据应用需求来灵活选择合适的网络拓扑结构。

3.3.2　传感网协议体系结构

网络协议体系结构是网络的协议分层以及网络协议的集合，是对网络及其部件所应完成功能的定义和描述。对传感网来说，其网络体系结构不同于传统的计算机网络和通信网络。图 3-28 所示是传感网协议体系结构示意图。该网络体系结构由分层的网络通信协议模块、传感器网络管理模块和应用支撑服务模块三部分组成。分层的网络通信协议模块类似于 TCP/IP 协议体系结构；传感器网络管理模块主要是对传感器节点自身的管理以及用户对传感器网络的管理；应用支撑服务模块是在网络通信协议模块和传感器网络管理模块的基础上，给出支持传感网的应用支撑技术。

1. 分层的网络通信协议

传感网通信协议由物理层、数据链路层、网络层、传输层和应用层组成。

1）物理层

物理层解决简单而又强壮的调制、发送、接收技术问题，包括信道的区分和选择，无线信号的监测，调制/解调，以及信号的发送与接收。该层直接影响到电路的复杂度和能耗，其主要任务是以相对较低的成本和功耗，以克服无线传输媒体的传输损伤为基础，给出能够获得较大链路容量的传感器节点网络。

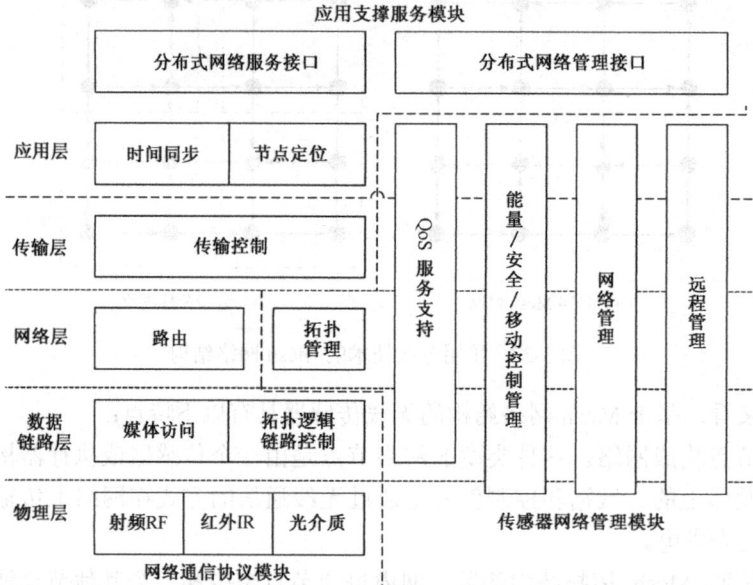

图 3-28　传感网协议体系结构示意图

传感网采用的传输媒体主要有无线电、红外线、光波等。其中，无线电是主流传输媒体。物理层还涉及频段的选择、节能的编码、调制算法的设计、天线的选择、抗干扰及功率控制等。在频段选择方面，ISM 频段由于具有无须注册、有大范围可选频段、没有特定标准等优点而被人们普遍采用。目前，国外已研制出来的无线传感器有很多已采用 ISM 频段，如美国无线传感器制造商 Crossbow 的产品大都采用 433 MHz 和 915 MHz 频段，而且蓝牙技术、ZigBee 技术（还包括 868 MHz、915 MHz 物理层，基于直接序列扩频技术）都可以采用2.4 GHz 频段。

目前，对物理层的研究比较薄弱，还有很多问题待解决，如简单、低能耗传感网的超带宽和通带宽调制机制设计问题，微小、低能耗、低费用的无线电收发器的硬件设计问题等。

2）数据链路层

数据链路层的作用是负责数据成帧、帧检测、媒体访问和差错控制，其主要任务是加强物理层传输原始比特的功能，使之对网络显现为一条无差错链路。该层又可细分为媒体访问控制（MAC）子层和逻辑链路控制（LLC）子层。其中，MAC 子层规定了不同的用户如何共享可用的信道资源，即控制节点可公平、有效地访问无线信道；LLC 子层负责向网络提供统一的服务接口，采用不同的 MAC 方法屏蔽底层，具体包括数据流的复用、数据帧的检测、分组的转发/确认、优先级排队、差错控制和流量控制等。

数据链路层的内容主要集中在 MAC 协议方面。传感网的 MAC 协议旨在为资源（特别是能量）受限的大量传感器节点建立具有自组织能力的多跳通信链路，实现公平、有效的通信资源共享，处理数据包之间的碰撞，重点是如何节省能量。目前，传感网比较典型的 MAC 协议有基于随机竞争的 MAC 协议、基于时分复用的 MAC 协议和基于 CDMA 方式的信道分配协议等。

3）网络层

网络层协议主要负责路由的生成与路由的选择，包括网络互联、拥塞控制等。网络层路由协议有多种类型，如基于平面结构的路由协议、基于地理位置的路由协议、分级结构路由协议等。

（1）基于平面结构的路由协议。泛洪技术是一种适用于传感网的最简单、最直接的路由算法，接收到消息的节点以广播形式转发分组，无须建立和维护网络拓扑结构。但这种路由算法存在重叠（Overlap）和闭塞（Implosion）及盲目使用资源等缺陷。为了克服这些缺陷，提出了一些新的算法，如以数据为中心的自适应路由协议（SPIN）、定向扩散协议等。

（2）基于地理位置的路由协议。这类协议假定每个节点都知道自己的地理位置以及目标节点的地理位置。

（3）分级结构路由协议。比较典型的分级结构路由协议是由 MIT 学者 Heinzelman 等人设计的分簇的低功耗自适应集群构架（LEACH）。该协议包括周期性的簇建立阶段和稳定的数据通信阶段。在簇建立阶段，相邻节点动态地形成簇，而且节点以等概率随机选择方式成为簇头。在数据通信阶段，簇内节点把数据发给簇头，簇头进行数据融合并把结果发送给汇聚节点。通过随机地选择簇头节点将整个网络的能量分配到每个节点中，从而大大延长了系统的生命周期。LEACH 协议的特点是分层和数据融合，其中分层利于网络的扩展性，数据融合则能够减少通信量。

4）传输层和应用层

传输层负责数据流的传输控制，帮助维护传感网应用所需的数据流，提供可靠、开销合理的数据传输服务。

应用层协议基于检测任务，包括节点部署、动态管理、信息处理等，因此在应用层需要开发和使用不同的应用层软件。

2. 传感网管理技术

1）能量管理

在传感网中，电源能量是各个节点最宝贵的资源。为了使传感网的使用时间尽可能长，必须合理有效地利用能量。例如，传感器节点接收到其中一个相邻节点的一条消息后，可以关闭接收机，这样可以避免接收重复的消息；当一个传感器节点剩余能量较低时，可以向其相邻节点广播，通知它们自己剩余能量较低，不能参与路由功能，而将剩余能量用于感知任务。传感网的能量管理部分控制节点对能量的使用，目前所要考虑的功耗问题有：

（1）微控制器的操作模式（工作模式、低功耗模式、休眠模式及工作频率减慢等），无线传输芯片的工作模式（休眠、空闲、接收、发射等）；

（2）从一种操作模式转换到另外一种操作模式的转换时间及功耗；

（3）整体系统工作的功耗映射关系及低功耗网络协议设计；

（4）无线调制解调器的接收灵敏度和最大输出功率；

（5）附加品质因素，如发射前端的温漂和频率稳定度、接收信号场指示（RSSI）信号的标准。

2）拓扑管理

在传感网中，为了节约能量，一些节点在某些时刻会进入休眠状态，导致网络的拓扑结构不断变化。为了使网络能够正常运行，必须进行拓扑管理。拓扑管理主要是节约能量，制定节点休眠策略，保持网络畅通，提高系统扩展性，保证数据能够有效传输。

3）QoS服务支持

QoS 服务支持是网络与用户之间以及网络上相互通信的用户之间关于数据传输与共享的质量约定。为满足用户要求，传感网必须能够为用户提供足够的资源，以用户可以接受的性能指标进行工作。

4）网络管理

网络管理是对网络上的设备和传输系统进行有效的监视、控制、诊断和测试所采用的技术和方法。网络管理包括故障管理、计费管理、配置管理、性能管理和安全管理。

5）网络安全

传感网多用于军事、商业领域，安全性是其重要的内容。由于传感网中节点的随机部署、网络拓扑的动态性以及信道的不稳定性，使传统的安全机制无法使用。因此，需要设计新型的网络安全机制。可借鉴扩频通信、接入/鉴权、数字水印、数据加密等技术。

目前，传感网安全主要集中在密钥管理、身份认证和数据加密方法、攻击检测与抵御、安全路由协议和隐私等方面。

6）移动控制

移动控制管理用于检测和记录传感器节点的移动状况，维护到达汇聚节点的路由，还可使传感器节点能够跟踪它的邻居。传感器节点获知其相邻传感器节点后，能够平衡其能量和任务。

7）远程管理

对于某些应用环境，传感网处于人不容易访问的环境之中，为了对传感网进行管理，采用远程管理是十分必要的。通过远程管理，可以修正系统的 Bug，升级系统，关闭子系统，监控环境的变化等，使传感网工作更有效。

3. 传感网应用支撑技术

传感网的应用支撑技术为用户提供各种具体的应用支持，包括时间同步、节点定位，以及向用户提供协同应用服务接口等一些中间件技术。

1）时间同步

在传感网中，每个节点都有自己的时钟。由于不同节点的晶体振荡器频率存在误差以及环境干扰，即使在某个时刻所有节点都达到了时间同步，此后也会逐渐出现偏差。传感网的通信协议和应用要求各节点间的时钟必须保持同步。多个传感器节点相互配合工作，即使在节点休眠时也要求时钟同步。时间同步机制是传感网的关键机制。

2）节点定位

在传感网中，位置信息对于传感网应用至关重要，没有位置信息的数据几乎没有意义。节点定位是指确定传感网中每个节点的相对位置或绝对位置。节点定位在军事侦察、环境检测、紧急救援等应用中尤其重要，是传感网的关键技术之一。目前人们提出了两类传感器节点定位方法：基于测量距离的定位方法，与测量距离无关的定位方法。

基于测量距离的定位方法首先使用测距技术，测量相邻节点间的实际距离或方位，然后使用三角计算、三边计算、多边计算、模式识别、极大似然估计等方法进行定位。

与测量距离无关的定位方法主要有 APIT 算法、质心算法、DV-Hop 算法、Amorphous 算法等。

3）分布式协同应用服务接口和分布式网络管理接口

传感网的应用是多种多样的，为了适应不同的应用环境，人们提出了各种应用层协议。该研究领域目前比较活跃，已提出的协议有任务安排和数据分发协议（TADAP）、传感器查询和数据分发协议〔SQDDP〕等。

分布式网络管理接口主要指传感器管理协议（SMP），由它把数据传输到应用层。

3.4 传感网节点部署与覆盖

节点部署是传感网工作的基础，它直接关系到网络监测信息的准确性、完整性和时效性。节点部署涉及覆盖、连接和节约能量消耗等方面。

3.4.1 传感网节点部署

1. 传感网的节点部署问题

所谓节点部署，就是在指定的监测区域内，通过适当的方法布置传感网节点以满足某种特定需求。节点部署的目的，是通过一定的算法布置节点，优化已有网络资源，以期网络在未来应用中获得最大利用率或单个任务的最少能耗。节点部署是传感网进行工作的第一步，也是网络正常工作的基础，只有把传感器节点在目标区域布置好，才能进一步进行其他的工作和优化。

合理的节点部署不仅可以提高网络工作效率，优化利用网络资源，还可以根据应用需求的变化改变活跃节点的数目，以动态调整网络的节点密度。此外，在某些节点发生故障或能量耗尽失效时，通过一定策略重新部署节点，可保证网络性能不受大的影响，使网络具有较强的健壮性。

设计传感网的节点部署方案一般需要考虑以下问题：

（1）如何实现对监测区域的完全覆盖并保证整个网络的连通性。对监测区域的完全覆盖是获取监测信息的前提；由于地形或者障碍物的存在，满足覆盖也不一定能够保证网络是连通的，而在节点数量最小化的同时实现覆盖和连通更具有挑战性。

（2）如何减少系统能耗，最大化延长网络寿命。传感网节点大都是靠电池供电的，电源用完也就意味着节点失效，因此在考虑覆盖和连通性的同时要考虑节能问题。

（3）当网络中有部分节点失效时，如何对网络进行重新部署。当某些节点能源耗尽或者发生故障时，可能出现覆盖"漏洞"，甚至导致网络无法连通，出现分割，这时需要重新对网络进行部署。此时需要考虑：采用什么样的方式进行再部署，是局部调整还是全局变化，每步调整是否影响原有的部署，有什么信息可以参考。

2. 节点部署算法

关于传感网节点部署算法，尚处在研究形成阶段。根据传感网节点可移动与否，可把节点部署算法分为移动节点部署算法、静止节点部署算法和异构/混合节点部署算法三大类。

1）移动节点部署算法

从某种意义上说，移动节点部署问题并不是一个新问题，它与移动机器人的部署是同一类型问题。针对这一问题，国内外已进行了相关研究，提出了许多算法。

（1）增量式节点部署算法。该算法是逐个部署传感网节点，利用已经部署的传感网节点计算出下一个节点应该部署的位置，旨在达到网络的覆盖面积最大。该算法需要每个节点都有测距和定位模块，而且每个节点至少与一个其他节点可视。该算法适用于监测区域环境未知的情况，如巷战、危险空间探测等。其优点是利用最少的节点覆盖探测区域；缺点是部署时间长，每部署一个节点可能需要移动多个节点。

（2）基于人工势场（或虚拟力）的算法。该算法把人工势场（或虚拟力）用于移动节点的自展开问题，把网络中的每个节点作为一个虚拟的正电荷，每个节点受到边界障碍和其他节点的排斥，这种排斥力使整个网络中的所有节点向传感网中的其他地域扩散，并避免越出边界，最终达到平衡状态，也就是达到了感知区域的最大覆盖状态。该算法的优点是算法简单易用，并能达到节点快速扩散到整个感知区域的目的，同时每个节点所移动的路径比较短；其缺点是容易陷入局部最优解。

（3）基于网格划分的算法。这类算法通过网格化覆盖区域，把网络对区域的覆盖问题转化为对网格或网格点的覆盖问题，网格划分有矩形划分、六边形划分、菱形划分等。这类算法的优点是可以利用最少的节点达到对任务区域的完全覆盖。

（4）基于概率检测模型的算法。这类算法通过引入概率检测模型，在确保网络连通性的条件下，寻求以最少数目的节点达到预期的覆盖需求，并得到具体的节点配置位置。

2）静止节点部署算法

静止节点部署算法一般有确定性部署和自组织部署两种部署算法。

确定性部署算法是指手工部署传感网，节点间按设定的路由进行数据传输。这是最简单、直观的一种方法，一般适用于规模较小、环境状况良好、人工可以到达的区域。例如，在室内等封闭空间部署传感网，可以将问题转化为经典的画廊问题（线性规划问题）；如果在室外开放空间部署（小规模）传感网，则可以利用移动节点部署算法中基于网格划分的节点部署算法或者基于矢量的节点部署算法。

与确定性部署相对应的是不确定性部署，也称自组织部署。当监测区域环境恶劣或存在危险时，人工部署节点是无法实现的。同样，当布设大型传感网时，由于节点数量众多、分布密集，采用人工方式部署节点也是不切合实际的。此时，通常通过飞机、炮弹等载体随机地把节点抛撒在监测区域内，节点到达地面以后自组成网。通过空中散播部署节点虽然很方便，但在节点被散播到监测区域后的初始阶段，形成的网络一般不是最优化的。有的地方有较高的感知密度，有的地方感知密度较低，甚至出现覆盖漏洞或者部分网络不连通，此时需要针对"问题"区域进行二次部署。

3）异构/混合节点部署算法

目前，传感网技术主要以同构的传感网作为研究对象。所谓同构，是指传感网的所有节点都是同一类型的。在实际应用中，可能会部署一些异构的传感网。也就是说，在构成传感网的节点中，有一小部分是异构节点；与其他大部分廉价的节点相比，它在电源、传输带宽、计算能力、存储空间、移动能力等方面具有明显的优势。当然，这些异构节点的成本相对较高。在传感网中部署适量的异构节点，不仅能提高传感网的数据传输成功率，而且能延长网络寿命。

3.4.2　传感网覆盖

如何利用节点完成对目标区域的检测或监控，是传感网的覆盖问题。覆盖问题不仅反映了网络所能提供的"感知"服务质量，而且通过合理的覆盖控制还可以使网络空间资源得到优化，降低网络的成本和功耗，延长网络的寿命，使得网络更好地完成环境感知、信息获取和有效传输的任务。

1. 传感网覆盖理论模型

传感网覆盖问题（Coverage Problem）考虑两个问题：一是初始传感器节点的布置是否覆盖了整个目标区域；二是这些节点能否完整、准确地采集目标区域的信息。这可以归结为以下两个问题。

1）艺术馆问题

设想艺术馆的业主想在馆内放置摄像机，以便能够预防小偷盗窃。为了实现这个想法，需要回答两个问题：首先是到底需要多少台摄像机；其次，这些摄像机应当放置在哪些地方才能保证馆内每个点至少被一台摄像机监视到。假定摄像机可以有 360° 的视角并能以极大速度旋转，而且摄像机可以监视任何位置，视线不受影响。问题优化要实现的目标就是所需摄像机的数目应该最小化。在这个问题当中，艺术馆通常建模成二维平面的简单多边形。一个简单的解决办法就是将多边形分成不重叠的三角形，每个三角形里面放置一台摄像机。通过三角测量法将多边形分成若干个三角形，这样可以实现任何一个多边形都可被 $\lfloor n/3 \rfloor$ 台摄像机所监视到，其中 n 表示多边形所包含的三角形的数目。这也是最糟糕情况下的最佳结果。图 3-29 所示是将一个简单多边形用三角测量法拆分的例子，放置两台监视摄像机足以覆盖整个艺术馆。尽管这个问题在二维平面可以得到最优解，然而扩展到三维空间，这个问题就变成了 NP-hard 问题了。

2）圆覆盖问题

圆覆盖问题是指在一个平面上最多需要排列多少个相同大小的圆，才能够完全覆盖整个平面。换言之，就是给定了圆的数目，如何使得圆的半径最小。图 3-30 所示给出了 7 个圆最优覆盖的一个示例，假设正方形面积为 $1m^2$，则每个圆的半径大约为 0.274 291 8 m。

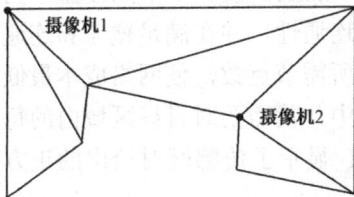

图 3-29　多边形三角测量法及监视摄像机的位置配置图

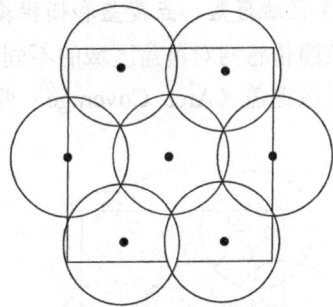

图 3-30　7 个圆实现最优覆盖示例

2. 传感网覆盖问题

在不同的应用中，覆盖问题可以从不同的角度建模。以下是影响覆盖问题应该考虑的一些因素：

（1）传感器节点部署方法。传感器节点部署通常有确定性部署和随机性部署两种方法。在一些友好的、容易接近的环境中可以选择确定性部署算法；而在一些军事领域的应用或者遥远、荒凉的环境中，必须选择随机部署算法。

（2）感知半径和通信半径。传感网中的节点，其感知半径可以相同也可以不同；其通信半径则与网络的连通性有着密切关系，可以和感知半径相等，也可以不相等。

（3）附加的需求，如基于能量效率的覆盖（Energy-efficiency Coverage）和连通的覆盖（Connected Coverage）。

（4）算法的特性，如集中式与分布式/局部化特性。

3. 传感网覆盖方式

由于传感网是基于应用的网络，不同的应用具有不同的网络结构与特性。因此，传感网的覆盖也有着多种方式。

1）确定性覆盖和随机覆盖

按照传感网节点不同配置方式（即节点是否需要知道自身位置信息），可将传感网的覆盖分为确定性覆盖、随机覆盖两大类。

如果传感网的状态相对固定或是环境已知，可根据先配置的节点位置确定网络拓扑情况或增加关键区域的传感器节点密度，这种情况被称为确定性覆盖。此时的覆盖控制问题是一种特殊的网络或路径规划问题。典型的确定性覆盖有确定性区域/点覆盖、基于网格（Gird）的目标覆盖和确定性网络路径/目标覆盖三种类型。

在许多自然环境中，由于网络情况不能预先确定，且多数确定覆盖模型会给网络带来对称性与周期性特征，从而掩盖了某些网络拓扑的实际特性。加上传感网自身拓扑变化复杂，导致采用确定性覆盖在实际应用中具有很大的局限性，不能适用于战场等危险或其他环境恶劣的场所。因此，需要节点随机分布在感知区域，即随机覆盖，具体又分为随机节点覆盖和动态网络覆盖两类。随机节点覆盖是指在传感网中感知节点随机分布且预先不知节点位置的条件下，网络完成对监测区域的覆盖任务。动态网络覆盖则是考虑一些特殊环境中部分感知节点具备一定运动能力的情况。这类网络可以动态完成相关覆盖任务，更具灵活性和实用性。

2）区域覆盖、点覆盖和栅栏覆盖

按照传感网对覆盖区域的不同要求和不同应用，有区域覆盖、点覆盖、栅栏覆盖三种。

区域覆盖（Area Coverage）要求目标区域中的每一点至少被一个节点覆盖，同时保证网络内各节点间的连通性，并在满足覆盖和连通要求的前提下尽可能减少所需节点数，使网络成本最低。在战场实时监控等应用中，就需要对目标区域内的每一个点进行监测。图 3-31 显示了传感网对给出的正方形区域进行覆盖的例子。

在点覆盖（Point Coverage）中，所关心的是覆盖目标区域中的一组点，它只需对目标区域内的有限个离散点进行监测，并确定覆盖这些点所需的最少节点数以及节点的位置。图 3-32 显示了一组随机分布的传感器覆盖一组观测点的例子。

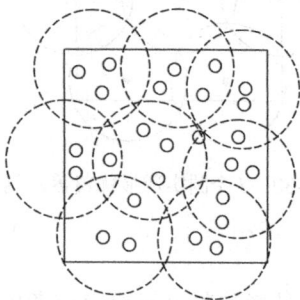

图 3-31　区域覆盖

栅栏覆盖（Barrier Coverage）考虑的是当移动目标沿任意路径穿越传感网的部署区域时，网络检测到该移动目标的概率问题。该问题的意义在于：一方面可以确定最佳网络部署，使得目标检测概率最大；另一方面，当穿越敌方的监控区域时，可以选择一条最安全的路径。目标穿越网络时被检测到的概率不但与目标运动路径相关，还与目标在网络中所处的时间相关。目标在网络中所处时间越长，被检测到的概率越大。图 3-33 显示了一个一般的栅栏覆盖问题，路径的起点和终点是从区域的底部和顶部的边界线上选择的。

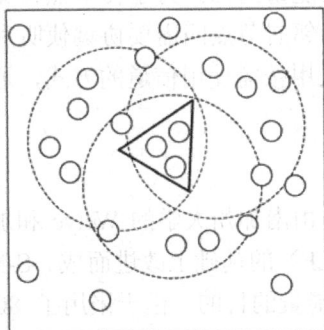

图 3-32　点覆盖

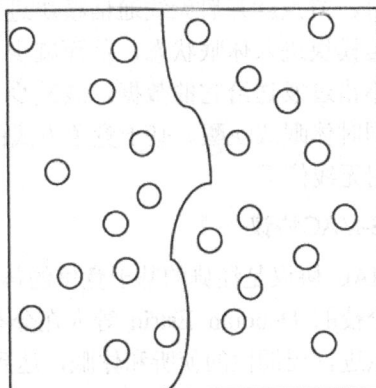

图 3-33　栅栏覆盖

3.4.3　连接与节能

1. 连接

连接问题（Connectivity Problem）考虑的是：节点间的连接情况能否保证所采集的信息能够准确地传递给汇聚节点。围绕这个问题，可以从两方面展开：

（1）纯连接（Pure Connectivity）。不论网络是否运行，都要保证网络任意两节点是连通的，这是网络运行的基础。

（2）路由连接（Routing Algorithm based Connectivity）。这是指在网络运行时，按照某种特定的算法实现任意两点间的连接，是对纯连接的优化。不同的路由算法，对连接效果有很大的影响。

2. 节能

节能主要考虑两个问题：①网络部署时传感器节点消耗的能量要少；②网络在使用过程中能量的平均消耗量最低。前者主要是减少部署时能量的消耗，后者主要是从能量平衡的角度考虑延长网络寿命。

3.5　传感网MAC协议

在传感网中，介质访问控制（Medium Access Control，MAC）协议决定无线信道的使用方式，在传感器节点之间分配有限的无线通信资源，用来构建传感网系统的底层基础结构。MAC 协议处于传感网协议的底层，对传感网的性能有较大影响，是保证传感网高效通信的关键协议之一。

3.5.1　基于竞争的MAC协议

传感器节点无线通信模块的状态包括发送状态、接收状态、侦听状态和休眠状态等，单位时间内所消耗的能量按照上述顺序依次减少：在发送状态下消耗能量最多，在休眠状态下消耗能量最少，接收状态和侦听状态下的能量消耗小于发送状态。基于上述原因，传感网MAC协议为了减少能量的消耗，通常采用"侦听/休眠"交替的无线信道使用策略。当有数据收发时，节点就开启无线通信模块进行发送和侦听；如果没有数据需要收发，节点就控制无线通信模块进入休眠状态，从而减少空闲侦听所造成的能量消耗。为了使节点在无线模块休眠时不错过发送给它的数据，或减少节点的过度侦听，邻居节点间需要协调侦听和休眠的周期，同时休眠或唤醒。基于竞争方式的MAC协议，采用按需使用信道的方式，通过竞争方式占用无线信道。

1. S-MAC协议

S-MAC协议是经典的基于竞争的传感网MAC协议，由南加州大学的Weiye和加州大学洛杉矶分校的Deboran Estrin等人在分布式协调功能（DCF）的基础上改进而成。S-MAC让所有节点进行周期性的侦听和休眠，达到节约传感器节点能量的目的。由于采用了802.11的载波侦听机制，为了避免碰撞和串音，该协议借用并改进了网络分配向量（Network Allocation Vector，NAV）机制。S-MAC协议的扩展性良好，能适应网络拓扑的变化，很适合传感网的应用环境。

S-MAC协议的应用环境是大量传感器节点自组织而成的多跳分布式网络，由于传感网分布式的特点，网络生存期是设计协议时应考虑的首要问题。S-MAC协议的主要思想是引入周期性的休眠和侦听，达到最大限度地节省节点能量的目的，同时还要解决引入该机制造成的同步问题。

1）周期性的侦听和休眠

对于大多数由事件驱动的传感网，如果长时间没有事件发生，节点将长期处于空闲状态，没有数据需要传输。如图3-34所示，如果节点空闲时停止侦听而进入休眠状态，将会节省大量的能量。

图3-34　周期性的侦听和休眠

2）节点的同步

周期性的侦听和休眠需要节点间的同步，同步过程中各节点之间会产生时钟的漂移，S-MAC解决时钟漂移的方案是：①采用相对时间戳进行数据交换，而不采用绝对时间戳；②使得侦听周期远远长于时钟漂移的时间，用长时隙来缓冲微小的时钟漂移误差，不实行严格同步。

S-MAC采用虚拟簇机制解决休眠期同步的问题，如图3-35所示。每个节点维护一个调度表，以保存所有邻居节点的侦听休眠时间。在开始周期性侦听和休眠之前，节点首先侦听，看是否收到其他节点的调度信息。如果侦听到了邻居节点的含有发送者的信息和下一次休眠时间的SYNC帧，就将自己的调度周期设置为收到的SYNC帧的调度周期，并在随机等待一段时间后用 SYNC 帧广播其调度信息，这样的节点称为从节点（Follower）。等待的原因是为了防止多个从节点之间可能的碰撞。如果没有侦听到邻居节点的 SYNC 帧，就随机等待一个时间作为自身调度的开始，并立即发送一个含有自身调度信息的 SYNC 帧，这样的节点称为同步节点（Synchronizer）。如果节点在确立了自己的调度周期之后收到不同调度周期的 SYNC 帧，就在调度表中记录该调度信息，以便和自己非同步的节点进行通信。

上述的同步节点和从节点之间形成了虚拟簇，同一个虚拟簇内采用同样的调度信息。这样的簇仅仅是采用同步节点的调度信息，并没有网络拓扑上的主从关系。

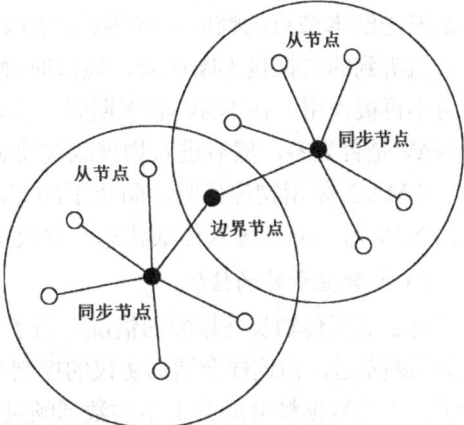

图 3-35　S-MAC 虚拟簇机制

对于虚拟簇中存在的边界节点的问题，S-MAC 提出了两种可行的方案：①同时使用两个簇的调度时间表，不过这样边界节点休眠的时间就会减少，边界节点消耗的能量就会增多；②调度时间设为第一次收到的 SYNC 帧所包含的时间，记录下以后收到的 SYNC 帧所包含的调度时间，这样也可以进行不同虚拟簇之间的通信。

3）同步的维持

如图 3-36 所示，节点周期性地侦听和休眠，为了防止 SYNC 和数据帧的冲突，S-MAC 把侦听阶段分为 SYNC 阶段和 RTS 阶段，每个阶段都由若干时隙组成。对于要发送 SYNC 帧的节点，在接收节点开始侦听时，发送节点就开始进行载波侦听，当没有检测到载波时，随机等待一段时间后，开始发送 SYNC 帧，由于 SYNC 帧很短，碰撞的机会很小。

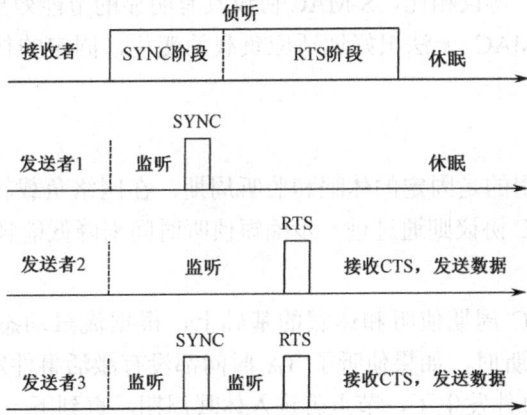

图 3-36　S-MAC 发送接收时序图

4）冲突和串音的避免

在 RTS 阶段，采用物理侦听和虚拟侦听机制来减少碰撞和避免串音。和一般的 CSMA/CA 机制类似，S-MAC 的物理侦听机制采用的是 RTS/CTS/DATA/ACK 握手机制。

虚拟侦听的方式类似于 802.11 DCF 的虚拟载波侦听机制。和 802.11 不同的是：包括数据帧在内，每个发送的帧都要包含一个表示剩余通信过程将持续的时间的域值。当某节点收到不是发送给本节点的帧时，就将该时间记录在网络分配向量（NAV）的变量中，该变量的值随着监听到的数据包不断刷新，通过时钟倒计时的方式更新 NAV，直到 NAV 减为零，表示信道不再被占用。在 NAV 非零期间，节点保持休眠状态，当节点需要通信时，首先检查自己的 NAV 是否为零，然后进入物理载波侦听过程。

S-MAC 采用物理侦听，防止了冲突，解决了隐藏节点的问题；采用虚拟侦听，则当节点收到 NAV 时，立刻进入休眠状态，解决了串音问题。

5）大数据量时的传输

对于需要传输长数据帧的情况，为了避免发送失败时重传整个数据帧，将数据帧分割成小的数据帧发送，但这样会增加协议的控制开销。S-MAC 采用了和 DCF 类似的做法，如图 3-37 所示，将长数据帧分成若干小的数据帧进行发送；和 DCF 不同的是，S-MAC 预约的是整个帧的时间，而不是把帧分成小的信息帧的传送时间。这么做的好处，是可以尽可能延长其他节点的休眠时间；但是某节点一旦获得了信道，就将持续占有，会影响节点访问信道的公平性。

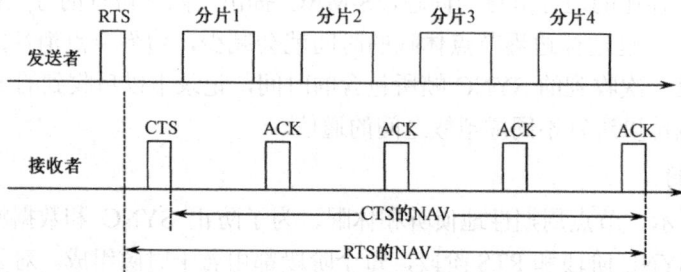

图 3-37　S-MAC 分片传输大数据量

同 IEEE 802.11 MAC 协议相比，S-MAC 协议具有明显的节能效果，但由于采用了固定周期的侦听/休眠方式，S-MAC 无法很好地适应负载的变化，固定的休眠周期也增加了网络的时延，降低了吞吐量。

2. T-MAC协议

在 S-MAC 中，采用的是固定的休眠和监听周期，在网络负载较低的情况下，空闲侦听会消耗大量能量；T-MAC 协议则通过进一步缩短侦听时间来降低能耗。

1）基本原理

T-MAC 是在 S-MAC 周期侦听和休眠的基础上，根据流量动态调整侦听的时间的。如图 3-38 所示，节点在侦听时，如果侦听了 TA 时间都没有激活事件发生的话，说明该节点在这个侦听周期内不会有事件发生了，节点就进入休眠周期，直到下一个激活周期。

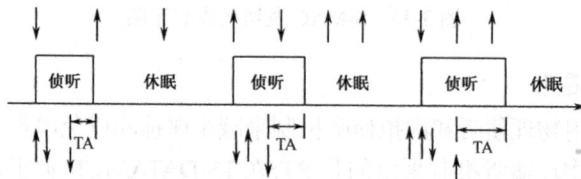

图 3-38　T-MAC 协议工作原理

所谓激活事件,指的是:①周期性的帧定时器启动;②天线接收到数据;③侦听到数据传输;④节点自身的数据帧或确认帧的传输结束;⑤邻居节点完成数据交换。

同 S-MAC 协议一样,T-MAC 协议的数据交换过程也采用了 RTS/CTS/DATA/ACK 的机制。T-MAC 协议采用了固定的竞争时隙,如图 3-39 所示,当节点发送 RTS 后没有收到 CTS 的回应时,它将重发 RTS 帧,此后如果没有收到 CTS 帧,则不再重发,直接进入休眠状态。TA 的值决定了每个周期的最小侦听时间,这个时间也不能太小,太小了会增加传输信息的时延,该协议认为:

$$TA>C+R+T \tag{3-15}$$

其中,C 为信道竞争的时间,R 为发送 RTS 消息的时间,T 为 RTS 消息结束到 CTS 消息开始发送的时间。

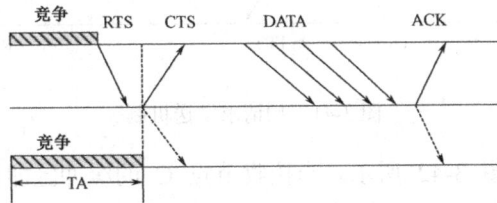

图 3-39 T-MAC 协议的数据发送过程

2)早睡问题

通常,传感网存在多个传感器节点向一个或少数几个汇聚节点传输数据的单向通信方式。如图 3-40 所示,假设数据传输方向是 A→B→C→D。如果节点 A 通过竞争首先获得发送数据到节点 B 的通信机会,节点 A 发送 RTS 消息给节点 B,节点 B 应答 CTS 消息。节点 C 收到节点 B 发出的 CTS 消息而转入休眠状态,在节点 B 接收完数据后醒来,以便接收节点 B 发送给它的数据。D 可能不知道节点 A 和 B 的通信存在,在节点 A→B 的通信结束后已经处于休眠状态,这样,节点 C 只有等到下一个周期才能传输数据到节点 D。这种通信延迟称为早睡问题(Early-Sleep Problem)。

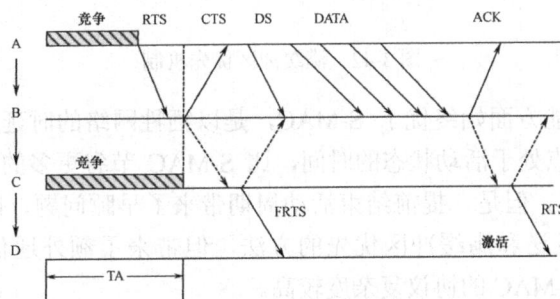

图 3-40 预请求发送机制

T-MAC 解决早睡问题的办法主要有两种:一种是预请求发送(Future Request To Send,FRTS)机制,另一种是满缓冲区优先(Full Buffer Priority)机制。

预请求发送机制如图 3-41 所示。当节点 C 收到 B 发送给 A 的 CTS 分组后,立刻向下一跳的接收者 D 发出 FRTS 分组。FRTS 分组包含节点 D 接收数据前需要等待的时间长度,节点 D 要在休眠相应长度时间后醒来接收数据。由于节点 C 发送的 FRTS 分组可能干扰节点 A

发送的数据，所以节点 A 需要推迟发送数据的时间。节点 A 通过在接收到 CTS 分组后发送一个与 FRTS 分组长度相同的 DS（Data Send）分组实现对信道的占用。DS 分组不包含有用信息。节点 A 在 DS 分组之后开始发送正常的数据信息。FRTS 方法可以提高吞吐率，但 DS 分组和 FRTS 分组带来了额外的通信开销。

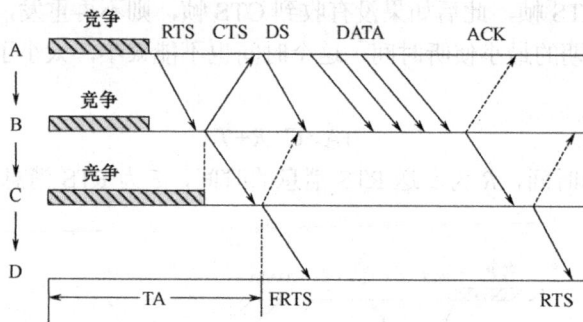

图 3-41　预请求发送机制

满缓冲区优先机制如图 3-42 所示。当接收节点 C 的缓冲区即将填满时，在收到来自 B 的 RTS 时，并不立刻回复 CTS，而是继续向下一条节点 D 发送 RTS，向 D 发送数据，不会让 D 节点早睡。这个方法的优点是减小了早睡问题发生的可能性，并起到一定的网络流量的控制作用，但带来的问题是增加了冲突的可能性。

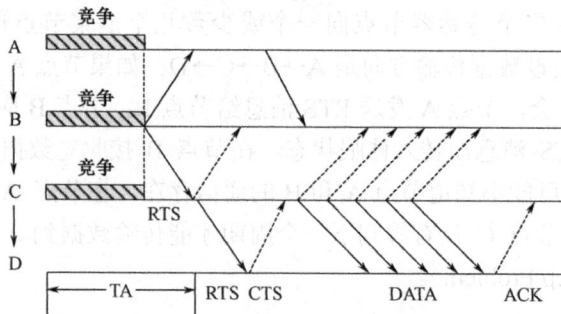

图 3-42　满缓冲区优先机制

T-MAC 协议在节能方面始终优于 S-MAC，是以牺牲网络的时延和吞吐量为代价的。T-MAC 协议通过减少节点处于活动状态的时间，比 S-MAC 节省更多的能量，在负载可变的应用中这种优势更加明显。但是，提前结束活动周期带来了早睡问题，降低了网络的吞吐量。虽然提出了未来请求发送和满缓冲区优先的方法，但带来了额外通信开销和网络冲突等问题。相对于 S-MAC，T-MAC 的协议复杂度较高。

3.5.2　基于时分复用的MAC协议

时分复用是实现信道分配的简单、成熟的机制，蓝牙网络采用了基于 TDMA 的 MAC 协议。在传感网中采用 TDMA 机制，就是为每个节点分配独立的用于数据发送和接收的时槽，而节点在其他空闲时槽内转入休眠状态。

TDMA 机制的一些特点非常适合传感网节省能量的需求：TDMA 机制没有竞争机制的碰撞重传问题；数据传输时不需要过多的控制信息；节点在空闲时槽能够及时进入休眠状态。

TDMA 机制需要节点之间比较严格的时间同步。时间同步是传感网的基本要求：多数传感网都使用了侦听/休眠的能量唤醒机制，利用时间同步来实现节点状态的自动转化；节点之间为了完成任务需要协同工作，这同样不可避免地需要时间的同步。但 TDMA 机制在网络扩展性方面存在不足；很难调整时间帧的长度和时槽的分配；对于传感网的节点移动，节点失效等动态拓扑结构适应性较差；对于节点发送数据量的变化也不敏感。研究者利用 TDMA 机制的优点，针对 TDMA 机制的不足，结合具体的传感网应用，提出了多个基于 TDMA 的传感网 MAC 协议。

1. 基于分簇网络的MAC协议

对于分簇结构的传感网，采用基于 TDMA 机制的 MAC 协议。所有传感器节点固定划分或自动形成多个簇，每个簇内有一个簇头节点。簇头负责为簇内所有传感器节点时槽的分配，收集和处理簇内传感器节点发来的数据，并将数据发送给汇聚节点，如图 3-43 所示。

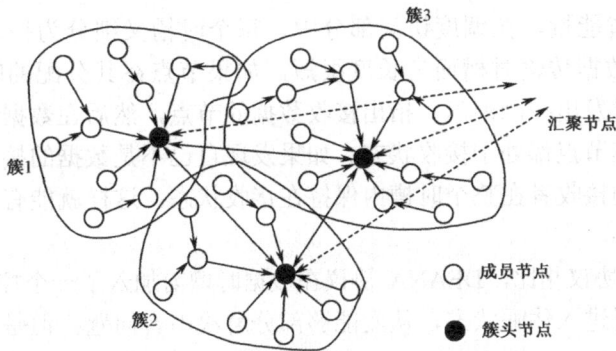

图 3-43　基于分簇的 TDMA MAC 协议

在基于分簇网络的 MAC 协议中，节点状态分为感应、转发、感应并转发和非活动 4 种状态。节点在感应状态时，采集数据并向相邻节点发送；在转发状态时，接收其他节点发送的数据并发送给下一个节点；在感应并转发状态的节点，需要完成上述两项功能；节点没有数据需要接收和发送时，自动进入非活动状态。

为了适应簇内节点的动态变化，及时发现新的节点，使用能量相对高的节点转发数据等目的，协议将时间帧分为周期性的 4 个阶段：

（1）数据传输阶段。簇内传感器节点在各自分配的时槽内，发送采集数据给簇头。

（2）刷新阶段。簇内传感器节点向簇头报告其当前状态。

（3）刷新引起的重组阶段。紧跟在刷新阶段之后，簇头节点根据簇内节点得到当前状态，重新给簇内节点分配时槽。

（4）时间触发的重组阶段。节点能量小于特定值、网络拓扑发生变化等事件发生时，簇头就要重新分配时槽。通常在多个数据传输阶段后有这样的事件发生。

基于分簇网络的 MAC 协议在刷新和重组阶段重新分配时槽，以适应簇内节点拓扑结构的变化及节点状态的变化。簇头节点要求具有比较强的处理和通信能力，能量消耗也比较大，如何合理地选取簇头节点是一个需要深入研究的关键问题。

2. DEANA协议

分布式能量感知节点活动（Distributed Energy-Aware Node Activation，DEANA）协议将

时间帧分为周期性的调度访问阶段和随机访问阶段。调度访问阶段由多个连续的数据传输时槽组成，某个时槽分配给特定节点用来发送数据。除相应的接收节点外，其他节点在此时槽处于休眠状态。随机访问阶段由多个连续的信令交换的时槽组成，用于处理节点的添加、删除以及时间同步等，如图 3-44 所示。

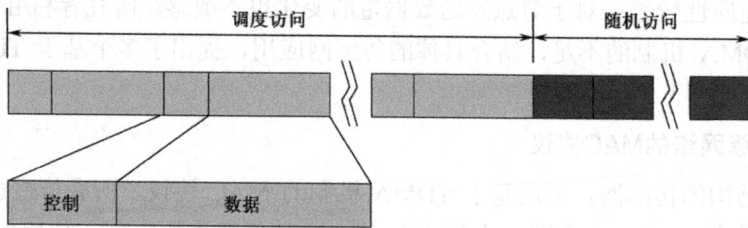

图 3-44　DEANA 协议的时间帧分配

为了进一步节省能量，在调度访问部分中，每个时槽又细分为控制时槽和数据传输时槽。控制时槽相对数据传输时槽而言长度很短。如果节点在其分配的时槽内有数据需要发送，则在控制时槽时发出控制消息，指出接收数据的节点，然后在数据传输时槽发送数据。在控制时槽内，所有节点都处于接收状态。如果发现自己不是数据的接收者，节点就进入休眠状态，只有数据的接收者在整个时槽内保持在接收状态。这样就能有效减少节点接收不必要的数据。

与传统 TDMA 协议相比，DEANA 协议在数据时槽前加入了一个控制时槽，使节点在得知不需要接收数据时进入休眠状态，从而能够部分解决串音问题；但是该协议对节点的时间同步精度要求较高。

3. TRAMA协议

流量自适应介质访问（Traffic Adaptive Medium Access，TRAMA）协议将时间划分为连续时槽，根据局部两跳内的邻居节点信息，采用分布式选举机制确定每个时槽的无冲突发送者。同时，通过避免把时槽分配给无流量的节点，并让非发送和接收节点处于休眠状态，以达到节省能量的目的。TRAMA 协议包括邻居协议（NP）、调度交换协议（SEP）和自适应时槽选择算法（AEA）。

在 TRAMA 协议中，为了适应节点失败或节点增加等引起的网络拓扑结构变化，将时间划分为交替的随机访问周期和调度访问周期。随机访问周期和调度访问周期的时槽个数根据具体应用情况而定。随机访问周期主要用于网络维护，如新节点加入、已知节点失效等引起的网络拓扑变化要在随机访问周期内完成。

4. DMAC协议

S-MAC 和 T-MAC 协议采用周期的活动/休眠策略减少能量消耗，但出现数据在转发中"走走—停停"的数据通信停顿问题。例如，通信模块处于休眠状态的节点，如果监测到事件，就必须等到通信模块转换到活动周期才能发送数据，中间节点要转发数据时，下一跳节点可能处于休眠状态，此时也必须等待它转换到活动周期。这种节点休眠带来的延迟会随着路径上跳数的增加而成比例地增加。

传感网中一种重要的通信模式是多个传感器节点向一个汇聚节点发送数据，所有传感器节点转发收到的数据，形成一个以汇聚节点为根节点的树状网络结构，称为数据采集树。

DMAC 协议就是针对这种数据采集树结构提出的，目标是减少网络的能量消耗和降低数据的传输延迟。

DMAC 协议的核心思想是采用交错调度机制。如图 3-45 所示，将节点周期划分为接收时间、发送时间和休眠时间。其中，接收时间和发送时间相等，均为发送一个数据分组的时间。每个节点的调度具有不同的偏移，下层节点的发送时间对应上层节点的接收时间。这样，数据就能够连续地从数据源节点传送到汇聚节点，减小在网络中的传输延迟。

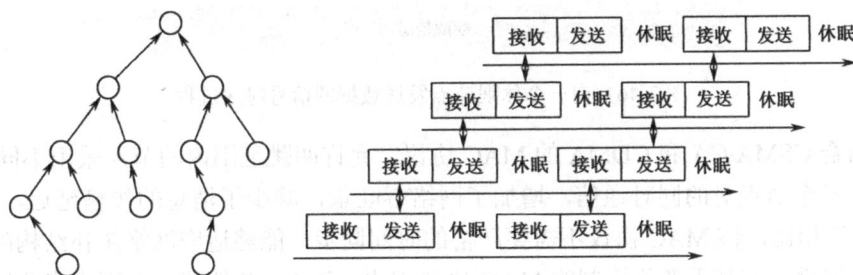

图 3-45　DMAC 协议交错调度机制

DMAC 协议采用 ACK 应答机制，发送节点如果没有收到 ACK 应答，要在下一个发送时间重发。节点在正确接收到数据后，立刻发送 ACK 消息给发送数据的节点。为了减少发送数据产生的冲突，节点在等待固定的后退时间后，在冲突窗口内随机选择发送等待时间。接收节点在发送 ACK 消息时，采用短时间的固定延迟。

3.5.3　基于CDMA方式的信道分配协议

CDMA 机制为每个用户分配特定的具有正交性的地址码，因而在频率、时间和空间上都可以重叠。在传感网中应用 CDMA 技术就是为每个传感器节点分配与其他节点正交的地址码，这样即使多个节点同时传输消息，也不会相互干扰，从而解决了信道冲突问题。

CSMA/CA 和 CDMA 相结合的 MAC 协议。它采用一种 CDMA 的伪随机码分配算法，使每个传感器节点与其两跳范围内所有其他节点的伪随机码都不相同，从而避免了节点间的通信干扰。为了实现这种编码分配，需要在网络中建立一个公用信道，所有节点通过公用信道获取其他节点的伪随机编码，调整和发布自己的随机编码。具体的分配算法类似于图论中的两跳节点的染色问题，每个节点与其两跳范围内所有其他节点的颜色都不相同。

通过对一些传感网进行能量分析，发现现有传感器节点大约 90%的能量用于信道侦听，而事实上大部分时间内信道上没有数据传送。造成这种空闲侦听能量浪费的原因，是现有无线收发器中链路侦听和数据接收使用相同的模块。链路侦听操作相对简单，只需使用简单低能耗的硬件，因此协议在传感器节点上采用链路侦听和数据收发两个独立的模块。链路侦听模块用来传送节点之间的握手信息，采用 CSMA/CA 机制进行通信。数据收发模块用来发送和接收数据，也采用 CDMA 机制进行通信：当节点不收发数据时就让数据收发模块进入休眠状态，而使用链路侦听模块侦听信道；如果发现邻居节点需要向本节点发送数据，节点就唤醒数据收发模块，设置与发送节点相同的编码；如果节点需要发送消息，则唤醒收发模块后，首先通过链路侦听模块发送一个唤醒信号唤醒接收者，然后再通过数据收发模块传输消息。图 3-46 显示了消息传输的通信过程。

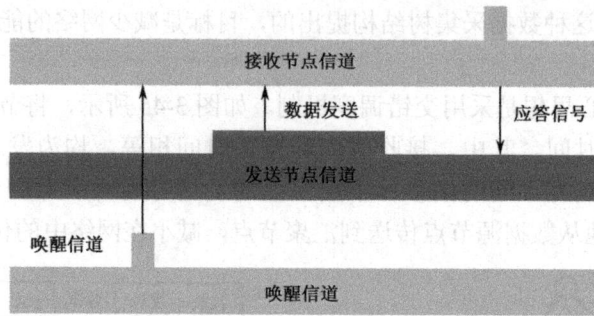

图 3-46 向一个休眠节点发送数据的信号时序过程

这种结合 CSMA/CA 和 CDMA 的 MAC 协议，允许两跳范围内的节点采用不同的 CDMA 编码，允许多个节点对的同时通信，增加了网络吞吐量，减少了消息的传输延迟。与 TDMA 的 MAC 协议相比，该 MAC 协议不需要严格的时间同步，能够适应网络拓扑结构的变化，具有良好的扩展性；与基于竞争机制的 MAC 协议相比，该 MAC 协议不会因为竞争冲突而导致的消息重传，也减少了传输控制消息的额外开销。但是，节点需要复杂的 CDMA 的编解码，对传感器节点的计算能力要求较高，还要求两套无线收发器件，从而增加了节点的体积和价格。

3.6 传感网路由协议

传感网路由协议的任务是将分组从源节点（通常为传感节点）发送到目的节点（通常为汇聚节点），主要实现两大功能：一是选择适合的优化路径，一是沿着选定的路径正确转发数据。由于传感器网资源严重受限，因此路由协议要遵循的设计原则包括：不能执行太复杂的计算，不能在节点保存太多的状态信息，节点间不能交换太多的路由信息等。为了有效地完成上述任务，已经提出了很多种路由协议，大都利用了传感网的以下特点：①以数据为中心，即传感器节点按照数据属性寻址，而不是 IP 寻址；②传感器节点监测到的数据往往被发送到汇聚节点；③原始监测数据中有大量冗余信息，路由协议可以合并数据、减少冗余性，从而降低带宽消耗和发射功耗；④能量优先，即传感器节点的计算速度、存储空间、发射功率、电源能量有限，需要节约这些资源。

根据传感网结构，可以将路由协议分为基于平面结构的路由协议、基于地理位置的路由协议和基于分级结构的路由协议三大类。基于平面结构的路由协议，其所有节点通常都具有相同的功能和对等的角色；基于地理位置的路由，其网络节点利用传感器节点的位置来路由数据；而基于分级结构的路由协议，其节点通常扮演不同的角色。

3.6.1 基于平面结构的路由协议

在基于平面结构的路由协议中，逻辑视图是一个平面，节点的地位是平等的。这类路由协议的优点是不存在特殊节点，路由协议的鲁棒性较好，交通流量平均地分散在网络中；缺点是缺乏可扩展性，限制了网络的规模。基于平面结构的路由协议是最简单的路由形式，最有代表性的算法是泛洪路由算法、SPIN 路由算法和 DD 路由算法。

1. Flooding路由算法

泛洪（Flooding）是一种传统的路由技术。泛洪算法的主要思想是由槽节点发起数据广播，然后任意一个收到广播的节点都无条件地将该数据副本广播出去，每一节点都重复这样的过程，直到数据遍历全网或者达到规定的最大跳数。该算法不用维护网络拓扑结构和路由计算，实现简单；但是也会带来一些问题，最主要的是内爆、重叠以及资源盲点等。内爆现象如图 3-47 所示，节点 S 通过广播将数据发送给自己的邻居节点 A、B 和 C，A、B 和 C 又将同样的数据包转发给 D，这种将同一个数据包多次转发给同一个节点的现象就是内爆，会极大地浪费节点能量。重叠现象是传感网特有的，如图 3-48 所示，节点 A 和 B 感知范围发生了重叠，重叠区域的事件被相邻的两个节点探测到，那么同一事件被传给它们共同的邻居节点 C 多次，这也浪费能量。重叠现象是一个很复杂的问题，比内爆问题更难解决。

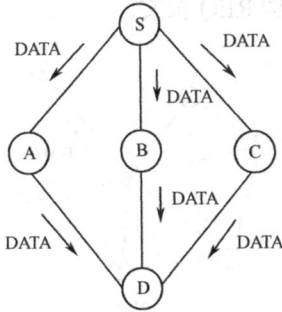

图 3-47　泛洪算法的内暴现象　　　　　　图 3-48　泛洪算法的重叠现象

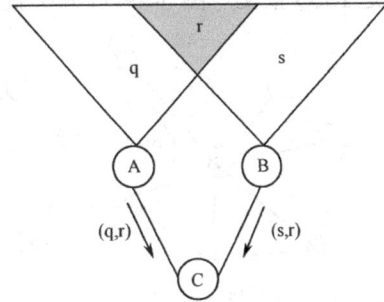

Gossiping 算法是泛洪算法的改进，但与泛洪算法不同，其每一个节点并不是向所有的邻居节点发送数据包的副本，而是随机选择一个或者几个邻居来转发数据包。由于一般传感网的链路冗余度较大，适当选择转发的邻居数量，可以保证几乎所有节点都可以接收到数据包。

2. SPIN 路由算法

SPIN（Sensor Protocols for Information via Negotiation）是一组基于协商并且具有能量自适应功能的信息传播协议。SPIN 协议是最早的一类无线传感器路由协议的代表，是对泛洪路由协议的改进。

1）基本思想

SPIN 协议是一种以数据为中心的自适应路由协议。该协议考虑到了 WSN 中的数据冗余问题：临近的节点所感知的数据具有相似性，通过节点间协商的方式减少网络中所传输的数据量；节点只广播其他节点所没有的数据，以减少冗余数据，从而有效减少能量消耗。

在 SPIN 协议中提出了元数据（Mete Data，是对节点感知数据的抽象描述）的概念。元数据是原始感知数据的一个映射，可以用来描述原始感知数据，而且元数据所需的数据位比原始感知数据要少，采用这种变相的数据压缩策略可以进一步减少通信过程中的能量消耗。

SPIN 协议采用三次握手协议来实现数据的交互，协议运行过程中使用三种报文数据，分别为 ADV、REQ 和 DATA。ADV 用于数据的广播，当某一个节点有数据可以共享时，可以用 ADV 数据包通知其邻居节点；REQ 用于请求发送数据，当某一个收到 ADV 的节点希望接收 DATA 数据包时，发送 REQ 数据包；DATA 为原始感知数据包，里面装载了原始感知数据。

SPIN 协议有两种工作模式，即 SPIN1 和 SPIN2，其中 SPIN2 在 SPIN1 的基础上做了一些能量上的考虑，本质上还是一样的。如图 3-49 所示，在 SPIN1 中，当节点 A 感知到新事件之后，主动给其邻居节点广播描述该事件的元数据 ADV 报文，收到该报文的节点 B 检查自己是否拥有 ADV 报文中所描述的数据，如图 3-49（a）所示。如果没有，节点 B 就向 A 发送 REQ 报文，在 REQ 报文列出需要 A 节点给出的数据列表，如图 3-49（b）所示。当节点 A 收到了 REQ 请求报文，它就将相关的数据发送给节点 B，如图 3-49（c）所示。节点 B 发送 ADV 报文通知其邻居节点自己有新的消息，如图 3-49（d）所示，出于 A 节点中保存有 ADV 的内容，A 节点不会响应 B 节点的 ADV 消息。协议按照这样的方式进行，以实现 SPIN1 的算法。如果收到 ADV 报文的节点发现自己已经拥有了 ADV 报文中描述的数据，那么它不发送 REQ 报文，图 3-49（c）中就有一个节点没有发送 REQ 报文。

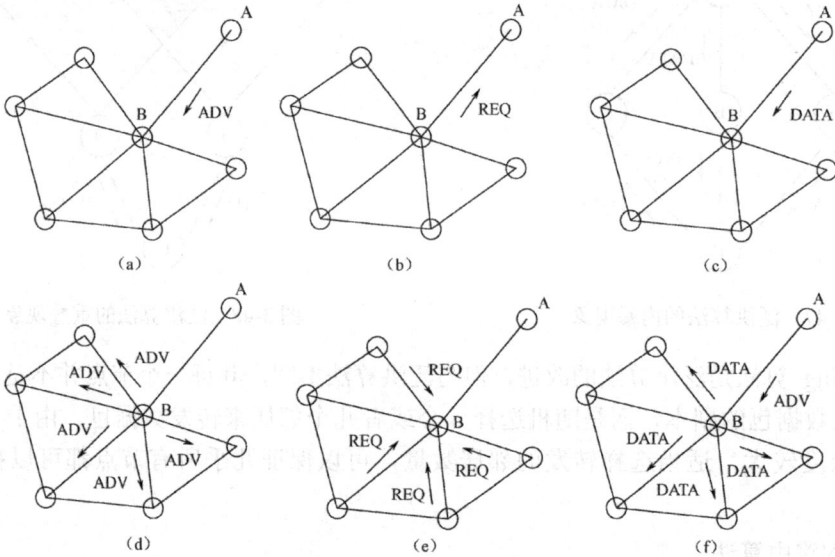

图 3-49　SPIN 协议工作流程

SPIN 2 模式考虑了节点剩余能量值，当节点剩余能量低于某个门限值时就不再参与任何报文的转发，仅能够接收来自其他邻居节点的报文和发出 REQ 报文。

SPIN 协议下，节点不需要维护邻居节点的信息，这在一定程度上能适应节点移动的情况。在能耗方面，模拟结果证明比传统模式减少一半以上。不过，该算法不能确保数据一定能到达目标节点，尤其是不适用于高密度节点分布的情况。

2）关键问题

SPIN 协议通过节点之间的协商，解决 Flooding 协议和 Gossiping 协议的内爆和重叠现象。

3）扩展分析

SPIN 协议是一种不需要了解网络拓扑结构的路由协议，由于它几乎不需要了解"一跳"范围内的节点状态，网络的拓扑改变对它的影响有限，因此该协议也适合在节点可以移动的 WSN 中使用。SPIN 协议通过使用协商机制和能量自适应机制，节省了能量，解决了内爆的问题。SPIN 协议引入了元数据的概念，通过这种数据压缩方法来减少数据的传输量，是一种值得借鉴的方法。在 SPIN 协议中出现了多个节点向同一个节点同时发送请求的情况，有关的退避机制需要考虑。

3. DD路由算法

定向扩散协议（Directed Diffusion，DD）是一种基于查询的路由方法，这和传统路由算法的概念不同。DD 算法是一种基于数据相关的路由算法，汇聚节点周期地通过泛洪的方式广播一种称为"兴趣"的数据包，告诉网络中的节点它需要收集什么样的信息。"兴趣"在网络中扩散的同时也建立了路由路径，采集到和"兴趣"相关的数据的节点通过"兴趣"扩散阶段建立的路径将采集到的"兴趣"数据传送到汇聚节点。

1）基本思想

定向扩散协议中引入了几个基本概念：兴趣、梯度和路径加强。整个过程可以分为兴趣扩散、梯度建立以及路径加强三个阶段，如图 3-50 所示。

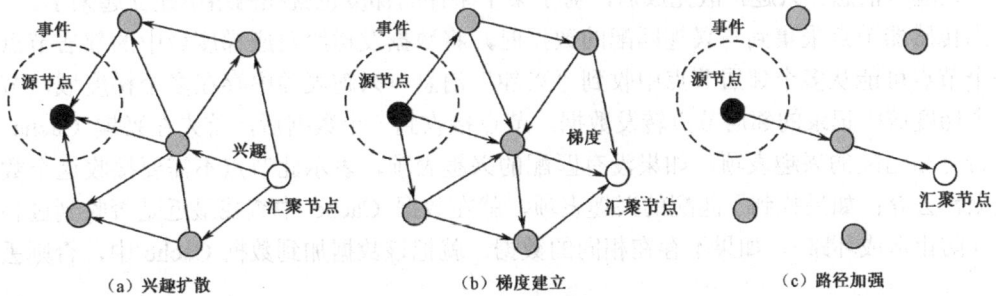

图 3-50　DD 算法示意图

定向扩散协议的路由建立过程由汇聚节点发起，汇聚节点周期地广播一种称为"兴趣"的数据包，告诉网络中的节点它需要收集什么样的信息。这个过程称为兴趣扩散阶段，该阶段采用泛洪的方式传播汇聚节点的"兴趣"消息到网络中所有节点。在"兴趣"消息的传播过程中，协议逐跳地在每个传感器节点上建立反向的从数据源到汇聚节点的梯度场，传感器节点将采集到的数据沿着梯度场传送到汇聚节点，梯度场的建立根据成本最小化和能量自适应原则。"兴趣"扩散完成之后，网络的梯度建立过程也就完成了。当网络中的传感器节点采集到相关的匹配数据以后，向所有感兴趣的邻居节点转发这个数据，收到该数据的邻居节点，如果不是汇聚节点，采取同样的方法转发该数据。这样，汇聚节点会收到从不同路径上传送过来的相同数据，在收到这些数据以后，汇聚节点选择一条最优的路径作为强化路径，后续的数据沿着这条路径传输。

2）DD 路由协议的关键技术

DD 路由协议的核心技术是解决兴趣扩散阶段的梯度建立过程，加强路径的选择和建立过程以及路由的维护过程。

在兴趣扩散阶段，汇聚节点周期性地向邻居节点广播兴趣消息。兴趣消息中包含有任务类型、目标区域、数据传输率、时间戳等参数。每个节点都有一个兴趣 Cache，兴趣 Cache 中的每一项都对应着不同的兴趣。兴趣 Cache 中的每个兴趣表项包含如下几个字段：时间字段（指示最近收到匹配兴趣的时间信息）；梯度字段（指示和该兴趣消息有联系的邻居节点所需的数据传输率和数据发送方向，也就是感兴趣的邻居节点）；持续时间字段（指示兴趣大致的生命周期）。当一个节点接收到一个"兴趣"时，它按照下面的三条原则来处理该"兴趣"：

（1）预先在兴趣 Cache 中检查是否存在相同的兴趣表项，如果没有，就根据接收到的兴趣信息创建一个新的兴趣表项，该表项建立一个唯一的梯度域和该邻居节点对应，梯度域中记录了发送该"兴趣"消息的邻居节点以及相关的数据传输率。

（2）如果该节点有相同的兴趣表项存在，但是没有兴趣来源的梯度信息，节点会以指定的数据传输率增加一个梯度域，并更新兴趣表项的时间信息和持续时间字段。

（3）如果该节点有相同的兴趣表项和兴趣来源的梯度信息，那就只简单地进行时间信息和持续时间字段的更新。

一个兴趣表项可能有多个梯度域，每个梯度域对应一个和该"兴趣"消息有联系的邻居节点。节点接收到一个"兴趣"消息之后，再把该"兴趣"消息发送给与自己相邻的节点。如果一个节点收到的"兴趣"消息和刚刚转发的"兴趣"消息一样，为了避免消息循环则丢弃该"兴趣"消息。兴趣扩散完成后，对于某个事件的梯度也就在网络中建立起来了。

当传感器节点采集到与兴趣匹配的数据时，将数据发送给对应梯度域中的邻居节点。由于每个节点可能从多个邻居节点中收到"兴趣"消息，兴趣表项中存在多个梯度域，节点要向多个梯度域中记录的邻居节点转发数据。节点接收到一个数据后，首先在兴趣 Cache 中查找是否有相匹配的兴趣表项，如果没有匹配的兴趣表项，表示此节点不需要接收这个数据，读数据被丢弃；如果找到了匹配的兴趣表项，就在数据 Cache 中查找最近是否收到过相同的数据（防止形成环路），如果不存在相同的数据，就把该数据加到数据 Cache 中，否则丢弃该数据。

接收节点通过检查数据 Cache，可以计算接收数据的传输率。接收节点查找相关的兴趣表项可以获得梯度域中登记的数据传输率信息，当梯度域中记录的数据传输率不小于接收数据率时，接收节点将自己接收到的数据传给和梯度域对应的邻居节点；否则，当梯度域中记录的数据传输率小于接收数据率时，接收节点将按照梯度域小记录的数据传输率来向相关的节点发送数据。这种方法下，同一个数据包会经过多条路径到达汇聚节点，汇聚节点通过一定的标准（如最小时延）来选择一条最优的路径作为强化路径。

假设将数据传输时延作为强化路径的选择标准，则选择最先传送过来新数据的邻居节点作为强化路径下的汇聚节点，并向该邻居节点发送路径加强消息。路径加强消息中包含新设定的较高的发送速率值。收到路径加强消息的邻居节点，通过分析来确定该消息描述的几个已有的兴趣，只是增加了发送速率，则断定这是一条路径强化消息，从而更新相应路由表项中的数据发送速率。按照同样的规则选择强化路径的下一跳邻居节点。这个过程是一个基于局部最优的贪婪算法。当建立了到源节点的强化路径以后，后继数据将沿着强化路径以较高的数据速率进行传输。

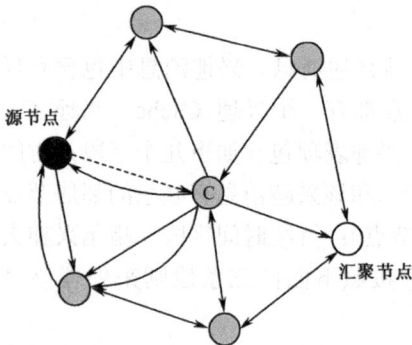

图 3-51　路径的本地修复

DD 数据传输率增加一个梯度域，并更新兴趣表项的时间信息和持续时间字段。

如果该节点有相同的兴趣表项和兴趣来源的梯度信息，那么只是简单地进行时间信息和持续时间字段的更新。

在 DD 路由协议中，为了对失效路径进行修复和重建，规定已经加强过的路径上的节点都可以触发和启动路径的加强过程。如图 3-51 所示，节点 C 能正常收到来自邻居节点的事件，可是长时间没有收到来自数据源的事件，节点 C 就断定它和数据源之间的路径出现故障。于是节点 C 就主动触发一次路径加强过程，重新建立它和数据源之间的路径。

在 DD 算法中采用了数据融合的方法，数据融合包括梯度建立阶段兴趣消息的融合和数据发送阶段的数据融合，这两种融合方法都需要缓存数据。DD 中的兴趣融合基于事件的命名方式，类型相向、监测区域完全覆盖的兴趣在某些情况下可以融合为一个兴趣；DD 中数据融合采用的是抑制副本的方法。

3.6.2 基于地理位置的路由协议

在传感网中，节点通常需要获取它的位置信息，这样它采集的数据才有意义。例如在森林防火的应用中，消防人员不仅要知道森林中发生火灾事件，而且还要知道火灾的具体位置。地理位置路由假设节点知道自己的地理位置信息，以及目的节点或者目的区域的地理位置，利用这些地理位置信息作为路由选择的依据，节点按照一定策略转发数据到目的节点。地理位置的精确度和代价相关，在不同的应用中会选择不同精确度的位置信息来实现数据的路由转发。下面以 GEAR 路由协议为例进行介绍。

在数据查询类应用中，汇聚节点需要将查询命令发送到事件区域内的所有节点。采用洪泛方式将查询命令传播到整个网络，建立汇聚节点到事件区域的传播路径，这种路由建立过程的开销很大。GEAR（Geographical and Energy Aware Routing）路由机制根据事件区域的地理位置信息，建立汇聚节点到事件区域的优化路径，避免了洪泛传播方式，从而减少了路由建立的开销。

GEAR 路由假设已知事件区域的位置信息，每个节点知道自己的位置信息和剩余能量信息，并通过一个简单的 Hello 消息交换机制知道所有邻居节点的位置信息和剩余能量信息。在 GEAR 路由中，节点间的无线链路是对称的。

GEAR 路由中查询消息传播包括两个阶段：首先，汇聚节点发出查询命令，并根据事件区域的地理位置将查询命令传送到区域内距汇聚节点最近的节点；然后，从该节点将查询命令传播到区域内的其他所有节点。监测数据沿查询消息的反向路径向汇聚节点传送。

1. 查询消息传送到事件区域

GEAR 路由用实际代价（Learned Cost）和估计代价（Estimate Cost）两种代价值表示路径代价。当没有建立从汇聚节点到事件区域的路径时，中间节点使用估计代价来决定下一跳节点。估计代价定义为归一化的节点到事件区域的距离以及节点的剩余能量两部分，节点到事件区域的距离用节点到事件区域几何中心的距离来表示。由于所有节点都知道自己的位置和事件区域的位置，因而所有节点都能够计算出自己到事件区域几何中心的距离。

节点计算自己到事件区域估计代价的公式如下：

$$c(N,R) = \alpha d(N,R) + (1-\alpha)e(N) \tag{3-16}$$

式中，$c(N,R)$ 为节点 N 到事件区域 R 的估计代价，$d(N,R)$ 为节点 N 到事件区域 R 的距离，$e(N)$ 为节点 N 的剩余能量，α 为比例参数。注意，式（3-3）中的 $d(N,R)$ 和 $e(N)$ 都是归一化后的参数值。查询信息到达事件区域后，事件区域的节点沿查询路径的反方向传输监测数据，数据消息中"捎带"每跳节点到事件区域的实际能量消耗值。对于数据传输经过的每个节点，首先记录捎带信息中的能量代价，然后将消息中的能量代价加上它发送该消息到下一跳节点的能量消耗，替代消息中的原有"捎带"值来转发数据。节点下一次转发查询消息时，用刚才记录的到事件区域的实际能量代价代替式（3-16）中的 $d(N,R)$，计算它到汇聚节点的实际代价。节点用调整后的实际代价选择到事件区域的优化路径。

从汇聚节点开始的路径建立过程采用贪婪算法，节点在邻居节点中选择到事件区域代价最小的节点作为下一跳节点，并将自己的路由代价设为该下一跳节点的路由代价加上到该节点一跳通信的代价。如果节点的所有邻居节点到事件区域路由代价都比自己的大，则陷入了路由空洞（Routing Void）。如图 3-52 所示，节点 C 是节点 S 的邻居节点中到目的节点 T 代价最小的节点，但节点 G、H、I 为失效节点，节点 C 的所有邻居节点到节点 T 的代价都比节点 C 大。可采用如下方式解决路由空洞问题：节点 C 选取邻居中代价最小的节点 B 作为下一跳节点，并将自己的代价值设为 B 的代价加上节点 C 到节点 B 一跳通信的代价，同时将这个新代价值通知节点 S。当节点 S 再转发查询命令到节点 T 时就会选择节点 B 而不是节点 C 作为下一跳节点。

2. 查询消息在事件区域内传播

当查询命令传送到事件区域后，可以通过洪泛方式传播到事件区域内的所有节点。但当节点密度比较大时，洪泛方式开销比较大，这时可以采用迭代地理转发策略。如图 3-53 所示，事件区域内首先收到查询命令的节点将事件区域分为若干子区域，并向所有子区域的中心位置转发查询命令。在每个子区域中，最靠近区域中心的节点（如图 3-53 中节点 N_i）接收查询命令，并将自己所在的子区域再划分为若干子区域并向各个子区域中心转发查询命令。该消息传播过程是一个迭代过程，当节点发现自己是某个子区域内唯一的节点，或者某个子区域没有节点存在时，停止向这个子区域发送查询命令。当所有子区域转发过程全部结束时，整个迭代过程终止。

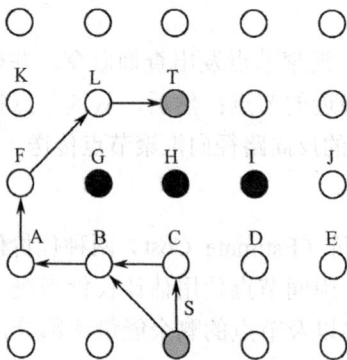

图 3-52　贪婪算法的路由空洞

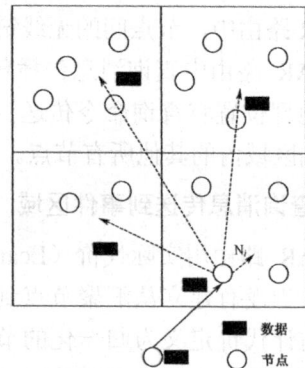

图 3-53　区域内的迭代地理转发

洪泛机制和迭代地理转发机制各有利弊。当事件区域内节点较多时，迭代地理转发的消息转发次数少，而节点较少时使用洪泛策略的路由效率高。GEAR 路由可以使用如下方法在两种机制中做出选择：当查询命令到达区域内的第一个节点时，如果该节点的邻居数量大于一个预设的阈值，则使用迭代地理转发机制，否则使用洪泛机制。

GEAR 路由通过定义估计路由代价为节点到事件区域的距离和节点剩余能量，并利用捎带机制获取实际路由代价，进行数据传输的路径优化，从而形成能量高效的数据传输路径。GEAR 路由采用的贪婪算法是一个局部最优的算法，适合传感网中节点只知道局部拓扑信息的情况；其缺点是由于缺乏足够的拓扑信息，路由过程中可能遇到路由空洞，反而降低了路由效率。如果节点拥有相邻两跳节点的地理位置信息，则可以大大减小路由空洞的产生概率。GEAR 路由中假设节点的地理位置固定或变化不频繁，适用于节点移动性不强的应用环境。

3.6.3 基于分级结构的路由协议

分级结构路由是与平面路由相对的概念，主要特点是出现了分簇的结构。相对于平面结构中每一个点都是对等的，具有分簇结构的层次拓扑路由将节点分成若干个集合（簇），每一个簇有一个节点充当簇头节点，簇头节点负责管理簇内事务以及与其他簇进行数据交换。簇内其他节点仅仅与簇头节点进行数据交换，而与其他簇成员不发生联系。这样簇内成员组成一个低层次的节点集合，通过相应算法进行数据交换，所有簇头节点组成一个高层次的节点集合，各个簇头之间再通过相应算法进行数据交换。

1. 分簇式路由协议的产生与特点

在基于簇的路由协议中，网络被划分为大小不等的簇（CIuster）。所谓簇，就是具有某种关联的网络节点集合。每个簇由一个簇头（Cluster Head）和多个簇内成员（Cluster Member）组成。在分层的簇结构网络中，低一级网络的簇头是高一级网络中的簇内成员，由最高层的簇头与汇聚节点（Sink Node）通信。这类算法将整个网络划分为相连的区域。

在分簇的拓扑管理机制下，网络中的节点可以划分为簇头节点和簇内成员节点两大类。在每个簇内，根据一定的算法选取某个节点作为簇头，用于管理或控制整个簇内成员节点，协调成员节点之间的工作，负责簇内信息的收集和数据的融合处理以及簇间转发。

分簇路由机制具有以下几个优点：

（1）成员节点大部分时间可以关闭通信模块（休眠），由簇头构成一个更上一层的连通网络来负责数据的长距离路由转发。这样既保证了原有覆盖范围内的数据通信，也在很大程度上节省了网络能量。

（2）簇头融合成员节点的数据之后再进行转发，减少了数据通信量。

（3）成员节点的功能比较简单，无须维护复杂的路由信息。这大大减少了网络中路由控制信息的数量，减少了通信量。

（4）分簇式的拓扑结构便于管理，有利于分布式算法的应用，可以对系统变化做出快速反应，具有较好的可扩展性，适合大规模网络。

2. 分簇式路由协议的工作原理

通过等概率地随机循环选择簇头，将整个网络的能量负载平均分配到每个传感器节点，从而达到降低网络能量耗费、延长网络生命周期的目的。分簇式路由协议的执行过程是以轮（Round）为单位的，每轮循环的基本过程是：

（1）簇的建立阶段。每个节点选取一个介于 0 和 1 之间的随机数，如果这个数小于某个阈值，该节点成为簇头。然后，簇头向所有节点广播自己成为簇头的消息。每个节点根据接收到广播信号的强弱来决定加入哪个簇，并回复该簇簇头。

（2）数据传输阶段。簇内的所有节点按照 TDMA（时分复用）时隙向簇头发送数据。簇头将数据融合之后把结果发给汇聚节点。

（3）重新成簇。在持续工作一段时间之后，网络重新进入启动阶段，进行下一轮的簇头选取并重新建立簇。

3. 典型分簇式路由协议简介

1）LEACH 协议

LEACH（Low-Energy Active Clustering Hierarchy）协议由 MIT 的 Heinzelman 等人提出，它是第一个在无线传感网中提出的分簇式路由协议，在无线传感网路由协议中占有重要地位，其他基于分簇的路由协议（如 TEEN、PEGASIS 等）大都由 LEACH 发展而来。LEACH 节约能量的主要原因就是它运用了数据压缩技术和分簇动态路由技术，通过本地的联合工作来提高网络的可扩展性和鲁棒性，通过数据融合来减少发送的数据量，通过把节点随机地设置成"簇头节点"来达到在网络内部负载均衡的目的，防止簇头节点的过快死亡。

LEACH 协议分为两个阶段进行：

第一阶段是建立阶段，负责簇的形成和簇头的选举。

在 LEACH 中节点决定自己是否成为簇头的算法如下：每个传感器节点产生一个 0～1 之间的随机数，如果这个数小于概率值 $T(n)$，则发布自己是簇头的公告消息。在每轮循环中，如果节点已经当选过簇头，则把 $T(n)$ 设置为 0，这样该节点不会再次当选为簇头。对于未当选过簇头的节点，则将以 $T(n)$ 的概率当选；当选过簇头的节点数目增加时，剩余节点当选簇头的阈值 $T(n)$ 随之增大，节点产生小于 $T(n)$ 的随机数的概率也随之增大，所以节点当选簇头的概率增大。当只剩下一个节点未当选时，$T(n)=1$，表示这个节点一定当选。

$$T(n) = \begin{cases} \dfrac{p}{1-p \times [r \bmod (1/p)]}, & n \in G \\ 0, & \text{其他} \end{cases} \tag{3-17}$$

式中，p 是簇头占所有节点的百分比，即节点当选簇头的概率；r 是目前循环进行的轮数；G 是最近 $1/p$ 轮中还未当选过簇头的节点集合。

所有被推选出的簇头都向网络中的其他节点广播一个通告来宣布自己的簇头角色。而所有其他节点在收到这些通告之后，会根据通告的强度来决定自己到底加入哪个簇。簇头节点在收到愿意加入簇的节点的回应信息后，就会根据簇内节点的数目创建一个 TDMA 表为每个簇内节点分配一个传输时隙。最后，簇头节点将这张表的信息以广播的方式告知簇内的成员。同时不同的簇用不同的 CDMA 通信方式，这样就减少了不同簇的节点之间的干扰。

第二个阶段是稳定阶段，负责收集数据和给簇头传输数据。簇头节点在收到簇内成员的数据并对这些数据进行聚合后传送给基站。经过一段时间之后，网络就会再一次回到协议的建立阶段，开始新一轮的工作。

LEACH 是第一个分簇路由协议，比以往的协议具有以下优势：

（1）利用将区域划分成簇、簇内本地化协调和控制的形式，有效地进行了数据收集。大多数的节点只需要将数据短距离传输到簇头节点，仅有小部分的节点（簇头节点）负责将数据远距离传送到汇聚节点，从而节省更多节点的能量。

（2）独特的选簇算法，保证簇头位置的随机轮换，节点是否决定要成为簇头要看其是否在 $1/p$ 轮中当选过簇头。同时，所做决定是独立于其他节点而不需要协商的。这种机制保证了能量消耗平均分布于全网。

（3）首次运用了数据融合的方式，本地数据融合大大减少了簇头节点传送到汇聚节点的数据量，进一步减少了能量消耗，提高了网络寿命。

但 LEACH 协议也存在以下不足：

（1）由于簇头节点负责接收簇内成员节点发送的数据，进行数据融合，然后将数据传送到基站，簇头消耗能量比较大，是网络中的瓶颈。

（2）LEACH 协议中簇头选举是随机循环选举，有可能簇头位于网络的边缘或者几个簇头相邻较近，某些节点不得不传输较远的距离来与簇头通信，这就导致消耗的能耗大大增加。

（3）簇头选举没有根据节点的剩余能量以及位置等因素，会导致有的簇过早死亡，簇与簇之间节点的能量消耗不均衡。

（4）LEACH 协议要求节点之间以及节点与基站之间均可以直接通信，网络的扩展性不强，不适用于大型网络。对于大型网络而言，对离簇头较远的簇内节点和离汇聚节点较远的簇头而言，传输所消耗的能量大大增加。这样簇头节点能耗分布不均匀，导致某些节点快速死亡，从而降低了网络的性能。

2）HEED 协议

HEED（Hybrid Energy-Effieient Distributed Clustering）协议将延长生命周期、可扩展性和负载平衡作为 WSN 中 3 个最重要的需求，并通过将能量消耗平均分布到整个网络来延长网络的生命周期。

簇头的选择主要依据主、次两个参数。主参数依赖于剩余能量，用于随机选取初始簇头集合；次参数依赖于簇内通信代价，用于确定落在多个簇范围内的节点最终属于哪个簇，以及平衡簇头之间的负载。考虑到分簇后簇内的通信开销，HEED 协议以 AMRP（簇内平均可达能量）作为衡量簇内通信代价的标准。

HEED 协议的簇头选择算法采用了完全分布式的簇头产生方式，能够在有限次迭代内完成簇头选择，将报文开销控制在较小的范围内。HEED 在簇头选择标准以及簇头竞争机制上都与 LEACH 不同。实验结果表明，HEED 分簇速度更快，能产生更加分布均匀的簇头、更合理的网络拓扑。

3）PEGASIS 协议

PEGASIS（Power-Efficient Gathering in Sensor Information Systems）并不是严格意义上的分簇路由协议，它只是借鉴了 LEACH 中分簇算法的思想。PEGASIS 中的簇是一条基于地理位置的链。其成簇的基本思想是，假设所有节点都是静止的，根据节点的地理位置形成一条相邻节点之间距离最短的链。这类似于旅行商问题，是一个经典的 NP 问题。算法假设节点通过定位装置或者通过发送能量递减的测试信号来发现距自己最近的邻居节点，然后从距基站最远的节点开始，采用贪婪算法来构造整条链。与 LEACH 算法相比，PEGASIS 中的通信只限于相邻节点之间。这样，每个节点都以最小功率发送数据，并且每轮只随机选择一个簇头与基站通信，减少了数据通信量。实验结果表明，PEGASIS 支持的 WSN 的生命周期是 LEACH 的近 2 倍。

4）TEEN 协议

TEEN（Threshold Sensitive Energy Efficient Sensor Network Protocol）采用类似于 LEACH 的分簇算法，只是在数据传送阶段使用不同的策略。根据数据传输模式的不同，通常可以简单地把 WSN 分为主动型（Proactive）和响应型（Reactive）两种类型。主动型 WSN 持续监测周围环境，并以恒定速率发送监测数据；而响应型 WSN 只是在被监测对象发生突变时才传送监测数据。

TEEN 的具体做法是在协议中设置了硬、软两个阈值，以减少发送数据的次数。在每轮簇头轮换时将两个阈值广播出去。当监测数据第一次超过设置的硬阈值时，节点把这次数据设为新的硬阈值，并在接下来的时隙内发送它。之后，只有监测数据超过硬阈值并且监测数据的变化幅度大于软阈值时，节点才会传送最新的监测数据，并将它设为新的硬阈值。

通过调节两个阈值的大小，可以在精度要求和系统能耗之间取得合理的平衡。采用这样的方法，可以监视一些突发事件和热点地区，减少网络通信量。仿真结果表明，TEEN 比 LEACH 更有效。

5）APTEEN 协议

APTEEN（Adaptive Periodic Threshold Sensitive Energy Efficient Sensor Network Protocol）是 LEACH 和 TEEN 两者的结合，兼有主动型和响应型两种数据传输模式，是一种混合型数据传输模式的 WSN。APTEEN 基于邻近节点监测同一对象的假设，由基站采用模拟退火算法将簇内节点分成 sleeping-idle 节点对，idle 节点负责响应查询，sleeping 节点进入休眠状态以节省能量，两个节点在簇头轮换时转换角色。APTEEN 修改了 LEACH 的 TDMA，每对 sleeping-idle 节点所属时隙相隔 TDMA 帧长的一半，如果有紧急数据，sleeping-idle 节点对可以相互占用对方时隙，提高数据响应速度。

3.7 传感网操作系统

传感网具有能量有限、计算能力有限、传感器节点数量大、分布范围广、网络动态性强以及网络中的数据量大等特征，这就决定了网络节点的操作系统应具有代码小、模块化、低功耗以及并发性等特点。下面介绍几种常用的传感网操作系统。

3.7.1 TinyOS操作系统

TinyOS 是加州大学伯利克分校开发的一种开源嵌入式操作系统，主要应用于传感网。

1. TinyOS的特点

在传感网诞生之前，已经出现许多专门针对嵌入式系统设计的操作系统，如 Vx-Works、ucOS、RT-Linux 等，广泛应用于 PDA、移动电话等设备。尽管这些嵌入式操作系统在降低资源开销，提高系统可靠性、实时性等方面表现出色，但对传感器节点而言，它们对硬件资源的要求过高。例如，Vx-Works 内核加上基本运行库及 TCP/IP 协议包后，大约为 400 KB，已经超出目前应用最广泛传感器节点 MicaZ 的程序存储器容量。

TinyOS 是首个专门针对无线传感网的特点和需求而设计的操作系统，它与其他常见的嵌入式操作系统相比具有以下三个显著的特点：①采用简单的先进先出的非抢占式任务调度策略；②采用基于组件的程序模型；③集成 ActiveMessage 通信协议。

2. 任务调度策略

TinyOS 的任务调度采用简单的先进先出策略，任务之间不允许互相抢占。在通用操作系统里，这种先进先出的调度策略是不可接受的，因为长任务一旦占据了处理器，其他任务无论是否紧急，都必须一直等待至长任务执行完毕。

TinyOS 可以采用先进先出的调度策略，其原因是基于这样一个事实：在传感网中绝大多数应用中，所需要执行的任务都是短任务。典型的任务有：采集一个数据；接收一条消息；

发送一条消息。尽管如此，为进一步缩减任务的运行时间，TinyOS 采用了分阶段操作模式来减少任务的运行时间。该操作模式下，数据采集、接收消息、发送消息等需要和低速外部设备交互的操作都被分为两个阶段进行。第一阶段，程序启动硬件操作后迅速返回；第二阶段硬件完成操作后通知程序。分阶段操作的实质就是使请求操作的过程与实际操作的过程相分离。

TinyOS 的中断处理程序具有比所有任务更高的优先级，一旦发生中断，处理器将停止执行任务，转而执行相应的中断服务程序。不同的是，TinyOS 中断处理程序往往是提交一个任务，而其他操作系统的中断处理程序则一般会向因等待该中断事件而被阻塞的任务发送一条消息。TinyOS 的这种运行方式被称为事件驱动。采用事件驱动执行模型对节省能量有十分重要的作用。如果在持续的一段时间内没有中断事件发生，任务队列为空，TinyOS 就可使处理器进入休眠模式。

通过研究 TinyOS 源代码可以发现，TinyOS 具有一个长度为 8 个单元的环形任务队列，每个单元用于存储任务函数入口地址，两个指针 FULL 和 FREE 分别指向最早进入队列的任务单元和第一个为空的单元。提交一个任务就是将任务函数入口地址填入到 FREE 指针所指向的队列单元，然后将 FREE 指针移至下一个单元；任务调度器在执行一个任务后，将把 FULL 指针移至下一个单元。如果任务调度器发现 FREE 指针与 FULL 指针相等，则表明队列中无任务，系统将进入休眠状态。

3. 通信模型

TCP/IP 是在计算机网络中应用非常普遍的通信协议，但它并不适用于传感网。首先，在传感网中，通信消耗的能量最为可观，因此必须尽可能减小报文的长度；而 TCP/IP 协议通信控制开销过大。其次，TCP/IP 协议采用了复杂的存储器管理机制，这既需要较大的存储器开销，又带来了较大的时延。

ActiveMessage 是 UCBerkelcy 为并行和分布式计算机通信开发的一种高效的通信机制。它可以被看成是一种轻量级的远程进程调用（RPC），其基本思想是让消息本身带有消息处理程序的地址和参数，当消息到达目的节点后系统立即产生中断调用，并由中断处理机制启动消息处理程序。ActiveMessage 能很好地实现通信与计算的重叠。与 TCP/IP 协议相比，ActiveMessage 的另一个优势就是它不需要额外的通信缓冲区，在通信的接收方，消息中的用户数据可以直接送入应用程序预先为它分配好的存储区。

基于以上的原因，TinyOS 采用 ActiveMessage 作为节点之间通信的机制。在 TinyOS 中，每种类型的消息都被分配一个独一无二的类型号，该类型号被包括在 ActiveMessage 报文头中。接收到该消息的节点，将根据类型号去触发相应的事件处理函数。例如，在一个典型的用于环境监测的网络中，一般需要设置以下几种类型的消息：①Beacon 消息，该消息起源于槽节点，网络中的其他节点通过接收此消息建立从自己到槽节点的路由；②Report 消息，各节点通过此消息把采集到的环境数据发送至槽节点；③消息，用于相邻节点之间交换信息。由于这三种消息的功能不同，节点在收到消息所做的处理也不同，因此必须分别设置不同的事件处理函数。通常可以分别以类型号 10、11、12 来标识这三类消息，如图 3-54 所示。从图 3-54 中可以看到，类型号为 10 的消息从节点 A 发送到节点 B 的流程，节点 B 的通信组件在完整地接收到该消息后，将会主动触发（Signal）用户组件中与消息的类型号相对应的事件函数。

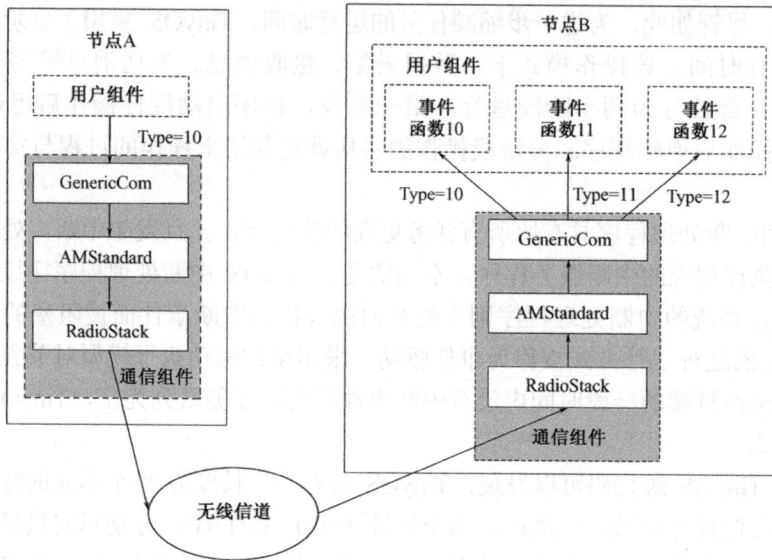

图 3-54 基于 ActiveMessase 的 TinyOS 通信模型

4. 组件

TinyOS 本身是由一组组件构成的，为实现 TinyOS 和 TinyOS 应用程序的开发设计，Berkeley 推出了一种支持组件的程序设计语言——NesC。TinyOS 提供了大多数传感网硬件平台和应用领域里都可用到的组件，如定时器组件、传感器组件、消息收发组件、电源管理组件等，而用户只需针对特殊硬件和特殊应用开发少许组件。

TinyOS 组件由 4 个部分组成：命令函数、事件函数、任务和一个固定大小的局部存储区，如图 3-55 所示。组件之间通过接口实现交互。接口就是声明的一组函数，其中的函数有两种类型：一类称为命令函数，以关键字描述，这类函数由接口的提供者实现；另一类称为事件函数，以关键字 event 描述，这类函数由接口的使用者实现。事件函数用于直接或间接地响应硬件事件。底层组件的事件函数直接作为硬件中断的中断处理程序，如收发器中断、定时器中断等。组件之间交互的具体方式是上层组件调用下层组件中的命令函数，下层组件触发上层组件中的事件函数。

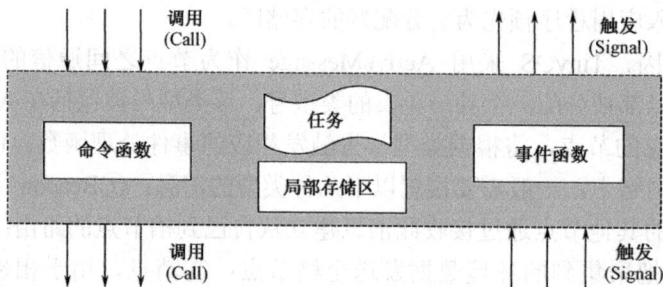

图 3-55 TinyOS 组件模块

5. TinyOS基于组件的程序模型

Tinyos 程序模型如图 3-56 所示。一个完整的 TinyOS 程序就是一个由若干组件按一定层次关系装配而成的复合组件。在 TinyOS 程序模型中，处于最上层的是 Main 组件。该组件由

操作系统提供，传感器上电复位后会首先执行
该组件中的函数，其主要功能是初始化硬件、
启动任务调度器以及执行用户组件的初始化函
数。每个 TinyOS 程序至少应该具有一个用户
组件，该用户组件通过接口调用下层组件提供
的服务，实现程序功能，如数据采集、数据处
理、数据收发等。用户组件是开发 TinyOS 程
序设计的重点。TinyOS 提供一些常用组件，
如执行组件、传感器组件、通信组件。执行组
件用于控制 LED 指示灯、继电器、步进电机

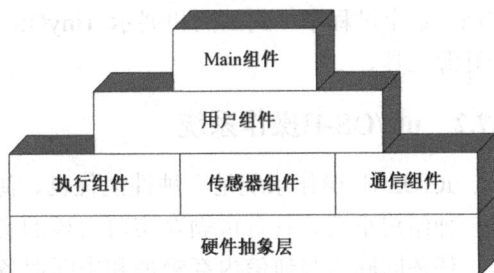

图 3-56　TinyOS 基于组件的程序模型

等硬件模块；传感器组件用于采集环境数据，如温度、亮度等；通信组件则实现与其他节点
的通信。TinyOS 提供了两种通信组件：通过无线电收发器通信的组件和通过 UART 口通信的
组件，后者仅应用于槽节点中。硬件抽象层对上层组件屏蔽了底层硬件的特性，从而实现上
层组件的硬件无关性，以方便程序移植。

6. TinyOS在Windows下的安装使用

TinyOS系统软件包是开源代码，用户可以从网站http://www.tinyos.net/下载。在Windows
下，首先准备以下软件包：

（1）Cygwin 安装包。

（2）Java 开发工具。

（3）AVR 工具包：①avr-binutils；②avr-gcc；③avr-libc；④avarice；⑤avr-insight；
⑥avrdude。

（4）MSP430 工具包：①msp430tools-base；②msp430tools-python-tools；③msp430tools-
binutils；④msp430tools-gcc；⑤msp430tools-libc。

（5）TinyOS 源码包及相关工具包：①nesc；②tinyos-deputy；③tinyos-tools；④tinyos-
2.1.0。

（6）Graphviz 工具。

TinyOS2.0 版本的安装过程如下：

（1）搭建 Java 环境。下载并安装 Java 1.5（Java 5）JDK。Java 是最常用的在 PC 和节点/
网关之间交互的方法。

（2）Windows 安装 Cygwin 平台。这种方式提供了一个 shell 环境和开发 TinyOS 时用到
的大多数 UNIX 工具，如 perl 和 shell 脚本。

（3）安装目标节点交叉编译器。因为要编译 MCU 上的程序，所以需要能够生成相应汇
编语言的编译器。如果使用 CC2430 系列的节点，就需要 IAR 的工具链；如果是 telos 系列的
节点，则需要 MSP430 工具链。

（4）安装 nesC 编译器。TinyOS 是用 nesC 写成的。nesC 是 C 的一个分支，它支持
TinyOS 中的并发模型，并且使用基于组件的编程。nesC 编译器是相对于节点独立的，它的编
译输出会传递给目标节点的编译器，可对代码进行优化。

（5）安装 TinyOS 源代码树，并设置环境变量。对于 TinyOS 程序的编译和下载，需要用
到源代码树。

（6）安装 Graphviz 图形工具。TinyOS 环境有个 nesdoc 工具，用来从源代码生成 HTML 文档。这个过程牵扯到画图和展示 TinyOS 组件间的关系。Graphviz 是 nesdoc 用来画图的一个开源工具。

3.7.2　uC/OS-II操作系统

uC/OS-II 操作系统是一种性能优良、源码公开且被广泛应用的免费嵌入式操作系统。它是一种结构小巧、具有可剥夺实时内核的实时操作系统，内核提供任务调度与管理、时间管理、任务间同步与通信内存管理和中断服务等功能，具有可移植、可裁减、可剥夺、可确定等特点。

基于多任务的 uC/OS-II 采用基于优先级的调度算法，CPU 总是让处于就绪态的、优先级最高的任务运行，而且具有可剥夺型内核，使得任务级的响应时间得以优化，保证了良好的实时性。其任务的切换状态如图 3-57 所示。

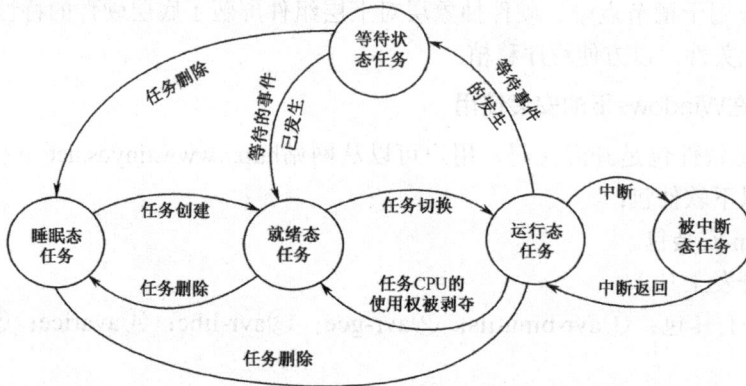

图 3-57　uC/OS-II 中任务的切换状态图

在 uC/OS-II 中，CPU 要不停地查询就绪表中是否有就绪的高优先级任务，如果有则做任务切换，运行当前就绪的优先级最高的任务；否则，运行优先级最低的空闲任务（Idle Task）。

由于多任务的系统需要进行任务切换或者中断服务与任务间的切换。而每次切换就是保存正在运行任务的当前状态，即 CPU 寄存器中的全部内容保存在运行任务的堆栈内。入栈工作完成后，就把下一个将要运行的任务的当前状况从任务的堆栈中重新装入 CPU 的寄存器中，并开始下一个任务的运行。因此，uC/OS-II 需要预先为每个任务分配堆栈空间。在 uC/OS-II 中的任务堆栈空间可以根据任务的实际需求分配合适的大小。

基于多任务的 uC/OS-II 总是运行进入就绪态任务中优先级最高的任务，使用的是可剥夺型内核。这样，最高优先级的任务何时可以执行，何时就可以得到 CPU 的使用权，实时性好。

uC/OS-II 的以上特点使其可以成为传感网节点操作系统的一个选择。

3.7.3　MantisOS操作系统

MantisOS 是一个多模型系统，提供多频率通信，适合多任务传感器节点，具备动态重新编程等特点。MantisOS 基于线程管理模型开发，提供线程控制 API（应用编程接口）。目前，对 MantisOS 的研究理论很多，但都是针对 MantisOS 系统特性进行的研究，在具体应用上仍然没有产生一个详细的应用开发模型。

MantisOS 的体系结构分为核心层、系统 API 层以及网络栈和命令行服务器 3 部分，如图 3-58 所示。其中核心层包括进程调度和管理、通信层、设备驱动层，系统 API 层与核心层进行交互，向上层提供应用程序接口。MantisOS 为上层应用程序的设计提供了丰富的 API，如线程创建、设备管理、网络传输等。利用这些 API，便可组成功能强大的应用程序。

在 MantisOS 上，应用程序的运行会产生 1 个或多个用户级线程，它和网络栈以及命令行服务器处在同一层中，每个线程具备不同功能，而这些功能是通过调用系统 AP1 与底层设备硬件进行交互控制来实现的。

在 MantisOS 上开发应用程序，具备的硬件

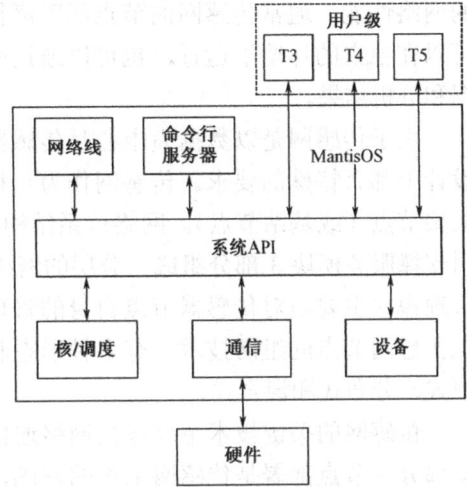

图 3-58 MantisOS 体系结构

包括传感器节点（如 MicaZ、Mica2DoT 等），以及 PC、传感器板、编程板、串口连接线和电源插座等设备。PC 作为前端设备，同时需要安装下列软件：操作系统（Windows 环境下需要安装 Cygwin）、MantisOS 工具包、MantisOS 系统源代码。另外，可用记事本或者文本编辑器作为源代码编写工具。开发过程为：分析 MantisOS 体系结构及其特点，建立需求分析，通过系统 API 屏蔽底层硬件细节，将应用程序建立在 MantisOS 平台的最上层，在 PC 上进行调试和编译，最后进行测试，逐步完成应用程序的开发。

小结与进一步学习建议

信息的获取是信息技术产业链和应用环节的第一步，没有它就没有信息的传输、处理和应用，也就没有信息化。传感器作为最重要、最基本的信息获取手段，其作用相当于人的五官，直接用于感知外部信息。借助于传感器可以把被测的物理量转换为与之有确定关系的电量输出，以满足信息的传输、处理、记录、显示和控制等要求。

对于传感器的定义虽然没有完全统一的表述，但通常趋同认为传感器是一种能够感觉外界信息并按一定规律将其转换成可用输出信号的器件或装置。传感器一般由敏感元件、转换元件和变换电路 3 部分组成，有时还要加上辅助电源。传感器技术是现代科技的前沿技术，是衡量一个国家科技发展水平的主要标志之一。21 世纪传感器发展的总趋势是微型化、多功能化、数字化、智能化、系统化和网络化。智能传感器是集成传感器、信号调理电路、微控制器及数字信号接口为一整体的传感器系统，具有数据处理，信号分析、诊断和自校正功能，以及网络通信和人机对话功能，是现代智能检测系统的发展趋势。

无线传感网简称为传感网，它是一个移动的复杂无线通信网络系统。传感网的应用所要求的工作区域的节点数目多，数据传输不限于单跳，需要建立多跳的环境。另外，传感网还具有传感器节点资源受限制、无中心控制、没有固定设施、拓扑动态变化、节点兼备路由器功能等诸多特点。

传感网是由大量部署在工作区域内的、具有无线通信与计算能力的微小传感器节点通过

自组织方式构成的，能根据环境自主完成指定任务的分布式智能化网络系统。为了达到更高的网络性能，通常传感网的节点间距离很短，一般采用多跳无线通信方式进行通信。传感网可以在独立的环境下运行，也可以通过网关连接到互联网，使用户可以远程访问感兴趣的数据和分析结果。

由于传感网是以数据为中心且传感器节点能量有限，所以体系结构、协议体系等在算法设计上都有特殊的要求。传感网作为一种自组织通信网络，它的基本组成单位是感知节点和汇聚节点（或基站节点）。网络体系结构由分层的网络通信协议模块、传感网管理模块以及应用支撑服务模块 3 部分组成。分层的网络通信协议模块类似于 TCP/IP 协议体系结构；传感网管理模块主要是对传感器节点自身的管理以及用户对传感网的管理；传感网的拓扑结构是组织传感网节点的组网技术，有多种形态和组网方式。按照传感网组网形态和方式来看，有集中式、分布式和混合式。

传感网的关键技术主要包括网络通信协议、核心支撑技术、自组织管理、开发与应用 4 个部分。节点部署是传感网工作的基础，它直接关系到网络监测信息的准确性、完整性和时效性。节点部署涉及覆盖、连接和节约能量等多个方面。传感网 MAC 协议决定无线信道的使用方式，在传感器节点之间分配有限的无线通信资源，用来构建传感网系统的底层基础结构。MAC 协议处于传感网协议的底层，对传感网的性能有较大影响，是保证传感网高效通信的关键协议之一。传感网路由协议的任务是能够建立能源有效路径，提高路由的容错能力；形成可靠的数据转发机制，延长网络最大生命周期。

传感网的内容丰富，且在日益发展。传统的传感器正逐步实现微型化、智能化、信息化、网络化，正经历着一个从传统传感器（Dumb Sensor）→智能传感器（Smart Sensor）→嵌入式 Web 传感器（Embedded Web Sensor）的内涵不断丰富的发展过程。传感网可以看成是由数据获取网络、数据分布网络和控制管理中心三部分组成的。其主要组成部分是集成有传感器、数据处理单元和通信模块的节点，各节点通过协议自组成一个分布式网络，再将采集来的数据通过优化后经无线电波传输给信息处理中心。

本章仅简单介绍了一些基本知识。在传感器网的研究与应用中，能效问题一直是热点问题。当前的处理器以及无线传输装置依然存在向微型化发展的空间，但在无线网络中需要数量更多的传感器，种类也要求多样化，将它们进行链接，这样会导致耗电量的加大。如何提高网络性能，延长使用寿命，将不准确性误差控制到最小等，都是需要进一步研究的问题。随着物联网应用普及，传感网传输的数据量将会越来越大，但当前的使用模式对于数量庞大的数据的管理和使用能力有限。如何进一步加快其时空数据处理和管理的能力，开发出新的模式也是非常有必要的。有兴趣的读者可进一步学习经典文献，进行深入研究探讨。

讨论与思考

1. 什么是传感器？传感器一般由哪几部分组成？传感器有哪些分类方法？
2. 简述传感器的应用和发展趋势。
3. 简单简述压电式、磁电式传感器的工作原理。
4. 简述光纤传感器的基本工作原理。与其他传感器相比，光纤传感器具有哪些特点？

5. 简述传感网的定义，它由哪几个部分组成？传感器节点由哪几部分组成？传感器网络有哪些特点？

6. 传感网的协议体系结构包含哪几个部分？分别实现哪些基本功能？

7. 简述传感网的关键技术。哪些是需要解决的关键问题？

8. 传感器网络的 MAC 协议有哪些？基于竞争的 MAC 协议有哪些特点？解决的关键问题是什么？

9. 传感网的路由协议有哪些？与传统的 Ad Hoc 路由协议有何不同？

10. 用于传感网的操作系统有哪些？试下载 TinyOS 最新版本，并总结出安装使用步骤与方法。

第4章 物联网智能设备设计

物联网实现了信息空间和物理空间的融合，营造了以人为本的信息服务环境。这种信息服务引发了智能设备的飞速发展，多种多样的智能设备应运而生。智能设备是由嵌入式处理器完成数据处理与分析等多项复杂功能，从而实现人机智能交互的。其中，智能手机的运用就体现了信息传输（如短信）、信息采集（如通话）、信息控制（如计算、定位）、信息融合和人机交互等功能。

本章首先介绍几种常见的智能设备，然后讨论物件智能化设计方法、嵌入式系统和中间件技术。作为物件智能化设计的一个示例，最后讨论传感网节点的硬件、软件设计。

4.1 智能设备概述

物联网智能设备具有信息采集、信息传输、信息控制、信息融合、人机交互等作用，是组建物联网的重要终端设备。不断膨胀的数字世界充满了各种各样的智能设备，作为感知识别层最"智能"的信息获取智能设备集中体现了多样化的特征，如穿戴式智能设备、智能车载设备、智能数字标牌、智能医疗设备、智能家电、智能手机等。在此仅以平板电脑、智能手机、智能家电等为例做简单介绍。

4.1.1 平板电脑

人们对智能设备并不陌生，计算机就是传统的智能设备。计算机是一种能够按照指令对各种数据和信息进行自动加工和处理的电子设备，也是诞生最早的智能设备。平板电脑、个人数字助理（PDA）等是近年兴起的一些新型智能设备。

1. 平板电脑简介

平板电脑（Tablet Personal Computer，简称 Tablet PC、Flat PC、Tablet、Slates）是 PC 家族新增加的一名成员，其外观与便携式计算机相似，但不是单纯的笔记本电脑，可称为笔记本电脑的浓缩版，是下一代移动商务 PC 的代表。其外形介于笔记本和 PDA 之间，但其处理能力大于 PDA。它除拥有 PDA 的所有功能之外，还支持手写输入或者语音输入，移动性和便携性也更胜一筹。

自施乐帕洛阿尔托研究中心的艾伦·凯（Alan Kay）在 20 世纪 60 年代末提出可以用笔输入信息的叫作 Dynabook 的新型笔记本电脑的构想以来，到 1989 年 9 月第一台可用作商业的平板电脑 GRiD Systems 上市，平板电脑得到了飞速发展。其中，标志性事件是 2002 年秋季，微软公司推出的 Windows XP Tablet PC Edition，使得 Tablet PC 开始流行使用。

平板电脑按结构设计大致可分为两种类型，即集成键盘的"可变式平板电脑"和可外接键盘的"纯平板电脑"。平板电脑本身内建了一些新的应用软件，用户只要在屏幕上书写，即可将文字或手绘图形输入计算机。

平板电脑的显示器可以随意旋转，一般采用小于 10.4 英寸（1 英寸=2.54 cm）的液晶屏幕，并且都是带有触摸识别的液晶屏，可以用电磁感应笔手写输入。平板电脑集移动商务、移动通信和移动娱乐为一体，具有手写识别和无线网络通信功能，被称为笔记本电脑的终结者。

2. 平板电脑的主要特点

平板电脑除了具有便于携带和很强的办公、数据处理能力外，还有以下特点：

（1）独特的外观设计。有的就像一个单独的液晶显示屏，在上面配置了硬盘或 Flash 存储器等必要的硬件设备。有的外观和笔记本电脑相似，但它的显示屏可以随意旋转。

（2）特有的 Tablet PC Windows XP 操作系统。不仅具有普通 Windows XP 的功能，与其兼容的应用程序都可以在平板电脑上运行。

（3）增加了手写输入。使用专用的"笔"，在电脑上操作，使其像纸和笔的使用一样简单。同时也支持键盘和鼠标，像普通电脑一样操作。

（4）便携移动。它像笔记本电脑一样体积小而轻，可以随时转移它的使用场所，比台式机具有移动灵活性。

（5）数字化笔记。就像 PDA、掌上电脑一样，做普通的笔记本，随时记事，创建自己的文本、图表和图片。同时集成电子"墨迹"，在核心 Office XP 应用中使用墨迹，可在 Office 文档中留存自己的笔迹。

（6）个性化使用。使用 Tablet PC 和笔设置控制，可以定制个性的 Tablet PC 操作，可设置 Tablet PC 的按钮完成特定工作，例如打开应用程序或者从横向屏幕转到纵向屏幕的方位。

（7）部署和管理方便。Windows XP Tablet PC Edition 包括 Windows XP Professional 中的高级部署和策略特性，极大简化了企业环境下 Tablet PC 的部署和管理。

（8）全球化的业务解决方案，支持多国家语言。Windows XP Tablet PC Edition 已经拥有英文、德文、法文、日文、中文（简体和繁体）和韩文的本地化版本。

（9）对关键数据最高等级的保护。Windows XP Tablet PC Edition 提供了 Windows XP Professional 的所有安全特性，包括加密文件系统、访问控制等。Tablet PC 还提供了专门的 CTRL+ALT+DEL 按钮，方便用户的安全登录。

平板电脑的最大特点是：数字墨水和手写识别输入功能，以及强大的笔输入识别、语音识别、手势识别能力，且具有移动性。

3. 平板电脑的操作系统

许多平板电脑运行 Windows XP Tablet PC Edition。Windows 7 系统的家庭高级版（Home Premium）、商业版（Business）、旗舰版（Ultimate）都支持平板电脑。

运行 Linux 是平板电脑的另一个特点。Linux 天生就缺乏平板电脑专用程序，但随着带有手写识别功能的 EmperorLinux Raven X41 Tablet，Linux 平板电脑已经改善了许多。

来自 Novell 公司的 openSUSElinux 也对平板电脑有着部分的支持。作为定制性很强的操作系统，包括 ubuntulinux，也有人自己动手修改使其支持平板电脑，甚至有人提出发行 tabuntu 的 ubuntu 派生版本。例如，日立 VisionPlate 平板电脑就可以选装 Linux，并且能够迅速地作为无线 X-Window 系统终端。

2011 年 Google 推出 Android 3.0 蜂巢（Honey Comb）操作系统。Android 是 Google 公司一个基于 Linux 核心的软件平台和操作系统，目前已成为 iOS 最强劲的竞争对手之一。2011 年 5 月 Google 正式推出 Android 3.1 操作系统。2011 年 8 月海尔公司推出的 haiPad 搭载了国内基于 Android 开发的操作系统。

4.1.2 智能手机

智能手机（Smart Phone）已经广泛应用于人们的日常生活。智能手机之所以得到青睐，是因为它比传统的手机具有更多的综合性信息处理能力。

1. 智能手机简介

智能手机像个人计算机一样，具有独立的操作系统，可以由用户自行安装软件、游戏等第三方服务商提供的程序，通过此类程序可不断对手机的功能进行扩充，并可以通过移动通信网络实现无线网络接入。智能手机将是物联网中一种重要的智能终端设备，未来将通过智能手机作为支点，拓展到车联网、医疗保健、可穿戴设备等领域，包括数字眼镜、儿童跟踪器、智能手表等。

2. 智能手机的主要特点

随着 iPhone 和使用 Android 操作系统的智能手机应用普及，智能手机呈现出与其他智能设备不同的功能特点，主要集中在以下几个方面：

（1）具有无线接入互联网能力，支持 GSM 网络下的 GPRS、CDMA 网络或 3G/4G 网络。

（2）具有 PDA 功能，包括浏览网页、个人信息管理（PIM）、日程记事、任务安排等多媒体应用。

（3）具有开放性的操作系统。拥有独立的核心处理器（CPU）和内存，可以安装更多的应用程序，使其功能可以得到无限扩展。目前，许多应用系统、用户终端都是基于智能手机操作系统平台开发的。

（4）人性化。可以根据个人需要扩展内置功能以及软件升级。

（5）功能强大，扩展性能强，第三方软件支持多。

3. 智能手机操作系统与应用软件开发

智能手机使用的嵌入式操作系统主要有：Linux（含 Android、Maemo、MeeGo 和 WebOS）、iOS、BlackBerry OS、Symbian、Windows Phone 和 Windows Mobile 等。

Android（安卓）是基于 Linux 内核的嵌入式开源操作系统，其平台由操作系统、中间件、用户界面和应用软件组成，号称是首个为移动终端打造的真正开放和完整的移动软件。Android 采取三层的软件叠层结构：①底层以 Linux 内核为基础，使用 C 语言开发；②中间层包括函数库（Library）与虚拟机（Virtual Machine），使用 C++语言开发；③高层是应用软件，包括通话程序、短信程序等。目前，许多物联网智能终端软件都是在 Android 操作系统的基础上开发的。在智能手机操作系统中，Android 的市场占有率目前最高。

iOS（又称 iPhone OS）是由苹果公司为 iPhone 开发的操作系统，主要用于 iPhone、iPod touch 以及 iPad。苹果完美的工业设计配以 iOS 系统，靠仅有的几款机型，已经赢得可观的市场份额。iOS 的最新版本为 iOS8，根据目前 Canalys 的数据显示，为全球第二大智能操作系统。

BlackBerry OS（黑莓操作系统）是 RIM 公司独立开发出的与黑莓手机配套的系统，目前在全世界颇受欢迎，被称为全球第三大智能操作系统。在此系统基础上，黑莓手机更是独树一帜地在智能手机市场拼搏。

诺基亚的 Symbian（塞班）是一个实时性、多任务的纯 32 位操作系统，被称为全球第四大智能操作系统。Symbian 具有功耗低、内存占用少等特点，非常适合手机等移动设备使用。经过不断完善，虽然 Symbian 在智能手机市场取得了成功，并长期居于首位，但是 Symbian S60、Symbian3、UIQ 等（尤其是 S60）系统近年来遭遇到发展瓶颈。需要注意的是，并不是所有的 Symbian 系统都是智能系统，比如 S40 系统就不属于智能手机系统。

微软 Windows Phone 与 Windows Mobile 作为软件巨头微软的掌上版本操作系统，在与桌面 PC 和 Office 办公的兼容性方面具有先天的优势。Windows Phone 具有强大的多媒体性能，办公娱乐两不误，让它成为最有潜力的全球第五大智能操作系统。Windows Mobile 拥有强大的内建软件，如 Word、Excel、IE、Outlook 和 MediaPlay 等，其他系统上的同类软件很难做到如此完善和统一；但由于硬件要求高，致使价格很高，耗电也比较大，稳定性相对也较差。

4.1.3 智能家电

传统家电有电视机、录像机、DVD、空调、电冰箱、吸尘器、洗衣机以及电磁炉、消毒柜等。虽然家用电器制造技术不断进步，但它们仍然处于机械式或单机电子控制水平。随着电子、控制、计算机与网络技术的发展应用，将自动控制技术引入传统家用电器设备，使之成为具有智能性的设备已是提高人们生活水平的发展趋势。将来，智能家电将向智能化、自适应和网络化发展，成为物联网智能家居应用中的重要组成部分。

1. 智能家电的基本概念

智能家电就是将微处理器、传感器技术、网络通信技术引入家电设备后形成的家电产品，是具有自动监测自身故障、自动测量、自动控制、自动调节与远程控制中心通信功能的家电设备。它能够自动感知住宅空间状态和家电自身状态、家电服务状态，能够自动控制和接收住宅用户在住宅内或远程的控制指令。同时，智能家电作为智能家居的组成部分，能够与住宅内其他家电和家居设施互联而组成网络系统，实现智能家居。

无论新型家用电器还是传统家用电器，其整体技术都在不断提高。家用电器的进步，关键在于采用了先进控制技术，从而使家用电器从一种机械式的用具变成一种具有智能的设备。物联网技术将推进家用电器的信息交互，人机远程交互，改变现有家电的个体模式，实现智能家电的网络化服务。

2. 智能家电的特点

家用电器的代表当属电视机。像智能手机改变手机体验那样，智能电视正在改变电视体验。用户可用基于语音、手势和触摸功能的全新电视界面来改善观看体验。例如，传统的电视广播正在迅速向多数据流、网络优化模式转换，通过提供社交网络、3D 游戏和流视频等数字娱乐服务，为消费者提供全新的电视体验。同传统的家用电器产品相比，智能家电具有如下特点：

（1）网络化。各种智能家电可以通过家庭局域网连接到一起，还可以通过家庭网关接口同制造商的服务站点相连，并与互联网相连，实现信息的共享。

（2）智能化。智能家电可以根据周围环境的不同自动做出响应，不需要人为干预。例如，智能空调可以根据不同的季节、气候及用户所在地域，自动调整其工作状态，以达到最佳效果。

（3）开放性、兼容性。由于用户家庭的智能家电可能来自不同的厂商，智能家电平台必须具有开发性和兼容性。

（4）节能化。智能家电可以根据周围环境自动调整工作时间、工作状态，从而实现节能。

（5）易用性。由于复杂的控制操作流程已由内嵌在智能家电中的控制器解决，因此用户只需了解非常简单的操作。

3. 智能家电的功能

智能家电并不是单指某一个家电，而应是一个技术系统；随着人类应用需求和家电智能化的不断发展，其内容将会更加丰富。根据实际应用环境的不同，智能家电的功能也会有所差异，但一般应具备以下基本功能：

（1）通信功能，包括电话、网络、远程控制/报警等。

（2）消费电子产品的智能控制。例如，可以自动控制加热时间、加热温度的微波炉，可以自动调节温度、湿度的智能空调，可以根据指令自动搜索电视节目并摄录的电视机/录像机，等等。

（3）交互式智能控制：可以通过语音识别技术实现智能家电的声控功能，通过各种主动式传感器（如温度、声音、动作等）实现智能家电的主动性动作响应。用户还可以自己定义不同场景下智能家电的不同响应。

（4）安防控制功能，包括门禁系统、火灾自动报警、煤气泄漏、漏电、漏水等。

（5）健康与医疗功能，包括健康设备监控、远程诊疗、老人/病人异常监护等。

4. 家用电器的智能技术

智能家用电器目前所采用的智能控制技术主要是模糊控制。少数高档次的家用电器也用到神经网络技术（也叫神经网络模糊控制技术）。模糊控制技术是目前智能家用电器使用最广泛的智能控制技术。目前，可以嵌入到家电之中的主要智能技术方法如下：

（1）启发式搜索。启发式搜索是人工智能求解中开发出来的对目标求解的最优化方法。它主要依靠与任务无关的信息来简化搜索进程，但它可以从任务中得到的启发信息来确定搜索方向，从而大大减少了优化时间。这种方法在洗衣机的程序选择过程中十分有用。

（2）人工神经网络。人工神经网络控制最突出的功能是经验的学习。家用电器在运行中其参数会随着时间的迁移而变化，在神经网络不断运行中进行性能学习，预测出家电变化的趋向，以及在参数变化后的最优控制方法，从而保持家电始终处于一种优秀的工作状态。这种智能方法用于有运行损耗的动力系统中最有效，如洗衣机、洗碗机等。

（3）模糊逻辑理论。模糊逻辑控制在家电指标控制中是一种极有效的智能化方法。这种控制方法所用的技术指标或任务是模糊的，这是因为人在日常生活中的感觉（包括触觉、嗅觉、视觉）都是以模糊量描述的。以模糊控制方法控制家用电器更适合人类的智慧思维及处理过程。

（4）遗传算法。遗传算法是一种模拟自然选择及遗传的随机搜索算法，它的原则是适者生存，不适者淘汰。这种优化方法在家电中较适用于进行状态参数最优组合。例如，在洗衣机中可对洗涤过程的自适应优化，对电冰箱中的制冷过程自适应优化，空调机对外部环境（包括室外季节、室内人员情况）的自适应优化控制。

5. 智能家电的发展趋势

未来智能家电主要向多种智能化、自适应和网络化三个方向发展。多种智能化是家用电器尽可能在其特有的工作功能中模拟多种人的智能思维或智能活动的功能；自适应是家用电器根据自身状态和外界环境自动优化工作方式和过程的能力，这种能力使得家用电器在其生命周期中都能处于最有效率、最节省能源和最好品质状态；网络化的家用电器可以由用户实现远程控制，在家用电器之间也可以实现互操作。

随着电信网、互联网、广播电视网三网的融合，电视、手机、PAD、计算机将"四屏合一"。随着三网融合和物联网的普及应用，冰箱、电灯、空调、电视、DVD、音响、微波炉、洗衣机等所有电器都将进入智能时代。通过手机或其他集成设备即可方便地控制所有家电。目前，不少智能家电只是实现了初步"智能"，尚未把物联网、4G、三网融合等技术全面融入。通过智能信息设备的互联互通，实现"人机对话、智能控制、自动运行"是家电智能化的必然发展趋势。

4.1.4　其他智能设备

物联网技术的应用发展，使得智能设备层出不穷，除了平板电脑、智能手机和智能家电以外，穿戴智能设备、智能电表、智能插座与开关、智能医护设备（包括可监控和改善休眠品质的 App）、可侦测幼儿营养摄取量的联网奶瓶、联网烟雾侦测器，以及可分析比较挥杆动作和专业选手之间差别的高尔夫侦测器等，已经开始从概念走进人们的生活。

1. 智能电表

智能电表是智能电网的智能终端设备，它已经不是传统意义上的电能表。智能电表除了具备传统电能表基本用电量的计量功能以外，为了适应智能电网和新能源的使用，它还具有双向多种费率计量、用户端控制、多种数据传输模式的双向数据通信、防窃电等智能化的功能，智能电表代表着未来节能型智能电网最终用户智能化终端的发展方向。

智能电表不同于传统电表，它可以实现双向实时通信，具有互动的特征，能够提供实时数据，为实施阶梯电价提供了可能。因此，智能电表强调的是信息处理、交互、计量和通信能力。智能电表将改变以往人工抄表的历史，工作人员只需查询有智能电表上传的电网数据就可掌握用户用电情况。对于用户来说，生活用电也会更加便捷，用户可以根据电网中显示的余额提前在电表中预存一定数额的电费，这样在相当一段时间之内都不用再担心自家的电表是否要被断电。此外，用户还可以通过网络直接从银行往电表内转账，并且通过电网信息交互平台，用户也可以及时掌握家中用电情况。

IC 卡预付费电度表是以 IC 卡作为电能量值数据传输介质，在电度表（电子式电度表或机械式电度表）中加入负荷控制等功能模块，从而实现电量抄收和电量结算的智能型电度表。IC 卡智能电度表用于有功电能的计量场合，由用户交费购电输入表中电表才能供电。一户一表一卡，卡互不通用，凭卡用电，具有预收电费、自动抄表、防窃电、卡中电量用完后自动拉闸断电等功能。其管理售电系统包括用户信息管理子系统、IC 卡初始化系统、统计分析子系统和售电子系统。同时，用户的购电信息实行微机管理，可方便地进行查询、统计、收费及打印票据等。

2. 智能插座与开关

智能插座（Smart Plug）是物联网概念下伴随智能家居而诞生的新兴电子产品。智能插座现在通常指内置了 WiFi 模块，通过智能手机的客户端进行功能操作的插座，其最基本的功能是通过手机客户端可以遥控插座通断电流，设定插座的定时开关。智能插座目前主要强调家居的智能化，通常与家电设备配合使用，以实现定时开关等功能。

智能插座通常还有一些增强功能，如电量统计、WiFi 增强、温湿度感应等。智能插座也属于智能硬件的一个细分类别。智能硬件是 IT 行业与传统的硬件设备行业相结合的一个跨界的新领域，比较常见智能硬件包含有智能插座、智能手环、智能路由器等。

3. 智能血压计

在智能医护设备中比较成熟的智能硬件是智能血压计。智能血压计主要是利用多种通信手段，将传统血压计的测量数据上传到云端，让血压计的使用者及其亲朋好友能够在任何时间、任何地点看到使用者的测量数据。查看数据一般在手机上。因为云端保存了连续的历史数据，可以进行统计和分析，更好地了解和跟踪使用者的健康状况。

目前，衡量血压计是否具备智能性的主要指标是通信方式，如蓝牙、USB、GPRS（3G/4G）和 WiFi 等。

（1）蓝牙血压计：在血压计中内置蓝牙模块，通过蓝牙将测量数据传送到手机，然后手机再上传到云端。蓝牙血压计的优点是无线传输，不需要接线，且不依赖于外部网络，直接上传到手机；缺点是必须依赖于手机，在测量血压时，要同时操作血压计和手机，不够方便。在使用蓝牙血压计之前，要先做蓝牙匹配。

（2）USB 血压计：与蓝牙血压计类似，先用 USB 线将血压计和手机连接，测量数据先上传到手机，再传到云端。USB 血压计的优点是接线简单；缺点是必须依赖手机，用户同时操作手机和血压计，比较麻烦。

（3）GPRS 或 3G/4G 血压计：通过内置 GRPS 和 3G/4G 模块，利用无所不在的公共移动通信网络，将数据直接上传到云端。这类血压计的优点是方便，其使用方法与传统血压计一样，无须考虑手机，且数据随时可得。

（4）WiFi 血压计：直接使用 WiFi 将数据上传到云端的最新式血压计。WiFi 血压计兼具前几种血压计的优点，操作方便，不依赖手机，也不需要通信费用；但缺点是使用场合必须有 WiFi。

4. 穿戴智能设备

伴随着移动互联网、4G 时代的到来以及元器件的微型化，穿戴智能设备日渐成熟而获得应用。所谓穿戴智能设备，是指应用穿戴式技术设计、开发的可以穿戴的智能化设备。目前，穿戴智能设备可分为：①基于通信的穿戴智能设备，如智能手表、手套式手机等；②基于定位、运动娱乐的穿戴智能设备，如卫星导航鞋、智能首饰、智能服饰等；③基于虚拟现实的穿戴智能设备，如智能眼镜、智能头盔、头箍等；④基于移动医疗、保健的穿戴智能设备，如血压计、心率仪、血糖仪，以及进行体征监测的智能手环等。有些穿戴智能设备功能较全，可不依赖智能手机就可实现完整或者部分功能，如智能手表；有些只专注于某一类应用，需要与其他设备（如智能手机）配合使用。随着穿戴技术的进步以及用户需求的变化，穿戴智能设备的形态与应用将不断发生变化。

4.2 物件智能化设计

物件智能化是物联网的核心问题。智能物件是根据其物理外观（硬件）和行为（软件）来定义的。常见的一些智能设备实际上就是具有物件智能化特征的具体产品、器件或设施。在此主要讨论智能物件硬件和软件的基本设计方法。

4.2.1 智能物件的硬件设计

智能物件硬件一般是一组电路的集合，包括通信模块、微控制器、传感器/制动器、电源4 个部分。图 4-1 所示是比较典型的无线和有线智能物件硬件架构。

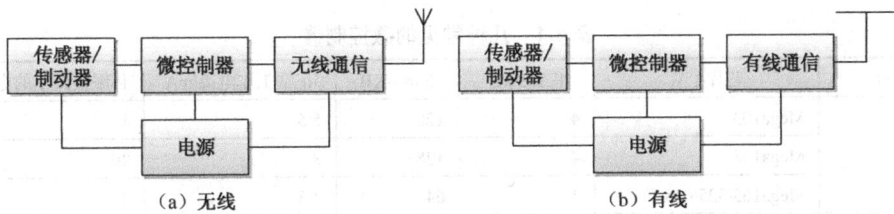

图 4-1　智能物件的硬件架构

1. 通信模块

通信模块使智能物件具有通信能力，通常它是一个带有天线的无线通信收发器或有线通信接口。无线智能物件主要指无线通信收发器，包括发送器和接收器，可以发射和接收无线信号。对于有线智能物件，通信模块连接到有线网络，如以太网。在此主要讨论无线收发器。

不同类型的无线收发器具有不同的处理能力。最简单的收发器一次只能发送或者接收一个比特信号，而功能强大的收发器则可以将数据包打包加上包头，甚至使用安全加密方法对其进行加密解密。

对于所有的硬件部分，无线收发器通常是耗电最多的器件。与微控制器或传感器相比，无线收发器通常需要 10 倍于前者的电量，这是由于它需要对信号进行调制解调。对于功耗低的收发器，发送信号只需消耗小部分能量。由于收发器是最为耗电的部分，而在空闲时侦听耗费的能量和发送数据相差无几，因此如何降低无线收发器的能耗是其关键。

图 4-2 所示是 Radiocrafts 的一种单芯片智能物件无线收发器。这种芯片包括一个无线收发器和一个微处理器。其中，无线收发器是 Texas 的 CC2430，支持 IEEE 802.15.4 无线标准，具有发送接收数据包的能力，传输比特率为 250 kb/s。

2. 微控制器

微控制器（MCU）是将微型计算机的主要部分集成在一个芯片上的单芯片微型计算机。它内置有内存、定时器，并能够与外设（传感器、制动器、无线收发器）连接。MCU 与通用计算机上的处理器类似，只是更小而已。它与传统的芯片类似，只是外加了塑料封装和金属引脚。微控制器运行智能物件的软件程序，实现物件的智能化。一种智能物件微控制器如图 4-3 所示。

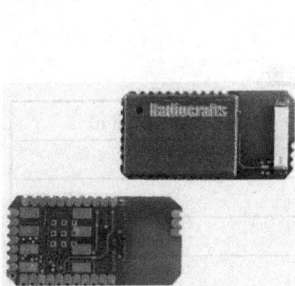

图 4-2　单芯片智能物件无线收发器

图 4-3　微控制器

微控制器应用很广泛，是处理器中最为常见的。由于成本和功率的限制，用于智能物件的微控制器比通用 PC 的小很多。一般情况下，一个智能物件的微控制器只有几千字节的片上内存，时钟频率为几兆赫（MHz）。表 4-1 列出了几种常见的适于智能物件的微控制器。

表 4-1　几种常见的微控制器

厂商	芯片型号	RAM/KB	Flash/KB	正常工作电流/mA	休眠模式下的电流/μA
Atmel	Mega103	4	128	5.5	1
	Mega128	4	128	8	20
	Mega165/325/645	4	64	2.5	2
Microchip	PIC16F87x	0.36	8	2	1
Intel	8051 8 位 Classic	0.5	32	30	5
	8051 16 位	1	16	45	10
Philips	80C51 16 位	2	60	15	3
Motorola	HC08	2	32	8	100
TI	MSP430F14×16 位	2	60	1.5	1
	MSP430F16×16 位	10	48	2	1

　　微控制器的内存有闪存（Flash ROM）和随机存取存储器（RAM）之分。闪存是一种长寿命的非易失性（在断电情况下仍能保持所存储的数据信息）的存储器，数据删除不是以单个的字节为单位而是以固定的区块为单位，区块大小一般为 256 KB 到 20 MB。闪存通常用于存储定义了设备行为的程序。RAM 用于存储临时数据，包括程序中的变量和处理无线流量的缓存等。

　　微控制器除了用于存储程序和临时变量的内存，还具有一组定时器和与外设（传感器、制动器、无线收发器）交互的机制。定时器可以由微控制器上运行的软件自由使用。微处理器与外部设备物理上通过引脚连接，软件通过微控制器提供的机制与设备通信，通常是以串口或串行总线的形式。大多数微控制器提供一种叫作通用同步/异步串行接收/发送器（USART）的模块来与串口进行通信。一些 USART 可以进行配置，使其作为 SPI 总线工作，以便与传感器、制动器通信。

　　在选用微处理器时，应该首先考虑系统对处理能力的需要，然后再考虑功耗问题。不过，对于功耗的衡量标准，不能仅仅从微控制器有几种休眠模式，以及每兆赫时钟频率所耗费的能量等角度去考虑处理器自身的功耗，还要从处理器每执行一次指令所耗费的能量这个指标综合考虑。表 4-2 所示是目前一些常用微处理器在不同的运行频率下每指令所耗费能量的指标。

表 4-2　常用微处理器每指令所耗费的能量

芯片型号	运行电压/V	运行频率/MHz	单位指令消耗能量/nJ
ATMega128L	3.3	4	4
ARM Thumb	1.8	40	0.21
TMS320VC5510	1.5	200	0.8
Xscale PXA250	1.3	400	1.1
IBM 405LP	1.8	380	1.3

　　目前，在微控制器模块中，使用较多的是 Atmel 公司的单片机。它采用 RISC 结构，吸取了 PIC 和 8051 单片机的优点，具有丰富的内部资源和外部接口。在集成度方面，其内部集成了几乎所有的关键部件；在指令执行方面，微控制单元采用 Harvard 结构，因此其指令大

多为单周期；在能源管理方面，其 AVR 单片机提供多种电源管理方式，以尽量节省节点能量；在可扩展性方面，提供了多个 I/O 口，并且和通用单片机兼容。此外，AVR 系列单片机提供的 USART（通用同步异步收发器控制器）、SPI（串行外围接口控制器）等与无线收发模块相结合，能够实现大吞吐量、高速率的数据收发。

TI 公司的 MSP430 超低功耗系列处理器，不仅功能完善、集成度高，而且根据存储容量的大小提供了多种引脚兼容的系列处理器，使开发者可以根据应用对象灵活选择。

另外，作为 32 位嵌入式处理器的 ARM 单片机，也已经在传感网中得到应用。如果用户可以接受它的较高成本，就可以利用这种单片机来运行复杂的算法，实现更多的应用业务功能。

3. 传感器和制动器

传感器和制动器用于实现智能物件与物理世界的交互。传感器用来感知外界环境的变化，制动器用来响应或改变环境。与智能物件相连的传感器和制动器的种类很多，有的简单，有的很复杂。例如，测量环境温度的智能物件，只需一个简单的温度传感器。如果需要用来监测穿过栅栏的行人，其智能物件则需要一组传感器，包括摄像头、超声波测距设备等。制动器也有很多类型，小到 LED 指示灯，大到用于高压电源开关切换的继电器等。

许多传感器很简单，不论是外形还是功能。例如，常用的温度传感器可仅仅是一个可变电阻，其阻值随着环境温度的变化而变化，通过测量通过电阻的电流以及电阻两端的电压，便可测量出温度。

4. 电源

电源与各个部件相连，为智能物件供电。智能物件需要电源供电才能工作。目前，最常用的电源就是电池，当然也有一些其他类型的电源，如压电式电源，通过将压力转换成电能供电，或者小型的太阳能电池利用光能供电。

电池是智能物件中最常用的电源，它们有各种各样的形式和外形。智能物件电池的规格尺寸很关键，因为它限制电量的多少及电池的类型，目前锂电池最为常用。充电电池在手机、便携式计算机等电子产品中很受欢迎；但不太适合智能物件，因为智能物件是自动运行的，不需要人为控制或监管。另外，在智能物件中使用充电电池也不切合实际，当然，智能物件可以使用充电电池的技术，并配合能量提取方式自动进行充电。能量提取是一项从外界获得能量的技术。太阳能电池就是一种最常用的能量获取方式。无线电波的能量也可以用作电源。一个典型例子就是射频识别（RFID），利用无线信号能量来给收发器短时间供电。

在智能物件电源的选择上，功率是一个约束条件。对于靠电池供电的智能物件，电池是不能再充电的。对于靠太阳能供电或其他能量获取方式供电的智能物件，其能量主要是从周围环境获得，需要长时间存储。鉴于这些原因，无论是智能物件软件还是硬件设计，都必须考虑满足严格的能量要求。表 4-3 列出了一组智能物件电源的最大电流消耗和储电量，比

表 4-3 智能物件电源的最大电流消耗和储电量

电　源	电流/mA	储电量/(mA·h)
CR2032 纽扣电池	20	200
AA 碱性电池	20	3000
太阳能电池	40	无限
无线电波供电	25	无限

较了不同电源之间的区别。给定平均电流消耗时，储电量决定了智能物件可以工作的最长时间。在平均电流消耗为 0.1 mA 时，一个容量为 3 000 mA·h 的电池可以使设备持续工作

30 000 h，或者说 3 年半；若电压为 3 V，电流消耗为 0.1 mA，则功耗为 0.3 mW。

5. 硬件新技术

智能物件硬件技术在日益发展，目前已有许多新技术可用于智能物件，如片上系统（SoC）、印制电路（Printed Electronics）和电子黏土（Claytronics）等。

1）片上系统

片上系统（SoC）是整合在一个芯片中，可以实现很多功能的集成电路。对于智能物件而言，将无线收发器、微控制器以及一些传感器等集成在一个芯片上的片上系统已成为新的应用趋势。例如，无线片上系统 CC2530 就是 TI 公司推出的用于 2.4 GHz IEEE 802.15.4、ZigBee 等应用的一个真正的片上系统解决方案。片上系统能够以非常低的硬件成本建立强大的网络节点，将这样的系统与天线集成到一个电路板，所产生的硬件可以简单地附加到通常的物件上，将其变成智能物件。传统意义上，由于电路板的线路复杂，电路板上的天线是一个很麻烦的问题，并且由于对无线电波段使用的法律规定，使得硬件设计在使用前必须得到认证。将天线集成到芯片中，简化了开发设计流程，使得整个设计和认证过程可一次完成。

另外，超薄技术可以将整个硬件系统放置在可弯曲的电路板上。这种技术对于研究贴身的智能物件或放在衣服上的智能物件很有前景，如运动或医疗设备等。目前，已有超薄、可弯折电路板产品。

2）印制电路

印制电路技术使得整个电路设计可以通过普通的打印机打印到普通的纸张上，但是需要一种特殊的墨。印制电路板可以非常复杂，甚至可以包括简单的微处理器逻辑和传感器。据研究表明，简单的电池和显示屏可以被打印机打印出来了。印制电路将彻底简化生成过程，降低成本。

3）电子黏土

最近，提出了一种称为电子黏土的概念。这是关于智能物件应该怎样工作、运行、设计的一种想法。电子黏土是由一些小的、可编程的微粒形成一个复杂的物体。其中每一个物体由大量的微粒组成，并且能以任意的方向彼此相连接；物体可以通过已编程的微粒来自我构造；每一个微粒运行一个小程序来告诉它如何与其周围的微粒连接。

4.2.2 智能物件的软件设计

智能物件的功能是由微控制器上运行的软件所决定的，运行的软件与通用计算机的软件程序类似。程序由编程语言（如 C 语言）来书写，通过编译器将源代码编译成为微控制器可以运行的机器语言，然后写入到智能物件微控制器的 ROM 中。当智能物件启动运行时，微控制器运行软件程序。智能物件软件的开发过程如图 4-4 所示。

1. 智能物件的操作系统

与通用计算机类似，智能物件也需要操作系统，但与 PC 或智能手机中的操作系统有所区别。由于内存、处理能力等资源有限，大型的操作系统如 Microsoft Windows、Mac OS、Linux 等无法在智能物件上使用。即使小型化的版本（如 Windows Mobile 或基于 Linux 的 Android）对智能物件来讲也还是太大。智能物件操作系统是根据智能物件的特定需求以及硬件限制来裁剪的，内存限制使得其编程模型与通用操作系统也不同，处理速度限制要求在

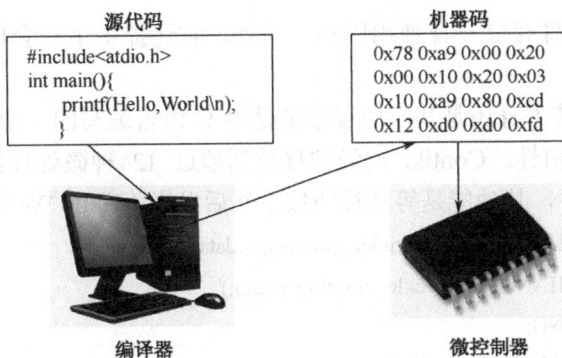

图 4-4　智能物件软件的开发过程

编程时只能使用相对低级的编程语言，如 C 语言等。在此，只简介 TinyOS、Contiki、FreeRTOS 三种智能物件操作系统。这些操作系统都是开源项目，其源代码可以从互联网上获得。

1）TinyOS 操作系统

用于传感网和智能物件的 TinyOS 操作系统可实现多种网络和路由机制。TinyOS 上有 uIP 协议栈的移植，并且支持 IPv6。TinyOS 的程序写法类似于硬件的设计方法，其程序是事件驱动型的，由响应外部和内部事件的回调函数组成。TinyOS 已被移植到多种操作系统和原型样板上。一个用 nesC 书写的 TinyOS 例程如下：

```
implementation {
command result_t StdControl.init() {
    call Leds.init();
    return SUCCESS;
    }
    command result_t StdControl.start() {
        return call Timer.start(TIMER_REPEAT,1000);
    }
    command result_t StdControl.stop() {
        return call Timer.stop();
    }
    event result_t Timer.fired(){
        call Leds.redToggle();
        return SUCCESS;
        }
    }
```

该程序能够对 LED 进行每秒 1 次的开关，可以运行在任何一个带有 LED 和定时器的平台上。

2）Contiki 操作系统

Contiki 操作系统是为支持具有网络功能的嵌入式系统而开发的开源操作系统。它为开发智能物件之间、智能物件与外界之间的通信提供了帮助，提供了内存分配以及链表操作的库，同时也有通信抽象以及低功耗的无线网络机制。Contiki 有一个称作 Coffe 的文件系统，使得程序可以像传统文件存储一样使用闪存。另外，它还提供了一套模拟器来简化对智能物件网络的开发和测试。

不论是 Contiki 系统本身还是其应用程序都是用 C 语言编写的。由于 Contiki 使用的是 C 语言，因此有很好的移植性。Contiki 已经被移植到超过 12 种微处理器和微控制器架构中。以下是一个 Contiki 程序，其功能是等待按钮按下然后发送"Hello World"消息到整个网络：

```
PROCESS_THREAD（example_trickle_process,ev,data）{
PROCESS_EXITHANDLER(trickle_close(&trickle);)
PROCESS_BEGIN();
trickle_open(&trickle,CLOCK_SECOND,128)&trickle_call);
button_sensor.activate();
whil(1){
    PROCESS_WAIT_EVENT_UNTIL(ev==sensors_event&&data==&button_sensor);
    packetbuf_copyfrom（"Hello,World",13);
    trickle_send(&trickle);
    }
PROCESS_END();
}
```

该程序使用 trickle 算法来可靠地发送信息到每一个节点。trickle 算法可以保证信息的传递，即使在传输过程中出现丢包，也会通过重复发送信息直到节点收到为止。

3）FreeRTOS 操作系统

FreeRTOS 是一个为嵌入式系统设计的小型、开源操作系统。与 TinyOS、Contiki 不同，它对应用提供了实时性保障。例如，一个需要控制机器人胳膊的程序必须能够准确地控制机器人发动机的开关，否则胳膊的运动就会不准确。FreeRTOS 通过μIP 提供 TCP/IP 支持，已经被移植到超过 50 种微控制器和微处理器上。

2. 多线程编程与事件驱动编程

多线程允许多个程序在一个处理器上同时运行。在多线程编程中，每一个程序都有一个独立的线程，与其他程序并行运行。系统为每一个线程分配在处理器上的运行时间。为了使多个程序同时运行，操作系统需要转换线程，以合理分配每个线程在微处理器上的运行时间。

在通用操作系统中多线程被广泛应用，线程是相互隔离的，一个线程必须通过特殊接口才能接触其他线程。当线程被相互隔离时，通常被称为进程而不是线程。对于智能物件，多线程的问题在于每一个线程都要独立的内存空间来保持线程的状态，即线程栈。线程栈中包括线程使用的本地变量以及线程调用的函数的返回值，当然也包括相当大的未使用的内存。内存必须被分配，因为无法预先知道每一个线程需要多大内存，因此线程栈内存通常需要超额分配。

由于内存需求不同，智能物件经常采用不同的编程方法。事件驱动编程是一个有效利用内存的编程方法。在事件驱动编程方法中，软件被看作事件处理程序：代码描述系统是如何对事件进行响应的。事件是指从邻节点收到数据包、传感器读取数据、定时器到期等。当事件发生时，智能物件通过执行软件中的一部分来响应事件。与多线程相比，事件驱动编程由于其中没有需要栈内存的线程，因而它所需的内存较小。整个系统可以在单线程中运行，只需要一个栈。事件驱动编程方式也是一种对许多智能物件事件驱动特性的自然匹配。由于物件是与事件驱动交互的，比较方便捕获系统的可见行为。

因此，在智能物件编程模型的选用上，存在多线程和事件驱动两种方式。每一种编程模型各有优缺点。不同的编程问题，在不同的编程模型中的解决方法也不相同。例如，需要高层逻辑的顺序多步骤使用多线程较好；而低层次的 I/O 操作程序使用事件驱动模型较好。编程模型的选用取决于软件设计者。鉴于这个因素，智能物件操作系统通常支持许多不同的编程模型，供系统设计者选择。

3. 内存管理

由于在能耗、物理大小、微控制器使用成本等方面的限制，智能物件的内存是受限制的。因此需要对可用的内存进行有效管理。有许多技术可用来充分利用有限的内存资源。

在智能物件软件中，内存可以在编译时静态分配或者在运行时动态分配。静态分配内存是程序员预先能够知道程序是否适合微控制器时的内存容量，但在实际运行时无法对需求进行动态响应。动态分配内存可以响应系统需求的实际内存负载，但不能预知系统的行为。

静态分配和动态分配各有优缺点，在实际中常使用如下一些混合的内存分配方法：

（1）静态分配：所有的内存在编译时分配，运行时不分配内存。

（2）从静态内存池中动态分配：内存可以在运行时从固定的一组静态内存池中动态分配。分配的每一块大小是先前设定的，在运行时不能更改。

（3）动态堆分配：内存可以在运行时动态分配，分配的每一块大小可以在运行时决定。从堆中动态分配比从内存池中分配要复杂得多。在动态堆分配中，内存被分配成称为堆的形式，任何大小的内存都可以从堆中分配，只要堆中有足够大的连续空间。当堆的一部分被分配以后，这部分内存就不能再移动或分配给其他程序了。当一个程序使用完这部分内存后，将其再归还给堆。

4.3 嵌入式系统开发技术

随着信息网络技术的高速发展，嵌入式系统已经广泛渗透到科学研究、工程设计、各类产业以及人们的日常生活之中。嵌入式技术是开发物联网智能设备的重要手段。无论是无线传感器还是射频识别标签节点，都是微小型的嵌入式系统。

4.3.1 嵌入式系统的概念

嵌入式系统是一种完全嵌入受控器件内部，为特定应用而设计的专用计算机系统。通常将嵌入式系统定义为：以应用为中心，以计算机技术为基础，软硬件可裁剪，适应应用系统对功能、可靠性、成本、体积、功耗等严格要求的专用计算机系统。

实际上，嵌入式系统本身是一个外延极广的名词，凡是与产品结合在一起的具有嵌入式特点的控制系统都可以称为嵌入式系统，而且有时很难以给它下一个准确的定义。现在人们在讲嵌入式系统时，往往指近些年比较热的具有操作系统的嵌入式系统。

与个人计算机这样的通用计算机系统不同，嵌入式系统通常执行的是带有特定要求的预先定义的任务。由于嵌入式系统只针对一项特殊的任务，设计人员能够对它进行优化，减小尺寸，降低成本。嵌入式系统通常可进行大量生产，所以单个成本的节约，能够随着产量的增加而成百上千倍地放大。

一般而言，嵌入式系统的构架可以分成四个部分：处理器、存储器、输入输出（I/O）和软件（由于多数嵌入式设备的应用软件和操作系统都是紧密结合的，在此对其不加以区分，这也是嵌入式系统和一般的 PC 操作系统的最大区别）。因此，可以将嵌入式系统划分为硬件和软件两大部分：硬件架构上以嵌入式处理器为中心，配置存储器、I/O 设备、通信模块等必要的外设；软件部分以软件开发平台为核心，向上提供应用编程接口（API），向下屏蔽具体硬件特性的板级支持包（Board Support Package，BSP）。在嵌入式系统中，软件和硬件紧密配合，协调工作，共同完成系统预定的功能。

嵌入式系统可以根据应用需求对软硬件进行裁剪，以满足应用系统的功能、可靠性、成本、体积等要求。目前的嵌入式系统，其核心往往是一个只有几 Kb 到几十 Kb 微内核，需要根据实际的使用进行功能扩展或者裁减。由于微内核的存在，使得这种扩展能够非常顺利地进行。

4.3.2 嵌入式系统的开发

一个嵌入式系统装置一般由嵌入式计算机系统和执行装置组成，如图 4-5 所示。嵌入式计算机系统是整个嵌入式系统的核心，由硬件层、中间层、系统软件层和应用软件层组成。执行装置也称为被控对象，它可以接受嵌入式计算机系统发出的控制命令，执行所规定的操作或任务。执行装置可以很简单，如手机上的一个微小型的电机，当手机处于震动接收状态时打开；执行装置也可以很复杂，如 SONY 智能机器狗，上面集成了多个微小型控制电机和多种传感器，从而可以执行各种复杂的动作和感受各种状态信息。

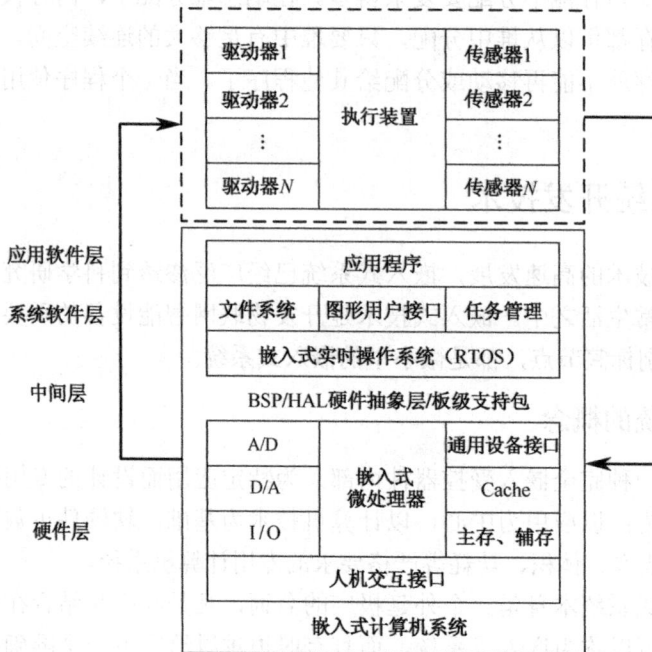

图 4-5　嵌入式系统组成

1. 硬件层

硬件层中包含嵌入式微处理器、存储器、通用设备接口（A/D、D/A 等）和 I/O 接口。在一片嵌入式处理器基础上添加电源电路、时钟电路和存储器电路，就构成了一个嵌入式核心控制模块。其中操作系统和应用程序都可以固化在 ROM 中。

1) 嵌入式微处理器

嵌入式系统硬件层的核心是嵌入式微处理器。嵌入式微处理器与通用 CPU 最大的不同，在于它们大多工作在为特定用户群所专用设计的系统中，并将通用 CPU 许多由板卡完成的任务集成在芯片内部，从而有利于嵌入式系统在设计时趋于小型化，同时还具有很高的效率和可靠性。

嵌入式微处理器的体系结构可以采用冯·诺依曼体系或哈佛体系结构，其指令系统可以选用精简指令系统（RISC）和复杂指令系统（CISC）。RISC 在通道中只包含最有用的指令，确保数据通道快速执行每一条指令，以提高执行效率，并使 CPU 硬件结构设计变得更为简单。

嵌入式微处理器有各种不同的体系，即使在同一体系中也可能具有不同的时钟频率和数据总线宽度，或集成了不同的外设和接口。据不完全统计，目前全世界嵌入式微处理器已经超过 1 000 种，体系结构有 30 多个系列，其中主流的体系有 ARM、MIPS、PowerPC、X86 和 SH，以及国产龙芯 3250 等。但与全球 PC 市场不同的是，没有一种嵌入式微处理器可以主导市场，仅 32 位的产品，就有 100 种以上的嵌入式微处理器。嵌入式微处理器的选择是根据具体的应用而决定的。

2) 存储器

嵌入式系统需要存储器来存放和执行代码。嵌入式系统的存储器包含 Cache、主存（主储器）和辅存（辅助存储器）。

（1）Cache。Cache 是一种容量小、速度快的存储器阵列，它位于主存和嵌入式微处理器内核之间，存放的是最近一段时间微处理器使用最多的程序代码和数据。Cache 的主要目标就是减小存储器（如主存和辅存）给微处理器内核所造成的存储器访问瓶颈，使处理速度更快，实时性更强。微处理器在需要进行数据读取操作时，尽可能地从 Cache 中读取数据，而不是从主存中读取，这样就大大改善了系统的性能，提高了微处理器和主存之间的数据传输速率。在嵌入式系统中，Cache 全部集成在嵌入式微处理器内，可分为数据 Cache、指令 Cache 或混合 Cache，Cache 的大小依不同处理器而定。一般中高档的嵌入式微处理器才会把 Cache 集成进去。

（2）主存。主存是嵌入式微处理器能直接访问的寄存器，用来存放系统和用户的程序和数据。它可以位于微处理器的内部或外部，其容量为 256 KB～1 GB，根据具体的应用而定。一般片内存储器容量小，速度快，片外存储器容量大。常用作主存的存储器有：①ROM 类：NOR Flash、EPROM 和 PROM 等；②RAM 类：SRAM、DRAM 和 SDRAM 等。其中，NOR Flash 凭借其可擦写次数多、存储速度快、存储容量大、价格便宜等优点，在嵌入式领域内得到了广泛应用。

（3）辅存。辅存用来存放大数据量的程序代码或信息。辅存的容量大，但读取速度与主存相比慢得多，用来长期保存用户的信息。嵌入式系统中常用的辅存有：硬盘、NAND Flash、CF 卡、MMC 和 SD 卡等。

3) 通用设备接口和 I/O 接口

嵌入式系统和外界交互需要一定形式的通用设备接口（如 A/D、D/A）和 I/O 接口，外设通过与片外其他设备或传感器的连接来实现微处理器的输入/输出功能。每个外设通常都只有单一的功能，它可以在芯片外也可以内置芯片中。外设的种类很多，可从简单的串行通信设备到复杂的无线通信设备。

目前嵌入式系统中常用的通用设备接口有模/数转换接口（A/D）、数/模转换接口（D/A），I/O 接口有串行通信接口（RS-232）、以太网接口、通用串行总线接口（USB）、音频接口、VGA 视频输出接口、串行外围设备接口（SPI）和红外线接口（IrDA）等。

2. 中间层

硬件层与软件层之间为中间层，也称为硬件抽象层（Hardware Abstract Layer，HAL）或板级支持包（BSP），它将系统上层软件与底层硬件分离开来，使系统的底层驱动程序与硬件无关。上层软件开发人员无须关心底层硬件的具体情况，根据 BSP 层提供的接口即可进行开发。该层一般包含相关底层硬件的初始化、数据的输入/输出操作和硬件设备的配置功能。BSP 具有两个特点：①硬件相关性。因为嵌入式实时系统的硬件环境具有应用相关性，而作为上层软件与硬件平台之间的接口，BSP 需要为操作系统提供操作和控制具体硬件的方法。②操作系统相关性。不同的操作系统具有各自的软件层次结构。因此，不同的操作系统具有特定的硬件接口形式。

实际上，BSP 是一个介于实时嵌入式操作系统和底层硬件之间的软件层次，包括了系统中大部分与硬件联系紧密的软件模块。一个完整的 BSP 的设计，包括嵌入式系统的硬件初始化、与硬件相关的设备驱动程序设计。

1）嵌入式系统硬件初始化

系统初始化过程可以分为 3 个主要环节，按照自底向上、从硬件到软件的次序依次为：片级初始化、板级初始化和系统级初始化。

（1）片级初始化：完成嵌入式微处理器的初始化，包括设置嵌入式微处理器的核心寄存器和控制寄存器、嵌入式微处理器核心工作模式和嵌入式微处理器的局部总线模式等。片级初始化把嵌入式微处理器从上电时的默认状态逐步设置成系统所要求的工作状态。这是一个纯硬件的初始化过程。

（2）板级初始化：完成嵌入式微处理器以外的其他硬件设备的初始化。另外，还需设置某些软件的数据结构和参数，为随后的系统级初始化和应用程序的运行建立硬件和软件环境。这是一个同时包含软件和硬件两部分在内的初始化过程。

（3）系统初始化：以软件初始化为主，主要进行操作系统的初始化。BSP 将对嵌入式微处理器的控制权转交给嵌入式操作系统，由操作系统完成余下的初始化操作，包含加载和初始化与硬件无关的设备驱动程序，建立系统内存区，加载并初始化其他系统软件模块，如网络系统、文件系统等。最后，操作系统创建应用程序环境，并将控制权交给应用程序的入口。

2）与硬件相关的设备驱动程序

BSP 的另一个功能是与硬件相关的设备驱动。硬件相关的设备驱动程序，其初始化通常是一个从高到低的过程。尽管 BSP 中包含与硬件相关的设备驱动程序，但是这些设备驱动程序通常不直接由 BSP 使用，而是在系统初始化过程中由 BSP 将它们与操作系统中通用的设备驱动程序关联起来，并在随后的应用中由通用的设备驱动程序调用，实现对硬件设备的操作。与硬件相关的驱动程序是 BSP 设计与开发中一个非常关键的环节。

3. 系统软件层

系统软件层由嵌入式实时操作系统（RTOS）、文件系统、图形用户接口（GUI）、网络系统及通用组件等任务管理模块组成。RTOS 是嵌入式应用软件的基础和开发平台。

1）嵌入式系统与嵌入式实时操作系统

嵌入式系统（Embedded Operation System，EOS）是用于控制、监视或者辅助操作机器和设备的装置。EOS 是相对于一般操作系统而言的，它除具备了一般操作系统最基本的功能（如任务调度、同步机制、中断处理、文件功能等）之外，还具有可装卸性、提供强大的网络功能以及良好的移植性等特点。

工业控制、军事设备、航空航天等领域对系统的响应时间有苛刻的要求，这就需要使用实时系统。嵌入式实时操作系统（RTOS）是指当外界事件或数据产生时，能够接收数据或文件并以足够快的速度处理，其处理的结果又能在规定的时间之内来控制生产过程或对处理系统做出快速响应，并控制所有实时任务协调一致运行的嵌入式操作系统。常说的嵌入式操作系统都是嵌入式实时操作系统，如μC/OS-II、eCOS 和 Linux、HOPEN OS。对嵌入式实时操作系统的理解，应该建立在对嵌入式系统的理解之上，并加入对响应时间的要求。

2）文件系统

嵌入式系统的文件系统与一般操作系统的文件系统相比要简单一些：它主要提供存储、检索、更新等功能，大部分情况不提供数据保护和加密等机制；它以系统调用和命令方式提供文件的各种操作，并具有很强的兼容性，可裁剪、可配置，并支持多种存储设备。

3）图形用户接口（GUI）

GUI 的广泛应用是当今计算机发展的重大成就之一，极大地方便了非专业用户的使用，人们不必死记大量命令，而通过窗口、菜单、按键等方式方便地操作。嵌入式 GUI 与 PC 机的 GUI 有着明显的不同，具有轻型、占用资源少、高性能、高可靠性、便于移植、可配置等特点。

4. 应用软件层

应用软件层是用于实现对被控对象进行实时控制的各种应用程序。它既面向被控对象又面向用户，因而需要提供一个友好的用户界面。

对复杂系统而言，在设计初期就需要对系统需求进行深入分析，确定系统功能，并将系统功能映射到整个系统的硬件、软件和执行装置，这些称为系统的功能实现。

为了更好地对嵌入式系统开发类型进行区分，可以按照开发内容与硬件平台的关联关系，将嵌入式系统开发分成 4 种类型，即应用层开发、基于现有硬件的纯软件开发、软硬件协同开发和纯硬件开发。表4-4 所示展示了这 4 种类型及其特征描述。

表4-4　嵌入式系统开发类型及其特征描述

类　　型	特　征　描　述
应用层开发	这类开发基本脱离了硬件限制，是在现有的虚拟机或者嵌入式操作系统上进行的应用开发，如现在非常流行的基于 iOS 平台或者 Android 平台的移动应用开发等
基于现有硬件的纯软件开发	这类开发往往在现有的硬件上进行软件开发，开发过程中不修改硬件
软硬件协同开发	开发内容既包括软件开发，也包括硬件研发
纯硬件开发	主要是研发硬件

4.3.3　嵌入式系统开发流程

嵌入式系统开发有宿主机和目标机之分。宿主机是执行编译、链接、定址过程的计算机；目标机指运行嵌入式软件的硬件平台。首先需把应用程序转换成可以在目标机上运行的二进制代码。这一过程包含三个步骤：编译、链接、定址。编译过程由交叉编译器实现。交叉编译器就是运行在一个计算机平台上并为另一个平台产生代码的编译器，常用的交叉编译器有 GNU C/C++。编译过程产生的所有目标文件被链接成一个目标文件，称为链接过程。定址过程会把物理存储器地址指定给目标文件的每个相对偏移处。该过程生成的文件就是可以在嵌入式平台上执行的二进制文件。嵌入式系统应用开发需要注意以下几个环节：

（1）建立开发环境。操作系统一般使用 Redhat Linux，选择定制安装或全部安装，通过网络下载相应的 GCC 交叉编译器进行安装（如 arm-linux-gcc、arm-uclibc-gcc），或者安装产品厂家提供的相关交叉编译器。

（2）配置开发主机。配置 MINICOM，一般的参数为：波特率 115 200 Baud/s，数据位为 8 位，停止位为 1、9，无奇偶校验，软件硬件流控设为无。在 Windows 下的超级终端的配置也是这样。MINICOM 软件的作用是作为调试嵌入式开发板的信息输出的监视器和键盘输入的工具。配置网络主要是配置 NFS 网络文件系统，需要关闭防火墙，简化嵌入式网络调试环境设置过程。

（3）建立引导装载程序。从网络上下载一些公开源代码的引导装载程序，如 U.BOOT、BLOB、VIVI、LILO、ARM-BOOT、RED-BOOT 等，根据具体芯片进行移植修改。有些芯片没有内置引导装载程序（如三星的 ARV17、ARM9 系列芯片），这样就需要编写开发板上 Flash 的烧写程序，可以在网上下载相应的烧写程序，也有 Linux 下的公开源代码的 J-Flash 程序。如果不能烧写自己的开发板，就需要根据自己的具体电路进行源代码修改。这是让系统可以正常运行的第一步。如果用户购买了厂家的仿真器比较容易烧写 Flash，虽然无法了解其中的核心技术，但可以迅速提高应用开发速度。

（4）下载已经移植好的 Linux 操作系统，如 MCLiunx、ARM-Linux、PPC-Linux 等；如果有专门针对所使用的 CPU 移植好的 Linux 操作系统，那就再好不过了。下载后再添加特定硬件的驱动程序，然后进行调试修改。对于带 MMU 的 CPU 可以使用模块方式调试驱动，对于 MCLiunx 系统只能用编译内核进行调试。

（5）建立根文件系统。下载和使用 BUSYBOX 软件进行功能裁减，产生一个最基本的根文件系统，再根据自己的应用需要添加其他程序。由于默认的启动脚本一般都不会符合应用的需要，所以要修改根文件系统中的启动脚本，它的存放位置位于/etc 目录下，包括/etc/init.d/rc.S、/etc/profile、/etc/.profile 等。自动挂装文件系统的配置文件/etc/fstab，具体情况会随系统的不同而不同。根文件系统在嵌入式系统中一般设为只读，需要使用 mkcramfs genromfs 等工具产生烧写映像文件。

（6）建立应用程序的 Flash 磁盘分区。一般使用 JFFS2 或 YAFFS 文件系统，这需要在内核中提供这些文件系统的驱动程序。有的系统使用一个线性 Flash（NOR 型），512 KB～32 MB；有的系统使用非线性 Flash（NAND 型），8～512 MB；有的两个同时使用，需要根据应用规划 Flash 的分区方案。

（7）开发应用程序。应用程序可以放入根文件系统中，也可以放入 YAFFS、JFFS2 文件系统中，有的应用不使用根文件系统，直接将应用程序和内核设计在一起，这有点类似于 μC/OS-II 的方式。在嵌入式应用系统开发中，应特别注意目标机上的应用程序的调试。嵌入式调试采用交叉调试器，一般采用宿主机→目标机的调试方式，它们之间由串行口线或以太网或 BDM 线相连。交叉调试有任务级、源码级和汇编级的调试，调试时需将宿主机上的应用程序和操作系统内核下载到目标机的 RAM 中，或直接烧录到目标机的 ROM 中。目标监控器是调试器对目标机上运行的应用程序进行控制的代理，事先被固化在目标机的 ROM 中，在目标机上电后自动启动，等待宿主机方调试器发来的命令，配合调试器完成应用程序的下载、运行和基本的调试功能，并将调试信息返回给宿主机。

（8）烧写内核。将根文件系统和应用程序烧写到内核，并发布产品。

4.4 物联网中间件设计

随着物联网的应用发展，中间件的概念越来越受到重视。中间件已经成为物联网应用系统的神经中枢，并将向着面向服务架构与基础安全的方向发展。

4.4.1 物联网中间件的概念

中间件是位于操作系统层和应用程序层之间的软件层，能够屏蔽底层不同的服务细节，使软件开发人员更专注于应用软件本身功能的实现。广义的中间件是一种独立的系统软件或服务程序，分布式应用软件借助这种软件在不同的技术之间进行资源共享。物联网中间件是位于数据采集节点之上、应用程序之下的一种软件层，为上层应用屏蔽底层设备因采用不同技术而带来的差异，使得上层应用可以集中于服务层面的开发，与底层硬件实现良好的松散耦合。

1. 物联网中间件体系结构

物联网中间件提供了一种编程抽象，方便应用程序的开发，缩减应用程序和底层设备的间隙。物联网中间件主要解决异构网络环境下分布式应用软件的通信、互操作和协同问题，提高应用系统的易移植性、适应性和可靠性，屏蔽物联网底层基础服务网络通信，为上层应用程序的开发提供更为直接和有效的支撑。

到目前为止，暂不存在明确统一的物联网中间件体系结构，大部分有关物联网中间件的研究都是基于传统的无线传感网的中间件或 RFID 中间件。图 4-6 所示是一种传感网中间件系统架构，它将网络硬件、操作系统、协议栈和应用程序相融合，通常包括一个运行环境来支持和协调多个应用，并提供数据管理、数据融合以及应用目标自适应控制策略等标准化服务，以延长传感网的生命周期。采用中间件技术将操作系统和应用系统进行分离，体现了传感网软件系统的层次化开发特点。

RFID 中间件系统架构如图 4-7 所示。RFID 中间件在物联网中处于读写器和企业应用程序之间，相当于该网络的神经系统。RFID 中间件是实现 RFID 硬件设备与应用系统之间数据传输、过滤、数据格式转换的一种中间程序，将 RFID 读写器读取的各种数据信息经过中间件提取、解密、过滤、格式转换，导入企业的管理信息系统，并通过应用系统反映在程序界面上，供操作者浏览、选择、修改、查询。中间件技术降低了应用开发的难度，使开发者不需要直接面对底层架构，而通过中间件进行调用。

中间件技术发展至今，主要经历了三个阶段：从最初的应用程序中间件过渡到后来的架构中间件，以及更为成熟的解决方案中间件。为挖掘物联网行业潜在的巨大商业利益，目前各大 IT 产商所开发的产品不再是简单的点对点应用程序中间件，而是诸如 Oracle Warehouse Management、Sun Java System RFID Software 以及 SAP Business Information Warehouse 之类相对高级的架构中间件产品，更为复杂和全面的解决方案中间件也将逐渐成为今后的研发重点。

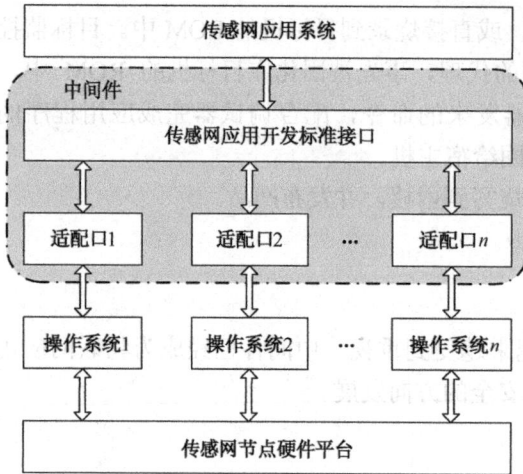

图 4-6　基于传感网的中间件系统架构　　　　　图 4-7　RFID 中间件系统架构

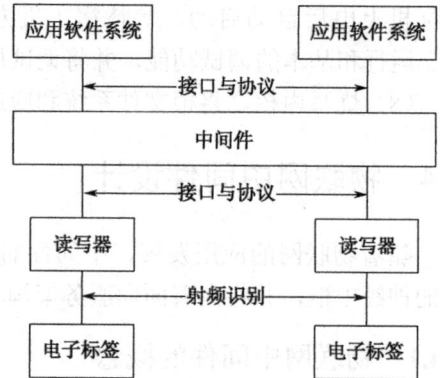

2. 常见的物联网中间件

传统中间件的运行依赖于应用服务器所构成的系统环境，无论是 CORBA、COM/DCOM 还是 J2EE 标准，都是基于应用服务器平台实现的。应用服务器把用户接口、商业逻辑和后台服务分割开来，向开发者提供了一种创建、部署和维护企业规模的 Web 应用模块化方式，为转向 Web 应用的用户提供了高性能、多线程的运行环境。

现有物联网中间件产品都以传统的互联网中间件为模型，其运行基本上要依赖于大型的应用服务器。考虑到物联网千差万别的感知节点以及海量的异构数据传输等特性，仅仅依靠应用服务器进行数据融合计算、存储和转发将是一项异常繁重的工作。按照中间件的运行层次，将物联网中间件分为应用服务中间件和嵌入式中间件两大类。

1）应用服务中间件

应用服务中间件也称服务级中间件，一般运行于网络环境的大型应用服务器。这种中间件通常能构建出企业级的服务总线，对物联网感知数据进行融合处理，实现与其他应用服务器的通信整合。应用服务中间件一般采用应用层事件（Application Level Event，ALE）标准，将原始标签数据转换成为符合企业需求的事件数据，以满足物联网系统与企业管理系统融合的需要。目前典型的应用服务中间件产品主要有 BEA 公司的 Weblogic、IBM 的 Websphere、Oracle 公司 Sensor Edge Server 与 Sybase 公司的 RFID Anywhere 等产品系列。

应用服务中间件属于纯软件中间件，大都需要强大的硬件环境支持，一般被部署于大型服务器上为网络层的应用开发提供透明的编程环境，应用成本较高，且通常不提供对具体嵌入式感知硬件的直接运行支持。

2）嵌入式中间件

无论是传统的企业级服务中间件还是传统的 RFID 中间件系统，都运行在 PC 服务器上，同时管理多个底层硬件软件平台。以传统 RFID 中间件系统为例，读写器读取的标签数据首先通过网络传给 PC 端的中间件系统，中间件对标签数据进行处理、转发，在客户端进行显示和进行进一步的处理。然而，随着嵌入式设备的智能化程度越来越高，传统的中间件部署模式并不能很好地满足一些嵌入式应用需求，如对传感数据、标签信息的快速实时处理以及基于传感网的自动化管理与控制等。同时，移动终端的处理能力大大提高，使得移动终端同时具有底层感知能力和运行客户端应用的能力，如果依旧采用在 PC 服务器端运行中间件系统的模式，就不能适应移动终端的应用需求。

嵌入式中间件将中间件的层次结构放到感知硬件节点上，有助于利用节点对数据进行快速过滤和转换，实现对应用需求的快速实时响应。同时，嵌入式中间件能够提供节点级别的硬件抽象接口，无论是针对嵌入式应用还是企业级应用的开发，都能迅速部署和完成。相对于原先的由纯软件构成的应用服务中间件，嵌入式中间件具有应用部署成本低、部署方式灵活的特点。此外，嵌入式中间件有助于改善物联网应用的网络状况，由于其部署更接近数据产生源头，使网络中数据通信量得到有效的降低。

目前，在嵌入式中间件的设计和研究上主要以 WSN 和 RFID 嵌入式中间件为主，这也是物联网中间件的两个重要组成部分。此外，面向特定领域的嵌入式中间件也是重要的嵌入式中间件种类之一。

4.4.2　物联网中间件的关键技术

物联网的理念是要实现任何时间、任何地点及任何物体的连接，这个特点决定了必须屏蔽底层硬件的多样性和复杂性以及与上层信息交换的应用性。中间件为底层与上层之间的数据传递提供了很好的交互平台，实现各类信息资源之间的关联、整合、协同、互动和按需服务等。中间件着重于：基于远程控制的应用管理方式；支持多种传感设备的管理、数据采集和处理功能，从而降低应用与硬件的耦合性；具备符合多种应用需求的 API 集合；具有跨平台的灵活性移植。

1. 嵌入式中间件开发平台

嵌入式中间件是在嵌入式应用程序和操作系统、硬件平台之间嵌入的一个中间层，通常定义成一组较为完整的、标准的应用程序接口。嵌入式 Web 服务和 Java 虚拟机（Java VM）是两个重要的嵌入式中间件平台。

1）嵌入式 Web 服务

Web 服务是一种可以通过 Web 描述、发布、定位和调用的模块化应用。Web 服务可以执行多种功能，从简单的请求到复杂的业务过程。一旦 Web 服务被部署，其他的应用程序或者 Web 服务就能够发现并调用这个部署的服务。Web 服务向外界提供一个能够通过 Web 进行调用的应用编程接口（API），能够用编程的方法通过 Web 来调用这个应用程序。把调用这个 Web 服务的应用程序叫做客户。Web 服务平台是一套标准，它定义了应用程序如何在 Web 上实现互操作性，为实现物联网的应用与服务提供了一个基本的框架。Web 服务通过简单对象访问协议（Simple Object Access Protocol，SOAP）来调用。SOAP 是一种轻量级的消息协议，它允许用任何语言编写的任何类型的对象在任何平台之上相互通信。面向服务的体系结构（Service-Oriented Architecture，SOA）是一个组件模型，它将应用程序的不同功能单元通过这些服务之间定义的接口和协议联系起来。接口是采用中立的方式进行定义的，它应该独立于实现服务的硬件平台、操作系统和编程语言。这使得构建在各种这样的系统中的服务可以用一种统一和通用的方式进行交互。这种具有中立的接口定义的特征称为服务之间的松耦合。松耦合系统的优势主要有两点：一是它具有很高的灵活性；另一点是当组成整个应用程序的每个服务的内部结构和实现逐渐发生改变时，它能够继续存在。

嵌入式 Web 服务器技术对 Web 客户端而言，在物理设备上是指客户所使用的本地计算机或者嵌入式设备；在软件上是指能够接收 Web 服务器上的信息资源并展现给客户的应用程序，如图 4-8 所示。嵌入式 Web 服务器技术的核心是 HTTP 协议引擎。嵌入式 Web 服务器通过 CGI 接口和数据动态显示技术，可以在 HTML 文件或表格中插入运行代码，供 RAM 读取/写入数据。嵌入式 Web 服务主要具有以下优点：①统一的客户界面；②平台独立性；③高可扩展性；④并行性与分布性。

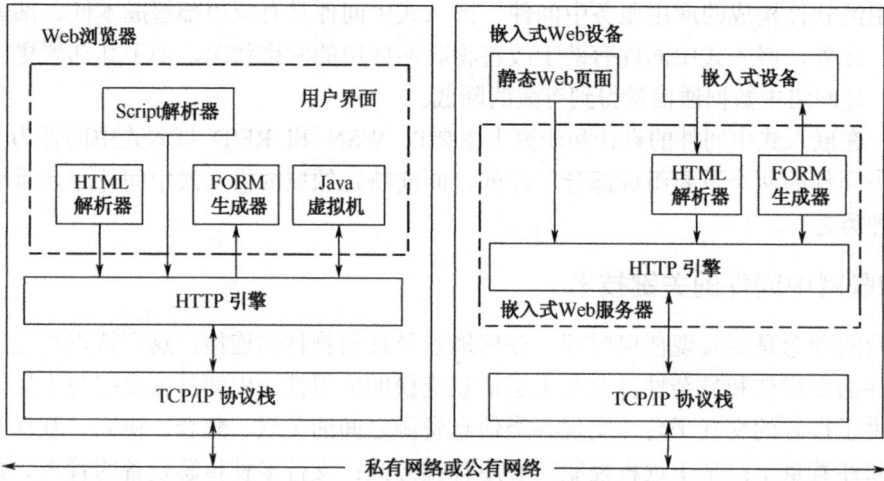

图 4-8 嵌入式 Web 服务器系统模型

2）Java 虚拟机

除了利用 Web 实现中间件外，Java 虚拟机（Java VM）以其良好的跨平台特性成为物联网中间件的重要平台。每个 Java VM 都有两种机制：一个是装载具有合适名称的类（或者接口），叫作类装载子系统；另一个是负责执行包含在已装载的类或接口中的指令，叫作运行引擎。每个 Java VM 又包括方法区、Java 堆、Java 栈、程序计数器和本地方法栈，这几部分和类装载机制与运行引擎机制一起组成 Java VM 的体系结构。图 4-9 所示是 Java VM 体系结构图。

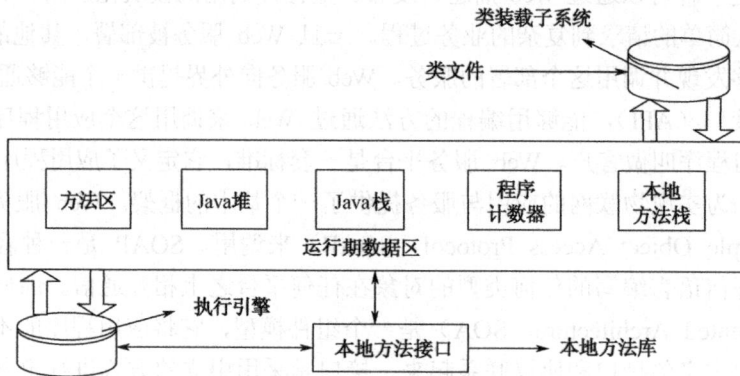

图 4-9 Java VM 体系结构图

2. 万维物联网

随着物联网的应用发展，开始将 Web 技术与物联网技术相结合，提出了万维物联网（Web of Things）的概念。万维物联网有如下特征：

（1）使用 HTTP 作为应用协议，HTTP 不仅仅是用来连接传感器和网络的传输协议。

（2）通过 REST 接口（或 REST API）将智能设备的同步功能开放出来。目前 REST 接口在使用方式上可分为交互式接口、直接请求式接口两种类型。交互式接口会在页面中弹出交互界面；直接请求式接口由开发者向接口发送一定格式的请求数据，然后由接口返回结果。

（3）智能设备的异步功能开放，采用广为接受的 Web 聚合标准。

（4）前端利用 Web 的呈现方式，提供直观、友好的用户界面。

（5）开放平台。

通过万维物联网，可以将物联网应用带来众多的便利，例如：减少智能设备的安装、整合、执行和维护开销；加快智能设备安装和移除速度；在任何时刻、地点都可以提供实时信息服务；强化可视化、可预见、可预报和维护日程的能力，确保各种应用有效而高效地执行。

基于 RESTful 的万维物联网架构是一种流行的互联网软件架构，如图 4-10 所示。它结构清晰，符合标准，易于理解，扩展方便。网络应用上的任何实体都可以看作一种资源，通过一个 URI（统一资源定位符）指向它。万维物联网基本框架由三部分组成：①网络节点集成接口（Integration Interface of Network Node）；②基于表述性状态传递（Representational State Transfer，REST）软件架构风格的终端节点对智能设备进行移动和临时安装；③通过多种渠道将多个源的数据、应用功能糅合起来（即网络 Mashup 功能），增强可视化、可预见、可预报和维护日程的能力。

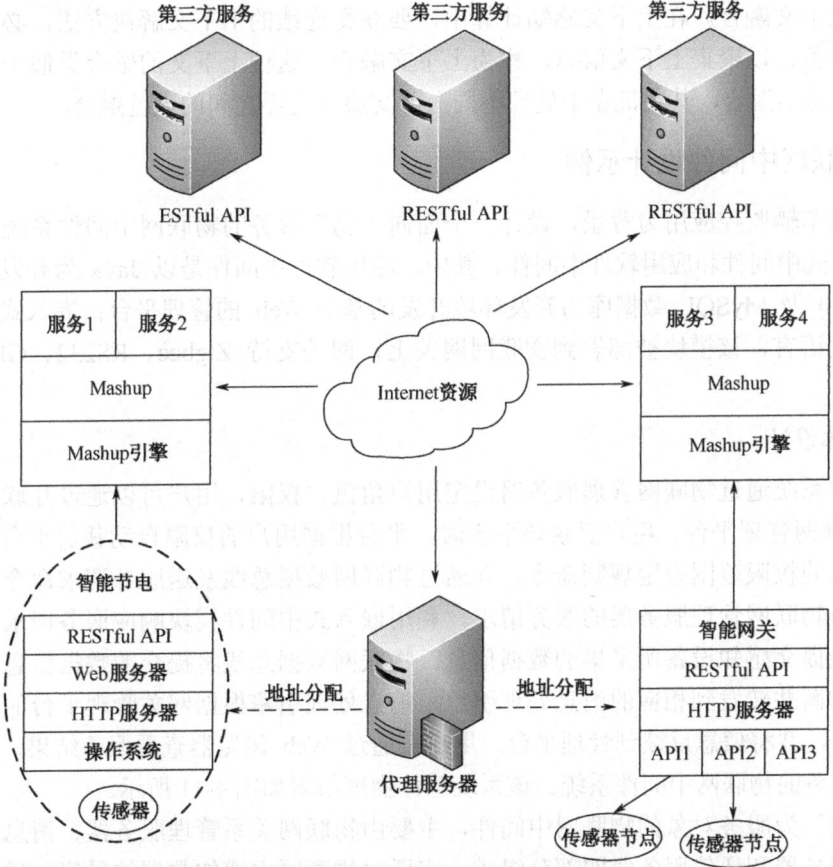

图 4-10　基于 REST 的万维物联网架构

3. 上下文感知技术

上下文感知技术是用来描述一种信息空间和物理空间相融合的重要支撑技术，它能够使用户可用的计算环境和软件资源动态地适应相关的历史状态信息，从而根据环境的变化自动地采取符合用户需要或者设定的行动。上下文感知系统首先必须知道整个物理环境、计算环境、用户状态等方面的静态和动态信息，即上下文（context）。上下文能力的获取依赖于上下文感知技术，主要包括上下文的采集、建模、推理和融合等。上下文感知技术是实现服务自发性和无缝移动性的关键，包含如下四部分：

（1）上下文采集。依据上下文的应用领域不同，上下文的采集方法通常有 3 种：传感类上下文、派生出的上下文（根据信息记录和用户设定）和明确提供的上下文。采集技术属于物联网感知层的技术。

（2）上下文建模。要正确地利用上下文信息，必须对所获得的上下文信息进行建模。上下文信息模型反映了设计者对上下文的理解，决定了使用什么方法把物理世界里面的一些无意义和无规律的数据转化成计算世界里的逻辑结构语言，为实现上下文的正确运行打下基础。

（3）上下文推理。系统中的所有上下文信息构成上下文知识库，基于这些知识库，可以进行上下文的推理。实现推理一般有两种方式：一是将逻辑规则用程序编码实现；二是采用基于规则的推理系统。

（4）上下文融合。在上下文感知计算中，要获得连续的上下文解决方法，必须联合相关的上下文服务，以聚集上下文信息，称为上下文融合。这种上下文的融合类似于目前已被广泛应用的传感器融合，其关键在于处理不同上下文服务边界之间的无缝融合。

4.4.3 物联网中间件设计示例

本节以车辆监控应用为背景，设计一个面向"物"服务的物联网中间件系统。该系统主要分为嵌入式中间件和应用软件中间件。其中，应用软件中间件是以 Java 为开发语言，运用 Myeclipse8.0 及 MySQL 数据库为开发环境开发的基于 Web 的管理平台；嵌入式中间件以 C 语言为开发语言，该模块被部署到物联网网关上，网关支持 Zigbee、RS232、GPRS 无线模块接口。

1. 总体设计

中间件系统通过物联网管理服务器设定用户角色、权限，用户可以通过互联网连接基于 Web 的物联网管理平台。用户登录该平台时，平台根据用户的权限自动裁剪平台功能。用户可根据自身的权限范围设定规则命令，并通过物联网数据总线发送服务请求命令，物联网网关根据来自物联网管理服务器的服务请求，利用嵌入式中间件模块响应服务请求，通过物联网数据总线提交感知设备所采集的数据信息。物联网数据总线将提交的数据信息分类、进行任务负载均衡并转发到相应的消息处理引擎，消息处理引擎根据网关管理平台的应用规则设置处理信息，并将信息反馈到管理平台，用户可通过 Web 浏览器查看服务结果，从而完成面向"物"服务的物联网中间件系统。该系统总体物理部署如图 4-11 所示。

以"物"为服务对象的物联网中间件，主要由物联网关系管理服务器、消息处理服务器器、调度服务器和通信服务器四部分组成，实现对物联网中感知数据的采集、过滤、传输、分类、转发、处理以及监控，其中通信服务器和调度服务器为物联网数据总线的组成部分。

2. 物联网数据总线的设计与实现

物联网数据总线是用于物联网中"物"之间信息传递、数据转发、任务调度，连接本物联网中间件的其他组成部分的通信总线。物联网数据总线主要由基础通信模块、信息传递模块、调度模块构成，如图 4-12 所示。

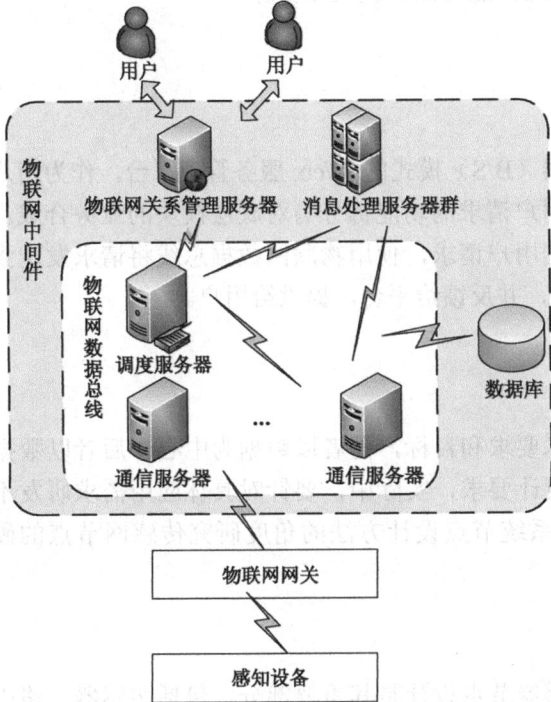

图 4-11　中间件系统总体物理部署

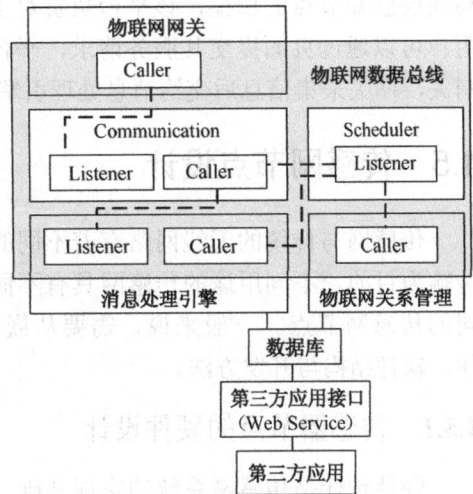

图 4-12　中间件组件关系

基础通信模块包含支持 Socket 与 RS-232 通信的 Caller 类和 Listener 类，用于中间件其他构件及其本身的基本通信连接。Caller 类用于通信的呼叫连接；Listener 类用于监听通信，并含有记录通信通道的内部结构，以便于终端全程跟踪查询。

信息传递模块由 Communication 类构成，用于信息转发。它通过调用基础通信模块实现监听通信，向调度模块发送任务请求，并根据分配信息转发数据。

调度模块由 Scheduler 类构成，用于任务负载均衡分配。它通过调用基础通信模块实现收集各服务器使用信息，并据此完成任务的分配，建立任务分配表。

3. 可配置、定制的应用方法

该中间件的可定制的物联网网关与可重用的消息处理引擎都是基于解析配置文件的，并将接收消息按照配置文件规则执行。可扩展标记语言（Extensible Markup Language，XML）采用统一的字符编码模式，具有良好的可移植性，能够在不同编程环境中被调用，因此配置文件采用 XML 语言来实现。参数配置的 XML 文件部分内容如下：

<? xml version = "1.0" encoding = "UTF-8"? >

<RESULT >

<VALUE >　　//需要配置参数节点，其可根据应用需求增减

<name > GatewayId </name >　　//参数名

```
<size > 4 </size >       //参数的大小, 以 B 为单位
<type > int </type >     //参数的类型, 可为 double、String 等其他数据类型
<isDBField > true </isDBField >    //该节点数值是否用于数据库
<isWSField > true </isWSField >    //该节点的数值是否用于 Web service 传输
<isComm > true </isComm >    //该节点的数值是否应用于通信传输
</VALUE >
</RESULT >
```

4. 物联网关系管理平台的实现

物联网关系管理平台是基于浏览器/服务器（B/S）模式的 Web 服务管理平台, 作为用户与底层感知节点的桥梁, 该平台负责对上层用户请求的功能拆分与对底层模块的业务合成。用户可以通过页面提交其服务请求, 平台根据用户请求, 使用物联网数据总线将请求发送到网关, 网关采集信息后交给消息处理引擎处理, 并反馈给平台, 提供给用户。

4.5 传感网节点设计

传感网与传统的无线网络有着不同的技术要求和目标, 前者以数据为中心, 后者以数据传输为目的。不同用途的传感网具有不同的设计要求, 实际中, 要针对具体应用需求研发不同的传感网节点。一般来说, 需要从嵌入式系统节点设计方法的角度研究传感网节点的硬件、软件结构与开发方法。

4.5.1 传感器节点的硬件设计

硬件设计是传感网系统的实现基础, 传感器节点设计是其重要部分, 包括传感器、路由器、协调器节点的设计。传感器节点是一种微小型嵌入式设备, 要求价格低、功耗小, 这些限制导致了节点的处理能力比较弱, 存储容量比较小; 但传感器节点需要完成监测数据的采集和转换, 数据的管理和处理, 应答汇聚节点的任务请求, 节点的控制等多项工作。因此, 如何利用有限的计算、存储与能量资源完成实际应用所提出的协同工作任务, 是传感器网络节点设计的关键。

传感器节点一般由传感器模块、微控制器模块、无线通信模块、能源供给模块以及外围模块组成, 如图 4-13 所示。由于应用场合不同, 传感器节点还可能会增加部分支持模块, 如定位模块、移动管理模块等。

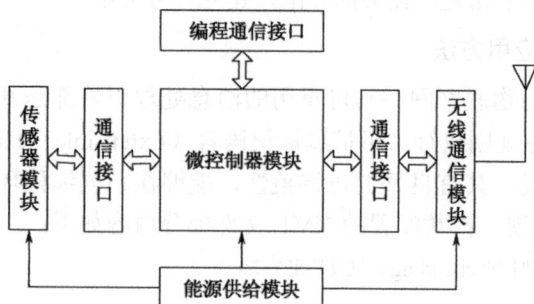

图 4-13 传感器节点组成结构

1. 传感器模块

传感器模块是指将一种物理能量变为另一种物理能量的器件，包括传感器和执行器两种类型，其主要任务是对环境信息（如光强、温度、压力、加速度、声音、图像等）进行采集并做一定的数据转换。根据应用类型不同，该模块涉及各种类型的传感器，如声响传感器、光传感器、温度传感器、湿度传感器和加速度传感器等。另外，传感器节点中还可能包含各种执行器，如电子开关、声光报警设备、微型电动机等。

大部分传感器的输出是模拟信号，但通常无线传感网传输的是数字化的数据，因此必须进行模/数转换。类似地，许多执行器的输出也是模拟的，因此也必须进行模/数转换。

在网络节点中配置模/数转换器（ADC）和数/模转换器（DAC），能够降低系统的整体成本，尤其是在节点有多个传感器且可共享一个转换器时。作为一种降低产品成本的方法，传感器节点的生产厂商可以选择不在节点中包含 ADC 或 DAC，而是使用数字换能器接口。

2. 微控制器模块

微控制器模块负责对整个节点进行控制和管理。传感器节点都具有一定的智能性，能够对数据进行预处理，并能够根据感知的情况做出不同处理。这种智能性主要是通过微处理器来实现的。微控制器模块是传感器节点的核心模块。

从微处理器的角度看，传感器节点基本可以分为两类：一类采用以 ARM 处理器为代表的高端处理器。这类节点的能量消耗比采用微控制器大很多，多数支持 DVS（动态电压调节）或 DFS（动态频率调节）等节能策略；但是其处理能力也要强很多，适用于图像等高数据量业务。另外，采用高端微处理器作为网关节点也是可以的。另一类是以采用低端微控制器为代表的节点。这类节点的处理能力较弱，但是能量消耗也很小。在选择微处理器时应该首先考虑系统对处理能力的需要，然后再考虑功耗问题。对于微控制器模块的设计，主要考虑如下几个方面：

（1）节能设计。从能耗的角度来看，除通信模块以外，微处理器、存储器等也是主要的耗能部件。它们都直接关系到节点的寿命，因此应该尽量使用低功耗的微处理器和存储器芯片。在选择微处理器时切忌一味追求性能，选择的原则应该是"够用就好"。现在微处理器的运行速度越来越快，但性能的提升往往会带来功耗的增加。一个复杂的微处理器集成度高、功能强，但能耗也大。另外，应优先选用具有休眠模式的微处理器，因为休眠模式下处理器功耗可以降低 3～5 个数量级。

（2）处理速度的选择。过快的处理速度可能会增加系统的功耗，但如果微处理器承担的处理任务较重，那么若能尽快完成任务，就可以尽快转入休眠状态，从而降低能耗。另外，由于需要支持网络协议栈的实时运行，微控制器模块的速度也不能太低。

（3）低成本。低成本是无线传感网实用化的前提。在某些情况下，如在温度传感器节点中，微控制器模块的成本可能会占到总成本的 90%以上。片上系统（SoC）需要的器件数量最少，系统设计最简单，成本最低。但是，基于 SoC 的设计通常仅对某些特殊的市场需求而言是最优的，由于 MCU 内核速度和内部存储器容量等不能随应用需求进行调整，必须有足够大的市场需求量才能使产品设计的巨大投资得到回报。

（4）安全性。许多微处理器和存储器芯片中提供内部代码安全保密机制，这在某些强调安全性的应用场合尤其必要。微处理器单元是传感器节点的核心，负责整个节点系统的运行管理。

3. 无线通信模块

无线通信模块由无线射频电路和天线组成，其主要任务是按一定的通信协议实现节点之间的相互通信。它是传感器节点中最主要的耗能模块，是传感器节点的设计重点。

现在可用于传感网的无线通信技术通常包括 IEEE 802.11、IEEE 802.15.4（ZigBee）、蓝牙（Bluetooth）、UWB、RFID 和 IrDA 等；还有很多芯片，双方通信的协议是由用户自己定义的，这些芯片一般都工作在 ISM 免费频段。在传感网中应用最多的是 ZigBee 和普通射频芯片，其完整的协议栈只有 32 KB，可以嵌入到各种微型设备中，同时提供了地理定位功能。

对于无线通信芯片的选择，主要从性能、成本和功耗方面考虑。RFM 公司的 TR1000 和 Chipcon 公司的 CC1000 是比较常用的。这两种芯片各有所长：TR1000 功耗较低；CC1000 灵敏度较高，传输距离更远。WeC、Renee 和 Mica 节点均采用 TR1000 芯片；Mica2 节点采用 CC1000 芯片；Mica3 节点采用了 Chipcon 公司的 CC1020 芯片，其传输速率可达 153.6 kb/s，支持 OOK、FSK 和 GFSK 调制方式；而 Micaz 节点则采用 CC2420 ZigBee 芯片。

另外，有一类无线通信芯片本身就集成了微处理器。例如，CC2430 在 CC2420 的基础上集成了 51 内核的单片机，CC1010 在 CC1000 的基础上集成了 51 内核的单片机，这使得芯片的集成度进一步提高。常见的无线通信芯片还有 Nordic 公司的 nRF905、nRF2401 等系列。传感器网络节点常用无线通信芯片的主要参数如表 4-5 所示。

表 4-5　常用无线通信芯片的主要参数

参数 芯片	频段/MHz	速率/(kb/s)	电流/mA	灵敏度/dBm	功率/dBm	调制方式
TR1000	916	115	3	−106	1.5	OOK/FSK
CC1000	300～1000	76.8	5.3	−110	20～10	FSK
CC1020	402～904	153.6	19.9	−118	20～10	GFSK
CC2420	2400	250	19.7	−94	−3	O-QPSK
nRF905	433～915	100	12.5	−100	10	GFSK
nRF2401	2400	1000	15	−85	20～0	GFSK
9Xstream	902～928	20	140	−110	16～20	FHSS

目前，支持 ZigBee 协议的芯片制造商有 Chipcon 公司和 Freescale 半导体公司。Chipcon 公司的 CC2420、CC2530 芯片应用较多，该公司还提供 ZigBee 协议的完整开发套件。Freescale 半导体公司提供 ZigBee 的 2.4 GHz 无线通信芯片，包括 MC13191、MC13192、MC13193，该公司也提供配套的开发工具与开发套件。

4. 能源供给模块

电源供给模块为节点供电，提供各部分运行所需的电量。电源供给模块是任何电子系统的必备基础模块，它直接关系到传感器节点的寿命、成本、体积和设计的复杂度。对传感器节点来说，在电源模块中如果能够采用大容量电源，那么网络各层通信协议的设计、网络功率管理等方面的指标都可以降低，从而降低了设计难度。容量的扩大通常意味着体积和成本的增加，因此电源模块设计必须首先合理选择电源种类。

众所周知，市电是最便宜的电源，不需要更换电池，而且不必担心电源耗尽。但在具体应用中，市电的应用一方面受到供电线路的限制，这削弱了无线节点的移动性和使用范围；另一方面，用于电源电压转换电路需要额外增加成本，不利于降低节点造价。对于一些市电使用方便的场合，如电灯控制系统等，仍可以考虑使用市电供电。

电池供电是目前最常见的传感器节点供电方式。按照电池能否充电，电池可分为可充电电池和不可充电电池。一般不可充电电池比可充电电池能量密度高，如果没有能量补充来源，则应选择不可充电电池。

传感器节点在某些情况下可以直接从外界的环境获取足够的能量，包括通过光电效应、机械振动等不同方式获取能量。如果设计合理，采用能量收集技术的节点尺寸可以做得很小，因为它们不需要随身携带电池。最常见的能量收集技术包括太阳能、风能、热能、电磁能和机械能等。

节点所需的电压通常不止一种。这是因为模拟电路与数字电路所要求的最优供电电压不同，而非易失性存储器和压电换能器需要使用较高的电源电压。任何电压转换电路都会有固定开销消耗在转换电路本身而不是负载上。对于占空比非常低的传感器节点，这种开销占总功耗的比例可能比较大。

5. 外围模块设计

传感器节点的外围模块主要包括看门狗（Watch Dog）电路、I/O 电路和低电量检测电路等。

看门狗是一种增强系统稳健性的重要措施，它能够有效地防止系统进入死循环或者程序跑飞。传感器节点的工作环境复杂多变，可能会由于干扰而造成系统软件的运行混乱。例如，在因干扰造成了程序计数器计数值出错时，系统会因访问了非法区域而跑飞，使用看门狗可解决这一问题。在系统运行以后启动看门狗的计数器，看门狗开始自动计数。如果到达了指定的首位，那么看门狗计数器就会溢出，从而引起看门狗中断，使系统复位，恢复正常程序流程。为了保证看门狗的动作正常，需要程序在每个指定的时间段内都必须至少置位看门狗计数器一次。对于传感器节点而言，可用软件设定看门狗的反应时间。

通常，休眠模式下微处理器的系统时钟将停止，由外部事件中断来重新启动系统时钟，从而唤醒 CPU 继续工作。在休眠模式下，微处理器本身实际上已经不消耗电流了，要想进一步减少系统功耗，就要尽量将传感器节点的各个 I/O 模块关闭。随着 I/O 模块的逐个关闭，节点的功耗越来越低，最后会进入深度休眠模式。需要注意的是，通常在让节点进入深度休眠状态前，需要将重要的系统参数保存在非易失性存储器中。

另外，由于电池寿命有限，为了避免节点工作中发生突然断电的情况，当电池电量将要耗尽时必须有某种指示，以便及时更换电池或提醒邻居节点。噪声干扰和负载波动也会造成电源端电压的波动，在设计低电量检测电路时应予以考虑。

4.5.2 汇聚节点/网关节点设计

汇聚节点的主要任务是实现两个通信网络之间数据的交换，以及两种协议栈之间的通信协议转换。它发布管理节点的监测任务，并把收集到的数据转发到外部网络上。汇聚节点既可以是一个增强功能的传感器节点，也可以是没有监测功能仅带无线通信接口的特殊网关设备。其组成结构如图 4-14 所示，包括：①电源供给模块，即电源产生、电压变换、电源管理等，可采用电池或者市电供电；②微控制器模块，负责存储系统信息或者数据信息，并对整个系统进行管理、控制；③传感网点通信模块，负责与传感器节点之间交互信息；④传输网络通信模块，实现无线传感网与其他网络（如 GSM 网络、WLAN、Ethernet 等）的通信。

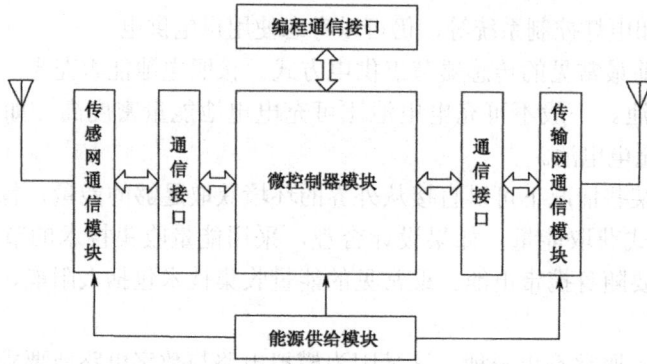

图 4-14 汇集节点的组成结构

汇聚节点是第一级网络的核心部分，功能强大，系统复杂。它能够实现键盘扫描、液晶显示、数据备份存储、数据协议转换及报警等功能，所需外围元件较多。因此选用的微控制器应具备以下特点：①系统资源丰富；②数字 I/O 引脚较多；③存储空间较大；④处理能力强；⑤能够适应比较复杂、恶劣的工作环境。

网关节点微控制器通常选用嵌入式 CPU，如 Motorola 的 68HC16、ARM 公司的 ARM7 和 Intel 公司的 8086 等。数据传输主要由低功耗、短距离的无线通信模块完成，如 RFM 公司的 TR1000 等。因为需要进行较复杂的任务调度与管理，所以系统需要一个微型化的嵌入式操作系统。

4.5.3 节点硬件设计示例

为说明传感网节点硬件设计方法，使用 CC2530 芯片设计一个环境监测传感网系统，如图 4-15 所示。该系统由监测工作站、协调器节点、路由节点和传感器节点四部分组成。其中，传感器节点（监测节点）主要用来对环境中的监测参量数据进行采集，并将采集到的数据传输给协调器；路由节点不仅对环境中的监测量进行数据采集，还对接收到的数据进行转发（一般节点都可以做路由节点）；协调器是传感网络的核心，相当于一个网络管理控制器，负责传感网络的建立、连接、退出，以及网络地址的分配，当传感网建立启动后，便退化为路由节点。协调器节点同时负责将上位机终端的命令信息传送给监测节点，接收监测节点采集到的数据并传送给上位机，主要是作为上位机和数据采集节点的桥梁；上位机终端用来显示所采集的数据信息，并能通过指令控制数据采集节点的工作。

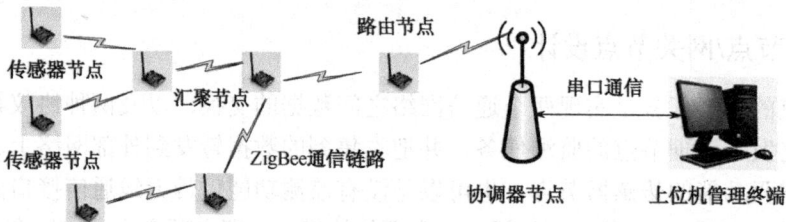

图 4-15 环境监测传感网系统组成示例

对于图 4-15 所示的环境监测传感网系统，其硬件系统主要是传感器节点。传感器节点一般可分为传感器模块、控制器模块、无线通信模块和电源供给模块四部分分别设计，如图 4-16 所示。

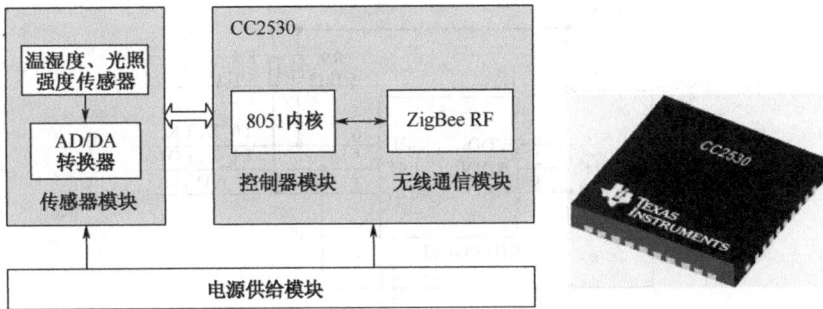

图 4-16 传感器节点组成结构

1. 传感器模块

传感器模块主要由瑞士 Sensirion 公司的温湿度传感器 SHT11 和 ROHM 公司的光照强度传感器 BH1750FVI 组成。

SHT11 是一款数字温湿度传感器芯片。它采用 SMD（LCC）表面贴片封装形式，接口非常简单。工作的电压范围为 2.4～5.5 V，默认的测量温度和相对湿度的分辨率分别为 14 位、12 位，通过状态寄存器可降至 12 位、8 位。每个传感器芯片都在极为精确的湿度室中标定，校准系数以程序形式存储在一次可编程只读存储器（OTP-ROM）中，在测量过程中可对相对湿度自动校准，使 SHT11 具有 100% 的互换性。

BH1750FVI 芯片是一种支持 I^2C 总线接口的 16 位数字输出型环境光强度传感器集成电路。其分辨率高，可探测较大范围的光强度变化（1～65 535 lx），具有接近视觉灵敏度的光谱灵敏度特性，支持 1.8 V 逻辑输入口，能够通过降低功率功能实现低电流化。同时，光源依赖性弱，受红外线影响小，能够通过 50 Hz/60 Hz 除光噪声功能实现稳定的测定，此外还具有低成本特点。

温湿度传感器 SHT11 通过 P1.0 和 P1.1 与 CC2530 相连。CC2530 的 P1.0 和 P1.1 口分别模拟 I^2C 总线的 CLK 端口和 DATA 端口，P0.0 端口控制温湿度传感器的电源，如图 4-17 所示。

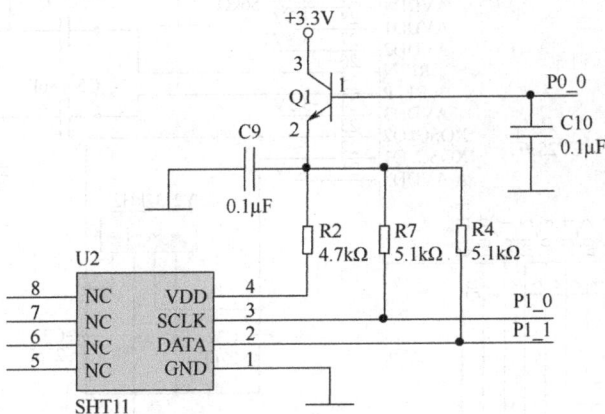

图 4-17 SHT11 电路图

由于 SHT11 不能按照 I^2C 协议编址，所以采用 CC2530 的 P0.7 和 P0.6 来模拟 I^2C 的时钟端口和数据端口与光强度传感器 BH1750FVI 进行通信。另外，BH1750FVI 的 ADDR 连接 GND，DVI 端口与 CC2530 的 P1.2 端口相连，如图 4-18 所示。

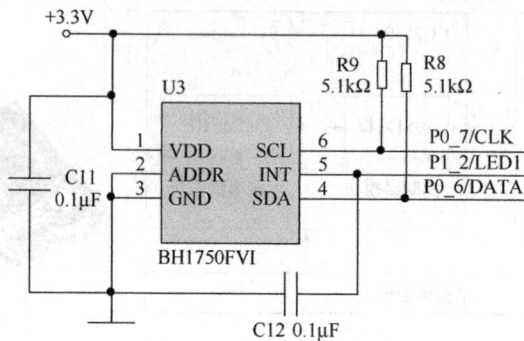

图 4-18　BH1750FVI 电路图

2. 控制器模块

控制器模块采用 CC2530 芯片，如图 4-19 所示。CC2530 是 TI 公司推出的第二代用来实现嵌入式 ZigBee 应用的片上系统，采用增强型 8051MCU 内核。它结合一个高性能 2.4 GHz 直接序列扩频（DSSS）射频收发器核心与 IEEE 802.15.4/ZigBee 无线通信协议。CC2530 具有良好的性能，尤其是具有极低的电流消耗和封装尺寸，可以满足无线传感器网络中节点体积小、功耗小、成本低等要求。单个 CC2530 芯片上集成了 ZigBee 射频（RF）前端、内存和微控制器。

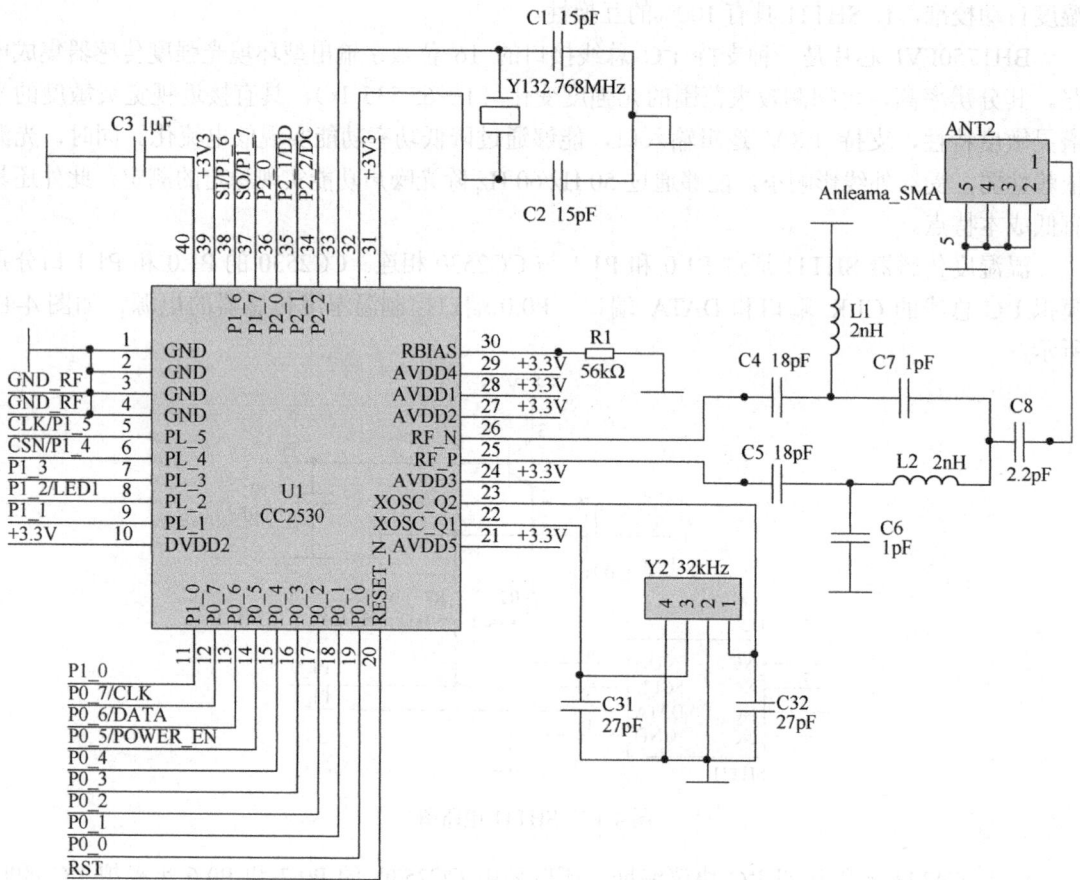

图 4-19　CC2530 接口电路图

CC2530 的主要作用是：

（1）1 个 8 位 MCU（8051），具有高达 256 KB 可编程闪存和 8 KB 的 RAM，且该 RAM 具有在各种供电方式下的数据保护能力。

（2）系统时钟由 32 MHz 晶振提供，系统休眠所用时钟由 32 kHz 无源晶振提供，复位按键与 RESET 连接，可实现硬件复位，对系统进行初始化。

（3）利用模/数转换器对采集的信号进行正确的 A/D 采样，经 A/D 转换后，将数据分别存储到 CC2530 存储区指定的存储单元。当接到汇聚节点的命令时，以 MAC 方式将 DATA 区中的数据传送到先入先出（FIFO）缓存中。经过一系列处理后，通过无线通信模块向汇聚节点传输数据。

（4）具有 21 个可编程 I/O 口，分别与传感器接口等连接。

（5）工作时的电流损耗为 29 mA，在接收和发射模式下，电流损耗分别低于 24 mA 或 29 mA。

（6）同时具有多种运行模式，而且运行模式之间转换时间短，使低能耗特性能够进一步保证。

3. 无线通信模块

无线通信模块作为系统中重要的数据传输通道，实现采集节点与汇聚节点之间、节点与节点之间的数据传输和组网功能。无线通信模块主要由 CC2530 的射频模块与外围电路组成，参见图 4-19。

4. 电源供给模块

为便于实现，传感器节点电源选用两节 5 号干电池供给。与电源模块相关的是节能策略设计，在软件上通过合理设置节点的发射、接收和待机状态，可延长节点的工作时间。

（1）CC2530 电源管理。CC2530 有主动模式、空闲模式、PM1、PM2 和 PM3 几种运行模式。对 CC2530 的 CPU 的工作状态进行编程，可使其停止工作直到产生中断。CPU 停止工作时不影响射频电路的正常工作。CC2530 射频输出功率可编程，可适时降低射频输出功率以降低发送数据时的能耗。在不同情况下，使能不同的运行模式可达到降低节点能耗的目的。

（2）快速唤醒。CPU 进入休眠模式后，其部件相应关闭。振荡器与时钟在使用时可消耗大量的电能，当微控制器从休眠模式中苏醒时，这些时钟必须在使用之前恢复稳定。长时间等待时钟准备就绪并保持稳定，将导致电能的浪费和数据传输的延迟。CC2530 的休眠模式和转换到主动模式的超短时间的特性，使得 CC2530 能够快速被唤醒，降低了节点的能耗，延长了电池的使用时间，减小了数据传输的延迟，从而降低了数据传输的误码率。

（3）利用 DMA 进行数据的传输。数据的传输一般都是由 CPU 执行的，数据的转移量越大，CPU 运行的时间就越长，功耗也就越大。利用直接存储器存取（DMA）控制器来完成数据的传输，可以使 CPU 进入空闲状态，以节省节点的能耗。

（4）传感器空闲断电。一般，传感网节点上的传感器在不需要工作时，都会进入休眠模式。虽然传感器处于休眠状态时功耗很低，但功耗会随时间而增加。对温湿度传感器电源进行使能控制，在不进行工作时断电，可减少休眠功耗，从而延长节点电池寿命。

4.5.4 节点软件设计示例

基于 CC2530 的环境监测传感网主要由终端节点、路由节点和协调器节点组成，其软件设计可分为终端节点软件、路由节点软件和协调器软件三部分进行设计。

1. 终端节点软件设计

终端节点的主要任务是接收协调器指令，进行数据的采集并传回，其程序流程图如图 4-20 所示。首先，终端节点上电初始化，加入已有网络。若加入网络失败，则进入休眠状态。若加入网络成功，则先进行路由维护响应，然后接收父节点发来的指令；若无指令，则节点进入休眠状态。节点在接收到指令后，对指令进行分析，依次选择开启或关闭温湿度传感器、光强度传感器；开启的传感器采集相应的数据，依照指令将数据返回父节点；由父节点

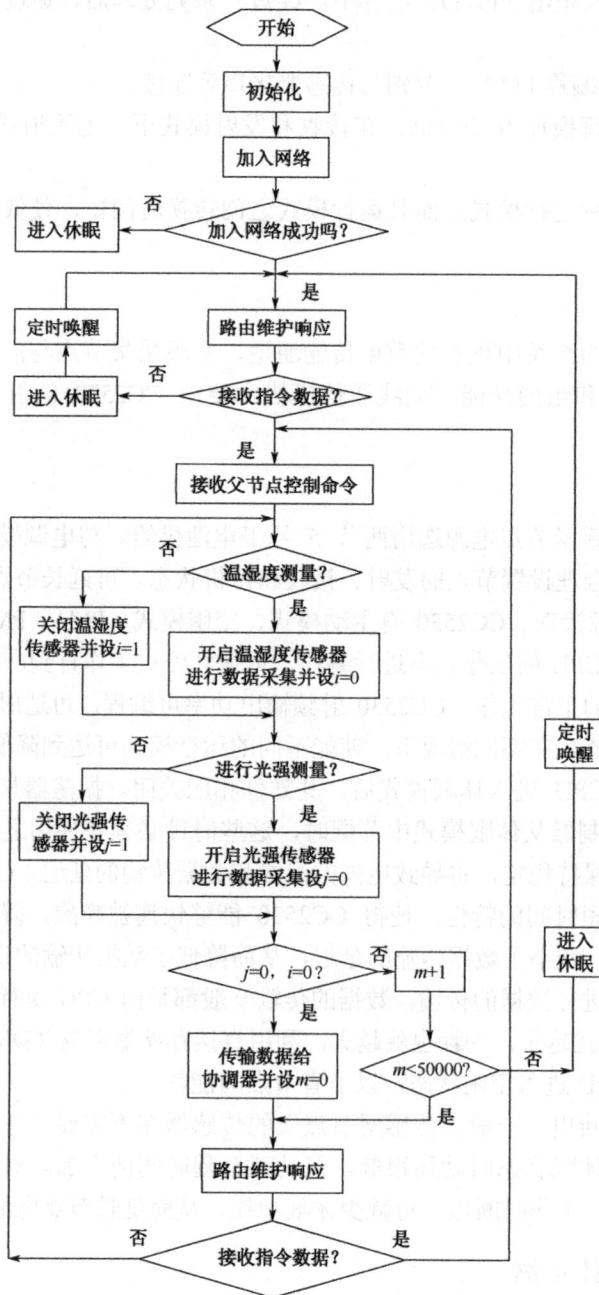

图 4-20 终端节点程序流程图

· 168 ·

进行下一步处理，节点进入下一轮路由维护响应、指令数据接收和指令分析过程。为了增强数据采集的可靠性，对操作频繁的时间段进入休眠状态的过程进行相应处理，即在连续50 000 次指令分析过程中没有开启过任何传感器时，才进入休眠状态。已成功组网并进入休眠状态的终端节点会周期性地被唤醒，唤醒后进行路由维护响应和是否需要接收指令数据检查。

2. 路由节点软件设计

路由节点主要完成数据的采集和数据的转发两项工作，其程序流程图如图 4-21 所示。路由节点与终端节点的工作流程差别较小，这主要是由路由节点功能所决定的。路由节点相对

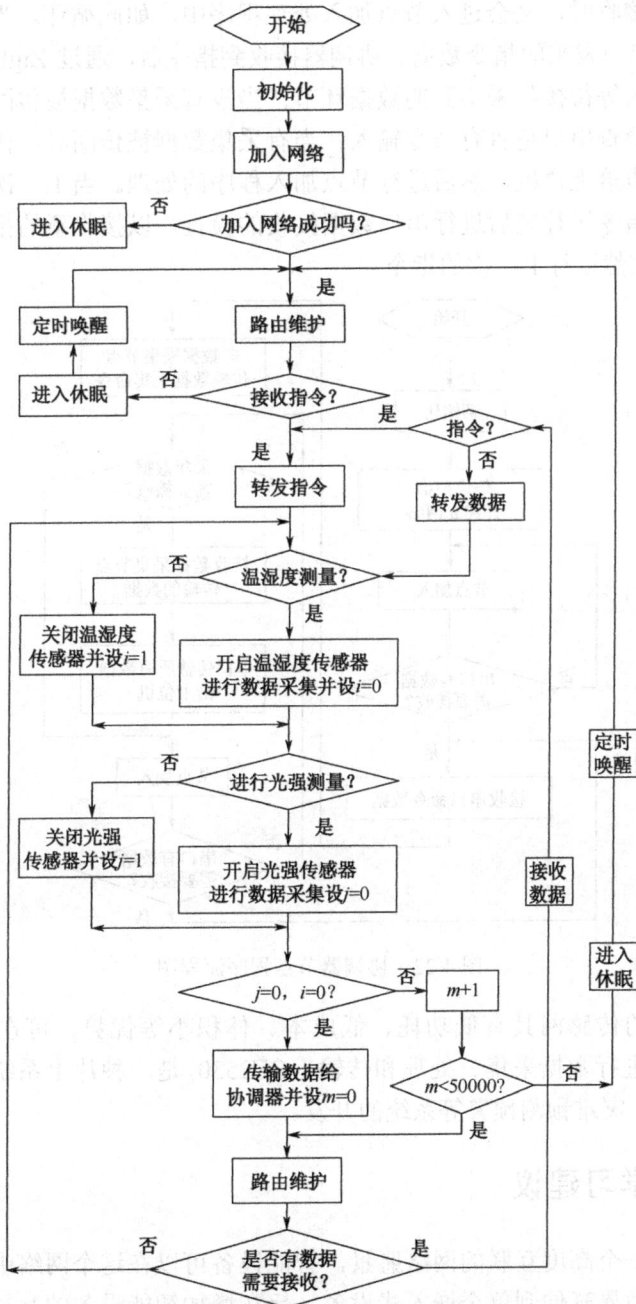

图 4-21 路由节点程序流程图

于终端节点来说，增加了数据转发功能，在路由节点程序流程图中体现为对接收到的指令向终端节点进行转发和对接收到的采集数据向协调器转发。同时，路由节点还需要对路由链表进行维护，以确保数据的转发正确。

3. 协调器节点软件设计

协调器节点不仅进行数据的采集和传输，还负责与上位机进行通信，其程序流程图如图 4-22 所示。协调器节点上电初始化后，随即建立网络。建立网络后，协调器开始处理节点加入的请求。处理完节点加入请求后，协调器检查串口是否有无第一次数据需要接收。当没有第一次数据需要接收时，又会进入节点加入处理程序中，如此循环。当有第一次数据需要接收时，就会接收串口发来的指令数据。协调器接收到指令后，通过 ZigBee 无线网络发送给其他节点，然后进入等待接收采集到的数据环节：当没有采集数据被传回时，协调器依次处理节点加入程序和检查串口是否有命令输入；当有采集数据被传回时，协调器将接收到的采集数据通过串口上传给上位机，然后进行节点加入程序的处理。当上一次指令运行完后，协调器节点会在每次指令运行完后进行串口数据接收的检查，以接收新的指令。当无新的指令需要接收时，节点依然运行上一次的指令。

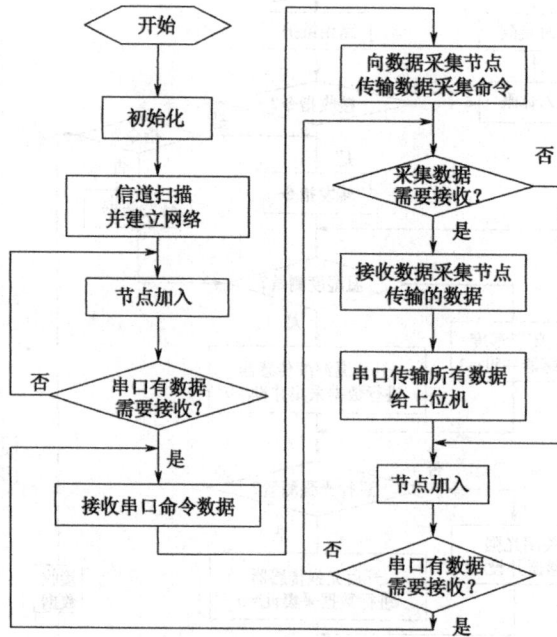

图 4-22 协调器节点程序流程图

基于 ZigBee 的传感网具有低功耗、低成本、体积小等优势，可在特殊环境、危险场合、无人值守区域进行数据采集、处理和传输。CC2530 是一种片上系统解决方案，比较适于环境监测、安防、灾难预测预警等系统的开发。

小结与进一步学习建议

物联网代表了一个高度互联的网络愿景，智能设备可以在这个网络中感知、交换数据。物联网将互联网的边界延伸到单个嵌入式设备，旨在增加智能设备的互动性，最常见的是通过智能手机、平板电脑和计算机相互连接、互联共享。对于物联网智能设备设计而言，物件智能化是复杂的，各种家电设备、仪器仪表以及工业生产中的数据采集与控制设备，都需要智能化、网络化，才能实现分布式远程监控、信息交换与共享。

物联网智能设备设计首先是物件的智能化，包括硬件设计和软件设计以及能量管理。硬件系统通常包括无线收发装置、微控制器、电源以及一组传感器和制动器。在软件方面，作为运行在微控制器上的程序，包括操作系统以及定义智能物件具体功能的应用程序。TinyOS、Contiki 和 FreeRTOS 是智能物件上常用的操作系统。由于智能设备硬件受电源、器件大小以及成本等因素的限制，对智能物件使用的内存也需要有严格的限制。能耗对于智能物件而言也是个重要的问题，因为许多器件都有同样的功率分配。无论是采用电池供电还是充电，或者依靠太阳能电池供电，能量都是有限的。为使智能物件的寿命长，需要软件能够进行恰当的能耗管理。

物联网是一个比移动互联网更加复杂的生态系统。与目前手机是所有个人设备的中心不同，物联网的终端设备将会变得异常多样化，进行物物之间的智能对话将成为任何产品的标配。本章仅仅是介绍了目前常见的几种典型智能设备，简单讨论了物联网应用系统中智能物件设计的一些基本技术，作为示例介绍了智能设备的嵌入式系统开发技术、物联网中间件技术以及传感网节点的硬件、软件设计等。要进一步理解和掌握物联网智能物件的设计技术与方法，请参阅相关的专业文献。

讨论与思考

1. 什么是智能设备？常见的智能设备有哪几种？
2. 平板电脑与台式计算机的主要区别有哪些？
3. 智能手机的主要特点是什么？
4. 智能家电采用了哪些关键智能化技术？
5. 智能物件设计有哪几种操作系统可用？
6. 试用 C 语言设计一个简单的实现对 LED 进行每秒 1 次开关的程序。
7. 什么是嵌入式系统？简述嵌入式系统的主要应用领域。
8. 什么是中间件？物联网中间件的关键技术有哪些？
9. 简述传感器节点结构与设计过程。
10. 试以具体应用为例，设计一个传感网，如用于温室大棚环境参数的远程监测系统等。

第 5 章　无线通信网络

自人类社会产生就有了通信，从公元前 16 世纪的"烽可遥见，鼓可遥闻"，到公元 1837 年莫尔斯发明电报机，再到 21 世纪的现代无线移动通信，通信技术已经形成了内容丰富、技术完善的成熟体系。无线通信时代的到来，为物联网的实现提供了有力的通信技术支撑。

物联网智能物件之间相互通信，在不同的应用环境下，可以选择不同的通信技术。本章首先简单介绍无线通信技术、无线通信网络以及智能物件通信模式，然后重点讨论与物联网密切相关的无线通信网络，主要包括以及无线个域网（Wireless Personal Area Network，WPAN）、无线局域网（WLAN）和无线城域网（WMAN）及其相应的标准（IEEE 802.15.4、IEEE 802.11 和 IEEE 802.16）以及无线移动通信网。

5.1　物联网无线通信概述

物联网一般根据它们的具体应用确定具体的通信模式。一个用于测量住院病人身体指标的网络和一个用于工业控制监测工业机器人振动的网络是不同的。然而，在网络通信的背后，这些不同类型的通信网络有着许多相似的工作原理。在通信领域，发展最快、应用最广的是无线通信和通信网络技术，其中宽带卫星通信、蜂窝式无线网络、移动 IP、WLAN（WiFi）、ZigBee、UWB、蓝牙、WiMAX 等都是 21 世纪热门的无线通信技术应用。无线通信技术给人们带来的影响是无可争议的，它作为物联网的核心技术之一，必将更加深入到人们生活和工作的各个方面。

5.1.1　无线通信技术

无线通信（Wireless Communication）是利用电磁波信号在自由空间中传播的特性进行信息交换的一种通信方式。

采用通信技术来传输信息在现代社会是十分流行和重要的，通信已成为人们生活、工作乃至社会发展必不可少的重要工具。特别是数字通信，推动了数字化社会的形成，使人们进入信息化社会。现代无线通信基本上是分区通信或蜂窝通信，它的实现基于数字化、移动性和个人通信、分区制和频率复用、点对多点通信等基本技术。在物联网中，可以根据不同的需要来选择使用不同的无线通信技术。

1. 数字化技术

通信数字化现已居于绝对的优势地位。数字化技术指的是运用 0 和 1 两位数字编码，通过电子计算机、光缆、通信卫星等设备，来表达、传输和处理所有信息的技术。数字化技术是信息技术的核心，信息的载体有多种，如字符、声音、语言和图像等。这些信息载体存在着共同的问题：一是信息量小，二是难以交换、交流。显然，数字化带来的问题是信号的模数变换、信源编码、数字调制、信道编码、低电压低功率集成电路等的研究与开发。因此，数字化技术一般包括数字编码、数字压缩、数字传输、数字调制与解调等技术。

2. 移动性和个人化

现代无线通信的重要成果之一是通信的移动性。早在 19 世纪末期，赫兹发明无线电后，马可尼演示的海上航行船舶间的通信，可以说是开创了无线移动通信的先河。进入 20 世纪 20 年代，有些国家的海军舰船和陆地公安部门开始正式使用移动无线电调度系统。在第二次世界大战中，有些国家军队中的通信部队利用数字编码的话音通信实现了保密通信，这包括了语音编码和脉码调制（PCM）技术。事实上，1946 年开始建立第一批商用移动电话系统，但需由话务员负责接通。其后不久，蜂窝网方式发明问世，一个适当大的地区设置多个半径约 1 km 的蜂窝小区，互相紧密邻近排列，其中心基站可使用较低的射频发射功率，每隔几个蜂窝就可以使用相同的频率，从而节约了无线电频谱资源。

移动通信的意义仍在不断扩大，最基本的是人对人通信，这也是第三代、第四代移动通信标准所要考虑的主要目标。当前出现的一个发展方向是人与机器的移动通信，如移动 IP、移动计算、视频点播等；由于物联网概念的提出，移动通信的内涵将扩展到人与物、物与物之间的通信。

伴随通信移动性的是通信个人化，即通信移动终端附属于个人，而不像固定电话那样附属于地方。个人化的一个问题是个人的呼叫标志（例如，电话号码隶属于个人）以及随之而来的通信密度。提高通信系统的容量是一个十分重要的课题，进而推动了自适应技术、多址技术等的推陈出新。

3. 分区制、越区切换和频率复用

通信系统的容量问题是移动通信所要解决的基本问题，即大量用户与有限频带之间的矛盾。由于分配给移动通信的带宽有限，提供的信道满足不了用户的需要，必须用空间的分区制来加以补偿，也就是将通信空间划分成许多通信小区，常用六边形表示，形象地称之为蜂窝。这种移动通信称为蜂窝移动通信，是移动通信的主流。

在蜂窝移动通信网中，切换是保证移动用户在移动状态下实现不间断通信的关键。当移动台从一个小区（指基站或者基站的覆盖范围）移动到另一个小区时，为了保持移动用户的连续通信需要进行信道切换，称为越区切换。越区切换是为了在移动台与网络之间保持一个可以接受的通信质量，防止通信中断，它是适应移动衰落信道特性必不可少的措施。特别是由网络发起的切换，其目的是为了平衡服务区内各小区的业务量，降低高用户小区的呼损率。切换可以优化无线资源（频率、时隙、码）的使用，还可以及时减小移动台的功率消耗和对全局干扰电平的限制。

频率复用也称频率再用，就是重复使用频率。在GSM网络中，频率复用就是使同一频率覆盖不同的区域，即一个基站或该基站的一部分（扇形天线）所覆盖的区域，这些使用同一频率的区域彼此需要相隔一定的距离（称为同频复用距离），以满足将同频干扰抑制到允许的指标之内的要求。

4. 点对点通信和点对多点通信

点对点通信实现网内任意两个用户之间的信息交换。电台收到带有点对点通信标识信息的数据后，比较系统号和地址码：当系统号和地址码都与本地相符时，就将数据传送到用户终端；否则，将数据丢弃，不传送到用户终端。点对点通信时，只有 1 个用户可收到信息。

点对点连接是两个系统或进程之间的专用通信链路，可想象成直接连接两个系统的一条线路。两个系统独占此线路进行通信。点对点通信的对立面是广播通信，其中一个系统可以向多个系统传输。

端到端连接是指通过交换网络的两个系统间的连接。例如，互联网由路由器网状网组成。数据分组沿着逐跳路径从一个路由器到下一个路由器，一直到达目的地。每一跳都包括路由器之间的物理点对点链路。因此，一个路由路径包括多个点对点链路。共享的局域网，如以太网，就是一种点对点的通信形式。

通过多点链路的点到多点连接是可能的。多点是指信号由基站到用户端以点到多点的方式传送，而信号由用户端到基站则以点对点的方式传送。现代无线通信系统是点到多点的系统，其主要特点是多个移动终端对基站进行通信或与基站并行通信。为了解决并行通信所产生的多址干扰，现在通行的有频分多址（FDMA）、时分多址（TDMA）和码分多址（CDMA）三种方式。它们适用于各种通信环境，一般不单独使用。现在流行的是在频分复用（FDM）基础上的 TDMA 和 CDMA。另外，属于 FDM 观念的正交频分复用（OFDM）技术也已得到广泛应用。

5.1.2　无线通信网络

现代通信技术的一个重要标志是网络化。有线与无线通信系统的结合构成了现代通信网。目前，在各类通信网络中最具增长潜力的是无线通信网。

1. 现代无线通信网络的概念

100 多年以来，无论是核心骨干网还是接入网，通信网基本上是有线通信业务一统天下。然而近年来，随着蜂窝移动通信系统和固定无线接入系统的出现和飞速发展，无线通信在通信网络中的地位发生了根本性的变化。

无线通信网是由一系列无线通信设备、信道和标准组成的有机整体，使与之相连的用户终端设备可以在任何地点进行有意义的信息交流。简单地说，无线通信网是使在任何地点的多个用户都能够在移动中进行信息相互传递的网络。图 5-1 给出了无线通信网的组成示意图。

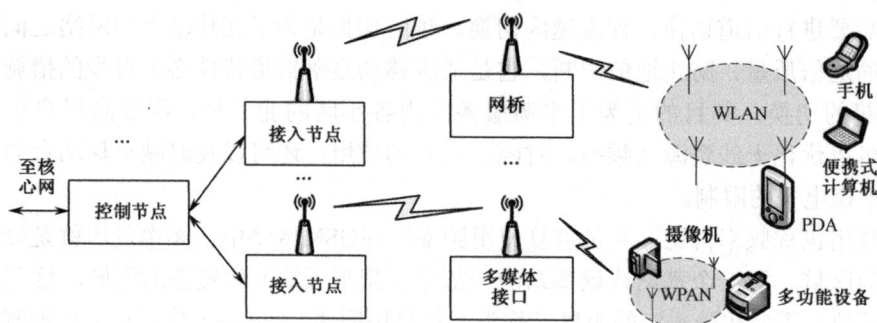

图 5-1　无线通信网的组成示意图

无线通信技术还在飞速演进与发展的，各种无线技术标准都向着更快、更好、更高效的方向驰骋，无线电通信、微波通信、红外通信、光通信技术已经普遍应用于各种无线通信系统。物联网需要运用多种无线通信技术。目前支持无线通信网络的技术标准主要有 IEEE 802.15.4、蓝牙技术、Home RF 技术以及 IEEE 802.11、IEEE 802.16 系列标准。IEEE 802.15.4 是针对低速无线个人区域网络（LR-WPAN）制定的标准；蓝牙技术是爱立信为寻找蜂窝电话和 PDA 那样的辅助设备进行通信的廉价无线接口而创立的，按照 IEEE 802.11 标准的补充技术而设计；Home RF 主要用于家庭无线网络，数据传输速率比较低；IEEE 802.11 是由 IEEE 802 委员会于 1997 年发布的无线局域网系列标准，这是无线局域网（WLAN）领域内第一个在国际上被广泛认可的协议。

2. 无线通信网络模型

现有的几种相关的无线通信网络模型主要为移动自组织网络、蜂窝网络以及包括 ZigBee、WiFi 在内的许多短距离无线通信网。

1）移动自组织网络

移动自组织网络（Mobile Ad Hoc Network，MANET）是对等网络，它通常包含成千上万个可以完全自由移动的通信节点，每个节点可视为一种个人信息设备（如配备有无线收发机的个人数字助理），能覆盖几百米的范围。MANET 的目的是形成并维持一个有连接关系的多跳网络，这种网络能在节点之间传输多媒体业务。

为了能在移动的情况下保证某种服务质量，移动自组织网络需采取如下措施：

（1）节点组织采用的方式应使它们都能够有效地访问共享通信传输介质。在某些情况下，将这种方式称为"形成了一个基础设施"，该基础设施能为节点提供一种信道接入策略。

（2）网络中能执行路由寻址算法。

（3）在移动情况下仍能保持这种网络结构，并且还能进行路由寻址。

在移动自组织网络中，为了使服务质量最优，需要做好网络的组织结构、路由寻址算法和移动性管理等工作。也就是说，当节点在高速移动情形下，网络仍能提供好的吞吐/时延特性。

2）蜂窝网络

蜂窝网络是由静止节点和移动节点组成的较大网络。位于通信子网中的静止节点（基站）和构成固定基础设施结构的有线中枢网络相连。移动节点的数量大大超过静止节点，每个基站中有成百上千个移动节点，这些移动节点通常分布得很分散。每个基站都覆盖一个很大的区域，且区域之间很少重叠。只有当移动节点移动并发生越区切换时，才会出现区域间的重叠覆盖情况（每个移动节点可能移动到远离基站的位置）。这种蜂窝网络的主要目标就是提供高服务质量和高带宽利用率。

3）短距离无线通信网

短距离无线通信（Short Range Wireless，SRW）是指可以在室内、办公室或封闭的公共场所提供近距离通信的技术。一般，SRW 可以在 100 m 以内实现传输速度为 10～100 Mb/s 的低功率近距离通信。SRW 可分为两种：一种是传输范围在 10 m 内，低成本、低功耗的短距离无线连接（Connectivity）的无线个人局域网（WPAN）；另一种是以更快传输速度和更大覆盖范围为目标的无线局域网（WLAN）。总而言之，通过 SRW 技术，手机、Headset、PDA、Notebook、数码相机、摄像机、健身器材管理设备等在没有电缆连接的情况下可以实现无线通信或操作，而且用户可以通过 SRW 直接接入建筑物内的局域网（LAN）及语音或数字信息网络。

3. 无线通信网的分类

对无线通信网可以有多种不同的分类方式。为简明起见，通常将无线通信网按照通信距离划分为无线个域网、无线局域网、无线城域网和无线广域网，如图 5-2 所示。蜂窝移动通信属于无线广域网（WWAN），IEEE 802 标准系列涵盖了 WPAN、WLAN、WMAN 和 WWAN 几个方面。

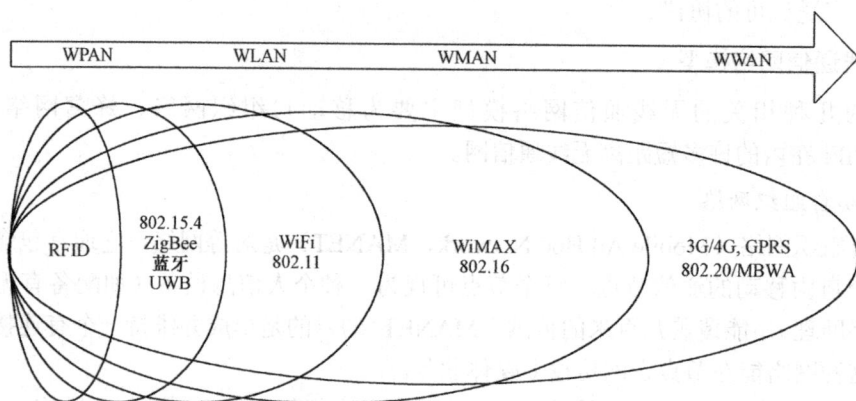

图 5-2　无线通信网络覆盖范围示意图

（1）IEEE 802.15.4 标准为无线个域网（WPAN）技术标准，覆盖范围一般在半径 10 m 以内。WPAN 是基于计算机通信的专用网，是在个人操作环境下由需要相互通信的装置构成的一个网络。它不需要任何中心管理装置，能在电子设备之间提供方便、快速的数据传输。

（2）IEEE 802.11 标准为无线局域网（WLAN）技术标准，覆盖距离通常在 10～300 m 之间，主要解决"最后一百米"接入问题。WiFi 适于具有较大突发性的业务，可以提供较短的响应时间，最高速率达 54 Mb/s。

（3）IEEE 802.16 标准为无线城域网（WMAN）技术标准，提供了比 WLAN 更宽广的地域范围，覆盖范围可高达 50 km，是一种可与 DSL 竞争的"最后一公里"无线宽带接入解决方案。

（4）IEEE 802.20 标准为移动宽带无线接入（MBWA）技术标准，也被称为 MobileFi，主要是弥补了 802.1x 协议体系在移动性方面的缺陷。MBWA 在高达 250 km/h 的移动速度下，可实现 1 Mb/s 以上的移动通信能力，非视距环境下单小区覆盖半径为 15 km。

5.1.3　智能物件通信模式

智能物件的通信模式可以划分为一对一（One to One）、一对多（One to Many）和多对一（Many to One）3 种。每种通信模式适用不同的场景，有时也会将几个模式组合起来使用。

1. 一对一通信

一对一通信模式是指一个智能物件与另一个智能物件进行端到端通信。但是当这种一对一通信需要经过一个智能物件网络时，通信过程可能会涉及其他的智能物件。图 5-3 所示的两个智能物件之间的端到端通信就涉及另外两个智能物件，因为这两个智能物件需要在通信端点之间转发数据包。

2. 一对多通信

一对多通信模式是指一个节点向多个其他节点（也可能是向一个网络中的所有节点）发送消息，如图 5-4 所示。一对多通信可以用来向网络中的一组节点方式指令。

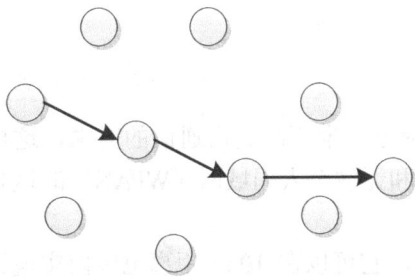

图 5-3　物联网中的一对一通信

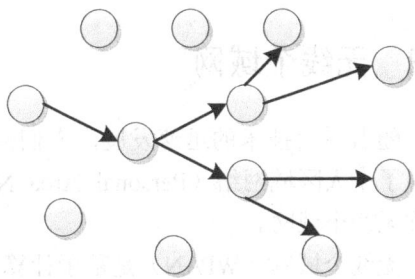

图 5-4　物联网中的一对多通信

　　一对多通信由多种实现形式。通信模式应用场合的不同，对消息传递可靠性要求也不相同。在对可靠性要求较高的场合，通信协议必须能够支持消息重传，直到每一个接收方都成功接收到消息为止。为了一对多通信能够在低功耗无线网络中运行，常需要采用网络洪泛（Network Flooding）。网络洪泛是指网络中每个节点都广播将要发送的消息。当一个节点收到从相邻节点广播来的消息时，这个节点将向它自己的相邻节点重新广播这一消息。为了避免串音干扰，每个节点需要在一个长度随机的时间间隔之后再重播消息。通过这样的机制该消息最终会到达网络中的所有节点，除非遇上无线电干扰或碰撞丢失。

3. 多对一通信

　　多对一通信模式多数用于从智能物件网络节点收集数据，如图 5-5 所示。在多对一通信模式中，多个节点向一个节点发送数据，这个节点通信称为汇聚节点。

　　多对一通信可以从网络中的节点收集数据，如传感器的感知温度、压力等数据。它也可以用来提供网络状态信息。节点向汇聚节点定期发送状态报告，然后汇聚节点将网络的整体性能报告给一个外部监测器。

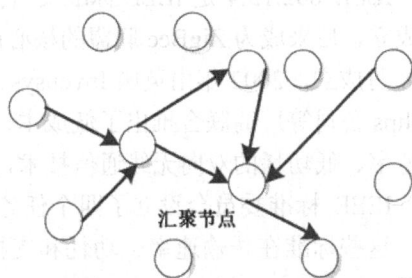

图 5-5　物联网中的多对一通信

　　在多对一通信中，网络内部可能有多个汇聚节点。如果应用程序没有指定一个节点来接收数据，那么网络就可以选择将数据发送给离发送节点最近的汇聚节点。节点提供了构建一个根节点（即汇聚节点）的树状结构来建立多对一的通信网络。为了表明自己的存在，汇聚节点会不断广播消息，该消息会表明发送者与汇聚节点只有零跳距离。它的相邻节点收到了这条消息后会广播另一条消息，这条消息会表明发送者力汇聚节点有一跳的距离。接下来，它们的邻居收到广播的消息又会表明它们离汇聚节点有两跳距离……以此类推。最终，网络中的每一个节点都会知道自己离汇聚节点有几跳的距离，以及它们的相邻节点中哪个更加接近汇聚节点。当发送数据包时，节点只要将数据传送到离汇聚节点最近的那个节点即可。当然，这只是一个理想状态下的路由路径构造的简单方法。

　　物联网通信技术选用需要考虑多方面的因素。例如，无线通信信道的不可靠性和共享性问题，无线电收发器的功耗也影响网络结构和通信模式。由于智能物件的应用领域不同也有不同的网络通信需求。对于移动智能物件（如随身携带的传感器），需要能够迅速掌握其周围网络的拓扑结构变化；对于一些高度静态的物联网应用，如工业设备监控物联网，由于网络拓扑很少发生变化，就不需要对网络拓扑进行快速更新。

5.2　无线个域网

随着通信技术的迅速发展，人们提出了在人自身附近几米范围之内通信的需求，这样就出现了个人区域网络（Personal Area Network，PAN）和无线个人局域网（WPAN）的概念，简称无线个域网。

无线个域网（WPAN）是基于计算机通信的专用网，它可以在 10 m 距离范围内实现计算机、周边设备、手机、信息家电产品等设备的无线通信与操作。WPAN 技术是随着便携式计算机、PDA 等个人便携式电子设备的发展和有关需求应运而生的。为了制订在个人领域（Personal Operating Space，POS）以低功耗和简单的结构实现无线接入的标准，1998 年成立了 WPAN SG（Study Group），并于 1999 年成立了 IEEE 802.15 WG，致力于 WPAN 网络的物理层（PHY）和介质访问控制层（MAC）的标准化工作，目标是为在个人操作空间内的相互通信的无线通信设备提供通信标准。用于无线个域网的通信技术很多，如 ZigBee、蓝牙、UWB、红外（IrDA）、HomeRF、射频识别等。目前，为满足低功耗、低成本的传感网要求而专门开发的低速率 WPAN 标准——IEEE 802.15.4，成为物联网的重要通信网络技术之一。

5.2.1　IEEE 802.15.4 标准

IEEE 802.15.4 是 IEEE 标准委员会 TG4 任务组发布的一项标准。该任务组于 2000 年 12 月成立，后来成为 ZigBee 联盟的核心成员和领导者。ZigBee 联盟（ZigBee Alliance）于 2001 年 8 月成立，2002 年由英国 Invensys 公司、美国 Motorola 公司、日本 Mitsubishi 公司和荷兰 Philips 公司等厂商联合推出了低成本、低功耗的 ZigBee 技术。ZigBee 是一种新兴的近距离、低速率、低功耗的双向无线通信技术，也是 ZigBee 联盟所主导的传感网技术标准。

IEEE 标准委员会设立了四个任务组（Task Group，TG），分别制定了适合不同应用的标准。这些标准在传输速率、功耗和支持服务等方面存在一些差异。四个任务组各自的主要工作是：

（1）任务组 TG1，负责制定 IEEE 802.15.1 标准，又称蓝牙无线个域网标准。这是一个中等速率、近距离的 WPAN 网络标准，通常用于手机、PDA 等设备的短距离通信。

（2）任务组 TG2，负责制定 IEEE 802.15.2 标准，研究 IEEE 802.15.1 与 IEEE 802.11（无线局域网标准）的共存问题。

（3）任务组 TG3，负责制定 IEEE 802.15.3 标准，研究高传输速率无线个域网标准。该标准主要考虑无线个域网络在多媒体方面的应用，追求更高的传输速率与服务品质。

（4）任务组 TG4，负责制定 IEEE 802.15.4 标准。该标准把低能量消耗、低速率传输、低成本作为主要目标，旨在为个人或者家庭范围内不同设备之间的低速互联提供统一标准。

1. IEEE 802.15.4 标准协议结构

任务组 TG4 参考开放系统互连（OSI）参考模型而设计的 IEEE 802.15.4 标准，其协议结构如图 5-6 所示。它只定义了物理层与数据链路层的介质访问控制子层（MAC）。物理层由发射器与底层的控制模块构成，规定了消息通过物理无线电介质传输和接收的方式。MAC 层为高层访问物理信道提供点到点通信的服务接口，规定了处理从物理层传来的信息的方式。高层协议访问 MAC 层有两个路径：一个是通过 IEEE 802.2 逻辑链路类型（LLC）层、特定业务汇聚层（SSCS）访问；另一个是通过其他逻辑链路控制标准访问。

2. 物理层的主要功能

IEEE 802.15.4 标准所定义的物理层具有以下功能：激活和惰性化无线电收发器，当前信道的能量发现、接收包的链路质量指示、信道频率选择以及数据的发送与接收。

IEEE 802.15.4 标准的物理层规定了无线信道进行无线调制和信号编码的物理无线电频率。IEEE 802.15.4 标准有 3 个免授权使用的无线电频带：868 MHz、915 MHz 和 2.4 GHz。前两种采取 BPSK 的调制方式，后一种采取 O-QPSK 的调制方式。各种频率分别支持 20 kb/s、40 kb/s 和 250 kb/s 的比特速率，传输距离在 0～70 m 之间。对无线传感器收发器而言，IEEE 802.15.4 标准可能是主要且唯一的实用性标准。目前有多家公司提供这类收发器芯片，其中一些芯片仅实现了该标准的部分功能。表 5-1 列举了 IEEE 802.15.4 标准的一些主要参数。

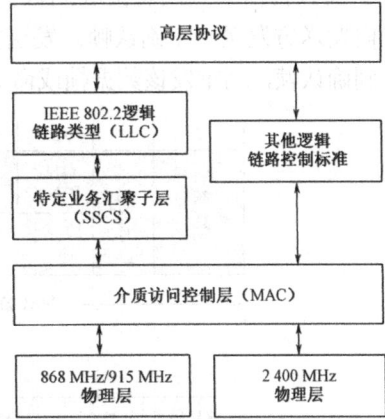

图 5-6 IEEE 802.15.4 标准协议结构

表 5-1 IEEE 802.15.4 标准频带和速率

物理层	频带/MHz	信道数	码元速率/(kchip/s)	调制方式	比特速率/(kb/s)	符号速率/(ksymbol/s)
868MHz/915MHz	868～868.8	1	300	BPSK	20	20
	902～928	10	600	BPSK	40	40
2400MHz	2400～2483.5	16	2000	O-QPSK	250	62.5

802.15.4 标准具有低速率、低功耗和短距离传输等特点，非常适宜支持简单器件。在 802.15.4 标准中定义了 14 个物理层基本参数和 35 个介质接入控制层基本参数，总共为 49 个，这使它非常适用于存储能力和计算能力有限的简单器件。在 802.15.4 中定义了两种器件：全功能器件（FFD）和简化功能器件（RFD）。对全功能器件，要求它支持所有的 49 个基本参数；而对简化功能器件，在最小配置时只要求它支持 38 个基本参数。一个全功能器件可以与简化功能器件和其他全功能器件通话，可以按三种方式工作，即用作个域网协调器、协调器或器件。简化功能器件只能与全功能器件通信，仅用于非常简单的一些应用。

3. 介质访问控制层的主要功能

IEEE 802.15.4 标准定义的介质访问控制层（MAC）处理所有信道的访问。MAC 层的主要功能是：为 PAN 协调器发出网络标识信号、同步时序信号、完成个人区域网的建立和分离、保证设备的安全、为信道访问提供 CSMA/CA 机制和保证两个对等的 MAC 实体之间的可靠连接等。

1）IEEE 802.15.4 帧结构

在 IEEE 802.15.4 标准中，MAC 子层定义了信标帧、数据帧、命令帧、确认帧 4 种基本帧结构。信标帧用于网络协调器在支持超帧结构的第一个时槽向其邻居节点广播信标，当附近的节点接收到信标帧后就可以申请加入该网络。数据帧用来传送含有各种信息的数据。命令帧用于组建传感网、传输同步数据等，它在格式上和其他类型的帧没有大的区别。确认帧用于确认目标节点成功接收到数据帧或命令帧，当目标节点成功接收到数据帧或命令帧后，就向发送方发送一个确认帧。发送方收到这个确认帧就说明发送成功；若在规定的时间内没有收到确认帧，则重发该数据帧或命令帧。IEEE 802.15.4 帧结构如图 5-7 所示。

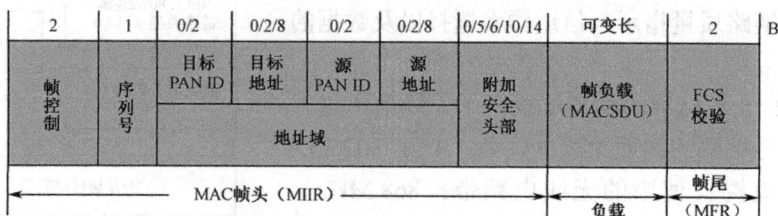

2	1	0/2	0/2/8	0/2	0/2/8	0/5/6/10/14	可变长	2	B
帧控制	序列号	目标PAN ID	目标地址	源PAN ID	源地址	附加安全头部	帧负载（MACSDU）	FCS校验	
				地址域					

MAC帧头（MIIR）　　　　　　　　　　　　　　　　负载　　　帧尾（MFR）

（a）MAC层的通用帧结构

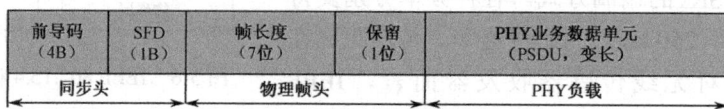

前导码（4B）	SFD（1B）	帧长度（7位）	保留（1位）	PHY业务数据单元（PSDU，变长）
同步头		物理帧头		PHY负载

（b）物理层帧结构

图 5-7　IEEE 802.15.4 帧结构

在网内无线传输过程中，IEEE 802.15.4 标准采用带冲突避免的载波侦听多路访问机制（CSMA/CA），支持超帧结构和时槽保障机制（GTS），网络拓扑结构可以是星状网或点对点对等网。

2）使能方式

IEEE 802.15.4 网络可以工作在信标使能方式或非信标使能方式。在信标使能方式中，网络协调器定期广播信标，以达到相关设备同步及其他目的；在非信标使能方式中，网络协调器不定期广播信标，在设备请求信标时向它单播信标。在信标使能方式中使用超帧结构，超帧结构的格式由网络协调器定义，一般包括工作部分和任选的不工作部分。

3）数据传输和低功耗

在 IEEE 802.15.4 中有三种不同的数据转移：从器件到协调器，从协调器到器件，在对等网络中从一方到另一方。为了突出低功耗特点，把数据传输分成了以下三种方式：①直接数据传输，这适用于以上所有三种数据转移。采用无槽载波检测多址与碰撞避免（CSMA/CA）或开槽 CSMA/CA 的数据传输方法，视使用非信标使能方式还是信标使能方式而定。②间接数据传输。这仅适用于从协调器到器件的数据转移。在这种方式中，数据帧由协调器保存在事务处理列表中，等待相应的器件提取。通过检查来自协调器的信标帧，器件就能发现在事务处理列表中是否有一个属于它的数据分组。有时，在非信标使能方式中也可能发生间接数据传输；在数据提取过程中也使用无槽 CSMA/CA 或开槽 CSMA/CA。③有保证时隙（GTS）数据传输。这仅适用于器件与其协调器之间的数据转移，既可以从器件到协调器，也可以从协调器到器件。在 GTS 数据传输中不需要 CSMA/CA。

低功耗是 IEEE 802.15.4 最重要的特点；因为对电池供电的简单器件而言，更换电池的花费往往比器件本身的成本还要高。在有些应用中，更换电池不仅麻烦，而且实际上是不可行的，例如嵌在汽车轮胎中的气压传感器或高密度布设的大规模传感器网。所以在 IEEE 802.15.4 的数据传输过程中，引入了几种延长器件电池寿命或节省功率的机制。多数机制基于信标使能的方式，主要是限制器件或协调器之收发信机的开通时间，或者在无数据传输时使它们处于休眠状态。

4）自配置

IEEE 802.15.4 在 MAC 层中加入了关联和分离功能，以达到支持自配置的目的。自配置不仅能自动建立起一个星状网络，而且允许创建自配置的对等网。在关联过程中可以实现各种配置，例如为个域网选择信道和识别符（ID），为设备指配 16 位短地址，设定电池寿命延长选项等。

5.2.2 ZigBee协议体系结构

IEEE 任务组 TG4 于 2003 年发布 IEEE 802.15.4 标准的第一版后，于 2006 年对其进行了升级。ZigBee 协议体系结构建立在 IEEE 802.15.4 标准之上，称作 IEEE 802.15.4（ZigBee）技术标准，发展至今已有 4 种版本。ZigBee 增加了逻辑网络、网络安全和应用软件，更加适合于产品技术的一致化，利于产品的互联互通。

ZigBee 协议并不是完全独有的全新标准，它的物理层和 MAC 层采用 IEEE 802.15.4 标准，而且有关带宽和速率方面的参数也与 IEEE 802.15.4 标准一样。ZigBee 可使用的频段分别是 2.4 GHz 的 ISM（Industrial，Scientific and Medical）频段、欧洲的 868 MHz 频段以及美国的 915 MHz 频段，而不同频段可使用的信道分别是 16、10、1 个。中国采用 2.4 GHz 频段，这是免申请和免使用费的频率。ZigBee 在 2.4 GHz 的频段上有 16 个信道，在 2.405～2.480 GHz 之间分布，信道间隔为 5 MHz，具有很强的信道抗串扰能力。

ZigBee 协议体系结构如图 5-8 所示，由高层应用标准、应用汇聚层、网络层、IEEE 802.15.4 协议组成。

高层应用负责向用户提供简单的应用软件接口（API），包括应用子层支持（APS）、ZigBee 设备对象（ZDO）等，实现对应用层设备的管理。

应用汇聚层与 ZigBee 设备配置和用户应用程序组成在 ZigBee 协议的应用层。应用层提供高级协议管理功能，用户应用程序由各制造商自己来规定，它使用应用层协议来管理协议栈。

网络层负责拓扑结构的建立和维护网络连接，它独立处理传入数据请求、关联、解除关联业务，包含寻址、路由和安全等。网络层包括逻辑链路控制子层，该子层是基于 IEEE 802.2 标准的。

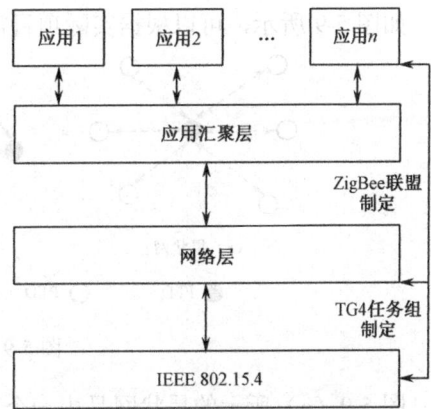

图 5-8 ZigBee 协议体系结构

1）网络层提供的服务

网络层提供保证 IEEE 802.15.4 MAC 层所定义的功能，同时，能为应用层提供适当的服务接口。为了与应用层进行很好的通信，网络层定义了两种服务实体来实现必要的功能：数据服务实体（NLDE）和管理服务实体（NLME）。NLDE 通过数据服务实体服务访问点（NLDE-SAP）来提供数据传输服务，NLME 通过管理服务实体访问点（NLME-SAP）来提供管理服务。具体来说，NLDE 提供的服务有两项：一是在应用支持子层 PDU 基础上添加适当的协议头产生网络协议数据单元（NPDU）；二是根据路由拓扑，把 NPDU 发送到通信链路的目的地址设备或通信链路的下一跳。而 NLME 提供的服务包括配置新设备、创建新网络、设备请求加入/离开网络和 ZigBee 协调器或路由器请求设备离开网络、寻址、近邻发现、路由发现、接收控制等。网络层的数据和管理服务由 MCPS-SAP、MLME-SAP 来提供应用层与 MAC 子层之间的接口。

2）ZigBee 网络配置

低数据速率的 WPAN 中包括两种无线设备：全功能设备（FFD）和精简功能设备（RFD）。其中，FFD 可以和 FFD、RFD 通信，而 RFD 只能与 FFD 通信，RFD 之间无法进行通信。RFD 的应用相对简单，例如在传感器网络中，它们只负责将采集的数据信息发送给它的网络协调器，而自身并不具备数据转发、路由发现和路由维护等功能。RFD 占用资源少，所需的存储容量也小，因而成本比较低。

在一个 ZigBee 网络中，至少存在一个 FFD 充当整个网络的协调器，即 PAN 协调器，也称为 ZigBee 协调点。一个 ZigBee 网络只有一个 PAN 协调点。通常，PAN 协调点是一个特殊的 FFD，它具有较强大的功能，是整个网络的主要控制者，负责建立新的网络、发送网络信标、管理网络中的节点以及存储网络信息等。FFD 和 RFD 都可以作为终端节点加入 ZigBee 网络。此外，普通 FFD 也可以在它的个人操作空间（POS）中充当协调点，但它仍然受 PAN 协调点的控制。ZigBee 中每个协调点最多可连接 255 个节点，一个 ZigBee 网络最多可容纳 65 535 个节点。

3）ZigBee 网络拓扑结构

ZigBee 技术具有强大的组网能力，通过无线通信组成星状网、网状（Mesh）网和混合网，如图 5-9 所示，可以根据实际项目需要来选择合适的网络结构。

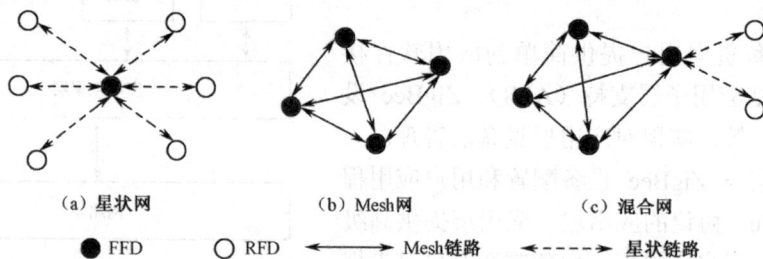

图 5-9　ZigBee 网络拓扑结构

图 5-9（a）所示的星状网是由一个 PAN 协调点和一个或多个终端节点组成的。PAN 协调点必须是 FFD，它负责发起建立和管理整个网络；其他的节点（终端节点）一般为 RFD，分布在 PAN 协调点的覆盖范围内，直接与 PAN 协调点进行通信。在星状网中，以 PAN 协调点为中心，所有设备只能与中心设备 PAN 协调点进行通信。因此，在星状网络的形成过程中，第一步就是建立 PAN 协调点，而且任何一个 FFD 设备都有成为 PAN 协调点的可能。一个网络如何确定自己的 PAN 协调点，由上层协议决定。

图 5-9（b）所示的 Mesh 网也称为对等网，一般是由若干个 FFD 连接在一起形成的，它们之间是完全的对等通信，每个节点都可以与它的无线通信范围内的其他节点通信，不需要其他设备的转发。但是，Mesh 网仍然需要一个 PAN 协调点，通常将发起建立网络的 FFD 节点作为 PAN 协调点。此时的网络模式可以支持 Ad Hoc 网络，允许通过多跳方式在网络中传输数据。Mesh 网是一种高可靠性网络，具有"自恢复"能力，它可以为传输的数据包提供多

条路径，一旦一条路径出现故障，就可以选择另外一条或多条路径。

Mesh 网可以通过 FFD 扩展网络，由 Mesh 网与星状网构成混合网，如图 5-9（c）所示。在混合网中，各个子网内部以星状网连接，其主器件之间又以对等的方式连接在一起。信息流首先流到同一子网内主节点，通过网关节点到达更高层的子网，随后继续上传到达中心节点。这种网络可以通过"多级跳"的方式进行通信。终端节点采集的信息首先传到同一子网内的 PAN 协调点，再通过网关节点上传到上一层网络的 PAN 协调点。该拓扑结构还可以组成极为复杂的网络，其网络具备自组织、自愈功能。

当 ZigBee 技术用于无线传感网时，由于网络拓扑的多变和形式多样化，应选择适合应用场景的网络层协议。

无线传感网作为物联网的末梢网络，需要低功耗短距离的无线通信技术。IEEE 802.15.4 标准是针对低速无线个域网的无线通信标准，低功耗、低成本是其主要目标，它为个人或者家庭范围内不同设备之间低速联网提供了统一标准。

5.2.3　ZigBee网络系统

基于 IEEE 802.15.4 无线标准研制开发的 ZigBee 技术，主要用于无线个域网（WPAN）。ZigBee 技术的出现给人们的工作和生活带来了极大的方便和快捷。ZigBee 技术的应用领域主要包括无线数据采集、无线工业控制、消费性电子设备、汽车自动化、家庭和楼宇自动化、医用设备控制、远程网络控制等场合。

1. ZigBee网络系统的构建

IEEE 802.15.4 网络是指在一个 POS 内使用相同无线信道并通过 IEEE 802.15.4 标准相互通信的一组设备的集合，又名 LR-WPAN 网络，其实也就是 ZigBee 网络。例如，一个基于 ZigBee 技术的 IEEE 802.15.4 网络系统，如图 5-10 所示。

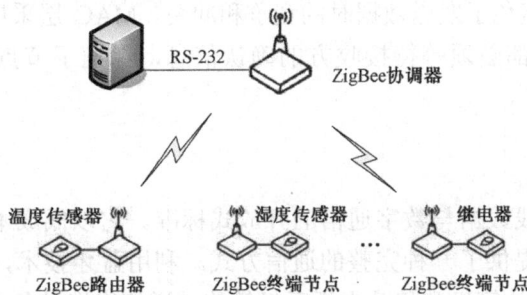

图 5-10　基于 ZigBee 技术的 IEEE 802.15.4 网络系统

在该 ZigBee 网络系统中，部署了一个 ZigBee 协调器与 PC 相连，同时部署了若干 ZigBee 终端节点或路由器，使其连接温度、湿度和光敏电阻等传感器来监测环境。另外，环境中还部署了一些 ZigBee 终端节点与执行器连接，例如在智能家居系统中用于控制窗帘的开关、台灯的亮灭等。ZigBee 协调器和终端节点在房间环境内组成一个星状结构的 ZigBee 无线传感器执行网络。

ZigBee 网络系统的整体工作过程是：首先由协调器节点成功创建 ZigBee 网络，然后等待终端节点加入。当终端节点及传感器上电后，会自动查找空间中存在的 ZigBee 网络，找到后即加入网络，并把该节点的物理地址发送给协调器。协调器把节点的地址信息等通过串口发送给计算机进行保存。当计算机想要获取某一节点处的传感器值时，只需向串口发送相应节点的物理地址及测量指令。协调器通过串口从计算机端收到物理地址后，会向与其相对应的传感器节点发送数据，传达传感器测量指令。传感器节点收到该数据后，通过传感器测量数据，然后将测量结果发送给协调器，并在计算机端进行显示。

2. ZigBee网络系统的特点

ZigBee 这个名字来源于蜂群的通信方式，蜜蜂之间通过跳 ZigZag 形状的舞蹈来交换信息，以便共享食物源的方向、位置和距离等信息。与其他无线通信协议相比，ZigBee 无线协议复杂性低，对资源要求少，它主要有以下几个特点：

（1）低功耗：由于工作周期短，收发信息功耗较低，而且采用了休眠机制，ZigBee 终端仅需要两节普通的五号干电池就可以工作 6 个月到 2 年。这是 ZigBee 的一个显著特点。

（2）低成本：协议简单且所需的存储空间小，降低了 ZigBee 的成本，而且 ZigBee 协议是免专利费的。

（3）时延短：ZigBee 通信时延和从休眠状态激活的时延都非常短。设备搜索时延为 30 ms，休眠激活时延为 15 ms，活动设备信道接入时延为 15 ms。这样，一方面节省了能量消耗，另一方面更适用于对时延敏感的场合。例如，一些应用在工业上的传感器就需要以毫秒级的速度获取信息，安装在厨房内的烟雾探测器也需要在尽量短的时间内获取信息并传输给网络控制者，从而阻止事故的发生。

（4）传输范围小：在不使用功率放大器的前提下，ZigBee 节点的有效传输范围一般为 10～75 m，能覆盖普通的家庭和办公场所。

（5）数据传输速率低：2.4 GHz 频段为 250 kb/s，915 MHz 频段为 40 kb/s，868 MHz 频段只有 20 kb/s。

（6）数据传输可靠：由于 ZigBee 采用了碰撞避免机制，同时为需要固定带宽的通信业务预留了专用时隙，从而避免了发送数据时的竞争和冲突。MAC 层采用完全确认的数据传输机制，每个发送的数据包都必须等待接收方的确认信息，保证了节点之间传输信息的高可靠性。

5.2.4 蓝牙技术

蓝牙技术是一种无线数据与数字通信的开放式标准。它以低成本、近距离无线通信为基础，为固定与移动设备提供了一种完整的通信方式。利用蓝牙技术，能够有效地简化个人数字助理（PDA）、便携式计算机和移动电话手机等移动通信终端设备之间的通信，也能够成功地简化以上这些设备与互联网之间的通信，从而使这些现代通信设备与互联网之间的数据传输变得更加迅速、高效。其实际应用范围还可以拓展到各种家电产品、消费电子产品和汽车等信息家电，组成一个巨大的无线通信网络。

1. 蓝牙简介

爱立信在 1994 年开始研究一种能使手机与其附件（如耳机）之间互相通信的无线模块，4 年后，爱立信、诺基亚、IBM 等公司共同推出了蓝牙技术，主要用于通信和信息设备的无线连接。

蓝牙工作频率为 2.4 GHz，有效通信半径大约在 10 m 内。在此范围内，采用蓝牙技术的多台设备，如手机、微机、激光打印机等能够无线互联，以约 1 Mb/s 的速率相互传递数据，并能方便地接入互联网。随着蓝牙芯片价格和耗电量的不断降低，蓝牙已成为许多高端 PDA 和手机的必备功能。

蓝牙技术标准的主要内容有：①蓝牙工作在全球通用的 2.4 GHz ISM 频段；②采用快速确认和跳频技术，以确保链路的稳定；③采用二进制调频（FM）技术的跳频收发器，抑制干扰和防止衰落；④采用前向纠错（FEC）技术，抑制长距离链路的随机噪声；⑤数据传输速率为 1 Mb/s；⑥采用时分双工传输，其基带协议是电路交换和分组交换的结合；⑦一个跳频频率发送一个同步分组，每个分组占用一个时隙，也可扩展到 5 个时隙；⑧支持一个异步数据通道，或 3 个并发的同步语音通道，或一个同时传送异步数据和同步语音的通道。每一个语音通道支持 64 kb/s 的同步话音。异步通道支持最大速率为 721 kb/s、反向应答速率为 57.6 kb/s 的非对称连接，或者是 432.6 b/s 的对称连接。

目前，在 2.4 GHz 频段上的无线局域网技术中，除了蓝牙技术外，还有 IEEE 802.11、Home RF 和红外技术。一般来说，IEEE 802.11 比较适合于办公室无线网络，Home RF 适用于家居环境语音设备等与主机之间的通信，而蓝牙技术则可以应用于任何允许无线方式替代线缆的场合。

2. 蓝牙协议体系结构

蓝牙技术标准为 IEEE 802.15，通信协议也采用分层结构。根据通信协议，各种蓝牙设备无论在什么地方，都可以通过人工或自动查询来发现其他蓝牙设备，从而构成微微网（Piconet）或扩大网（Scatternet），实现系统提供的各种功能。

蓝牙技术体系结构中的协议可以分为底层协议、中间协议和选用协议三部分。

底层协议包括无线层协议、基带协议和链路管理协议（LMP）。这些协议主要由蓝牙模块实现。基带协议与链路控制层确保微微网内各蓝牙设备单元之间由射频构成的物理层连接，链路管理协议负责各蓝牙设备间连接的建立。

中间协议建立在主机控制接口（Host Controller Interface，HCI）之上，它们的功能由协议软件在蓝牙主机上运行。中间协议包括：①逻辑链路控制和适应协议（Logical Link Control and Adaptation Protocol，L2CAP），它是基带的上层协议，当业务数据不经过 LMP 时，L2CAP 为上层提供服务，完成数据的装拆、服务质量和协议复用等功能；②服务发现协议（Service Discovery Protocol，SDP），它是所有用户模式的基础，能使应用软件找到可用的服务，以便在蓝牙设备之间建立相应的连接；③电话控制协议（Telephone Control Protocol，TCS），提供蓝牙设备间语音和数据的呼叫控制命令。

选用协议是根据不同的应用要求来决定所采用的不同协议的，例如点对点协议（PPP）、TCP/UDP、IP、对象交换协议 OBEX、电子名片交换协议 vCard、电子日历及日程交换格式 vCal、无线应用协议（WAP）和无线应用环境（VAF）等。

3. 蓝牙技术应用

作为一种电缆替代技术，蓝牙具有低成本、高速率的特点，它可把内嵌有蓝牙芯片的计算机、手机和多种便携通信终端互连起来，为其提供语音和数字接入服务，实现信息的自动交换和处理，并且蓝牙的使用和维护成本据称要低于其他任何一种无线技术。目前蓝牙技术开发重点是多点连接，即一台设备同时与多台（最多 7 台）设备互连。

采用蓝牙技术的设备使用方便，可自由移动。与无线局域网相比，蓝牙无线系统更小、更轻薄，成本和功耗更低，信号的抗干扰能力强。蓝牙技术的应用主要有以下三类：

（1）语音数据接入，是指将一台计算机通过安全的无线链路连接到通信设备上，完成与广域网的连接。

（2）外围设备互连，是指将各种设备通过蓝牙链路连接到主机上。

（3）个人局域网（PAN），主要用于个人网络与信息的共享与交换。蓝牙技术已在个人局域网中获得了很大成功，包括无绳电话、个人数字助理（PDA）与计算机的互联，便携式计算机与手机的互联，以及无线 RS-232、RS-485 接口等。

5.2.5　超宽带技术

近年来，随着"泛在无线通信"概念的提出，无线局域网和无线个域网等短距离无线应用逐渐渗透到人们的生活中。超宽带（Ultra Wide Band，UWB）技术定位于短距离无线通信这一广阔的应用领域，特别是随着物联网应用的兴起，UWB 可以作为物联网的基础通信技术之一，实现不同设备之间的互联互通。

1. 超宽带

超宽带（UWB）是一个既古老又崭新的研究领域。回顾 UWB 的发展历史，Hertz 在 1887 年设计产生了首个 UWB 信号。2002 年，美国联邦通信委员会（FCC）发布了 UWB 无线设备的初步规定，对 UWB 做了定义，正式将 3.1～10.6 GHz 频带作为室内通信用途的 UWB 开放，这标志着 UWB 开始用于民用无线通信。在随后几年，一些国家和地区（如日本、新加坡和欧盟等）的无线电管理部门都颁布了类似的法令。

UWB 是一种无载波扩谱通信技术，又被称为脉冲无线电（Impulse Radio），具体定义为相对带宽（信号带宽与中心频率的比）大于 25%的信号或者是带宽超过 1.5 GHz 的信号。实际上 UWB 信号是一种持续时间极短、带宽很宽的短时脉冲。它的主要形式是超短基带脉冲，宽度一般为 0.1～20 ns，脉冲间隔为 2～5 000 ns，精度可控，频谱为 50 MHz～10 GHz，频带大于 100%中心频率，典型点空比为 0.1%。传统的 UWB 系统使用一种被称为"单周期（monocycle）波形"的脉冲。

UWB 具有对信道衰落不敏感、发射信号功率谱密度低、截获率低、系统复杂度低、能提供数厘米的定位精度等优点，非常适用于无线传感网。

2. UWB通信的基本原理

UWB 实质上是以占空比很低的冲击脉冲作为信息载体的无载波扩谱通信技术，它利用纳秒至皮秒级的非正弦波窄脉冲传输数据，其频谱范围很宽，通过对具有很陡的上升和下降时间的冲击脉冲进行直接调制。冲击脉冲通常采用单周期高斯脉冲，一个信息比特可映射为数百个这样的脉冲。脉冲采用脉位调制（Pulse Position Modulation，PPM）或二进制移相键控（BPSK）调制。

有人基于 UWB 开发了一个具有 GHz 级容量和最高空间容量的新无线信道。基于 CDMA 的 UWB 脉冲无线收发信机，其发送端时钟发生器产生一定重复周期的脉冲序列，用户要传输的信息和表示该用户地址的伪随机码分别（或合成后）对上述周期脉冲序列进行一定方式的调制，调制后的脉冲序列驱动脉冲产生电路，形成一定脉冲形状和规律的脉冲序列，然后放大到所需功率，再耦合到 UWB 天线发射出去。在接收端，UWB 天线接收的信号经低噪声放大器放大后，送到相关器的一个输入端，相关器的另一个输入端加入一个本地产生的与发端同步的经用户伪随机码调制的脉冲序列，接收端信号和本地同步的伪随机码调制的脉冲序列一起经过相关器中的相乘、积分和取样保持运算，产生一个对用户地址信息经过分离的信号，其中仅含用户传输信息以及其他干扰，然后对该信号进行解调运算。

3. UWB无线通信系统的关键技术

由于 UWB 无线通信系统的辐射信号具有超宽频带和极低功率谱密度两大特点，脉冲信号的产生、信号的调制和接收技术（包括信号的快速捕获、同步与检测等），成为 UWB 的关键技术。

1）脉冲信号的产生

产生脉冲宽度为纳秒（ns）级的信号源是 UWB 技术的前提条件。单个无载波窄脉冲信号有两个突出的特点：激励信号的波形为具有陡峭前沿的单个短脉冲；激励信号从直流（DC）到微波波段，包括很宽的频谱。目前产生脉冲源的方法有两类：一是利用光导开关导通瞬间的陡峭上升沿获得脉冲信号的光电方法，这是最有发展前景的一种方法；二是对半导体 PN 结反向加电，使其达到雪崩状态，并在导通的瞬间取陡峭的上升沿作为脉冲信号的电子方法。其中第二种方法目前得到广泛应用，但由于采用电脉冲信号作为触发，其前沿较宽，触发精度受到限制，特别是在要求精确控制脉冲发生时间的场合，达不到控制精度要求。冲激脉冲通常采用高斯单周期脉冲，宽度为 ns 级，具有很宽的频谱。实际通信中使用的是一长串的脉冲，由于时域中的信号有重复周期性，会造成频谱离散化，对传统无线电设备和信号产生干扰，需要通过适当的信号调整来降低这种干扰的影响。

2）信号的调制

脉冲的幅度、位置和极性变化都可以用于传递信息。适用于 UWB 的主要单脉冲调制技术有：脉冲幅度调制（PAM）、脉冲位置调制（PPM）、通断键控（OOK）、二相调制（BPM）和跳时/直扩二进制相移键控调制 TH/DS-BPSK 等。其中脉冲位置调制（PPM）和脉冲幅度调制（PAM）是超宽带无线电的两种主要调制方式。PPM 又称时间调制（TM），是用每个脉冲出现的位置超前或落后于某一标准或特定的时刻来表示某个特定信息的，因此对调制信号需要在接收端用匹配滤波来正确接收，即对调制信息用交叉相关器在达到零相差时进行检测，否则达不到正确接收的目的。而 PAM 是用信息符号控制脉冲幅度的一种调制方式，它既可以改变脉冲幅度的极性，也可以仅改变脉冲幅度的绝对值大小。通常所讲的 PAM 只改变脉冲幅度的绝对值。BPM 和 OOK 是 PAM 的两种简化形式。BPM 通过改变脉冲的正负极性来调制二元信息，所有脉冲幅度的绝对值相同；OOK 通过脉冲的有无来传递信息。在 PAM、BPM 和 OOK 调制中，发射脉冲的时间间隔是固定不变的。在 UWB 系统中，采用跳时脉冲位置调制（TMPAM）对长脉冲序列进行调制时，每一用户的下一块信息将在时间上随机分布，可在频域内得到更为平坦的 RF 信号功率分布，这使得 UWB 信号在频域中类似于背景噪声。

3）信号的接收

目前对 UWB 信号的接收方案主要有相关检测和能量检测两种，由于 UWB 信号具有低功率谱的特点，因而主要采用相关检测方案。

相关接收机主要由接收天线、低噪声宽带放大器、滤波器、相关器（乘法器和积分器）、数字基带信号处理器、可编程延时线和标准时钟组成。超宽带天线接收的信号，经过低噪声宽带放大器放大，送到相关器的一个输入端，相关器的另一个输入端加入由可编程延时线产生的脉冲序列，经相乘、积分和取样、解调，得到所需的波形数据。

4. UWB在短距离无线通信中的应用

UWB 采用超短周期脉冲进行调制，把信号直接按照 0 或 1 发送出去，而不使用载波，这与此前的无线通信截然不同。脉冲调制产生的信号为超宽带信号，谱密度极低，信号的中心频率在 650 MHz～5 GHz 之间，平均功率为亚毫瓦量级，抗干扰和多径能力强，具有多个可利用的信道。UWB 技术具有高速率、低成本、低功耗的显著特性。

UWB 的主要功能包括无线通信和定位功能。当进行高速无线通信（速率在 100 Mb/s 以上）时，其传输距离较近，一般在 10～20 m 之间；当进行较低速率无线通信和定位时，其传输距离可以更远一些。UWB 技术采用无载波脉冲方式时，具有较强的透视功能，可以穿透数层墙壁进行通信、成像或定位；与全球定位系统（GPS）相比，UWB 技术的定位精确度更高，可以达到 10～20 cm 的精度。正是凭借短距离传输范围内的高传输速率和高精度定位这一巨大优势，UWB 进入民用市场之初就将其应用定位在了无线局域网（WLAN）和无线个域网（WPAN）上。根据超带宽无线传输的特性，UWB 技术可以应用于无线多媒体家庭个域网，雷达定位和成像系统，智能交通系统，以及军事、公安、救援、医疗、测量等应用领域。

UWB 技术与现有的其他无线通信技术相比，数据传输速率高、功耗低、安全性好。UWB 技术可以实现的速率超过 1 Gb/s，与有线的 USB2.0 接口相当，远远高于无线局域网 802.11b 的 11 Mb/s，也比下一代无线局域网 802.11a/g 的 54 Mb/s 高出近一个数量级。UWB 通信的功耗较低，能较好地满足使用电池的移动设备要求。另外，UWB 信号的功率谱密度非常低，信号难以被检测到，再加上采用跳频、直接序列扩频等扩频多址技术，使非授权者很难截获传输的信息，因而安全性非常好。基于以上诸多优点，UWB 技术在短距离通信中具有非常广阔的应用前景。

5.3　无线局域网

无线局域网（WLAN）是指以无线电波、红外线等无线传输介质来代替目前有线局域网中的传输介质（如电缆）而构成的网络。WLAN 覆盖半径一般为 100 m 左右，可实现十几兆至几十兆的无线接入。在宽带无线接入网络中，常把 WLAN 称为"WMAN（无线城域网）的毛细血管"，用于点对多点无线连接，解决用户群内部信息交流和网际接入，如企业专用网等。

5.3.1　IEEE 802.11 标准系列

IEEE 802.11 是 IEEE 于 1997 年发布的一个无线局域网标准，用于解决办公室局域网和校园网中用户与用户终端的无线接入，主要限于数据存取，速率最高只能达到 2 Mb/s。由于它在速率和传输距离上都不能满足人们的需要，因此，参照 ISO/OSI 7 层参考模型，IEEE 随后又相继推出了 802.11b 和 802.11a 两个标准，2003 年 6 月公布 802.11g，形成了一个标准系列。

IEEE 802.11 标准系列主要是从 WLAN 的物理层和 MAC 层两个层面制定的一系列规范：物理层标准规定了无线传输信号等基础标准，如 802.11a、802.11b、802.11d、802.11g、802.11h；而介质访问控制子层标准是在物理层上的一些应用要求标准，如 802.11e、802.11f、802.11i。IEEE 802.11 标准的子集包括：

（1）802.11a：将传输频段放置在 5 GHz 频率空间；

（2）802.11b：将传输频段放置在 2.4 GHz 频率空间；

（3）802.11d：定义域管理；

（4）802.11e：定义服务质量（QoS）；

（5）802.11f：接入点内部协议（IAPP）；

（6）802.11g：在 2.4 GHz 频率空间取得 54 Mb/s 的最大传输速率；

（7）802.11h：5 GHz 频率空间的功耗管理；

（8）802.11i：定义网络安全性。

在 IEEE 802.11 标准系列中，定义了三种可选的物理层实现方式：①数据速率为 1 Mb/s 和 2 Mb/s，波长在 850～950 nm 之间的红外线（IR）；②运行在 2.4 GHz ISM 频带上的直接序列扩展频谱（Direct Sequence Spread Spectrum，DSSS）方式。它能够使用 7 条信道，每条信道的数据速率为 1 Mb/s 或 2 Mb/s；③运行在 2.4 GHz ISM 频带上的跳频扩展频谱（Frequency Hopping Spread Spectrum，FHSS）方式，数据速率为 1 Mb/s 或 2 Mb/s。目前 802.11 标准的实际应用以使用 DSSS 方式为主。

在 IEEE 802.11 标准系列中，802.11a、802.11b 和 802.11g 是其核心标准。所有的 IEEE 802.11 标准都具有同样的体系结构和同样的 MAC 协议。

1. IEEE 802.11a

IEEE 802.11a 是 802.11 原始标准的一个修订版，于 1999 年获得批准。802.11a 标准采用了与原始标准相同的核心协议，工作频率为 5.8 GHz，使用 52 个正交频分复用（OFDM）副载波，最大原始数据传输率为 54 Mb/s，达到了现实网络中等吞吐量（20 Mb/s）的要求。如果需要的话，数据速率可降为 48、36、24、18、12、9 或者 6 Mb/s。802.11a 拥有 12 条不相互重叠的频道，8 条用于室内，4 条用于点对点传输。它不能与 802.11b 进行互操作，除非使用同时采用两种标准的设备。

在 52 个 OFDM 副载波中，48 个用于传输数据，4 个用于副载波，每一个带宽为 0.3125 MHz（20 MHz/64），可以是二相移相键控（BPSK）、四相移相键控（QPSK）、16-QAM 或者 65-QAM。总带宽为 20 MHz，占用带宽为 16.6 MHz。符号时间为 4 ms，保护间隔为 0.8 ms。实际产生和解码正交分量的过程都在基带中由 DSP 完成，然后由发射器将频率提升到 5 GHz。每一个副载波都需要用复数来表示。时域信号通过逆向快速傅里叶变换产生。接收器将信号降频至 20 MHz，重新采样并通过快速傅里叶变换来获得原始系数。使用 OFDM 的好处包括减少了接收时的多路效应，增加了频谱效率。

2. IEEE 802.11b

1999 年发表的 IEEE 802.11b 也是无线局域网的一个标准，其载波频率为 2.4 GHz，可提供 1 Mb/s、2 Mb/s、5.5 Mb/s 及 11 Mb/s 的多重传输速率。由于这个衍生标准的产生，将原来无线网络的传输速率提升至 11 Mb/s 并可与以太网（Ethernet）相媲美。IEEE 802.11b 有时也被称为无线高保真（WiFi）。实际上，WiFi 是无线局域网联盟（WLANA）的一个商标，该商标仅保障使用它的商品互相之间可以合作，而与标准本身并没有关系。

3. IEEE 802.11g

IEEE 802.11g 于 2003 年 7 月发布，其载波频率为 2.4 GHz（与 802.11b 相同），原始传输速率为 54 Mb/s，净传输速率约为 24.7 Mb/s（与 802.11a 相同）。由于该标准与 IEEE 802.11b 同工作于 2.4 GHz 频带，所以两者相互兼容，可以与原有的 IEEE 802.11b 产品实现正常通信。需要注意的是，IEEE 802.11b 与 IEEE 802.11g 必须借助于无线接入点（AP）才能进行通信，如果只是单纯地将 IEEE 802.11g 和 IEEE 802.11b 混合在一起，彼此之间将无法通信。

在 IEEE 802.11 系列标准中，每个标准都有自身的优势和缺点。802.11a 的优势在于传输速率快（最高 54 Mb/s）且受干扰少；但它的工作频段为 5 GHz，有些国家不开放此频段。802.11b 的优势在于价格低廉，但速率较低（最高 11 Mb/s），它是当前宽带无线接入产品的主流标准。802.11g 价格处于 802.11a 和 802.11b 之间而且速率高，并可向下兼容 802.11b，故有取代 802.11a 的趋势。

5.3.2　IEEE 802.11 无线局域网组成结构

IEEE 802.11 支持基础模式和对等模式两种网络拓扑结构。在基础模式下，所有 IEEE 802.11 收发器都在接入点的直接访问范围内，接入点操作在范围内的所有节点。在对等模式下，IEEE 802.11 收发器可以直接彼此通信，而不需要在其范围内有一个接入点。尽管大多数 IEEE 802.11 收发器都支持点对点模式，但使用较多的是基础模式架构。图 5-11 所示是一种 IEEE 802.11 无线局域网组成结构。在该结构中，WLAN 的最小基本构件是基本服务集（BSS），由接入点（AP）和无线站点组成，通常把 BSS 称为一个单元（Cell）。一个基本服务集 BSS 所覆盖的地理范围称为一个基本服务区（BSA）。基本服务区（BSA）和无线移动通信的蜂窝小区相似。在 WLAN 中，一个基本服务区的范围可以有几十米的直径。

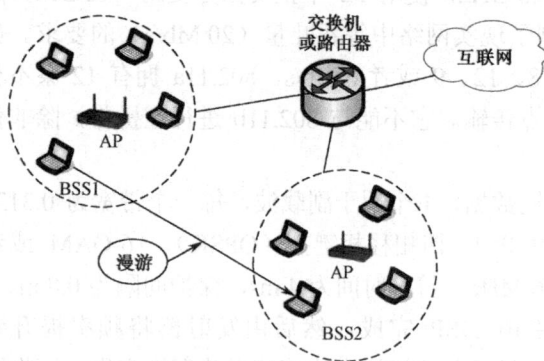

图 5-11　IEEE 802.11 无线局域网组成结构

在 802.11 标准中，基本服务集里面的中央基站（BS）使用了一个新名词，称为接入点（AP）。一个基本服务集可以是单独的，也可通过接入点 AP 连接到一个主干分布式系统（DS），然后再接入到另一个基本服务集，这样就构成了一个扩展的服务集（ESS）。在图 5-11 中展示了 BSS1 和 BSS2 中的 AP，它们与有线骨干网相连，即连接到一个互连设备上（如交换机或路由器），互连设备又连接到互联网中。

与以太网设备类似，每个 IEEE 802.11 无线站点都具有一个 6 B 的 MAC 地址。该地址存储在该站点的无线网卡中，即 IEEE 802.11 网络接口卡的 ROM 中。每个 AP 的无线端口也具有一个 MAC 地址。基于无线 LAN 的移动性，IEEE 802.11 标准定义了以下 3 种节点：

（1）无转移。这种类型的节点可以是固定的，也可以在它所属的 BSS 内节点直接覆盖的通信范围内移动。

（2）BSS 转移。指节点可以在同一个 ESS 中的不同 BSS 之间移动。在这种情况下，节点之间数据的传输需要具有寻址能力来确定节点的新位置。

（3）ESS 转移。指节点从一个 ESS 的 BSS 移动到另一个 ESS 的 BSS。在此情况下，IEEE 802.11 所支持的高层连接并不一定能得到保证，因此 WLAN 提供的服务可能失败。

5.3.3　IEEE 802.11 帧结构

IEEE 802.11 定义了 3 种不同类型的帧：管理帧、控制帧和数据帧。管理帧用于站点与

AP 发生关联或解关联、定时和同步、身份认证以及解除认证；控制帧用于在数据交换时的握手和确认操作；数据帧用来传送数据。MAC 帧头部提供了关于帧控制、持续时间、寻址和顺序控制的信息。每种帧包含用于 MAC 子层的一些字段的头。图 5-12 给出了 IEEE 802.11 的 MAC 数据帧格式，它包括一个 MAC 帧头、有效载荷和一个 CRC 字段。

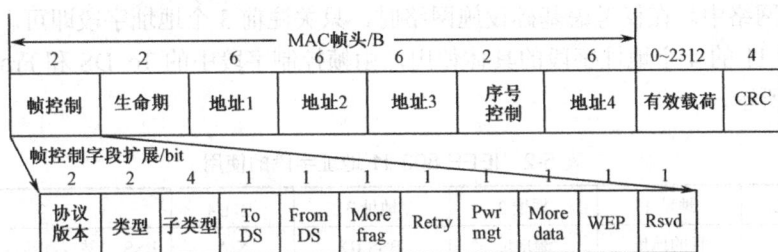

图 5-12　IEEE 802.11 的 MAC 数据帧格式

1. IEEE 802.11 帧控制字段

MAC 帧头部中的帧控制字段长 2 B，包含 11 个子字段。它规定了以下内容：

（1）协议版本。它允许两种版本的协议在同一时间、同一通信单元内运行。IEEE 802.11 当前版本号为 0。

（2）类型字段。该字段用于指明帧类型，管理帧（00）、控制帧（01）和数据帧（10）。

（3）子类型字段。该字段与类型字段一起用于区分关联。例如，若类型=管理，则子类型=关联请求；若类型=控制，则子类型=确认。

（4）To DS 位。To DS 位置 1，表示数据帧是发往通信单元的分布系统（如以太网）。

（5）From DS 位。From DS 位置 1，表示数据帧来自通信单元的分布系统（如以太网）。

（6）更多标识（More frag）位。该位置 1 表示有更多的分段将要传输。

（7）重试（Retry）位。该位用于标记重传先前的帧。在数据帧和管理帧中，重试字段设为 1，表示重传先前的帧，以利于接收端处理重复帧。

（8）功率管理（Pwr mgt）位。该位用来说明站点的电源管理模式是置为休眠状态还是退出休眠状态。

（9）更多的数据（More data）位。该位指明发送端是否还有帧发送给接收端。

（10）等效加密（WEP）位。该位指明帧主体中的信息是否使用了 WEP 算法加密处理。若已加密处理，则 WEP 位置 1。

（11）Rsvd 位。告诉接收端帧序列是否必须严格按照顺序处理。

2. 生命期字段

数据帧的第二个字段是生命期，长度为 2 B，它告诉帧及其应答占用信道的时间。这个字段也可用在控制帧中。

3. 地址字段

MAC 帧头部包含了 IEEE 802 标准格式的 4 个具有 6 B 的 MAC 地址域。前两个地址域表明数据帧的源地址、目的地址。如果一个移动无线站点发送数据帧，该站点的 MAC 地址就被插入在地址 2 字段。类似地，如果一个接入点（AP）发送数据帧，该 AP 的 MAC 地址也被插入在地址 2 字段。地址 1 是要接收数据帧的移动无线站点的 MAC 地址。因此，如果一个移动无线站点传输数据帧，则地址 1 包含该目的 AP 的 MAC 地址。类似地，如果一个接入点传输数据帧，则地址 1 包含该目的无线站点的 MAC 地址。由于数据帧可以通过基站进入或离开一个通信单元，因此地址 3 和地址 4 用来表示跨越通信单元时的源基站地址和目的基站地址。地址 3 在 BSS 和有线局域网互连中起着重要作用。地址 4 用于自组织网络中，而不用于基础设施网络中。在仅考虑基础设施网络时，只关注前 3 个地址字段即可。

IEEE 802.11 的 4 个地址字段的具体使用，由帧控制字段中的 To DS 和 From DS 字段规定，如表 5-2 所示。

表 5-2　IEEE 802.11 地址字段的使用

To DS	From DS	地址 1	地址 2	地址 3	地址 4	含　义
0	0	目的地址	源地址	BSS ID	N/A	BSS 内站点到站点的数据帧
0	1	目的地址	BSS ID	源基站地址	N/A	离开主干分布系统的数据帧
1	0	BSS ID	源地址	目的基站地址	N/A	进入到主干分布系统的数据帧
1	1	接收端地址	发送端地址	目的基站地址	源基站地址	从 AP 发布到 AP 的有线等效加密帧

（1）To DS =0，From DS=0。这种情况对应从 BSS 中的一个站点向同一个 BSS 内的另一个站点传送数据帧。BSS 内的站点通过查看地址 1 字段来获悉数据帧是否是发给本站点的帧。地址 2 字段包含 ACK 帧将被送往的站点地址，地址 3 字段指定 BSS ID。

（2）To DS=0，From DS=1。这种情况对应从 DS 向 BSS 内的一个站点传送帧。BSS 内的站点查看地址 1 字段来了解该帧是否是发给自己的帧。地址 2 字段包含 ACK 帧将被送往的地址，地址 3 字段指定源基站 MAC 地址。

（3）To DS=1，From DS=0。这种情况对应从 BSS 内的一个站点向 DS 传送数据帧。BSS 内的站点包括 AP，查看地址 1 字段来了解该数据帧是否是发给自己的帧。地址 2 字段包含 ACK 帧将被送往的地址，这里是源地址。地址 3 字段指明主干分布系统 DS 将帧发送到的目的基站地址。

（4）To DS=1，From DS=1。这种特殊情况应用于一个在 BSS 之间传送数据帧的无线分布系统（WDS）。地址 1 字段包含了 WDS 中的 AP 内站点的接收端地址，该站点是此帧的下一个预期的直接接收端。地址 2 字段指明 WDS 中的 AP 内正在发送帧并接收 ACK 的站点的目的地址。地址 3 字段指明 ESS 中准备接收帧的站点的目的地址。地址 4 字段是 ESS 中发起帧传送站的源地址。

4. 序号控制字段、有效载荷字段和CRC字段

序号控制字段的长度是 2 B，其中 4 bit 用于指示每个分段的编号，12 bit 用于表示序列号，因此可有 4 096 个序列号。

有效载荷字段包含了帧控制字段中规定的类型和子类型的信息。有效载荷字段是帧的核心，通常由一个 IP 数据包或者 ARP 分组组成。尽管这一字段允许的最大长度为 2 312 B，但通常小于 1 500 B。

最后 4B 是 CRC 字段，用于 MAC 帧头部和有效载荷字段的循环冗余校验（CRC）。

5.3.4　IEEE 802.11 MAC协议

IEEE 802.11 的数据链路层由逻辑链路层（LLC）和介质访问控制层（MAC）两个子层构

成。IEEE 802.11 使用和 IEEE 802.3 完全相同的 LLC 层和 48 位的 MAC 地址，这使得无线和有线之间的连接也非常方便，但 MAC 地址只对无线局域网唯一。

就像在有线 IEEE 802.3 以太网中一样，IEEE 802.11 无线局域网中的站点必须协调好对共享通信介质的访问和使用。但是，在无线局域网中不能简单地搬用 CSMA/CD 技术，这主要有两个方面的原因：一是检测冲突的能力需要首先有同时发送（自己的信号）和接收（用来确定是否有其他站点的传送而干扰了自己的传送）的能力，这样才能实现冲突检测。在无线局域网的设备中要实现这个功能需要花费很高的代价。二是即便它有冲突检测功能，并且在发送时没有侦听到冲突，由于存在隐藏终端等问题，在接收端也还是会发生冲突。这表明冲突检测对无线局域网没有什么作用。

因此，无线局域网不能使用 CSMA/CD，而只能使用改进的带有冲突避免（Collision Avoidance）策略的 CSMA。为此，IEEE 802.11 协议使用了载波侦听多路访问/冲突避免（CSMA/CA）技术。CSMA/CA 的基本思想是：发送端激发接收端，使其发送一个短帧，接收端周围的节点会侦听到这个短帧，从而使它们在接收端有数据帧到来期间不会发送自己的帧，其原理可通过图 5-13 来说明。图 5-13（a）表示站点 A 在向 B 发送数据帧之前，先向 B 发送一个请求发送（RTS）帧，并在 RTS 帧中说明将要发送的数据帧长度。B 收到 RTS 帧后就向 A 响应一个允许发送（CTS）帧，在 CTS 帧中也附上 A 欲发送的数据帧长度（从 RTS 帧中将此数据复制到 CTS 帧中）。A 收到 CTS 帧后就可发送其数据帧了。

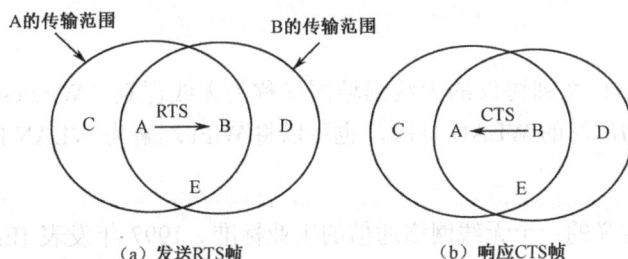

图 5-13　CSMA/CA 协议中的 RTS 帧和 CTS 帧

作为一个例子，下面讨论 A 和 B 两个站点附近的一些站点的行为。站点 C 位于 A 的传输范围内，但不在 B 的传输范围内。因此，C 能够收到 A 发送的 RTS 帧，但 C 不会收到 B 发送的 CTS 帧。这样，在 A 向 B 发送数据时，C 也可发送自己的数据而不会干扰 B（C 收不到 B 的信号，同时 B 也收不到 C 的信号）。对于 D 站，它收不到 A 发送的 RTS 帧，但能收到 B 发送的 CTS 帧。由于 D 知道 B 将要与 A 通信，所以，D 在 A 和 B 通信时的一段时间内不能发送数据，因而不会干扰 B 接收 A 发来的数据。至于站点 E，它能收到 RTS 和 CTS 帧，因此 E 和 D 一样，在 A 发送数据帧和 B 发送确认帧的整个过程中都不能发送数据。可见，CSMA/CA 协议实际上就是在发送数据帧之前，先向信道预约一段时间。

使用 RTS 和 CTS 帧会使整个网络的效率有所下降。但这两种控制帧都很短，长度分别为 20 B 和 14 B，而数据帧最长可达 2 346 B。若不使用这类控制帧，一旦发生冲突而导致数据帧重传浪费的时间会更长。尽管如此，在 CSMA/CA 协议中还是设置了 3 种情况供用户选择：第一种是使用 RTS 和 CTS 帧；第二种是只有当数据帧的长度超过某一数值时，才使用 RTS 和 CTS 帧；第三种情况是不使用 RTS 和 CTS 帧。

虽然 CSMA/CA 协议经过了精心设计，但冲突仍然会发生。例如，当 B 和 C 同时向 A 发送 RTS 帧时，则会发生冲突。这两个 RTS 帧发生冲突后，A 收不到正确的 RTS 帧，因而 A 就不会发送后续的 CTS 帧。这时，B 和 C 像以太网发生冲突那样，各自随机地后退一段时间后再重发其 RTS 帧，后退时间的计算与 IEEE 802.3 一样，采用二进制指数退避算法。

为了尽量减少冲突，IEEE 802.11 设计了图 5-14 所示的 MAC 子层，它包括高、低两个子层。低子层称为分布式协调功能（DCF）子层。DCF 在每个节点使用 CSMA 机制的分布式访问算法，让各个站点通过争用信道来获取发送权，因此 DCF 可向上提供争用服务。高子层称为点协调功能（PCF）子层。PCF 使用集中控制的访问算法（一般在访问点实现集中控制），用类似于轮询的方法将发送权轮流交给各个站点，从而避免了冲突的发生。对于时间敏感的业务（如分组语音），可使用点协调功能（PCF）提供的无争用服务。

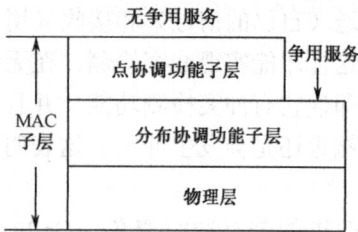

图 5-14　IEEE 802.11 的 MAC 子层

为了尽量避免冲突，IEEE 802.11 还规定了 3 种不同的帧间间隔（IFS），其长短各不相同：①SIFS，即短 IFS，典型的数值只有 10 μs；②PIFS，即点协调功能 IFS，比 SIFS 长，在 PCF 方式中轮询时使用；③DIFS，即分布协调功能 IFS，是最长的 IFS，其典型数值为 50 μs，主要用于 DCF 方式。

5.3.5　WiFi技术

使用 IEEE 802.11 系列协议的无线局域网又称为无线保真（Wireless Fidelity，WiFi）。WiFi 是当前应用最为广泛的 WLAN 标准，也可以将 WiFi 理解为 WLAN 的分支。

1. WiFi简介

WiFi 是 IEEE 定义的一个无线网络通信的工业标准。1997 年发表 IEEE 802.11 的第一个版本，1999 年加上了 IEEE 802.11a 和 IEEE 802.11b 两个补充版本。目前，最新的标准是 2009 年 IEEE 批准的 IEEE 802.11n。在传输速率方面，由目前 802.11a 及 802.11g 提供的 54 Mb/s 提高到了 300 Mb/s，甚至高达 600 Mb/s，信号的覆盖范围也扩大到几平方千米。通常将 IEEE 802.11 标准被统称为 WiFi。

WiFi 实质上是一种商业认证，是由一个名为"无线以太网相容联盟"（Wireless Ethernet Compatibility Alliance，WECA）的组织发布的业界术语。WiFi 为用户提供无线宽带互联网访问服务，如访问电子邮件、Web 和流式媒体等。同时，它也是在居家、办公室或在旅途接入互联网的快捷方式，通过 WiFi 可以将 PC、手持设备（如 PDA、手机）等终端以无线方式互连。

2. WiFi工作原理

WiFi 是一种短距离无线传输技术，使用 2.4 GHz 附近的频段。目前，可使用的标准为 IEEE 802.11a 和 IEEE 802.11b，主要使用 IEEE 802.11b。IEEE 802.11 标准主要定义了介质访问接入控制层（MAC 层）和物理层。物理层定义了工作在 2.4 GHz ISM 频段上的两种无线调频方式和一种红外传输的方式，总数据传输速率设计为 2 Mb/s。两个设备之间的通信可以自由直接（Ad Hoc）的方式进行，也可以在基站（BS）或者访问点（AP）的协调下进行。WiFi 连接点网络成员及其结构如下：

（1）站点：网络最基本的组成部分。最简单的服务单元（BSS）可以只由两个站点组成。站点可以动态地连接到基本服务单元中。

（2）分配系统（DS）：用于连接不同的基本服务单元，所使用的传输介质在逻辑上与基本服务单元使用的传输介质是截然分开的，尽管它们物理上可能会是同一个传输介质，如同一个无线频段。

（3）接入点（AP）：既有普通站点的身份，又有接入到分配系统的功能。

（4）扩展服务单元（ESS）：由分配系统和基本服务单元组合而成。

（5）关口（Portal）：用来将无线局域网和有线局域网或其他网络联系起来。

简言之，WiFi 是由 AP 和无线网卡组成的网络。任何一台装有无线网卡的 PC 均可通过 AP 分享有线局域网络甚至广域网络的资源，其工作原理相当于一个内置无线发射器的 Hub 或路由器，而无线网卡则是负责接收由 AP 所发射信号的客户端设备。

3. WiFi技术特点

WiFi 以其自身诸多优点而受到人们推崇。

（1）无线电波的覆盖范围广。WiFi 的半径可达 100 m，适合办公室及单位楼层内部使用。在开放性区域，通信距离可达 305 m；在封闭性区域，通信距离为 76～122 m，方便与现有的有线以太网络整合，组网的成本更低。

（2）速度快，可靠性高。IEEE 802.11b 无线网络规范是 IEEE 802.11 网络规范的变种，其最高带宽为 11 Mb/s，在信号较弱或有干扰的情况下，带宽可调整为 5.5 Mb/s、2 Mb/s 和 1 Mb/s。带宽的自动调整，有效地保障了网络的稳定性和可靠性。

（3）无须布线。WiFi 最主要的优势在于不需要布线，可以不受布线条件的限制，因此非常适合移动办公用户的需要，具有广阔的市场前景。目前，它已经从传统的医疗保健、库存控制和管理服务等特殊行业向更多行业拓展开去，甚至开始进入家庭以及教育机构等领域。

（4）健康、安全。IEEE 802.11 规定的发射功率不可超过 100 mW，实际发射功率约为 60～70 mW，手机的发射功率在 200 mW 至 1 W 之间，手持式对讲机高达 5 W，而且无线网络使用方式并非像手机直接接触人体，是绝对安全的。

WiFi 的不足主要是因其芯片的热点覆盖范围小，在快速移动情况下信号质量不好、空口数据本身没有安全保证、信号的稳定性不好等方面。

4. WiFi技术应用

由于 WiFi 的频段在世界范围内是无须提供任何电信运营执照的免费频段，因此 WLAN 无线设备提供了一个世界范围内可以使用的、费用极其低廉且带宽极高的无线空中接口。用户可以在 WiFi 覆盖区域内快速上网，随时随地接听和拨打电话。几乎在世界各处，都可以使用 WiFi。家用 WiFi 网络能把多台计算机互相链接，以及链接到外围设备和互联网。WiFi 网络已经出现在人群聚集的繁忙地点，如咖啡店、旅馆、机场休息室等场所。这也是 WiFi 服务迅速发展的方向。WiFi 网络已经覆盖市中心，甚至主要高速公路，使旅客们能到处停步以便上网。WiFi 技术作为现有通信方式的一种重要补充，与其他通信方式结合使用，大大提高了人们的生活质量。

5.3.6　无线局域网的构建

无线局域网不仅能满足移动和特殊应用领域的需求，还能覆盖有线网络难以涉及的范围。目前，无线局域网已成为局域网应用的一个热点问题。

1. WLAN的组网模式

常见的 WLAN 组建分为独立无线网络和混合无线网络两种类型，其中独立无线网络是指所有网络都使用无线通信。对于独立无线网络的组建方式，通常采用无线对等网络和借助无线 AP 构建无线网络等组网方式。在使用无线 AP 时，所有客户端的通信都要通过 AP 来转接。所谓混合无线网络，是指在网络中同时存在着无线和有线两种模式，其基本结构方式是通过 AP 或无线路由器将有线网络扩展到无线网络。

1）点对点模式无线网络

采用点对点（Point to Point）模式组建的无线网络是无中心拓扑结构，各主机之间没有中心节点，不分服务器和客户机，故也称为对等无线网络。

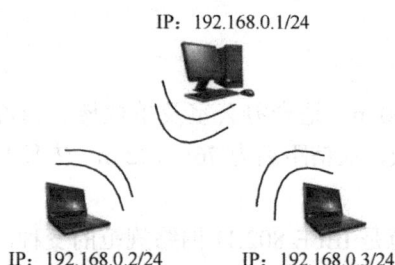

IP: 192.168.0.1/24

IP: 192.168.0.2/24   IP: 192.168.0.3/24

图 5-15　点对点模式无线网络

点对点模式无线网络只要有无线网卡即可组成局域网，这是最简单的无线网络组建方式，可以实现多台计算机的资源共享。但是，点对点模式中的一个节点必须能同时"看"到网络中的其他节点，否则就认为网络中断，因此对等网络只能用于少数用户的组网环境，如 3～5 个用户。点对点模式的无线网络如图 5-15 所示，其工作原理类似于有线对等网的工作方式。它要求网中任意两个站点间均能直接进行信息交换，每个站点既是工作站，也是服务器。此结构的无线局域网一般使用公用广播信道，其MAC层采用CSMA类型的多址接入协议。

点对点模式无线网络的优点是省略了一个无线 AP 的投资，仅需要为台式机购置一块 PCI 或 USB 接口的无线网卡。当然，如果便携式计算机没有内置的 Mini-PCI 无线网卡，还需要为它添置一块 Mini-PCI 接口或 PCMCIA 接口的无线网卡。

点对点模式无线网络的最大缺点是各用户之间的通信距离较近，而且对墙壁的穿透能力差，通常两台计算机之间的距离不要超过 30 m，相隔的墙壁也不要超过两堵，否则信号衰减会很大，稳定性也差。另一个缺点是便携式计算机必须通过另一台式机已经联入互联网，因此，台式机必须保持开机状态便携式计算机才可以上网。

在组建点对点模式无线网络时，一定要根据房间结构来设置提供上网服务的台式机的位置，尽量选择信号穿墙少的房间。为改善信号质量，可以给台式机的 PCI 网卡加装外置的全向天线。另外，两块网卡的速度最好是一样的，假如一台计算机采用了 54 Mb/s 的无线网卡，那么另一台就不要使用 11 Mb/s 的网卡；因为只要两块网卡当中有一方只支持 11 Mb/s 的速度，那么整个无线网络都将速率自动降为 11 Mb/s，这显然是不合算的。

点对点模式无线网络一般应用于网络规模较小、连接情况比较简单的情形，如 SOHO 网络等。

2）基础结构模式无线网络

在具有一定数量用户或是需要建立一个稳定的无线网络平台时，一般采用以无线接入点（AP）为中心的模式，将有限的"信息点"扩展为"信息区"，这种模式也是无线局域网最为普通的构建模式，即基础结构模式。在基础结构模式网络中，要求有一个无线固定基站充当中心站，所有节点对网络的访问均由其控制。在这种无线局域网中，具有无线网卡的无线终端以 AP 为中心，通过无线网桥（AB）、无线接入网关（AG）、无线接入控制器（AC）和无线接入服务器（AS）等，将无线局域网与有线网络连接起来，可以组建多种复杂的无线局域网接入网络，实现无线移动接入。基础结构模式的无线网络如图 5-16 所示，它将大量移动用户连接至有线网络，单个 AP 能够覆盖几个到几十个用户，覆盖半径达上百米，能够为移动用户提供灵活的接入。

例如，若要在会议室临时要举行一个会议，此会议室是旧式建筑，装修时没有考虑到网络布线，该会议室有一台 PC，采用 ADSL 方式接入 Internet 网络，与会者成员 6 人，每人一台笔记本电脑，则利用无线 AP 组建办公局域网的网络结构如图 5-17 所示。

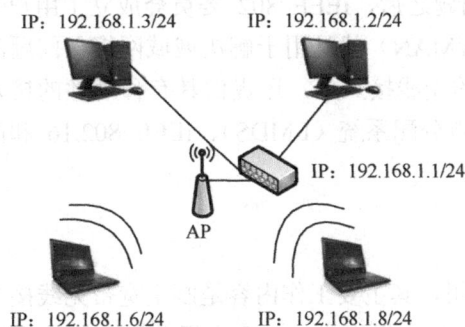

图 5-16　基础结构模式的无线网络　　　　图 5-17　无线 AP 网络结构

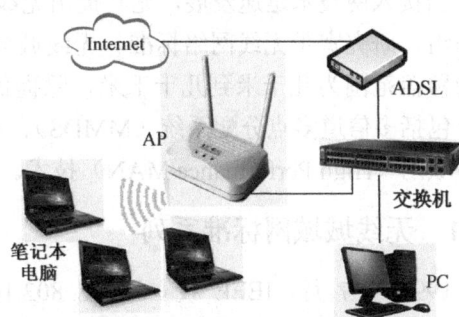

目前，许多公司开始利用 WLAN 的方式提供移动互联网接入，在宾馆、机场候机大厅等地区架设 WLAN，然后通过 DSL 或 FTTx 等方式接入互联网，为人们提供无线上网条件。

虽然无线网络有诸多优势，但与有线网络相比，无线局域网也存在一些不足，例如：网络速率较慢，价格较高，数据传输的安全性有待进一步提高。因此，无线局域网目前主要还是面向有特定需求的用户，作为对有线网络的一种补充。但也应该看到，随着性价比的不断提高，无线局域网设备将会在未来发挥更加重要和广泛的作用。

2. WLAN采用的传输介质

无线局域网采用的传输介质是红外线（Infrared）或无线电波（RF）。红外线的波长是 750 nm～1 mm，是频率高于微波而低于可见光的电磁波，是人的肉眼看不见的光线。利用红外线进行数据传输就是视距传输，对邻近的类似系统不会产生干扰，也很难窃听。红外数据协会（IRDA）为了使不同厂商的产品之间获得最佳的传输效果，规定了红外线波长范围为 850～900 nm。无线电波一般使用 3 个频段：L 频段（902～928 MHz）、S 频段（2.4～2.4835 GHz）和 C 频段（5.725～5.85 GHz）。S 频段也称为工业科学医疗（ISM）频段，大多数无线产品使用该频段。

3. WLAN的应用范畴

WLAN 是计算机网络与无线通信技术相结合的产物，它可以提供有线局域网的功能，能够使用户真正实现随时、随地、随意的宽带网络接入。WLAN 的最高数据传输速率目前已经达到 54 Mb/s（802.11g），传输距离可远至 20 km 以上。它不仅可以作为有线数据通信的补充和延伸，而且还可以和有线网络环境互为备份。WLAN 的应用较为广泛，其应用场合主要包括以下几个方面：

（1）多个普通局域网与计算机的互联；

（2）多个控制模块（Control Module，CM）通过有线局域网的互联，每个控制模块又可支持一定数量的无线终端系统；

（3）具有多个局域网的大楼之间的无线连接；

（4）为具有无线网卡的便携式计算机、掌上电脑、手机等提供移动无线接入；

（5）无中心服务器的某些便携式计算机之间的无线通信。

5.4 无线城域网

当接入网技术迅速发展，尤其提出无线接入问题之后，IEEE 802 委员会成立了用户专门工作组，研究宽带无线网络标准。无线城域网（WMAN）就是用于解决城域网接入问题的，它的覆盖范围为几千米到几十千米，除提供固定的无线接入外，还提供具有移动性的接入能力，包括多信道多点分配系统（MMDS）、本地多点分配系统（LMDS）、IEEE 802.16 和高性能城域网（High Performance MAN）技术。

5.4.1 无线城域网标准系列

1999 年 7 月，IEEE 设立 IEEE 802.16 工作组，其主要工作内容是制定宽带无线接入标准，包括空中接口及其相关功能标准。它由三个工作小组组成，每个小组分别负责不同的工作：IEEE 802.16.1 负责制定频率为 10～60 GHz 的无线接口标准；IEEE 802.16.2 负责制定宽带无线接入系统共存方面的标准；IEEE 802.16.3 负责制定频率范围在 2～10 GHz 之间获得频率使用许可应用的无线接口标准。

2001 年 12 月，IEEE 颁布了 IEEE 802.16 标准，对 2～66 GHz 频段范围内视距传输的固定宽带无线接入系统的空中接口物理层和 MAC 层进行了规定。2002 年，IEEE 又通过了802.16c，对 2001 年颁布的 802.16 标准进行了修订和补充。2003 年 IEEE 发布了 802.16a 标准，对 2～11 GHz 许可/免许可频段非视距传输的固定宽带无线接入系统的空中接口物理层和MAC 层进行了定义。2004 年 10 月，IEEE 又颁布了 802.16d（IEEE 802.16—2004）标准，整合并修订了之前颁布的 802.16、802.16a 和 802.16c 标准。802.16d 规定了支持多媒体业务的固定宽带无线接入系统的空中接口标准，包括统一的结构化 MAC 层以及支持的多个物理层标准。2005 年 12 月，IEEE 通过了 802.16e 标准，该标准规定了可同时支持固定和移动宽带无线接入的系统，工作在低于 6 GHz 的适宜于移动性的许可频段，可支持用户终端以车辆行驶速度移动，同时 802.16d 规定的固定无线接入能力并不因此受到影响。另外，IEEE 还通过了802.16f、802.16g、802.16k 等标准，以及一致性标准和共存问题标准，并成立了任务组研究802.16j 和 802.16m 等标准。

IEEE 802.16a 标准明确定义了三种无线数据传输方式：第一种是单载波方式，这是为特殊需求的网络所保留的部分；第二种是经由 256 个载波的 OFDM 方式；第三种是使用2 048 个载波的特殊 OFDMA 方式，用于搭配选择性的多点传输、阶梯状网络的进阶多路传输。

IEEE 802.16a 对特许和非特许频段的通信作了明确规定，在特许频段内可以使用单载波调制或正交频分复用。在各种管理环境和部署环境确定的情况下，经营特许频段业务的运营商可以选用一种模式定制其解决方案。至于非特许频谱采用哪一种模式尚无标准，但就 IEEE

802.16a 标准而论，目前的修正草案规定用 OFDM 模式。在非特许频谱通信时，无线城域网之间以及无线城域网与无线局域网等其他通信业务之间会产生干扰。作为解决这个问题的一个办法，802.16a 修正草案为非特许频谱规定了动态频率选择，并支持有些用户台可绕过基站，与其他转发数据的用户台进行通信，从而扩大了蜂窝覆盖范围。

与 IEEE 802.16 标准工作组对应的论坛为 WiMAX，它与致力于推广应用 IEEE 802.11 标准的 WiFi 联盟类似，致力于 IEEE 802.16 标准的推广与应用。表 5-3 给出了 IEEE 802.16 系列标准主要参数比较。

表 5-3　IEEE 802.16 系列标准主要参数比较

	IEEE 802.16	IEEE 802.16a	IEEE 802.16d	IEEE 802.16e
发布时间	2001 年 1 月	2003 年 1 月	2004 年 10 月	2006 年 2 月
使用频段/GHz	10～66	<11	10～66<11	<6
信道条件	视距	非视距	视距＋非视距	非视距
固定/移动	固定	固定	固定	移动＋漫游
信道带宽/MHz	1.75～20	1.25～20	1.25～20	1.25～20
传输速率/(Mb/s)	32～134	75	75	30
额定小区半径/km	<5	5～10	5～15	几公里

5.4.2　IEEE 802.16 协议体系结构

IEEE 802.16 协议体系结构可细分为物理（PHY）层和介质访问控制（MAC）层，分别对应 OSI 参考模型中的物理层和数据链路层。它定义了宽带无线接入系统的空中接口部分，包括 MAC 层和物理层功能，以及毫米波频率范围、点到多点（PMP）拓扑结构、用户站（SS）和基站（BS）。其中，MAC 层可支持多种物理层，这些物理层做了优化以支持多个应用频带。该标准还包含了一个特殊的可广泛应用于 10～66 GHz 频段之间各种系统的物理层实现方案。IEEE 802.16 标准的协议分层结构如图 5-18 所示。

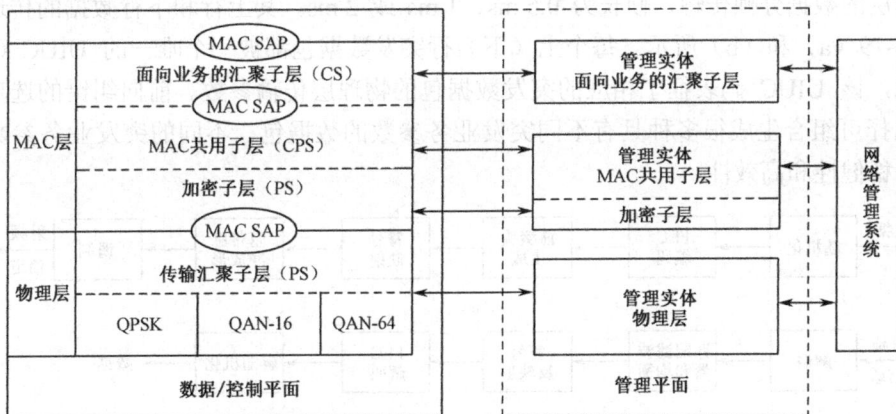

图 5-18　IEEE 802.16 标准的协议分层结构

在物理层之上是介质访问控制（MAC）层，在该层 IEEE 802.16 主要规定了为用户提供服务所需的各种功能。它主要负责将数据封装成帧来进行传输，并对用户如何接入到共享的无线介质进行控制。

1. IEEE 802.16 物理层

IEEE 802.16 物理层（PHY）由传输汇聚子层（TCL）和物理媒质依赖子层（PMD）组成。物理层支持和信道信息管理部分负责 MAC 层与 PHY 层之间的协调交互。

IEEE 802.16 技术可以应用的频段非常宽，包括 10～66 GHz 频段、11 GHz 以下许可频段和 11 GHz 以下免许可频段。在采用点对多点（PMP）方式的 IEEE 802.16 网络中，基站（BS）生成下行链路分配映射表（DLMAP）和上行链路分配映射表（ULMAP）。DLMAP 或 ULMAP 中的下行区间使用码（DIUC）和上行区间使用码（UIUC）字段指明每个下行或上行突发块（Burst）采用的调制编码方式。MAC 层负责将协议数据单元（PDU）串联成突发块，递交到物理层进行发送。用户站（SS）可以通过 BS 周期性发送的下行信道描述（DCD）、上行信道描述（UCD）管理信令获得 DIUC 和 UIUC 所对应的具体调制编码方式。SS 通过测距（Ranging）过程进行功率、时延和频偏的调整。

物理层的上行链路采用 TDMA 和 DAMA 混合接入方式，上行信道分为许多个微时隙（Mini-slot），由 MAC 层控制这些微时隙的分配，根据用户的不同需求分配时隙，更好地利用上行信道资源。上行数据的传送方式有下列 3 种：①在初始维护阶段，数据以竞争方式传输；②在响应多播和广播查询的请求间隔预留阶段，数据也以竞争方式传输；③一般情况下，数据按分配的时间间隙传输。

物理层的下行链路一般采用 TDM 方式，发送给每个用户站（SS）的下行数据被复用成一串数据流，数据按照稳健性降序排列，在同一扇区的每个 SS 根据 MAC 报头中的目的地址接收发送给自己的数据。对于发送给半双工 FDD 方式的 SS，下行数据的传输采用 TDMA 方式，每个 TDMA 数据部分前面都有前缀，主要是为了防止 SS 失去同步。

IEEE 802.16 物理层定义了时分双工（TDD）和频分双工（FDD）两种方式。这两种方式都使用突发数据传输格式，这种传输机制支持自适应的突发业务数据，传输参数（调制方式、编码方式、发射功率等）可以动态调整，但是需要 MAC 层协助完成。FDD 既支持全双工的用户站，也支持半双工的用户站，但是支持半双工 FDD SS 会增加系统调度的复杂性。

物理层的数据分帧传输，帧长为 0.5 ms、1 ms 或 2 ms。其上行和下行数据的传送流程分别如图 5-19（a）和（b）所示。每个上（下）行突发数据包都被一个唯一的 UIUC（DIUC）码所标识，该 UIUC 码表征了相应的突发数据包的物理层传输参数。前向纠错的选项和调制方式的选择可组合生成很多种具有不同突发业务参数的数据包，不同的突发业务参数有着各自不同的稳健性和高效性。

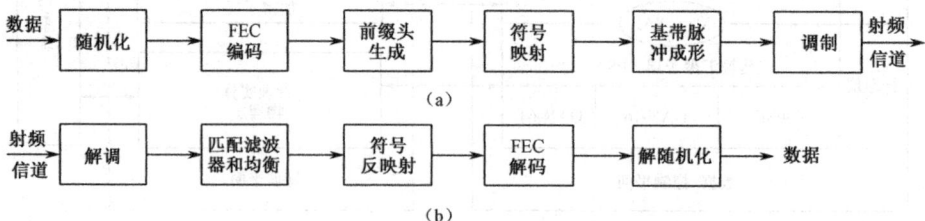

图 5-19 上行（a）和下行（b）数据传送流程图

IEEE 802.16 标准定义的不同调制方式下，不同信道带宽所带来的不同传输速率如表 5-4 所示。

表 5-4　IEEE 802.16 中定义的物理层多种数据传输速率

信道带宽/MHz	符号率/MBaud	比特率/（Mb/s）		
		QPSK	QAM-16	QAM-64
20	16	32	64	96
25	20	40	80	120
28	22.4	44.8	89.6	134.4

2. IEEE 802.16 MAC 层

IEEE 802.16 的 MAC 层包括 3 个子层：①面向业务的汇聚子层（CS）；②MAC 共用子层（CPS）；③加密子层（PS）。CS 子层负责和高层接口，汇聚上层的不同业务。对于 IEEE 802.16 来说，能提供的服务包括数字音频/视频广播、数字电话、异步传输模式（ATM）、互联网接入、电话网络中无线中继和帧中继等。802.16 标准中定义了两种类型的汇聚子层，即 ATM 汇聚子层和数据包汇聚子层，其主要作用就是对上层的 SDU 进行分类，把它们和适当的 MAC 连接对应起来，确保不同业务的服务质量（QoS）。MAC 共用子层（CPS）是 MAC 层的主体，可分为数据平面和控制平面。在 CPS 中实现了绝大部分功能，包括：寻址与连接、帧格式定义、MPDU 的构造与发送、自动重发请求（ARQ）机制、调度服务、带宽分配与请求机制、物理层支持、竞争解决方案、入网与初始化、校准（测距）、信道描述符的更新、多播连接的建立、QoS 等。加密子层（PS）负责 MAC 层认证和加密功能，提供基站和用户站之间的保密性，它包括两部分：一是加密封装协议，负责空中传输的分组数据的加密；二是密钥管理协议（PKM），负责基站到用户站之间密钥的安全发放。

1）MAC 层的主要特点

MAC 层最显著的特点是基于"连接"的，即所有用户站的数据业务以及与此相联系的 QoS 要求，都是在"连接"的范畴中实现的。每一个"连接"均由一个连接标识符（16 bit）来唯一地标识。一个用户站注册后，"连接"以及伴随着的服务流就被提供给这个用户站而且当用户的业务需要改变时，也可以新建一个"连接"。"连接"一旦建立起来，当需要维护时，维护要求则随着连接的业务类型不同而改变。当然，当用户的业务合约改变时，"连接"也可以被终止。与"连接"紧密相连的服务流概念则定义了在"连接"上传输的 PDU（协议数据单元）的 QoS 参数，一个"连接"分配一个服务流，服务流也可以与带宽分配过程联系在一起。

一般来说，从基站到用户站以及从用户站到桌面将使用完全不同的物理层，标准中 MAC 层的设计能够很好地协调不同物理层间的衔接，提供满意的 QoS。如果将 MAC 功能稍加扩充，它可以支持缓慢的移动。

2）MAC 层数据格式

MAC 层的核心部分是共用子层（CPS），它通过 MAC SAP 接收来自汇聚子层（CS）的数据，形成 MAC CPS 层的 SDU（服务数据单元）数据包。数据包的长度视上层数据来源而定，可为固定长度，也可为变长度。SDU 数据包可以被拆分，也可以与其他一个或数个 SDU 数据包合并为一个新的 MAC CPS 层的 PDU 数据包，并把这些数据分类到特定的"连接"上，以保证相应的 QoS。MAC PDU 的数据格式如图 5-20 所示，每个 PDU 以一个固定长度的 MAC 头（长为 6 B）开始，载荷部分可以包括一个或多个子头，载荷部分长度可变，取决于高层数据类型。

一般MAC头	载荷（可选）	CRC（可选）

图 5-20　MAC PDU 的数据格式

通过 MAC PDU 的数据格式，既可以传输普通数据，也可以传输基站与用户站之间的管理信息。在 IEEE 802.16 标准中定义了两种类型的 MAC 头：一种是一般的 MAC 头，另一种是带宽请求 MAC 头，长度均为 6 B。带宽请求 MAC 头单独发送，后面不携带数据载荷。载荷中的 MAC 子头可分为下面 3 种类型：拆分子头、打包子头和带宽分配管理子头，以区别载荷数据的格式。

3）MAC 层管理信息

共用子层（CPS）中共定义了 29 种管理信息，用于上下行信道描述、系统接入、注册、连接建立、资源申请、动态服务管理、接入认证等。其中，上下行信道描述信息 UCD、DCD、DL–MAP 和 UL–MAP 以广播形式发送，每个 SS 站均进行接收。上下行管理信息传送 CID 共有 5 种类型：广播、初始、基本、基本管理和第二类管理连接。连接类型不同，相应的管理信息传送的 QoS 也不同。基站（BS）与用户站（SS）之间通过互相发送管理信息，取得充分的协商，以获得最优化"连接"的性能。

MAC 层的管理信息种类决定了其性能，在已公布的 IEEE 802.16 标准中还预留了部分管理信息域空间，可增补新的管理信息，以增强未来 MAC 层的功能。

4）带宽分配和服务质量

为了简化带宽分配机制，MAC 层预先规定了 4 种上行基本业务。通过这 4 种上行预定业务及相伴随的 QoS，BS 可以预期上行数据的吞吐量及处理时间，并在适当的时间提供查询或分配带宽。在建立某个特定"连接"时，要通过协商确定该"连接"的上行预定业务的类型。

这 4 种上行预定基本业务是：非请求的带宽分配业务（UGS）、实时查询业务（rtPS）、非实时查询业务（nrtPS）和 BE（尽力而为）业务。每一个基本业务都被剪辑，以适应特定的数据流类型。UGS 是指具有固定数据包的一类业务，如 ATM 的 CBR 业务、T1/E1 及 VoIP 等业务；rtPS 业务有 MPEG 视频信号的传送；nrtPS 业务有高带宽的 FTP；BE 业务则意味着尽可能地传送数据，允许 SS 使用竞争请求机制。

除了不可压缩的恒定比特率的 UGS 业务之外，可在数据传输过程中增加或减少带宽分配，按需分配多址接入（DAMA）则定义了按需要分配带宽资源的机制。当一个 SS 需要为 BE 业务请求增加带宽时，它将向 BS 发送一个信息，BS 则按 DAMA 方式分配相应的带宽资源。

IEEE 802.16 的 QoS 机制定义了数据在空中传输的先后次序和传输方案，对数据提供 QoS 意味着将传输该数据的"连接"与一特定的服务流（SF）联系在一起。QoS 参数集可包括延迟时间、抖动、吞吐量保证等参数。SF 是一个无方向的数据流，是 MAC 层的一个传输服务，BS 和 SS 按照 SF 提供相应的 QoS。

5）加密子层

IEEE 802.16 标准在 MAC 层中定义了一个加密子层，提供 SS 与 BS 之间的机密性。它包括两部分：一是加密封装协议，负责空中传输的分组数据的加密，包括加密算法以及算法在 MAC PDU 分组数据中的应用规则。加密只针对 MAC PDU 中的负荷部分，MAC 头不加密，MAC 层中的所有管理信息在传输过程中也不加密。二是密钥管理协议（PKM），负责 BS

到 SS 之间密钥的安全分发、密钥数据的同步以及业务接入的认证。通过使用基于数字证书的认证方式，进一步加强了 PKM 的安全性能。

PKM 采用服务器/客户机模型，一个 SS（即 PKM 的客户）从 BS（即 PKM 的服务器）那里获得授权以及密钥材料，PKM 支持周期性的重新授权和密钥更新机制。PKM 使用 X.509 数字证书、RSA（Rivest-Shamir-Adleman）公钥加密算法和强对称算法进行 BS 与 SS 之间的密钥交换。

在初始认证阶段，BS 对 SS 客户进行认证。只有通过认证的 SS，才被允许接入网络。SS 携带一个由 SS 制造商所签发的独一无二的 X.509 证书。该数字证书中包括 SS 的公钥、SS 的 MAC 地址等其他信息。BS 验证 SS 的数字证书之后，使用所获得的 SS 公钥加密（AK）信息，并回传给 SS。事实上，此时 BS 与 SS 之间建立了一个共享的安全（秘密）通道，这个通道随后用于数据加密密钥（TEK）的分发。安全联盟（SA）则定义了一个 BS 与多个 SS 之间共享的安全通道的属性。SA 有 3 种类型：Primary、Static 和 Dynamic。

所有的 SS 都有一个制造商安装的公/私密钥对；或者由制造商提供一个内部算法，以动态地产生这样的密钥对。在后一情况下，在 SS 发送 AK 请求信息前，必须先产生 RSA 密钥对。所有密钥请求、响应信息的交换，均使用 MAC 层中的 PKM-REQ、PKM-RSP 管理信令对来实现。

通过该加密子层的定义，可以防止克隆的 SS 伪装成合法用户接入网络，X.509 证书的使用则可防止克隆的 SS 提交伪造的证书给 BS。SS 的 X.509 证书通常由 SS 的制造商来签发，制造商的 CA（Certificate Authority）通常又由更高层的 CA 来签发，以在网络运营商与制造商之间建立一个 CA 信任链。

IEEE 802.16 加密协议的制定主要根据 DOCSIS BPI＋中的密钥管理协议，但是其功能被进一步增强，以便与 MAC 层协议"无缝"连接。

5.4.3 WiMAX网络的组建

随着多媒体通信技术的发展，人们需要一种更高速率、更大覆盖率以及具有移动性的宽带无线接入方式，IEEE 802.16 就是这样一种宽带无线接入（Broadband Wireless Access）技术。它通过接入核心网向用户提供业务，核心网通常采用基于 TCP/IP 协议的网络。

1. IEEE 802.16 与WiMAX

IEEE 802.16 又称为 IEEE Wireless MAN 空中接口标准，是适用于 2～66 GHz 的空中接口规范。由于它所规定的无线接入系统覆盖范围可达几十千米，因此 802.16 系统主要应用于城域网。根据使用频段高低的不同，802.16 系统可分为应用于视距和非视距两种系统，其中使用 2～11 GHz 频段的系统应用于非视距范围，而使用 10～66 GHz 频段的系统应用于视距范围。根据是否支持移动特性，IEEE 802.16 标准系列又可分为固定宽带无线接入空中接口标准和移动宽带无线接入空中接口标准，其中的 802.16、802.16a、802.16d 属于固定无线接入空中接口标准，而 802.16e 属于移动宽带无线接入空中接口标准。

为了推广基于 IEEE 802.16 和欧洲电信标准组织（ETSI）高性能无线城域网（Hiper MAN）协议的宽带无线接入设备，并且确保它们之间的兼容性和互操作性，2001 年 4 月，由业界宽带无线接入和芯片制造商，包括 Intel、奥维通、Airspan Networks、诺基亚、Proxim、Redline and Aperto Networks、AT&T 等 100 多家生产、运营商成立了一个称为"微波接入的全球互通"的非营利性工业贸易联盟,即 WiMAX 论坛,目的是对以 IEEE 802.16 系列宽带无线接入标准为基础的产品的互通性进行测试和认证,以保证市场上设备的部件是标准化的。WiMAX 技术的出现正好满足了人们对于无线互联网的需求。如果说无线局域网技术解决了"最后一百米"的接入问题,那么 WiMAX 技术则是"最后一千米"接入的最佳解决方案。

目前,IEEE 802.16 标准及相应的 WiMAX 测试规范主要还是针对无线空中接口技术,所明确的内容也只是涉及开放系统互连(OSI)参考模型中的物理层、介质访问控制层(MAC),并没有明确 WiMAX 网络的组网技术和方案。但基于 IEEE 802.16 系列标准的 WiMAX,其优势非常明显:实现的几十千米无线信号的传输距离是无线局域网所不能比拟的;网络覆盖面积是 3G 发射塔的 10 倍,只要建设少数基站就能实现全城覆盖,使得无线网络应用范围大大扩展;提供的接入速度达 70 Mb/s(14 MHz 载波),使无线网络的接入速度有了一个很大的提高。IEEE 802.16 的出现大大推动了宽带无线接入技术在全球的发展。

2. WiMAX网络系统组成

IEEE 802.16 在标准中提供了对两种组网模式的支持:点对多点(PMP)组网和网格(Mesh)组网。由于 IEEE 802.16 是针对宽带无线接入和分组交换城域网提出的标准,所以在组网时必须体现宽带、无线接入、分组交换、城域网应用等特点。鉴于 WiMAX 基于 IEEE 802.16 技术标准,推荐采用 PMP 方式组网。

参照通用无线通信体系结构,WiMAX 网络的一种典型 PMP 组网方式如图 5-21 所示。这个 WiMAX 网络系统包括 WiMAX 终端、接入网和核心网三部分。根据所采用的标准以及应用场景不同,WiMAX 终端包括固定(802.16-2004)、漫游和移动(802.16e)三种类型。WiMAX 接入网主要指无线基站,需要支持无线资源管理等功能,有时为了方便与其他网络互联互通,还需要包含认证和业务授权(ASA)服务器。WiMAX 核心网主要用于解决用户认证、漫游等功能以及 WiMAX 网络与其他网络之间的接口。

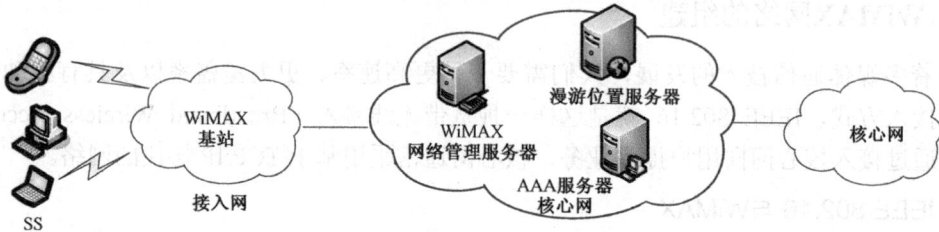

图 5-21 WiMAX 网络的典型 PMP 组网方式

3. IEEE 802.16 技术特点

IEEE 802.16 技术是宽带无线接入技术,通过接入核心网向用户提供业务。其中核心网通常采用基于 TCP/IP 协议的网络。IEEE 802.16 技术可以应用的频段非常宽,包括 10~66 GHz 频段、11 GHz 以下许可频段和 11 GHz 以下免许可频段。

IEEE 802.16d/e 的物理层有单载波、正交频分复用(OFDM)和正交频分多址(OFDMA)3 种技术可供选用。其中,单载波主要是为了兼容 10~66 GHz 频段的视距传输(OFDM 和 OFDMA 只用于大于 11 GHz 的频段)而给出的。IEEE 802.16d OFDM 物理层采用 256 个子载波,OFDMA 物理层采用 2 048 个子载波,信号带宽为 1.25~20 MHz 可变。IEEE 802.16e 对 OFDMA 物理层进行了修改,使其可支持 128、512、1 024 和 2 048 共 4 种不同的子载波数，但子载波间隔不变，信号带宽与子载波数成正比。这种技术称为可扩展的 OFDMA（Scalable OFDMA）。采用这种技术，系统可以在移动环境中灵活适应信道带宽的变化。IEEE 802.16 技术在不同的无线参数组合下可以获得不同的接入速率。以 10 MHz 载波带宽为例，若采用 OFDM-64QAM 调制方式，除去开销，单载波带宽可以提供约 30 Mb/s 的有效接入速率。IEEE 802.16 标准适用的载波带宽范围从 1.75 MHz 到 20 MHz 不等，在 20 MHz 信道带宽、QAM-64 调制的情况下，传输速率可达 74.81 Mb/s。

IEEE 802.16d/e 标准支持全 IP 网络层协议，IEEE 802.16d/e 设备可以作为一个路由器接入现有的 IP 网络。同时，IEEE 802.16 协议也可以通过一个 ATM 汇聚子层将 ATM 信元映射到 MAC 层，这意味着 WiMAX 支持与 3G 系统的互通和融合。IEEE 802.16 标准在 MAC 层定义了较为完整的服务质量（QoS）机制，可以根据业务的需要提供实时、非实时的不同速率要求的数据传输服务。MAC 层针对每个连接可以分别设置不同的 QoS 参数，包括速率、时延等指标。为了更好地控制上行数据的带宽分配，标准还定义了主动授权业务（UGS）、实时轮询业务（rtPS）、非实时轮询业务（nrtPS）和尽力传输业务（BE）4 种不同的上行带宽调度模式。同时，IEEE 802.16 系统采用了根据连接的 QoS 特性和业务的实际需要来动态分配带宽的机制，这不同于传统移动通信系统所采用的分配固定信道的方式，因而具有更大的灵活性，可以在满足 QoS 要求的前提下尽可能地提高资源的利用率，能够更好地适应 TCP/IP 协议体系所采用的分组交换方式。

在多址方式方面，IEEE 802.16d/e 上行采用时分多址（TDMA），下行采用时分复用（TDM）来支持多用户传输。另一种采用的多址方式是 OFDMA，以 2 048 个子载波的情况为例，系统将所有可用的子载波分为 32 个子信道，每个子信道包含若干子载波。多用户多址采用与跳频类似的方式实现，只是跳频的频域单位为一个子信道，时域单位为 2 或 3 个符号周期。

在调制技术方面，IEEE 802.16d/e 支持的最高阶调制方式为 64QAM，相对于蜂窝移动通信系统（3GPP HSDPA 最高支持 16QAM），IEEE 802.16d/e 更强调在信道条件较好时实现极高的峰值速率。为适应高质量数据通信要求，IEEE 802.16d/e 选用了块 Turbo 码、卷积 Turbo 码等纠错能力很强但解码时延较大的信道码，同时也考虑使用低复杂度、低时延的低密度稀疏检验矩阵码（LDPC）。

在双工方式方面，IEEE 802.16d/e 支持频分双工（FDD）和时分双工（TDD）两种方式，其物理层技术基本相同。相对而言，与 3G 技术中 FDD 和 TDD 采用的物理层有较大不同。IEEE 802.16d/e 在 5 MHz 频带上可以实现约 15 Mb/s 的速率，频谱效率为 $3\ \text{b}\cdot\text{s}^{-1}$/Hz，与高速数据分组接入（HSDPA）相似。但 IEEE 802.16d/e 在固定或低速的环境下可以使用更大带宽（20 MHz），实现高达 75 Mb/s 的峰值速率，这是现有蜂窝移动通信系统难以达到的。

4. WiMAX技术应用范围

WiMAX 论坛给出的 WiMAX 技术的 5 种应用场景为：固定、游牧、便携、简单移动和全移动。这些应用场景的区别在于用户站（SS）的移动性特征和与移动相关的切换、无线资源管理、QoS、功率控制等方面。在这种方式下的典型应用有 3 类：

（1）面向居住区和小型家庭办公室（SOHO）的高速互联网接入。在某些区域，目前的数字用户线（DSL）或有线连接方式已经不能满足顾客对于性能、灵活性和成本的期望。WiMAX 是最佳的替代技术。

（2）中小型企业。对于集团应用，WiMAX 是最佳的方案，可以以低成本提供灵活的接入方式。

（3）WiFi 热点回程。随着 WiFi 热点的大范围布置，高容量、低成本的回程解决方案成为 WiFi 热点增长的一个障碍。这一问题可以通过 WiMAX 有效地加以解决。由于具备游牧容量，WiMAX 可以有效地填充 WiFi 热点之间的空白区域。

5.5 无线移动通信网

无线移动通信可以让人们摆脱线缆的约束，更加方便地进行信息交流，它将在物联网中发挥更大的作用。如果将物联网中的智能物件、信息终端等信息设备局限在固定网络中，那么无所不在的信息感知将无法实现，而移动通信（特别是 3G/4G）将成为"全面、随时、随地"传输信息的有效平台。

5.5.1 无线移动通信概述

处于移动状态的对象之间所进行的通信称为移动通信。移动通信的双方，至少有一方在移动中进行信息传输和交换，其中包括移动台与固定台之间的通信、移动台与移动台之间的通信、移动台通过基站与有线用户之间的通信等。移动通信能克服通信终端位置对用户的限制，能够快速、及时地传递信息。

1. 无线移动通信发展简史

移动通信只有 100 多年的发展历史。1897 年意大利物理学家马可尼在陆地和一艘拖船之间采用无线电进行了消息传递，自此，移动通信系统得到了飞速发展，给人们的生活带来了极大的方便。20 世纪 80 年代，随着模拟蜂窝技术的引进，移动通信技术向前迈出了历史性跨越，迄今已经历了 4 代。

第一代移动通信系统（1G）是指 20 世纪 20—40 年代的模拟语音通信网络。1928 年，美国普渡大学的学生发明了超外差式无线电接收机，美国底特律警察局利用这种无线电接收机建立了车载无线电系统。这是世界上第一个无线通信系统，此时它的工作频率为 2 MHz，而在 40 年代提高到 30～40 MHz。1 G 主要采用模拟语音调制技术和频分多址（FDMA）技术，使用多重蜂窝基站允许用户在通话期间自由移动并在相邻基站之间无缝传输语音，传输速率约为 2.4 kb/s。1G 不能进行长途漫游，属于区域性移动通信系统；它存在许多缺陷，如容量有限、制式太多、互不兼容、保密性差、通话质量不高、不能提供数据业务、不能提供自动漫游、设备价格高等。

第二代移动通信系统（2G）使用的是数字语音系统，并提高了电话寻找网络的效率。它不仅能进行传统的语音通信、收发短信和各种多媒体信息，还可以支持一些无线应用协议。全球移动通信系统（GSM）和码分多址（CDMA）数字无线技术就是流行的数字移动电话系统。2G 主要采用数字时分多址（TDMA）技术和码分多址（CDMA）技术，传输速率为9.6 kb/s。全球主要有 GSM 和 CDMA（IS-95）两种体制。2G 主要提供数字化的语音业务和低速率数据业务。它克服了模拟系统的弱点，语音质量和保密性能得到很大的提高，并可进行区域内、区域之间自动漫游，但无法进行全球漫游。

第三代移动通信系统（3G）是指以 WCDMA、cdma2000 和 TD-SCDMA 为代表的支持高速数据传输的蜂窝移动通信网络，其最大特点是在数据传输中使用分组交换（Packet Switching）取代了电路交换（Circuit Switching）。3G 除了能正常、随时随地进行语音交流、接收短信或电子邮件外，还能快速处理图像、视频、音乐等多媒体信息，并同时享用各种流媒体业务、电话会议及电子商务等信息。3G 与之前的通信技术相比有更高的带宽，其传输速率高达 2 Mb/s。3G 提供全球覆盖并实现各种网络之间业务的无缝连接，支持多媒体业务，为用户提供更好的无线通信服务。

通信技术的不断推陈出新，使 3G不断改进，以提供更高的数据速率和更完善的业务支持。例如，为了支持更高速率的数据业务、更低的时延、更高的吞吐量和频谱利用率、对高数据速率业务更好的覆盖而提出了高速分组接入（HSPA）技术。HSPA是高速下行分组接入（HSDPA）和高速上行分组接入（HSUPA）两种技术的统称。其中HSDPA在3GPP Release 5 中进行了标准化，可以在一个小区中支持 14.4 Mb/s的峰值数据速率；HSUPA在 3GPP Release 6 中进行了标准化，可以在一个小区中支持 5.76 Mb/s的峰值数据速率。2003 年，国际电信联盟无线部门（ITU-R）WP8F工作组对B3G的关键性能指标做了定义，即最高数据速率达到 1 Gb/s。2005 年，ITU正式将B3G命名为IMT-Advanced。2007 年年底，ITU在WRC07 大会上确定了IMT-Advanced使用的频谱资源。

当在全世界范围内如火如荼地部署 3G 时，推出了第四代移动通信系统（4G）。4G 集 3G 与 WLAN 于一体，进一步提高了网络效率和功能，能够快速传输数据、高质量音频、视频和图像等。4G 能够根据移动速度可变地支持各种数据传输速率；以 IP 为基础进行无线接续，支持 QoS；各系统之间实现无缝业务支持；支持全球漫游；支持多重模式；支持对称和非对称业务等。我国采用 4G LTE 标准中的 TD-LTE。TD-LTE 是由中国主导的 4G 网络标准，技术成熟，具有信号稳定、干扰少等优势。

伴随着网络技术的深度融合，基于 IPv6 架构的机器对机器（M2M）、移动物联网、移动计算、软件定义网络（SDN）、网络功能虚拟化（NFV）、边缘和感知互联网等技术，正在改变通信系统的架构。当前，4G 网络还没有普及，更快、更强的第五代移动通信技术（5G）又横空出世，并将成立致力于开发和交付下一代 5G 移动网络的全球性组织——5G 世界联盟（5GWA）。5G 网络的主要目标是让终端用户始终处于联网状态，不仅能够灵活地支持各种不同的设备，除支持智能手机、平板电脑外，还支持智能穿戴设备（如智能手表）、健身跟踪器、智能家居设备（如鸟巢式室内恒温器）等。

据英国媒体报道，英国萨里大学的科学家于 2015 年 2 月已对其研发的最新 5G 网络技术，在实验室条件下覆盖 100 m 范围内成功完成了数据传输测试，速度达到 125 Gb/s，比 3G 网络快近 6.5 万倍，是目前无线数据传输技术的最高速度。在理论状态下，以这样的速度一秒钟能下载 30 部电影。5G 技术不仅可以用于下载电影，还可以让智能手机用户之间实时进行大型互动游戏，减少金融交易时间误差等。英国萨里大学的 5G 创新研究团队计划于 2018 年开始进行公共测试，2020 年推出使用。

2. 移动通信网络的基本组成

对于蜂窝移动通信系统而言，主要由交换网络子系统（NSS）、无线基站子系统（BSS）和移动台（MS）三大部分组成，如图 5-22 所示。其中 NSS 与 BSS 之间的接口称为"A"接口，BSS 与 MS 之间的接口为"Um"接口。在模拟移动通信系统中，TACS 规范只对 Um 接口进行了规定，而未对 A 接口做任何限制。因此，各设备生产厂家对 A 接口都采用各自的接口协议，对 Um 接口遵循 TACS 规范。也就是说，NSS 系统和 BSS 系统只能采用一个厂家的设备，而 MS 可采用组成 GSM 通信系统的不同厂家的设备。

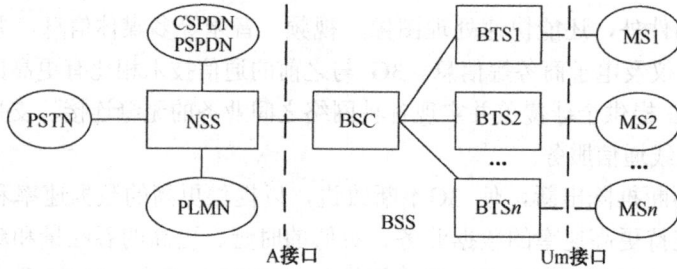

图 5-22 蜂窝移动通信系统基本组成

（1）交换网路子系统（NSS）。NSS 主要完成交换功能以及客户数据与移动性管理、安全性管理所需的数据库功能。NSS 采用微波或电缆、光缆等有线信道通过基站控制器（BSC）与 BSS 互联，NSS 再与公共电话网（PSTN）进行连接。公共陆地移动通信网（PLMN）由多个移动通信系统通过数字传输线路互联而成。每个移动交换系统连接当地的固定电话网、电路交换公共数据网（CSPDN）、分组交换公共数据网（PSPDN）等，与固定网络用户进行通话或数据通信。

（2）无线基站子系统（BSS）。BSS 是在一定的无线覆盖区中由 MSC 控制、与 MS 进行通信的系统设备，主要负责完成无线发送接收和无线资源管理等功能。其功能实体可分为基站控制器（BSC）和基站收发信台（BTS）。BSC 具有对一个或多个 BTS 进行控制的功能，主要负责无线网路资源的管理、小区配置数据管理、功率控制、定位和切换等，是个很强的业务控制点。BTS 是一种无线接口设备，由 BSC 控制，主要负责无线传输，完成无线与有线的转换、无线分集、无线信道加密、跳频等功能。

（3）移动台（MS）。MS 就是移动通信系统的终端，如手机、PDA 等。它由移动终端（MS）和客户识别卡（SIM）两部分组成。移动终端就是"机"，可完成话音编码、信道编码、信息加密、信息的调制和解调、信息发射和接收。SIM 卡就是"身份卡"，其中存有认证客户身份所需的所有信息，并能执行一些与安全保密有关的重要信息，以防止非法客户进入网路。SIM 卡还存储与网路和客户有关的管理数据，只有插入 SIM 后移动终端才能接入网络。

5.5.2 3G移动通信网

3G 网络是全球移动综合业务数字网，它综合了蜂窝、无绳、集群、移动数据、卫星等各种移动通信系统的功能，与固定电信网的业务兼容，能同时提供语音和数据业务。3G 的目标是实现所有地区（城区与野外）的无缝覆盖，从而使用户在任何地方均可以使用系统所提供的各种服务。3G 标准由国际电信联盟（ITU）负责制定，ITU 最初发展 3G 的目标是建立一个全球统一的通信标准，但由于利益分歧，导致了 3G 有欧洲提出的 WCDMA、美国提出的 cdma2000 和我国提出的 TD-SCDMA 三种标准并存。

1. WCDMA技术体制

WCDMA 核心网基于 GSM/GPRS 网络的演进，保持了与 GSM/GPRS 网络的兼容性；可以基于 TDM、ATM 和 IP 技术，并向全 IP 的网络结构演进；在逻辑上分为电路域和分组域两部分，以完成电路型业务和分组型业务。UTRAN 基于 ATM 技术，统一处理语音和分组业务，并向 IP 方向发展。MAP 技术和 GPRS 隧道技术是 WCDMA（宽带码分多址）体制移动性管理机制的核心。空中接口采用 WCDMA：信号带宽为 5 MHz，码片速率为 3.84 Mchip/s，AMR 语音编码，支持同步/异步基站运营模式，上下行闭环加外环功率控制方式，开环（STTD、TSTD）和闭环（FBTD）发射分集方式，导频辅助的相干解调方式，卷积码和 Turbo 码的编码方式，上行 BPSK 和下行 QPSK 的调制方式。

2. cdma2000 技术体制

cdma2000 体制是在 IS-95 的标准基础上提出的第三代移动通信系统（3G）标准，目前其标准化工作由 3GPP2 来完成。电路域继承 2G IS-95 CDMA 网络，引入以 WIN 为基本架构的业务平台；分组域基于 Mobile IP 技术的分组网络，无线接入网以 ATM 交换机为平台，提供丰富的适配层接口。空中接口采用 cdma2000 兼容 IS-95：信号带宽为 $N \times 1.25$ MHz（$N=1$，3，6，9，12），码片速率为 $N \times 1.2288$ Mchip/s，8K/13K QCELP 或 8K EVRC 语音编码，基站需要 GPS/GLONESS 同步方式运行，上下行闭环加外环功率控制方式，前向采用 OTD 和 STS 发射分集方式，反向采用导频辅助的相干解调方式，编码方式采用卷积码和 Turbo 码，调制方式为上行 BPSK 和下行 QPSK。

3. TD-SCDMA技术体制

TD-SCDMA 标准由中国无线通信标准组织 CWTS 提出，目前已经融合到 3GPP 关于 WCDMA-TDD 的相关标准中。其核心网基于 GSM/GPRS 网络的演进，保持与 GSM/GPRS 网络的兼容性；可以基于 TDM、ATM 和 IP 技术，并向全 IP 的网络结构演进；逻辑上分为电路域和分组域两部分，分别完成电路型业务和分组型业务。UTRAN 基于 ATM 技术，统一处理语音和分组业务，并向 IP 方向发展。MAP 和 GPRS 隧道技术是 WCDMA 体制移动性管理机制的核心。空中接口采用 TD-SCDMA，具有"3S"特点：智能天线（Smart Antenna）、同步 CDMA（Synchronous CDMA）和软件无线电（Software Radio）。TD-SCDMA 采用的关键技术有智能天线＋联合检测、多时隙 CDMA＋DS-CDMA、同步 CDMA、信道编译码和交织（与 3GPP 相同）、接力切换等。

随着 3G 的普及，暴露出了 3G 的许多不足，例如：①缺乏全球统一标准、所采用的语音交换架构仍承袭了 2G 的电路交换，而不是纯 IP 方式；②很难达到较高的通信效率，提供服务速率的动态范围不大；③还没有实现完全开放的业务平台。由于这些局限性，4G 的发展和商用就成为无线通信领域的热点问题，我国于 2013 年 12 月 4 日发放了具有自主知识产权的 TD-LTE 牌照，标志着正式进入 4G 时代。

5.5.3 4G移动通信网

4G 是集 3G 与 WLAN 于一体的综合系统，能够传输高质量视频图像，也是宽带 IP 接入系统。在这个系统上，移动用户可以实现全世界无缝漫游。

1. 4G网络的概念

4G 网络在传统通信技术的基础上，利用一些新通信技术提高了无线通信网络的效率和功能，其优势在于通话质量和数据通信速度，最大数据传输速率达到 100 Mb/s。4G 的主要技术特征是不同的接入技术到不同的用户终端（如 cellular\cordless\WLAN 系统、短距离连接、广播系统、有线系统等）之间的水平通信，如图 5-23 所示。其中不同的系统基于一个统一、灵活和大容量的公共平台，在无线环境下完成最佳路径选择，以满足不同的业务要求。

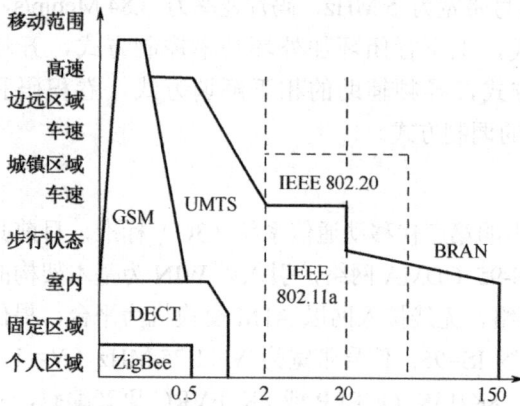

图 5-23 4G 无线通信系统之间的水平通信

从发展趋势看，4G 网络最终将基于无缝全 IP 核心网，并通过软件无线电技术实现公共平台的无线环境要求。4G 将在网络层上采用 IP 协议实现不同国家和地区之间的网络互联，而且各接入方法和速率可以不同，从而解决 3G 不能实现全球漫游的问题。全 IP 的核心网可以与无线接入方式独立发展。

另外，4G 系统将采用 IPv6，在 IP 网络上基于 IPv6 实现语音和多媒体业务。IPv6 比现有应用更具有扩展性、更安全，它采用的是 128 位地址空间，可满足未来网络发展的要求。

2. 4G网络结构

4G 网络结构可以分为物理网络层、中间环境层和应用网络层。物理网络层的主要功能是提供用户网络接入和路由选择，即允许用户使用终端接入 4G 网络中。该功能可通过无线通信和核心网结合来实现，是 4G 比较具有代表性的技术革新。中间环境层的主要功能是提供安全管理、QoS 映射及地址转换。应用网络层提供加载和管理业务的功能，为用户的网络体验提供服务。在 4G 网络的 3 个层中，每层之间的接口就是开放的 IP 协议，既有利于用户的接入，也便于开发新的应用和服务，使得 4G 网络能够产生高数据率的无线信号。也就是说，4G 网络能够运行于多个频带。这一服务具有自动适应多个无线标准及多模终端的能力，跨域多个运营商和不同的服务。

由于 4G 网络基于公共平台无线环境，针对不同的应用区域、范围和环境等选择合适的系统，不同的接入技术可相互利用不同的接入系统，并按照分层结构的形式进行组织，如图 5-24 所示。其中所支持的移动性和覆盖范围从底层（定点层）到顶层（分配层）逐渐增加。

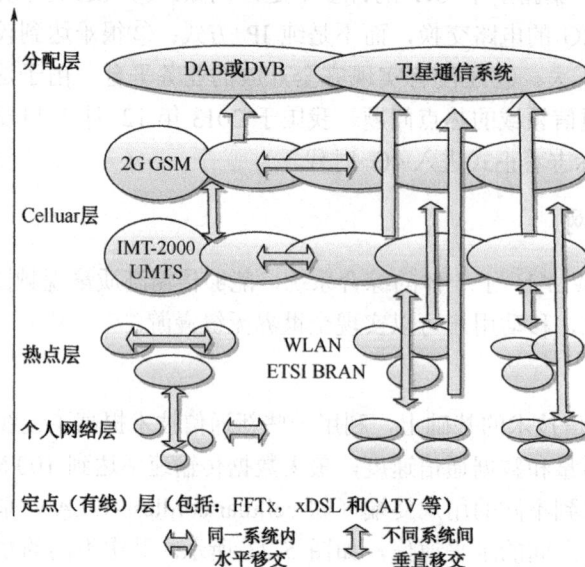

图 5-24 4G 无缝网络分层结构

（1）分配层：包括数字广播（分配）系统（如 DAB、DVB）、卫星通信系统等，其主要特点是覆盖范围大，支持全移动性。

（2）Cellular 层：支持高系统容量，以每单位用户和数据速率衡量。该层包括第二代移动通信系统（GSM 及其改进型）和数据速率可达 2 Mb/s 的第三代移动通信系统（IMT-2000/UMTS：UTRA FDD 和 UTRA TDD）。该层系统支持全移动、全覆盖和全球漫游，所以该层的系统适合于多媒体应用和个人链接。

（3）热点层：支持个人链接和甚高数据速率应用。可应用于热点服务区，如公司办公大楼、会议中心和机场等。该层主要包括 WLAN 系统、IEEE 802.11、MMAC 等。

（4）个人网络层：主要用在办公室和家庭环境中，不同的装备和家用电器可同蓝芽技术、HomeRF 和 DECT 相互连接。

（5）定点层：主要包括固定接入系统，如 FFTx，xDSL 和 CATV 等。固定接入系统不支持移动性。

另外，在 4G 网络中同一接入系统通过水平交接进行连接，而不同的接入系统之间通过垂直交接进行连接。与之前的移动通信系统相同，4G 需要更大的带宽，不同的是对带宽的使用更加有效。这要靠智能频谱动态分配技术，包括高效的自适应调制与编码、多维/混合多址接入、兼顾频谱和资源的 MAC/链路层以及多层资源管理等。

3. 4G关键技术

4G 通信网络系统比 3G 移动通信网络技术更复杂，需要采用多种关键技术才可以将其实现。4G 所采用的关键技术主要有以下几种：

（1）正交频分复用（OFDM）。OFDM 技术是一种多载波数字通信技术，它的出现为实现高效的抗干扰调制技术和提高频带利用率开辟了一条新途径。OFDM 是 4G 网络技术的核心。首先，OFDM 的频谱效率高，其信号的相邻子载波相互重叠，这在频谱资源有限的无线网络中显得至关重要。其次，其抗噪声性能和抗衰落能力强，OFDM 通过多个子载波传输用户信息，这样就增长了单载波系统传输信号的时间，也增强了对脉冲噪声和信道快衰落的抵抗力。

（2）软件无线电（SDR）。软件无线电技术是将标准化、模块化的硬件功能单元经通用硬件平台，利用软件加载方式来实现各类无线电通信系统的一种开放式结构的技术。其中心思想是使宽带模数转换器（A/D）及数模转换器（D/A）等先进的模块尽可能地靠近射频天线，尽可能用软件来定义无线功能。其软件系统包括各类无线信令规则与处理软件、信号流变换软件、调制解调算法软件、信道纠错编码软件、信源编码软件等。软件无线电技术主要涉及数字信号处理硬件（DSPH）、现场可编程器件（FPGA）、数字信号处理（DSP）等。

（3）智能天线（SA）技术。SA 是未来移动通信的关键技术之一，它其实就是一种安装在激战现场的双向天线。SA 通过一组带有可编程电子相位关系的固定天线单元获取方向性，并可以同时获取基站和移动台之间各个链路的方向特性。其原理是将无线电的信号导向具体的方向，产生空间定向波束，使天线主波束对准用户信号到达方向（Direction of Arrival，DOA），旁瓣或零陷对准干扰信号到达方向，达到充分高效利用移动用户信号并消除或抑制干扰信号的目的。

（4）多输入多输出（MIMO）技术。MIMO 技术是指利用多发射、多接收天线进行空间分集的技术，它采用的是分立式多天线，能够有效地将通信链路分解成为许多并行的子信道，从而大大提高容量。信息论已经证明，当不同的接收天线和不同的发射天线之间互不相关时，MIMO 系统能够很好地提高系统的抗衰落和噪声性能，从而获取巨大的容量。在功率带宽受限的无线信道中，MIMO 技术是实现高数据速率、提高系统容量、提高传输质量的空间分集技术。

（5）移动 IPv6 技术。由全 IP 网络构成 4G 移动通信系统的核心网络，使得 4G 技术可以在不同频率的网络间实现无缝连接，而且信号相互传递速度更高、失真度更小。同时，4G 技术还彻底摆脱了 IPv4 协议，全部使用分组方式的 IPv6 协议。4G 是宽带接入 IP 系统。

4. 4G的主要优势

与前几代通信技术相比，4G 优越性显而易见，且不可比拟。如果说 2G、3G 通信对人类社会信息化的发展微不足道，那么 4G 通信却带来了真正的信息交流自由，并将彻底改变人们的生活方式甚至社会形态。

（1）通信速度快。4G 移动通信技术在研发过程中引进和采用了许多功能强大的新技术，如利用以路由技术为主的网络架构引进了交换层级技术。该技术能同时包含不同类型的通信接口，大大提升了 4G 网络速度，使得无线网络传输可达 10～20 Mb/s，甚至达到 100 Mb/s。

（2）网络频谱宽。4G 通信可达 100 Mb/s 的传输速率，则每个 4G 信道占有 100 MHz 的频谱，这相当于 WCDMA 3G 网络的 20 倍。

（3）通信灵活。严格说来，4G 手机的功能已不能简单划归"电话机"的范畴，语音传输只是 4G 移动通信的功能之一。4G 通信高速快捷，用户可以随时随地使用终端设备（如手机、平板电脑等）进行视频资料文件的传输，不用担心流量或受制于固定网线或无线 WiFi 站点，视频通话方便清晰，网上购物、游戏更随心所欲。可以说，4G 带来更多的是用户使用上的便捷、灵活。

（4）智能性高。4G 的智能性不仅表现在通信终端设备的设计和操作智能化，更重要的是 4G 手机可以实现许多难以想象的功能。例如，根据环境、时间以及其他因素实时提醒手机主人此时该做什么事，或者不该做什么事。又如，需要预定电影座票时，可以直接把电影院的售票情况、座位情况自动下载，自由任意选购。

（5）增值服务。4G 通信系统由 3G 升级而来。3G 通信技术主要以 CDMA 为核心，而 4G 通信系统则以正交频分复用（OFDM）为核心。利用 OFDM 可以实现数字音频广播和无线区域环路等增值服务。

小结与进一步学习建议

无线通信是利用电磁波信号在自由空间中传播的特性进行信息交换的一种通信方式。采用无线通信传输方式取代有线传输方式，是区别于传统传感网（有线传感器网络）的重要特征，也是无线传感网的优势所在（如造价低、部署灵活等）。本章介绍了当前可应用于物联网的无线通信与网络技术，主要内容包括无线通信与网络的基本概念、无线个域网、无线局域网、无线城域网、无线广域网等通信网络技术。4G 是集 3G 与 WLAN 于一体并能够传输高质量视频图像的技术。

无线通信网络对计算机网络产生了革命性的影响。它的发展，不仅使网络接入变得更容易，而且产生了许多新的应用服务。根据国际上所采用的通信技术种类，可将目前的通信网络划分为无线广域网（WWAN）、无线城域网（WMAN）、无线局域网（WLAN）和无线个域网（WPAN）。在物联网中，可以根据不同的需要来选择使用不同的通信与网络技术。目前，各类通信网络中最具增长潜力的是无线网络，许多机构都选择无线个域网、无线局域网、无线城域网来拓展现有网络，以获得在机构区域内部移动接入网络的能力。

目前支持无线通信网络的技术标准主要有 IEEE 802.15.4、IEEE 802.11 系列标准和 IEEE 802.16 系列标准。

IEEE 802.15.4 是针对低速无线个域网（LR-WPAN）制定的标准。其最大数据速率为 250 kb/s；在免许可无线电频段进行操作，这些频段包括 868 MHz、918 MHz 和 2.4 GHz；数据包最大为 127 个字节。许多新兴的标准和规范建立在 IEEE 802.15.4 之上，如 ZigBee。目前已有多种对 IEEE 802.15.4 的实施方案，包括硬件实现以及硬件与软件的组合。

在智能物件领域，低功耗 WiFi 是作为 IEEE 802.15.4 的竞争者出现的。WiFi 的优势是大量可用的技术设施。传统上，功耗一直是 WiFi 的问题。但通过使用最新的低功耗芯片组，WiFi 的功耗在休眠模式下显著降低。通过采用无线电循环机制，WiFi 的功耗可能很快将变得足够低，以利于智能物件的应用。

蓝牙技术是爱立信为寻找蜂窝电话与 PDA 那样的辅助设备进行通信的廉价无线接口，按照 IEEE 802.11 标准的补充技术而设计的。IEEE 802.11 是由 IEEE 802 委员会于 1997 年发布的无线局域网标准系列，这也是在无线局域网领域内的第一个在国际上被广泛认可的协议。

IEEE 802.16 标准系列是宽带无线接入技术，通过接入核心网向用户提供业务，主要应用于城域网。它提供了对两种组网模式的支持：点对多点（PMP）组网和网格（Mesh）组网。由于 IEEE 802.16 是针对宽带无线接入和分组交换城域网提出的标准，在组网时必须体现宽带、无线接入、分组交换、城域网应用等特点。

智能物件之间相互通信，在不同的应用和环境下，会选择不同的通信与网络技术。无线通信与网络技术仍在迅速发展，未来的发展趋势是：各种无线技术互补发展，各尽所长，向接入多元化、网络一体化、应用综合化的宽带无线网络发展，并逐步实现与宽带固定网络的有机融合。本章仅是把无线通信与网络技术展现出来，目的是引导读者进入物联网技术世界的门槛，请读者在应用中学习，通过不断学习得以提高。对于网络通信技术方面的进一步了解可参阅刘化君编著的《计算机网络原理与技术》（北京：电子工业出版社，2012 年 6 月第 2 版）等参考书。

讨论与思考

1. 从技术特点和适用场合，对常用的几种无线通信技术（如 IEEE 802.11、IEEE 802.15.4、ZigBee）进行比较，它们之间有什么区别？

2. 简述 IEEE 802.11、IEEE 802.15.4、ZigBee 协议标准的基本内容。

3. ZigBee 网络有哪几种拓扑结构？

4. 无线局域网的物理层有哪几个标准？

5. 为什么无线局域网采用的是 CSMA/CA 协议而不是 CSMA/CD？

6. 在无线局域网的 MAC 协议中，SIFS、PIFS 和 DIFS 的作用分别是什么？

7. 常用的无线局域网设备有哪些？它们各自的功能又是什么？

8. 无线局域网的网络结构有哪几种？

9. 简述 IEEE 802.16 协议标准的基本内容，它主要适宜构建哪些无线网络？

10. 简述无线移动通信技术发展历程。4G 包括哪些关键技术？

第6章 物联网承载网络

在物联网的网络层需要把网络融合在一起，形成一个传输承载网。由于通信网络在物联网架构中的缺位，使得早期的物联网应用往往在部署范围、应用领域等诸多方面有所局限，终端之间以及终端与后台软件之间都难以协同。随着物联网的发展，需要建立起端到端的全业务性物联网，通信网将成为物联网的基础承载网络（Carrier Network）。所谓承载网络，是为保证通信基础网络和业务网正常运行，增强通信网功能，提高整个通信网的服务质量而形成的专门网络。在承载网中传递的是相应的监测、控制和信令等信号。承载网络应该是电信级的骨干传输网（大多是光纤网络）。为满足物联网业务的承载要求，需要进一步提升接入网、城域网、骨干网的电信级要求，包括端到端服务质量（QoS）、网络自愈能力、业务保护能力、网络安全等。

6.1 物联网业务对承载网的需求分析

物联网应用的复杂性和多样性，对网络"服务质量、安全可信、可控可管"等各个方面提出了高要求。物联网的通信量也将成为网络流量的重要组成部分，网络的承载能力需要具备更多的电信级特性。

6.1.1 物联网业务承载能力要求

目前，物联网在各个领域、行业的应用可以归纳为监控报警类、数据采集类、信息推送类、视频监控类、远程控制类、识别与定位类6种类型。这6类应用对网络承载能力的要求具有如下一些特点。

1. 监控报警类

感知层的传感器节点持续监测本地数据，当发生不符合预期的数据变化时通过网络通知应用层进行报警。典型应用场景有家庭安防、环境监控等。

（1）上行流量：数据量少，仅在某些触发条件下发送少量数据；

（2）下行流量：无；

（3）QoS 要求：不同场景之间有较大差异，与应用需求以及当前数据所代表的含义有关，通常对报警数据传输的实时性要求较高；

（4）数据安全：不同场景之间有较大差异，与应用需求有关；

（5）设备管理和配置：出厂/软件或本地安装时设定，或者通过在线远程配置；

（6）对连接性的需求：需要监控连接性以防破坏和无效；

（7）对数据处理的需求：应用强相关，无通用可共享的数据；

（8）终端移动性：与应用需求相关。

2. 数据采集类

感知层的传感器节点对环境感知数据进行周期性和持续性的采集并上报。在一个传感网中通常部署有大量的传感器节点，这些节点采集的数据由某个中心控制节点进行收集、汇聚后通过网络上传到应用层。典型的应用场景有气象信息监测、森林火灾预警监测、路况信息收集等。

(1) 上行流量：数据量较大，持续的数据上报或者周期性数据上报；

(2) 下行流量：较少，更多的是用于修改上报规则等；

(3) QoS 要求：不同场景之间有较大差异，与应用需求和当前数据所代表的含义有关；

(4) 数据安全：不同场景之间有较大差异，与应用需求有关；

(5) 设备管理和配置：更多的是应用交互，由应用定制的参数较多；

(6) 对连接性的需求：需要监控连接性以防破坏或无效；

(7) 对数据处理的需求：与应用需求相关，部分数据可共享（如路况信息）；

(8) 终端移动性：与应用需求相关。

3. 信息推送类

信息推送是指根据终端的请求，或由应用系统持续、周期性地向远程终端设备主动传送信息。典型应用场景有智能博物馆、电子广告牌、车站交通信息通知等。

(1) 上行流量：数据量不定，常用于应用系统之间的交互；

(2) 下行流量：较大，持续或者基于交互等外界条件出发的或者周期性的数据推送；

(3) QoS 要求：不同场景之间有较大差异，与应用需求和当前数据所代表的含义有关；

(4) 数据安全：不同场景之间有较大差异，与应用需求有关；

(5) 设备管理和配置：通过在线远程配置，或者由软件或在本地安装时设定；

(6) 对连接性的需求：较强，需要维护网络连接，以便于正确传输数据；

(7) 对数据处理的需求：与应用相关，可共享度低；

(8) 终端移动性：两极分化，部分终端有很强的移动性，部分终端则通常不移动。

4. 视频监控类

终端把实时采集的视频数据通过网络持续地向监控中心发送。典型应用场景有行业视频监控、电子眼等。

(1) 上行流量：数据量大，较多的是基于会话的持续多媒体流；

(2) 下行流量：数据量较小，主要用于数据传输的控制和调节；

(3) QoS 要求：不同场景之间有较大差异，与应用需求有关；

(4) 数据安全：不同场景之间有较大差异，与应用需求有关；

(5) 设备管理和配置：较多的是应用系统之间的交互，由应用定制的参数较多；

(6) 对连接性的需求：较强，需要维护网络连接，以便于正确传输数据；

(7) 对数据处理的需求：与应用相关，可共享度低；

(8) 终端移动性：两极分化，部分终端有很强的移动性，部分终端则通常不移动。

5. 远程控制类

感知层的传感器节点通过对现场环境进行持续性监测或数据采集，通过网络发送至应用系统，或者当检测到不符合预期的异常事件时立即通过网络报警。应用系统对上传的数据进行分析、处理后，根据情况向执行器发送远程控制指令。典型应用场景有工业自动化中的过程控制、电力自动化系统的继电保护等。

(1) 上行流量：无，如有则可以认为是与数据收集类的组合；

(2) 下行流量：数据量不定，取决于实际应用；

（3）QoS 要求：不同场景之间有较大差异，与应用需求有关，但通常对控制消息传输的实时性较高；

（4）数据安全：不同场景之间有较大差异，与应用需求有关；

（5）设备管理和配置：较多的是应用系统之间的交互，由应用定制的参数较多；

（6）对连接性的需求：较强，需要维护网络连接以便于正确传输数据；

（7）对数据处理的需求：与应用相关，可共享度低；

（8）终端移动性：两极分化，部分终端有很强的移动性，部分终端则通常不移动。

6. 识别与定位类

RFID 或 GPS 终端设备把物体的电子标签或位置信息通过网络发送到应用系统，然后对物体进行智能化的识别、定位和追踪。典型应用场景有物流货运、车辆调度等。

（1）上行流量：数据量较大，持续的数据上报或者周期性数据上报；

（2）下行流量：RFID 等识别类终端无下行流量，但对于具有 GPS 定位功能的终端，可能会根据位置信息推送相应的服务；

（3）QoS 要求：不同场景之间有较大差异，与应用需求和当前数据所代表的含义有关；

（4）数据安全：不同场景之间有较大差异，与应用需求有关；

（5）设备管理和配置：通过在线远程配置，或者由软件或在本地安装时设定；

（6）对连接性的需求：需要监控连接性以防破坏或无效；

（7）对数据处理的需求：与应用相关，部分数据可共享；

（8）终端移动性：与应用需求相关。

6.1.2 物联网基本业务需求

从物联网的应用场景可以看到，不同的物联网业务对网络带宽、实时性、数据安全性、终端设备移动性以及连接时长等都有不同的需求。欧洲电信标准化组织（ETSI）和第三代合作伙伴计划专门针对机器到机器（M2M）业务需求制定了技术规范。M2M 的典型需求如下：

（1）提供可以承诺服务质量的通信保障。根据不同的 M2M 应用需求提供不同级别的QoS 保证。

（2）提供端到端的业务安全。移动业务现有安全系统建立在基于用户卡的鉴权，而基于机器类业务的主要区别在于采集数据和控制外部环境的核心是机器。在现有的业务网络，终端设备和用户卡不具有同等的安全保障，因此机器通信的安全是 M2M 业务需要重点支持的功能。

（3）支持群组管理，多个具有相同功能的 M2M 终端设备节点可以组成一个群组，支持对同一群组中的终端设备同时进行相同的操作。M2M 系统可以寻址到各种 M2M 终端设备。

（4）支持终端设备远程管理。由于 M2M 终端设备通常情况下是无人值守的，因此 M2M 终端设备的远程管理需求是 M2M 业务的最基本特征，需要支持对 M2M 终端设备进行远程参数配置和远程软件升级等远程管理功能。

（5）支持不同流量的数据传输。例如，在视频监控业务中有大量的视频数据需要传输，但智能电网中智能抄表业务则只需要传输少量的数据信息。

（6）支持多种接入方式，能够支持固定和移动形态的终端设备通过各种方式接入。

（7）支持终端设备数量的扩展，新加入的终端设备可以方便地加入到网络中。

（8）支持多种信息传递方式，包括单播、组播、任播和广播。

（9）支持具有不同移动性的终端设备，有些终端设备是固定的，而另一些终端设备则可能是低速移动或高速移动，对于移动终端设备可以支持终端设备的漫游与切换，为用户提供一致的业务体验。

（10）支持终端设备的休眠模式。由于许多 M2M 终端设备是没有电源供电的，节约能量消耗对这类 M2M 终端设备很重要，所以有些终端设备在工作一段时间后需要根据一定的策略转入休眠状态。M2M 终端设备在休眠之后应能够接收在休眠过程中的数据信息。

6.2 物联网承载网的架构

通过物联网业务对承载网能力的需求分析可知，为适应物联网大规模应用，需要以大容量、优质高效的通信网络实现对物联网业务的承载。"全面感知、可靠传递、智能处理"是物联网的主要特征。在影响物联网应用发展的关键环节中，承载网应在"可靠传递"这个环节起到关键作用。

6.2.1 典型的电信级承载网架构

物联网全业务的运行对承载网提出了新挑战，需要构建一张能承载多种新旧业务、易于扩展、安全可靠、综合业务统一承载、低成本的承载网。目前，融合同步数字体系（SDH）/多业务传送平台（MSTP）、分组传送网（PTN）和光传送网（OTN）多种技术混合组网的架构正成为新的发展趋势。一种典型的电信级承载网架构如图 6-1 所示，它在逻辑上可分为骨干层、汇聚层和接入层三个层次。

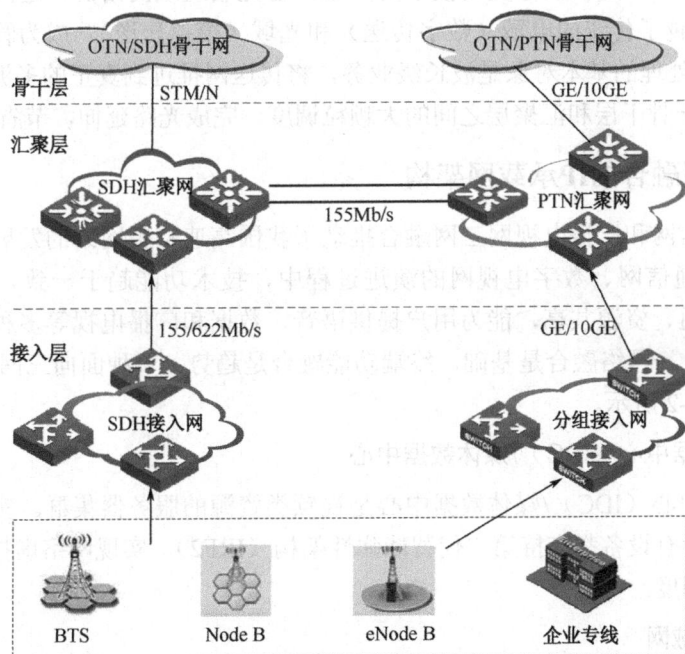

图 6-1 典型的电信级承载网架构

1. 同步数字体系/多业务传送平台（SDH/MSTP）

SDH 是为承载时分复用（TDM）业务而设计制定的技术，以可靠性高、可控性强、扩展性好以及完善的网络体制，在传输承载网中占据主导地位。以 SDH 技术为基础发展的 MSTP 技术是为适应数据业务接入的需求，在 SDH 技术上增加了相关的数据接入、处理功能而形成的。SDH/MSTP 传输城域网经过多年的建设发展已达到大型本地网规模，主要承载 2 G 基站回传业务及少量的数据业务，其特性为 TDM，传输安全性要求高而带宽要求相对较低的业务。接口方面，基站收发台（BTS）一般使用 2 Mb/s 的 TDM 接口，基站控制器（BSC）为 2 Mb/s 或 STM-1 的 TDM 接口，MSC/GMSC 则提供 STM-N 接口。对于局间中继业务，各节点业务量较大，业务颗粒一般为 2 Mb/s、155 Mb/s。对于 BTS 到 BSC 间业务，网络业务流向集中，各节点业务量小，业务颗粒主要为 2 Mb/s。

2. 分组传送网（PTN）

PTN 技术是 IP/MPLS、以太网和传送网三种技术相结合的产物，融合了数据通信和 SDH 传输技术的优势。它具有多业务承载的特性，可以差异化地对不同业务进行分类传送。通过引入二层面向连接的分组技术，PTN 技术可以实现网络的标记交换路径（LSP）规划、带宽规划、隧道监控与保护、业务端到端规划与监控等，轻松实现流量工程，保证网络的整体性能。PTN 技术通过引入同步以太网、1588v2 技术实现时钟传送，可以满足全球移动通信系统（GSM）、时分同步码分多址（TD-SCDMA）、第三代合作伙伴计划（3GPP）长期演进（LTE）项目等不同无线网络对时钟的需求，并能够支撑移动 TD 基站的 GPS 改造要求。PTN 作为一种承载技术，已进行大规模的组网建设，主要承载 3G 业务、部分 2G 业务和大量的数据业务。

3. 光传送网（OTN）

光传送网（OTN）是以波分复用技术为基础，在光层组织网络的传送网，是新一代骨干传送网。OTN 跨越了传统的电域（数字传送）和光域（模拟传送），成为管理电域和光域的统一标准。OTN 处理的基本对象是波长级业务，将传送网推进到真正的多波长光网络阶段。OTN 网络主要用于骨干层和汇聚层之间的大颗粒调度，完成光路延伸，节省光纤资源。

6.2.2 面向三网融合的IP承载网架构

互联网、电信网和广播电视网三网融合推动了我国高速宽带网络的发展。它们在向下一代互联网、宽带通信网、数字电视网的演进过程中，技术功能趋于一致，业务范围趋于相同，网络互联互通、资源共享，能为用户提供语音、数据和广播电视等多种服务。三网融合的目的是业务融合，网络融合是基础，终端功能融合是趋势。一种面向三网融合的新一代 IP 承载网架构如图 6-2 所示。

1. 互联网数据中心（IDC）/媒体数据中心

互联网数据中心（IDC）/媒体数据中心是视频类资源的服务器集群。实现全万兆的高密度接入。同时，所有设备都支持第二代智能弹性架构（IRF2），实现网络虚拟化，方便进行资源管理、分配和调度。

2. 多平面城域网

针对家庭用户宽带上网、视频点播以及大客户专线业务的网络需求不同，在城域网层面采用 IP 宽带网、视频分发网、大客户专线的专网专建的城域网多平面模式，降低业务的耦合度，实现业务的物理隔离，最大限度地保障各业务的安全性问题，降低管理维护的工作量和

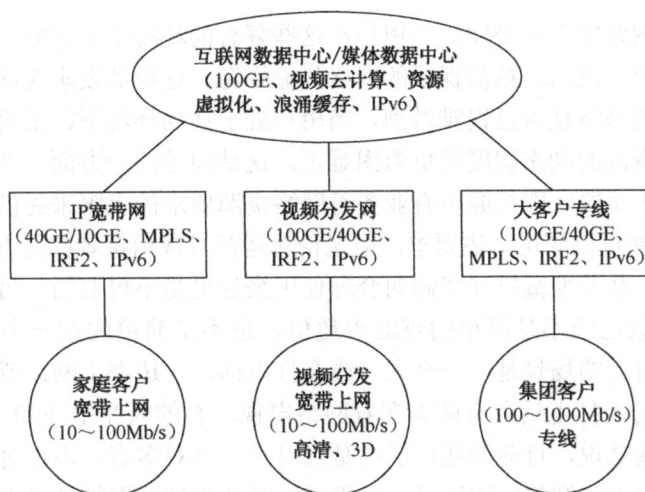

图 6-2 面向三网融合的新一代 IP 承载网架构

成本，并可针对不同业务的网络需求进行差异化的组网选择。在多平面城域网中，IP 宽带网可采用电信网的方式建设，对于视频分发网可采用全交换方式组网，采用"以太无源光网络+以太数据"通过同轴电缆传输（EPON+EoC）的双向网改造，充分利用现有 HFC 网络资源，同时所有设备都应支持 IRF2，以缩短网络设备的倒换时间，提升视频业务的可靠性。

3. 高速大客户专网

传统的大客户接入一般采用 MSTP 方式，只能提供 2 Mb/s 或 2 Mb/s 捆绑的带宽选择，并且价格昂贵。随着互联网和视频类业务的发展，越来越多的大客户提出了 100 Mb/s 甚至 1 000 Mb/s 的专线接入需求，MSTP 已经不能满足这些需求。可采取基于电信级以太网（CE）技术，专门解决大客户的大带宽接入需求。以"全万兆、全光网、全 MPLS"理念为基础，融合以太环网、网络虚拟化等技术，吸收传输的高可靠性、可自愈等特性，组建高速率、低成本、易维护、灵活性好的高速大客户专网。

从总体上讲，在面向三网融合的新一代 IP 承载网框架结构中，宽带业务网关起着非常重要的作用。此外，接入标准也非常关键。

6.2.3 未来网络的承载网络

IP 网发展至今已有 30 多年的历史，它的诞生和发展带来了互联网的辉煌。IP 网是分组数据网，它是互联网业务的承载网。随着互联网在全球范围内的不断普及，互联网固有的地址资源短缺、安全可控能力薄弱等矛盾日益突出，可持续发展受到严重制约，目前已处于向下一代转型升级的关键时期，正孕育新的重大突破。可以说，互联网的突破将从它的承载网——新型分组数据网开始。

1. 未来网络的业务承载能力需求

在互联网环境下，网络需要支持窄带业务、宽带业务、固定业务、移动业务以及所有这些业务形态组合而成的业务。从应用场景出发看未来的网络，当使用窄带业务时，用户需要网络提供与窄带业务相适配的网络能力，窄带业务可能是实时的语音业务，也可能是非实时的数据业务，即使在窄带业务环境下，由于组合业务的存在，对网络带宽的要求也是变长度的，并且还需要同时适用实时业务和非实时业务。当使用宽带业务时，用户需要网络提供与宽带业务相适配的网络能力和带宽。当用户在这些复合的环境上工作时，用户要求网络能在全网范围内提供快速、灵活、按需保质的网络传输资源。这样的要求在固定通信的环境下，采用基于时隙交换的网络技术已很难做到，当用户处于移动环境下，采用基于时隙交换的网络技术来进行网络资源的动态调度就更为困难了。这是问题的一方面，当然对于这样的应用场景，目前还有技术手段，即按照所有业务对网络资源要求的上限来提供资源，如每人分配40 Mb/s，这样做虽然可以满足上述要求，但无论对运营者或消费者都是不合理的，也是对社会资源的巨大浪费，从节能减排和资源的合理使用来说也是不可取的。另一方面，目前用户之间通信的应用场景已经不是简单的点对点通信，也不是简单的在一个时间片内只做一件事。一个经常可以看到的场景是：一个人一边在打电话，一边在上网；或者在一个家庭内，有的人在上网，有的人打电话，有的人在看网络电视，有的人在用 P2P 下载大型的视频文件，如此等等。也就是说，目前的通信已经是点对点、点对多点、多点对多点——多种通信连接的复杂应用。对于这样的应用场景，采用基于时隙交换的网络技术进行网络资源的动态调度和连接几乎是不可能的。

针对物联网世界的应用场景，用户使用的业务是变速率的，要求网络能具备相当灵活、高效的全网资源调度能力；用户之间的通信是多进程的，在一个时间段内，同时存在多个不同性质的通信连接，实现多进程通信。这就要求网络能够提供一对一、一对多和多对多的能力。对于这样的应用场景，采用基于时隙交换的网络技术是无法实现的。

2. 未来网络的概念及相关研究

互联网已成为现代信息社会的支柱。但是，互联网在可扩展性、移动性、安全性、可控性、可管性等方面存在缺陷，不能完全满足发展需求。因此，人们开始把未来互联网或未来网络的研究列为战略性发展计划。

2010 年 8 月，美国国家自然科学基金会（NSF）批准了 4 个未来互联网体系结构（FIA）研究项目，运作时间为 3 年。这 4 个研究项目分别是：①命名数据组网，研究以内容为中心的网络，以内容名字来定位；②移动为先，解决与移动有关的问题；③星云，解决云计算网络有关的问题，使数据中心可靠联网；④XIA-expressive 网络架构，侧重于安全和可信机制。这些项目体现了未来互联网体系结构研究的热点。其中第 2 个和第 4 个项目已在 NSF于 2005 年启动的网络创新的全球环境（GENI）计划试验网上做了试验。2011 年 9 月，NSF又批准了第 5 个 FIA 项目：Choice Net，项目时间大约为 3 年。该项目将经济学用于网络研究，使用户可以选择最优的服务。

其他国家的一些研究机构，如加拿大的自然科学与工程研究委员会批准了战略性项目——虚拟基础设施上的智慧应用（SAVI），欧盟第 7 个框架计划（FP7）在信息与通信技术（ICT）方面分为 8 个方面开始进行研究。

中国也较早地开展了下一代互联网的研究。为了适应信息服务的发展，电信运营商提出了"智能管道"的研发。中国电信北京研究院提出的"智能型网络"，已在国际电信联盟（ITU）立项。而且在有关项目的研究中不同频度地使用了"下一代"、"新一代"、"未来互联网"或"未来网络"等名称。由于互联网、电信网、广播电视网已逐步融合，而且考虑长远发展，开始采用"未来网络"这一名称。

目前，未来网络体系结构的研究路线可分为两大类：一是革命性的设计；二是演进性的设计。它们各有优缺点。前者从根本上重新设计，有利于取得突破性创新，而且可以指导网络的长远发展，当然还要考虑如何过渡的问题；后者认为现有庞大的网络不可能突然抛弃，宜采用演进方式来完善。

3. 未来网络的关键策略

未来网络的体系结构涉及多种关键技术，其中有两项技术策略至关重要：

（1）位置标识和身份标识分离。传统互联网中的 IP 地址码既是用户或节点的位置标识（你在哪里），又是身份标识（你是谁）。这种简单化处理曾使互联网便于推广应用。但是，随着网络的发展，这种绑定会产生不利于支持可扩展性、不利于支持移动性、不利于嵌入与身份有关的安全性措施等问题。因此，需要在位置和身份分离的网络中，给出解决身份标识和位置标识的映射技术。

（2）控制与数据转发分离。在目前使用的路由器中，路由控制和数据转发功能是紧密结合在一个组件中实现的。随着技术的发展，要增加控制功能（如 QoS 保证等），数据转发也要实现增速、区分服务等，合在一起设计影响了各自的发展。因此，人们提出了控制与数据转发分离的策略，即网络中设控制面和数据面。在这方面的代表性事件是：美国斯坦福大学 Nick McKeown 教授的网络白板设计课题组计划在校园网上试验各种新的协议，但当时的局域网交换机对用户缺少公开的接口，遇到困难。为解决这个困难，有一位博士生 Martin Casado 提出了称为"OpenFlow"的解决思路，即将控制功能从交换机或路由器中独立出来，如放在一台计算机中。留在交换机中有一个数据流表，控制部分通过一个安全通道，按照 OpenFlow 协议对数据流进行控制。这样，用户可通过计算机试验新协议。数据流表可支持多种数据类型格式，通过控制部分可设置各种数据流的出口、改变类型或丢弃等。若收到一个未知种类的分组包，就将这个包送到控制部分，控制部分通知如何处理这个包，如丢弃或建立新的类型和如何转发等。

4. 软件定义网络（SDN）的典型架构

互联网上运营的服务种类层出不穷，特别是云计算的推广应用，对网络提出了适应动态业务量需求、对各类业务流提供区分服务质量等。这对网络控制能力提出了更高的要求。借鉴 OpenFlow 的思想，网络领域提出了软件定义网络（SDN）。

SDN 是一种新型的网络架构，其设计理念是将网络的控制平面与数据转发平面进行分离，并实现可编程化控制。一个广泛认同的 SDN 架构如图 6-3 所示。SDN 把网络分为应用层、控制层、基础设施层 3 层。最上层为应用层，包括各种不同的业务和应用；控制层主要负责处理数据平面资源的编排，维护网络拓扑、状态信息等；基础设施层负责基于流表的数据处理、转发和状态收集。

SDN 的主要思路是将控制部分独立出来。控制层可以根据应用层提出的要求，灵活、合理地分配基础设施层的资源。控制层用软件实现，可通过编程，实现网络的自动控制、运行新策略等。为了使网络资源（包括异构网络）便于调度，可采用网络虚拟化技术，即把物理资源映射为虚拟化的逻辑资源。

在 SDN 中，网络设备只负责单纯的数据转发，可以采用通用的硬件；而原来负责控制的操作系统提炼为独立的网络操作系统，由其负责不同业务特性的适配，而且网络操作系统和业务特性以及硬件设备之间的通信可以通过编程实现。SDN 网络与传统网络的不同之处主要在于 OpenFlow 协议、网络操作系统和网络虚拟化技术。

目前，IETF 以软件驱动网络（Software Driven Network）为出发点研究 SDN，成立了 SDN BOF，并提出了 IETF 定义的 SDN 架构，如图 6-4 所示。

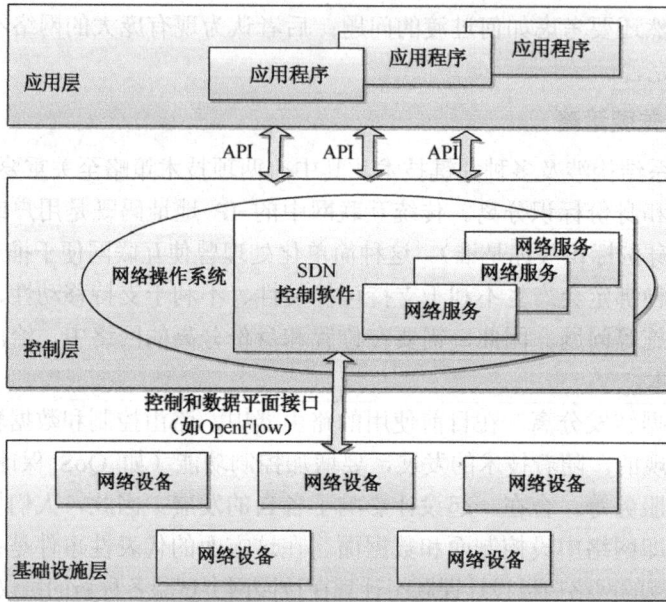

图 6-3　典型的 SDN 架构

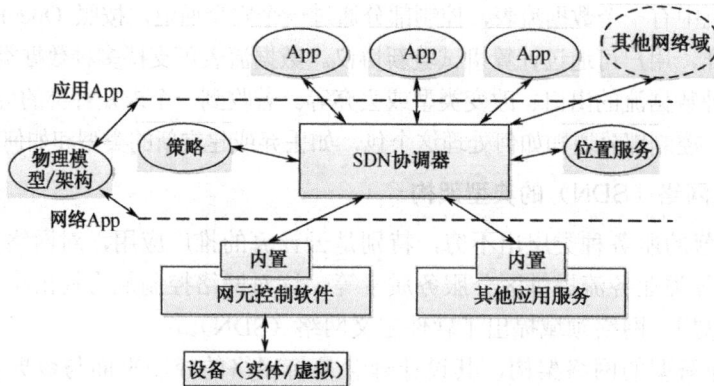

图 6-4　IETF 定义的 SDN 架构

ITU-T 在 SG13 组（Future Networks Including Mobile and NGN）也设立了 SDN 的研究任务，相关工作在 WP5 组（Future Network）Q21 研究。目前设立了 Y.FNsdn-fm 和 Y.FNsdn 两个项目，分别面向 SDN 的需求和框架。ITU-T 中 Y.FNsdn 定义的 SDN 框架如图 6-5 所示。

在该 SDN 框架结构中，通过专用的数据平面和控制平面接口，网络设备与 SDN 网络控制器之间互相连接。该接口是一个关键接口，用于支持 SDN 技术的实现。目前，SDN 的研究重点之一是研究接口的规范和定义。其中，南向接口用于管理不同厂商设备，定义其需要承担的功能，如网络隔离、网络编程、资源虚拟化等；北向接口用于实现路由、网络策略管理、网络设备管理等功能；为支持不同的网络控制系统之间的连接，还定义了网络控制系统之间互连的东西向接口，用于网络域间控制、支持网络部署、互操作等。

6.5 节将对 SDN 进行进一步阐述。

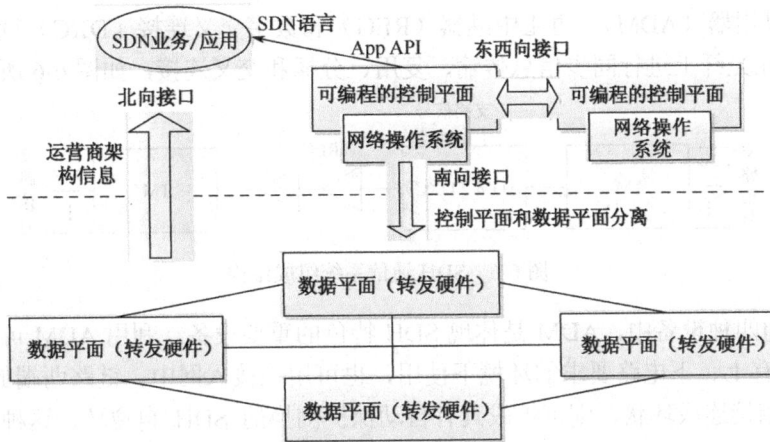

图 6-5　ITU-T 中 Y.FNsdn 定义的 SDN 框架

6.3　承载网的关键技术

目前，有多种组网技术可用于建设能够承载物联网业务的承载网，主要包括 SDH、PTN 和 OTN 等技术。其实，各种组网技术都在不断吸取各自的长处，互相取长补短，既要实现快速传输，又要满足多业务承载，另外还要提供电信级的 QoS，各种组网技术之间呈现出一种融合的发展趋势。

6.3.1　SDH/MSTP技术

SDH 传输网具有智能化的路由配置能力、上下电路方便、维护监控管理能力强、光接口标准统一等优点。基于 SDH 技术的 MSTP 可以将 SDH 复用器、数字交叉连接（DXC）设备、波分复用（WDM）终端、网络二层交换机和 IP 边缘路由器等多个独立的设备集成为一个网络设备，进行统一控制和管理。

1. SDH技术

SDH 技术自出现以来，由于其独特的同步复用功能、统一的复用标准及强大的网络管理功能而得到了迅猛发展，成为传输网络所采用的重要技术之一。

SDH 传输网是由一些 SDH 网元组成的，在光纤（或无线）上进行同步信息传输、复用、分插和交叉连接的网络。SDH 有全世界统一的网络节点接口和一套标准化的信息结构等级，具有丰富的开销比特专用于网络的维护管理，采用同步复用结构并具有横向兼容性，因而能够灵活、动态地适应任何业务和网络的变化，是一种理想的传输体制。传统的准同步数字体系（PDH）由于存在一些难以克服的弱点，如缺乏标准接口、僵硬的复用结构和极其有限的网管能力等，无法形成网络规模，而且网络生存性较差，已经被淘汰。自从 1988 年 SDH 成为世界性标准以来，ITU-T 先后颁布了涉及网络、设备、接口、性能、同步、保护和网管等的 15 个建议，使 SDH 成为公认的主要物理传送平台。

1）SDH的主要技术原理

SDH 与传统的信息传输技术不同，它是一个将复接、线路传输及交叉功能结合在一起，并由统一网管系统进行管理操作的综合信息网络技术。在组成结构上，SDH 由终端复用器

（TM）、分插复用器（ADM）、再生中继器（REG）和数字交叉连接（DXC）设备等四类网元（NE）组成，在光纤上进行同步信息传输、复用、分插和交叉连接，如图6-6所示。

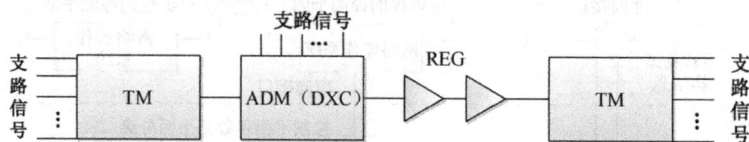

图6-6　SDH通信系统组成结构

在SDH的四种设备中，ADM是体现SDH特色的重要设备。利用ADM可组成链路，适于在沿线节点有上、下电路要求的环境下使用，也可用在接入网中；链路两端的TM如改成ADM且首尾相接连成环状，则可组成具有自动保护倒换的SDH自愈环，这种方式适于在本地网中运用，当然也可以用于二级干线网。随着SDH技术的不断发展，现在的ADM设备大都具有支路—群路、群路—群路、支路—支路交连能力，上下电路相当灵活，从功能上看，相当于一个小型DXC。

DXC是一种能将一个端口的数字信号的全部或部分时隙交连到任意端口的设备。常用的DXC有DXC4/4与DXC4/1两类，交叉连接的最低速率分别为VC4与VC12，端口种类有2 Mb/s、34 Mb/s、140 Mb/s、155 Mb/s等。DXC4/4主要应用于干线网节点，DXC4/1主要应用于本地网。DXC设备与相应的网络管理系统配合，当网络出现故障时，能在短时间内找到预先设定的替代路由，恢复被中断的业务。

2）SDH传输系统配置方式

运用SDH网元设备，并选择适宜的拓扑结构即可构成SDH网络。在组网时要重视SDH网元设备各种接口的合理配置与设备在网络中的恰当运用。根据应用的场合不同，SDH传输系统所采用的配置方式也不相同，典型的配置方式如图6-7所示。

图6-7（a）为点对点链路配置方式，适合于大的传输节点之间，与DXC设备相结合，可适用于较大的网状传输网络，如中国省际干线传输网。图6-7（b）为环状网配置方式，具有自愈功能，适用于环状传输网络，如中国省内干线传输网、中继网和全国省际干线传输网的局部网络。其中，自愈环又可分为4种：单向通道倒换环（1+1），双向通道倒换环（1:1），两纤双向复用段公用保护环和四纤双向复用段公用保护环。图6-7（c）为线形链路配置方式，多用于业务需求不大但业务点较多的场合，如用户接入网、移动通信系统各局站间等。工程应用主要根据业务需求和网络发展来确定传输系统的配置，几种配置方式可以组合使用。

3）SDH技术的优点

从宏观的应用层面看，SDH技术的优点主要体现在以下几方面：

（1）灵活、兼容的映射方式及帧结构。在信息传输结构上，SDH采用了同步复用方式和灵活的复用映射结构，因而只需利用软件即可从高速信号中直接分插出低速信号，使上下业务十分容易。在组网方式上，采用了网同步和灵活的复用方式，大大简化了数字交叉连接功能的实现，便于根据用户的需要进行动态组网和新业务接入。与其他传输方式相比，SDH技术帧结构更加规范，包含段开销（SOH）、管理单元指针（AU-PTR）和信息净荷（Payload）三个主要区域。通过各个区域的综合作用，保证了信息的准确分离、正确定位，方便信息的有效管理。

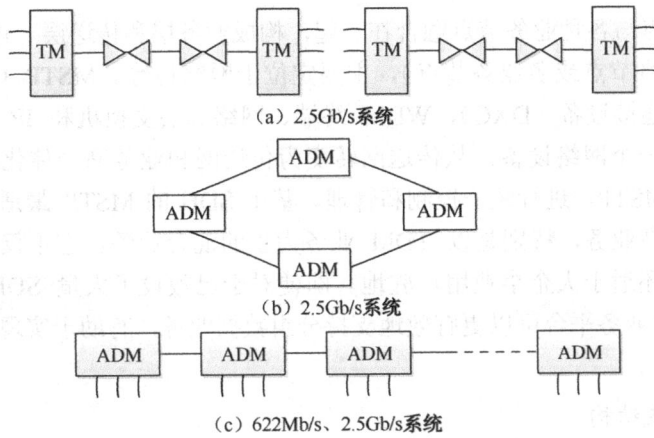

(a) 2.5Gb/s 系统

(b) 2.5Gb/s 系统

(c) 622Mb/s、2.5Gb/s 系统

图 6-7　SDH 传输系统的典型配置方式

（2）提供了与业务无关的灵活、兼容的传送平台。由于采用了较先进的分插复用器（ADM）、数字交叉连接（DXC）设备，网络的自愈功能和重组功能显得非常强大，具有较强的生存率。因在 SDH 帧结构中安排了信号的 5%比特开销，使得网管功能特别强，并能统一形成网络管理系统，为网络的自动化、智能化、提高信道的利用率以及降低网络的维管费和生存能力起到了积极作用。这种灵活的信息传输平台，使得信息在传递过程中的准确性得到了保证，同时还便于端到端管理业务。

（3）高效的信息维护能力。在结构组成上，SDH 技术采用多种网络拓扑结构，并且其智能化的管理能力将各种网络拓扑结构进行有效的整合。在实际工作过程中，SDH 能够嵌入多种不同的信号，并且进行准确的分离，同时还能一次性处理大量业务。在管理方面，SDH 技术自身强大的网络监控能力，方便网络业务的恢复，使得网络信息传递的准确性得到满足。

（4）传输标准的规范化。与 PDH 技术相比，SDH 的最大特点是将信息传输标准规范化。SDH 技术对网络节点接口进行了统一规范（速率等级、帧结构、复接方法、线路接口、监控管理等），使各厂家设备横向兼容，并且可容纳北美、日本和欧洲准同步数字系列（1.5 Mb/s、2 Mb/s、6.3 Mb/s、34 Mb/s、45 Mb/s 和 140 Mb/s），便于 PDH 向 SDH 过渡。总体而言，SDH 技术形成了全球统一的数字传输体制标准，提高了网络的可靠性。

2. MSTP技术

SDH 技术主要适于 TDM 业务传送，在传送带宽可变的分组业务时会显得力不从心。因此在 SDH 技术上增加对数据业务的支持，特别是以太网业务，对于已有 SDH 网络和大量 TDM 业务的运营商是最直接、有效的解决方案。在这种环境下产生了多业务传送平台（MSTP）。

1）MSTP 的工作原理

MSTP 是由 SDH 发展而来的一种多业务接入技术，它基于 SDH 平台实现了 TDM、ATM 和以太网等多种业务的接入、处理和传送。MSTP 在链路层仍采用 SDH 标准，因此可以与各种 SDH 设备实现良好互通，并在 SDH 上实现 TDM（2M）和 ATM（STM-1）业务的承载，在以太网业务层面也可以实现多厂家通用成帧规程（GFP）、虚级联（VCat）、链路容量调整（LCAS）等标准的互通。

MSTP 的实现基础是充分利用 SDH 技术对传输业务数据流提供保护恢复能力和较小的时延性能，并对网络业务支撑层加以改造，以适应多业务应用，实现对二层、三层的数据智能支持。即将传送节点与各种业务节点融合在一起，构成业务层和传送层一体化的 SDH 业务节点（称为融合的网络节点或多业务节点），主要定位于网络边缘。MSTP 可以将传统的 SDH 复用器、数字交叉连接设备（DXC）、WDM 终端、网络二层交换机和 IP 边缘路由器等多个独立的设备集成为一个网络设备，从传送网转变为传送网和业务网一体化的多业务平台，即基于 SDH 技术的 MSTP，进行统一控制和管理。基于 SDH 的 MSTP 最适合作为网络边缘的融合节点支持混合型业务，特别是以 TDM 业务为主的混合业务。它不仅适合缺乏网络基础设施的新运营商，还适于大企事业用户驻地。即便对于已敷设了大量 SDH 网的运营公司，以 SDH 为基础的多业务平台可以更有效地支持分组数据业务，有助于实现从电路交换网向分组网的过渡。

2）MSTP的组成结构

MSTP 可以支持多种物理接口，包括 TDM、SDH、以太网、POS 等接口；支持多种协议类型和多种数据处理技术，可以有效地完成对各种不同业务的聚合、交换和路由等处理任务，并保证不同类型业务的 QoS 需求。基于 SDH 的 MSTP 主要包括标准的 SDH 功能、ATM 处理功能、IP/Ethernet 处理功能，如图 6-8 所示。

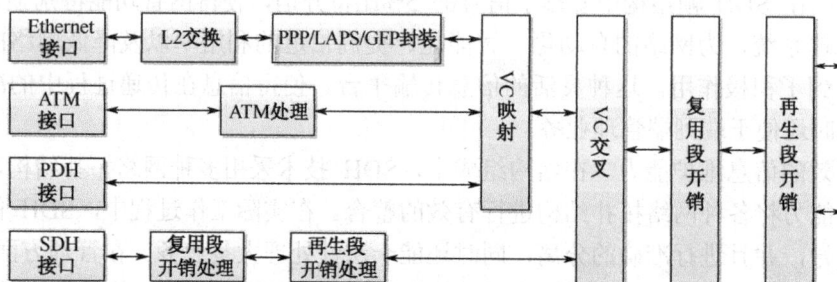

图 6-8 MSTP 的功能组成结构

MSTP 的具体要求如下：

（1）应满足国际标准中规定的 SDH、PDH 节点的基本功能。

（2）应至少支持 ATM 业务或以太网业务的一种。当支持 ATM 业务时，基于 SDH 的多业务传送节点应支持 ATM 业务的统计复用和 VP/VC 交换处理。当支持以太网业务时基于 SDH 的多业务传送节点应支持透明以太网业务（TLS），保证对所有的二层/三层以上的协议透明，包括 IEEE 802.1Q 等二层协议和 IPv4、IPv6 等三层协议。

3）MSTP的关键技术

MSTP 源于 SDH，它既继承了 SDH 稳定、可靠的特性，又融合了数据网灵活、多样的业务处理能力。MSTP 中的关键技术有封装方式、级联方式、链路容量调整机制（LCAS）功能，以及二层交换和对 ATM 的支持、多协议标签交换 MPLS 等。其中：GFP 封装提高了数据封装的效率，更加健壮可靠，多物理端口复用到同一通道减少了对带宽的需求，支持点对点和环网结构，并实现不同厂家间的数据业务互联；VC 虚级联实现了带宽动态调整，通过虚级联实现业务带宽和 SDH 虚容器之间的适配，比级联更好地利用了 SDH 链路带宽，提高了传送效率，同时大大简化了网管配置难度；LCA 可以根据业务流量对所分配的虚容器带宽进行动态调整，提高了以太网透传业务的可靠性和带宽利用率，而且在这个调整过程中不会对数据传送性能造成影响。

4）MSTP的应用

MSTP 在城域传输网络中备受关注，得到了广泛应用。与其他技术相比，其技术优势在于：①解决了 SDH 技术对于数据业务承载效率不高的问题；②解决了 ATM/IP 对于 TDM 业务承载效率低、成本高的问题；③解决了 IP QoS 不高的问题；④解决了弹性分组环（RPR）技术组网限制问题，实现双重保护，提高业务安全系数；⑤增强数据业务的网络概念，提高网络监测、维护能力；⑥降低业务选型风险；⑦实现了降低投资、统一建网、按需建设的组网优势；⑧能够适应全业务竞争需求，快速提供业务。

利用 MSTP 开展以太网业务是 MSTP 的重要应用。按照业务的应用划分，MSTP 支持的以太网业务类型主要包括：点到点、点到多点、多点到多点。

（1）点到点以太网专线业务。MSTP 技术由于其 SDH 的本质，各个传送通道在物理上是隔离的，因此可以提供高可靠性的以太网专线业务，实现两个以太网之间的专线连接。这种业务可以利用以太网接口盘来实现，通过传送网实现以太网接口盘的点对点互联。整个网络只进行传送而不进行交换，而以太网接口盘只提供透明传送功能（不提供二层/三层交换功能）。此时，相当于电路的专线互联系统，各以太网接口的传送通道物理隔离，带宽也可以得到保证。从物理上隔绝了外界侵袭的可能，能够提供绝对的安全性。两个局域网内用户可以直接进行对话。这种专线业务实现简单，部署快捷方便，可以在基于 MSTP 的城域传送网建设的初期部署。

（2）点到多点以太专网业务。随着信息化的发展，企业内部专网建设越来越受到人们的重视。通过以太网接口盘的交换功能，可以协助企业构建企业专网，即实现地理位置分散的各个分支机构与企业总部之间的广域互联。在这种情况下，要求以太网接口盘具有二层交换功能。通常的组网方案是各分支网点的快速以太网（FE）信号经光纤传送至附近的电信机房接入到 MSTP 设备，再通过 SDH/MSTP 网络传送（每个 FE 占用 2 个 VC12，即 2 M 级别的虚容器）至分支机构中心点附近的电信机房，在设备上复用成一至多个 VC4（155 M 级别的虚容器），通过 622 Mb/s（或 2.5 Gb/s）环与放置在企业总部中心点的 MSTP 设备相连，各分支网点的 FE 信号在此设备上汇聚成一个或几个 FE 后与路由器或交换机连接。

（3）多点到多点以太环网业务。以太环网业务要求多个业务节点之间通过环路进行以太网业务的传送，此模式不但要求以太网接口盘支持二层交换所涉及的基本功能，而且要求具有环路控制功能。以太环网业务中涉及的各个业务节点在物理上构成环网结构，逻辑上可以考虑环网结构（内嵌 RPR）或生成树结构（STP）。当物理环路上业务端口较少时，可以考虑采用生成树协议的以太环网；但是当节点数增加时，可考虑采用内嵌 RPR 技术。采用内嵌 RPR 技术，可以通过公平性算法保证以太网业务的公平性，各个业务端口可以彼此公平地共享环路带宽。

在 MSTP 技术的应用中，用于组建大客户专网更具有优势：①业务接口丰富。在 TDM 方面提供了 E1/T1、E3/DS3、STM-1、STM-4 和 STM-16 标准接口；在以太网方面有 10 Mb/s、100 Mb/s 和千兆以太网接口；在其他方面有 STM-1 ATM 接口、V35 口、FSO/FXO、VDSL 接口卡等（不同厂家支持情况不同）。②业务保护。可采用 SDH 保护，倒换时间保证小于 50 ms。③业务隔离。MSTP 支持以太网用户隔离机制，不仅支持通用 802.1Q 的 VLAN 隔离方式，即相同用户域内部不同的 VLAN 之间不能在二层互通，还通过单一端口/多个端口映射到不同的 VC Trunk 进行隔离，即时隙隔离，保证灵活、可靠的用户安全。④带宽保证。支持基于端口、基于 VLAN 和基于 WAN 口映射带宽的限速功能。也就是说，以太网接口可根据客户带宽需求，映射到一条或多条 SDH VC12（2 Mb/s）上。⑤强大的汇聚功能。MSTP 支持的汇聚功能，能保证以太网业务的透明性，包括以太网 MAC 帧、VLAN 标记等的透明传送，传输链路带宽可配置，支持 VLAN 处理功能，支持流量控制。

6.3.2 分组传送网（PTN）技术

随着以互联网为代表的数据业务和多媒体业务的不断发展，业务的传送环境发生了很大变化。传送网以 2 Mb/s（或 1.5 Mb/s，或 SDH 155 Mb/s）为颗粒的基本单位已不再是普遍的用户接口。新业务的接口主要针对数据应用，同时一些传统的业务也转移到 IP 的承载方式，如 VoIP 业务。业务的接口形式也变成了以太网接口、PoS 接口以及少数的 ATM 接口。随着 TDM 业务的相对萎缩及"全 IP 环境"的逐渐成熟，传送设备要从"多业务的接口适应性"转变为"多业务的内核适应性"。由于受到各种新的 IP 应用业务推动，如三重播放、有线或无线 IP 视频和以太网数据业务，网络中的业务流量正从 TDM 为主向着分组数据业务为主转变。因此，需要建立一个新的传送网络体系结构，既可以面向传统语音业务在内的各种业务接口，又可以具有统一的处理平台，这就是分组传送网（PTN）。

1. PTN的定义与工作原理

PTN 融合了光传送网和 IP/MPLS/Ethernet 网络的特点，实现对分组化（主要是 IP）多业务的高效传送，是面向 IP 的基于分组交换的多业务统一传送网络。

PTN 是指这样一种光传送网络架构和技术：在 IP 业务和底层光传输媒质之间架构的一个层面，它针对分组业务流量的突发性和统计复用传送的要求而设计，以分组业务为核心并支持多业务提供；支持多种基于分组交换业务的双向点对点连接通道，具有适合各种粗细颗粒业务、端到端的组网能力，提供了更加适合于 IP 业务特性的"柔性"传输管道；秉承光传输的电信网传统优势，包括高可用性和可靠性，高效的带宽管理机制和流量工程，便捷的操作管理与维护（OAM）机制，可扩展、较高的安全性等。

PTN 将网络分为信道层、通道层、传输媒质层，通过通用成帧规程（GFP）架构在 OTN、SDH 和 PDH 等物理媒介上。

（1）分组传送信道层（PTC），将客户信号封装进虚信道（VC）并传送虚信道，提供客户信号端到端的传送，即端到端 0AM、端到端性能监控和端到端的保护。

（2）传送通道层（PTP）：将虚电路封装和复用进虚通道（VP），并传送和交换虚通道，提供多个虚电路业务的汇聚和可扩展性（分域、保护、恢复、OAM）。

（3）传输媒质层：包括分组传送段（PTS）和物理媒质，其中 PTS 提供了虚拟段信号的 OAM 功能。

PTN 常用的服务层是以太网，也可以是 SDH/OTN/WDM，还可以架构在 PDH 上。PTN 可以直接架构在以太网上，通过以太网的 Ethernet Type 字段指示 PTN 作为客户信号。PTN 也可以架构在 PDH/SDH 和 OTN 上，通过 GFP-F/GFP-T 进行封装，通过 GFP 的用户净荷指示符（UPI）指示 PTN 作为客户信号；物理媒质可以是光纤和微波。

2. PTN的功能平面

PTN 可分为传送层面、控制平面和管理平面三个功能层面，如图 6-9 所示。传送平面提供实现各种业务的传送处理功能，如封装、转发、流控、交换等，并实现保护和 OAM 开销处理；控制平面通过信令和路由协议实现业务的建立和保护恢复；管理平面完成设备拓扑管理、配置管理、告警性能管理和安全管理。

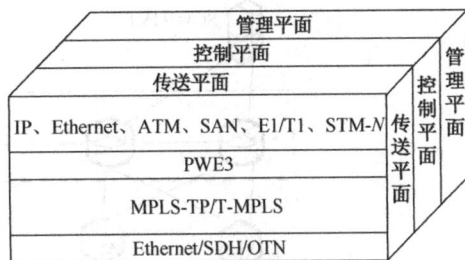

图 6-9　PTN 的分层结构

3. PTN网络架构

PTN 技术主要用于城域传送网。采用 PTN 技术的分组化城域传送网主要承载高价值的以太网类分组化电路业务，如 2G、3G 基站和长期演进（LTE）业务以及重要的集团客户业务。具体包含：①3G/高速分组接入技术（HSPA）移动通信系统基站回传；②GSM/GPRS 移动通信系统基站回传；③重要集团客户接入（包括普通集团客户和家庭客户的光线路终端 OLT 上联）；④LTE 移动通信系统基站回传。

1）PTN独立组网

随着城域传送网接入层所承载业务逐步向全 IP 转型，PTN 成为面向全网接入和 SDH/MSTP 网络相对应的新平面。一种采用 PTN 独立组网的方案类似于 SDH 的组网，即从核心层到接入层全部采用 PTN 设备组网，核心层采用 10GE 环网或组 Mesh 结构，汇聚层一般采用 10GE 速率组网，接入层一般采用 GE 速率组网。PTN 独立组网的拓扑结构如图 6-10 所示。

PTN 核心层解决局间业务和汇聚转接业务的调度，提供大通道，起到业务收敛作用。一般核心层对设备的交换容量和端口要求较高，目前交换容量可以配置到 800 GB。PTN 汇聚层与接入层负责基站或数据点的业务接入并实现带宽的统计复用。这种网络架构的优点是有利于业务开通配置和端到端调度，有利于时间同步信号在全网传送，对于一般的基站回传业务有着天然的优势；缺点主要是在核心层面的可扩性不强。

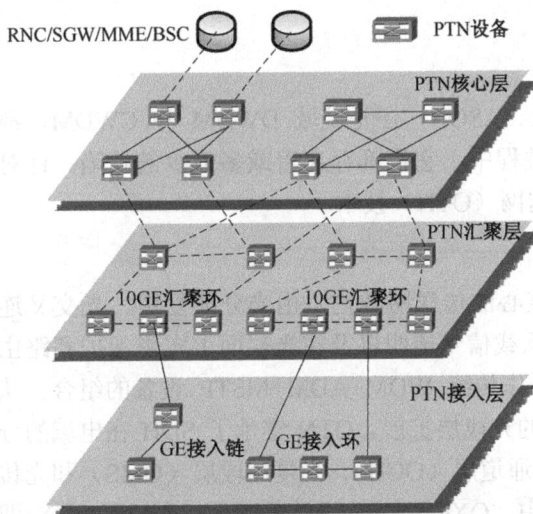

图 6-10　PTN 独立组网的拓扑结构

2）4G场景PTN组网

随着 LTE 的发展，单站带宽一般在 100 Mb/s 以上，要求网络支持带宽扩展，接口和流向发生了变化，出现了 S1 接口和 X2 接口（S1 为演进型基站（eNB）与 SGW/MME 之间的接口，X2 为 eNB 之间的连接），这对 PTN 提出了更高的要求。对于 4G 场景，一般有两种 PTN 组网方案。

第一种是 PTN＋GE 路由器方案，接入层、汇聚层、核心层均采用 PTN 组网，路由器成对部署在 SGW/MME 节点，完成 IP 业务的转发。通过路由器的 L3VPN 功能，为 S1 提供灵活的调度能力以及 X2 接口的转发能力。PTN＋GE 路由器的拓扑结构如图 6-11 所示。

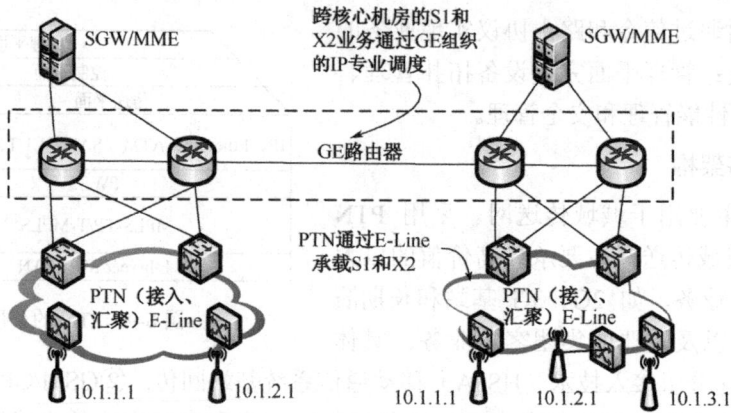

图 6-11　PTN＋GE 路由器的拓扑结构

第二种是 PTN 支持简化 L3VPN 方案。采用 PTN 端到端组网，核心层的 PTN 支持简化 L3VPN，提供 IP 转发能力，满足 LTE 承载对 S1 的灵活调度以及 X2 接口的 IP 转发需求。

目前来看，PTN＋GE 路由器方案是相对成熟且可直接应用的建网选择；PTN 支持简化 L3VPN 方案则需要 PTN 设备的支持，在设备支持的前提下，这一方案对简化网络结构和灵活调度比较有优势。

6.3.3　光传送网（OTN）

在城域光网络技术中，不论是 MSTP、RPR、ASON，还是城域 DWDM 和 CWDM，都基于 SDH 或 WDM。在面对网络全 IP 化的进程中，它们都存在着或多或少的缺陷。针对 SDH 或 WDM 技术的不足，ITU-T 提出了光传送网（OTN）技术。

1. OTN的原理

OTN 是一种以 DWDM 与光通道技术为核心的传送网结构，由光分插复用、光交叉连接、光放大等网元设备组成，具有超大容量、承载信号透明以及在光层面上实现保护和路由的功能。具有完整功能的 OTN 设备本质上可看作传统 WDM+ADM+MSTP 设备的组合。从某种意义上讲，可将 OTN 看成传送 SDH 信号的光段层扩展。OTN 继承了 SDH 在电域的分层结构，ITU-T G.872 标准将 OTN 光域分为光通道层（OCH）、光复用段层（OMS）和光传送段层（OTS）3 个子层，如图 6-12 所示。其中，OXC 即光交叉连接单元，WDM-MUX 即波分复用器，WDM-DEMUX 即波分解复用器，OA 即光放大器。

光通道层的功能是：①实现端到端的光路径的建立、管理和维护；②光层信头的处理；③光信道的监控；④与电层适配，多种业务的接入。

光复用段层主要保证相邻的两个 DWDM 设备之间的 DWDM 信号的完整传输，为波长复用信号提供网络功能，包括：①实现多波长光信号的联网功能；②实现光复用段信头开销的处理；③光复用段的管理与维护。

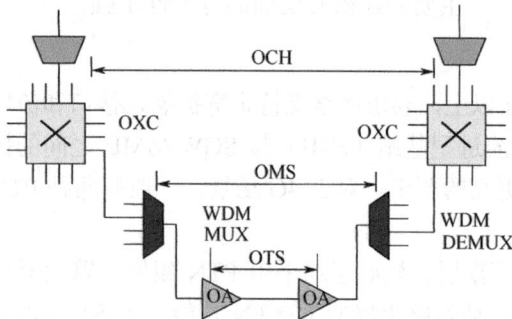

图 6-12　OTN 模型

光传送段层负责为光信号在不同类型的光纤介质上（如 G.652，G.655 等）提供光信号传送功能，同时实现对光放大器和光再生中继器的检测和控制。

另外，为了解决客户信号的数字监视问题，OTN 对于客户信号的封装和处理也有完整的层次体系，采用 OPU-K（光通道净荷单元）、ODU-K（光通道数据单元）、OUT-K（光通道传送单元）等信号模块对数据进行适配、封装。因此从技术本质而言，OTN 技术是对已有的 SDH 和 WDM 的优势进行了更为有效的继承和组合，同时扩展了与业务传送需求相适应的组网功能。

2. OTN技术的特点

从功能上看，OTN 就是通过 G.872、G.709、G.798 等一系列 ITU-T 的建议所规范的"数字传送体系"和"光传送体系"。OTN 是由一系列光网元经光纤链路互联而成，能提供光通道承载任何客户信号，并提供客户信号的传输、复用、路由、管理、监控和生存性功能的网络。OTN 同 SDH、DWDM 传送网一样，满足传送网的通用模型，遵循一般传送网组织原理、功能结构的建模和信息的定义，采用了相似的描述方式。因此，许多 SDH、DWDM 传送网的功能和体系原理都可以移至光传送网。OTN 技术的主要特点如下：

（1）多种客户信号封装和透明传输。基于 ITU-T G.709 的 OTN 帧结构可以支持多种客户信号的映射和透明传输，如 SDH、ATM、以太网、存储域网络（SAN）、视频等。ITU-T 为 10GE 业务实现不同程度的透明传输提供了补充建议，而对于 40GE、100GE 以太网、专网业务光纤通道（FC）和接入网业务吉比特无源光网络（GPON）到 OTN 帧的标准化映射方式目前尚在讨论之中。

（2）大颗粒的带宽复用、交叉和配置。OTN 定义的电层带宽颗粒为光通道数据单元（ODU-K，K=1，2，3），光层的带宽颗粒为波长，相对于 SDH 的 VC-12/VC-4 的调度颗粒，OTN 复用、交叉和配置的颗粒明显要大很多，对高带宽数据客户业务的适配和传送效率显著提升。

（3）强大的开销和维护管理能力。传统的 WDM 设备只能监控光功率等少量光层信息，无法实现基于业务通道的监控，运维管理不便，且无法提供基于业务通道的保护等功能。OTN 借鉴 SDH 的优点，在帧结构中定义了监控字节，使其具备同 SDH 一样的运维管理能力。其中多层嵌套的串联连接监视（TCM）功能，可以实现嵌套、级联等复杂网络的监控。

（4）强大的组网和保护能力。通过 OTN 帧结构、ODU-K 交叉和多维度可重构光分插复用器（ROADM）的引入，增强了光传送网的组网能力，改变了基于 SDH VC-12/VC-4 调度带宽和 WDM 点到点提供大容量传送带宽的现状。前向纠错（FEC）技术的采用，显著增加了光层传输的距离。另外，OTN 还提供了更为灵活的基于电层和光层的业务保护功能，如基于 ODU-K 层的子网连接保护（SNCP）、基于波长的光通道保护、光子网连接保护和基于 ODU-K 的环网保护等。

作为新型的传送网络技术，OTN 并非尽善尽美，主要缺点是不支持 2.5 Gb/s 以下颗粒业务的映射与调度。另外，最初制定 OTN 标准时并没有过多考虑以太网完全透明传送的问题，使得 OTN 可能出现一些业务透明度不够或者传送颗粒速率不匹配等问题。目前 ITU-T 的相关研究组正在积极组织讨论，以解决 OTN 面临的一些缺陷，例如提出新的 ODU-0/ODU-4 颗粒，定义基于多种带宽颗粒的通用映射规程（GMP）等，以便逐渐建立兼容现有框架体系的新一代 OTN（NG-OTN）网络架构。

3. OTN设备

从设备类型来看，OTN 设备相当于 SDH 和 WDM 设备的融合，同时拓展了原有设备类型的优势。OTN 设备可分为 OTN 终端复用设备和 OTN 交叉连接设备两大类。

OTN 终端复用设备是指支持 OTN 的客户接口、接口适配、线路接口处理功能的 WDM 设备，其功能结构如图 6-13 所示。这种 OTN 设备用白光 OUT-*K* 接口代替传统传送设备 SDH 和以太网等客户业务接口，实现不同厂商 WDM 设备的对接。通过 OTN 的信号开销可以实现对波长通道端对端的性能和故障监测。目前，国内大多数采用 OTN 终端复用设备组网，但随着 40G/100G 网络建设，由于 OTN 终端复用设备多业务传送能力不足，最终会过渡到光电混合交叉 OTN 设备。

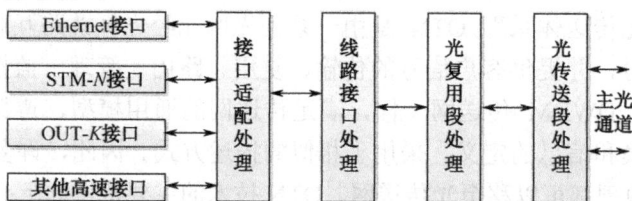

图 6-13　OTN 终端复用设备的功能结构

OTN 交叉连接设备又分为 OTN 电交叉设备、OTN 光交叉设备和 OTN 光电混合交叉设备。

OTN 电交叉设备（也称 OTH 设备）完成 ODU-*K* 级别的电路交叉功能，为 OTN 网络提供灵活的电路调度和保护能力，对外提供各种业务接口和 OUT-*K* 接口，也可与 OTN 终端复用功能集成在一起。OTN 电交叉设备的功能结构如图 6-14 所示。基于电交叉的 OTN 设备能够同时支持波长和子波长粒度的调度，但有限的调度容量限制了其在大容量节点组网中的应用。

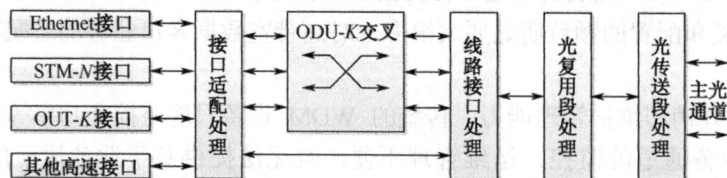

图 6-14　OTN 电交叉设备的功能结构

OTN 光交叉设备（也称 OCH 设备）以光波长为交叉颗粒，提供 OCH 光层调度能力，实现波长级别业务的调度和保护恢复。这类设备的形态为二维可重构光分插复用器（ROADM），其功能结构如图 6-15 所示。OTN 光交叉设备最大的容量可达到 8～9 个维度，单维度支持 80 个波长，有效地实现了在增加组网灵活性的同时降低光电变换组网成本的目标；但组网半径以及色度色散（CD）、偏振模色散（PMD）、非线性效应、光信噪比（OSNR）等物理参数的限制，在一定程度上妨碍了 ROADM 在大范围和传输线路复杂环境下的组网应用。

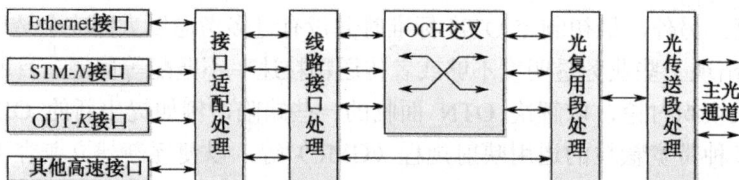

图 6-15　OTN 光交叉设备的功能结构

OTN 光电混合交叉设备是指支持光电混合调度的 OTN 设备。OTN 电交叉设备与 OTN 光交叉设备相结合，可以同时提供 ODU-K 电层和 OCH 光层调度，二者配合可以实现优势互补，又同时规避各自的劣势。波长级别的业务可以直接通过 OCH 交叉，其他需要调度的业务经过 ODU-K 交叉。OTN 光电混合交叉设备的功能结构如图 6-16 所示。

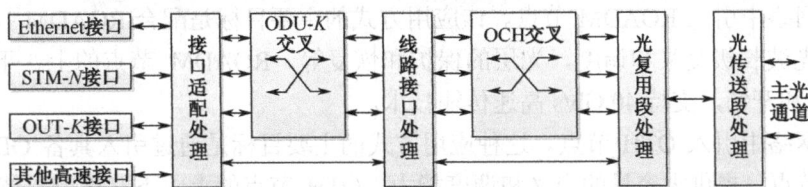

图 6-16   OTN 光电混合交叉设备的功能结构

OTN 光电混合交叉设备虽然可以在一定程度上解决 OCH 设备和 OTH 设备的缺陷，但在实际组网应用中，尤其是在省际干线组网应用时，采用单一厂家组网的可能性不大。因此，采用同时支持光电混合调度的 OTN 设备并不是任何场合都适用的。另外，对于仅需固定提供大容量传送带宽的应用场合，基于点到点的 OTN 传送设备依然是最佳选择。因此，选择何种设备类型，应根据其应用的网络层面、业务传送需求和实际组网成本等多方因素综合选择，也可采用分域的方式解决组网的一些限制因素。

4. OTN 的应用方式

作为承载 2.5 Gb/s 颗粒以上的传送网技术，OTN 的最大优势就是提供大颗粒带宽的调度与传送。考虑到现有的传送网络分层关系和传送业务颗粒分层特征，OTN 主要应用于城域网核心层及骨干传送网中。OTN 在传送网中的应用实例如图 6-17 所示。

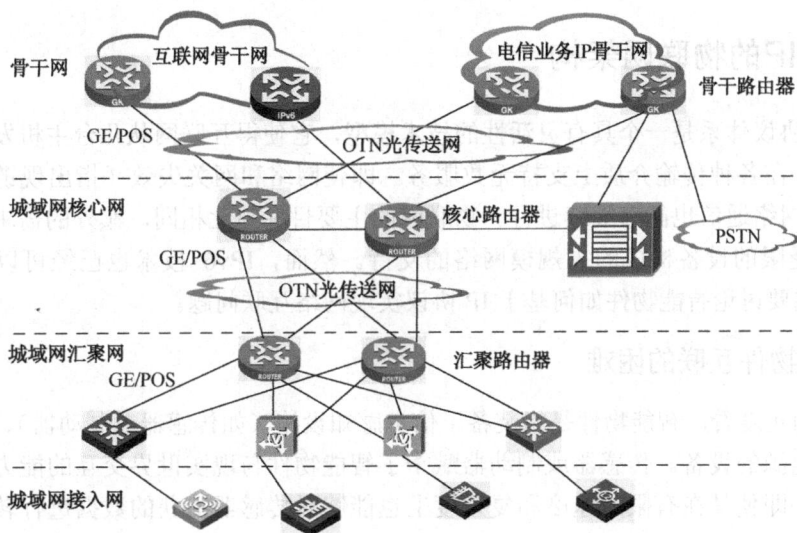

图 6-17   OTN 应用实例

对于如何选择 OTN 设备进行组网，应根据业务传送颗粒、调度需求、组网规模和成本等因素综合选择，可在满足实际建网需求的同时充分发挥不同类型 OTN 设备的组网优势。

由于 OTN 设备有不同的形态，OTN 在网络建设中也存在着不同的应用方式。

（1）优化 WDM 系统。在 WDM 系统中引入 OTN 设备，可以优化已有的 WDM 系统：

①OTN 可以实现对多种客户信号的透明传送，通过逐步在 WDM 系统中引入 OTN 接口，可以为引入大容量的 OTN 交叉设备做准备；②通过 TCM（串联连接监视）提供跨厂商、跨管理域的端到端性能监视、多域间性能监视和保护倒换监视等功能，增强故障定位能力；③采用前向纠错（FEC）技术提升传送距离等。

（2）在网络中引入 ROADM 节点。该应用方式的主要目标是配合 ROADM 技术优化光层组网，实现光波长级交叉和调度，光层的保护和恢复等。ROADM 节点的上、下路接口支持 G.709 帧结构和开销，支持 40 Gb/s 高速传输技术。

（3）在网络中引入 OTH 节点。这种应用方式的主要目标是通过引入具备 ODU-K 交换能力的 OTH 节点，提供大容量的交叉和调度能力。OTH 节点的上、下路接口支持 G.709 帧结构和开销，支持 40 Gb/s 高速传输技术。

（4）在网络中引入 OTH＋ROADM 节点。这种应用方式的主要目标是兼顾 ROADM 和 OTH 的技术优势，通过 ROADM 维度和 OTH 交叉颗粒/容量的配合实现光层和电层的灵活组网。在光层实现波长级的组网应用，通过操作级别协议（OLA）、ROADM、可重构光分插复用器（FOADM）等提供点对点、链形、星状、环状、环带链形、环相切、环相交等组网。在电层实现集中式和分布式交叉、支路和线路分离，加上内置在单板上的以太网 L2 处理功能，可以提供相当于 SDH 和 MSTP 设备的组网能力。

OTN 技术作为全新的光传送网技术，与 SDH 和 WDM 比较，不仅继承了传统优势，并且实现了超越。OTN 技术的最大优势就是提供大颗粒带宽的调度与传送，是构建省际干线传送网、省内干线传送网以及城域（本地）传送网核心层的主要技术之一。OTN 作为承载 2.5 Gb/s 颗粒以上的传送网技术，可以根据不同的 OTN 应用方式、不同网络层面业务承载的特点进行综合考虑。

6.4 基于IP的物联网架构

TCP/IP 协议体系是一个具有灵活性的技术模型，它使得互联网从几台主机发展到超过数十亿台主机，在各种传输介质上支持无数服务。即使网络和网关失效（指出现链路或节点故障的情况），网络通信也能够继续进行。物联网的主要目标与此相同，额外的需求是由数十亿无人值守且受限的设备构成的大规模网络的支持。然而，IPv6 技术也已经可以满足这种应用。在此，主要讨论智能物件如何基于 IP 协议实现网络互联问题。

6.4.1 智能物件互联的困难

从技术的角度看，智能物件是指装备了信息感知设施（如传感器或制动器）、微处理器、通信装置和电源的设备。传感器或制动器赋予了智能物件与现实世界交互的能力。微处理器保证智能物件即使是在有限的速度和复杂度上也能够对传感器捕获的数据进行转换；通信装置使得智能物件能够将其传感器读取的数据传输给外界，并接收来自其他智能物件的数据；电源为智能物件提供其工作所需的电力。显然，智能物件互联存在许多需要解决的困难。

1. 智能物件的基本功能

智能物件的功能非常多，它通过有限的处理能力既要完成对外界数据的处理，又要实现与外界及其他智能物件的数据通信。智能物件互联是非常复杂的：首先它依赖于所使用的地点和方式，一个用于监视集装箱货轮温度的智能物件，与另一个用于监视停车位的智能物件会有所差异；其次，也是更重要的一点，人们无法预知未来的智能物件将会被如何使用，尽管可以肯定未来智能物件的使用模式是基于其现在的应用方式，但无法准确预知未来的使用模式。目前，可以确定智能物件具有与现实世界的交互与通信两个基本功能属性。

智能物件通过传感器从现实世界获取信息，同时利用制动器作用于现实世界与现实世界的交互。智能物件使用传感器来感知各种各样的物理属性，从简单的单一属性（如光照、温度、空气湿度），到更为复杂的属性（如空气污染、车辆是否存在，或者预测工业机械何时将要发生故障）。智能物件使用不同形式的制动器作用于现实世界。

单独一个智能物件虽然可以非常有用，例如，当门被打开时，门口的灯亮起，但智能物件更加强大的功能是它们之间能够互相通信。能够控制门口灯开启的智能物件可以与邻近的智能物件相互通信，告知其他智能物件门已经打开。被告知的智能物件则可以打开房间里的灯、暖气设备等家居设施。同样，工厂里安装在机械上用于感知机械振动的智能物件之间，可以相互发送数据，并将数据发送给设备操作员。通信是智能物件发挥功用的基本要素。

2. 智能物件互联需要解决的问题

智能物件已经从许多不同的方面发展起来，而且在计算和通信方面都有基础。智能物件的历史可以追溯到普适计算、移动通信和遥测技术、移动计算和计算机网络，以及嵌入式系统和传感网。智能物件作为一项技术尽管正在快速兴起，但还存在许多需要解决的问题。这些问题主要存在于节点级、网络级。在节点级，网络大小、成本和能耗方面的限制是设计智能物件系统时需要考虑的问题。在网络级，必须检查智能物件在网络中的节点规模、节点的能耗和内存限制。更为重要是标准化和互联互通问题，因为智能物件技术来自许多不同的团体，标准化对智能物件系统来说非常关键。同样，智能物件之间以及智能物件与周围的 IT 环境之间的互通性也非常关键。

1）节点级应解决的问题

智能物件的节点级需要解决能耗、体积大小和成本问题。能耗是智能物件的一个关键因素，严格的能耗限制对硬件、软件、网络协议以及网络架构都有重要的意义。硬件、软件设计要尽可能利用有限的资源，运行低功耗操作系统。电源效率显著影响网络架构和协议的设计。因为通信要耗能，所以控制通信方式很重要。为使网络协议实现这个目标，硬件、软件要能够记录消耗的能量，并将这些信息提供给网络层。

对节点级的资源限制与网络层有着密切关系。由于每个智能物件中内存对象的限制，网络协议必须设计成能够严格限制节点所保存的关于网络和网络上其他节点信息的信息数量。与能量限制一样，内存限制也会影响网络架构，同时网络架构也会影响节点级。

2）网络级需要解决的问题

智能物件的节点级涉及所在范围的可用资源，所要解决的问题是大规模智能物件的互联网络。智能物件的互联网络可能具有非常大的规模，不仅体现在系统中节点的数量，也体现在每个节点产生的数据项的数量。许多智能物件用于从一大组独立的数据采集点请求数据，由成千上万个节点构成的单个网络也很常见。在这样的智能物件互联网络中，每个节点在其寿命内会产生数以百万计的数据项。例如，在一个建筑物中采集温度数据的物联网，温度通常是一个缓慢变化的事件，所有节点不需要频繁地采集数据；但建筑物中的人有可能会忘记关窗或者半开着门，系统应准备好在一个合理的时间范围内检测到此类情况，并将信息传输、告知相关人员。假若按照每分钟两次的采样速率，在系统使用寿命内，每个节点每天会有 2 880 次读取，或者说每年有 737 280 次读取。若系统的使用寿命设计为 10 年，则每个节点将有超过 700 万次读取。这虽然是一个相对较低的采样率场景，但已可清楚地让人意识到，在网络和数据的大小方面，智能物件互联网络工作时有多么大的规模。网络和数据大小在某些方面可能毫不相干，但在许多方面是交织影响的。智能物件互联网络面对的困难主要体现在以下几方面：

（1）网络大小影响智能物件互联网络中用于消息路由协议的设计。通过路由，网络决定消息应该采取哪一条路径来穿过网络。路由可以是集中生成的，即由一个中央服务器为整个网络计算路由图；也可以是分布式的，即每个节点独立决定每条消息发送到哪里。因此，路由协议的设计很重要，因为它可以从网络能够承载的数据量、数据能够通过网络成功传输的速率等方面影响网络性能。当规划消息应该怎样通过网络传输时，路由协议必须在充分了解整个网络情况后才能做出选择。

（2）传输介质的不可靠通信。许多用于智能物件通信的通信技术天生是有损的，即不保证已发送的数据能够到达目的地，包括通过电网进行通信的电力线通信以及低功耗的无线通信。在这些有损的通信介质上，一条由一个节点发出的消息是否被其目的节点接收到是不确定的，消息有可能中断了或者完全阻塞在其传输路径上。即使消息没有完全阻塞，其比特位也有可能在传输过程中被改变而导致接收端不能正确解析。因此，在决定发送数据的方向、方式、时间、频度时，需要考虑解决智能物件的协议和机制。智能物件互联网有损的性质对路由协议也是一个额外的挑战。当决定向哪里传送消息及消息是否应该被重发时，路由协议要考虑损耗。特别是在无线网络中，损耗不仅受到智能物件互联网络周围事物的影响，还受到环境因素的影响，如温度和空气湿度的影响。例如，打开一个微波炉，那么它所产生的电磁场会干扰 2.4 GHz 频带上的无线传输。同样，一个 WiFi 计算机网络可能干扰智能物件互联网络。所以，当人们白天使用 WiFi 网络时，智能物件网络会遇到比夜间更多的损耗。

（3）互通性和标准化。互通性是指来自不同供应者的设备和系统协同运转的能力。智能物件互联网络需要智能物件设备之间以及智能物件与现有的网络基础设施之间实现互联互通。标准化定义智能物件运行的机制和协议，而且必须使用已经建立好的标准化规范，并使用开放标准来进行标准化。标准化是智能物件的一个关键成功因素。有了标准化技术，技术就与产品供应者、生产者和用户独立开来。任何一个产品供应者可以自由选择要基于该技术的系统，设备制造者和系统集成者也可以将其系统构建于任何供应者的技术上。

（4）节点编址的复杂化。在一个大规模网络中，每个节点必须是可寻址的，这样才能给它发送消息。地址长度需要足够长，以使得每个节点即使在一个大型网络中也能拥有一个独立的地址。即使网络很小，也需要使用地址与外部的智能物件网络交互。无论是大规模网络还是小规模网络，网络中节点的地址必须是唯一的。随着潜在的可以交互的智能物件网络的增加，必须做好地址规模呈指数级增长的准备。因此，智能物件网络所选择的编址方案需要唯一确定数百万乃至数十亿个独立节点。

另外，网络的可发展性、使用寿命、低功耗、低成本等，也是在架构智能物件互联网络时应该考虑的问题。

3）网络管理遇到的新困难

对给定的大规模智能物件网络，网络管理也是一个令人望而生畏的困难。因为数以千计的节点构成的智能物件网络，传统的网络管理方法已不能有效对其进行管理。每个智能物件互联网络系统都有大量的节点，智能物件网络必须通过寻找、路由和管理机制支持持续增多的节点。传统网络管理需要系统管理员对网络基础设施做手动调整；而对智能物件网络形成的点对点网络，网络必须自己管理自己，决策时没有任何人工网络操作的准备。另外，在传统的基于计算机的网络中，每台连接到网络的计算机可以手动或半自动配置，例如，计算机前的人可能需要输入密码来接入网络。对物联网而言，每当一个智能物件需要访问网络时，由人将密码手动输入其中是不可行的。

另外，智能物件网络必须为外部提供访问自身的机制。孤立的智能物件网络的应用有一些，但更多的时候，物联网产生的数据需要被提取出来，在其他地方进行处理或存储，或者在运行过程中被重设或更改。无论哪种情况，物联网都必须能够从外部进行访问。

6.4.2　TCP/IP协议体系

互联网的目标是基于各种链路层和网络层，建立起支持各种服务的高度灵活、可靠的网络。这种灵活性可通过分层的体系结构来实现。现在的互联网和私有 IP 网络基于多种物理层和链路层（如 SONET/SDH、光通信、以太网、无线链路、电力线通信、帧中继等）。与此同时，基于 TCP 或 UDP 的服务应用多得令人惊叹，从电子邮件或文件传输到实时应用，如音频、视频及其他严格实时的工业应用。

分层是灵活性协议体系结构的核心设计思想。该思想随后应用到现在的 TCP/IP 协议体系模型以及 ISO 的 7 层 OSI 参考模型，如图 6-18所示。

Internet 工程任务组（IETF）引入的基于 4层模型的 TCP/IP 协议架构主要表述了如下分层的概念：

（1）网络接口层。网络接口层通常对应OSI 模型的物理层和数据链路层（缩写为PHY/MAC）。从高层看，网络接口层主要负责两个设备之间链路上的 IP 数据包转发。其中涉及多项功能，如介质访问控制（MAC）、差错校

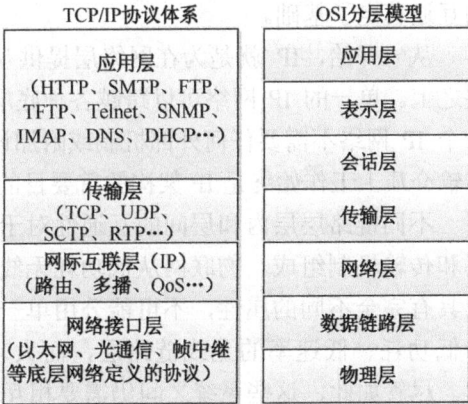

图 6-18　TCP/IP 和 OSI 分层模型

验和（有时）重传、流量控制等。数据链路层协议信息以携带着 IP 包的帧的形式添加。有些链路提供非常有限的功能集合，很多链路却实现了相当复杂的服务，如数据链路层路由功能。此外，数据链路层还可以提供点对点或点对多点服务。

（2）网际互联层（IP）。网际互联层负责提供在网络中源地址和目的地址之间发送分组的不可靠服务。在这里，主机和路由器均由基于分层编址模式的 IP（IPv4 或 IPv6）地址唯一确定。其中，IPv6 编址体系将是物联网所采用的主要方式。ICMP 以及用于多播通信的 IGMP协议均属于 IP 层。

（3）传输层。传输层主要负责在两个设备之间进行带状态维护（相对于网络内部）的端到端通信。该层的传输控制协议（TCP）提供了一种可靠的传输机制，这源于差错检测、重传、基于滑动窗口技术的流量控制，以及安全机制等。与此相反，UDP 是无状态的且主要用于应用寻址和可选的差错检测（由 IPv4 中可选的和校验完成，注意 UDP 和校验在 IPv6 中是强制性的）。其他传输协议，如流控制传输协议（SCTP），提供了额外的功能，能将多个用户

信息绑定到单个 SCTP 包、支持多宿主连接等。实时传输协议（RTP）是一个为音频流媒体等实时应用而设计的传输协议。

（4）应用层。应用层指支持应用的高层协议。应用层协议有许多，最常见的应用层协议包括超文本传输协议（HTTP）、文件传输协议（FTP）、简单文件传输协议（SFTP）、简单网络管理协议（SNMP）、Telnet，以及动态主机配置协议（DHCP）等。

TCP/IP 协议体系为构建互联网提供了一个参考模型，给出了一系列协议规范（即标准）。它之所以成功，一个关键原因就是开放的非专有特性。

6.4.3　用于物联网的IP网络

物联网及其应用在节点和网络中都带来了挑战。为了迎接这些挑战，需要一种可以横跨多种通信技术的互联网架构。基于 TCP/IP 协议体系的 IP 网络为现有的网络、应用和服务奠定了基础，完全可以满足物联网通信要求。

1. IP网络的互通性

基本智能物件技术中的挑战集中体现在互通性上。对于智能物件，互通性涉及多个方面，从感知层到应用层智能物件都需要互通。IP 协议可以运行在多种具有完全不同特性的数据链路层之上，在不同的数据链路层之间提供互通性，为智能物件与现有网络、应用和协议的互通奠定了基础。

从一开始，IP 就是为在网络层提供互通性而设计的，因为它工作在不同类型的数据链路层之上。单一的 IP 网络可以跨越各种底层传输介质运转，如以太网或 WiFi。在 IP 架构内，一个 IP 网络不需要任何外部机制或附加设备就可以跨越有线或无线链路层工作。实现在各种传输介质上工作始终是 IP 架构的首要目的。

不同链路层层内和层间的互通性对于智能物件非常重要。物联网由各式各样的数据链路层和传输机制组成。物联网从低功耗无线节点延伸到了大功率数据协调服务器。由于这些设备具有完全不同的属性，不可能公用单一的数据链路层。一个低功耗无线节点一般运行着一个低功耗、低速率的无线链路层，而大功率的数据协调服务器一般运行在有线高速以太网上。尽管如此，这些系统之间仍需要相互通信。由于分层架构，IP 无须连接到这些系统的特殊服务器、网关或定制的软件就可以实现这些设备之间的互通性。

在 IP 网络架构内，互通的另一个特点是当今网络环境中 IP 的广泛应用。具备 IP 功能的设备可以与大量的设备、计算机和服务器互通。IP 不只是一个定义了互联网的标准协议，也是用于互联网以外的计算机的实际标准协议。基于 IP 的智能物件不用任何额外硬件或软件就能与任意给定的设备进行通信。在绝大多数通用计算机和服务器的操作系统上，IP 都是可用的，而且在智能物件中，微控制器中的 IP 网络软件正在与日俱增。商业授权的通用操作系统（如 Microsoft Windows 和开源的 Linux）以及微控制器操作系统（如 TinyOS、Contiki 和 FreeRTOS 等）都是可用的。大多数软件业为底层通信硬件提供了必要的设备驱动程序。

具备 IP 功能的智能物件与其他运行 IP 的系统和设备可以互通。TCP/IP 协议体系包含有一套运行在 IP 之上的协议，包括传输控制协议（TCP）和 UDP。应用层协议有用于 Web 风格的交互和 Web 服务基础设施的超文本传输协议（HTTP），用于网络配置的简单网络管理协议（SNMP）。因此，一个运行 IP 的智能物件能够与大量的外部系统互通。

标准化为 IP 互通的成功起到了重要作用。IP 的标准化是由一个标准化组织制定完成的，新标准都要经过该组织提供的一种机制进行检验检查，从而确保作为标准的机制和协议能够有效实现。

2. IP架构的稳定性和普遍性

TCP/IP 协议体系应用层协议和数据链路层协议使得 IP 网络架构得以灵活发展，但架构基础的稳定性也很重要。对于智能物件来说，因为单个的智能物件系统设计的使用寿命可能很长，所以稳定性非常重要。IP 网络架构已经生存了 30 多年，尽管在 IP 网络架构的应用层和链路层还存在着继续发展协议的空间，但 IP 网络的整体架构一直保持着罕见的稳定性。几十年来，标准已经多次更新，但作为一个基于分组转发的通信技术一直保持稳固不变。作为 IP 架构核心的网络层，有 IPv4 和 IPv6 两个版本，但两者的主要区别是 IPv6 提供了更多的地址，并没有主要的架构区别。

IP 构成了互联网的基础，它的流行使用意味着在支持的硬件、软件方面不仅有大量的用户，也有大量的网络基础设施。只要在有互联网的地方，IP 网络设备和 IP 网络访问条件就已具备，可以随时随地使用。

3. IP网络的可扩展性

通过 IP 在公共互联网上的使用，已经证实，IP 架构具有很好的可扩展性。互联网的全球化部署，表明 IP 能够部署在大量的系统上，而且可以跨越其他协议而实现运行。实际上，并不需要到公共互联网上验证 IP 的可扩展性，许多公司、机构都运行着自己的内部网络，这些网络有时并不接入公共互联网，但可以跨越数以千计的独立计算机或服务器而运行。

4. IP网络的可配置性和可管理性

通过 IP 网络的广泛应用和大规模部署，已经提出许多用于网络配置和管理的机制、协议。当网络增长到数千台主机时，基于 IP 网络的管理工具使得单人无须手动配置每台主机就可以管理大型网络。IP 架构不但提供了自动配置机制，还提供了高级配置和管理机制。IP 在每一层都提供了管理机制，例如动态主机配置协议（DHCP）允许网络管理员单独对一些单一的节点分配地址，而对其他节点使用批量分配。路由协议也允许对网络进行配置和工程管理。

有许多协议，如广泛使用的 SNMP，使得网络管理员可以检查网络及其配置和性能。目前，已经有许多用于支持 SNMP 进行交互并将其性能可视化的管理工具。

物联网的配置、管理、安装和运行显然是一个值得关注的问题。虽然物联网节点规模大、数量多，传统的管理机制不能直接使用，但对现有机制和工具进行调节的能力还是很重要的。这不仅仅是技术本身的优势，还有非技术优势，如可用的 IP 网络技术人才。

5. IP协议族的轻量级实现

低功耗、物理体积小和低成本是智能物件的节点级特征。换言之，因在这些节点上受内存大小和软件复杂度的限制，智能物件的网络架构应在相关的束缚下运行，并执行其任务。人们一直认为 IP 架构是重量级的，对处理能力和内存需求较大。典型的智能物件只有几十 KB 的内存，现有用于通用计算机的 IP 协议族的实现协议数千比特，为此开发了多个非 IP 协议栈。然而，在 21 世纪初，为智能物件设计了轻量级的 IP 协议族，如 uIP。uIP 表明不必移除 IP 的任何必要机制，IP 架构就能很好地适合智能物件的限制。除了 uIP，还有许多可用的小型 IP 协议栈，既有开源的也有不开源的。许多早期嵌入式 IP 协议栈都是对开源 BCD UNIX 操作系统上 IP 协议栈的改写。

近几年，许多内存受限系统的 IPv6 实现已经出现。uIP 已经扩展，以支持 IPv6 协议。连接数十亿个 IP 智能物件的需求，使得 IPv6 成为物联网首选的 IP 协议版本。从架构的立场看，IPv6 构建于 IP 的基础架构原则之上，它提供了高出 IPv4 若干个数量级的地址空间，还为物联网提供了非常有用的特性。

6.4.4 基于IPv6 的物联网解决方案

目前，互联网所采用的协议体系是 TCP/IP 协议族。IPv4 协议已经广泛而成功地部署到全世界网络中的数以亿计的主机和路由器上。然而，在 2011 年 2 月 3 日全球互联网数字分配机构（IANA）宣布，全球 IPv4 地址池已经耗尽，不能再满足物联网对网络地址空间的庞大需求。另外，由于 IPv4 协议在设计之初并没有考虑到节点移动性所带来的路由问题，也使它难以适应物联网的应用需求。尽管从 IPv4 到 IPv6 的迁移成本延误了 IPv6 的采用，但向新版本过渡的进程已经启动。

IPv6 又称为下一代 IP，是作为 IPv4 的升级版本而设计的，并将与广泛使用的 IPv4 共存一段时间。IPv6 为适应互联网的快速发展而设计，这里的快速发展不仅指所连接主机数量的增长，而且包括数据业务传送总量的增长。IPv6 在保持 IPv4 大多数概念的基础上，使用了更大的地址空间，尤其是修订了 IPv4 的数据报格式，用一系列固定格式的首部取代了 IPv4 中可变长度的选项字段。IPv6 具有多种能够提高 IP 协议整体效率的功能，更为重要的是，IPv6 中包含由基地址向其他任意地址自动转发数据包的算法，提供了支持移动主机功能。

1. IPv6 数据报格式

IPv6 数据报的最大变化是简化了报头。它将报头由 IPv4 中的 12 个数据元素简化为 8 个，从而减少了处理报头所需的计算，加快了路由速度。分段及其他可选控制功能被转移到了标准报头后的"跳步-跳步"和"终端-目的"扩展头中。"终端-目的"扩展头在到达最终目的节点之前不会处理"终端-目的"扩展头中的选项，从而进一步减少了中间路由器处理 IPv6 数据报所需的计算量。

IPv6 数据报由基本报头、扩展头和数据包（上层协议数据单元）三部分组成。

1）IPv6 的基本报头（首部）结构

与 IPv4 不同，在 IPv6 中，报头以 64 位为单位，且报头的总长度是 40 B，即 IPv6 数据报有一个 40 B 的基本报头（也称基本首部），其后面允许有 0 个或多个扩展头（也称扩展首部），再往后是数据部分。IPv6 数据报的一般格式如图 6-19 所示。

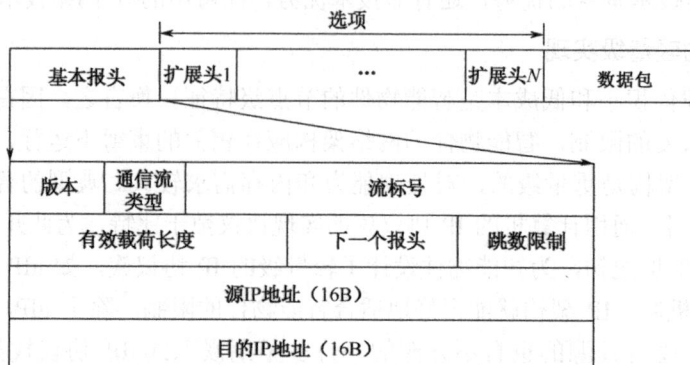

图 6-19　IPv6 数据报的一般格式

IPv6 基本报头中各字段的含义如下：

（1）版本：长度为 4 位，指明了协议的版本，对于 IPv6 该字段为 6。

（2）通信流类型：长度为 8 位，为了区分不同的 IPv6 数据报类别或优先级，特别是为音频和视频等实时传输提供支持。

（3）流标号：长度为 20 位，实验性字段。多媒体传输对带宽要求高、持续时间长，为此 IPv6 引入了流的概念以适应对多媒体传输的处理需要。流是指从一个特定源节点传送到一个特定目的节点，以某种方式相互关联的（如服务质量、身份认证等）一个数据报序列。所有属于同一个流的数据报都具有相同的流标号。流标号和源节点地址唯一地标识一个业务流。IPv6 的流标号把单个报文作为一系列源地址和目的地址相同的报文流的一部分，同一个流中的所有报文具有相同的流标号。IPv6 中定义的流概念有助于把特定的业务流指定到较低代价链路上。

（4）有效载荷长度：长度为 16 位，指明除定长的基本报头以外数据报所包含的字节数，包括扩展头和数据，最多 64 KB。

（5）下一个报头（首部）：长度为 8 位，这个字段指出 IPv6 报头后所跟的报头字段中的协议类型。下一个报头字段值指明是否有下一个扩展头及下一个扩展头是什么，因此，IPv6 报头可以链接起来，从基本的 IPv6 报头开始，逐个链接各扩展头。可见，与 IPv4 协议类型字段相似，下一个报头字段既可以用来指出高层是 TCP 还是 UDP，也可以用来指明 IPv6 扩展头的存在。

注意：所有 IPv6 报头长度都一样，唯一区别在于下一个报头字段。在没有扩展头的 IPv6 报文中，此字段的值表示上一层协议：若 IP 报文中含有 TCP 段，则下一个报头字段的 8 位二进制值是 6（RFC 1700）；若 IP 报文中含有 UDP 段，这个值就是 17。表 6-1 列出了部分下一个报头字段的值。

表 6-1　IPv6 的部分下一个报头字段的值

下一个报头字段值	描　　述
0	逐跳头
43	选路头（RH）
44	分段头（FH）
51	身份验证头（AH）
52	封装安全性净荷（ESP）
59	没有下一个报头
60	目的地选项头

（6）跳数限制：长度为 8 位，用于限制报文在网络中的转发次数。每当一个节点对报文进行一次转发之后，这个字段值就会减 1。若该字段值达到 0，这个报文就将被丢弃。与 IPv4 中的生存时间字段类似，不同之处是不再由协议定义一个关于报文生存时间的上限，也就是说对过期报文进行超时判断的功能由高层协议来完成。

（7）源 IP 地址：长度为 128 位，指出了 IPv6 报文的发送端地址。

（8）目的 IP 地址：长度为 128 位，指出了 IPv6 报文的接收端地址。这个地址可以是单播地址，也可以是组播或泛播地址。如果使用了选项扩展头（其中定义了一个报文必须经过的特殊路由），其目的地址可以是其中某一个中间节点的地址而不必是最终目的地址。

2）IPv6 的扩展头

当一个传输的报文由于太长而无法沿着发送源到目的网络链路进行传输时，就需要进行报文分段。IPv6 的报文只能由源节点和目的节点进行分段，以简化报头并减少用于路由的开销。IPv6 通过其扩展头来支持分段。

在 IPv6 中，MTU 值被设为 1 280 B；RFC 1981 定义了 IPv6 的路径 MTU 发现，由于 IPv6 报头不支持分段，因此也就没有分段位。正在执行路径 MTU 发现的节点只是简单地在自己的网络链路上向目的节点发送允许的最长报文。如果一条中间链路无法处理该长度的报文，尝试转发路径 MTU 发现报文的路由器将向源节点回送一个 ICMPv6 出错报文，然后源节点将发送另一个较短的报文。这个过程一直重复，直到不再收到 ICMPv6 出错报文为止，然后源节点就可以使用最新的 MTU 作为路径 MTU。

IPv6 中实现的扩展头可以消除或大量减少选项对性能所带来的影响。通过把选项从 IP 报头移到载荷中，除了逐跳选项（规定必须由每个转发路由器进行处理）之外，IPv6 报文中的选项对于中间路由器而言是不可见的，路由器可以像转发无选项报文一样来转发包含选项的报文。IPv6 协议使得对新的扩展和选项的定义变得更加简单。RFC 1883 中为 IPv6 定义了如下选项扩展：

（1）逐跳选项头：包括报文所经路径上的每个节点都必须检查的选项数据，需要紧随在 IPv6 头之后。由于它需要每个中间路由器进行处理，逐跳选项只有在绝对必要时才会出现。标准定义了两种选项：巨型载荷选项和路由器提示选项。巨型载荷选项指明报文的载荷长度超过 IPv6 的 16 位载荷长度字段，只要报文的载荷超过 65 535 B（其中包括逐跳选项头），就必须包含该选项。如果节点不能转发该报文，则必须回送一个 ICMPv6 出错报文。路由器提示选项用来通知路由器，IPv6 数据报中的信息希望能够得到中间路由器的查看和处理，即使这个报文（如，包含带宽预留协议信息的控制数据报）是发给其他某个节点的。

（2）选路头：用于指明报文在到达目的地途中将经过哪些节点，包括报文沿途经过的各节点地址列表。IPv6 报头的最初目的地址是路由头的一系列地址中的第一个地址，而不是报文的最终目的地址。此地址对应的节点在接收到该报文之后，对 IPv6 头和选路头进行处理，并把报文发送到选路头列表中的第二个地址。如此继续，直到报文到达其最终目的地。

（3）分段头：包含一个分段偏移值、一个更多段标志和一个标识符字段，用于源节点对长度超出源端和目的端路径 MTU 的报文进行分段。

（4）目的地选项头：用于代替 IPv4 选项字段。目前，唯一定义的目的地选项是在需要时把选项填充为 64 位的整数倍。此扩展头可以用来携带由目的地节点检查的信息。

（5）身份验证（AH）头：提供了一种机制，对 IPv6 头、扩展头和载荷的某些部分进行加密校验和的计算。在 RFC 1826（IP 身份验证头）中对 AH 头进行了描述。

（6）封装安全性载荷（ESP）头：最后一个扩展头，不进行加密。它指明剩余的载荷已经加密，并为已获得授权的目的节点提供足够的解密信息。在 RFC 1827（IP 封装安全性载荷）中对 ESP 头进行了描述。

3）IPv6 数据包

IPv6 数据包即上层协议数据单元（PDU）。PDU 由传输头及其负载（如 ICMPv6 消息或 UDP 消息等）组成。而 IPv6 数据包有效载荷则包括 IPv6 扩展头和 PDU，通常所能允许的最大长度为 65 535 B，大于该长度的负载可通过使用扩展头中的 Jumbo Payload 选项进行发送。

2. IPv6 地址编址方式

针对 IPv4 存在的不足，IPv6 大幅度提高了编址能力。IPv6 将 IPv4 地址扩展到 128 位，可以提供 2^{128} 个地址；将来不管什么网络设备加入网络，都能分配到足够的地址。这是 IPv6 的最大优势。

由于 IPv6 地址长度 4 倍于 IPv4 地址，所以表达起来也要比 IPv4 地址复杂得多。具体方法是将 128 位的 IPv6 地址以 16 位为一分组，每个分组写成 4 个十六进制数，中间用冒号分隔，称为冒号分十六进制格式。例如，先看一个以二进制形式表示的 IPv6 地址：

0010000111011010000000000110100110000000000000000010111100111011
0000000101010101000000000111111111111111000101000100110001011010

该 128 位地址以 16 位为一分组可表示为：

0010000111011010　0000000011010011　0000000000000000　0010111100111011
0000000101010101　0000000011111111　1111111000101000　1001110001011010

每个 16 位分组转换成十六进制并以冒号分隔：

21DA:00D3:0000:2F3B:02AA:00FF:FE28:9C5A

可见，比较标准的 IPv6 地址的基本表达方式是：

X:X:X:X:X:X:X:X

其中，X 是一个 4 位十六进制整数（16 位），每个数字包含 4 位，每个整数包含 4 个数字，每个地址包括 8 个整数，共计 128 位（4×4×8=128）。

另外，一个 IPv6 节点地址还可以按照类似于 CIDR 地址的方式表示成一个携带额外数值的地址，以指出地址中有多少位是掩码。例如：

1040:0:0:0:D9E5:DF24:48AB:1A2B/60

该 IPv6 节点地址指出子网前缀长度为 60 位，与 IPv6 地址之间以斜杠区分。

IPv6 地址的基本格式如图 6-20 所示。

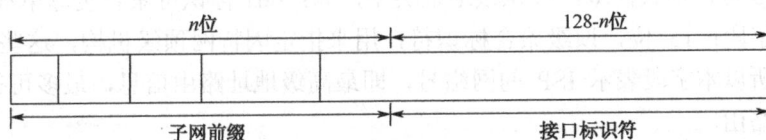

图 6-20　IPv6 地址的基本格式

3. IPv6 寻址模型

IPv6 地址是独立接口的标识符，所有的 IPv6 地址都被分配到接口，而非节点。由于每个接口都属于某个特定节点，因此节点的任意一个接口地址都可用来标识一个节点。由此可见，一个拥有多个网络接口的节点可以具备多个 IPv6 地址，其中任何一个 IPv6 地址都可以代表该节点。尽管一个网络接口能与多个单播地址相关联，但一个单播地址只能与一个网络接口相关联。每个网络接口必须至少具备一个单播地址。

在 IPv6 中，如果点到点链路的任何一个端点都不需要从非邻居节点接收和发送数据，它们就可以不需要特殊的地址。也就是说，如果两个节点主要是传递业务流，则它们并不需要具备 IPv6 地址。这是与 IPv4 寻址模型非常重要的一个不同点，也是 IPv6 提高地址空间效率的一大技术。

4. IPv6 地址类型

IPv6 地址和 IPv4 地址还有一个重大区别，即地址类型。众所周知，目前的 IPv4 地址有单播地址、组播地址和广播地址三种类型。IPv6 地址虽然也是三种类型，但已经有所改变，是单播、组播和泛播 3 种类型，广播地址不再有效。

1）单播地址

IPv6 单播（单点传送）地址用于识别作用域内的一个单独网络接口。IPv6 单播地址包括：可聚合全球地址、未指定地址（或全 0 地址）、回返地址、嵌有 IPv4 地址的 IPv6 地址、基于 ISP 和地理位置的地址、OSI 网络服务访问点（NSAP）地址和网络互联报文交换（IPX）地址。

在 IPv6 寻址体系结构中，任何 IPv6 单播地址都需要一个接口标识符。接口标识符基于 IEEE EUI-64 格式。该格式基于已存在的 MAC 地址来创建 64 位接口标识符，这些 64 位接口标识符能在全球范围内逐个编址，并唯一地标识每个网络接口。从理论上可有多达 2^{64} 个不同的物理接口，大约有 $1.8×10^{19}$ 个不同的地址（只用了 IPv6 地址空间的一半）。

（1）IPv6 可聚合全球单播地址。RFC 2373 定义的 IPv6 可聚合全球单播地址，包括地址格式的起始 3 位为 001 的所有地址（此格式可在将来用于当前尚未分配的其他单播前缀），其格式如图 6-21 所示。

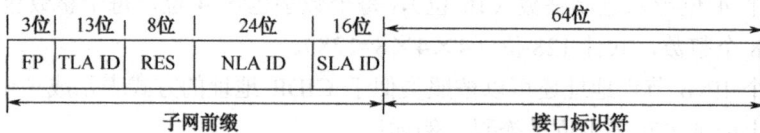

图 6-21　RFC 2373 定义的 IPv6 可聚合全球单播地址格式

各字段含义如下：

FP 字段：3 位，格式前缀，标识该地址类型，如：001 标识可聚合全球单播地址。

TLA ID 字段：13 位，顶级聚合标识符，用来指定因特网顶级机构，这些机构是因特网服务提供者。所以本字段表示 ISP 的网络号，即最高级地址路由信息，最多可得到 $2^{13}=8\ 192$ 个不同的顶级路由。

RES 字段：8 位，保留为将来使用。最终可能会用于扩展顶级或下一级聚合标识符字段。

NLA ID 字段：24 位，下一级聚合标识符。由被指定 NLA ID 的 ISP 用来区分它的多个用户网络。

SLA ID 字段：16 位，站点级聚合标识符。用户用它来构建用户网络的编址层次，并标识用户网络内的特定子网。

接口标识符字段：64 位，用于标识链路接口，一般就是接口的数据链路层地址，如 48 位 MAC 地址。

可以看出，IPv6 单播地址包括大量的组合，不论是站点级聚合标识符，还是下一级聚合标识符，都提供了大量空间，以便某些 ISP 和机构通过分级结构再次划分这两个字段来增加附加的拓扑结构。

（2）兼容性地址。IPv4 与 IPv6 版本最明显的一个差别是地址。在 IPv4 向 IPv6 的过渡期，需要两类地址并存。目前，网络节点地址必须找到共存的方法。在 RFC 2373 中，IPv6 提供两类嵌有 IPv4 地址的特殊地址。这两类地址的高 80 位均为 0，低 32 位均包含 IPv4 地址。当中间的 16 位被置为全 0/全 F 时，分别表示该地址为 IPv4 兼容地址/IPv4 映像地址。IPv4 兼容地址被节点用于通过 IPv4 路由器以隧道方式传送 IPv6 报文，这些节点既理解 IPv4 又理解 IPv6。IPv4 映像地址则被 IPv6 节点用于访问只支持 IPv4 的节点。图 6-22 所示描述了这两类地址结构。

（a）IPv4兼容地址

（b）IPv4映像地址

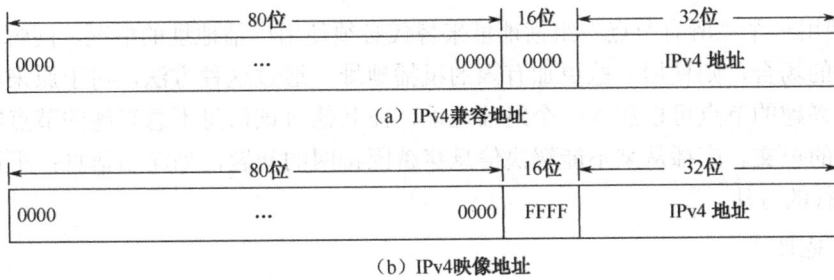

图 6-22　嵌有 IPv4 地址的 IPv6 两类地址结构

（3）本地单点传送地址。对于不愿意申请全球唯一 IPv6 地址的一些机构，作为一种选项，可通过采用链路本地地址和节点本地地址对 IPv4 网络地址进行翻译。图 6-23 所示给出了链路本地地址和节点本地地址的结构。链路本地地址用于单网络链路上给主机编号：其前缀的前 10 位（1111 1110 10）标识链路本地地址；中间 54 位置 0；低 64 位接口标识符同样用如前所述的 IEEE EUI-64 结构，这部分地址空间允许个别网络连接多达（$2^{64}-1$）个主机。路由器在它们的源端和目的端对具有链路本地地址的报文不予以处理，因为永远也不会转发这些报文。而节点本地地址可用于节点，即用在因特网中传送数据，但不允许从节点直接选路到全球因特网。节点内的路由器只能在节点内转发报文，而不能把报文转发到节点之外。节点本地地址的 10 位前缀为 1111 1110 11，后面紧跟一连串 0；其子网标识符为 16 位，而接口标识符同样是 64 位。

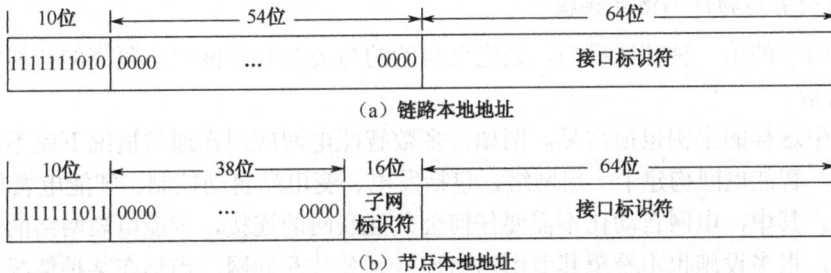

（a）链路本地地址

（b）节点本地地址

图 6-23　IPv6 链路本地地址和节点本地地址的结构

2）组播地址

组播（多点传送）地址用于识别一组网络接口，这些接口通常位于不同的位置。送往一个组播地址的分组将被传送至有该地址标识的所有网络接口上。

IPv6 组播地址的格式不同于单播地址，它采用图 6-24 所示的更为严格的格式。组播地址只能用作目的地址，没有数据报把组播地址用作源地址。其地址格式是第 1 个字节为全 1，其余部分划分为三个字段：标志字段表示该地址是由因特网编号机构指定的（第 4 位为 0）还是特定场合使用的临时组播地址（第 4 位为 1），其他 3 个标志位保留未用；范围字段表示组播的范围，即组播组是仅包含同一本地网、同一节点、同一机构中的节点，还是包含 IPv6 全球地址空间中任何位置的节点，这 4 位的可能值为 0~15；组标识符字段用于标识组播组。

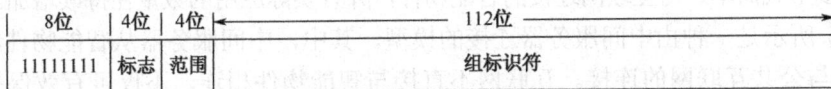

图 6-24　IPv6 组播地址格式

IPv6 使用一个"所有节点"组播地址来替代必须使用广播地址的情况。同时，对原来使用广播地址的场合，则使用一些更加有限的组播地址。通过这种方法，对于原来由广播携带的业务流感兴趣的节点可以加入一个组播地址，而其他对该信息不感兴趣的节点则可以忽略发往该地址的报文。广播从来不能解决信息穿越因特网的问题，如路由信息；组播则提供了一种更加可行的方法。

3）泛播地址

泛播地址是 IPv6 新增加的一种地址。泛播地址仅用作目的地址，且只能分配给路由器。泛播地址与组播地址有些近似，也用来识别一组网络接口。送往一个泛播地址的分组将传送至该地址标识中的一个网络接口，通常是最近的网络接口。

在 IPv6 地址中之所以要去掉广播地址，重新定义泛播地址，主要是考虑到网络中有大量广播包的存在，容易造成网络的阻塞。而且由于网络中各节点都要对这些大部分与自己无关的广播包进行处理，对网络节点的性能也造成影响。

5. 基于IP的物联网连接模型

基于 IP 的智能物件互联有多种连接模型，从"真正"的物联网到"自治"的智能物件网络。前者如同其他网络一样，智能物件网络连接到公共的互联网；而后者则是独立存在的，没有连接到公共互联网。毋庸置疑，智能物件将成为人类日常生活的中心。与此同时，基于智能物件网络的众多创新应用也将促进新型部署模型和体系架构的提出与应用。

1）自治型智能物件网络连接模型

在物联网中的第一种部署模型，是完全自治的与公共互联网完全隔离的智能物件网络，如图 6-25 所示。

在现实中这样的案例也很常见。例如，多数智能电网应用在通常情况下就不需要与公共互联网连接，智能电网构建于一组网络，包括发电、变电站自动控制、智能电表与楼宇/家庭能源管理等。其中，电网自动化不需要任何公共互联网的连接，智能电表网络的多数部署模型也是如此，很多设施也不希望其专用网络连接到公共互联网。当然在某种情况下，对于智能电网而言也需要连接到互联网，例如将动态电价和用电限制信息通过智能电网或公共互联网发送给家庭能源管理系统的控制器。

与智能电网类似，工业自动化（如核电厂）的智能物件网络通常也与公共互联网完全隔离，尽管它们基于 IP 协议组件。

对于不需要全局 IP 地址的自治型智能物件网络是否需要 IPv6？在多数情况下，尽管自治型智能物件网络不需要 IPv6 提供公共互联网连接，但仍需要 IPv6 所提供的大地址空间。

2）物联网连接模型

与自治型智能物件网络完全相对应的是物联网，这种智能物件网络与其他任何网络一样，真正属于互联网。这类应用同样与电子邮件和 Web 服务一样，允许通过互联网进行访问。任何互联网用户可直接或者通过中间服务器访问，并获取智能物件提供的信息（如遥感数据）。目前，已经存在许多形式简单、与互联网连接的智能物件，并且实际应用的数量在持续增加。

图 6-26 所示是一种由中间服务器连接的模型。其中，中间服务器从智能物件收集整理数据，并负责与公共互联网的连接。互联网不直接与智能物件相连，不仅可有效保护智能物件网络的稀有资源，而且可提高系统的可扩展性。

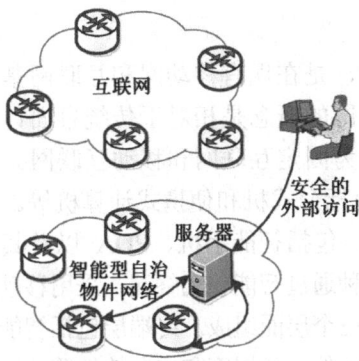

图 6-25　自治型智能物件网络

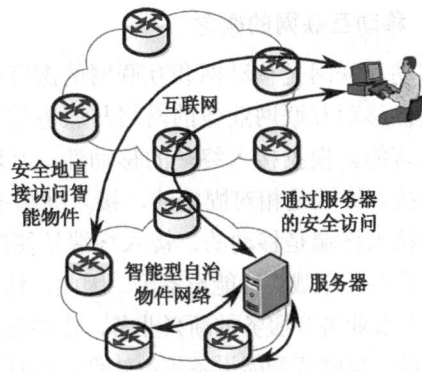

图 6-26　物联网连接模型

3）扩展的互联网连接模型

　　未来智能物件网络的服务和应用是由互联网向世界拓展的。智能城市将为市民提供有用的信息，从而提高人们的生活质量，并帮助人们完成重要的日常决策，包括空气质量、环境温度、智能交通、紧急救援等信息。市民可以通过公共互联网获得上述有价值的信息，而由市政部门收集整理的的数据可通过其他应用传送，从而实现更有效的城市管理，如街灯控制管理、水煤气泄漏检测、交通管理等。

　　扩展的互联网是处于物联网与自治型智能物件网络之间的部署模型，这种智能物件网络在合适的安全保护下，可以全部或部分连接到公共互联网。图 6-27 所示是一种扩展的互联网连接模型。其中，核心基础设施支持广泛的应用，并将成千上万具有不同限制特性的智能物件网络连接起来，这些网络都基于 IP 协议组件，并且可以通过防火墙连接到公共互联网。防火墙的作用是完成由公共互联网接入私有 IP 网络的安全访问控制机制。

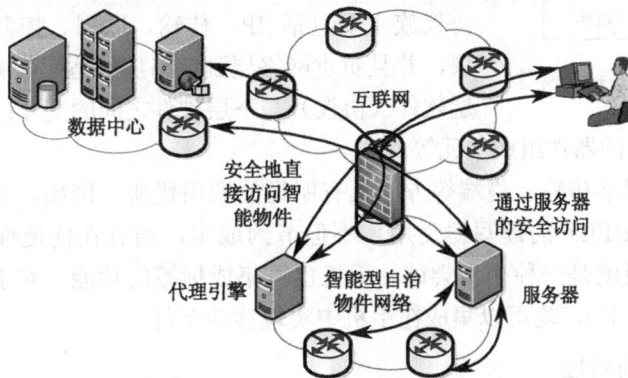

图 6-27　扩展的互联网连接模型

6.4.5　移动互联网

　　随着宽带无线接入技术和移动终端技术的飞速发展，人们迫切希望能够随时随地在移动过程中方便地从互联网获取信息和服务，移动互联网（Mobile Internet，MI）应运而生并迅猛发展。移动互联网以其让用户随时随地随心地接入互联网的优势，已经渗透到人类社会生活的各个角落，并产生了巨大影响。

1. 移动互联网的概念

移动互联网是移动网和互联网的深度融合后的产物，是在现有移动网和互联网基础上为用户提供移动互联网业务的网络与服务体系。移动互联网的概念是相对于传统桌面计算机互联网而言的。根据接入终端的移动性，互联网可以划分为固定互联网和移动互联网。固定互联网的接入终端是相对固定的，接入终端主要是 PC，包括台式机和便携式计算机等。移动互联网的接入终端是移动的，接入终端是便携式手持设备，包括智能手机、PDA 以及其他便携式手持设备、穿戴式智能设备等。因此，移动互联网是一种通过智能移动终端，采用移动无线通信方式获取业务和服务的新兴业务，由终端、软件和应用三个层面组成。终端层包括智能手机、平板电脑、穿戴式智能设备等；软件层包括操作系统、中间件、数据库和安全软件等；应用层包括休闲娱乐类、工具媒体类、商务财经类等不同应用与服务。目前，关于"移动互联网"虽还没有一个明晰统一的定义，一般认为，移动互联网是以移动网络作为接入网络的互联网及服务，包含移动终端、移动网络和应用服务三个要素。这个定义包含两个内涵：一是指移动互联网是传统互联网与移动通信网络的有效融合，终端用户是通过移动通信网（如 4G/5G 网络、WLAN 等）而接入传统互联网的；二是指移动互联网具有数量众多的新型应用服务和应用业务，并结合终端的移动性、可定位及便携性等特点，为移动用户提供个性化、多样化的服务。

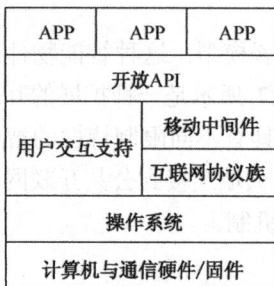

图 6-28　移动互联网的参考模型

世界无线研究论坛（WWRF）认为：移动互联网提供了一种自适应、多样化、个性化、实时感知周边环境的应用服务。WWRF 描绘出了移动互联网的参考模型，如图 6-28 所示。其中，APP 应用经过开放 API 获取用户交互支持和移动中间件或互联网协议族的支持；移动中间件由多种通用性服务元素构成，主要包括建模服务、存在服务、配置管理、数据管理、服务发现、时间通知和环境感知等；互联网协议族主要包括 IP、传输、联网、控制与管理等方面的协议，并且负责网络层到链路层的适配任务；操作系统负责上层软件（协议）与下层硬件之间的交互；计算机与通信硬件/固件是指终端或设备的器件组成单元等。

移动互联网在网络传输、终端等方面具有明显的应用优势。例如，手机终端可以集成读写器的功能，作为 RFID 的读写器使用，不但节约成本，而且在便捷性方面具有很大的提升。手机二维码应用就是一种初步尝试。手机也可集成标签的功能，对于各类常用的卡类服务（如公交卡、银行卡），均可以集成在手机中实现移动支付。

2. 移动互联网的特性

移动互联网为移动用户提供互联网服务，为互联网提供移动的接入方式，能够为用户提供更具移动特性的、更深入到人们生产生活的、安全可控的网络与服务。移动互联网具有便捷性、个性化、私密性、融合性和智能感知性等特性。

（1）便捷性。与传统的互联网固定地点的接入方式不同，移动互联网可以通过移动通信网随时随地接入，而且可以保持实时在线的状态。随着智能终端设备的发展，体积越来越小，容量越来越大，处理能力越来越强，这样人们不仅仅在完整的时间使用，更可以在一些零碎的时间使用。便捷性更催生出了一个基于位置服务的巨大市场，如移动地图的应用、打车软件的使用等。

（2）个性化。在固定互联网的条件下，用户访问的内容都是相同的，如同样的新闻、同样的图片。用户只能在这些相同的内容中人为地选取自己感兴趣的内容。而移动互联网则不同，在接入的终端、网络和使用的 APP 都是不相同的。安装 APP 软件可以依据用户之前的使用习惯，对网络上如同洪水版的信息进行过滤和分类，挑选出符合用户兴趣的内容提供给用户。终端个性化和网络个性化相互结合，使个性化效应得到极大释放。

（3）私密性。目前，移动互联网用户对应着一个实体的移动语音用户，电话通信、移动互联网访问都是通过同一个移动终端进行。因为移动通信的一个特性是私密性，所以在同样设备上访问的移动互联网也具有私密性属性。

（4）融合性。移动话音和移动互联网业务的一体化导致了业务融合，手机终端趋向于变成人们随身携带的唯一的电子设备，其功能集成度越来越高。

（5）智能感知性。未来的移动智能终端设备具有感知性，例如，智能手表可以检测你的血压和心跳，提前获取相关信息，并发给你和你的医生，以便在发病之前给予治疗。

3. 移动互联网的体系架构

从宏观角度来看，移动互联网的体系架构可以划分为移动终端、移动子网、接入网、核心网（即互联网）几部分，如图 6-29 所示。其中，移动终端和移动子网是移动互联网中的主体，通过接入网接入核心网。移动子网提供移动特有的语音、数据业务能力及业务分发管道，并配合网络资源调度，合理分配无线网络资源。接入网主要负责为异质异构移动终端及移动子网提供统一的接入服务，同时屏蔽影响核心网的移动终端和移动子网的复杂介质特征；接入路由器能够识别上下行的业务、QoS 要求等，根据业务的签约信息动态调度网络资源，最大程度地满足业务的 QoS 要求。核心网主要负责传统互联网的主

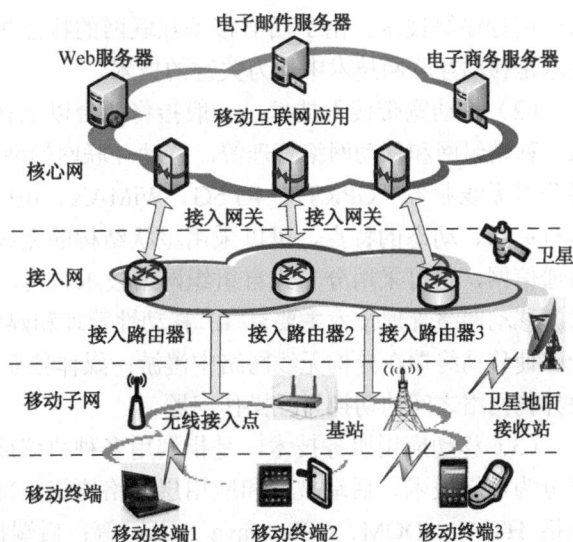

图 6-29 移动互联网体系架构

干网络拓扑结构和路由信息维护，并为接入网的数据提供统一标准的交换路由，并通过业务接入网关向第三方应用开放移动网络能力 API 和业务生成环境，使互联网应用可以方便地调用移动网络开放的能力，提供具有移动网络特点的应用。移动互联网应用是指提供给移动终端的互联网应用。这些应用中有一些典型的互联网应用，如 Web 网页、在线视频、邮件、内容下载等；也有基于移动网络特有的应用，如短信、微信、彩信和移动支付等。

在移动互联网中，由各种服务器提供各自不同的服务，如 Web 服务器提供信息浏览服务，电子邮件服务器提供收发电子邮件服务，电子商务服务器提供电子商务类服务等。在图 6-29 中，移动终端 1 通过 WiFi 接入无线热点，经接入路由器 1 和接入网关接入互联网，浏览网上的信息；移动终端 2 通过 GPRS/3G/4G/WiMAX 接入附近的基站，再经接入路由器 2 和接入网关接入互联网，浏览网上的信息；移动终端 3 通过通信卫星接入，再经别处的卫星

地面接收站接入路由器 3，然后通过接入网关接入互联网，浏览网上的信息，或通过电子商务服务器在网上购物，或通过电子邮件服务器收发电子邮件等。

4．移动互联网的关键技术

移动互联网是移动通信网与互联网融合的产物，并随着移动通信网络和互联网的融合而扩大和深入，它涉及移动终端、移动宽带接入、移动应用服务、移动终端管理和移动互联网安全控制等多项关键技术。

（1）移动终端技术。移动终端支持业务互操作性，可以通过中间件为各种应用、客户端屏蔽厂家私有操作系统，提供通用接口。移动终端具有智能化和较强的处理能力，可以在应用平台上进行多业务逻辑处理，以减少空中接口的数据传送压力。移动终端技术涉及智能终端制造、终端硬件平台和终端软件平台等。智能终端制造技术指集成机械工程、自动化、信息、电子等所形成的技术、设备和系统，包括移动智能终端原材料、元器件技术等；终端硬件平台技术是实现移动互联网信息的输入、输出、存储与处理等技术的统称，一般分为处理器芯片、人机交互、移动终端节能、移动定位等技术；终端软件平台技术指通过用户与硬件间的接口界面与移动终端进行数据或信息交换的技术，包括移动操作系统、移动中间件和移动应用程序等技术。由于当前移动互联网的特点集中在智能终端，因此移动终端硬件、软件技术是移动互联网技术中最为关键的技术。

（2）移动宽带接入技术，一般指将两台以上移动终端接入到互联网的技术，包括网络接入、移动组网和移动网络管理等。移动互联网的网络接入技术主要有 WiFi、IEEE 802.11、通用分组无线业务（GPRS）、4G/5G、WiMAX、IEEE 802.16 和卫星通信等。移动互联网组网具有灵活、动态的特点，可以采用星状结构的无线局域网，或集中控制、层次优化结构的移动通信网，也可采用分布式自组织网络技术组网，或采用多中心的自组织无线 Mesh 网络技术。移动网络管理技术主要有 IP 移动性管理和媒体独立切换协议两类。其中 IP 移动性管理能够使移动终端在异构无线网络中漫游；媒体独立切换协议即 IEEE802.21 协议，主要用于解决异构网络之间的切换与互操作问题。

（3）移动应用服务技术，是指利用多种协议或规则，向移动终端提供应用服务的技术，可分为前端技术、后端技术和应用层网络协议三部分：前端技术用于内容展现和逻辑执行，包括 HTML、DOM、CSS、Java Script 等；后端技术用于服务器端的逻辑执行和资源管理，包括数据库、动态网页等；应用层网络协议用于前端与后端之间的信息交互和数据传送，主要包括 HTTP、FTP、SMTP 协议等。目前正在发展的应用服务关键技术主要是 HTML5、移动搜索、移动社交网络、Web 实时通信（WebRTC）、二维码编码、企业移动设备管理等。

（4）移动终端管理技术。移动终端管理包括位置注册、移动检测与位置更新三方面的内容。

位置注册过程从接入交换路由分配交换路由标志开始，到映射服务返回成功响应消息为止。当一个移动终端要通过某处的接入交换路由器接入网络时，接入交换路由立即查看本地的交换路由标志池是否存在可用标志，如果有就从中取出一个，分配给该终端，并启动其位置注册过程。即：在本地用户终端映射表中建立一个存储单元，将该终端的接入标志、交换路由标志映射对记录到该存储单元之中，并为该存储条目设置相关定时器等；接着，接入交换路由向本域的映射服务发送映射响应消息；映射服务向接入交换路由返回汇报本次注册是否成功的响应消息，接入交换路由如果收到不成功的汇报响应消息，从中获取错误类型代码，重新发起位置注册；接入交换路由如果收到成功的汇报响应消息，就结束本次位置注册过程。

移动检测是确保移动通信不被中断的基础，分为主动移动检测和被动移动检测两种。主动移动检测是指移动终端依据无线链路的质量（如信号强度）来判定是否发生移动的过程；被动移动检测是指移动终端通过被动地监听接入路由在链路中广播或组播的接入交换路由通告消息，来判定是否发生移动的过程。

位置更新指为确保移动用户在移动过程中的连接不被中断，必须实时更新移动终端的位置信息。在移动通信过程中，移动用户可能频繁地更换接入点，每次切换都要及时通告所有保存其位置信息的实体更新位置信息，以便继续维持通信。

在移动互联网中，通信双方通过使用接入标志来建立通信，为有效管理移动用户的身份和终端位置信息，需借助接入交换路由和映射服务两个功能实体。接入交换路由负责在发起通信时为接入用户分配接入标志和交换路由标志；负责在通信过程中，对用户的数据包进行标志替换。映射服务负责维护接入标志和交换路由标志之间的映射关系，并为接入交换路由和映射服务提供查询服务。位置注册的目的是为新接入的用户终端或新移动至本域的用户终端在接入交换路由和映射服务中建立存储单元；但如果相应的存储单元已经存在，就应进行位置更新。

（5）移动互联网安全控制技术，包括移动终端安全、移动网络安全、移动应用安全和位置隐私保护等。

移动终端安全主要包括终端设备安全及其信息内容的安全，如：信息内容被非法篡改和访问，或通过操作系统修改终端的有用信息，使用病毒和恶意代码对系统进行破坏，越权访问各种互联网资源，泄露隐私信息等。常用技术主要是用户信息的加密存储技术、软件签名技术、病毒（木马）防护技术、主机防火墙技术等。

移动网络安全重点是关注接入网及 IP 承载网/互联网的安全，关键技术包括数据加密、身份识别认证、异常流量监测与控制、网络隔离与交换、信令及协议过滤、攻防与溯源等。

移动应用安全技术主要有三类：①应用访问管理与控制，一般是利用安全隧道技术，在应用客户端与服务器之间构建一个安全隧道，隔离二者的直接连接，使所有访问都必须经过安全隧道，否则一律拒绝；②内容过滤，包括 Web 内容的过滤、对 Web 页关键字及移动代码过滤等，以及通过对邮件地址、附件名等关键字匹配过滤等；③安全审计策略控制，分为系统审计策略控制和应用审计策略控制两类，系统审计策略控制包括对主体鉴别、改变特权以及管理安全策略的事件，应用审计策略控制包括应用程序应该审计的事件。

位置隐私保护是当前移动用户最关心的问题，也是移动互联网安全的重要问题。位置隐私保护技术主要包括制定高效的位置信息的存储和访问标准、隐藏用户身份及与位置的关系、位置匿名等。其中，位置匿名技术是让移动终端或者第三方的可信匿名服务器对移动用户位置数据信息进行处理，并使它们不能重定位到用户身份，处理完成后，将位置数据信息发送给服务提供者进行位置查询。

6.5 软件定义网络（SDN）

针对现有互联网因无连接、尽力而为、边缘智能等特性带来的弊端，人们开展了未来网络的研究，以期解决网络安全、服务质量、扩展性、移动性、可管理性等方面的问题。在所提出的多种新型网络中，软件定义网络（SDN）以及网络虚拟化技术尤其受到关注。SDN 对网络的影响如同虚拟化对服务器的革命性影响。

6.5.1 SDN基本概念

SDN 的主要思想是使网络接口开放，能按软件编程的方式对网络进行动态调节，便于网络技术创新和能力提升。

1. SDN概念的提出及其含义

SDN 起源于美国斯坦福大学实验室的研究项目。2006 年斯坦福的学生 Casado 和他的导师 McKeown 教授受其研究项目的启发，提出了 OpenFlow 的概念。该项目试图通过一个集中式的控制器，让网络管理员可以方便地定义基于网络流的安全控制策略，并将这些安全策略应用到各种网络设备中，从而实现对整个网络通信的安全控制。2008 年，McKeown 等人在 ACM SIGCOMM 发表了题为 "OpenFlow: enabling innovation in campus networks" 的论文，首次详细介绍了 OpenFlow 的概念，即将传统网络设备的数据平面和控制平面两个功能模块相分离，通过集中式的控制器以标准化的接口对各种网络设备进行管理和配置。这种网络架构为网络资源的设计、管理和使用提供了更多的可能性，从而更容易推动网络的革新与发展。在此基础上，基于 OpenFlow 为网络带来的可编程特性，McKeown 教授进一步提出了 SDN 的概念。

由此可见，SDN 的产生与 OpenFlow 协议密切相关。现在普遍将基于 OpenFlow 协议的 SDN 视为狭义 SDN。若不做特殊说明，SDN 特指这一概念。

随着 SDN 的发展，越来越多的人加入到 SDN 的研究行列。由于不同行业、不同应用对 SDN 有着各自不同的需求，因此在谈论 SDN 时通常也有着不同的理解。在网络科研领域，希望利用 SDN 快速地部署和试验新的网络架构与通信协议；大型互联网公司希望 SDN 提供掌握网络深层信息的可编程接口，以优化和提升业务体验；云服务提供商希望 SDN 提供网络虚拟化和自动配置，以适应其扩展性和多租户需求；ISP 希望利用 SDN 简化网络管理和实现快速灵活的业务提供；企业网用户希望 SDN 实现私有云的自动配置和降低设备的采购成本。基于这些需求，在一些知名 IT 厂商的推动下，IETF、IEEE 等标准化组织去除了 SDN 与 OpenFlow 的必然联系，保留了可编程特性，扩展出 SDN 的广义概念，即泛指基于开放接口实现软件可编程的各种基础网络架构，进而将具备控制转发分离、逻辑集中控制、开放 API 三个基本特征的网络纳入 SDN 的广义概念之中。目前这一概念的发展由 IETF 主推。

SDN 的基本框架如图 6-30 所示，主要包括：①物理网络转发设备，提供标准的分组转发功能，支持开放的设备控制接口，即南向接口，如 OpenFlow；②逻辑上集中的 SDN 控制器，它是可编程的控制器，通过获取全局网络拓扑和运行状态进行动态决策，并为上层具体应用提供编程接口，即北向接口；③应用程序，该程序运行在控制器之上，利用控制器提供的编程接口，应用程序可以按软件定义方式把整个网络映射为一个虚拟网络，在路由、带宽管理、服务质量、安全等方面根据用户要求进行灵活设置。需要说明的是，SDN 南向接口除了采用 OpenFlow 之外，还可采用其他协议。

SDN 本质上是一个开放的生态系统，其核心是将网络软件化，变革的原始推动力也来自于 IT 而非电信业。在 SDN 方案中，网络设备是通用的，支持特定业务和应用的网络能力不再需要新型网络协议的支持，业务人员只要具备通用的知识就可以编程，并通过已经标准化了的相关 SDN 协议（如 OpenFlow），可以针对不同业务定制所需的路由、安全、策略、QoS、流量工程等实时下发到网络中，从而实现网络能力对业务和应用的快速适配。

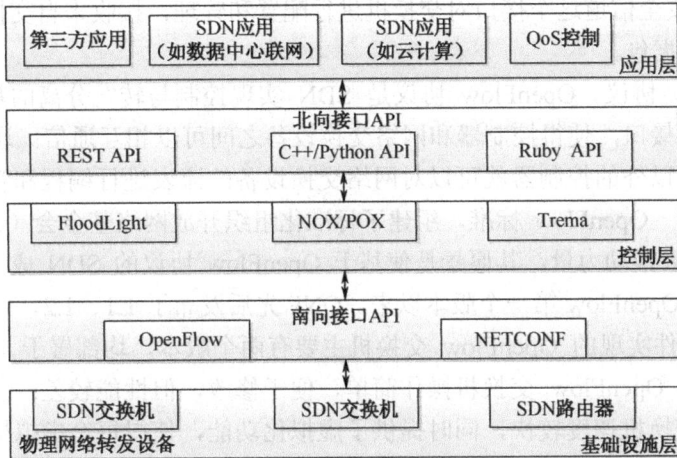

图 6-30　SDN 基本框架

　　举例来说，SDN 方案是在物理硬件之上加载一个虚拟网络平台，将网络的控制从网络硬件中剥离出来，交给虚拟的网络层处理。这个虚拟的网络层加载在物理网络之上，在一个虚拟的空间重建整个网络。有了网络虚拟化，物理网络被泛化成网络能力池，正如服务器虚拟化把服务器转化为计算能力池一样。通过这一方案，可以解决大规模云数据中心在承载多租户服务时面临的 VLAN 数量限制、机房扩容时的网络复杂调整，以及客户的私有云与公有云互联等技术难题，是网络智能化承载具体业务的一个体现。

2. 基于OpenFlow的SDN关键组件

　　最初作为 SDN 的原型提出 OpenFlow 时，SDN 主要由 OpenFlow 交换机、控制器两部分组成。OpenFlow 交换机根据流表来转发数据包，代表着数据转发平面；控制器通过全网络视图来实现管理控制，其控制逻辑表示控制平面。

1）OpenFlow交换机

　　OpenFlow 交换机负责数据转发，主要包括流表（Flow Table）、安全信道（Secure Channel）和 OpenFlow 协议 3 部分，其结构如图 6-31 所示。

　　（1）流表。流表是指 Openflow 交换机中的转发表，包含数据包匹配特征和数据包处理方法。每个流表又包含一系列的流表项，每个流表项都会与一个操作动作相关联，以便告诉网络交换设备如何处理与这个条目相关联的数据流。

　　（2）安全信道。安全信道是将交换机连接到控制器的接口，采用 OpenFlow 协议在实体之间传递一组预定义的消息。交换机开机启动后，会向用户定义的控制器（或者固定的控制器）发起传输层安全（TLS）连接，控制器的默认 TCP 端口是 6633。交换机和控制器相互交换证书进

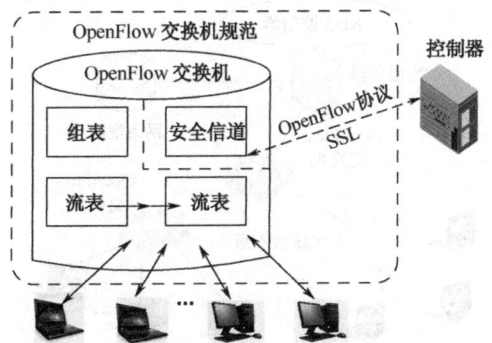

图 6-31　OpenFlow 交换机结构

行认证，证书用特定站点的私钥签名，用户必须能够对每个交换机进行配置，用其中的一个证书对控制器进行认证（控制器证书），用另一个证书向控制器提供交换机认证（交换机证书）。控制器通过安全信道这个接口对交换机进行配置和管理，接收来自交换机的事件报告，并向交换机发送数据包。

（3）OpenFlow 协议。OpenFlow 协议是 SDN 实现控制与转发分离的基础，它提供了一个开放标准统一的接口，使得控制器和网络交换设备之间可以相互通信。通过 OpenFlow 协议，网络交换设备以外的控制器就可以对网络交换设备的流表进行编程和管理。业界为了推动 SDN 发展并统一 OpenFlow 标准，组建了标准化组织开放网络基金会（ONF）。ONF 是制定 SDN 标准的重要推动力量，其愿景是使基于 OpenFlow 协议的 SDN 成为网络新标准。自 2009 年 10 月发布 OpenFlow 第一个版本以来，ONF 先后发布了 1.1、1.2、1.3 等版本。

目前，基于软件实现的 OpenFlow 交换机主要有两个版本，均部署于 Linux 系统：①基于用户空间的软件 OpenFlow 交换机操作简单，便于修改，但性能较差；②基于内核空间的软件 OpenFlow 交换机速度较快，同时提供了虚拟化功能，使得每个虚拟机能够通过多个虚拟网卡传输流量，但实际的修改和操作过程较复杂。例如，Open vSwitch 就是一个由 Nicira Networks 开发的高质量、多层虚拟交换机，使用开源 Apache 2.0 许可协议，主要实现的代码为可移植的 C 代码。Open vSwitch 主要由守护进程 vswitchd、一个轻量级数据库 ovsdb 和其他实用工具构成。通过可编程扩展，它可以实现大规模网络的自动化（配置、管理、维护），可在 http://openvswitch.org/releases/openvswitch-1.9.3.tar.gz 下载 Open vSwitch 安装包。

另外，斯坦福大学基于 NetFPGA 实现了硬件加速的线速 OpenFlow 交换机，而网络硬件厂商（如 NEC、HP 等公司）也已相继推出了支持 OpenFlow 标准的硬件交换机。需要注意的是，不同生产厂家的流表有着不同的格式，OpenFlow 定义了一套对这些流表进行操作的可扩展的通用标准。

2）控制器

在 SDN 网络中，控制器是网络的核心，负责整个网络的策略下发和网络管理。在控制器中，网络操作系统（NOS）实现控制逻辑功能。实际上，这里的 NOS 指的是 SDN 概念中的控制软件，通过在 NOS 上运行不同的应用程序来实现不同的逻辑管控功能。控制器种类较多，主要有 NOX、POX、Floodlight 和 Trema 等。开源成为不可抵挡的趋势，NOX、POX、Floodlight 等均采用公开源代码的形式，只要有相应的 IT 编程能力，都可以为 SDN 的控制器的完善做出贡献。

NOX 最早引入控制器这个概念，是 OpenFlow 网络中对网络实现可编程控制的中央执行单元。在基于 NOX 的 OpenFlow 网络中，NOX 是控制核心，OpenFlow 交换机是操作实体，如图 6-32 所示。NOX 通过维护网络视图来维护整个网络的基本信息，如拓扑、网络单元和所提供的服务，运行在 NOX 之上的应用程序通过调用网络视图中的全局数据，进而操作 OpenFlow 交换机来对整个网络进行管理和控制。从 NOX 控制器完成的功能来

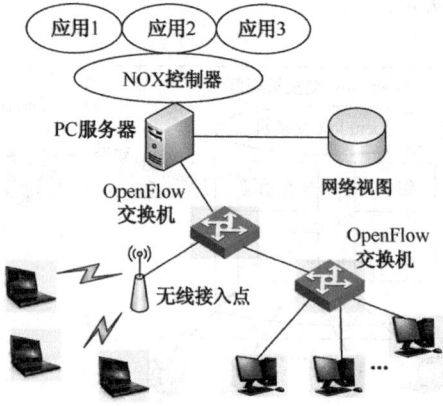

图 6-32　基于 NOX 的 OpenFlow 网络

看，NOX 实现了网络基本的管控功能，为 OpenFlow 网络提供了通用 API 的基础控制平台，但在性能上并没有太大的优势，未能提供充分的可靠性和灵活性来满足可扩展的需求。但是，NOX 在控制器设计方面实现得最早，目前已经成为 OpenFlow 网络控制器平台实现的基础和模板。

POX 由 NOX 演变而来，是使用 Python 开发的网络控制软件原型的平台。POX 作为一个与 OpenFlow 交换机交互的控制器框架，正在被用作帮助建立软件定义网络学科的基础。目前，POX 主要用于 SDN 调试、网络虚拟化、控制器设计以及编程模型的研究等。POX 主要由两部分组成：①Core（其中主要包括 Of_01、OpenFlow 模块）以及各个组件；②Openflow 模块，主要是将所有物理交换机都与其相连，而控制器可以通过 OpenFlow 来控制所有交换机。POX 的源代码已经在 Github 网站上发布，可以使用 git clone http://github.com/noxrepo/pox 命令将 POX 的源代码下载到本地机器上安装使用。

Floodlight 是由 Big Switch 公司用 Java 开发的一款开源控制器，官方网站为 http://www.openflowhub.org。Floodlight 作为免费的开源控制器，提供了与商业版本相同的 API。与 NOX、POX 等控制器类似，Floodlight 也使用了模块化的架构来实现控制器的功能和应用。同时，Floodlight 本身也提供了非常丰富的应用，可以让使用者直接在网络中布置 Floodlight，实现数据转发、拓扑发现等基本功能。用户不仅可以在前端查看每台交换机的流表，还可以利用 REST API 手动添加和删除流表。对于开发者来说，Floodlight 为开发者提供了丰富的 API，在 Github 网站使用 git clone git://github.com/floodlight/floodlight.git 命令可以下载最新的稳定版本。

目前，支持 OpenFlow 协议的多种控制软件得到了开发和推广。NOX 已经发布了多个版本，如 NOXDestiny、NOX Zach、POX 等。它们对 NOX 进行了性能上的优化，并逐渐支持更多的功能，如控制台操作、SNMP 控制等。其余的控制软件也得到了广泛应用。

6.5.2　SDN的关键技术

按照 SDN 的一般模型，其架构分为应用层、控制层和基础设施层。基础设施层主要由支持 OpenFlow 协议的 SDN 交换机组成。控制层主要包含 OpenFlow 控制器及网络操作系统（NOS）。控制器是一个平台，该平台向下可以直接与使用 OpenFlow 协议的交换机（以下简称 SDN 交换机）进行会话；向上为应用层软件提供开放接口，用于应用程序检测网络状态、下发控制策略。位于顶层的应用层由众多应用软件构成，这些软件能够根据控制器提供的网络信息执行特定控制算法，并将结果通过控制器转化为流量控制命令，下发到基础设施层的实际设备中。根据这样一个模型架构，OpenFlow 协议、网络虚拟化技术和网络操作系统是 SDN 区别于传统网络架构的关键技术。

1. OpenFlow协议

OpenFlow 是实现网络控制逻辑的网络控制器与网络设备之间的标准通信协议，主要由端口、流表、消息和数据结构四部分组成。

1）OpenFlow的端口

OpenFlow 协议将交换机上的端口（Port）分为三种类别：① 物理端口，即设备上物理可见的端口；②逻辑端口，在物理端口基础上由交换设备抽象出来的逻辑端口，如为 tunnel 或聚合等功能而实现的逻辑端口；③OpenFlow 定义的端口。OpenFlow 目前总共定义了 ALL、CONTROLLER、LOCAL、TABLE、IN_PORT、NORMAL、FLOOD 和 ANY 等 8 种端口，其中后 3 种为非必需的端口，只在混合型的 OpenFlow 交换机中存在。规定操作如下：

（1）转发。OpenFlow 交换机必须能够将数据包转发到物理端口，同时支持下列虚拟端口的转发：

ALL：将数据包发送到除输入端口以外的其他所有端口；

CONTROLLER：封装数据包并将其发送给控制器；

LOCAL：将数据包发送给交换机的本地端口；

TABLE：将数据包按照流表匹配条目处理；

IN_PORT：将数据包从输入端口发出。

（2）丢弃。即丢弃所有相匹配的数据包。若流记录中没有定义具体操作，则做丢弃处理。

（3）可选的操作。交换机在进行转发操作时，可以选择支持以下虚拟端口：

NORMAL：按照普通二层交换机、VLAN 或者第 3 层流程处理数据包；

FLOOD：将数据包从最小生成树使能端口转发（不包括输入端口）；

ANY：通配。

（4）进入队列（Enqueue）。通过端口的队列转发数据包，转发行为由所配置的队列策略决定，通常用来提供基本的 QoS 支持。

（5）修改域（Modify Field）。可选的字段修改操作有：

SET_VLAN_VID：设置修改 VLAN 标签；

SET_VLAN_PCP：设置修改 VLAN 优先级；

STRIP_VLAN：弹出 VLAN 标签；

SET_DL_SRC：设置修改源 MAC 地址；

SET_DL_DST：设置修改目的 MAC 地址；

SET_NW_SRC：设置修改源 IP 地址；

SET_NW_DST：设置修改目的 IP 地址；

SET_NW_TOS：设置修改 IP 服务类型字段；

SET_TP_SRC：设置修改源端口号；

SET_TP_DST：设置修改目的端口号。

以上每一种操作称为一个动作（Action），流表中的数据包处理方法是一个动作列表（Action List），动作列表由以上各种动作组合而成。

2）OpenFlow 的流表

所有 OpenFlow 的规则都被组织在不同的流表中，在同一个流表中按规则的优先级进行先后匹配。一个 OpenFlow 的交换机可以包含一个或者多个流表项，从 0 开始依次编号排列，流表结构如表 6-2 所示。编号的大小标明了流表的跳转顺序，只能从编号小的流表依次或越级跳转至编号大的流表。OpenFlow 协议中定义了流水线式的处理流程，当数据包进入交换机后，必须从流表 0 开始依次匹配。流表可以按次序从小到大越级跳转，但不能从某一流表向前

表 6-2　流表结构

编号	OpenFlow Match	Action List
1	Match 1	Actions 1
2	Match 2	Actions 2
...	...	...

跳转至编号更小的流表。当数据包成功匹配一条规则后，将首先更新该规则对应的统计数据，然后根据规则中的指令进行相应操作。当数据包已经处于最后一个流表时，其对应的操作设置中的所有操作活动将被执行，包括转发至某一端口、修改数据包某一字段、丢弃数据包等。

OpenFlow 流表中的每条流表项由包头域、计数域和操作三部分组成，如图 6-33 所示。

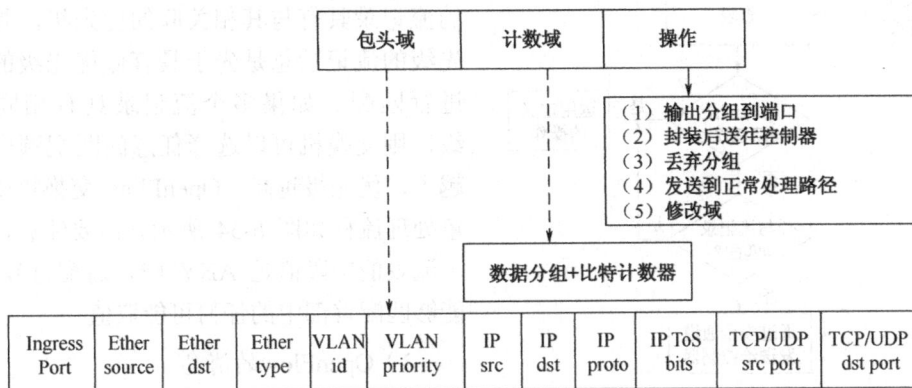

图 6-33　Openflow 流表项结构及其字段

每个包头域包含多个子域，根据数据分组的输入端口、报头字段以及前一个流表传递的信息，匹配已有流条目。数据包特征匹配分为四层：一层为交换机入端口（Ingress Port），二层为源 MAC 地址（Ether source）、目的 MAC 地址（Ether dst）、以太网类型（Ether type）、VLAN 标签（VLAN id）、VLAN 优先级（VLAN priority），三层为源 IP（IP src）、目的 IP（IP dst）、IP 协议字段（IP proto）、IP 服务类型（IP ToS bits），四层为 TCP/UDP 源端口号（TCP/UDP src port）、TCP/UDP 目的端口号（TCP/UDP dst port）。

计数域主要是对匹配成功的数据分组进行计数，可用于统计每个流表的活跃表项、每条流的持续时间、每个端口的接收包数、每队列传输的包数等信息。

操作（Action）规定了交换机对数据包如何处理，如转发到某个端口、改写数据包或予以丢弃等。每个流表项对应零个或多个操作，包括将分组输出到端口、封装后送往控制器、丢弃等操作。如没有转发操作，则默认丢弃。交换机可以对不支持的操作返回错误提示。

流表本身的生成、维护、下发由外置的、在 PC 或服务器上运行网络操作系统的控制器来实现。Openflow 流表中的包头域定义了包括端口号、VLAN ID 以及 L2/L3/L4 信息的 12 个字段。每个域均可以进行通配，网络运营商可以根据需要决定使用何种粒度的流。例如，可以根据目的 IP 地址进行路由，在流表中就只有目的 IP 地址是有效的，其余全为通配。又如，企业园区网可以根据 VLAN 进行转发，在流表中就只有 VLAN ID 是有效的，其余全为通配。

每当有一个数据包到达 OpenFlow 交换机时，首先提取出数据包的首部，与流记录中的匹配字段进行比对，从流表的第 1 个记录开始查找匹配，依次向下进行，当发现一个匹配的记录时，交换机将使用该记录所关联的一系列操作对数据包进行处理。每当发现一个与记录匹配的数据包，就会更新这个记录所对应的计数器值。如果查表结果没有发现匹配记录，交换机将根据流表的失配记录中的指令决定采取相应的操作。流表中必须包含一个失配记录，以便应对找不到匹配的情况。在这个特殊的记录中定义一组操作，用于处理找不到匹配的输入数据包，这些操作包括：丢弃该数据包、向所有的端口发送该数据包，或者使用通过安全通道向控制器转发该数据包。

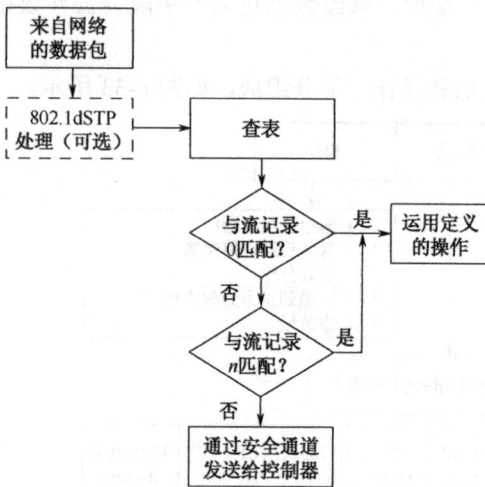

图 6-34　OpenFlow 交换机中的数据包处理

数据包与流表的匹配按照优先级进行，精确定义了匹配规则（即没有使用通配符）的流记录总是具有最高的优先级，全部采用通配符的流记录具有与其相关联的优先级，具有高优先级的流记录总是先于具有低优先级的流记录进行匹配。如果多个流记录具有相同的优先级，则交换机可以选择任意的匹配顺序。编号越大，优先级越高。OpenFlow 交换机中的数据包处理流程如图 6-34 所示。需要注意，如果一个流表的字段值是 ANY（*，通配符），则它就能够匹配首部中的任何可能取值。

3）OpenFlow的消息

控制器和交换机之间采用 OpenFlow 协议、通过安全信道在实体之间传递一组预定义的消息。OpenFlow 协议中定义了三种消息类型：

（1）控制器到交换机（Controller-to-Switch）的消息：由控制器发起、交换机接收并处理的消息，主要由控制器用于直接管理交换机或查看交换机的状态。这类消息可以细分为 Features 消息、Configuration 消息、Modify-State 消息、Read-State 消息、Send-Packet 消息和 Barrier 消息。

（2）异步（Asynchronous）消息：由交换机发送给控制器，用来通知交换机上发生的某些异步事件的消息。交换机发送异步消息，以告知数据包的到达、交换机状态的改变，或者出现了错误。异步消息主要分为 packet-in 消息、flow-removal 消息、port-status 消息和 error 信息四种。例如，当某一条规则因为超时而被删除时，交换机将自动发送一条 flow-removal 消息通知控制器，以便控制器做出相应的操作，如重新设置相关规则等。

（3）对称（Symmetric）消息：即双向对称的消息，主要用来建立连接、检测对方是否在线等。对称消息有 Hello 消息、echo 消息、vendor 消息三种类型。

4）OpenFlow协议相关数据结构

Openflow 协议数据包由 Openflow Header 和 Openflow Message 两部分组成。Openflow Header 的结构如下：

```
struct ofp_header {
    uint8_t version;     /* OFP_VERSION. */
    uint8_t type;        /* One of the OFPT_ constants. */
    uint16_t length;     /* Length including this ofp_header. */
    uint32_t xid;        /* Transaction id associated with this packet.
                            Replies use the same id as was in the request
                            to facilitate pairing. */
};
```

Openflow Message 的结构与具体消息类型有关。

2. 网络虚拟化

网络虚拟化是对物理网络基础设施进行的一种特殊抽象，使得在普通的底层网络（真实）之上能够支持多个逻辑（虚拟）的网络基础设施。逻辑网络可以由一组交换机、路由器和链路组成。图 6-35 所示是计算机虚拟化与网络虚拟化的对比。

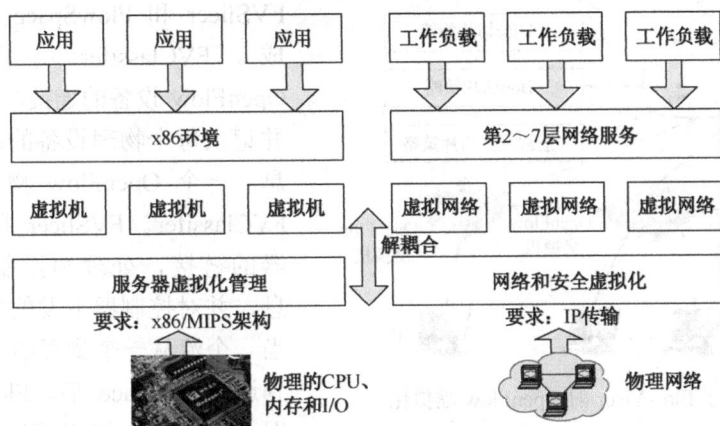

图 6-35　计算机虚拟化与网络虚拟化的对比

在图 6-35 的左边是虚拟机环境。在这个计算机虚拟化环境中，物理处理器（CPU）、内存、输入输出设备被一个虚拟机管理程序抽象化，虚拟机运行在它之上。虚拟机管理程序从根本上保证了对下层资源访问和资源管理的隔离。与此类似，一个物理网络也可以被虚拟化。在图 6-35 的右边，表示了由网络虚拟化层负责提供一个物理网络基础设施的隔离视图。建立一个虚拟网络需要利用构建虚拟节点的技术，如 Xen 虚拟机监视器、Linux 网络的命令空间、基于内核的虚拟机（KVM）、VMware 和 VirtualBox 以及其他一些创建虚拟链路的方法，这些基本上基于隧道技术。一种可能的方法是将虚拟节点的以太网帧封装到一个 IP 报文中，该报文可能通过网络中的多跳进行传输。在本质上这也是利用隧道技术提供一种虚拟的以太网链路。

随着 SDN 的研究应用，不断出现新的网络虚拟化技术。比较有影响力的虚拟化技术有 Cisco 的 VN-Tag、HP 的 VEPA 以及斯坦福的 OpenFlow。OpenFlow 的设计初衷是软件定义网络，通过开放一系列接口，允许用户自定义交换机的行为，从而建立高度可编程的网络。建立在 OpenFlow 交换机之上的常见网络虚拟化平台有 FlowVisor、Mininet 等，它们都能够实现虚拟网络的创建、不同虚拟网络的策略调度和部署等。

1）FlowVisor

为使控制器能够直接部署在真实网络中，解决多控制器对 OpenFlow 交换机的控制共享问题，同时满足网络虚拟化的需求，FlowVisor 在 OpenFlow 控制器和 OpenFlow 交换机之间实现了基于 OpenFlow 的网络虚拟层，利用 git clone git://github.com/OPENNETWORKINGLAB/FlowVisor.git 命令可下载使用。FlowVisor 的安装测试一般需要 ubuntu 系统。FlowVisor 安装需要 ant 和 jdk（使用 jdk1.6 版本或其以下版本，否则会发生错误）的支持。

FlowVisor 作为一个网络虚拟化平台，使得硬件转发平面能够被多个逻辑网络切片（Slice）共享，每个网络切片拥有不同的转发逻辑策略。在这种切片模式下，多个控制器能够同时管理一台交换机，多个网络实验能够同时运行在同一个真实网络中，网络管理者能够并

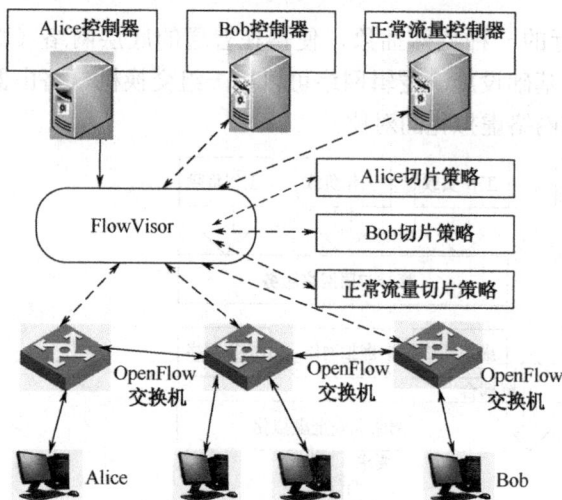

图 6-36 基于 FlowVisor 的 OpenFlow 虚拟化

行地控制网络，因此网络正常流量可以运行在独立的切片模式下，从而保证正常流量不受干扰，如图 6-36 所示。

FlowVisor 主要由 FVClassifer、FVSlicer 和 FlowSpace 数据库三部分组成。FVClassifer 用于维护与管理 OpenFlow 设备的连接，处理 I/O 请求，并记录每个物理设备的端口、性能等信息。一个 OpenFlow 物理设备对应一个 FVClassifer。FVSlicer 用于维护与控制器的链接，处理和控制器的握手等信息，并对控制器下发的信令进行处理。当一个流从一个物理的 OpenFlow 设备到达 FlowSpace 后，FlowSpace 根据数据库中网络切片规则的定义，把 OpenFlow 消息发送给本网络切片内对应的 FVSlicer，然后 FVSlicer 负责将 OpenFlow 消息发给连接的控制器。FlowVisor 的核心主要是对上行消息分配的处理和对下行信令的处理。

网络切片是 FlowVisor 管理功能实现的要素，它是由一组文本配置文件定义的，其配置文件包含控制各种网络活动的规则，如允许、只读和拒绝，其范围包括流量的源 IP 地址、端口号或者数据分组表头信息。FlowVisor 通过网络切片定义规则来管理网络。

对于控制器，FlowVisor 看起来就是普通的交换机；从 OpenFlow 交换机的角度来看，FlowVisor 是一个控制器。相比于计算机的虚拟化，FlowVisor 就是位于硬件结构元件和软件之间的网络虚拟层。它将物理网络分成多个逻辑网络，从而允许多个控制器同时控制一台 OpenFlow 交换机，但每个控制器仅仅可以控制经过这个 OpenFlow 交换机的某一个虚拟网络（即 Slice）。因此，通过 FlowVisor 建立的试验平台可以在不影响流转发速度的情况下，允许多个网络试验在不同的虚拟网络上同时进行。

2）Mininet

利用 Open vSwitch 手动搭建一个复杂的网络是比较麻烦的，Mininet 提供了一个综合性较强的虚拟化平台。在 Mininet 下，可以在一台主机上测试一个 SDN，支持 Openflow、OpenvSwitch 等 SDN 部件；方便多人协同开发，其代码几乎可以无缝地迁移到真实的硬件环境中；可通过命令行、用户 API、Python 应用来创建主机、交换机和控制器。

Mininet 的使用方式有两种：①直接下载已经打包好的虚拟机文件，以虚拟机形式进行使用，下载地址 http://mininet.org/download/；②下载源代码自行编译安装 mininet，详见 http://mininet.org/download/。

3. 网络操作系统（NOS）

在 SDN 范畴中，网络操作系统（NOS）特指运行在控制器上的网络控制平台。控制器的控制功能都是通过运行 NOS 实现的。NOS 就像 OpenFlow 网络的操作系统，它通过对交换机的操作来管理流量，因此，交换机也需要支持相应的管理功能。NOS 在网络中的位置如图 6-37 所示。

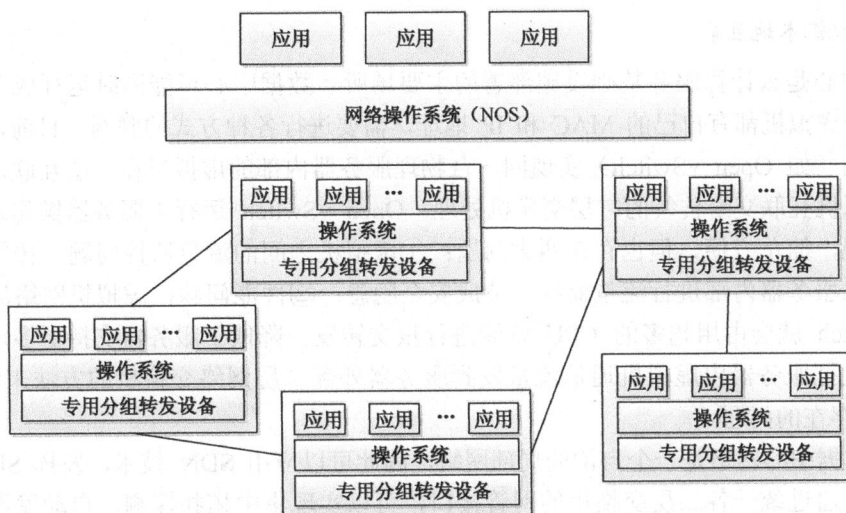

图 6-37　NOS 在网络中的位置

从整个网络的角度来看，NOS 应该是抽象网络中的各种资源，为网络管理提供易用的接口。基于它可以建立网络管理和控制的应用。因此，NOS 本身并不完成对网络的管理任务，而是通过在其上运行的各种"应用"实现具体的管理任务。管理者和开发者可以专注于这些应用的开发上，而无须花费时间在对底层细节的分析上。为了实现这一目的，NOS 需要提供尽可能通用的接口，以满足各种不同的管理需求。

当流量经过交换机时，如果发现没有对应的匹配表项，则转发到运行 NOS 的控制器并触发判定机制，判定该流量属于哪个应用。NOS 上运行的应用软件通过流量信息来建立网络视图，并判定流量的行为。正是因为有了 NOS，SDN 才具有针对不同应用建立不同逻辑网络并实施不同流量管理策略的能力。目前，较为流行的 NOS 有 NOX、Beacon、Trema、Maestro 等。

6.5.3　基于OpenFlow的SDN应用

SDN 适于在自治的、局部的网络环境中使用。在一个自治网络中，传送层面、交换层面、路由层面的网络都可采用 SDN 的集中编程控制方式，而且还可设一个总的控制器在不同层面之间进行一体化管控。目前，从部署的区域范围来看，SDN 主要在校园网用于研究，在数据中心用于解决数据和控制密集型关键问题。从实现的功能来看，它主要面向网络管理和安全控制。因此，SDN 在网络虚拟化、IP 网和光网络集成、无线网络智能管控等方面的应用成效比较明显。

1. 支撑云计算的数据中心虚拟化联网

随着云计算模式和数据中心的发展，将基于 OpenFlow 的 SDN 应用于数据中心网络已经成为发展趋势。这是由于数据中心的数据流量大，交换机层次管理结构复杂，服务器和虚拟机需要快速配置和数据迁移。如果不能在庞大的服务器机群中进行高效的寻址和数据传输，则很容易造成网络拥塞和性能瓶颈。将 OpenFlow 交换机部署到数据中心网络，可以实现高效寻址、优化传输路径、负载均衡等功能，从而进一步提高数据交换的效率，增加数据中心的可控性。

1）虚拟机本地互联

数据中心是云计算服务基础设施部署的主要场所。数据中心可能同时运行成千上万个虚拟机。每个虚拟机都有自己的 MAC 和 IP 地址，需要进行各种方式的联网。目前，主要通过虚拟交换机（如 Open vSwitch）实现同一台物理服务器内部的虚拟机在二层互联，跨物理服务器的虚拟机互联交给传统的二层交换机处理。Open vSwitch 运行于服务器操作系统内部，纯软件实现，简单方便，但也存在两大问题：①虚拟机之间的流量监控问题，传统的网管系统无法深入服务器内部进行流量监控，造成安全隐患；②性能问题，虚拟机网络流量越大，Open vSwitch 就会占用越多的 CPU 资源进行报文转发，降低了服务器支持更多虚拟机的能力。可通过把服务器内虚拟机通信流量发到服务器外部二层网络交换机的方法来解决 Open vSwitch 所存在的问题。

由于数据中心网络是一个自治的局部网络，因此可以应用 SDN 技术，发挥 SDN 的集中控制优势。通过统一各二层交换机的网管接口，可以实现集中拓扑探测，自动发现虚拟机间的二层连接群组关系，实现虚拟局域网（VLAN）的自动构建，做到虚拟机迁移过程中的动态组网，并保持 IP 地址不变。所需的原路返回的功能，可以在 OpenFlow 交换机上编程实现，而无须进行硬件升级。防火墙、QoS 等作为 SDN 应用程序，可以在虚拟交换机组网路径上实现动态插入。

2）跨数据中心二层互联

在云计算环境下，将会出现跨不同数据中心之间分布式计算和虚拟机迁移需求，需要跨数据中心组建二层交换网络。由于不同数据中心之间难以用光纤直接连接，而需要通过城域网或骨干网互联，因此目前都是在 IP 网上建隧道实现二层互联的，通过 IP 隧道实现虚拟的二层链路（如虚拟出租线路 VLL，虚拟专用局域网业务 VPLS 等）。这些隧道往往要手工建立，隧道数量和远端虚拟局域网数量成正比，隧道两端路由器之间要交换学习到的 MAC 地址信息，因此管理维护较复杂、开销较大，在云计算模式下这些问题更为严重。

数据中心网络采用 SDN 技术后，很容易通过编程方式实现覆盖网传输虚拟化（OTV）技术所需的跨中心 MAC 地址表传送、三层隧道自动建立、VLAN 互联等功能，既不需要升级网络硬件，又提高了跨数据中心组网性能；但前提条件是不同的数据中心二层网络有统一的编程管控接口。

3）面向网络管理的应用

OpenFlow 网络的数据流由控制器做出转发决定，使得网络管理能够在 OpenFlow 网络中易于实现，尤其是流量管理、负载平衡、动态路由等功能，通过配置控制器提前部署转发策略，可实现更加直观的网络管控模式。随着 OpenFlow 在网络管理方面的应用日益丰富，很容易扩展 OpenFlow 的流管理功能，从而实现数据流的安全控制机制。实际上，在面向校园网的部署环境中，有很多应用都是针对安全管控的。

2. IP网和光网络一体化重构

面对网络流量的快速增长，必须采取新技术对骨干网络带宽进一步扩容。目前采取的办法主要是通过光网络和 IP 网络融合提供超大带宽。现有的宽带传输网络技术主要是 SDH 和 DWDM。SDH 只能管理一根光纤上的单路波长传输，而单路波长的传输速率是有上限的；DWDM 网可实现在一根光纤上的多路波长传输，增加了现有的光纤带宽，但缺乏 SDH 技术所固有的保护和管理能力。进一步扩大容量的办法是采用光传送网（OTN）。OTN 是为管理每个光纤上多个波长传输而设计的，具有管理每条光纤上每一个波长的能力。OTN 综合了 SDH 的优点和 DWDM 的带宽可扩展性，把 SDH 的管理控制功能应用到 DWDM 光网络，有效提升了密集波分复用（DWDM）系统的能力。采用 OpenFlow 技术，可在光交叉连接节点中实现虚拟的以太网交换能力，在 OTN 和 IP 网络两个层面间形成公共控制平面，使光网络能更好地适应 IP 网络流量变化，动态地按需提供带宽。基于 OpenFlow 的统一控制平面，比基于通用多协议标签交换（GMPLS）的统一控制平面更为简单，灵活性更好，使得光网络和 IP 网络能够应用一致的管控策略，并按 SDN 的思想实现协同重构。

由于光网络和 IP 网络相互开放内部信息会带来安全问题，当它们分别属于不同运营商时不易解决。这种技术体系比较适用于同一运营商同时拥有光网络和 IP 网络的情况。因此，SDN 比较适于面向校园网的部署。它可以为学校的科研人员构建一个部署网络新协议和新算法的创新平台，并实现基本的网络管理和安全控制功能。目前，已经有包括斯坦福大学在内的许多高校部署了 OpenFlow 网络，并搭建了应用环境。

3. 无线网络中的应用

利用 OpenFlow 控制技术对无线移动网络进行高效、灵活的网络管理，是其提出之初就有的基本计划。NEC 公司已在移动网络中加以具体实现和应用，它基于 SDN 集中控制器监控某一运营商拥有的各种无线信道质量和负载状况，可在多种移动通信方式间实现动态切换，提高终端用户的服务质量。它还利用 OpenFlow 智能流量管理功能对移动回传网络进行节能管理，在通信量相对较少的夜晚时段，可以汇集网络路径，关闭多余的无线中转站点的电源，从而节省能源。

瑞典 Karlstad 大学等基于 SDN 和 OpenFlow 提出了云化无线局域网 CloudMAC，通过让无线接入点（AP）仅具有 MAC 帧转发功能，并将认证、MAC 帧处理等功能上移到 SDN 集中控制器，可以方便地实现 AP 间无缝切换，跨层灵巧躲避 AP 之间的信号干扰，不改变 AP 硬件而仅靠软件升级就能部署新组网功能等应用。

瑞典中部大学的研究人员认为，OpenFlow 简化节点分组转发行为的特点适合传感器节点能力受限的情况。目前传感网采用自组织联网的方式，全网路由难以整体优化，端到端通信的可靠性也不高。通过在传感器节点中增加流量感知和上报能力，网络集中控制器能够获取全网流量矩阵，识别流量中继关键节点，调节全网流量聚合路径，提高端到端通信可靠性。这为 SDN 用于物联网提供了应用前景。

小结与进一步学习建议

物联网的通信业务量将成为未来 IP 网络流量的重要组成部分。物联网应用的复杂性和多样性也对网络"服务质量、安全可信、可控可管"等各个方面提出了更高的要求。为应对物联网的大规模应用，必须构建大容量、优质高效的承载网络，而且要在"可靠传输"环节下足功夫，做好精细化的智能管道，为物联网应用提供通信保障服务。

就物联网业务发展形势而言，承载网络需要综合考虑固定和移动业务的融合承载，以及支撑政、企、家庭及个人客户的发展需求。SDH/MSTP、PTN 和 OTN 技术为构建融合、高效、可靠的全业务承载网络提供了技术支持，并得到了快速应用发展。移动互联网是电信网络、传统互联网、媒体和娱乐等行业融合的产物，涉及无线通信、移动通信和互联网技术。

移动互联网络是物联网的基础，拓展了物联网的功能，提高了物联网的效率。其中，移动终端可作为物联网识别、采集信息的重要节点；移动互联网的无线网络接入方式与组网技术都是物联网的关键支撑技术；移动互联网的定位、传输、节能技术均可用于物联网。因此说，物联网将与移动互联网融合发展。

近年来，软件定义网络（SDN）已成为网络领域大力研发的热点技术。OpenFlow具有网络设备统一控制和可编程调整等特点。SDN的基本特征，包括控制与转发分离后的集中控制，控制平面与转发平面之间的开放接口，网络虚拟化等。集中的控制平面可以控制全网中各个转发设备，监视整个网络状态，进行全局优化控制。网络虚拟化是指在一个实际的物理网络上构建多个独立且互不干扰的虚拟网络，不同的虚拟网络可以采用不同的体系结构与协议栈，以满足不同用户的业务要求。网络虚拟化与以往的VPN和VLAN有些类似，都是在一个物理网络上组建多个逻辑网络，但以往的VPN和VLAN仅在第 3 层或第 2 层实现，而SDN网络虚拟化涉及的协议层次较多，能很好地适应传输环境和用户业务的需求。关于SDN的进一步了解可参阅相关的文献。Openflow协议的核心是一组供Openflow协议使用的C语言结构体，链接 www.openflow.org/documents/openflow-spec-v1.0.0.pdf 或者 www.opennetworking.org/ sdn-resources/onf-specifications可以学习有关数据结构及其详细解释。

SDN 对网络建设、组网架构和运维模式都有潜在的影响，传统的电信运营商对软件化网络的建设、运行和管理面临着系统性的挑战。虽然 SDN 所蕴涵的众多理念未必都能实现，而且还会出现更新的网络技术体系，但新技术必定包含 SDN 技术的合理成分。通信网络是在融合、分化的不断循环中向前发展的，本章仅把通信网络的承载网技术展现出来，目的是引导读者进入物联网承载网（尤其是 SDN 世界）的门槛，请读者在应用中学习，通过不断学习予以提高。

讨论与思考

1. 通信网络的承载网技术发展驱动力是什么？
2. 目前，电信级承载网架构是怎样的？
3. 互联网、电信网、广播电视网三网融合的实质是什么？聚焦点在哪里？
4. 简述 SDH 传输系统配置方式。
5. 简述分组传送网（PTN）的工作原理。
6. 光传送网（OTN）设备可分为哪几大类型？简介它们的基本功能。
7. 简述 TCP/IP 体系结构及其各层的主要功能。
8. 智能物件网络为什么应该首选 IP 协议？
9. 基于 IP 网络的物联网连接模型主要有哪些？它们各自有什么特点？
10. 简述软件定义网络（SDN）的概念与架构。
11. 基于 OpenFlow 的 SDN 主要包括哪些关键组件？其主要作用是什么？
12. 在互联网上下载基于 OpenFlow 的 SDN 网络仿真开源软件，尝试搭建一个用于 SDN 研究开发的网络仿真实验平台。

第 7 章　物联网数据处理

物联网技术的广泛应用，将产生大量异构的、混杂的、不完整的数据。当成千上万的物联网终端设备采集到这些数据之后，如何对它进行处理、分析和使用，就成为物联网应用的关键。通过传感器、RFID 标签技术等实时感知海量数据不是物联网的目的；只有从海量数据中通过汇聚、挖掘与智能处理，获取有价值的信息，为不同的应用提供智能服务，才是要真正实现的目的。本章基于物联网数据的特点以及数据处理技术的认识，讨论介绍物联网的数据融合、云计算、海量数据存储、数据挖掘与智能决策等内容。

7.1　物联网数据处理的基本概念

物联网需要完成环境感知、数据传输、协同工作等任务，所以在一段时间内会产生大量的数据。这就需要从大量的数据中提取出有用的信息，因此需要根据不同的物联网应用需求，研究物联网的数据处理技术。所谓物联网数据处理就是将所感知的数据进行存储、融合、挖掘，并用于智能决策与控制。

7.1.1　物联网数据的特点

研究物联网数据处理技术，首先要了解物联网数据的特点。通过对物联网数据分析可知，主要具有海量、多态、动态和关联等特性。

所谓海量，就是数据量很大，可能是 TB 级别（1 TB=1 024 GB）甚至是 PB 级别（1 PB=1 024 TB），导致无法一次性载入内存或者无法在较短时间内处理完成。物联网产生的数据具有海量性特点，主要表现在两个方面：①每一个传感器、RFID 读写器在连续、实时地产生大量的数据。如果传感网中有 1 000 个节点，每个传感器每一分钟传输的数据是 1 KB，那么每天产生的数据量是 1.4 GB。对于实时性要求较高的智能电网、桥梁安全监控、水库安全监控、机场安全监控、智能交通等系统，每天产生的数据量可以达到 TB 量级；②物联网中有数以亿计的物品，例如物流中贴有 RFID 标签的商品在世界范围内流通，每时每刻都在产生着大量的数据。当越来越多的物联网应用系统建立起来之后，物联网节点的数量将非常之多，它们所产生的数据量也一定是海量的。因此，物联网数据的一个重要特点是巨大、海量。

多态性是指形态多样和状态（选择）多样。在哲学意义上，多态性反映了世界在时间和空间中存在的千姿百态和变化莫测。可以通过一个实例来认识物联网数据的多态性特征。当一个物体通过一个传感器节点周边时，传感器节点可以通过感知物体所产生的压力、振动、声音、方位等来区分出目标是人还是坦克或者飞机。零售商店中的 RFID 要标识出不同品种的商品、同一品种不同规格的商品，以及同一规格商品的不同产地、价格等。智能农业生态环境监控系统感知的数据有温度、湿度、光照、二氧化碳浓度、土壤成分等环境数据。这就需要使用多种传感器去观测不同的数据。而不同类型的数据有不同的数值范围、不同的表示格式、不同的单位、不同的精度。因此，多态性是物联网数据的又一个重要特点。

动态指（事情）变化发展的情况。物联网数据的动态性很容易理解。不同的时间、不同的传感器测量的数值都有可能变化。例如每一天的晚上和白天、上下班的高峰时段、晴天与雨雪天气，通过同一个交通路口的汽车与行人的流量差异很大。不同类型的数据也有不同的数值范围、不同的表示格式、不同的单位、不同的精度。因此，动态性是物联网数据的另一个重要特点。

关联性是指组织体系的要素既具有独立性，又具有相关性，而且各要素和体系之间同样存在相互关联或相互作用的关系。物联网中的数据之间不可能是相互独立的，存在着一定的关联性。例如，对于生态环境的监控系统所感知的数据，可能要比较同一个传感器在不同时间的温度变化，或者比较同一个时间不同位置传感器节点的湿度变化。因此，物联网中的数据在空间、时间维度上存在着紧密的关联性。

7.1.2 物联网数据处理技术

面对物联网数据海量、多态、动态与关联等特点，物联网数据处理需要涉及如下一些关键技术：

（1）数据融合。针对物联网数据的多态性，需要研究给予多种传感器的数据融合技术。数据融合（Data Fusion）或称信息融合（Information Fusion）是指利用计算机对按时序获得的若干观测信息，在一定准则下加以自动分析、综合，以完成所需的决策和评估任务而进行的信息处理技术。在智能交通、工业控制、环境监测、精准农业、智慧城市、智能电网等物联网应用系统中，必然要应用多种传感器去综合感知物理世界的信息，从中提取有价值的信息，因此数据融合是物联网数据处理研究的重要内容之一。

关于数据融合技术的研究已经取得了一系列成熟的成果。早在第二次世界大战时期，多传感器数据融合技术就达到实用阶段。数据融合一词最早出现在 20 世纪 70 年代，并于 20 世纪 80 年代发展成一项专门技术。它是人类模仿自身信息处理能力的结果，类似人类和其他动物对复杂问题的综合处理。数据融合技术最早用于军事领域，1973 年美国研究机构就在国防部的资助下，开展了声呐信号解释系统的研究。目前，工业控制、机器人、空中交通管制、海洋监视和管理等领域也向着多传感器数据融合方向发展。物联网概念的提出，使数据融合技术成为其数据处理相关技术开发所要关心的重要问题之一。

（2）云计算。云计算（Cloud Computing）是一种基于互联网的计算模式，通过这种计算模式，共享的软硬件资源和信息可以按需求提供给计算机和其他设备，是分布式处理、并行处理和网格计算的发展。云计算通过网络将庞大的计算处理程序自动拆分成无数个较小的子程序，然后交由多部服务器所组成的庞大系统进行计算分析，最后再将处理结果回传给用户。通过云计算技术，网络服务提供者可以在数秒之内，处理数以千万计甚至亿计的信息，达到与超级计算机同样强大的网络服务能力。物联网作为互联网的业务和应用，随着其深入的发展和流量的增加，对数据储存和计算量的要求将对云计算的需求增加，并且在物联网的高级阶段，必将需要云计算技术的进一步发展与应用。

（3）海量数据存储。传统关系型数据库在数据存储上主要面向结构化数据，聚焦于便捷的数据查询分析能力、按照严格规则快速处理事务的能力、多用户并发访问能力以及数据安全性的保证。但是面向结构化数据存储的关系型数据库已经不能满足当今互联网数据快速访问、大规模数据分析挖掘的需求。物联网中产生的海量数据是一些不同于互联网中 Web、聊天记录与游戏等数据的，需要可靠安全存储起来。如医疗监护系统中保存着与人生命安危相关的数据，智能电网系统中保存的数据将会影响一个国家与地区供电效率与安全性等。海量数据的存储结构、方式影响物联网系统的可靠性与效率，因此需要深入研究物联网数据存储模式、数据库技术。

（4）数据挖掘与智能决策。传统的决策支持系统由于其功能的不足，已不能满足现代管理的决策需求，而数据挖掘技术是解决该问题的有效途径之一。基于数据挖掘的智能决策支持系统是物联网信息处理技术中追求的最重要目标之一。

物联网环境中的感知数据具有实时性、周期性与不确定性等特点。从感知数据的查询方法来看，主要有快速查询、连续查询、基于事件的查询、基于生命周期的查询和基于准确度的查询等处理方法。在互联网环境中，Web 搜索引擎已经成为人们查询各类信息的主要手段。传统的搜索引擎是通过搜索算法，仅仅在服务器上抓取人工生成的信息。然而，在物联网环境中，由于各种感知手段获取的信息与传统的互联网信息共存，搜索引擎需要与各种智能的和非智能的物理对象密切结合，主动识别物理对象，获取有用的信息。这对于传统的搜索引擎技术是一个挑战。许多银行、企业、政府部门已经在数据库中存储了大量的数据，但很多用户不再满足于查询、搜索与报表统计等简单的数据处理方式，而是希望利用大数据手段，从数据库中发现更有价值的信息。这就需要使用数据挖掘技术。数据挖掘是指从大量的、不完全的、有噪声的、模糊的、随机的实际应用数据中，提取隐含在其中的、人们事先不知道的、但又是潜在有用的信息和知识的过程。它使用统计方法和人工智能方法找出普通数据查询中所忽视的、隐含的趋势性信息。例如，大型商业与零售连锁店等可根据不同地区、不同时段、不同商品的销售信息，利用数据挖掘技术寻找销售规律，有针对性的扩展销售业务。

数据挖掘是物联网数据处理中一个非常重要的方法，而且是一个多步骤过程（它需要为数据挖掘算法访问和准备数据），包括挖掘数据，分析结果和采取合适的行动。数据挖掘的目的在于使用所发现的模式帮助解释当前的行为或预测未来的结果。

发展物联网的目标并不是简单地将物与物互联起来，而是要催生具有"计算、通信、控制、协同和自治"特征的智能设备和系统，实现实时感知、动态控制和智能服务。

在整个人类的活动中，"感知、通信、计算、智能、控制"构成一个行为过程。智能是运用信息提炼知识、生成策略、认识问题和解决问题的能力；同时又是生命体的能力标志，是人类生成发展能力的最高体现。人类通过眼、耳、鼻、舌、皮肤去感知外部世界，获取信息；通过神经系统将感知的信号传递到大脑；大脑通过分析、比对，从表象的信息中提炼出相应的知识，升华为处理问题的智能策略。最终大脑将智能策略转化为智能行为，形成智慧处理问题的能力。从感知、通信、计算到提炼出知识，再到形成智能决策的过程叫作智能决策。

7.2 物联网数据融合技术

物联网中感知节点之间、感知节点与汇聚节点以及控制中心之间不仅需要进行通信，还要对通信结果做进一步的分析处理。因此，数据融合是实现物联网的重要技术之一。

7.2.1 数据融合的基本概念

在许多应用场合，由单个传感器所获得的信息通常是不完整、不连续或不精确的，此时其他信息源可以提供补充数据。融合多种信息源的数据能够产生一个有关场景的更一致的解释，而使不确定性大大降低。因此，通过多感知节点采集数据，利用数据融合技术达到数据备份与信息的准确性，成为物联网研究的一个重要课题。

1. 数据融合的定义

数据融合概念是针对多传感器系统提出的。在多传感器系统中，由于信息表现形式的多样性，数据量的巨大性，数据关系的复杂性，以及要求数据处理的实时性、准确性和可靠性，都已大大超出了人脑的信息综合处理能力，在这种情况下，多传感器数据融合技术应运而生。多传感器数据融合（MSDF），简称数据融合，也被称为多传感器信息融合（MSIF）。它由美国国防部在 20 世纪 70 年代最先提出，之后英、法、日、俄等国也做了大量的研究。近 40 年来数据融合技术得到了巨大的发展，同时，伴随着电子技术、信号检测与处理技术、计算机技术、网络通信技术以及控制技术的飞速发展，数据融合已被应用在多个领域，在现代科学技术中的地位也日渐突出。

显然，数据融合是对来自单个或多个不同平台原始感知节点的数据进行相关和综合，以获得更精确的目标信息和身份估计的处理过程。融合处理的对象不局限于接收到的初级数据，还包括对多源数据进行不同层次抽象处理后的信息。处理过程可利用各种数学工具。例如，在多传感器数据融合中，各传感器提供的数据都有一定的不确定性和不准确性，因此，对这些数据的融合是一个不确定性信息的推理与决策过程。数据融合的一个显著特点就是决策推理。因此，数据融合技术是一个比较复杂的系统工程，很难给出一个统一、全面、准确的定义。目前，国内外针对多传感器数据融合给出了众多的定义，而且还在随着时间逐渐发展和完善，如下是几种比较权威的描述。

美国国防部实验室联合会（JDL）于 1991 年从军事应用的角度将数据融合定义为：数据融合是一种多层次、多方面的处理过程（包括对多源数据进行检测、相关、组合和估计等），以提高状态和特性的估计精度、实现对战场态势和威胁及其重要程度的实时性完整评价。JDL 当前的最新定义是：数据融合是组合数据或信息以估计和预测实体状态的过程。这一定义基本上是对数据融合技术所期望实现的功能性描述，包括低层次上的位置和身份估计，以及高层次上的态势评估和威胁评估。

1997 年，Hall 和 Llinas 给出的定义是：利用多个传感器的联合数据以及关联数据库提供的相关信息，来得到比单个传感器更准确、更详细的推论。

同样在 1997 年，Dasarathy 对数据融合的表述是：数据融合是协同利用多源信息（传感器、数据库、人为获取的信息）进行决策和行动的理论、技术和工具，旨在比仅利用单信息源或非协同利用部分多源信息获得更精确和更稳健的性能。

归纳以上几种定义，结合工程技术领域中的实际应用，数据融合这一技术有 3 层含义：①数据的全空间性，即数据包括确定的和模糊的，全空间的和子空间的，同步的和异步的，数字的和非数字的，它是复杂的、多维多源的，覆盖全频段；②数据的融合不同于组合，组合指的是外部特性，融合指的是内部特性，它是系统动态过程中的一种数据综合加工处理；③数据的互补过程，包括数据表达方式的互补、结构上的互补、功能上的互补、不同层次的互补，是数据融合的核心，只有互补数据的融合才可以使系统发生质的飞跃。数据融合的实质是针对多维数据进行关联或综合分析，进而选取适当的融合模式和处理算法，用以提高数据的质量，为知识提取奠定基础。

目前，随着数据融合技术、传感器技术和计算机应用技术的发展，数据融合比较确切的表述应为：充分利用不同时间、不同空间的多感知节点数据源，采用计算机技术对按时序获得的观测数据在一定准则下加以自动分析、综合、支配和使用，获得对被测对象的一致性解释与描述，以完成所需的决策和估计任务。融合的基本策略是先对同一层次之间的数据进行融合，从而获得更高层次的信息，再汇入相应的数据融合层次。

综上所述，可以将数据融合定义简洁地表述为：数据融合是利用计算机技术对时序获得的若干感知数据，在一定准则下加以分析、综合，以完成所需决策和评估任务而进行的数据处理过程。

此外，数据融合也可看成是将不同感知节点、不同模式、不同媒质、不同时间、不同表示的数据进行有机结合，最后得到对被感知对象的更精确描述。单一感知节点只能获得环境特征的部分数据信息，描述对象和环境特征的某个侧面；而融合多个节点的数据信息可以在较短的时间内，以较小的代价，得到使用单个感知节点所不可能得到的精确特征。

在数据融合领域，人们经常提及数据融合与信息融合两个术语。实际上它们是有差别的，一些人倾向认为信息融合比数据融合的概念更广泛，这主要是由于"信息"这一术语似乎包含"数据"，另外一些人则倾向认为数据融合比信息融合更广泛，而更多的场合则把"数据融合"与"信息融合"等同看待。从技术上讲，数据通常解释为信息的具体化，信息不仅包含了数据，而且也包含了信号和知识。"信息融合"一词较为广泛、确切、合理，更具有概括性，近年来国际上开始流行 Information Fusion 的说法。尽管如此，在实际应用中，没有必要深入追究它们之间的区别与联系，数据融合一词比较常用。

2. 数据融合研究的主要内容

数据融合是针对一个网络感知系统使用多个和（或）多类感知节点（如多传感器）进行的一种数据处理方法，研究内容包含以下几个方面：

（1）数据对准。在多感知节点数据融合系统中，每个节点提供的观测数据都在各自的参考框架内，在对这些数据进行融合之前，必须先将它们变换到同一个公共参考系中。但应注意，由于多感知节点时空配准引起的舍入误差要得到补偿。

（2）数据相关。数据相关是指对各节点获得的数据进行关联处理。它的核心问题之一是克服感知节点测量的不准确性和干扰等引起的相关二义性，即保持数据的一致性。另一个课题是要控制和降低相关计算的复杂度，设计开发恰当的处理算法和模型。

（3）数据识别，即估计目标的类别和类型。多感知节点提供的数据在属性上可以是同类的也可以是异类的，而异类较之同类节点所提供的数据具有更强的多样性和互补性。但由于异类数据在时间上不同步、数据率不一致以及测量维数不匹配等特点，使得对这些数据的融合处理更加困难。例如：①感知数据的不确定性；②不完整、不一致和虚假数据。

（4）数据库。数据库不仅要及时存储当前各节点感知的数据，并把它们及时融合处理，还应向融合推理提供所需的其他数据。与此同时，数据库还应存储融合推理的中间结果、最终态势和决策分析结果等。数据库不仅包含当前实时数据，还包括非实时的先验数据等，它所要解决的难题是容量大、搜索快、开放互联性好，以及良好的用户接口。因此，需要设计开发有效的数据模型、查找检索机制，以及分布式多媒体数据库管理系统等。

（5）性能评估。如何量化数据融合系统的功效也是需要关注的重要问题之一。由于数据融合理论和技术的发展尚处于完善和成熟过程中，再加上实际应用的具体问题千差万别，要真正建立起完整的、实用的评估体系非常困难。

3. 数据融合的体系结构

由于数据融合应用领域的不同,其融合系统结构也有所不同。美国国防部实验室联合会数据融合小组(DFS)提出了在军事领域应用的数据融合系统通用体系结构,如图 7-1 所示。该结构开始分为三级,后来发展成四级。需要注意的是,"级"这一术语并不意味着各级之间有时序关系,实际上这些子过程经常并行处理。这个模型已成为研究数据融合的基础。

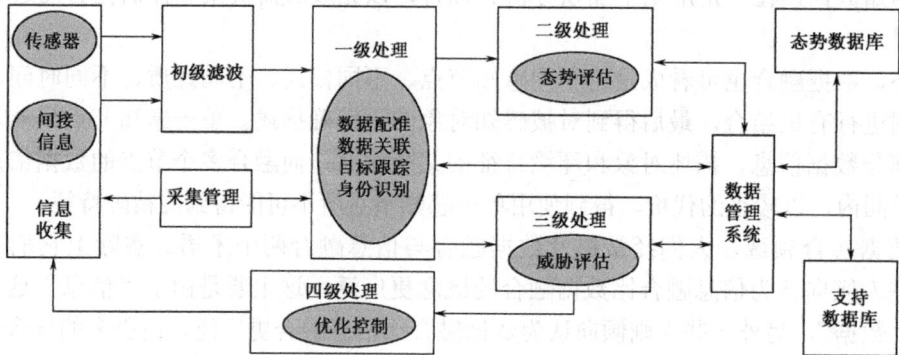

图 7-1 数据融合的一般模型

(1)一级处理:包括数据和图像的配准、关联、跟踪和识别。数据配准是把从各个传感器接收的数据或图像在时间上进行校准,使它们有相同的时间基准、平台和坐标系。数据关联是把各个传感器送来的点迹与数据库中的各个航迹相关联,同时对目标位置进行预测,保持对目标连续跟踪,关联不上的那些点迹可能是新的点迹,也可能是虚警。识别主要指身份或属性识别,给出目标的特征,以便进行态势和威胁评估。

(2)二级处理:包括态势提取、态势分析和态势预测,统称为态势评估。态势提取是从大量不完全的数据集合中构造出态势的一般表示,为前级处理提供连贯的说明。态势分析包括实体合并、协同处理和协同关系分析,敌我各实体的分析和敌方活动或作战意图分析。态势预测包括对未来时刻敌方位置预测和未来兵力部署推理等。

(3)三级处理:鉴于数据融合起源于军事应用领域,威胁评估是针对敌方兵力对我方杀伤能力及威胁程度进行的评估,具体包括综合环境判断、威胁等级判断及辅助决策。

(4)四级处理:也称为优化融合处理,包括优化资源、优化传感器管理和优化武器控制,通过反馈自适应,提高系统的融合效果。也有人把辅助决策作为第四级处理。

7.2.2 物联网中的数据融合

物联网的建设与发展,为数据融合技术开辟了一个新的应用领域。目前,有关数据融合的各种研究及技术还未成熟,新技术也正在不断涌现。例如,当感知节点具有移动能力时,网络拓扑如何保持实时更新;当环境恶劣时,如何保障通信的安全;如何进一步降低能耗,等等。物联网本身就是一种新技术,其数据融合则更是尚待研究的课题。

1. 物联网数据融合的意义和作用

在物联网的前端组成中,例如传感网(WSN),为了获取精确的数据,往往需要在监测区内部署大量的传感器节点,使传感器节点的监测范围互相交叠,以增强整个网络所采集信息的鲁棒性和准确性。在这种高覆盖密度的区域中,对于同一对象或事件进行监测的邻近节点所报告的数据，会有一定的空间相关性，即距离相近的节点所传输的数据具有一定的冗余度。若所有节点都将监测到的数据发送到汇聚节点，会造成有限网络带宽资源的极大浪费。而大量数据同时传输也会造成频繁的冲突，降低通信效率。此外，数据传输是感知节点能量消耗的主要因素，传输大量冗余数据会使节点消耗过多的能量，从而缩短传感网的生命周期。因此，在大规模传感网中，各个节点多跳传输感知数据到汇聚节点（Sink）前，即所有感知节点的数据包传送到某个特殊节点前，需要对数据进行融合处理，如图 7-2 所示。

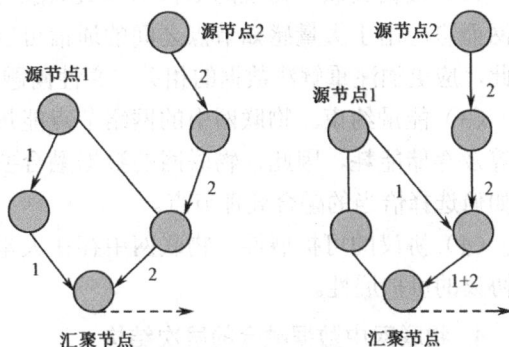

图 7-2　数据融合示意图

　　由于感知节点采用电池供电，电池能量、计算能力、存储容量以及通信带宽等都十分有限。因此，如何利用有限的计算和存储资源，最大化网络生命周期是物联网面临的重要问题。数据融合技术就是解决这些问题的重要手段。

2. 物联网数据融合所要解决的关键问题

　　物联网数据融合是指，在信息感知过程中，充分利用节点的本地计算能力和存储能力，将多份数据或信息进行处理，组合出更有效、更符合用户需求的数据处理方式。

　　在物联网应用中，对数据融合技术的研究，除了数据融合的基本内容之外，需要重点解决融合点的选择、融合时机的选择和怎样进行数据融合（即融合算法）三个问题。

　　（1）数据融合节点的选择。融合节点的选择与网络层路由协议有密切关系，需要依靠路由协议建立的路由回路数据，并且使用路由结构中的某些节点作为数据融合的节点。

　　（2）数据融合时机。物联网与传感网类似，是一种多跳自组织网络，感知节点需要协作进行数据回传。尤其是在周期性监测应用中，需要考虑感知节点周期性回传数据，相邻轮次的数据采集具有一定的相关性，需要历史信息等以减少回传的数据量。当确定了数据回传路径中的数据融合点后，数据融合的节能效果还与这些数据融合节点进行数据融合前的等待时间密切相关，需要知道等待多长时间、合并哪些节点传来的数据，即需要恰当确定数据融合节点的数据融合时机。在某个数据融合节点，何时及对哪些接收到的数据进行融合并转发，需要结合路由协议中的转发机制考虑。

　　（3）数据融合算法。在数据回传中，需要路由尽可能多地将数据包传送至网络中的某些节点，并在这些节点进行数据融合。采用什么样的融合算法将直接影响数据融合的效能。数据融合是为适应传感网以数据为中心的应用而产生的，融合算法主要关注如何利用本地感知节点的处理能力，对采集到或接收到的其他感知节点发送的多个数据进行网内融合处理，消除冗余信息，然后再回传处理后的数据，其重点在于减少需要传输的数据。

3. 物联网数据融合的技术要求

　　物联网与以往的多传感器数据融合有所不同，具有独特的融合技术要求：

　　（1）稳定性。传统的多传感器融合系统一般是通过扩展空间覆盖范围和提高抗干扰能力来增强运行的鲁棒性的。物联网则需要从提高信息感知效率出发，数据融合将基于网内进行。考虑到部分感知节点会由于恶劣环境因素或自身能量耗尽而造成失效等情形，稳健性和自适应性是物联网数据融合实现的基本需求。

（2）数据关联。传统的多传感器数据融合着重解决的问题是多目标数据关联问题。对物联网而言，由于大量感知节点之间的通信可能引起干扰，且物联网信息感知存在不精确性，因此，应更加注重解决数据的相关二义性问题。

（3）能量约束。物联网中的网络节点能量有限，且节点发送与接收数据的能耗要远大于计算及存储能耗，因此，物联网的数据融合要考虑感知节点的能耗与能量的均衡性，研究解决如何选择恰当的融合处理节点。

（4）协议的可扩展性。物联网中存在大量感知节点，可能会密集布设，在设计时需要考虑协议的可扩展性。

4. 物联网中数据融合的层次结构

数据融合通常是影响缩减数据总量的重要因素，包括感知数据的特性与表达形式、网络连接拓扑以及具体应用等，它与物联网体系结构的层次式模型之间存在着紧密联系。目前，物联网中的数据融合可借鉴采用传感网中有关数据融合的技术成果。

1）传感网节点的部署

在传感网数据融合结构中，比较重要的问题是如何部署感知节点。目前，传感网感知节点的部署方式一般有 3 种类型：最常用的拓扑结构是并行拓扑，在这种部署方式中，各种类型的感知节点同时工作；另一种类型是串行拓扑，在这种结构中，感知节点检测数据信息具有暂时性，实际上，SAR（Synthetic Aperture Radar）图像就属于此结构；还有一种类型是混合拓扑，即树状拓扑。

2）数据融合的层次划分

数据融合大部分是根据具体问题及其特定对象来建立自己的融合层次的。例如，有些应用将数据融合划分为检测层、位置层、属性层、态势评估和威胁评估；有些根据输入/输出数据的特征提出了基于输入/输出特征的融合层次化描述。数据融合层次的划分目前还没有统一标准。

根据多传感器数据融合模型定义和传感网的自身特点，通常按照节点处理层次、融合前后的数据量变化、信息抽象的层次，来划分传感网数据融合的层次结构。

（1）集中式融合和分布式融合。传感网中大量感知的数据从源节点向汇聚节点传送，若从数据流通形式和网络节点的处理层次看，数据融合有集中式融合和分布式融合两种方式。①集中式融合是指多个源节点直接将数据发送给汇聚节点，所有的细节信息均被保留，最后由汇聚节点进行数据融合。这种方式的优点是信息损失较小，但由于传感网感知节点分布较为密集，多源对同一事件的数据表征存在近似的冗余信息，对冗余信息的传送将使网络消耗更多的能量。所以在节能要求较高的传感网中，集中式融合不利于网络的长期运作；②分布式融合是一种网内数据融合，源感知节点探测到的数据在逐次转发的过程中不断被处理，即中间节点查看数据包的内容，进行相应的数据融合后转发给下一跳。与集中式相比，这种方式在一定程度上能够提高网络数据收集的整体效率，减少数据传输量，从而降低能耗，但融合精确度较低。

（2）无损融合和有损融合。按照数据融合前后的数据量变化，可将数据融合模型分为无损融合和有损融合。①在无损融合中，全部细节信息均被保留，仅去除数据中的冗余部分。

这种方法不改变各个数据包所携带的数据内容，只缩减数据包头部的数据和传输多个数据包所需的控制开销，保证了数据完整性，但信息整体缩减的大小受到其熵值的限制；②有损融合通常会采用省略一些细节信息或降低数据质量的方法来减少需要存储或传送的数据量，在一定程度上减少了网络通信量，是进行网内处理的必然结果。相对感知节点的原始数据，有损融合会损失大量信息，仅能满足数据收集者的需求。

（3）数据级融合、特征级融合和决策级融合。按照信息抽象层次，可以将数据融合划分为数据级融合、特征级融合和决策级融合。这种数据融合方式较为合理，也较为常用。

3）传感网中数据融合的层次结构

目前，传感网数据融合研究主要集中在应用层与网络层。在应用层开发面向应用的数据融合接口，在网络层开发与路由相结合的数据融合技术，这两者均属于依赖于应用的数据融合。在现有的协议层之外，还研究了独立于应用的数据融合技术，形成了在网络层与应用层之间的数据融合层。

（1）应用层中的数据融合。应用层数据融合技术是基于查询模式的数据融合技术，核心思想是把分布式数据库技术用于传感网的数据收集过程，采用类似 SQL 的风格实现应用层接口。在基于分布式数据库的汇聚操作中，用户使用描述性的语言向网络发送查询请求，查询请求在网络中以分布式的方式进行处理，查询结果通过多跳路由返回给用户。处理查询请求和返回查询结果的过程，实质上就是进行数据融合的过程。在应用层，数据融合与应用数据之间没有语义间隔，实现起来比较容易，并可以达到较高的融合度，但同时也会损失一定的数据收集率。由于数据收集的过程采用的是分布式数据库技术，而感知节点的计算能力和存储能力十分有限，如何控制本地计算的复杂度，影响着传感网实现的难易度。

（2）网络层中的数据融合。网络层中的数据融合即所谓的网内数据融合，是指把数据融合与路由技术结合起来实现融合目的。感知节点采集的数据在逐次转发过程中，中间节点查看数据包的内容，将接收的入口数据包融合成数目更少的出口报文转发给下一跳。不同于传统网络，传感网不关心具体的感知节点上的单个数据，注重的是多感知节点协作采集的数据，例如：在温度监测中，关心的是区域内温度分布的具体数据，而不限于具体的节点值，更多的是如何将这一数据通过网络传输到汇聚节点。这就使得在数据传输过程中既要加快冗余数据的收敛，又要以多跳的方式选择能量有效路由，减小数据传输冲突，提高收集效率。目前，针对传感网网络层数据融合的路由协议主要是以数据为中心的路由，即节点根据数据的内容对来自多个数据源的数据进行融合操作，然后转发数据。这种方法的优点是在路由过程中实现数据融合可以有效地减少传输时延。但是，网络层中的数据融合需要跨协议层理解应用层数据的含义，这在一定程度上会增加融合的计算量。在实际应用中，需要根据具体情况将这些路由算法与数据融合技术结合起来，来实现数据融合的优化。

（3）独立的数据融合协议层。鉴于在网络层或应用层中实现数据融合，不但会破坏各协议层的完整性，也会导致信息丢失，为此，提出了一个能够适应网络负载变化，独立于应用的数据融合（AIDA）协议层。所谓数据融合协议层是指把数据融合作为独立的层次实现，直接对数据链路层的数据包进行融合，不再关心应用层数据的语义，只是根据下一跳地址通过适当的算法进行多个数据单元的合并，通过减少数据封装头部的开销和媒体访问控制（MAC）子层的发送冲突来达到节省能量的目的。提出 AIDA 的目的除了摒除依赖于应用的融合的弊端之外，还将增强数据融合对网络负载状况的适应性，即当网络负载较轻时不进行融合或进行低程度的融合，在网络负载较重、MAC 层发送冲突较严重时进行较高程度的融合。然而，单独的数据融合协议层并不能将网络的生存时间最大化，只能利用数据融合技术来减轻 MAC 子层拥塞冲突，以此降低能量的消耗。

综上所述，可以将数据融合技术与传感网的多个协议层次进行结合。在应用层，可通过分布式数据库技术，对采集的数据进行初步筛选，达到融合效果。在网络层结合路由协议实现数据融合，以减少数据的传输量。在数据链路层，可以结合 MAC，减少 MAC 层的发送冲突和头部开销，在实现节省能量的同时，还不失去信息的完整性。

7.2.3 传感网数据传输及融合算法

传感网中的数据传输方式，有直接传输和多跳传输两种模型。直接传输模型是指传感器节点将采集到的数据通过较大的功率直接一跳传输到汇聚节点上，进行集中式处理。多跳传输模型类似于 Ad-Hoc 网络，每个节点自身不对数据进行任何处理，而是调整发送功率，以较小功率经过多跳将感知数据传输到汇聚节点中，再进行集中处理。传感网中的数据融合方式一般是通过网络内部的数据压缩机制，先对采集到的数据或接收到的其他感知节点发送的多个数据进行网内处理，消除冗余信息，然后再传输处理后的数据。

1. 多传感器数据融合算法

融合算法是数据融合的关键所在。多传感器数据融合的核心问题就是选择使用恰当的融合算法。对于多传感器系统来说，数据具有多样性和复杂性，因此，对数据融合算法的基本要求是具有鲁棒性和并行处理能力。此外，还有算法的运算速度和精度；与前续预处理系统和后续信息识别系统的接口性能；与不同技术和方法的协调能力；对数据样本的要求等。一般情况下，基于非线性的数学方法，如果它具有容错性、自适应性、联想记忆和并行处理能力，都可以作为融合算法。

目前已有大量的多传感器数据融合算法，基本上可概括为两大类：一是随机类方法，包括加权平均法、卡尔曼滤波法、贝叶斯估计法、D-S 证据推理等；二是人工智能类方法，包括模糊逻辑、神经网络等。不同的方法适用于不同的应用背景。神经网络和人工智能等新概念、新技术在数据融合中将发挥越来越重要的作用。多传感器数据融合，可以在表述的像素级、特征级或决策级上进行。

1) 像素级数据融合算法

像素级数据融合是最低层的融合，操作对象是传感器通过采集到的像素数据，因此也称之为数据级融合。像素级数据融合的常用算法如下。

（1）逻辑滤波器法。逻辑滤波器法是最直观的融合方法，就是将两个像素的灰度值进行逻辑运算，如：两个像素的灰度值均大于特定的门限值，进行"与"运算。来自"与"运算的特征被认为是对应了环境的主要方面。同样，"或"滤波用来分割图像，因为所有大于特定门限值的感知数据都可用来进行图像分割。两个像素的灰度值均小于特定门限值时，用"或非"运算。

（2）加权平均法。加权平均法是最简单、最直观的融合多传感器数据的方法，常用于处理来自各个测量精度差异较大的数据源数据。该融合方法将来自于不同感知节点的冗余数据进行加权取平均，得到的加权平均值即为数据融合结果。加权平均法的优点是信息丢失少，适合对原始数据进行融合；缺点是需要建立数学模型或统计特征，适用范围有限。

（3）数学形态法。数学形态学通过使用从基本算子（集合并、集合交、减、条件加）推演的一套数学形态算子，如膨胀、腐蚀等算法，对图像进行处理。若两个集合互相支持，则通过集合交从两个特征集中提取出高置信度的"核"特征集；若两个集合互相对抗，则通过集合差从两个特征集中提取出高置信度的"核"特征集。两个集合互相支持，则通过集合并从两个特征集中提取出高置信度的"潜在"特征集；若两个集合互相对抗，则通过一个集从另一个集中提取出高置信度的"潜在"特征集。用条件膨胀和条件腐蚀的形态运算来融合"核"与"潜在"特征集。条件膨胀用来提取"潜在"特征集的连接分量，可抑制杂波；条件腐蚀可用来填入在"核"特征集中丢失的分量边界元素。开运算和闭运算的基本作用是对图像进行平滑处理，开运算可以去掉图像中的孤立子域和毛刺，闭运算可以填平一些小洞并将两个邻近的目标连接起来。统计形态的引入为图像融合提供了一种新的思路。将统计的思想与形态滤波相结合估计图像包含的有用信息，噪声抑制效果较好。

（4）图像代数法。图像代数是描述图像算法的高级代数语言，可以用于描述多种像素层的融合算法。它有四种基本的图像代数操作数：坐标集、值域、图像和模板。"坐标集"可定义为矩形、六角形、环形离散矩阵及多层矩阵数组，用来表示不同方格和分辨率图像的相干关系。若来自多传感器的用于像素级融合的图像有相同的基本坐标系，则坐标集称为齐次的，否则称为非齐次的。"值域"对应整数集、实数集、复数集、固定长度的二进制数集，通常对其定义算术和逻辑运算。若一个值集的所有值都来自同一数集，则称为齐次的，否则称为非齐次的。"图像"是最重要的图像代数算子，定义为从坐标集到值集函数的图。"模板"和模板算子是图像代数强有力的工具，它将模板、掩模、窗口、数学形态的构成元素、定义在邻域像素上的其他函数，统一、概括成数学实体。用于变换实值图像的三种基本的模板操作是：广义卷积、乘积最大、和最大。模板操作可通过在全局和局部卷积来改变维数、大小和图像形状。

（5）小波变换图像融合法。小波变换的目的是将原始图像分别分解到一系列频率通道中，具体的融合算法有多种，其中基于小波分解的图像融合、基于微分几何的图像融合较为常用。

2）特征级数据融合算法

特征级融合是面向监测对象特征的融合。通过特征提取将数据表示为一系列反映事物的属性的特征向量。特征级数据融合的常用算法如下。

（1）联合统计。当把来自多传感器的数据用于分类和决策时，需要某种类型的判别尺度，对感知的环境与已知特征进行比较。联合统计量可用于快速而有效地分类未知样本的概率密度函数。例如，在温度监测中，特征级融合可以对温度传感器数据进行综合，以地区范围、最高温度、最低温度等特征参数表示。

（2）神经网络。神经网络是由大量的神经元连接而成的，是一种大规模、分布式的神经元处理系统。由于数据融合过程接近人类思维活动，与人脑神经系统有较强的相似性，因此利用神经网络的结构优势和高速的并行运算能力进行多维数据融合处理是一种有效的技术途径。进行融合处理时，通过神经网络特定的学习算法来获取知识，得到不确定性推理机制，然后根据这一机制进行融合和再学习。其输入是由各感知节点信源获得的观测值，其输出则是数据融合系统做出的决策。神经网络的层或节点连接可以采用多种形式。对输入向量进行非线性变换，当输入/输出关系未知时，可以得到较为理想的结果。尤其是在进行图像融合时，神经网络经过训练后把每一幅图像的像素点分割成几类，使每幅图像的像素都有一个隶属度函数矢量组，提取特征，将特征表示作为输入参加融合。目前绝大多数的神经网络是用数字化仿真来实现的，使用软件和数字信号处理芯片来模拟并行计算。神经网络算法的优点是对先验知识要求不高或者无要求，有较强的自适应能力；缺点是运算量大、规则难建立。

（3）卡尔曼滤波。卡尔曼滤波算法是指在已知系统数学模型的情况下，利用状态空间方程和测量模型递推出在统计意义下最优的融合数据估计。利用卡尔曼滤波能有效地使图像对准，使它们可在特征层融合，并可在出现环境噪声和传感器噪声时减少有关环境中物体位置的不确定性。卡尔曼滤波的优点是信息丢失少，适合对原始数据进行融合；缺点是需建立数学模型或统计特征，适用范围有限。

3）决策级数据融合算法

决策级融合是面向应用的融合。根据应用需求，决策级融合的操作包括提取监测对象数据特征参数、对特征参数进行判别与分类，并通过逻辑运算获取满足应用需求的决策信息。例如，在灾难监测中，进行决策级融合可能需要综合温度、湿度或震动等多种类型的传感器信息，对是否发生灾难事故进行判断。在目标监测应用中，进行检测级融合需要综合监测目标的颜色特征和轮廓特征，对目标进行识别，最终只传输识别结果。决策级数据融合的常用算法如下。

（1）贝叶斯（Bayes）估计。贝叶斯估计算法是最早应用于不确定数据融合的一种推理方法，其基本思想是在设定先验概率的条件下，利用贝叶斯规则计算出后验概率，然后根据后验概率做出决策。贝叶斯估计算法的优点是有数学公理基础，易于理解，计算量小，常用来处理一些不确定性问题；其缺点是先验知识不易获得，难于寻找合适的概率分布，特别是当数据来自低档感知节点时显得更为困难。此外，在实际中很难知道先验概率，当设定的先验概率与实际情况不符时，推理结果较差。因此，贝叶斯估计算法的适用范围比较小。

（2）D-S 证据推理。登普斯特-谢副（D-S）证据推理可以处理由不确定信息所引起的不确定性。它采用信任函数而不是概率作为度量，通过对一些事件的概率加以约束建立起信任函数而不必说明精确的难以获得的概率。当约束限制为严格的概率时，它就变成为概率论。证据推理首先由 Dempster 提出构造不确定推理模型的一般框架，将命题的不确定问题转化为集合的不确定问题，之后 Shafer 对该理论进行了补充，从而形成了处理不确定信息的 D-S 证据推理。证据推理是一种数学工具，它允许人们对不确定性问题进行建模，并进行推理。其最大特点是对不确定信息采用"区间估计"来描述，而不是用"点估计"的方法。这样在区分不知道与不确定方面有较大的灵活性。D-S 证据推理的缺点是其运算量随着信源数的增加成指数增长，而且对结果往往给出过高的估计。D-S 证据推理的判决规则常常有很大的主观性。

（3）模糊逻辑。模糊逻辑是基于分类的局部理论，最先由 Zadob 于 1965 年提出。模糊逻辑是一类多值型逻辑，通过对每个命题以及运算符分配一个从 0~1 之间的实数，来直接表示推理过程中多传感器数据融合的真实度。模糊逻辑进一步放宽了概率论定义中的制约条件，从而可以对数字化信息进行宽松建模。模糊逻辑对估计过程的模糊扩展可以解决信息或判决的冲突问题。模糊逻辑的主要优点在于能将直观经验和知识中的模糊概念给以定量的描述，处理方法也不是常规方法中的是与否回答，而是对某个特征属性隶属程度给出描述。作为专家系统思想方法之一的模糊逻辑可应用于众多的数据融合系统，但这一理论的和谐性和数学的严密性迄今尚未得到完全解决。

（4）关系事件代数方法。关系事件代数是条件事件代数的发展，是对不确定性的一种描述。它借助随机集理论，以知识分析的方式进行数据融合。这是一种很有应用前景的数据融合方法。

2. 传感网数据融合路由算法

目前，针对传感网中的数据融合问题，国内外在以数据为中心的路由协议以及融合函数、融合模型等方面已经取得了许多研究成果，主要集中在数据融合路由协议方面。按照通信网络拓扑结构的不同，比较典型的数据融合路由协议有：基于数据融合树的路由协议、基于分簇的路由协议，以及基于节点链的路由协议。

1）基于融合树的数据融合路由协议

网内数据融合主要在网络层实现。从网络层来看，数据融合通常与路由方式有关，例如以地址为中心的路由方式（最短路径转发路由），路由并不需要考虑数据的融合。对于以数据为中心的路由方式，源节点并不是各自寻找最短路径路由数据，而是在中间节点进行数据融合，然后再继续转发。图 7-3 所示是两种不同路由方式的对比。可以看出，基于融合树的数据融合算法，关键是如何构造数据融合树（Aggregation Tree）。

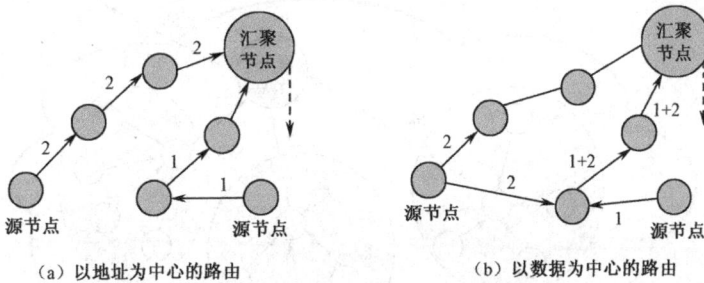

（a）以地址为中心的路由　　　　（b）以数据为中心的路由

图 7-3　以地址为中心与以数据为中心的路由示意

（1）融合树的构造。在传感网中，基站或汇聚节点收集数据时是通过反向组播树的形式从分散的感知节点将数据逐步汇聚起来的。当各个感知节点监测到突发事件时，传输数据的路径形成一棵反向组播树，这个树就是数据融合树，图 7-4 表示了通过融合树报告监测事件的示意。对于数据融合树的构造，有最近源节点中心（CNS）、最短路径树（SPT）和贪婪增长树（GIT）三个近似优化的构造算法。

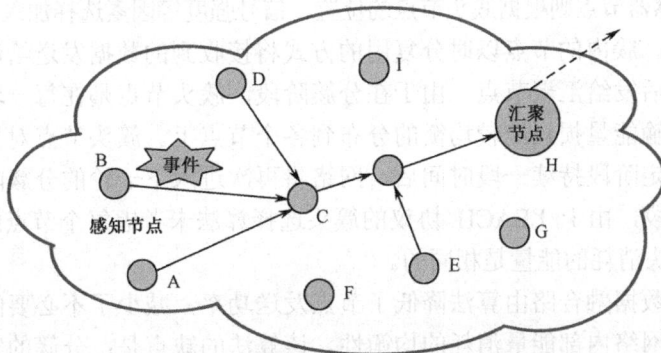

图 7-4　利用数据融合树报告检测事件

（2）基于融合树的数据融合路由算法。TAG（Tiny Aggregation）是一种以数据为中心基于融合树的数据融合路由算法，主要由查询分发和数据收集两个阶段组成。在查询分发阶段，汇聚节点发送查询请求到各感知节点，并完成数据融合树的构造。在数据收集阶段，各节点采集的数据经融合后沿构造的数据融合树发往汇聚节点，数据融合树中的各父节点必须在收集所有子节点的数据并融合后才能沿着数据融合树将融合数据发往汇聚节点。TAG 可以利用数据库查询语言，完成 COUNT、MIN、MAX、SUM、AVERAGE 等基本的数据融合操作。

2）基于簇的数据融合路由算法

为了减少网络数据传输量、平衡簇内节点的数据传输能量消耗，达到延长网络生存周期的目的，Wendi Rabiner Heinzelman 等提出在传感网中使用分簇概念，将网络分为不同层次的 LEACH（Low Energy Adaptive Clustering Hierarchy）。LEACH 算法主要是通过某种方式周期性随机选举簇头，簇头在无线信道中广播信息，其余节点检测信号并选择信号最强的簇头加入，从而形成不同的簇。簇头之间的连接构成上层骨干网，所有簇间通信都通过骨干网进行转发。簇内成员将数据传输给簇头节点，簇头节点再向上一级簇头传输，直至汇聚节点。如图 7-5 所示为两层分簇结构的 LEACH 算法示意。LEACH 算法的每一轮数据收集过程由分簇阶段和稳定阶段构成。

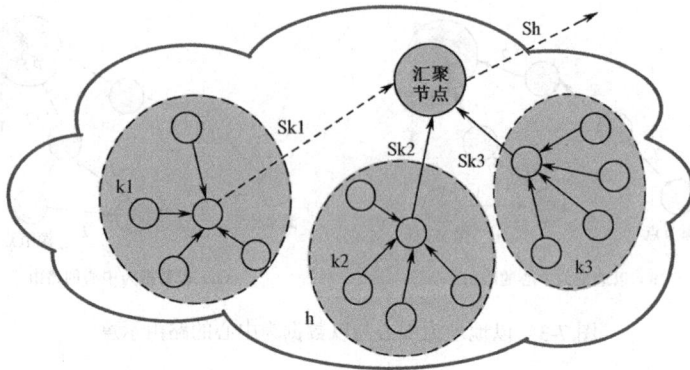

图 7-5　LEACH 算法示意

（1）分簇阶段。首先假设每个簇头节点有足够的能量与汇聚节点直接通信。由于簇头节点是随机选择的，这意味着网络中的每个节点都必须具备作为簇头的能力。LEACH 算法按照指定的分布式函数随机选择一个感知节点作为簇头节点，簇头节点随后向邻居节点发送公告消息。邻近的其他传感器节点则根据簇头节点的位置、信号强度等因素选择加入到某个簇中。

（2）稳定阶段。簇内的节点以时分复用的方式将接收到的数据发送给簇头节点，由簇头节点进行融合处理后发给汇聚节点。由于在分簇阶段，簇头节点是在每一轮中随机选择的，所以保证了数据传输能量损耗能较均衡的分布到各个节点上。簇头节点对接收到的簇内数据进行融合处理。稳定阶段持续一段时间后，网络将再次进入下一轮的分簇阶段，重新选择簇头节点。在这个阶段，由于 LEACH 协议的簇头选择算法未考虑每个节点的剩余能量，可假定每个节点作为簇头消耗的能量是相同的。

这种基于簇的数据融合路由算法降低了节点发送功率，减少了不必要的链路及节点之间的干扰，能够保持网络内部能量消耗的均衡性。该算法的缺点是：分簇的实现以及簇头的选择需要相当一部分的开销，且簇内成员过多地依赖簇头进行数据传输与处理，使得簇头的能量消耗很快，为避免簇头能量耗尽，需频繁选择簇头。同时，簇头与簇内成员为点对多点的一跳通信，可扩展性差，不适用于大规模网络。而且在实际的传感网应用中是难以实现上述两个假设的。

3）基于节点链的数据融合路由协议

在 LEACH 算法的基础上，Stephanie Lindsey 等人提出了 PEGASIS（Power Efficient Gathering in Sensor Information System）算法。PEGASIS 算法是一种基于链状结构的路由协议，传感网中的各个感知节点构成一条节点链。节点链的构造从距离汇聚节点最远的感知节点开始，按照相邻节点距离最短原则，由各节点采用贪婪算法或者由汇聚节点以集中方式将所有节点连接成一条链，并随机选择一个节点作为链头节点。在每轮数据传输过程中，只有链头节点可以向汇聚节点传送数据。当开始采集数据时，链头节点向节点链的两端发送数据收集消息，数据从节点链的两端向链头节点汇聚，中间节点收到邻居节点发送的数据，将其与本节点数据进行融合处理后沿链头节点方向传送，最后由链头节点将数据融合结果发送给汇聚节点，如图 7-6 所示。

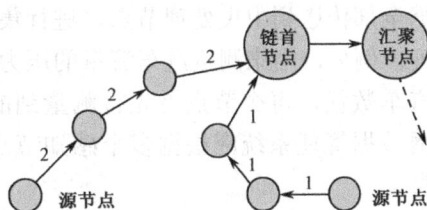

图 7-6　PEGASIS 算法示意

PEGASIS 算法的优点在于每轮数据传送都仅有随机选择的一个链首节点和汇聚节点进行直接的数据传送，其余节点只与距离最近的邻居节点进行通信，耗费的传输能量较小。通过随机选择链首节点，将数据传输能耗均匀分布到节点链的各个节点之上。很明显，该算法也有许多缺点：一是每个节点都需要获得整个传感网的拓扑状态信息；二是链头节点为瓶颈节点，若它的能量耗尽，则有关路由将会失效；三是较长的节点链会造成传输时延。因此，PEGASIS 算法不适用于拓扑结构变化比较频繁的场景。

7.2.4　物联网数据管理技术

在物联网实现中，分布式动态实时数据管理是其以数据中心为特征的重要技术之一。该技术通过部署或者指定一些节点作为代理节点，代理节点根据感知任务收集兴趣数据。感知任务通过分布式数据库的查询语言下达给目标区域的感知节点。在整个物联网体系中，传感网可作为分布式数据库独立存在，实现对客观物理世界的实时、动态的感知与管理。这样做的目的是，将物联网数据处理方法与网络的具体实现方法分离开来，使得用户和应用程序只需要查询数据的逻辑结构，而无须关心物联网具体如何获取信息的细节。

1. 物联网数据管理系统

在物联网中，应用程序通过对传感网所获取的感知数据进行查询和分析，可以有效地对它所关心的环境进行监测感知，获得灾害地区、城市交通管理系统的车辆监控、军事侦察、工业控制以及智能家居物品的信息。在诸如此类的应用中，通常有两种类型的数据：一类是静态数据，例如描述感知节点特性的信息；另一类是动态数据，是由感知节点自身感知的环境数据。由这些感知数据构成的数据集合类似于大型分布式数据库，需要通过一个软件系统来管理，即物联网数据管理系统。

1）物联网数据管理系统的特点

数据管理主要包括对感知数据的获取、存储、查询、挖掘和操作，目的就是把物联网上数据的逻辑视图和网络的物理实现分离开来，使用户和应用程序只需关心查询的逻辑结构，而无须关心物联网的实现细节。物联网的数据管理系统与分布式数据库系统相比，具有自己独特的特性，主要表现在以下几个方面：

（1）与传感网支撑环境直接相关。分布式数据库系统的支撑环境是计算机网络，数据库系统可以独立完成对数据库的查询和处理，不必关心计算机网络如何实现分布式进程通信。但在传感网的生存环境中，感知节点不但随时可能失效，而且只有非常有限的存储容量、计算能力和电池能量。因此，物联网数据管理系统对节点感知数据的查询和处理能力，直接与传感网的支撑环境相关。

（2）数据需在传感网内处理。鉴于物联网的构成，一般不应采取将每个感知节点采集的数据全部传送到中央处理节点，进行集中的分析和处理，而是尽可能在传感网内部进行分析处理。例如，用来测量汽车流量的压力传感器，可以通过测量压力值计算出通过该感知节点的汽车数量，每个节点首先将测量到的压力值转换为流量值，然后再传送该流量数据。物联网数据管理系统应根据多个感知节点感知的数据，综合分析、判断，得出人们所关心的信息。

（3）能够处理感知数据的误差。感知节点产生的测量数据多数存在误差，物联网数据管理系统应具有处理感知数据误差的机制，以便为用户提供尽量可靠的感知数据和结果。

（4）查询策略需适应最小化能量消耗与网络拓扑结构的变化。由于物联网资源有限，系统需要在查询结果的精度和查询消耗的资源方面做出权衡。

鉴于物联网数据管理系统的这些特点，传统的分布式数据库系统的实现方法不能简单地用于物联网中。物联网数据管理系统的结构、数据模型、查询语言、数据存储与索引以及数据查询处理技术都是需要深入研究解决的问题。

2）传感网数据管理系统结构

针对传感网数据管理系统结构主要有集中式、半分布式、分布式和层次式 4 种类型。

在集中式结构中，节点将感知数据按事先指定的方式传送到中心节点，统一由中心节点处理。这种方法简单，但中心节点会成为系统性能的瓶颈，而且容错性较差。

半分布式结构利用节点自身具有的计算和存储能力，对原始数据进行一定的处理，然后传送到中心节点。

分布式结构的每个节点独立处理数据查询命令。显然，分布式结构是建立在所有感知节点都具有较强的通信、存储与计算能力基础之上的。

层次式结构可以分为网络层和代理层两个层次。网络层的每个节点具有一定的计算和存储能力，完成诸如接收指令、本地计算和数据传送等任务。代理层的节点具有更高的存储、计算和通信能力，能够完成诸如接收系统用户的查询命令、向感知节点发送控制命令或其他信息、从感知节点接收数据、处理查询、将查询结果返回给用户等功能。

3）典型的传感网数据管理系统

针对传感网的大多数数据管理系统研究，目前主要集中在半分布式结构方面。典型的研究成果有美国加州大学伯克利分校（UC Berkeley）的 Fjord 系统和康奈尔（Cornell）大学的 Cougar 系统。

Fjord 系统是 Telegraph 项目的一部分，它是一种自适应的数据流系统，主要由自适应处理引擎和传感器代理两部分构成。它基于流数据计算模型处理查询，并考虑了根据计算环境的变化动态调整查询执行计划的问题。

Cougar 系统的特点是尽可能将查询处理在传感网内部进行，只有与查询相关的数据才能从传感网中提取出来，以减少通信开销。Cougar 系统的感知节点不仅需要处理本地的数据，同时还要与邻近的节点进行通信，以协作完成查询处理的某些任务。

2. 数据模型及存储查询

目前，关于物联网数据模型、存储、查询技术的研究成果很少，比较有代表性的是针对传感网数据管理的 Cougar 和 TinyDB 两个查询系统。

1）数据模型

数据模型是现实世界数据特征的抽象。传统数据库的数据模型是对数据的精确描述，强调数据的完整性、一致性（如关系模型）。这种数据模型对传统的商务和事务型数据比较有效。然而，传感网数据流具有与之完全不同的一些特点：①数据实时到达，是一个时间序列；②数据流中存在噪声数据；③数据规模宏大，不能被完全存储；④数据不能永久存储在网内。因此，如何设计一种能够真实反映此类特征的数据模型是物联网数据管理面临的一个重要问题。

目前，人们已经针对传感网数据模型进行了一些研究，基本思路有两条：一条思路是将感知数据看成分布式数据库；另一条思路是将传感网看成由多个分布式数据流组成的分布式数据库系统。同时，有些研究涉及感知数据的时间特性、不确定性的时间序列和概率模型表示方法。伯克利分校（UC Berkeley）的 TinyDB 系统和康奈尔（Cornell）大学的 Cougar 系统是比较有代表性的两个数据模型。

（1）TinyDB 系统及其数据模型。TinyDB 系统有 3 个部分组成：TinyDB 客户端、TinyDB 服务器和传感网。客户端可以通过基于 Java 的应用程序接口（客户端 API）访问 TinyDB 系统。每个传感器节点都安装和运行 TinyDB 无线传感网软件 TinyDB QP。支持 TinyDB 系统运行的是 TinyDB 操作系统。如图 7-7 所示给出了 TinyDB 系统的结构示意图。TinyDB 系统客户端软件包括类似于 SQL 的查询语言 TinySQL 与 Java 应用程序。TinyDB 系统的数据模型（http://telegraph.cs.berkeley.edu/tinydb/）是对传统关系模型的简单扩展。它将传感网数据定义为一个单一的、无限长的虚拟关系表。该表具有两类属性：第一类属性是感知数据属性，例如电压值、温度值等；第二类属性是描述感知数据的属性，例如感知节点的 ID、数据获得的时间、数据类型，以及感知数据的度量单位等，它们是通过光、声、电压、温度、湿度等方法获取的。每个感知节点产生一个读数，且对应关系表中的一行。因此，这个虚拟关系表被看成是一个无限的数据流。对传感网数据的查询就是对这个无限虚拟关系表的查询。无限虚拟关系表上的操作集合是传统的关系代数操作到无限集合的扩展。

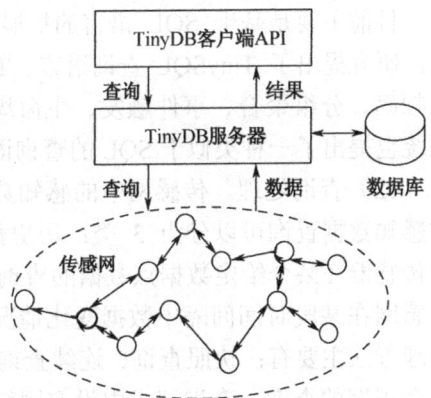

图 7-7　TinyDB 系统的结构

（2）Cougar 系统的数据模型。Cougar 系统的原理是将一个传感网看作一种分布式数据库，每个传感器对应于分布式数据库中的一个节点。每个传感器节点只存储部分数据，并尽可能将必要的数据处理放在本地节点进行，而不是将所有数据都传送到中心节点集中处理。在这个方案中，必须权衡节点处理的开销与数据传输的消耗，尽量减少数据传输对节点能量的消耗，以延长传感网的寿命。Cougar 系统也提出了一种类似于 SQL 的查询语言，它在周期性、连续查询服务方面比较有特色，具体可参阅官方网站关于 Cougar 系统的数据模型介绍（http://www.cs.cornell.edu/bigreddata/cougar/index.php）。

2）数据存储与索引

数据存储与索引技术是对存储在介质上的数据位置信息的描述，目的是提高系统对数据获取的效率，支持有效的数据查询。

在以数据为中心的传感网存储系统中，数据存储方式一般分为 3 种：①外部存储：数据集中存放在传感网之外的中心处理设备（基站或网关）上；②本地存储：感知数据产生后即存放在产生它的感知节点上，TinyDB 和 Cougar 系统采用的就是本地存储方式；③数据中心存储：需要对每个感知节点产生的数据，按照规定的命名规则命名并存储在某个或某些节点中。命名规则可以有多种，比较典型的有层次结构命名与属性值命名两种方法。其中，层次结构命名类似于互联网域名的层次命名方法。

典型的数据中心存储方法是基于地理散列函数（GHT）的方法。在这种存储方法中，一个数据的关键字可以通过散列函数随机映射为一个地理位置的坐标。散列函数支持在给定关键字的感知数据集合上统计查询。例如，选择感知数据名类型的一部分作为散列函数输入的关键字（如光强），则可以将所有光传感器的数据存储到一个节点并进行处理。

3）分布式查询处理技术

查询处理是生成查询计划（Query Plan）和查询优化的过程，目的是使查询处理的开销最小。传统数据库系统的查询计划一般是提前制定好的，优化目标是使 I/O 访问代价与 CPU 代价最小。传感网中数据查询处理则不同，查询优化的目标是在保证用户指定的查询精度下，使查询执行时发生的通信量最小。

（1）查询语言。基于感知数据的特征与查询方法，必须有相应的适合传感网的查询语言。目前主要是基于 SQL 语言的扩展和改进。TinyDB 系统在传统数据库技术的 SQL 基础上，研究提出了 TinySQL 查询语言。TinySQL 查询语言支持的功能有：选择、投影、设定采样频率、分组聚合、事件触发、生命周期查询、设定存储点，以及简单的连接操作。Cougar 系统也提出了一种类似于 SQL 的查询语言，但其信息交互采用 XML 格式。

（2）查询处理。传感网中的感知数据具有实时性、周期性与不确定性等特点。对传感网的感知数据查询可以分为 3 类：历史数据查询、快照查询与连续查询。其中，快照查询是指对传感器在某个给定数据点数据的查询，例如"列出传感器当前温度数据"。连续查询是指对传感网在某段时间间隔中数据变化情况的查询。从对感知数据查询方法的角度来看，目前的处理方法主要有：快照查询、连续查询、基于事件的查询（当事件发生时进行的查询）、基于生命周期的查询（查询请求中设定网络的生命期）和基于准确度的查询。可以将查询处理方法分为集中式和分布式两大类。集中式查询首先周期性地从传感网获取数据，并将数据存储在一个中心数据库中，然后在中心数据库进行查询处理。在分布式查询中，查询请求决定了从传感网中所获取的数据，不同的查询所获取的数据不同。查询处理包括 3 个方面：查询请求以何种方式分发，如何进行网络内查询处理，结果的收集。例如，TinyDB 支持基于事件的查询和基于生命周期的查询，它以广播的形式发送到网络内各个节点，同时建立以查询源节点为根的路由树，查询结果沿路由返回到根，返回途中对查询进行预处理。

7.3 云计算

云计算作为一种新兴的计算模式，已经得到格外关注。面对越来越复杂的计算需求，云计算这一模式将会越来越多地推动企业商业模式的变革和发展。什么是云计算？简单地说，云计算是一种基于互联网的商业计算模型，它是分布式处理、并行处理和网格计算等技术的发展及商业实现。

7.3.1 云计算的基本概念

纵观计算模式的演变历史，可以将其归纳为集中计算→分布式计算→集中计算这样一个过程。早期，由于技术条件与成本等原因，只有少数企业能够拥有计算能力，这时的计算模式只能以集中式计算为主。随着计算机的小型化及成本的降低，计算模式开始走向分布式，如桌面计算等。如今，随着互联网的普及应用、信息与数据的快速增长，计算模式又开始走向集中计算的趋势。重要的是，当科学、工程和商业计算领域有大规模、海量的数据需要处理，当对计算能力的需求远远超出自身 IT 架构的计算能力时，不仅需要加大系统硬件投入来实现系统的可扩展性，也会因传统并行编程模型应用的局限性，在客观上要求有一种容易学习、使用、部署的新的并行编程框架的支持。在这种情况下，为了节省成本和实现系统的可扩展性，提出了云计算的概念。

1. 云计算的定义

云计算的思想最早可以追溯到 20 世纪 60 年代，John McCarthy 曾经提到"计算迟早有一天会变成一种公用基础设施"，这就意味着计算能力可以作为一种商品进行流通，就像煤气、水电一样取用方便、费用低廉。云计算作为 IT 世界一种基础设施的变迁，如何准确地给出它定义呢？事实上，很难用一句话说清楚到底什么才是真正的云计算。2009 年 1 月 24 日，Jeremy Geelan 在云计算杂志上发表一篇文章，题目就是"21 位专家定义云计算"，其结果是21 位专家给出了 21 种定义。

关于云计算的一个比较准确的定义是：云计算是一种基于互联网的计算模式，它可以把计算资源（计算能力、存储能力、交互能力）以服务的方式通过网络提供给用户，如图 7-8 所示。

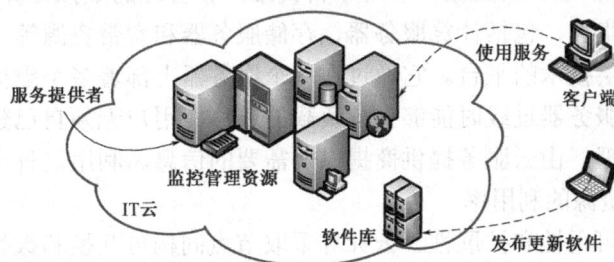

图 7-8　云计算示意图

由云计算的这个定义可知，云计算最大的特征是通过互联网进行传输。从广义上讲，云计算是一种动态的易扩展的且通常是通过互联网提供虚拟化的资源计算方式。狭义地讲，云计算是指 IT 基础设施的交付和使用模式，通过网络以按需、易扩展的方式获得所需的资源

（硬件、平台、软件）。提供资源的网络被称为"云"。从最根本的意义来讲，云计算就是数据存储在云端，应用和服务也存储在云端，能够充分利用数据中心强大计算能力，实现用户业务系统的自适应性。

对于云计算的定义，常见的有代表性的表述还有以下几种：

（1）Hewitt 认为云计算主要是将信息永久地存储在云中的服务器上，在使用信息时只是在客户端进行缓存。客户端可以是桌面机、笔记本、手持设备等。

（2）Wang Li-zhe 等人从云计算系统应该具有的功能角度给出了科学云计算系统的定义，指出云计算不仅能够向用户提供硬件即服务（HaaS）、软件即服务（SaaS）、数据即服务（DaaS），而且还向用户提供能够配置的平台即服务（PaaS）。因此用户可以按需向计算平台提交自己的硬件配置、软件安装、数据访问需求等。

（3）Buyya 等人从面向市场的角度认为：云计算是由一组内部互连的虚拟机组成的并行和分布式计算系统，系统能够根据服务提供商和客户之间协商好的服务等级协议动态提供计算资源。

（4）UC Berkeley 的观点认为：云是指数据中心的硬件和系统软件，云分为公共云（对公众开放）和私有云（业务组织自己使用）。在公共云的基础上，云计算系统是指终端用户应用软件通过互联网以服务的形式由 SaaS 提供商交付，云提供商向 SaaS 提供商提供数据中心的硬件和软件服务。

（5）维基百科将云计算描述为：云计算是一种动态的、易扩展、且通常是通过互联网提供虚拟化的资源计算方式。其主要特点是能够快速部署资源或获得服务，能够按需扩展和使用，能够按使用量付费，并且通过互联网提供服务。

这些对云计算的不同描述均从不同侧面反映了云计算的某些特征和功能。目前广为认同的一点是，云计算系统是以付费使用的形式向用户提供各种服务的分布式计算系统，系统对用户来讲是透明的，其本质是对虚拟化的计算和存储资源池进行动态部署、动态分配或重分配、实时监控的系统，从而向用户提供满足服务质量（QoS）要求的计算服务、数据存储服务以及平台服务。

2. 云计算的基本特征

从目前对云计算的认识来看，云计算服务具有以下几个基本特征：

（1）虚拟化。所谓"云"，是指一些可以自我维护和管理的虚拟计算资源（资源池），通常是一些大型服务器集群，包括计算服务器、存储服务器和宽带资源等。云计算采用虚拟化技术作为提供自己底层技术的平台。它通过在一个服务器上部署多个虚拟机和应用来提高资源的利用率，当一个服务器过载时能够支持负载的迁移。用户无须自己建立数据中心，通过虚拟平台进行资源管理，由云服务提供商提供所需要的信息。利用这种虚拟化的资源池可以降低维护成本，提高资源的利用率。

（2）高可靠性、可用性和扩展性。云计算采取节点同构可互换和数据多副本容错措施，向用户提供可靠的服务，保证用户能够随时随地地访问所需要的服务。用户数据存储在服务器端，应用程序在服务器端运行，计算由服务器端来处理，不同的服务器提供不同的服务。用户可不再担心计算机损坏、数据丢失、病毒入侵等问题。云计算能实现动态、可伸缩的扩展，当用户的系统规模变化时，云计算系统能够根据用户的需求自由伸缩，将服务实时加入到现有服务器群中，以满足应用和用户规模增长的需要。另外，如果某计算节点出现故障，则通过相应策略抛弃节点，并将其任务交给其他节点，而在节点故障排除后又可实时加入现有集群。

（3）按需服务。"云"是一个庞大的资源池，用户可以根据自己的需要定制相应的服务。云计算平台按照用户的需求部署相应的资源、计算能力、服务及应用。用户无须知道云服务的过程，只需将设备与互联网连接，登录即用，方便快捷。云计算还是一个自治系统，系统的管理对用户来讲是透明的，不同的管理任务由云计算系统自动完成，如用户需要的硬件配置、网络带宽、存储容量等。

（4）超大规模。对于一个数据管理中心而言，配置十几台服务器是不现实的，但在"云"的另一端，可由数千台、数万台甚至更多服务器组成庞大的集群。这种集群具有无限空间、无限速度，可以满足超大规模应用的需要。重要的是，云计算能同时实现不同设备间的数据与应用共享，以获得高性能计算。当个人计算机出现故障或崩溃时，用户只需要换台 PC 就可以继续自己的工作，包括文档实时编辑和协作开发等。

（5）高性价比。云计算对用户端的硬件设备要求很低，云端数据中心的专业 IT 人员帮助用户维护硬件、安装及升级软件等工作，使用户在软硬件维护和升级上的投入大大减少。服务器端可以用价格低廉的 PC 组成云，其计算能力却可以远远超过大型计算机。

3. 云计算的类型

通过以上对云计算概念的讨论认识，可以按照部署方式和服务对象将云计算划分为公共云、私有云和混合云三大主要类型，如图 7-9 所示。

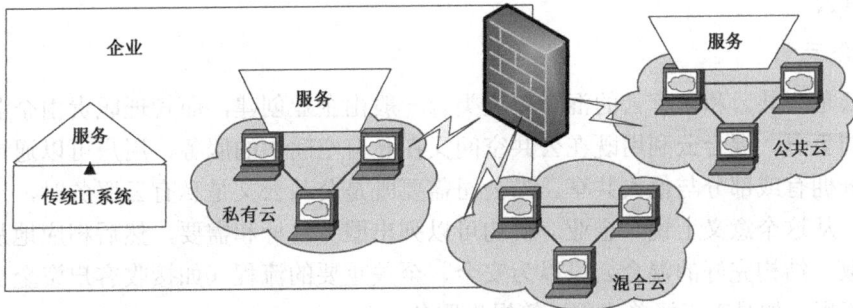

图 7-9　云计算类型示意图

1）公用云

当云计算按其服务方式提供给公众用户时，称为公共云。公用云是由第三方（供应商）提供的云计算服务。公用云尝试为用户提供无后顾之忧的各种各样的 IT 资源，无论是软件、应用程序基础结构，还是物理基础结构，云提供商都负责安装、管理、部署和维护。最终用户只要为其使用的资源付费即可，根本不存在利用率低这一问题。但是这要付出一些代价，这些服务通常根据"配置惯例"提供，即根据适应最常见使用的情形这一思想提供，如果资源由用户直接控制，则配置选项一般是这些资源的一个较小子集。

在公用云中，最终用户不知道与其共享使用资源的还有哪些用户，以及具体的资源底层如何实现，甚至几乎无法控制物理基础设施。所以，云计算服务提供商必须保证所提供资源的安全性和可靠性；云计算服务提供商的服务级别也因这些因素而不同。另外，由于用户几乎无法控制基础结构，云计算服务提供商需要严格按照安全性和法律法规的遵从性来提供云计算服务。公用云的典型示例有：Google App Engine，Amazon EC2 和 IBM Developer Cloud。中国的无锡计算中心也是一种对外提供服务的公用云。

2）私有云

私有云也称专属云，是指为企业内提供云服务（IT 资源）的数据中心，这些云在商业企业和其他团体组织防火墙之内，由本企业管理，不对外开放。私有云可提供公共云所具有的许多功能。与传统的数据中心相比，私有云的主要不同点是：云数据中心可以支持动态灵活的基础设施，降低 IT 架构的复杂度，使各种 IT 资源得以整合、标准化，并且可以通过自动化部署提供策略驱动的服务水平管理，使 IT 资源更加容易满足业务需求变化。相对于公共云而言，私有云的用户完全拥有云中心的整个设施，如中间件、服务器、网络和磁盘阵列（RAID）等，可以控制哪些应用程序在哪里运行，并且可以决定允许哪些用户使用云计算服务。由于私有云的服务对象是企业内部员工，可以减少公共云中必须考虑的诸多限制，如带宽、安全和法律法规的遵从性等问题。重要的是，通过用户范围控制和网络限制等手段，私有云可以提供更多的安全和私密等专属性的保证。

由企业自身负责设置和维护云，建立内部云的困难和成本有时难以承担，且内部云的持续运营成本可能会超出使用公共云的成本。但是私有云确实也具有超过公共云的优势，对构成云的各种资源的较细粒度控制可为公司提供所有的全部配置选项。因此，私有云提供的服务类型也可以是多样化的，不仅可以提供 IT 基础设施服务，也支持应用程序和中间件运行环境等，如企业内部的信息管理系统云服务。中国的"中化云计算"就是一个典型的支持 SAP 服务的私有云。

3）混合云

混合云是公共云和私有云的混合，这类云一般由企业创建，而管理职责由企业和公共云提供商共同负责。混合云利用既在公共空间又在私有空间中的服务，用户可以通过一种可控的方式部分拥有或部分与他人共享。当公司需要既是公共云又是私有云服务时，选择混合云比较合适，从这个意义上说，企业、机构可以列出服务目标和需要，然后相应地从公共或私有云中获取。结构完好的混合云可以为安全、至关重要的流程（如接收客户资金支付）以及辅助业务流程（如员工工资单流程）等提供服务。

混合云的主要缺点是难以有效创建和管理。由于私有和公共服务组件之间的交互和部署会带来较多的网络及安全方面的问题，使设计和实施增加了复杂性和难度。由于混合云是云计算中一个相对新颖的体系结构，因此有关此模式的最佳实践和工具还需进一步研究，在对其进行更多了解之前，一般都不宜采用此模式。

4. 云计算系统组成

提供云计算服务需要一个强大的云网络作为云计算平台。云计算网络连接有大量并发的网络服务器集群，并利用虚拟化技术扩展每一个服务器的能力，将各自的资源通过云计算平台结合起来，提供超级计算和存储能力。一种通用的云计算系统组成如图 7-10 所示，用户通过云客户端从服务目录列表中选择所需要的服务，服务请求通过管理系统调度相应的资源，并通过部署工具分发请求、配置 Web 应用。云计算服务向云用户提供通用的通过 Web 浏览器访问的在线应用。

云客户端是提供请求云计算服务的交互界面，也是用户使用云计算的入口。用户通过 Web 浏览器可以注册、登录，定制服务，配置和管理用户，访问在线应用。

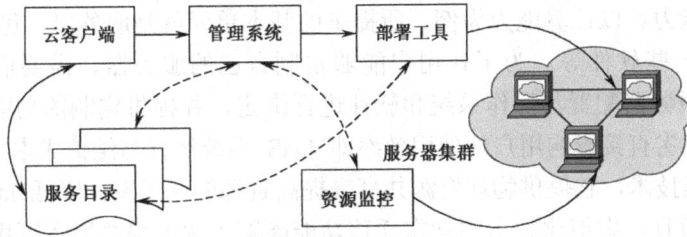

图 7-10 云计算系统组成

服务目录是指云计算用户在取得相应权限（如付费、注册）之后，可以选择或定制的服务列表，也可以对已定制的服务退定。由云客户端界面生成服务列表，展示相关的云计算服务内容。

管理系统和部署工具的功能主要是：①对用户授权、认证、登录进行管理；②接受云客户端请求，并转发到相应的应用程序；③对计算资源和服务进行管理，动态地部署、配置和回收计算资源。

资源监控部分的主要功能是监控和计量云系统资源的使用情况，以便进一步优化节点的同步配置、负载均衡配置等，确保计算资源能顺利分配给恰当的客户端。

服务器集群指虚拟的或物理的服务器集合，由管理系统管理。服务器集群主要负责处理高并发量的客户端请求、大运算量的计算、Web 应用服务，并能以并行方式上传、下载、存储大容量的云端数据。

5. 云计算系统的服务层次

通过对现有云计算系统进行剖析，根据其服务集合所提供的服务类型，可以将云计算系统看成一组有层次的服务集合，并划分为硬件即服务、基础设施即服务、平台即服务、软件即服务，以及云客户端。这几个层次的每一层都对应一个子服务集合，如图 7-11 所示为云计算系统的服务层次结构。

硬件即服务（HaaS）由大量的硬件资源构成，包括高性能、可扩展硬件设备，以便形成对其他各层服务的硬件支撑平台。

基础设施即服务是指云计算基础设施，主要包括计算资源和存储资源，通常是虚拟化的平台环境，也是云计算狭义定义所覆盖的范围。整个基础设施可以作为一种服务向用户提供，即基础设施即服务（IaaS），所提供的是基于服务器和存储硬件等资源的可高度扩展和按需变化的 IT 能力。通常按照所消耗资源的成本进行收费。IaaS 向用户提供的不仅包括虚拟化的计算资源、存储，同时还能保证用户访问时所需要的网络带宽等。该层提供的是基

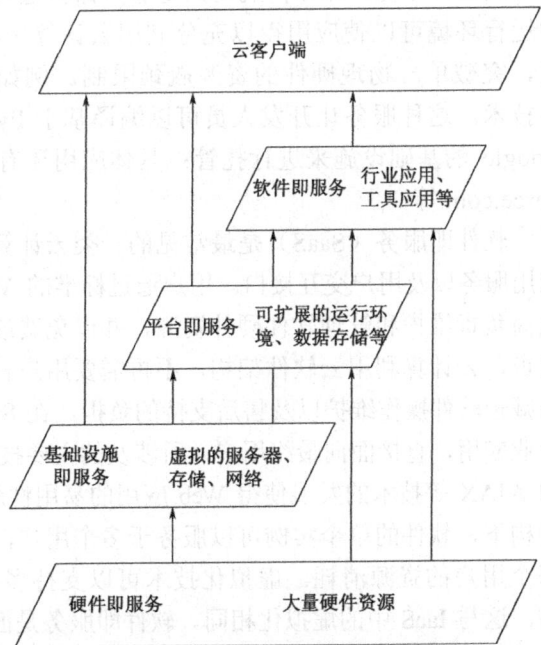

图 7-11 云计算系统服务层次结构

本的计算和存储能力。以计算能力为例，所提供的基本单元就是服务器，包括 CPU、内存储器、操作系统及一些软件等。为了让用户能够定制自己的服务器，需要借助服务器模板技术，即将一定的服务器配置与操作系统和软件进行绑定，并提供定制的功能。服务在这里是其关键点，它的优劣直接影响用户的使用效率即 IaaS 系统运行与维护成本。此外，虚拟化技术是另外一项关键技术，它提供物理资源共享来提高资源的利用率，降低 IaaS 的平台成本与用户使用成本；而且，虚拟化技术的动态迁移功能能够大幅度提高服务可用性。具体应用例如：Sun 公司的 Sun 网格，亚马逊（Amazon）的弹性计算云（EC2），IBM 的 Blue Cloud。

在基础设施之上的平台（即服务层）可以认为是整个云计算系统的核心层，也称为云计算操作系统。平台即服务（PaaS）就是将开发环境作为服务向用户提供，主要包括并行编程接口和开发环境、结构化海量数据的分布式存储管理系统、海量数据分布式文件系统，以及实现云计算的其他系统管理工具，如云计算系统中资源的部署、分配、监控管理、安全管理、分布式并发控制等。通常按照用户或登录情况计费。该层主要为应用程序开发者设计，开发者不用担心应用运行时所需要的资源。在平台层面，服务提供商提供应用程序运行及维护所需要的一切平台资源，即经过封装的 IT 能力，或者说是一些逻辑的资源，如数据库、挖掘系统和应用运行环境等。通常，也可将 PaaS 细分为开发组件即服务、软件平台即服务。开发组件即服务是面向应用软件开发商（ISV）或独立开发者提供的一个开发平台和 API 组件，开发人员可依据不同的需要定制服务，在 PaaS 提供的在线开发平台上进行软件开发，从而推出自己的 SaaS 产品或应用。软件平台即服务是指提供一个基于云计算模式的软件运行环境。PaaS 层面涉及两项核心技术。第一项核心技术是基于云的软件开发、测试及运行技术。PaaS 服务主要面向软件开发者，如何让开发者通过网络在云计算环境中编写并运行程序，在过去是比较困难的。现在，在网络带宽逐渐提高的前提下，使用在线开发工具诸如浏览器、远程控制台等可直接在远程开发应用，无须在本地安装开发工具。第二项核心技术是大规模分布式运行环境，即如何利用大量服务器构建可扩展的应用中间件、数据库及文件系统。这种运行环境可以使应用得以充分利用云计算中心的海量计算资源和存储资源，进行充分扩展，突破单一物理硬件的资源瓶颈限制。例如：Google 应用程序引擎就采用了这样的计算技术。这种服务让开发人员可以编译基于 Python、Java 语言的应用程序，并可免费使用 Google 的基础设施来进行托管；具体应用还有的 IBM IT Factory 以及 Salesforce.com 的 Force.com 等。

软件即服务（SaaS）是最常见的一类云计算服务。它通过互联网向用户提供简单的软件应用服务以及用户交互接口。用户通过标准的 Web 浏览器就可使用互联网上的软件。服务提供商负责维护和管理软件硬件资源，并以免费或按需租用的方式向最终用户提供服务。也就是说，云计算利用云软件架构，不再需要用户在自己的计算机上安装和运行该应用程序，从而减轻软件操作维护以及售后支持的负担。在 SaaS 层面，服务提供商提供的是消费者应用或行业应用，直接面向最终用户，所涉及的主要技术有：Web2.0、多租户和虚拟化。Web2.0 中的 AJAX 等技术的发展使得 Web 应用的易用性越来越高。多租户是指一种软件架构，在这种架构下，软件的单个实例可以服务于多个用户，用户之间共享一套硬件和软件架构，以降低每个用户的资源消耗。虚拟化技术可以支持多个用户共享硬件基础架构，但不共享软件架构，这与 IaaS 中的虚拟化相同。软件即服务是面向普通用户的，具体应用如：Google 企业应用套件（Google Apps、Google Calendar、Gmail）。同时，SaaS 也面向企业团体，用以帮助处理工资单流程、人力资源管理、协作、用户关系管理和业务合作伙伴关系管理等，例如，

IBM 的 Lotus Live、Face book 的网络应用程序、SoftWare+Services 等。SaaS 提供的这些应用程序减少了用户安装、维护软件的时间和技能等代价，并且可以提供按使用付费的方式来减少软件许可证费用的支出。

云客户端包括专门提供云服务的计算机硬件和计算机软件终端，以及提供云计算服务的方式，包括产品、服务和解决方案。这些服务可以通过访问其他云计算的部件（比如软件）直接与最终用户通信。具体应用如：苹果手机（iPhone）、亚马逊简单排列服务（Simple Queuing Service）、贝宝在线支付系统（PayPal）、谷歌地图（Google Maps）、谷歌浏览器（Google Chrome）等。

值得注意的是，云计算的服务层次是根据服务类型即服务集合来划分的，这与计算机网络体系结构中的层次有所不同。在计算机网络体系结构中，每一个层次都实现一定的功能，层与层之间有一定的关联，下一层为上一层提供服务。而云计算服务体系结构中的层次是可以分割的，即某一层次可以单独完成用户的一项请求，并不需要其他层次为其提供必要的服务和支撑；每一层可以独立成云，也可以基于下一层的云提供服务。

7.3.2　云计算关键技术

云计算与效用计算存在许多相似之处，但效用计算并没有得到普及，其原因就是缺乏足够的可操作性，即技术支持。任何理念如果没有切实可行的实现办法终将成为一个空想甚至是幻想。云计算之所以能迅速得到认可，与相关的关键技术已经相对成熟密切相关。由于云计算是以数据为中心的一种数据密集型的超级计算，在数据存储、数据管理、编程模式、并发控制、系统管理等方面都具有自身独特的实现方式，因此，云计算对应的不是一种技术，而是多种技术的组合。从云计算技术的角度来看，实现云计算需要物理资源、虚拟化资源、服务管理和访问接口等关键技术的支持，如图 7-12 所示。

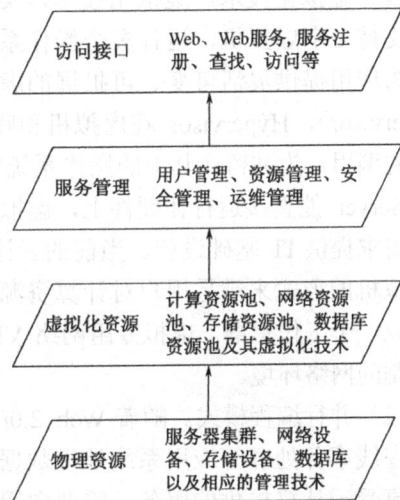

图 7-12　实现云计算的关键技术

1. 访问接口

访问接口统一规定云计算使用云端计算机的各种规范、云计算服务的各种标准。通过云客户端与云端交互操作的访问接口，可以完成用户或服务注册、服务查找和访问、对服务定制和使用。

云服务一般是以 Web 服务的形式来实现的。在云中服务的组织和协同可以在面向服务的架构中进行管理。在 SOA 架构下的云服务可以部署在各种分布式平台上，也可以通过网络访问各种服务。在一个 SOA 环境中，云终端用户请求一个 IT 服务（或一组服务的集合），并希望这些服务满足一定的 QoS 要求，用户请求可以得到即时服务，或在一个特定的延迟后满足。可以预期在未来几年内，基于 Web 服务的云计算服务方案将是向个人、机构递交信息和其他 IT 相关功能的主要手段。例如软件应用、基于 Web 的服务、个人和商业的桌面机云计算等。

2. 服务管理

在云计算技术中，服务管理中间件位于服务和服务集群之间，提供管理和服务即云计算体系结构中的管理系统，对标识、认证、授权、目录、安全性等服务进行标准化和操作，为应用提供统一的标准化程序接口和协议，隐藏底层硬件、操作系统和网络的异构性，统一管理网络资源。

服务管理包含用户管理、资源管理、计费管理、安全管理、运维管理等多方面。其中，用户管理包括用户的身份认证、用户许可、用户订阅管理；资源管理包括负载均衡、资源监控、故障检测等；安全管理包括身份认证、访问授权、安全审计、安全防护等；运维管理包括映像创建、部署、运行维护，以及计费管理等。

3. 虚拟化资源

虚拟化资源是指一些可以实现一定操作功能但其本身是虚拟的而不是真实的资源，如计算池、网络资源池、存储资源池、数据库资源池等。这需要通过软件技术来实现相关的虚拟化功能，包括虚拟环境、虚拟系统和虚拟平台。支撑虚拟化资源的关键技术主要是虚拟化技术、并行编程模式和分布式存储技术等。

（1）虚拟化技术。虚拟化技术是实现云计算的关键技术。通过虚拟化技术，单个服务器可以支持多个虚拟机，运行多个操作系统和应用，从而大大提高服务器的利用率。通过虚拟化可为应用提供灵活可变、可扩展的虚拟化资源服务。虚拟化技术的核心是虚拟机监控程序（Hypervisor），Hypervisor 在虚拟机和底层硬件之间建立一个抽象层，它可以拦截操作系统对硬件的调用，为驻留在其上的操作系统提供虚拟的 CPU 和内存。目前 VMware ESX 和 Citrix Xen Server 能直接运行在硬件上，虚拟的操作系统又运行在 Hypervisor 之上，从而能够按照用户需求提供 IT 基础设施。当前的云计算系统如 Scientific Cloud、Amazon EC2 等一般都是以虚拟机的形式来满足用户对计算资源的需求的，但用户需要根据自己的需要将这些虚拟机配置成一个工作集群。虚拟专用网络 VPN 的发展可为用户在访问计算云的资源时提供一个可以定制的网络环境。

（2）并行编程模式。随着 Web 2.0/3.0 的出现，互联网上的信息呈指数级增长，如搜索引擎、在线事务处理等应用系统处理数据的规模越来越大。为了高效利用云计算资源，让用户轻松享受云计算提供的服务，需要向用户提供一些分布式系统和并行编程模型来支持大规模的数据处理。

目前，云计算多采用 MapReduce 并行编程模型。这是 Google 为发挥其文件系统（GFS）集群的计算能力而提出的一种并行编程模型。MapReduce 能将任务自动分成多个子任务，通过 Map 和 Reduce 实现任务在大规模计算节点中的调度与分配。Map 操作对每个元素进行操作并生成一组新数据，原数据保持不变，数据之间不存在相关性，因此 Map 操作可以高度并行实现。Reduce 操作对 Map 操作的中间结果进行合并，并得到最后的输出。只需对 map 和 reduce 函数进行并行化处理便可得到 Map Reduce 的基本框架。并行编程模型对云计算系统的推广实现有极其重要的作用。目前，现有的云编程模型多以 Map Reduce 编程模型为主，但该编程模型在适用性方面还存在一定的局限性，需要进一步改进、完善。

（3）分布式数据存储和管理技术。为保证高可用、高可靠和经济性，云计算采用分布式存储的方式来存储数据，采用冗余存储的方式来保证存储数据的可靠性，以高可靠软件来弥补硬件的不可靠性，从而提供廉价可靠的系统。目前，云计算的数据存储系统主要有 Google

文件系统（GFS）和 Hadoop 开发团队开发的分布式文件系统（Hadoop Distributed File System，HDFS）。大部分 IT 厂商包括 Yahoo、Intel 的云计划采用的都是 HDFS 的数据存储技术。对大数据集进行处理、分析是云计算系统的基本功能之一。因此，其数据管理技术必须能够高效地管理海量数据集。另外，如何在大规模的数据集中查找特定数据，也是云计算数据管理技术所要解决的重要问题。

目前，云计算系统的数据管理通常采用列存储的数据管理方式，来保证海量数据存储和分析效能。比较有代表性的云计算数据管理技术当属 Google 的 BigTable 技术；Hadoop 也开发了类似 BigTable 的开源数据库管理模块 HHBase。

4. 物理资源及其管理技术

物理资源主要指能支持计算机正常运行的一些硬件设备和管理技术，可以是价格低廉的 PC 机，也可以是价格昂贵的服务器及磁盘阵列等设备。通过现有的网络技术、并行技术、分布式技术将分散的计算机组成一个能提供超强功能的集群，用于计算和存储等云计算操作。对于云计算系统，本地计算机可以不再像传统计算机那样需要足够的硬盘空间、大功率的处理器和大容量的内存，只需要一些必要的硬件设备如网络设备和基本的输入输出设备等。显然，这需要诸多的先进管理技术予以支撑才能实现。

（1）云计算平台管理技术。云计算硬件资源规模庞大，一个云计算系统的服务器数量可能会涉及数十万台计算机并跨越坐落在不同物理区域的多个数据中心，同时还运行成百上千种应用程序。如何有效管理这些服务器，保证它们组成的云计算系统能够提供全天候的不间断服务，显然是一个巨大的挑战。云计算系统是云计算的神经网络，利用神经网络技术能够使大量的服务器协同工作，方便地进行业务部署和开通，快速发现和恢复系统故障，通过自动化、智能化的手段实现大规模系统的可运营、可管理。

（2）分布式资源管理技术。在云计算系统的多节点并发执行环境中，分布式资源管理技术是保证系统状态正确性的关键技术。云计算系统状态需要在多节点之间同步，关键节点出现故障时能够迁移服务。分布式资源管理技术通过锁机制可协调多任务对于资源的使用，从而保证数据操作的一致性。Google 的 Chubby 就是一种典型的分布式资源管理协调技术。

（3）绿色节能技术。传统的计算系统通常是以单个计算单元进行优化的，而对于云计算系统应以数据中心为核心进行绿色节能优化设计。例如，Google 为节省能源，在比利时数据中心的降温系统未采用冷却剂降温的方法，而是采取了所谓的自然降温措施。也就是说，一旦比利时的空气太热，Google 的降温设施无须人工干涉就自动进行响应，实时将该数据中心的计算负载转移到其他数据中心，就如同在服务器之间移动数据一样，进而实现节能减排和系统优化。在云计算时代，需要将每个数据中心看成一个大机器来进行考虑，以实现绿色节能。

7.3.3 云计算在物联网中的应用

构建智慧地球，将物联网和互联网进行融合，显然不是简单地将实物与互联网进行连接，而是需要进行更高层次的整合，需要更透彻的感知，更全面的互联互通，更深入的智能化。

1. 云计算在物联网发展中的作用

每当人们谈及互联网时，联想到的不只是物理设备构成的网，还有一个巨大的信息网络系统。物联网的情况也与此类似。物联网多被看成是互联网通过各种信息感应、探测、识别、定位、跟踪和监控等手段和设备向物理世界的延伸。显然，这只是人类社会对物理世界实现"感、知、控"的第一个环节，可谓是物联网的"前端"。通过对物联网概念的讨论可知，物联网的最终目标是实现对物理世界的智能化管理。这样，基于互联网计算的涌现智能以及对物理世界的反馈和控制将成为另外两个环节，称为物联网的"后端"。

针对物联网的"后端"，可以把物联网看成一个基于互联网的大规模信息网络系统。物联网应能够直接或间接应用目前互联网上的技术和应用，即"物联网"应具有兼容互联网的能力，以提高物理世界的运行、管理和资源使用效率。

当前，无论是学术界还是工业界，目光主要聚焦在物联网的"前端"技术上；当把视角转移到物联网的"后端"时，会发现实时感应、高度并发、自主协同和涌现效应等特征对物联网"后端"提出了新的挑战，需要有针对性地研究物联网特定的应用集成、体系结构及计算模式等问题，特别是大量高并发事件驱动的应用、自动关联和智能协作、海量数据的计算处理等方面的问题。在互联网计算领域，将软件的实现、运维和使用（称为服务）剥离出来，纳入到互联网级基础设施（也就是云计算、网格计算的本质所在）已是大势所趋。软件即服务、基础设施即服务、平台即服务已成为构建应用和进行数据计算的基石。

云计算起源于互联网公司对特定的大规模数据处理解决方案，是为了解决互联网发展所带来的海量数据存储与处理而提出的。由于问题和商业模式明确、产业界大力推动以及已有并行计算、分布式计算、网格计算等相关前期研究基础，云计算被迅速热捧和泛化。在物联网应用规模发展之后产生的数据量将会远远超过互联网的数据量，可以说物联网的规模将是互联网的成千上万倍，这样天量的数据存储与计算处理恰恰需要云计算技术的支撑，否则，物联网将因为成本的急剧增加而难以为继。虽然云计算技术本身也远未成熟，其基本实现还要经过一到数个创新周期，但把云计算作为一种新兴计算模式，作为物联网发展的基石，用于物联网的"后端"计算需求，并促进物联网和智慧地球的实现是无须多虑的。

物联网与云计算作为当前的研究热点，已得到极大的关注。然而，现有的云计算技术还不能够满足具有实时感应、高度并发、自主协同、海量数据处理、涌现效应等特征的物联网"后端"计算需求。为此，需要在云端、服务计算、网格和 Web 2.0 等现有工作基础上，针对大量高并发事件驱动的应用自动关联和智能协作问题，架构物联网后端信息处理基础设施。未来社会的发展，信息将无所不在，信息延伸到每个"物体"，它们互相连接构成物联网，并最终与互联网融为一体，而云计算将成为信息存储和计算的引擎，促进"智慧地球"逐渐成为现实。

云计算系统已经成为下一代 IT 的发展趋势，但不能把云计算的愿景当作现实。云计算、物联网和智慧地球相辅相成，将实现同步发展。实现云计算系统还面临着诸多挑战，需要深入研究的问题还有很多，例如标准化问题、数据安全性问题、产业链的成熟性问题。

2. 物联网的云计算系统结构

云计算是一种典型的"胖服务器/瘦客户机"计算模式。在云计算模式中，系统对用户端的设备要求很低。客户使用一台普通的个人计算机或者一部智能手机、智能终端设备就能够完成用户需要的计算与存储任务。对于云计算用户来说，只需要提出服务需求，而不必了解"云"中集成设施的细节，也无须直接进行控制，只需关注自己需要什么样的资源，以及如何通过网络来得到相应的服务即可。一种可应用于物联网的云计算系统结构如图 7-13 所示，包括了物理设备层、应用接口层与应用层。

图 7-13　云计算系统结构示意

物理设备层是构成云计算系统的基础，可以进一步分为设备子层、设备与用户管理子层。在设备子层配置各种计算与存储设备，其中服务器与存储器的配置应面对应用，以满足需求为基本原则，体现云计算与传统服务器集群的区别，以服务租用的模式向用户提供服务；设备与用户管理子层提供虚拟化、存储管理、状态监控与维护升级，实现对云计算与存储设备的运行与管理，同时，又向高层用户屏蔽设备层计算与存储设备的异构性。为了保证了用户身份的合法性，设备与管理子层还应能够承担用户身份认证与访问权限控制的任务。

应用接口层可以分为物理子层与中间件子层。网络子层主要承担数据传输的任务；中间件子层主要包括中间件软件，向应用子层用户提供统一的编程接口，对应用程序和用户屏蔽云计算平台的运行过程。

应用层是物联网应用程序进入云计算系统的接口。物联网应用程序可以利用云计算平台，实现数据存储、备份、共享与处理。在物联网应用中，个人计算机、便携式计算机、平板电脑、智能手机、GPS、RFID 读写器、智能机器人等终端设备装置都可以作为云终端在云计算环境中使用。

不同的应用，如基于 RFID 的应用、基于传感网的应用，其云终端的数量、分布、数据存储量、数据计算量都是不相同的。一些应用（如银行、物流、零售业）可能需要在公司总部组建一个云计算中心；而另一些应用（如智能电网、智能交通）需要在不同的地区建立分中心，最高管理机构在总部设立一个云计算中心，将多个分中心整合在一起。这时云计算系统应该同时具备处理数据存储密集与计算密集的能力，而不能只简单考虑存储密集的服务。

7.4　海量数据存储

伴随着物联网技术的应用发展，人类产生的信息量越来越多，海量数据存储的矛盾日益凸显。如何经济、有效、合理、安全地存储数据是实现物联网应用系统的一个重要课题。选择一种存储模式、构建一个高性能、高可用的统一存储系统，以其高效率的整体性能、丰富的数据管理功能满足各类存储应用显得格外重要。

7.4.1 物联网数据存储的概念

随着信息社会的发展，越来越多的信息被数据化，尤其是伴随着物联网的发展，数据呈爆炸式增长。从存储服务的发展趋势来看，一方面是对数据的存储量的需求越来越大，另一方面，是对数据的有效管理提出了更高的要求。物联网的数据除了来自传感器节点、RFID 节点以及其他各种智能终端设备每时每刻所产生的数据之外，各种网络对象在参与网络事物处理的过程之中也会产生大量的数据。例如，车联网在运行过程中，所有高速公路上行驶的汽车会随时随地接收不同路段的路况信息、天气信息，来决定自身车辆不同时刻的行驶速度、路线等。同时，每一辆车所做出的任何决定又会影响其他车辆的判断与决策。虽然每辆车自身有一定的数据存储与处理能力，但是大量的数据需要传送到智能交通控制中心，应用数据挖掘与分析工具，调用相关的模型与算法，利用计算能力很强的超级并行计算机，来对获取的数据进行分析、汇总与计算，依据数据地域、时间、对象的不同，提供决策支持与服务。显然，物联网海量数据的存储需要数据库、数据仓库、虚拟化存储、网络存储、云存储等技术，以及互联网数据中心的支持。

1. 物联网数据存储模式

正如图灵获得者 Jim Gray 所言，随着计算机处理能力的提高、网络技术的不断进步和存储容量的飞速发展，数据处理、存储、传输越来越廉价，数据和数据组织才是真正最有价值的东西。数据的存储和处理主要可分为分布式和集中式两种模式。

1）分布式存储与处理

分布式数据存储与处理是将数据分散存储在多个终端节点上，采用可扩展的系统结构，利用多台存储服务器分担存储和数据处理的负荷，利用位置服务器定位存储信息。在传感网中具有代表性的分布式存储模式中，传感器节点分为中继节点、存储节点与汇聚节点。其中，中继节点只能感知和传递数据，不能存储数据。存储节点除了能够感知和传递数据之外，还能存储数据。中继节点采集到数据后，就向汇聚节点方向传送，如果下一个节点也是中继节点，那么中继节点继续转发数据，如果下一个节点是存储节点，数据就存储在存储节点之中。当汇聚节点接到一个查询命令时，该查询命令会分发到网络之中，存储节点负责回复查询结果。分布式存储模式如图 7-14 所示。分布式存储模式的优点是：通常用户只对某一部分数据感兴趣，因此数据查询过程限制在汇聚节点范围内，可以减少不必要的大范围查询通信量。不足之处是：一旦存储的数据量超过存储节点的存储能力，数据就会丢失。同时，存储节点本身能量消耗较大，一旦存储节点能量耗尽，会导致网络不能正常工作。

对大数据集进行处理、分析是云计算系统的基本功能之一。为保证高可用、高可靠和经济性，云计算采用分布式存储的方式来存储数据，采用冗余存储的方式来保证存储数据的可靠性，以高可靠软件来弥补硬件的不可靠性，从而提供廉价可靠的系统。

2）集中式存储与处理

集中式计算机网络是一个大型的中央计算机系统，其终端是客户机。数据全部存储在中央系统内，由数据库管理系统进行管理。而且所有的处理都由该大型计算机系统来完成，终端只是用来输入和输出。在传感网中具有代表性的集中式存储模式是没有存储节点，网络中所有感知的数据都发送到汇聚节点，查询也限制在汇聚节点上进行，如图 7-15 所示。集中式存储的优点是：所有采集的数据都存储在计算和存储资源配置较高的汇聚节点，计算工作量较大的查询任务由汇聚节点承担，不需要分散到整个网络中的中继节点。不足之处是：由于所有数据都必须通过多跳的传感器节点多次转发，因此中继节点不能保证转发数据不丢失，不能够解决数据重复与冗余，以及实际转发过程的能量优化问题。

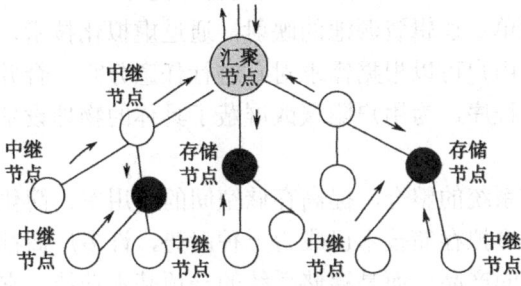

图 7-14　分布式存储模式

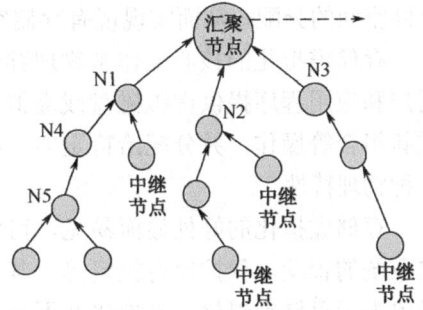

图 7-15　集中式存储模式

2. 数据库与数据仓库

数据库技术是计算机技术中发展速度快、应用范围广的领域之一，它是一项专门研究如何科学组织和存储数据、如何高效获取和处理数据的技术。数据库技术经过几十年的发展，其应用研究遍布各个领域。同时，物联网的数据存储与管理也需要使用数据库技术。数据库系统由数据库、数据库管理系统、数据库管理员、数据库应用程序以及用户等部分组成。其中，数据库管理系统根据所采用的数据模型不同，可分为多种类型，主要包括层次数据库、网状数据库、关系数据库以及面向对象的数据库等。

在物联网应用中，感知的数据从大量终端收集到后台数据库，由于环境状况、数据质量等影响，使得对这些数据的管理、分析和使用面临着极大的挑战。随着数据库技术的飞速发展，为了满足决策支持和联机分析处理（OLAP）的需求，在 20 世纪 90 年代初，提出了一个称为数据仓库（DW）的概念。数据仓库是指面向主题的、集成的、时变的和非易失性的数据集合，用以支持管理中的决策制订。数据仓库是收集数据信息的存储库，存放在一个一致的模式下，并且通常驻留在单个节点上。数据仓库体系结构如图 7-16 所示。数据仓库是一个非常有价值的工具，能够帮助人们系统的组织、管理和使用数据。

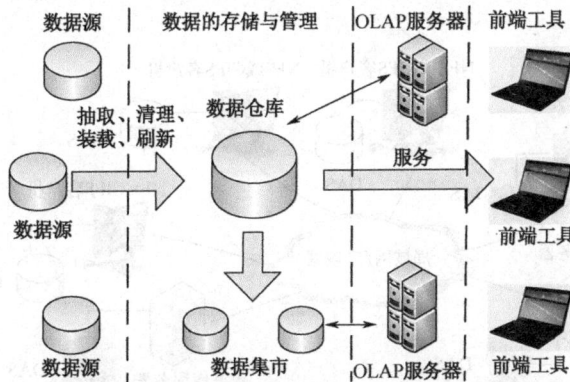

图 7-16　数据仓库体系结构

3. 虚拟化存储

面对存储容量大的难题，目前采用的有效手段之一就是存储虚拟化。虚拟存储的概念实际上在早期的计算机虚拟存储器中就已经很好地得以体现，常说的网络存储虚拟化只不过是在更大规模范围内体现存储虚拟化的思想。该技术通过聚合多个存储设备的空间，灵活部署存储空间的分配，从而实现现有存储空间高利用率，避免了不必要的设备开支。

存储虚拟化的核心工作是物理存储设备到单一逻辑资源池的映射，通过虚拟化技术，为用户和应用程序提供虚拟磁盘或虚拟卷，并且用户可以根据需求对它进行任意分割、合并、重新组合等操作，并分配给特定的主机或应用程序，为用户隐藏或屏蔽了具体的物理设备的各种物理特性。

存储虚拟化的好处显而易见，可实现存储系统的整合，提高存储空间的利用率，简化存储系统的管理，保护原有投资等。基于网络的虚拟存储技术已成为一种趋势，许多厂商都积极致力于存储虚拟化。虚拟化并不是一个单独的产品，而是存储系统的一项基本功能。它对于整合异构存储环境、降低系统整体拥有成本十分有效。

7.4.2 网络存储

网络存储是指基于标准网络协议，通过专用的数据交换设备、磁盘阵列、磁带库等存储介质以及专用的存储软件，利用原有网络构建的一个存储专用网络。它能够为用户提供统一的信息存取和共享服务。从存储技术的目前状况来看，比较流行的网络存储技术主要有直接连接存储（DAS）、网络附加存储（NAS）、存储区域网络（SAN）三种存储结构。

1. 直接连接存储（DAS）

DAS 已有近四十年的使用历史，迄今为止仍是计算机系统中最常用的数据存储方法。典型 DAS 结构如图 7-17 所示。在 DAS 方式中，存储设备作为计算机的附属部分，通过 SCSI 接口或光纤直接连接至一台服务器上，I/O 请求直接发送到存储设备，带宽为 10 Mb/s、20 Mb/s、40 Mb/s、80 Mb/s 等。DAS 依赖服务器主机操作系统进行数据的 I/O 读写和存储维护管理，数据备份和恢复要求占用服务器主机资源（包括 CPU、系统 I/O 等），数据流需要回流主机再到服务器连接着的磁带机（库），数据备份通常占用服务器主机资源 20～30%。因此许多企业用户的日常数据备份常常在深夜或业务系统不繁忙时进行，以免影响正常业务系统的运行。DAS 的数据量越大，备份和恢复的时间就越长，对服务器硬件的依赖性和影响就越大。

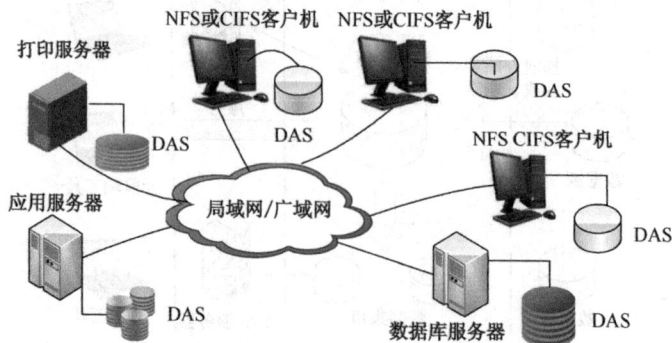

图 7-17　直接连接存储示意

DAS 主要适用如下环境：

（1）服务器在地理分布上很分散，通过其他方式（如 SAN 或 NAS）在它们之间进行互连非常困难的场景；

（2）存储系统必须直接连接到应用服务器的场景，如 Microsoft Cluster Server 或某些数据库使用的"原始分区"；

（3）数据库应用或应用服务器需要直接连接到存储器上的一些应用场景，包括群件应用和一些邮件服务等。

DAS 与服务器之间必须有固定的绑定连接关系，因此它们之间不存在网络结构，而是直接进行数据的读写。DAS 的主要优点是：①前期投入成本较低；②技术比较成熟，结构简单；③不需要复杂的软件和技术；④常使用 IDE 或 SCSI 硬盘；⑤维护和运行成本较低；⑥对网络没有影响。DAS 的主要缺点是：①资源利用率低。DAS 是一种低效率的存储结构，随着服务器 CPU 的处理能力越来越强，存储硬盘空间越来越大，阵列的硬盘数量越来越多，SCSI 通道将会成为 I/O 瓶颈；②可管理性差，不易于共享。当某台服务器的存储空间不足时，其他一些服务器即使有大量的存储空间处于闲置状态，也无法利用；③DAS 结构下的数据保护流程相对复杂。如果做网络备份，那么每台服务器都必须单独进行备份，而且所有的数据流都要通过网络传输。如果不做网络备份，那么就要为每台服务器都配一套备份软件和磁带设备，会大大增加备份流程的复杂度。

2．网络附加存储（NAS）

NAS 是一种将分布、独立的数据整合为大型、集中化管理的数据中心，以便于对不同主机和应用服务器进行访问的技术。按字面简单理解就是连接在网络上，具备资料存储功能的装置，因此也称为"网络存储器"。因此，NAS 是一种以数据为中心的存储结构，网络存储介质直接和网络相连，通过 LAN 在 TCP/IP 网络协议上进行通信，如图 7-18 所示。

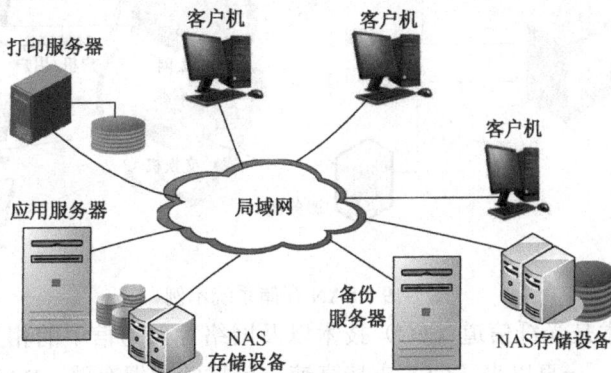

图 7-18　网络附加存储示意图

NAS 系统包括核心处理器、文件服务管理工具一个或者多个的硬盘驱动器。NAS 在一个局域网上占有自己的节点。NAS 设备包括存储器设施（如磁盘阵列、CD/DVD 驱动器、磁带驱动器或可移动的存储介质）、集成在一起的简易服务器，以及可用于实现涉及文件存取及管理的所有设施。NAS 设备是真正即插即用的，一般支持多计算机平台，用户通过网络支持协议可进入相同的文档，因而 NAS 设备无须改造即可用于混合 UNIX/Windows 局域网内。NAS 设备的物理位置也相当灵活，可放置在工作组内，靠近数据中心的应用服务器，也可放在其他地点，通过物理链路与网络连接起来。无须应用服务器干预，NAS 设备允许用户在网络上存取数据，这样既可减小 CPU 的开销，也能显著改善网络的性能。

NAS 是一种采用直接与网络介质相连的特殊设备实现数据存储的机制。由于这些设备都分配有 IP 地址，所以客户机通过充当数据网关的服务器可以对其进行存取访问，甚至在某些情况下，不需要任何中间介质客户机也可以直接访问这些设备。NAS 的优点是：①适用于需要通过网络将文件数据传送到多台客户机上的用户。②易于部署，可以使 NAS 主机、客户机和其他设备广泛分布在整个企业的网络环境中。NAS 可以提供可靠的文件级数据整合，因为文件锁定是由设备自身来处理的。③可应用于高效的文件共享，例如 UNIX 中的 NFS 和 Windows NT 中的 CIFS，其中基于网络的文件级锁定提供了高级并发访问保护功能。NAS 的缺点是：①占用网络带宽；②可扩展性受设备大小的限制；③前期安装和设备成本较高。

3. 存储区域网络（SAN）

SAN 是指存储设备相互连接且与一台服务器或一个服务器群相连的网络。在有些配置中，SAN 也可与网络相连。SAN 中将特殊交换机当作连接设备。它们看起来就像常规的以太网络交换机，是 SAN 中的连通点。一种典型的 SAN 存储系统如图 7-19 所示。该 SAN 存储系统使用高速、高带宽的全光纤 EonStor F16F FC-SAN 存储共享，提供多台主机的直接访问，实现资源共享和数据传输。在客户端、服务器、SAN 环境、资源库之间进行数据通信，客户端透过 SAN 交换机可直接查询数据，各服务器之间以及各服务器与各种存储设备之间的数据传输通过 SAN 高速传输，解除了局域网的相关负载，同时又极大的提高了数据存储与备份的性能，进一步加强了存储区域网在多用户端计算机网络的优势。

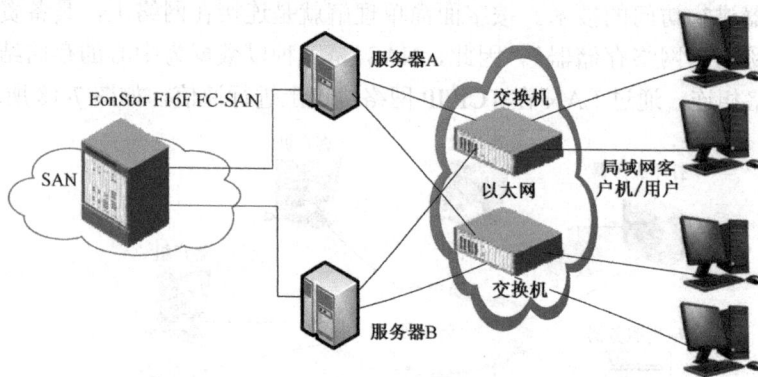

图 7-19　SAN 存储系统示例

SAN 的支撑技术是光纤信道（FC）技术以及网络存储通信中的相关技术和协议，包括 SCSI、RAID、iSCSI。一直以来 SCSI 支持高速、可靠的数据存储。RAID（独立磁盘冗余阵列）指的是一组标准，提供改进的性能和/或磁盘容错能力。光纤信道是一种提供存储设备相互连接的技术，支持高速通信（将来可以达到 10 Gb/s）。与传统存储技术，如 SCSI 相比，光纤信道也支持较远距离的设备相互连接。iSCSI 技术支持通过 IP 网络实现存储设备间双向的数据传输。其实质是使 SCSI 连接中的数据连续化。通过 iSCSI，网络存储器可以应用于包含 IP 的任何位置。

目前，SAN 主要应用于 ISP、金融和证券等行业，适用于：①对数据安全性、存储性能要求较高的场景；②在系统级方面要求具有很强的可扩展性和灵活性的情况；③物理上集中、逻辑上有彼此独立的数据管理；④要求对分散数据高速集中备份的场合。

SAN 模式的主要优点是：①设备整合度高，多台服务器可以通过存储网络同时访问后端存储系统，减少了维护工作量，降低了维护费用；②数据集中，提高了存储资源利用率，可实现大容量存储设备数据共享；③高扩展性，能够较好地适应应用变化的需求；④所有的数据传输都在高速、高带宽的网络中进行。SAN 模式的缺点有：①技术尚处在发展阶段，无统一的标准；②实现复杂，维护技术难度大，普通用户难以胜任；③价格高，需要专门的光纤集线器、光纤交换机以及有光纤接口的磁盘阵列。

SAN 与 NAS 在字面上较为相似，并且都是一种数据存储模式，但二者完全不同。SAN 与 NAS 的主要区别是：①SAN 是一种网络，NAS 产品是一个专有文件服务器或一个只能文件访问设备；②SAN 是在服务器和存储器之间用作 I/O 路径的专用网络；③SAN 包括面向块（SCIS）和面向文件（NAS）的存储产品；④NAS 产品能通过 SAN 连接到存储设备。

其实，随着存储网络技术的发展，DAS、NAS 和 SAN 之间的区别已变得越来越模糊，所有的技术在用户的存储需求下在接受挑战。只有采用了存储虚拟化的技术，才能真正屏蔽具体存储设备的物理细节，为用户提供统一集中的存储管理。采用存储虚拟化技术，用户可以实现存储网络的共用设施目标。

7.4.3 云存储

云存储是在云计算的概念上延伸和发展出来的一个概念，是对现有存储方式的一种变革。它重新定义了在企业内构建、访问和管理存储的方式。

1. 何谓云存储

云存储的概念与云计算类似，是指通过集群应用、网格技术或分布式文件系统等，将网络中大量各种不同类型的存储设备通过应用软件集合起来协同工作，共同对外提供数据存储和业务访问的一种服务系统。可以借助广域网和互联网的结构来理解云存储。

1）云状的网络结构

在常见的局域网系统中，为了能更好地使用局域网，一般来说，使用者需要知道网络中每一个软硬件的型号和配置，比如采用什么型号交换机，有多少个端口，采用了什么路由器和防火墙，分别是如何设置的。系统中有多少个服务器，分别安装了什么操作系统和软件。各设备之间采用什么类型的连接线缆，分配了什么 IP 地址和子网掩码。广域网和互联网对于具体的使用者则是完全透明的，例如经常用一个云状的图形来表示广域网或互联网就是这个含义，如图 7-20 所示。虽然云状的图形中包含了许多的交换机、路由器、防火墙和服务器，但对具体的广域网、互联网用户来讲并不需要知道。云状的网络图形代表的是广域网和互联网带来的互联互通的网络服务，无论在任何地方，都可以通过一个网络接入线缆和一个用户、密码，就可以接入广域网和互联网，享受网络服务。

2）云状结构的存储系统

参考云状的网络结构，可以创建一个新型的云状结构的存储系统，如图 7-21 所示。这个云状存储系统由多个存储设备组成，通过集群功能、分布式文件系统或类似网格计算等功能集合起来协同工作，并通过一定的应用软件或应用接口，对用户提供一定类型的存储服务和访问服务。云状存储系统中的所有设备对使用者来讲都是完全透明的，任何地方的任何一个经过授权的使用者都可以通过一根接入线缆与云存储连接，对云存储进行数据访问。

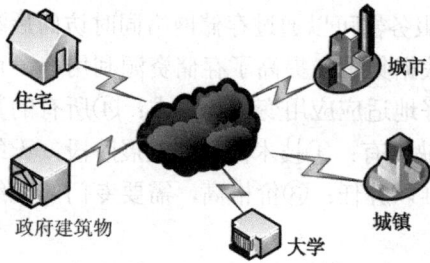

图 7-20　云状的网络结构

图 7-21　云状结构的存储系统

云存储的核心是应用软件与存储设备相结合，通过应用软件来实现存储设备向存储服务的转变。

云存储具有如下特点：①超强的可扩展性；②不受具体地理位置所限；③基于商业组件；④按照使用收费；⑤可跨不同应用。

3）云存储不是存储而是服务

云存储通常意味着把主数据或备份数据放到企业外部不确定的存储池里，而不是放到本地数据中心或专用远程站点。就如同云状的广域网和互联网一样，云存储对使用者来讲，不是指某一个具体的设备，而是指一个由许许多多个存储设备和服务器所构成的集合体。使用者使用云存储，并不是使用某一个存储设备，而是使用整个云存储系统带来的一种数据访问服务。所以严格来讲，云存储不是存储，而是一种服务。数据备份、归档和灾难恢复是云存储的主要用途。

2. 云存储的结构模型

与传统的存储设备相比，云存储不仅仅是一个硬件，而是一个网络设备、存储设备、服务器、应用软件、公用访问接口、接入网、和客户端程序等多个部分组成的复杂系统。各部分以存储设备为核心，通过应用软件来对外提供数据存储和业务访问服务。云存储系统结构模型由 4 层组成，如图 7-22 所示。

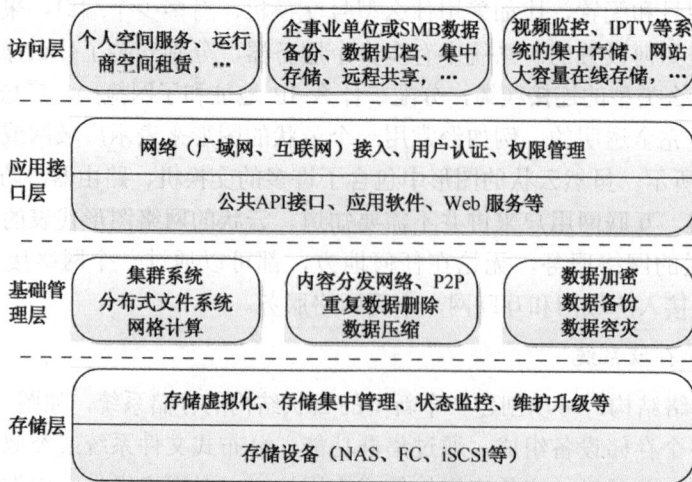

图 7-22　云存储系统结构模型

（1）存储层。存储层是云存储系统的基础部分。存储设备可以是 FC 光纤信道存储设备，可以是 NAS 和 iSCSI 等 IP 存储设备，也可以是 SCSI 或 SAS 等 DAS 存储设备。云存储中的存储设备往往数量庞大且分布多不同地域，彼此之间通过广域网、互联网或者 FC 光纤信道网络连接在一起。存储设备之上是一个统一存储设备管理系统，可以实现存储设备的逻辑虚拟化管理、多链路冗余管理，以及硬件设备的状态监控和故障维护。

（2）基础管理层。基础管理层是云存储系统的核心部分，也是云存储中最难实现的部分。基础管理层通过集群、分布式文件系统和网格计算等技术，实现云存储中多个存储设备之间的协同工作，使多个的存储设备可以对外提供同一种服务，并提供更大、更强、更好的数据访问性能。内容分发网络（CDN）系统、数据加密技术用于保证云存储中的数据不会被未授权的用户访问；同时通过各种数据备份、容灾技术和措施可以保证云存储中的数据不会丢失，保证云存储自身的安全和稳定。

（3）应用接口层。应用接口层是云存储系统灵活多变的部分。不同的云存储运营单位可以根据实际业务类型，开发不同的应用服务接口，提供不同的应用服务，例如视频监控应用平台、IPTV 和视频点播应用平台、网络硬盘应用平台以及远程数据备份应用平台等。

（4）访问层。任何一个授权用户都可以通过标准的公用应用接口来登录云存储系统，享受云存储服务。云存储运营单位不同，云存储提供的访问类型和访问手段也不同。

3. 云存储的架构

云存储系统的架构方法分为两类：一是通过服务来架构；二是通过软件或硬件设备来架构。传统的系统利用紧耦合对称架构，这种架构的设计旨在解决 HPC（高性能计算、超级运算）问题，正在向外扩展成为云存储从而满足快速呈现的市场需求。新一代架构采用松弛耦合非对称架构，集中元数据和控制操作。这种架构并不非常适合 HPC，但这种设计旨在解决云部署的大容量存储需求。

一般，可将云存储分为公共云存储、内部云存储和混合云存储 3 种类型。不同的云存储类型其架构方法也不同。考虑到公共云存储所存在的数据异存安全性、私密文件保护隐患方面的问题、以及企业上网行为管理的在执行上的需求，云存储作为一种方便快捷的数据备份方式很多企业开始在自己的网络内部架设私有云，将云存储的服务端部署在企业的内部网络中，服务端的维护与管理可以由企业自行控制，企业员工可以在授权范围内安全的使用私有的云存储功能。许多在公共云存储服务端无法实现的功能，都能在私有的环境下得到良好的解决。一种云存储简易架构如图 7-23 所示。

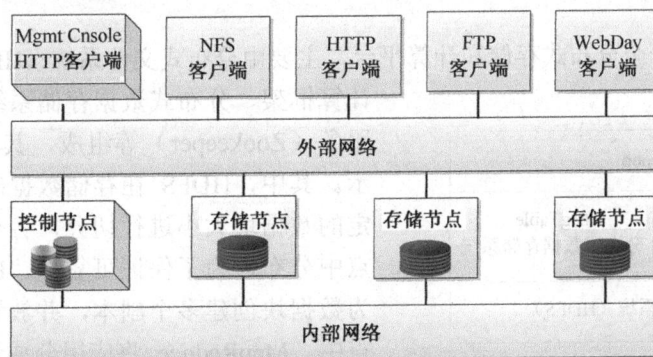

图 7-23 云存储简易架构框图

存储节点负责存放文件，控制节点不但作为文件索引，还负责监控存储节点间容量及负载的均衡，这两部分合起来组成一个云存储。存储节点与控制节点都是单纯的服务器，只是存储节点的硬盘多一些，存储节点服务器不需要具备磁盘阵列的功能，只要能安装 Linux 系统即可，控制节点为了保护数据，需要有简单的 RAID level 01 的功能。

每个存储节点与控制节点至少有 2 片网卡（千兆、万兆卡都可以，有些也支持无限带宽），一片网卡（内部）负责内部存储节点与控制节点的沟通、数据迁移，一片（外部）负责对外应用端的数据读写，一片千兆卡，读可以达到 100 Mb/s，写可以达到 70 Mb/s，如果对外一片网卡不够，也可以多装几片。

上层各个方框块（NFS、HTTP、FTP、WebDav）是应用端，左上角的管理控制台（Mgmt Console）是一台 PC，负责云存储中存储节点的管理。从应用端来看，云存储只是个文件系统，而且一般来说支持标准的协议，例如 NFS、HTTP、FTP、WebDav 的通信协议等，所以很容易把旧有的系统与云存储结合，并不需要应用端做出改变。

以上是一个纯软件的云存储解决方案，也可以采用硬件解决，即把存储节点和控制节点放在一台硬件设备上。

4. 典型的云存储系统

云存储可以支持多种应用方式，如云备份、云数据共享、云资源服务等，也可以提供标准化的接口给其他网络服务使用。目前，典型的公共云存储系统有 Google File System、BigTable，IBM 公司的蓝云数据存储平台，Amazon 公司的在线存储服务 S3、Dynamo，微软的 Azure，赛门铁克的 FileStore，EMC 公司的 ATMOS 系统等。典型的私有云存储提供商有 IBM、Parascale 和 Cleversafe（为内部云构建软件和/或硬件）。混合云提供商有 Nirvanix 和 Egnyte 等。

7.4.4 分布式存储和计算平台

分布式存储和计算平台（Hadoop）是一个分布式系统基础架构，用户可以在不了解分布式底层细节的情况下开发分布式程序。Hadoop 不是一个缩写，而是一个虚构的名字。在 Google 发表 MapReduce 之后，2004 年开源社群用 Java 搭建出一套 Hadoop 框架，用于实现 MapReduce 算法。最早 Hadoop 是作为 Apache 基金会的一个开源搜索引擎项目 Nutch 的基础平台而开发的，之后 Hadoop 从 Nutch 项目中独立出来单独开发，成为开源云计算平台的代表。Yahoo 是 Hadoop 项目的发起者和主要贡献者，Facebook、Cloudera 等公司也是 Hadoop 社区的主要参与者。

Hadoop 作为一个分布式存储和计算平台，主要由分布式文件系统（HDFS）、MapReduce 计算框架、分布式数据存储系统（BigTable）、锁服务（Zookeeper）等组成，其框架如图 7-24 所示。其中，HDFS 在存储数据时，将文件按照一定的数据块大小进行切分，各个块在集群中的节点中分布，为了保证可靠性，HDFS 会根据配置为数据块创建多个副本，并放置在集群的计算节点中。MapReduce 将应用分成许多小任务块去执行，每个小任务仅对计算节点本地存储的数据块进行处理。

Hadoop	
MapReduceAPI (MapReduce)	BigTable 分布式数据存储系统
分布式文件系统（HDFS）	

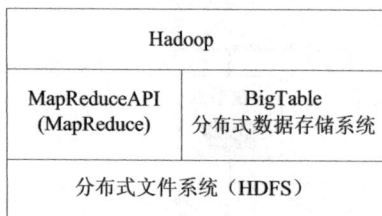

图 7-24　Hadoop 分布式存储和计算平台框架

1. 分布式文件系统（HDFS）

Hadoop 利用集群的高速运算和存储威力实现了一个分布式文件系统（HDFS）。HDFS 有着高容错性特点，可部署在低廉的硬件上。它提供高传输速率来访问应用程序的数据，适合有着超大数据集的应用程序。HDFS 为分布式计算存储提供了底层支持，HDFS 对外部客户而言就像一个传统的分级文件系统，可以创建、删除、移动或重命名文件等。

HDFS 的架构基于一组特定的节点构建，这是由它自身的特点决定的，HDFS 基本结构如图 7-25 所示。这些节点包括名称节点（Namenode）和数据节点（Datanode）。Namenode 在 HDFS 内部提供元数据访问，Datanode 为 HDFS 提供存储块，由于仅存在一个 Namenode，因此这是 HDFS 的一个缺点。块的大小（通常为 64 KB）和复制的块数量在创建文件时由客户机决定，文件切分成块（默认大小为 64 KB），以块为单位，每个块有多少个副本存储在不同的机器上，副本数可在文件生成时指定（默认 3）。HDFS 内部的所有通信都基于标准的 TCP/IP 协议。

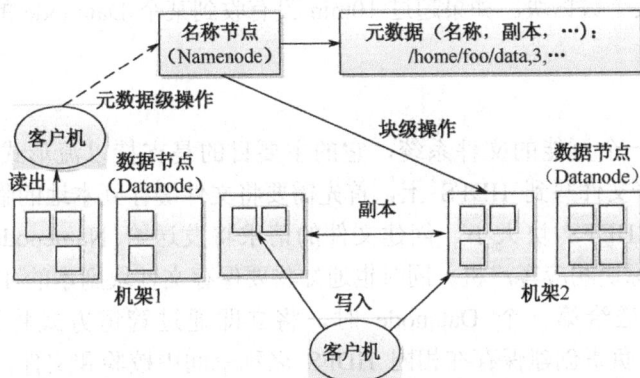

图 7-25 HDFS 基本结构

1）名称节点

名称节点（Namenode）是一个中心服务器，可以控制所有文件操作。为简化系统的设计和实现，采用单一节点，负责管理文件系统的名字空间已经客户端对文件的访问。Namenode 全权管理数据块的复制，它周期性地从集群中的每个 Datanode 接收心跳信号和块状态报告，接收到心跳信号意味着该 Datanode 节点正常工作，块状态报告包含了一个该 Datanode 上所有数据块的列表。

Namenode 执行文件系统的 namespace 操作，例如打开、关闭、重命名文件和目录，同时决定块到具体 Datanode 节点的映射。Datanode 在 Namenode 的指挥下进行块的创建、删除和复制。Namenode 和 Datanode 都可以运行在普通而廉价的计算机上。

实际的 I/O 操作并不经过 Namenode，只有表示 Datanode 和块文件映射的元数据经过 Namenode。当外部客户机发送请求要求创建文件时，Namenode 会以块标识和该块的第一个副本的 Datanode IP 地址作为响应。这个 Namenode 还会通知其他将要接收该块的副本的 Datanode。

2）数据节点

数据节点（Datanode）是一个通常在 HDFS 实例中的单独机器上运行的软件。Hadoop 集群包含一个 Namenode 和大量 Datanode。Datanode 通常以机架的形式组织，机架通过一个交换机将所有系统连接起来。Hadoop 的一个假设是：机架内部节点之间的传输速度快于机架之间节点的传输速度。

Datanode 响应来自 HDFS 客户机的读写请求，还响应创建、删除和复制来自 Namenode 的块的命令。Namenode 依赖来自每个 Datanode 的定期心跳消息，每条消息都包含一个快报告，Namenode 可以根据这个报告验证块映射和其他文件系统元数据。如果 Datanode 不能发送心跳消息，Namenode 将采取修复措施，重新复制在该节点上丢失的块。

Datanode 在本地文件系统存储文件块数据已经快数据的校验和。可以创建、删除、移动或重命名文件，当文件创建、写入和关闭之后不能修改文件内容。

一个数据块在 Datanode 以文件存储在磁盘上，包括两个文件：一个是数据本身，一个是元数据包括块的长度、块数据的校验和以及时间戳。

Datanode 启动后向 Namenode 注册，通过后周期性（1h）向 Namenode 上报告所有块的信息。心跳是每 3s 一次，心跳返回结果带有 Namenode 给 Datanode 的命令如复制块数据到另一台机器，或删除某个数据块。如果超过 10min 没有收到某个 Datanode 的心跳，则认为该节点不可用。

3）文件操作

HDFS 并不是一个万能的文件系统，它的主要目的是支持以流形式访问写入的大型文件。如果客户机想将文件写到 HDFS 上，首先需要将文件缓存到本地的临时存储。如果缓存是数据大于所需的 HDFS 块大小，创建文件的请求将发送给 Namenode。Namenode 将以 Datanode 标识和目标块响应客户机。同时也通知将要保存文件块副本的 Datanode。当客户机开始将临时文件发送给第一个 Datanode 时，将立即通过管道方式将块内容转发给副本 Datanode。客户机也负责创建保存在相同 HDFS 名称空间中校验和文件。在最后的文件块发送之后，Namenode 将文件创建提交到它的持久化元数据存储（在 EditLog 和 Fsmage 文件）。

2. 分布式计算框架（MapReduce）

MapReduce 技术框架包含 3 个层面的内容：①分布式文件系统（GFS）；②并行编程模型；③并行执行引擎。GFS 分布式文件系统运行于大规模集群之上，集群使用廉价的机器构建。数据采用键/值对（key/value）模式进行存储。整个文件系统采用元数据集中管理、数据块分散存储的模式，通过数据的复制（每份数据至少 3 个备份）实现高度容错。数据采用大块存储（64 MB 或者 128 MB 为 1 块）的办法，可方便地对数据进行压缩，节省存储空间和传输带宽。为了简化分布式编程模式，Hadoop 设计并实现了一套适合大规模数据集（大于 1TB）并行数据处理的编程模型，并将其用于自身的搜索引擎系统。这样，非分布式专业程序员也能够为大规模的集群编写应用程序而不用顾虑集群的可靠性、可扩展性。应用程序编写人员只需将精力放在应用程序本身，关于集群的处理交由平台去完成。

MapReduce 的主要贡献在于提供了一个简单强大的接口，通过这个接口，可以把大尺度的计算自动的并发和分布执行。Map Reduce 模型的核心思想是将需要运算的问题拆解成"Map（映射）"和"Reduce（化简）"这样两个简单的步骤来参加运算。用户只需要提供自己的 Map 函数以及 Reduce 函数就可以在集群上进行大规模的分布式数据处理。这种编程模型适用于海量数据输入和数据统计等可切分的工作。

Reduce 就是将分解后多任务处理的结果汇总起来，得出最后的分析结果。在分布式系统中，机器集群就可以看作硬件资源池，将并行的任务拆分，然后交给由每一个空闲机器资源去处理，能够极大地提高计算效率。任务分解处理以后，那就需要将处理以后的结果在汇总起来，这就是 Reduce 要做的工作。MapReduce 就是"任务的分解与结果的汇总"。

3. 分布式数据存储系统（BigTable）

BigTable 是一个将数据库系统扩展到分布式平台上的大型分布式数据库。与传统的关系数据库不同，它把所有数据都作为对象来处理，形成一个巨大的表格，用来存储结构化的数据。这是 Google 内部开发的一个用来管理分布在数以千计服务器上海量数据的系统，不支持关系数据模型，而仅为客户提供简单的数据模型，让客户来动态控制数据格式和分布。BigTable API 包括用于创建、编辑表和列，改变群集、表、列元数据的函数。

据称，现在有很多 Google 的应用程序都建立在 BigTable 之上，例如 Search History、Maps、Orkut 和 RSS 阅读器等。

4. Hadoop源代码及应用

Hadoop 是日志分析、搜索引擎等 MapReduce 应用的开源事实标准，在互联网上和企业内部有广泛的应用，具有高容错性及对数据读写的高吞吐率，能自动处理失效节点。在 Amazon EC2 中，同样可以部署 Hadoop MapReduce 运算集群，并可以得到 Amazon 和 Cloudera 等公司的技术支持。

Hadoop 的源代码现在已经对外公布，用户可以从它的官方网站下载并自己编译，安装在 Linux 或者 Windows 机器上使用。

目前，Hadoop 已经在 Yahoo 等公司的集群上成功部署并运行了一些商业应用。雅虎北京全球软件研发中心、中国移动研究院、英特尔研究院、金山软件、百度、腾讯、新浪、搜狐、淘宝、IBM、Facebook、Amazon、Yahoo 等都在使用 HDFS。

7.5 数据挖掘与智能决策

在物联网的应用中，感知的数据从大量终端收集到后台数据库，由于环境状况、数据质量等因素的影响，使得对这些数据的管理、分析和使用面临着巨大的挑战。同时，面对物联网中的海量数据，如何提取出有用信息已经引起广泛关注。针对这些问题，数据挖掘与智能决策技术应运而生。

7.5.1 数据挖掘的基本概念

随着数据库技术的迅速发展以及数据库管理系统的广泛应用，人们积累的数据愈来愈多。激增的数据背后隐藏着许多重要信息，人们希望能够通过对其进行更高层次的分析，以便能够更好地利用这些数据。目前的数据库系统只能高效的实现数据的录入、查询、统计等功能，无法发现数据中存在的关系和规则，无法根据现有的数据预测未来的发展趋势。数据挖掘技术使数据库技术进入了一个更高级的阶段，它不但能够对数据进行查询和遍历，还能够找出数据之间的潜在关系，从而促进信息的价值利用。

1. 数据挖掘的定义

数据挖掘是从大量数据中寻找其规律的技术，是统计学、数据库技术和人工智能技术的综合。从不同的角度，对数据挖掘的定义有所不同。

数据挖掘就是从大量的、不完全的、有噪声的、模糊的、随机的实际应用数据中，提取隐含在其中的、人们事先不知道但又是有用信息和知识的过程。所谓知识，从广义上理解，数据、信息也是知识的表现形式，但人们常把概念、规则、模式、规律、约束等看作知识。人们把数据看成是形成知识的源泉，好像从矿石中采矿或淘金一样。数据挖掘的这个定义表达的含义是：①数据源必须是真实的、大量的、含有噪声的；②发现的知识要可接受、可理解、可运用。也就是说发现的知识可以被用于信息管理、查询优化、决策支持、过程控制，以及数据自身的维护等；③仅支持特定问题的发现，并不要求发现普适的知识，即这里的知识发现不是发现崭新的自然科学定理、纯数学公式，也不是机器定理证明。数据挖掘是在没有明确假设下去挖掘信息、发现知识。数据挖所得到的知识具有先前未知、有效和可使用的特征。

从商业信息处理技术的角度看，数据挖掘是一种对商业数据库中的大量业务数据进行抽取、转换、分析和其他模型化处理，进而从中提取辅助决策的关键性数据的过程。

简单地说，数据挖掘实际上就是一种数据分析方法。数据分析本身已经有较长的研究历史，只不过在过去，数据收集与分析的目的多用于科学研究，另外，也受当时计算能力的限制。现在，由于各行各业自动化程度的提高，商业领域产生了大量的业务数据，这些数据不再是单纯为了研究而收集，而可为商业决策提供有价值的信息。因此，数据挖掘可以描述为：按企业既定业务目标，对大量业务数据进行深层分析，揭示隐含的、未知的或验证已知规律性，并进一步将其模型化的方法。

2. 数据挖掘研究的内容及本质

数据挖掘的目标是从数据库中发现隐含的、有意义的知识。随着数据挖掘和知识发现（DMKD）研究的逐步深入，数据挖掘和知识发现的研究已经形成了数据库、人工智能和数理统计的三大技术支柱。数据挖掘所发现的知识最常见的有以下4类：

（1）广义知识。广义知识是指类别特征的概括性描述知识。根据数据的微观特性发现其表征的带有普遍性、较高层次概念的、中观和宏观的知识，通过对数据的概括、精练和抽象反映同类事物共同性质。广义知识的发现方法和实现技术有很多，如数据立方体、面向属性的归纳等。数据立方体还有其他一些别名，如多维数据库、实现视图、在线分析处理（OLAP）等。该方法的基本思想是实现某些常用的代价较高的聚集函数的计算，例如计数、求和、平均、最大值等，并将这些实现视图存储在多维数据库中。

（2）关联知识。关联知识反映一个事件和其他事件之间依赖或关联的知识。如果两项或多项之间存在关联，那么其中一项的属性值就可以依据其他属性值进行预测。最为著名的关联规则发现方法是 R.Agrawal 提出的 Apriori 算法。关联规则的发现一般可分为两步：①迭代识别所有的频繁项目集，要求频繁项目集的支持率不低于用户设定的最低值；②从频繁项目集中构造可信度不低于用户设定的最低值的规则。识别或发现所有频繁项目集是关联规则发现算法的核心，也是计算量最大的部分。

（3）分类知识。分类知识反映同类事物共同性质特征型知识和不同事物之间的差异型特征知识。最为典型的分类方法是基于决策树的分类方法，它是从实例集中构造决策树，是一种指导性的学习方法。该方法先根据训练子集（又称为窗口）形成决策树，如果该树不能对所有对象给出正确的分类，那么选择一些例外加入到窗口中，重复该过程一直到形成正确的决策树。最终结果是一颗树，其叶节点是类名，中间节点是带有分支的属性，该分支对应该属性的某一可能值。数据分类还有统计、粗糙集等方法。线性回归和线性辨别分析是典型的统计模型，为降低决策树生成代价，人们还提出了一种区间分类器。最近也在研究使用神经网络方法在数据库中进行分类和规则提取。

（4）预测型知识。预测型知识根据时间序列型数据，由历史的和当前的数据去推测未来的数据，也可以认为是以时间为关键属性的关联知识。目前，时间序列预测方法有经典的统计方法、神经网络、机器学习等。

（5）偏差型知识。偏差型知识是对差异和极端特例的描述，解释事物偏离常规的异常现象，例如标准类以外的特例、时间聚类外的离群值等。所有这些知识都可以在不同的概念层次上被发现，并随着概念层次的提升，从微观、中观到宏观以满足不同用户不同层次决策的需要。

7.5.2 数据挖掘的类型及其算法

数据挖掘是从数据中自动地抽取出模式、关联、变化、异常和有意义的结构。数据挖掘通过预测未来趋势及行为，做出前瞻性的、基于知识的决策。数据挖掘技术可以分为描述性技术和预测性技术，描述性技术了解数据中潜在的规律，预测性技术是用历史预测未来的技术。数据挖掘的任务是从大量的数据中发现模式。根据数据挖掘的任务可分为多种类型，其中比较典型的有：关联分析、基于决策树或神经网络的分类分析、聚类分析、序列分析、离群点分析、预测模型分析等。

1. 关联（Association）分析

数据关联是数据库中存在的一类主要的可被发现的知识。若两个或多个变量的取值之间存在某种规律性，就称为关联。关联可分为简单关联、因果关联、时序关联。关联分析的目的是找出数据库中隐含的关联网。有时并不知道数据库中数据的关联函数，即使知道也是不确定的，因此关联分析生成的规则带有可信度。关联分析广泛用于购物篮分析、交叉销售、商品目录设计等商业决策领域。沃尔玛就使用关联规则发现了哪些人同时购买了纸尿片和啤酒。例如，一个关于在购物篮分析中的关联规则如下：

问题："什么样的商品组合，顾客可能会在一次购物中同时购买？"

购物篮分析：设全域为出售商店的集合（即项目全集），一次购物购买（即事务）的商品为项目全集的子集，若每种商品用一个布尔变量表示该商品的有无，则每个购物篮可用一个布尔向量表示。通过对布尔向量的分析，得到反映商品频繁关联或同时购买的购买模式。这些模式可用关联规则描述。

购买纸尿布与购买啤酒的关联规则可表示为：

diaper→beer [support=2%, confidence=60%]

其中，support 为支持度，confidence 为置信度。

该规则表示：在所分析的全部事务中，有 2%的事务同时购买纸尿布和啤酒；在购买纸尿布的顾客中 60%也购买啤酒。

常用的关联分析算法有 Apriori 算法及它的各种改进或扩展算法。Apriori 算法是一种挖掘布尔关联规则频繁项集的算法。算法的核心思想是基于频集理论的一种递推方法，目的是从数据库中挖掘出那些支持度和信任度都不低于给定的最小支持度阈值和最小信任度阈值的关联规则。在这里，所有支持度大于最小支持度的项集称为频繁项集，简称频集。对于大规模、分布在不同站点上的数据库或数据仓库，关联规则的挖掘可以使用并行算法，如 Count

分布算法、Data 分布算法、Candidate 分布算法、智能 Data 分布算法（IDD）和 DMA 分布算法等。

2. 分类（Classification）分析

所谓分类是根据数据的特征为每个类别建立一个模型，根据数据的属性将数据分配到不同的组中。在实际应用过程中，分类规则可以分析分组中数据的各种属性，并找出数据的属性模型，从而确定哪些数据属于哪些组。这样就可以利用该模型来分析已有数据，并预测新数据将属于哪一个组。类的描述可以是显式的，如用一组特征概念描述；也可以是隐式的，如用一个数学公式或数学模型描述。分类适合类别或分类体系已经确定的场合，目前分类分析已经成功地用于顾客分类、疾病分类、商业建模和信用卡分析等领域。

分类是事先定义好类别，属于有指导学习范畴。分类的目的是学会一个分类模型（称为分类器），该模型能把数据库中的数据项映射到给定类别中的某一个类中。要构造分类器，需要有一个训练样本数据集作为输入。训练集由一组数据库记录或元组构成，每个元组是一个由特征值组成的特征向量。此外，训练样本还有一个类别标记。一个具体样本的形式可表示为：（v_1, v_2, ..., v_n; c）。其中 v_i 表示特征值，c 表示类别。

常用分类算法有决策树、神经网络和贝叶斯分类（Bayes）等。

1）决策树

决策树算法提供了一种展示在什么条件下会得到什么值的方法。决策树是一个树形结构，它用样本的属性作为节点，用属性的取值作为分支。决策树的根节点是所有样本信息中信息量最大的属性，中间节点是以该节点为根的子树所包含的样本子集中信息量最大的属性，决策树的叶节点是样本的类别值。决策树学习是以实例为基础的归纳学习算法，它着眼于从一组无次序、无规则的事例中推理出决策树表示形式的分类规则。它采用自顶向下的递推方式，在决策树的内部节点进行属性值的比较并根据不同的属性值判断从该节点向下的分支，在决策树的叶节点得到结论。例如，在贷款申请中，要对申请的风险大小做出判断，为了解决这个问题建立的一颗决策树如图 7-26 所示，从中可以看到决策树由决策节点、分支和叶节点基本部分组成。

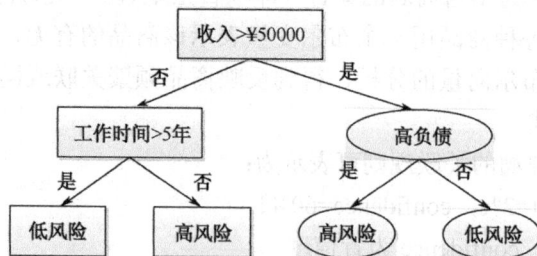

图 7-26 一颗简单的决策树

决策树中最上面的节点称为根节点，是整个决策树的开始，本示例中根节点是"收入>¥50000"，对此问题的不同回答产生了"是"与"否"两个分支。建立决策树的过程，及树的生长过程是不断地把数据进行切分的过程，每次切分对应一个问题，也对应一个节点。对每个切分都要求分成的组之间的差异最大。假如，负责借贷的银行官员利用这个决策树来决定支持哪些贷款和拒绝哪些贷款，可以用贷款申请表来运行这颗决策树，用决策树来判断风险的大小。"年收入>¥50000"和"高负债"的用户被认为是"高风险"，同时"收入

<¥50000"但"工作时间>5 年"的申请,则被认为"低风险"而建议予以贷款给他。因此,决策树很容易转换成 IF-THEN 规则。

在数据挖掘中,决策树是一种经常用到的技术,可以用于数据分析,也可以用于做预测。著名的决策树算法有 CHAID、CART、Quest、ID3 和 C5.0。

2)人工神经网络

人工神经网络算法是反映人脑结构及功能的一种数学模型,它是由大量的简单处理单元经广泛并行互联形成的一种网络系统,用以模拟人类进行知识的表示与存储以及利用知识进行推理的行为。它是对人脑系统的简化、抽象和模拟,具有人脑功能的许多特征。人工神经网络常用于分类和回归问题的描述。

在结构上,一个神经网络可以划分为输入层、隐含层和输出层,如图 7-27(a)所示。输入层的每个节点对应一个个的预测变量,输出层的节点对应目标变量,在输入层和输出层之间是隐含层,隐含层的层数和每层的节点的个数决定了神经网络的复杂度。

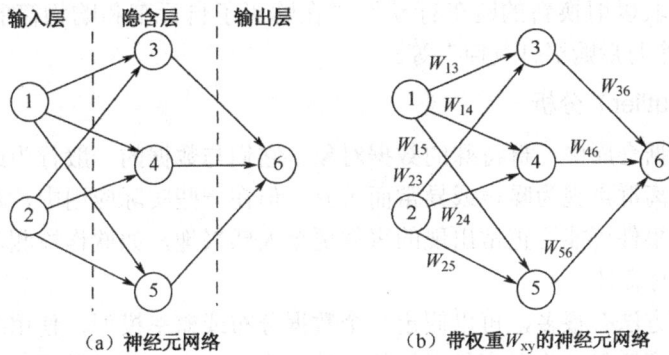

图 7-27　人工神经网络

除了输入层的节点,神经网络的每个节点都与许多它前面的节点(称为输入节点)连接在一起,每个连接对应一个权重 W_{xy},此节点的值就是通过它所有输入节点的值与对应连接权重乘积的和作为一个函数的输入而得到,通常把这个函数称为活动函数或挤压函数。如图 6-27(b)中节点 4 输出到节点 6 的值可如下计算:

节点 6 的值=节点 1 的值×W_{14}+节点 2 的值×W_{24}

神经网络的每个节点都可以表示成预测变量(节点 1、2)的值或值的组合(节点 3~6)。注意,由于数据在隐含层中传递时使用了活动函数,节点 6 的值已不再是节点 1、2 的线性组合。因此,调整节点间连接的权重是建立(也称训练)神经网络的重要工作。最早也是最基本的权重调整方法是错误回馈法,目前较新的方法有变化坡度法、类牛顿法、遗传算法等。无论采用哪种训练方法,都需要有一些参数来控制训练过程,以防止训练过度。

3. 聚类(Clustering)分析

聚类就是将"相似"的数据归类到一起,形成一个新的类别进行分析。例如,把数据库中的记录划分为一系列有意义的子集,即聚类。相似的程度可以通过距离函数来表示,由用户或专家指定。聚类分析是按照某种相近程度度量方法将数据分成互不相同的一些分组。每一个分组中的数据相近,不同分组之间的数据相差较大。好的聚类方法可以产生高质量的聚类,保证每一聚类内部的相似性很高,而各聚类之间的相似性很低。聚类分析的核心是将某些定性的相近程度测量方法转换成定量测试方法。采用聚类分析，系统可以根据部分数据发现规律，找出对全体数据的描述。

聚类分析的常用算法有 K 均值、最近邻、神经网络等算法。K 均值算法把 n 个对象根据它们的属性分为 k 个分割，k<n。它与处理混合正态分布的最大期望算法很相似，试图找到数据中自然聚类的中心。它假设对象属性来自于空间向量，并且目标是使各个群组内部的均方误差总和最小。

聚类增强了人们对客观现实的认识，是概念描述和偏差分析的先决条件。聚类分析用于很多领域，如在购物篮分析中，可用聚类分析基于其他人的兴趣来预测这个顾客的兴趣。

4. 序列（Sequence）分析

序列分析主要用于分析数据仓库中的某类与时间相关的数据，搜索类似的序列或子序列，并挖掘时序模式、周期性、趋势和偏离等。序列模式可以看成是一种特定的关联模型，它在关联模型中增加了时间属性。例如，它可以导出，"在两年前购买了福特轿车的顾客，有70%可能在今年采取以旧换新的购车行动"，"在购买了自行车和购物篮的所有客户中，有80%的客户会在两个月后购买打气筒"等。

5. 离群点（Outlier）分析

离群点是指数据仓库中一群特殊的数据对象。它们与数据的一般行为或模型不一致，许多数据挖掘方法把离群点视为噪声或异常而丢弃。但在一些实际应用中，数据仓库中的一些异常记录、罕见的事件可能比正常出现的事件更令人感兴趣，如欺诈检测，从数据仓库中检测出这些离群点很有意义。

离群点的检测方法有很多，可以假定一个数据分布或概率模型，使用统计检验来检测离群点；可以使用距离度量，将远离任何簇的对象视为离群点；可以采用基于偏差的方法，通过考察一群对象在主要特征上的差别来识别离群点。采用基于偏差的方法检测离散点有助于滤掉知识发现引擎所抽取的无关信息，也可滤掉那些不合适的数据，同时可产生新的关注性事实。偏差检测的基本方法是寻找观察结果与参照之间的差别，观察结果常常是某一个域的值或多个域值的汇总，参照是给定模型的预测、外界提供的标准或另一个观察。

离群点分析常用于发现有欺诈嫌疑的异常行为。作为一个离群点分析示例，银行在对数据进行查看时，可以通过与以往正常付费历史比较，发现某账号本次购买数额异常大时，判断该账号本次消费可能存在信用卡欺诈行为，也可以通过分析购物的地点、类型以及购物频率，检测该账号是否存在欺诈行为。

6. 预测模型（Predictive Modeling）分析

所谓预测即从数据库或数据仓库中已知的数据推测未知的数据或对象集中某些属性的值分布。比较典型的实例是市场预测，数据挖掘使用过去有关促销的数据来寻找未来投资中回报最大的用户，其他可预测的问题包括预报破产以及认定对指定事件最可能做出反应的群体。建立预测模型的常用方法包括：回归分析、线性模型、支持矢量机、关联规则、决策树预测、遗传算法、神经网络等。

7.5.3 数据挖掘的过程

数据挖掘技术是人们长期对数据库技术进行研究和开发的结果，已经历了数十年的发展。目前这些成熟的技术加上高性能的关系数据库引擎以及广泛的数据集成，使得数据挖掘技术进入了实用阶段。

数据挖掘是一个反复迭代的人机交互与处理过程，它作为知识发现的过程如图 7-28 所示，一般要经过数据与处理、数据挖掘、对数据挖掘结果评估与表示 3 个阶段。

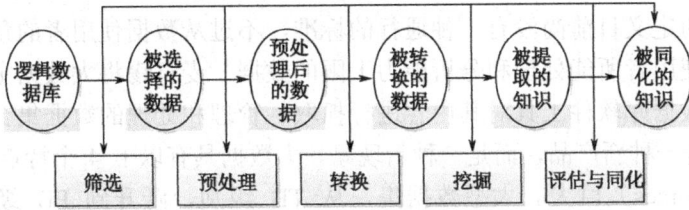

图 7-28　数据挖掘的过程

1. 数据预处理

数据预处理阶段主要完成以下 4 项工作：

（1）问题理解和提出：在开始数据挖掘之前，基础性的工作是理解数据和实际的业务问题，在这个基础之上提出问题，对数据挖掘的目标进行明确的定义。

（2）数据准备：获取所有与业务对象有关的原始数据，并从中抽取一定数量的子集，建立数据挖掘库。如果企业原来的数据仓库满足数据挖掘的要求，可以将数据仓库作为数据挖掘库。

（3）数据预处理：由于数据可能是不完全的、有噪声的、随机的、复杂的数据结构，就要对数据进行初步的整理，滤除与数据挖掘无关的冗余数据，做初步的描述分析，选择与数据挖掘有关的变量，或者转变变量。

（4）数据转换：根据知识发现的要求，对预处理过的数据再进行处理，将数据转换成一个分析模型。这个分析模型是针对挖掘算法建立的。建立一个适合数据挖掘算法的分析模型是数据挖掘成功的关键。

2. 数据挖掘

数据挖掘阶段主要完成以下 3 项工作：

（1）确定数据挖掘的目标：　根据用户需求确定要发现的知识类型，为选择适合的数据挖掘算法提供依据；

（2）选择算法：根据确定的数据挖掘目标和数据的特征，从关联规则、分类、聚类、时序模式等算法中选择合适的算法与模型；

（3）数据挖掘：使用选择的算法，从数据中提取用户感兴趣的知识。

3. 对数据挖掘结果评估与表示

在数据挖掘结果评估与表示阶段主要完成以下 3 项工作：

（1）知识评估：对数据挖掘产生的结果进行评估，剔除冗余和无用的知识。如果对挖掘的结果不满意，可以返回到前面的步骤反复进行。

（2）知识表示：使用可视化技术，展示所挖掘的知识。

（3）知识的同化：将挖掘的知识集成到业务信息系统的组织结构中，应用于实际问题。

7.5.4　基于大数据的智能决策与控制

大数据是互联网、移动互联网、社交网络和物联网等技术发展的必然，大数据应用成为当前最为热门的信息技术应用领域。大数据的挖掘和应用可创造出更多的价值，将是未来 IT 领域最大的市场机遇之一，其作用堪称又一次工业革命。

1. 何谓大数据

对于大数据的定义目前尚没有一种通行的标准，不过从数据使用者的角度来讲，大数据可以定义为超过使用者所能处理和分析能力上限的数据。麦肯锡将大数据定义为：无法在一定时间内用传统数据库软件工具对其内容进行抓取、管理和处理的数据集合。大数据不是一种新技术，也不是一种新产品，而是一种新现象。大数据具有以下 4 个特点，即 4 个"V"：①数据体量（Volumes）巨大。大型数据集，从 TB 级别，跃升到 PB 级别；②数据类别（Variety）繁多。数据来自多种数据源，数据种类和格式冲破了以前所限定的结构化数据范畴，囊括了半结构化和非结构化数据；③价值（Value）密度低。以视频为例，在连续不间断监控过程中，可能有用的数据仅仅一两秒钟；④处理速度（Velocity）快。

大数据瓦解了传统信息体系架构，将数据仓库转化为具有流动、连接和信息共享的数据池。大数据技术使人们可以利用以前不能有效利用的多种数据类型。大数据技术是一系列收集、存储、管理、处理、分析、共享和可视化技术的集合。适用于大数据的关键技术包括：遗传算法、神经网络、数据挖掘、回归分析、分类分析、聚类分析、关联规则学习、数据融合与集成、机器学习、自然语言处理、情感分析、网络分析、空间分析、时间序列分析、分布式文件系统、分布式缓存、分布式数据库、非关系型数据库系统、可视化技术等。

数据是有待理解的信息，大数据技术则是从巨量数据中提取出有价值的信息。无论是安全、商业、医学还是政治领域都在面临着大数据的考验，而风起云涌的大数据问题需要精细的数据挖掘为用户提供有用的信息。研究物联网的目的就是要基于大数据实现网络虚拟空间与现实社会物理空间的融合。大数据具有实际的作用，可运用于众多行业，包括预测企业趋势、确定研究质量、预防疾病、连接法律引用、打击罪犯和确定实时路况，等等。

2. 智能决策与控制

在物联网中，所有物理空间的对象，无论是智能的物体还是非智能的物体，都可以参与到物联网的感知、通信、计算的过程之中。计算机在获取海量数据的基础上，通过对物理空间的建模和数据挖掘，提取对人类处理物理世界有价值的知识。利用这些知识产生正确的控制策略，将策略传递到物理世界的执行设备，实现对物理世界的智能处理。这种从感知物理世界的原始数据信息，到人类处理物理世界问题的智能行为，形成了一个从感知、通信、计算、挖掘、智能决策到智能控制的闭环过程，如图 7-29 所示。

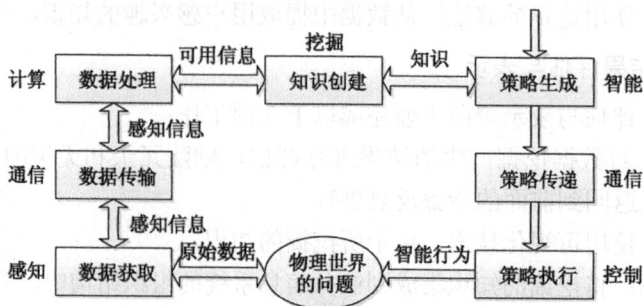

图 7-29　感知、通信、计算、挖掘、智能决策与控制的逻辑关系

例如，在精准农业物联网应用系统中，通过埋在土壤中的传感器与空气中的温度、湿度、氧气、二氧化碳、土壤湿度与酸碱度等多种传感器，监测、控制农作物的生长，就是这样一个感知、通信、计算、知识、智能决策与控制的过程。首先，从大量历史数据中挖掘出影响农作物产量的主要因素，以及使产量达到最大化的最佳水、肥配比和控制模型，研发可以用于农作物生长数据挖掘的专家系统软件。然后，依据专家系统软件，结合实时感知的农作物生长参数，分析、计算农作物生长的状态，决定是否应该浇灌、施肥。如果需要浇灌，那么远程控制中心就通过网络将指令发送到田间的浇灌控制器，控制器根据指令执行灌溉策略，如什么时间放水喷灌，以多大的流量喷灌多长时间等。这样，就实现了从感知、通信、计算、挖掘、智能决策到智能控制的精准农业自动化系统，使得整个农作物的生长始终处于最佳状态，以最小的投入获取最高的经济效益。

小结与进一步学习建议

物联网通过覆盖全球的传感器、RFID 标签技术等实时感知海量数据不是目的，只有从海量数据中通过汇聚、挖掘与智能处理，获取有价值的知识，为不同行业的应用提供智能服务才是要达到的真正目的。本章在讨论物联网数据特点的基础上，主要讨论介绍了物联网数据处理的一些关键技术，包括数据融合、云计算、数据存储、数据挖掘、智能决策与控制等。

数据融合技术起源于军事领域多传感器的数据融合。数据融合及处理的研究与应用已经从大型科学数据采集、计算和军事领域的目标识别、跟踪，发展到了目前传感网、个人信息提取等领域。数据融合是利用计算机技术对时序获得的若干感知数据，在一定准则下加以分析、综合，以完成所需决策和评估任务而进行的数据处理过程。它的基本目标是通过融合方法对来自不同感知节点、不同模式、不同媒质、不同时间、不同地点、不同表现形式的数据进行融合处理，最终得到被感知对象更加精确、精练的一致性解释与描述。

云计算是分布式处理、并行处理和网格计算的发展，通过利用非本地或远程服务器（集群）的分布式计算机为互联网用户提供服务（计算、存储、软硬件等），从而有效提高对软硬件资源的利用效率，使用户通过云计算享受高性能计算所带来的便利。云计算使计算分布在大量的分布式计算机上，而非本地计算机或远程服务器中，使得企业能够将资源切换到需要的应用上，根据需求访问计算机和存储系统。这是一种革命性的举措，它意味着计算能力也可以作为一种商品进行流通，就像煤气、水电一样，取用方便，费用低廉。云计算最大的特点是通过互联网进行的。在未来，只需要一台笔记本或者一个手机，就可以通过网络服务来实现人们需要的一切，甚至包括超级计算。因此而形成物联网的发展应用基础。云计算与物联网之间的关系可以用一个形象的比喻来说明："云计算"是"互联网"中的神经系统的雏形，"物联网"是"互联网"正在出现的末梢神经系统的萌芽。

海量数据存储技术是物联网应用的基础，并且已多种多样的存储技术可供选用。其中，云存储是在云计算概念上延伸和发展出来的一个新的概念，是指通过集群应用、网格技术或分布式文件系统等功能，将网络中大量各种不同类型的存储设备通过应用软件集合起来协同工作，共同对外提供数据存储和业务访问功能的一个系统。当云计算系统运算和处理的核心是大量数据的存储和管理时，云计算系统中就需要配置大量的存储设备，那么云计算系统就转变成为一个云存储系统，所以云存储是一个以数据存储和管理为核心的云计算系统。云存储已经成为未来存储发展的一种趋势。但随着云存储技术的发展，各类搜索、应用技术和云存储相结合的应用，还需从安全性、便携性及数据访问等角度进行改进。

数据挖掘理论汇聚了数据库、可视化、并行计算等方面的技术，集统计学、人工智能、模式识别、计算机科学、机器学习等多门学科理论知识为一体。

数据融合、云计算、数据挖掘等都是物联网中的重要应用领域。但目前，这方面的参考文献尚不多见。对于数据融合技术可侧重查阅有关多传感器数据融合、传感网数据融合及管理等方面的技术文献资料。重要的是经常查阅关注最新研究动向及其研究成果。

对于云计算技术，应用前景广阔，市场潜力巨大。在目前和未来，云计算将在 IT 技术行业扮演非常重要的角色，最终会将 IT 作为服务提供给使用者。有许多网络站点和 Web 资源对云计算提供支持，许多 USENET 新闻组、论坛等都致力于云计算技术，希望读者及时查阅相关资料，以跟踪该领域的最新研究与发展。例如：http://www.china-cloud.com（中云网）；http://www.chinacloud.cn（中国云计算）。

讨论与思考

1. 简述物联网数据的特点。有哪些常用的物联网数据处理技术？
2. 简述数据融合的原理、方法及分类。
3. 传感网中的数据融合有哪些技术特征和要求？
4. 像素级融合、特征级融合和决策级融合各有哪些优缺点？
5. 建立什么样的数据融合模型才能够适应物联网的应用需求？
6. 物联网中数据融合的关键问题有哪些，如何解决？
7. 什么是云计算？目前对云计算的定义主要有哪些表述？各种表述之间的侧重点有什么不同？
8. 简述云计算的工作原理与关键技术。
9. 简述云计算的应用场合。试举例说明。
10. 解释 SaaS、PaaS 和 IaaS 的含义。
11. 简论云计算与物联网之间的关系。
12. 物联网数据存储模式有哪些？
13. 什么是网络存储？简述云存储的概念。
14. 什么是数据仓库，它与数据库有何相似和不同之处？
15. 什么是数据挖掘，它的大致过程是怎样的？

第8章 物联网设计与构建

物联网设计与构建是物联网应用发展的集中体现。它需要运用工程方法学，涉及物联网工程需求分析与可行性研究、网络硬件设计、应用软件设计、工程实施、运行维护与管理等多项具体工作。

本章通过讨论物联网应用系统的规划与设计方法，介绍几个具体物联网工程案例，给出物联网应用系统的组网构建技术。

8.1 物联网设计基础

随着物联网技术和应用业务的飞速发展，用户对物联网的需求飞速增长。不管是从头开始构建一个新的物联网应用系统，还是通过增加一些新的特性进行升级，网络工程师大致遵循一个相同的开发过程。这个过程的实质就是从信息化工程的角度客观地决定一个特定的物联网系统（无论是现有的还是计划构建的）是否满足一个企业及其用户的要求。遵循正规的开发过程有很多好处，但并不是每个项目都需要这样细致。一旦理解了这个方法，就可以根据项目的实际情况进行修改。

8.1.1 物联网规划设计原则

概括而言，物联网是一种信息网络。借鉴互联网建设的经验，任何网络建设方案的设计都应坚持实用性、先进性、安全性、标准化、开放性、可扩展性、可靠性与有效性等原则。

1. 实用性和先进性原则

在设计物联网系统时首先应该注重实用性，紧密结合具体应用的实际需求。在选择具体的网络通信技术时一定要同时考虑当前及未来一段时间内的主流应用技术，不要一味地追求新技术和新产品：一方面新的技术和产品还有一个成熟的过程，立即选用则可能会出现各种意想不到的问题；另一方面，最新技术的产品价格肯定非常昂贵，会造成不必要的资金浪费。

在组建物联网时，尽可能采用先进的信息感知技术，以适应多种数据、语音（VoIP）、视频（多媒体）传输的需要，使整个系统在相当长一段时期内保持技术上的先进性。

性价比高，实用性强，是对任何一个网络系统最基本的要求。组建物联网也一样，特别是在组建大型物联网系统时更是如此。如若不然，虽然网络性能足够了，但如果企业目前或者未来相当长一段时间内都不可能有实用价值，那会造成投资的浪费。

2. 安全性原则

根据物联网自身的特点，除了需要解决通信网络的传统网络安全问题之外，还存在着一些与现有网络安全不同的特殊安全问题。例如：物联网机器/感知节点的本地安全问题，感知网络的传输与信息安全问题，核心承载网络的传输与信息安全问题，以及物联网业务的安全问题等。物联网安全涉及许多方面，最明显、最重要的就是对外界入侵、攻击的检测与防护。现在的互联网几乎时刻受到外界的安全威胁，稍有不慎就会被病毒、黑客入侵，致使整个网络陷入瘫痪。在一个安全措施完善的网络中，不仅要部署病毒防护系统、防火墙隔离系统，还可能要部署入侵检测、木马查杀和物理隔离系统等。当然，所选用系统的具体等级要根据相应网络的规模大小和安全需求而定，并不一定要求每个网络系统都全面部署这些防护系统。

不同的机构有不同的安全性需求。很多业务只有普通的安全性需要，如保护客户数据或财务记录。但有些机构需要非常高的安全性，如政府部门或进行高度机密开发工作的公司。这种机构可能需要对职员进行严格的安全限制，用严格的手段来控制信息的进出。因为安全性问题将以异常的或不可知的方式影响一个单位，即使是专用小企业也开始注意安全性。设计者应该调查每种应用、每种数据的安全性需求。

从用户的角度看，安全性是对用户所需信息和设备的完整性保证。用户级的安全需求包括经常自动备份、发生问题后及时恢复、对关键数据进行管理等。然而，对于用户来说安全性可能会带来一些麻烦，因为安全措施会使简单工作复杂化。所以，有些用户提到的安全性需求可能并非所需。大量的负面评价可能意味着要在改动安全程序，改善用户培训方式，或者在安全性和简单性之间进行折中。

3. 标准化、开放性和可扩展性原则

物联网系统是一个不断发展的应用信息网络系统，所以它必须具有良好的标准化、开放性、互联性与扩展性。

标准化是指积极参与国际和国内相关标准制定。物联网的组网、传输、信息处理、测试、接口等一系列关键技术标准应遵循国家标准化体系框架及参考模型，推进接口、架构、协议、安全、标识等物联网领域标准化工作；建立起适应物联网发展的检测认证体系，开展信息安全、电磁兼容、环境适应性等方面监督检验和检测认证工作。

开放性和互联性是指凡是遵循物联网国家标准化体系框架及参考模型的软硬件、智能控制平台软件、系统级软件或中间件等都能够进行功能集成、网络集成，互联互通，实现网络通信、资源共享。

可扩展性是指设备软件的系统级抽象，核心框架及中间件构造、模块封装应用、应用开发环境设计、应用服务抽象与标准化的上层接口设计、面向系统自身的跨层管理模块化设计、应用描述及服务数据结构规范化、上下层接口标准化设计等要有一定的兼容性，保障物联网应用系统以后扩容、升级的需要，能够适应物联网应用不断深入发展的需要，易于扩展网络覆盖范围、扩大网络容量和提高网络功能，使系统具备支持多种通信媒体、多种物理接口的能力，可实现技术升级、设备更新等。

在进行物联网应用系统设计时，在有标准可执行的情况下，一定要严格按照相应的标准进行设计，而不要我行我素，特别是节点部署、综合布线和网络设备协议支持等方面。只有基于开放式标准，包括各种传感网、局域网、广域网等，再坚持统一规范的原则，才能为其未来的发展奠定基础。

4. 可靠性和有效性原则

可靠性与有效性原则决定了所设计的物联网系统是否能满足用户应用和稳定运行的需求。可靠性和有效性也是紧密相关的。从用户的角度来看，可靠性就是能稳定地提供服务。在一个可靠的系统里，在绝大部分时间内系统资源可被用户使用。可靠性也意味着提供给用户的服务水平（以系统性能来衡量）也必须持久。有效性体现在网络的可用性及稳定性方

面。物联网系统应能长时间稳定运行，而不应经常出现这样或那样的运行故障；否则给用户带来的损失可能是非常巨大的，特别是大型、外贸、电子商务类型的企业。

电源供应在物联网系统的可用性保障方面也居于重要地位，尤其是关键网络设备和关键用户机，需要为它们配置足够功率的不间断电源（UPS），以免数据丢失。例如服务器、交换机、路由器、防火墙之类关键设备要接在有 1 个小时以上（通常是 3 小时）的 UPS 电源上，而关键用户机则需要支持 15 分钟以上的 UPS 电源。

为保证各项业务应用，物联网必须具有高可靠性，尽量避免系统的单点故障。要在网络结构、网络设备、服务器设备等各个方面进行高可靠性的设计和建设。在采用硬件备份、冗余等可靠性技术的基础上，还需要采用相关的软件技术提供较强的管理机制、控制手段和事故监控与网络安全保密等技术措施，以提高整个物联网系统的可靠性。同时，也要让用户量化他们的需求。网络故障是否可以接受？如果可以接受，可以接受到何种程度？何时可以接受？响应时间多长叫太长？即使是用户的粗略估计也远胜于没有量化的模糊需求。

另外，可管理性也是值得关注的。由于物联网系统本身具有一定复杂性，随着业务的不断发展，物联网管理的任务必定会日益繁重。所以在物联网规划设计中，须建立一套全面的管理解决方案。物联网需要采用智能化、可管理的设备，同时采用先进的网络管理软件，实现先进的分布式管理，最终能够实现监控、监测整个网络的运行情况，并做到合理分配网络资源、动态配置网络负载、迅速确定网络故障等。通过先进的管理策略、管理工具来提高物联网的运行可靠性，简化网络的维护工作，从而为维护和管理提供有力的保障。

8.1.2 物联网设计过程

在物联网设计中，常常由于时间紧迫，许多人总是不想进行规范的设计，而"直接开始工作"，因而，使得物联网工程经常出现不能满足需要、蠕动需求、延误工期或超支、不能令用户满意等问题。显然，当设计一个满足特定业务需求的物联网系统时，同所有技术开发一样，也必须遵循一定的处理过程。一个好的、正规的设计过程不会成为干扰实际物联网工程的负担，而会使设计者的工作更简单、更加高效、更令人满意。

物联网设计过程描述开发一个应用系统时必须完成的基本任务。但是每个项目都有它自身的独特需求，需要略做修改以完成不同的任务。通过分成多个阶段，大项目被拆分成多个易理解、易处理的部分。如果把一个项目看成是一个任务表，阶段就是这类简单的任务。换而言之，每个阶段都包括将项目推动到下一个阶段必须做的工作。通常一个物联网系统开发项目的生命周期一般由以下几个阶段组成（如图 8-1 所示）：

(1) 用户需求分析；

(2) 物联网系统性能分析；

(3) 物联网逻辑设计（又称概念设计）；

(4) 物联网物理设计（又称最终设计）；

(5) 物联网工程施工，包括安装、调试、运行与维护。

这个过程既可应用于流程周期，也可应用于循环周期。换言之，这个过程只是定义了生命周期的各个阶段。到底是在完成了一个环节之后再开始下一个环节（即流程周期），还是循环地做几个轮回（即循环周期），这将根据用户单位的实际情况具体确定。

另外，为了达到建成实用物联网系统的最终目标，工程设计者还应整理出一些相关的材料，例如需求分析评估报告、设计文档等。每个阶段都形成文档输出，并作为下一阶段的输入。当然并不是每个项目都需要这些阶段及其输出。小项目可以越过一些环节，或将它们综合起来。一旦理解了为什么会有这些环节、任务和输出，就可以考虑哪些文档材料是项目所必需的。

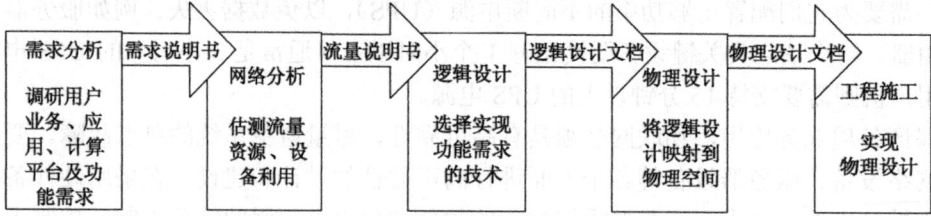

图 8-1　物联网设计过程

1. 用户需求分析

任何网络系统都不可能是一个可以进行各种各样工作的"万能网"，因此，必须针对每一个具体的信息网络应用，依据使用要求、实现成本、未来发展、总预算投资等因素仔细地反复推敲，尤其是分析信息网络系统要完成的所有功能。

用户需求分析是工程设计过程中最为关键的阶段，因为需求提供了物联网工程设计应达到的目标。但是，尽管收集需求信息对工程设计来说是最基本的，却因为要从多方面搜集和整理信息太困难而常被忽略。

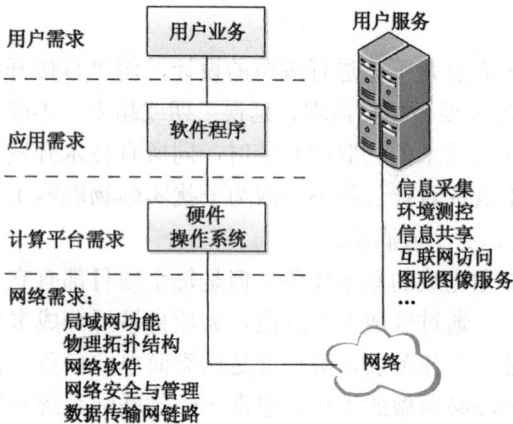

图 8-2　物联网应用需求范围

收集需求信息意味着要与用户、经理及其他信息网络管理员交谈，然后归纳和解释谈话结果。通常，不同的用户会有不同的应用需求，一个组织机构的各个方面也会有它自己的需求。一般来说，以下几个方面的需求信息值得关注：①用户业务需求；②应用需求；(3)计算平台需求；④网络通信需求。图 8-2 显示了这些需求的层次性，在每层提供相应的服务和需求。

搜集需求的过程有一系列步骤。首先，从上层管理者或业主开始收集用户业务信息。接着搜集用户群体的需求，搜集支持用户及其应用及计算平台需求。网络自身是最后考虑的对象，开始收集需求时不需要考虑网络和网络技术。收集需求信息是很耗时的工作，而且不能立即提供一个结果。但是，需求分析有助于设计者更好地理解网络应该具有的性能。

在需求分析阶段应该尽量明确地定义用户的需求。详细的需求描述会使得最终的网络更有可能满足用户业务要求。明确的需求描述帮助防止"蠕动需求"，即需求渐渐增加以至不可辨认的过程。收集需求时还必须同时考虑机构的现状和将来的发展需要。好的需求收集技术不仅会帮助个人的工作，同时还会提高整个机构的工作效率，为它们在市场竞争中提供有利工具。

在需求分析后，要规范地把需求记录在一份需求说明书中。在形成需求说明书后，管理者与网络设计者应该正式达成共识。

2. 物联网系统性能分析

物联网系统性能分析是指根据对物联网应用系统的响应时间、事物、处理的实时性进行评估，确定系统需要的存储量及备用的存储量。具体地说，就是根据物联网的用户权限、容错程度、安全性方面的要求等，确定采取何种措施及方案。物联网系统性能分析包括两种情况：一是已有应用系统的升级或改善，须先分析现有网络的体系结构及其性能。这种物联网系统性能分析是需求收集阶段的补充，需求告诉将要干什么，分析告诉现在处于什么状态。二是建设新物联网系统，新物联网应用系统设计的效率依赖于现有基础计算设备是否能支持新的需求。现有网络设备及其支持系统对新的开发可能很有用，也可能是一种负担。在设计过程开始之前撰写需求说明书时，还应分析与现有物联网系统和新系统相关的其他资源。

质量（如用户对存储量和通信流量的评价）和数量（如测到的流量大小和来自网络管理者的统计数据）方面的信息都应该被收集。

流量测量和收集统计数据的过程通常称之为基线测量，它给物联网性能提供了一个"快照"。随着时间的推移，管理人员可将后来得到的测量结果与此基线进行对比，看看网络是否仍能满足要求。当用户报告了性能问题而且在完成了一个解决方案之后，进行基线测量也是很重要的。通过比较两组性能测量的结果，可以很容易了解这个工程方案是否有效。

在这个阶段，要编制出一份正式的流量说明文档，作为物联网系统性能分析的结果，提供给逻辑设计阶段使用。物联网系统性能分析阶段一般应完成如下几项具体工作：①现有物联网的逻辑拓扑结构图；②反映网络容量的每个应用、网段及网络整体所需的通信容量和模式；③详细的统计数据、基本的测量值和所有其他直接反映现有网络性能的测量值；④应用接口和网络提供的服务质量报告；⑤限制因素清单，如必须使用现有线缆和设备等。

3. 物联网逻辑设计

物联网逻辑设计阶段将描述满足用户需求的网络行为和性能，详细说明数据如何在网络上传输，但并不涉及网络元素的物理位置。

设计者利用需求分析和现有物联网应用系统分析的结果来设计逻辑网络结构。如果现有的软、硬件不能满足新网络系统的需要，就必须将它们升级。如果现有系统能继续使用，新设计可以将它们集成进来。

在进行逻辑设计时，应该确定满足用户需求的服务、网络互联设备、网络结构和寻址。在该阶段应该形成一份包括以下内容的逻辑设计文档：①网络拓扑结构图；②寻址策略；③安全措施；④具体的软件、硬件、网络互联设备和基本的服务；⑤招聘和培训新网络员工工作；⑥对软件、硬件、服务、员工和培训费用的初步预算。

4. 物联网物理设计

物联网物理设计阶段的主要任务是如何实现逻辑设计。在这个阶段，需要确定具体的软件、硬件、网络设备、服务和综合布线系统。

物联网物理设计阶段给出的结果用以指导如何购买和安装设备，所以物理设计文档必须尽可能详细、清晰，一般包括如下内容：①物理网络图和综合布线系统方案；②设备和部件的详细清单；③软件、硬件和安装费用的预算；④施工日程表，详细说明施工时间和期限；⑤安装后的系统测试与验收计划；⑥用户培训计划。

5. 物联网工程施工

工程施工阶段的工作主要是根据前 4 个阶段所确定的任务具体实施，主要包括：①最后修订的网络结构图（逻辑网络图和物理网络图）；②做了清晰标记的线缆、连接器和网络互联设备；③所有便于系统运行、维护和纠错施工的记录和文档，包括测试结果和流量记录。

所有软、硬件在开始安装之前必须到位并进行测试。在物联网系统投入运行之前，所有所需的资源都应该妥善安排。如果在开始施工前，某个至关重要的子系统没能就位，部分或者整个系统可能就要重新设计。

网络系统安装以后，工作任务就转到了接受用户反馈意见和监控等工作上。每当有新的需求出现时，物联网工程生命周期就会重复。

8.2 物联网应用系统的构建

目前来看，可以把物联网看成以电子标签、传感器等感知设施和 EPC 码为基础，建立在计算机互联网基础上的智能物件互联网，传感网是其最复杂的一个组成部分。一个应用系统可能有几个到几万、上百万不等的感知节点，应用环境除了室内外，还包括在不同温度、湿度、电磁干扰下的户外环境。因此，末梢感知节点采集控制设备、接入层技术是物联网的关键和难点。

8.2.1 物联网应用系统规划

物联网技术和产业的发展将引发新一轮信息技术革命和产业革命，是信息产业领域未来竞争的制高点和产业升级的核心驱动力。随着信息采集与智能计算技术的迅速发展和互联网与移动通信网的广泛应用，大规模发展物联网及相关产业的时机日趋成熟，我国早在十多年前就开始了物联网相关领域的研究，技术和标准与国际基本同步。现阶段，其应用主要为传感网，可在以下各领域构建物联网系统。

1. 经济领域的物联网系统

经济领域物联网系统主要是以提高生产效率、改善管理和节能减排为目的应用系统，包括智能工业、智能农业、智能物流和智能电网等。

1）智能工业

（1）工业智能控制系统。例如在冶金、石化企业建立全流程实时监测和智能控制系统，实施生产过程、检验、检测等环节的智能控制，能够大幅度提升生产水平，提高能源利用效率，减少污染物排放。

（2）智能装备产品。装备制造企业在产品中集成物联网技术，带动装备升级，提升相关行业智能化水平。

2）智能农业

（1）数字大棚物联网系统推广平台。例如建设蔬菜大棚环境监测、生产管理和防盗监控系统，能够大幅度提升生产和管理效率，推动蔬菜大棚数字化、智能化发展。

（2）农业服务、管理和远程监测平台。例如建设农田服务、管理和远程监测平台，实现远程数据采集和环境控制自动化，可为生产全过程提供高水平的信息和决策服务。

3）智能物流

（1）危险品运输车辆智能调度及监控系统。例如，在危险品运输车辆上加装位置感知和泄露监测设备，通过危险品运输状态监测平台，与路政、交警和消防等部门联动，可实现危险品运输车辆智能调度与实时监控。

（2）集装箱智能物流调度系统及平台。通过建设港口感知调度与通关平台，利用堆场内的物联网，可实现人员、货柜车和集装箱定位跟踪与智能调度，能够大幅度提升港口调度效率，加快货物通关速度。

（3）食品及药品追溯系统。通过建立基于 RFID、二维条码等技术的物联网食品及药品追溯系统，可实现各类农产品、药品从生产、加工、运输、储存到销售过程的全生命周期追溯，能够大幅度提高产品安全性，保障食品及药品的质量。

4）智能电网

（1）电网电力设施智能监测网络及平台。以电力设施状态监测和高空塔架应急抢险等应用为切入点，建设基于移动通信网络的智能电网物联网，能够有效地保障电网可靠、安全、经济、高效运行，为工业生产提供健康的能源环境。

（2）智能化远程抄表系统及网络。通过建立电力远程抄表平台，可实现全远程抄表和缴费，有效地提升基础设施精细管理和自动化运营能力。

2. 公共管理领域的物联网系统

公共管理领域物联网主要是以提高公共管理水平为目的应用系统，这可围绕市政基础设施建设管理、重大突发事件响应、重点区域环境监测等，构建车联网、智能公共安全、智能环保和智能灾害防控等物联网系统。

1）车联网

根据行业背景不同，对车联网（Internet of Vehicles，IoV）的理解不尽相同。一般认为车联网是指装载在车辆上的电子标签通过无线射频等识别技术，实现在信息网络平台上对所有车辆的属性信息和静、动态信息进行提取和有效利用，并根据不同的功能需求对所有车辆的运行状态进行有效的监管和提供综合服务的系统。车联网主要由以下子系统组成：

（1）端系统。端系统是汽车的智能传感器，负责采集与获取车辆的智能信息，感知行车状态与环境；是具有车内通信、车间通信、车网通信的泛在通信终端；同时还是让汽车具备IoV 寻址和网络可信标识等能力的设备。

（2）管理系统。管理系统主要解决车与车（V2V）、车与路（V2R）、车与网（V2I）、车与人（V2H）等的互联互通，实现车辆自组网及多种异构网络之间的通信与漫游，在功能和性能上保障实时性、可服务性与网络泛在性，同时也是公网与专网的统一体。

（3）云系统。车联网是一个云架构的车辆运行信息平台，其生态链包含 ITS、物流、客货运、危特车辆、汽修汽配、汽车租赁、企事业车辆管理、汽车制造商、4S 店、车管、保险、紧急救援、移动互联网等，是多源海量信息的汇聚，因此需要虚拟化、安全认证、实时交互、海量存储等云计算功能，其应用系统也是围绕车辆的数据汇聚、计算、调度、监控、管理与应用的复合体系。

通过车联网的建设，目前主要是实现如下目标：

（1）通过 GPS、RFID、传感器、摄像头图像处理等装置，车辆可以完成自身环境和状态信息的采集，建立起交通流量与违规监测网络及平台。在这种交通智能管理平台上，可以对交通流量实时监测与动态诱导统、机动车定点测速、闯禁车辆智能抓拍和交通信号灯智能控制等，提升城市智能交通管理水平。

（2）由车辆位置、速度和路线等信息构成交互网络。通过建设停车场智能诱导和管理系统，实现信息查询、车位预约和自动收费等功能。

（3）形成车载以太网，将应用从信息娱乐系统扩展至远程信息处理、仪表组、汽车音响主机和中控台模块等。

2）智能公共安全

（1）城市公共安全平台。通过建设城市热点地区（包括主要商业区、娱乐区、交通路口和治安事件多发区等）远程监控系统，使之具备异常事件自动发现和智能预警功能，并与消防、公安、急救等部门联动，不但能够实现实时监控、应急指挥功能，还可以对事后评估提供有效依据。

（2）重要基础设施安全防护平台。例如在新建桥梁、隧道等重要基础设施中铺设物联网，对设施结构进行实时监测，可避免重大事故的发生。

3）智能环保

（1）水环境监测物联网系统及预警平台。对区域内的水环境例如湖泊建立水质监测物联网平台，实时获取水质并完成分布式协同处理与信息综合，对水质恶化及时报警并快速采取应对措施。

（2）生态城市大气环境智能监测平台。例如在城市市区、重要工业区建立大气质量监测系统，以便为管理机构评估环境、制订政策提供依据，可为公众提供信息查询服务。

（3）重点排污企业智能化远程监控平台。针对重点排污企业建立排放物监测物联网系统，实时获取企业排污信息，以便实施针对性有效管理。

4）智能灾害防控

（1）水文智能监测及洪灾预警平台。通过建立水文智能监测系统，可对洪涝灾害及时预警，与水利、气象部门和城市应急指挥系统联网，实时进行洪灾预警。

（2）气象灾害监测和预警系统。通过建设监测云、水、露点、冰厚、雷电等的高密度气象探测物联网，实时进行气象灾害预警。

（3）地质灾害监测预警与防控系统。通过建设山洪、泥石流、滑坡等地质灾害监测预警系统，可对地质灾害进行早期监测、预警，以便进行有效的应急处理。

3. 公众服务领域的物联网系统

公众服务领域物联网主要以提高人民生活水平为目的构建应用系统，可以物联网与 4G 网络融合应用为突破口，建设例如智能医护、智能家居等应用系统，让更多的传统消费产品将增添物联网功能。

1）智能医护

（1）个人健康实时服务平台。通过建设个人实时健康监测和服务平台，提升对老年市民、离退休干部等实时医疗医护服务水平。

（2）临床医疗、智能重症监护病房平台。通过建设重症监护病房智能系统，对病人生理参数进行实时监测和分析，能够降低医疗费用，提高卫生资源的使用效益。

2）智能家居

（1）智能小区。在住宅小区引入物联网技术，建设联入城市公共安全平台的小区安防系统以及基于通信网络的家庭环境监控、智能安防系统、电子支付等智能控制平台，可实现小区、家居智能化。

（2）基于物联网的节能建筑。在政府机关、科研院校和商业区写字楼铺设物联网，实时收集水、电等资源使用信息，根据人员活动情况自动调节空调、电灯和水源等，达到节能减排的目的。

8.2.2 物联网应用系统硬件设计

构建一个物联网应用系统，首先是进行用户需求分析和网络分析，然后进行逻辑设计和物理设计。按照物联网系统的组成结构一般是将其分成硬件系统和软件系统来分别进行。

1. 硬件技术选用

在物联网中，由末梢节点与接入网络完成数据采集和控制功能。按照接入网络的复杂性不同可分为简单接入和多跳接入方式。简单接入是在采集设备获取信息后通过有线或无线方式将数据直接发送至承载网络。目前，RFID 读写设备主要采用简单接入方式。简单接入方式可用于终端设备分散、数据量少的业务应用。多跳接入是利用传感网技术，将具有无线通信与计算能力的微小传感器节点通过自组织方式，各节点能根据环境的变化，自主完成网络自适应组织和数据的传递。多跳接入方式适用于终端设备相对集中、终端与网络间传递数据量较小的应用。通过采用多跳接入方式可以降低末梢节点、接入层和承载网络的建设投资和应用成本，提升接入网络的健壮性。

对于近距离无线通信，IEEE 802.15 委员会制订了 3 种不同的无线个人局域网（WPAN）标准。其中，IEEE 802.15.3 标准是高速率的 WPAN 标准，适合于多媒体应用，有较高的网络服务质量（QoS）保证。IEEE 802.15.1 标准即蓝牙技术，具有中等速率，适合于蜂窝电话和PDA 等的通信，其 QoS 机制适合于话音业务。IEEE 802.15.4 标准和 ZigBee 技术完全融合，专为低速率、低功耗的无线互联应用而设计，对数据速率和 QoS 的要求不高。目前，对于小范围内的物品、设备联网，ZigBee 技术以其复杂度低、功耗低、数据速率低及成本低等特点在传感网应用系统中有较为广泛的应用；尤其在控制系统中，ZigBee 自组网技术已经成为传感网的核心技术。ZigBee 技术主要应用于小范围的基于无线通信的控制和自动化等领域，包括工业控制、消费性电子设备、汽车自动化、农业自动化和医用设备控制等，同时也支持地理定位。

2. 基于ZigBee的传感网硬件设计

把 ZigBee 技术与传感器结合起来，就可形成传感网。一般，传感网由感知节点、汇聚（Sink）节点、网关节点三种节点构成。感知节点、汇聚节点完成数据采集和多跳中继传输。网关节点具有双重功能，一是充当网络协调器，负责网络的自动建立和维护、数据汇聚；二是作为监测网络与监控中心的接口，实现接入互联网、局域网，与监控中心交换传递数据。

1）基于ZigBee的传感网组成

在消费性电子设备中嵌入 ZigBee 芯片后，就可实现信息家用电器设备的无线互联。例如，利用 ZigBee 技术可较容易地实现相机或者摄像机的自拍、窗户远距离开关控制、室内照明系统的遥控，以及窗帘的自动调整等。尤其是当在手机或者 PDA 中嵌入 ZigBee 芯片后，可以用来控制电视开关、调节空调温度及开启微波炉等。基于 ZigBee 技术的个人身份卡能够代替家居和办公室的门禁卡，记录所有进出大门的个人信息，若附加个人电子指纹技术后，可实现更加安全的门禁系统。嵌入 ZigBee 芯片的信用卡可以较方便地实现无线提款和移动购物，商品的详细信息也能通过 ZigBee 向用户广播。

对于基于 ZigBee 技术的传感网，不同的具体应用，传感网节点的组成有所不同。通常，就一项具体应用而言，感知节点、感知对象和观察者是传感网的 3 个基本要素。一个传感网系统组成示意图如图 8-3 所示。

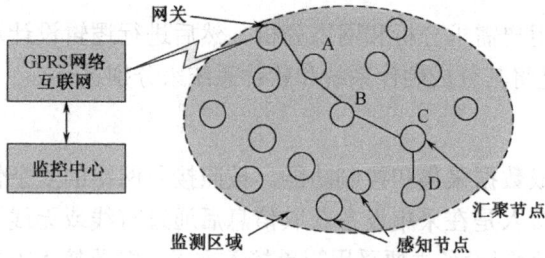

图 8-3　传感网系统组成示意图

对于图 8-3 所示的传感网系统，主要由 ZigBee 感知节点（探测器）、若干个具有路由功能的汇聚节点和 ZigBee 中心网络协调器（网关节点）组成，是传感网测控系统的核心部分，负责感知节点的管理。在图 8-3 中，A、B、C 和 D 为具有路由功能的汇聚节点，感知节点与汇聚节点自主形成一个多跳的网络。感知节点（传感器、探测头）分布于需要监控的区域内，将采集到的数据发送给就近的汇聚节点，汇聚节点根据路由算法选择最优传输路径，通过其他的汇聚节点以多跳的方式把数据传送到网络协调器（网关节点），最后通过 GPRS 网络或者互联网把接收到的数据传送给监控中心。

此系统具有自动组网功能，网络协调器一直处于监听状态，新添加的感知节点会被网络自动发现，这时汇聚节点会把感知的数据送给协调器，由协调器进行编址并计算其路由信息，更新数据转发表和设备关联表等。

2）网络节点的硬件设计

对于不同的应用，网络节点的组成略有不同，但均应具有端节点和路由功能：一方面实现数据的采集和处理；另一方面实现数据融合与路由。因此，网络节点的硬件设计至关重要。

目前，国内外已经开发出多种传感器节点，其组成大同小异，只是应用背景不同，对节点性能的要求不尽相同，所采用的硬件组成也有差异。典型的节点系列包括 Mica 系列、Sensoria WINS、Toles 等，实际上各平台最主要的区别是采用了不同的微处理器、无线通信协议和与应用相关的不同传感器。最常用的无线通信协议有 IEEE 802.11b、IEEE 802.15.4（ZigBee）和蓝牙，以及自定义的协议。微处理器从 4 位的微控制器到 32 位 ARM 内核的高端微控制器都有所应用。通常，就 ZigBee 网络而言，感知节点由 RFD 承担，汇聚节点、网关节点由 FFD 实现。由于各自的功能有所不同，在硬件构成上也不相同，例如可选用 CC2430 作为 ZigBee 射频芯片。

（1）感知节点硬件结构。基于 ZigBee 技术的感知节点硬件结构框图如 8-4 所示。由该图可以看出，感知节点主要由传感器模块和无线发送/接收模块组成。在实际应用中，例如对温度和湿度测量的模拟信号需要经过一个多路选择通道控制，依次送入微处理器后由微处理器进行校正编码，然后传送到基于 ZigBee 技术的收发端。

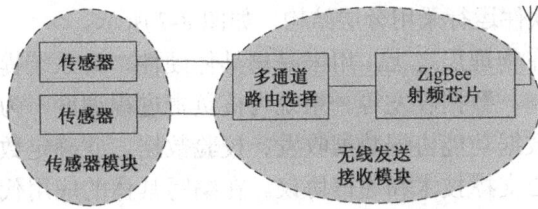

图 8-4　感知节点硬件结构框图

（2）网关节点硬件结构。就网关节点而言，主要承担传感网的控制和管理功能，实现数据的融合处理，它连接传感网与外部网络，实现两种协议之间的通信协议转换，同时还承担发布监测终端的任务，并把收集到的数据转发到外部网络。一个网关节点的硬件结构框图如图 8-5 所示，网关节点包含有 GPRS 通信模块和 ZigBee 射频芯片模块。GPRS 通信模块通过现成的 GPRS 网络将传感器采集到的数据传输到互联网上，用户可以通过个人计算机来观测传感器采集到的数据。

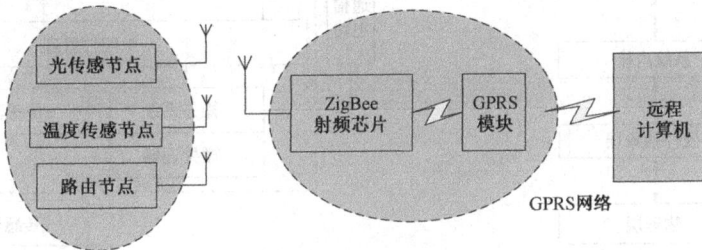

图 8-5　网关节点硬件结构框图

8.2.3　物联网应用系统软件设计

物联网应用系统软件是比较复杂的。以 ZigBee 技术组建传感网为例，其系统应用软件包括传感器节点软件、汇聚节点软件、管理节点以及后台管理软件，如图 8-6 所示。

物联网系统应用软件主要用于：①控制底层硬件的工作，为各种算法、协议提供可控的运行环境；②实现网络系统的自组织、协同工作、安全与能量优化等；③为用户有效地管理网络系统提供工具。物联网系统应用软件设计的关键是要针对应用需求，满足应用功能与性能需求，其中管理节点软件设计较为复杂。

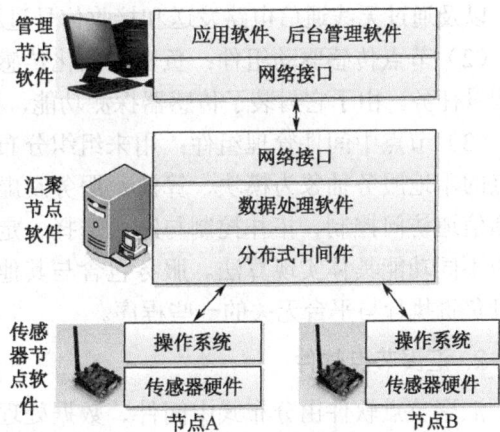

图 8-6　网络系统应用软件结构

1. 传感器节点软件

传感器节点软件系统用于控制底层硬件的工作行为，为各种算法、协议的设计提供一个可控的操作环境，同时便于用户有效管理网络，实现网络的自组织、协作、安全和能量优化等功能，以降低网络的使用复杂度。

通常，传感器节点软件运行采用分层结构，如图 8-7 所示。

这里，硬件抽象层在物理层之上，用来隔离具体硬件，为系统提供统一的硬件接口，诸如初始化指令、中断控制、数据收发等。系统内核负责进程调度，为应用数据功能和管理控制功能提供接口。应用数据功能协调数据收发、校验数据，并确定数据是否需要转发。管理控制功能实现网络的核心支撑技术和通信协议。在编写具体的应用代码时，要根据应用数据功能和管理控制功能提供的接口和一些全局变量来设计。

传感器节点软件组件包含针对专门应用任务和用于建立与维护网络的中间件，涉及操作系统、传感驱动和中间件管理，如图 8-8 所示。

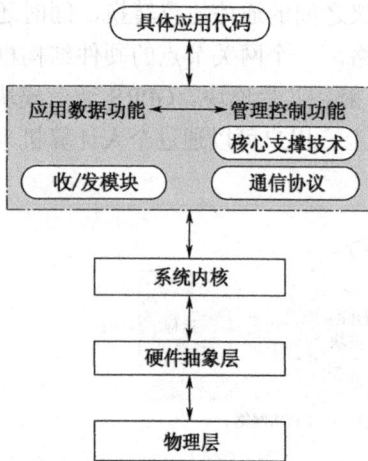

图 8-7　节点软件的分层结构　　　　图 8-8　传感器节点应用软件组件

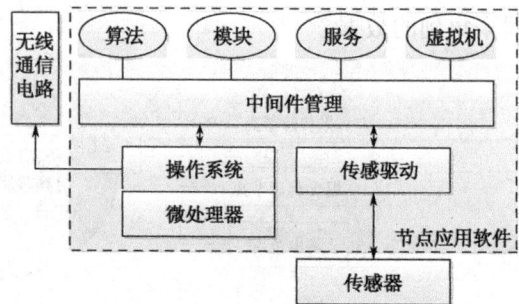

（1）节点操作系统组件：由裁剪过的只针对特定应用的软件组成，专门处理与节点硬件设备相关的任务，包括启动载入程序、硬件初始化程序、时序安排、内存管理和过程管理等，以及通过无线通信电路发送和接收信号过程的管理。

（2）节点传感驱动组件：负责初始化传感器节点，驱动节点上的传感单元执行数据采集和测量任务。由于它封装了传感器探测功能，可以为中间件提供良好的 API 接口。

（3）节点中间件管理组件：用来组织分布式节点间的协同工作。节点中间件管理组件将节点的本地服务抽象为模块、算法、服务及虚拟机。模块封装网络应用所需要的通信协议，包括信道访问控制、拓扑控制与路由选择、定位、时间同步、安全控制等。算法用来描述模块中不同功能具体实现算法。服务包含与其他节点协同工作时要求本地节点完成的任务。虚拟机负责执行与平台无关的一些程序。

2. 汇聚节点软件

汇聚节点软件由分布式中间件、数据处理软件与网络接口软件组成。分布式中间件用来向数据处理软件屏蔽多个传感器节点的复杂网络结构，数据处理软件只需要按照算法来计算、比较和处理数据。网络接口软件完成汇聚节点提供互联网或移动通信网络与管理节点的通信。

3. 管理节点软件

管理节点软件由网络接口与应用软件组成。应用软件执行应用层规定的计算任务，主要是实现整个应用任务和所需要的服务，为用户提供操作界面，管理整个网络并评估运行效果。

物联网中的节点通过中间件的服务被连接起来，协作地执行任务。中间件逻辑上在网络层，但物理上仍存在于节点内，它在网络内协调服务间的互操作，灵活便捷地支撑起物联网的应用开发。

另外，一个完整的物联网应用系统软件还要包括用户端的数据库系统设计，例如选用 Access 数据库平台和 ADO 数据库连接技术，并使用 Delphi 编程语言实现界面、管理、查询操作以及 GPRS 上数据的收发等。

4. 后台管理软件

一般来说，物联网是由大量的无线自主节点相互协作分工完成数据采集、处理和传输的。从微观角度来看，物联网节点状态的获取难度远大于普通网络节点。从宏观角度来看，物联网的运行效率和性能也比一般计算机网络难于度量和分析。因此，物联网的性能分析与管理是一个重难点，而且网络的分析与管理需要后台管理系统来提供支持。

网络后台管理系统软件一般由传感网、传输网和后台管理平台 3 部分组成，如图 8-9 所示。传感网采集环境数据并通过传输网络将数据传输到后台管理平台，后台管理平台对这些数据进行分析、处理、存储，以得到传感网的相关信息，对传感网的运行和环境状况进行监测。另外，后台管理平台也可以发起任务并通过传输网络告知传感网，从而完成特定的任务。如后台管理软件询问"温度超过 80℃的地区有哪些"。之后传感网将会返回温度超过 80℃的地区的数据信息。

图 8-9　后台管理软件系统

后台管理软件系统的一般组成如图 8-10 所示。数据库用于存储所有数据，包括传感网的配置数据、节点属性、传感数据、后台管理软件的一些数据等。数据处理引擎负责传输网络和后台管理软件之间的数据交换、数据分析、数据处理，将数据存储到数据库，从数据库中读取数据，将数据按照某种方式传递给图形用户界面，以及接收图形用户界面产生的数据等。后台组件利用数据库中的数据实现一些逻辑功能或者图形显示功能，它可能会包括网络拓扑显示组件、节点显示组件、图形绘制组件等。图形用户界面是用户对网络进行监测的窗口，通过它用户可以了解物联网的运行状态，也可以分配任务。

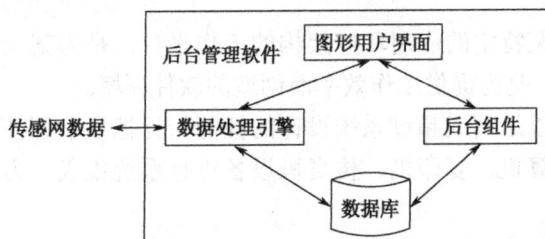

图 8-10　后台管理软件一般组成

目前，有许多相关的后台管理工具软件可用于传感网，如克尔斯博公司的 Mote-View，加州大学伯克利分校的 TinyViz（与 TinyOS 配套），加州大学洛杉矶分校的 EmStar，DaintreeNetworks 公司研发的 Sensor Network Analyzer（SNA），德国吕贝克大学的 SpyGlass，中科院开发的 SNAMP 等，都在传感网的分析和管理中有较多的应用。

8.2.4 物联网应用系统集成

系统的意思是"体系、制度、体制、秩序、规律和方法"。集成的意思是"成为整体、组合、综合及一体化",它表示了将单个元件组装成一台或一种结构的过程。例如将大量的晶体管组装成一个"集成"电路。集成也表示有某种规则的相互作用形式而联结的部件组合体,即有组织的整体。例如,将软件的多个功能模块组合成"一体化"系统,使整体系统从一个程序到另一个程序能共享命令和数据流。集成以有机结合、协调工作、提高效率、创造效益为目的,将各个部分组合成具有全新功能、高效和统一的有机整体。

1. 物联网系统集成的目的

物联网系统集成的主要目的就是用硬件设备和软件系统将网络各部分连接起来,不仅实现网络的物理连接,还要求能实现用户的相应应用需求,也就是应用方案。因此,物联网系统集成不仅涉及技术,还涉及企业管理、工程技术等方面的内容。目前,物联网系统集成技术可划分为两个域:一个是接口域,即路由网关,另一个是物联网的服务域。服务域的作用主要是为路由网关提供一个统一访问物联网的界面,简化两者的集成难度,更重要的是,通过服务界面能有效控制和提高物联网的服务质量,保证两者集成后的可用性。

物联网系统集成的本质就是最优化的综合,统筹设计一个大型的物联网系统。物联网系统集成包括感知节点数据采集系统的软件与硬件、操作系统、数据融合及处理技术、网络通信技术等的集成,以及不同厂家产品选型、搭配的集成。物联网系统集成所要达到的目标就是整体性能最优,即所有部件和成分合在一起后不但能工作,而且系统是低成本、高效率、性能匀称、可扩充性和可维护性好的系统。

2. 物联网系统集成技术

物联网系统集成技术包括两个方面:一是应用优化技术;二是多物联网应用系统的中间件平台技术。应用优化技术主要是面向具体应用,进行功能集成、网络集成、软硬件操作界面集成,以优化应用解决方案。多物联网应用的中间件平台技术主要是针对物联网不同应用需求和共性底层平台软件的特点,研究、设计系列中间件产品及标准,以满足物联网在混合组网、异构环境下的高效运行,形成完整的物联网软件系统架构。

通常,也可以将物联网系统集成技术可分为软件集成、硬件集成和网络系统集成三种类型。

(1)软件集成是指某特定的应用环境架构的工作平台,是为某一特定应用环境提供解决问题的架构软件的接口,是为提供工作效率而创造的软件环境。

(2)硬件集成是指以达到或超过系统设计的性能指标把各个硬件子系统集成起来;例如办公自动化制造商把计算机、复印机、传真机设备进行系统集成,为用户创造一种高效、便利的工作环境。

(3)网络系统集成作为一种新兴的服务方式,是近年来信息系统服务业中发展势头比较迅速的一个行业。它所包含的内容较多,主要是指工程项目的规划和实施;决定网络的拓扑结构;向用户提供完善的系统布线解决方案;进行网络综合布线系统的设计、施工和测试,网络设备的安装测试;网络系统的应用、管理;以及应用软件的开发和维护等。物联网系统集成就是在系统"体系、秩序、规律和方法"的指导下,根据用户的需求优选各种技术和产品,整合用户资源,提出系统性组合的解决方案;并按照方案对系统性组合的各个部件或子系统进行综合组织，使之成为一个经济、高效和一体化的物联网系统。

3. 物联网系统集成的主要内容

物联网系统集成需要在信息系统工程方法的指导下，按照网络工程的需求及组织逻辑，采用相关技术和策略，将物联网设备（包括节点感知部件、网络互联设备及服务器）、系统软件（包括操作系统、信息服务系统）系统性地组合成一个有机整体。具体来说，物联网系统集成包含的内容主要是物联网软硬件产品、技术集成和应用服务集成。

1）物联网软硬件产品、技术集成

物联网软硬件集成不仅是各种网络软硬件产品的组合，更是一种产品与技术的融合。无论是传感器还是感知节点的元器件，无论是控制器还是自动化软件，本身都需要进行单元的集成，能上的融合，而执行机构、传感单元和控制系统之间的更高层次的集成，则需要先进适用、开放稳定的工业通信段来实现。

（1）硬件集成。所谓硬件集成就是使用硬件设备将各个子系统连接起来，例如汇聚节点设备把多个末梢节点感知设备连接起来；使用交换机连接局域网用户计算机等；使用路由器连接子网或其他网络等。一个物联网系统会涉及多个制造商生产的网络产品的组合使用。例如传输信道采用传输介质（电缆、光缆、蓝牙、红外及无线电等）组成；感知节点设施、通信平台采用交换和路由设备（交换机、路由器等）组成。在这种组合中，系统集成者要考虑的首要问题是不同品牌产品的兼容性或互换性，力求这些产品集成为一体时，能够产生的合力最大、内耗最小。

（2）软件集成。这里所说的"软件，不仅包括操作系统平台，还包括中间件系统、企业资源计划（ERP）系统、通用应用软件和行业应用软件等。软件集成要解决的首要问题是异构软件的相互接口，包括物联网信息平台服务器和操作系统的集成应用。

2）物联网应用服务集成

从应用角度看，物联网是一种与实际环境交互的网络，能够通过安装在微小感知节点上的各种传感器、标签等从真实环境中获取相关数据，然后通过自组织的无线传感网将数据传送到计算能力更强的通用计算机互联网上进行处理。物联网应用服务集成就是指在物联网基础应用平台上，应用系统开发商或网络系统集成商为用户开发或用户自行开发的通用或专用应用系统。

一个典型的物联网应用的目的是对真实世界的数据的采集，其手段总是通过射频识别技术来实现多跳的无线通信，并使用网络管理手段来保证物联网的稳定性。基于这一特点，物联网应用系统涵盖了三大服务域：①满足应用需求的数据服务域，该服务域应对物联网的数据进行融合，进行网内数据处理；②提供基础设施的网络通信服务域；③保障网络服务质量的网络管理服务域，包括网络拓扑控制、定位服务、任务调度、继承学习等。这些服务域相互之间是松散的，没有必然的联系，可依据一定的方式进行组合、替换，并通过一个高度抽象的服务接口呈现给应用程序。对这些服务单元进行组合、集成，可灵活的构造出适合应用需求的新的服务元。因此，物联网应用服务集成具体包含以下内容。

（1）数据和信息集成。数据和信息集成建立在硬件集成和软件集成之上，是系统集成的核心，通常要解决的主要问题有：合理规划数据信息、减少数据冗余、更有效地实现数据共享和确保数据信息的安全保密。

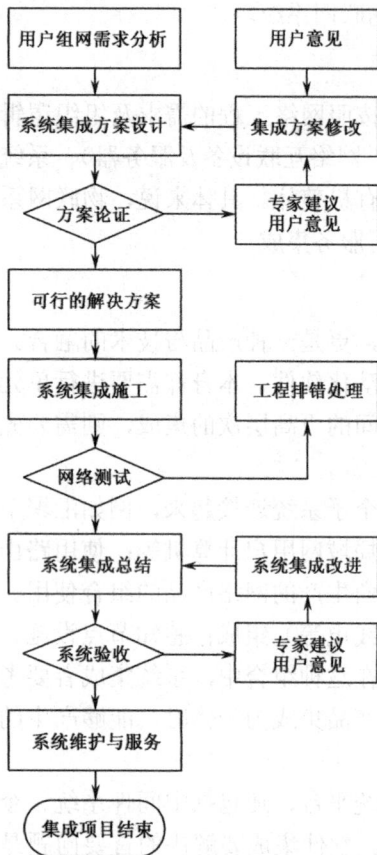
图 8-11　物联网系统集成的步骤

（2）人与组织机构集成。组建物联网的主要目的之一是提高经济效益，如何使各部门协调一致地工作，做到市场销售、产品生产和管理的高效运转，是系统集成的重要目标。例如，面向特定的企业专门设计开发的企业资源计划（ERP）系统、项目管理系统，以及基于物联网的电子商务系统等。这也是物联网系统集成的较高境界，如何提高每个人和每个组织机构的工作效率，如何通过系统集成来促进企业管理和提高生产管理效率，是系统集成面临的重大挑战，也是非常值得研究的问题之一。

4．物联网系统集成步骤

物联网系统集成一般可采用图 8-11 所示的步骤进行，大致可分为 3 个阶段，每个阶段又可分为若干个具体实施步骤。

（1）系统集成方案设计阶段，具体包括：用户组网需求分析、系统集成方案设计、方案论证 3 个实施步骤。

（2）工程实施阶段，具体包括：形成可行的解决方案、系统集成施工、网络性能测试、工程差错纠错处理、系统集成总结等步骤。

（3）工程验收和维护阶段，具体包括系统验收、系统维护和服务，以及项目总结等步骤。

8.3　物联网应用系统设计示例

　　物联网是面向应用的、贴近客观物理世界的网络系统，它的产生、发展与应用密切相关联。就传感网而言，经过不同领域研究人员多年来的努力，已经在军事领域、精细农业、安全监控、环保监测、建筑领域、医疗监护、工业监控、智能交通、物流管理、自由空间探索、智慧家居等领域得到了充分的肯定和初步应用。传感网、RFID 技术是物联网目前应用研究的热点，两者相结合组成物联网可以较低的成本应用于物流和供应链管理、生产制造和装配，以及安防等领域。在此仅以两个具体应用案例简单介绍物联网应用系统的设计与组建。

8.3.1　智能家居物联网系统应用示例

　　随着科学技术的进步和人们生活的提高，在家庭里出现了越来越多信息家电，例如，冰箱、空调、传真和数字电视等，如何把它们组成一个智能化的网络将是一个非常美好的事情；同时，家居环境的安全防范也成为日趋重要的问题。计算机智能家居安全防控（简称安防）显然是物联网应用的一个重要领域，具有广阔的发展前景。在传统有线安防系统建设中存在布线难、成本高以及布防、撤防不方便等缺点，难以满足人们越来越高的安防需求。采用 RFID 和传感网技术融合组建智能安防系统能有效解决这些问题。作为物联网应用设计示例，给出一个基于 RFID 传感网的智能家居及安防系统。

1. 智能家居及其安防系统的功能需求

作为一个智能家居及其安防系统，其基本功能是将信息家电组成一个智能化网络，并能够进行安全防范报警，包括报警模式、联网、联动抓拍、智能控制息等。

（1）报警模式。一般需要在家居环境内，提供外出、在家、就寝 3 种布防模式；也可以根据实际需要自定义安防模式。

（2）联网。智能化家居网络系统建立在智能小区局域网平台上，并能将其连入计算机互联网。如果发生警情，报警信息能够及时上传至智能小区管理中心，保安人员会及时与业主联系并上门服务；同时报警信息也能够即时发给设定好的相关固定电话和移动手机；室内报警机也会发出报警声音和闪烁图标等。

（3）联动抓拍。窃贼入侵家居环境后，触发探测器，启动摄像机及时抓拍窃贼图像（若干幅）并保存在室内分机中。

（4）智能控制。依赖智能家居系统提供一种简洁之美，例如：智能照明平台使得家庭中的照明系统直接连接到家庭网络，实现智能操控；可通过一个网络浏览器找到并控制房间的照明灯，而不必知道或在意正在使用的是 WiFi 还是 4G。

2. 智能家居及其安防系统设计及部署

家居智能化网络是具有易变的网络拓扑，因此，家居智能化网络需要进行自组织，自动实现网络配置，从而保持网络的连通性。自组织过程结束后，网络进入正常运行阶段。当网络拓扑结构再次发生变化时，网络需要再次进行自组织，保持变化后网络的连通性。作为一个智能家居及其安防系统一般应包含远程监控中心和现场监控网络两个部分。远程监控控制中心主要由监控中心服务器、数据库系统与应用软件和 GPRS 通信模块组成；现场监控网络主要由无线传感网络实现，包括监控中心节点和监控终端节点组成。监控中心节点由 GPS 接收机、单片机、射频模块和 GPRS 通信模块组成；监控终端节点由传感器和射频模块组成等。由 GPRS 网络实现远程监控中心和现场监控网络之间的通信。在此仅讨论智慧家居安防系统现场监控网络部分的设计与实现。

智能家居安防系统的功能主要是在家居环境中的巡逻定位与报警，因此，智能家居安防系统的现场监控网络部分所关心的问题是，在什么位置或区域发生了什么事件。这可通过 RFID 技术来实现家庭安防智能巡逻机器人实现巡逻定位，利用 WSN 完成家庭环境参数的分布式智能监控。

智能家居安防系统的现场监控网络部署，如图 8-12 所示。这是一个以智能家居网关为中心协调器所组建的 ZigBee 星形网络。在家居环境中安装的各种安防监测模块节点，一旦监测到异常情况，立刻会将异常情况的具体信息发送到家居智能网关；家居智能网关对接收到的信息进行相应的处理，如进行无线报警、现场报警或派遣巡逻机器人对警情做进一步探测等。智能巡逻机器人是网络中的移动节点，充当移动路由器，同时可以根据家居智能网关的指令对家居环境内可能出现隐患的区域进行更为详细的监控。贴上智能 RFID 标签的物体主要用于智能机器人的巡逻定位。智能巡逻机器人在以 0.5 m/s 低速前进时能识别 RFID 标签，并能完成从一个 RFID 标签到另一个 RFID 标签的定位。

（1）RFID 传感网定位。在家居环境中，实现移动节点的定位，需要解决三个问题，即移动节点在哪里？要到哪里去？应该怎么走？在本示例系统中，采用 RFID 标签作为路标，用

WSN 进行导航的巡逻定位方法。也就是说，为了实现事件定位，对家居环境中的一些固定物体，如冰箱、电视机、沙发、桌子、椅子和书柜等，以及某些重要位置贴上无源 RFID 标签，作为家居环境的位置路标。安装有 RFID 读卡器的智能巡逻机器人在家庭环境中进行巡逻，一旦监测到周围有 RFID 标签，立刻停止前进，读取 RFID 标签，并通过传感网将标签值发给家居智能网关。每个 RFID 标签的具体位置、与其相邻 RFID 标签位置信息以及各个 RFID 标签之间的相对位置关系以位置表、邻居表和导航表的形式预先存储在智能网关中。智能网关根据具体的巡逻任务、当前 RFID 标签值并结合这三张表的信息为智能巡逻机器人进行导航。

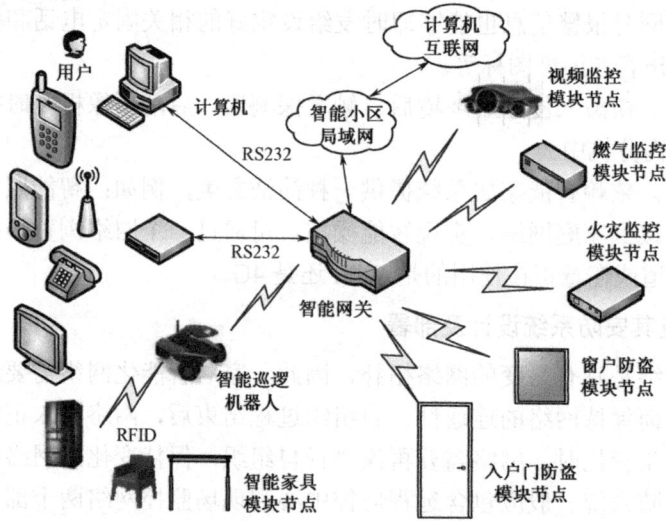

图 8-12　智能家居安防系统组成示意图

这种设计方法既继承了 RFID 技术自动识别目标的特性，同时可实现传感网主动感知与通信的功能。

（2）家居智能网关。家居智能网关是通信、决策、报警的核心，通常部署在智能家居网络的中心，如安放在客厅中。家居智能网关一方面利用 ZigBee 网络，对布防在家居环境中的各个安防监测模块节点进行环境数据采集和处理，同时实现家居内部网络设备的管理和控制；另一方面通过 GSM 模块实现与外网用户的远程通信。当安防监测模块节点监测到异常情况时，家居智能网关通过 GSM 模块向远端用户发送报警短消息或拨打报警电话，实现远程无线监控。

图 8-13 所示是家居智能网关的组成原理示意框图，主要由个人计算机、GSM 模块、现场报警模块和射频模块以及天线组成，可以 RF、W-LAN、RS-485、PLC 等通信方式实现通信。一般，家居智能网关具有无线遥控功能，可以通过本地、互联网、电话对家用信息电器进行远程控制，进行智能照明管理，可以通过无线密钥进行撤/布防，可以读取/发布信息，具有语音留言功能等。

其中，射频模块可采用 TI 公司的 CC 2430 和 CC 2591。CC 2430 芯片在单个芯片上整合了 ZigBee 射频（RF）前端、内存和微控制器（MCU）。CC 2591 集成了功率放大器、低噪声放大器、平衡转换器、交换机、电感器和 RF 匹配网络等，最大输出功率可以达到 22 dBm，灵敏度可以提高 6 dBm。射频模块在室内无障碍物情况下有效通信距离通常应达到 40 m。

（3）安防监测节点。在家居环境中可能出现安全隐患的区域部署各类安防监测模块，形成安防监测感知节点。根据监测环境参数的不同，这些感知节点的工作原理略有区别，但基本上都是由安防传感器（温度、湿度、烟雾、红外以及振动）和射频模块组成，如图 8-14 所示。

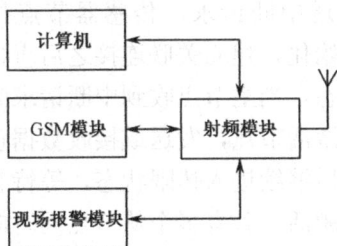

图 8-13 家居智能网关组成原理框图

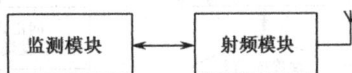

图 8-14 安防监测模块节点框图

（4）智能巡逻机器人。图 8-15 所示为智能巡逻机器人的组成原理框图，包含有 ZigBee 射频模块、RFID 读卡器、摄像头以及温度、烟雾等微型安防传感器。其中，RFID 读卡器有效读卡距离应达到 15 cm，读卡速率为 5 card/s。

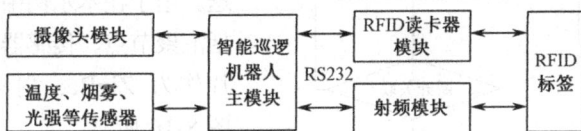

图 8-15 智能巡逻机器人组成原理框图

在家居安防系统中，智能巡逻机器人主要有以下几个功能：①充当家居安防传感网的移动路由节点。ZigBee 星状网精简了系统设计，每个节点只能与家居智能网关通信。在实际家居环境中，卧室内安防节点发射的信号可能会受到内墙及室内障碍物的影响，导致客厅中的家居智能网关接收到的信号很弱，若增加多个路由节点又会增加网络的复杂度，通常是在网络中设置一个移动路由节点来解决。在一定时间内当家居智能网关收不到回复信号时，就命令巡逻机器人到特定的位置（由 RFID 标签标识）采集信号较弱的节点数据，再转发给家居智能网关。②智能巡逻机器人装有各种安防传感器，执行巡逻任务时，对各个有安全隐患的区域进行较为仔细地监控，例如对煤气管道附近的区域进行全面燃气泄漏检测等。③当某个安防监测模块节点监测到异常情况时，家居智能网关导航智能机器人进行现场详细巡逻，以确定是否是因环境干扰信号而造成的误报。一旦确定出现警情，开启摄像头进行现场拍照。

3. ZigBee网络通信程序流程

由于 ZigBee 网络是一种无线自组网络，具有全功能节点（FFD）和半功能节点（RFD）两种类型的设备。RFD 一般作为终端感知节点，FFD 作为协调器或路由汇聚节点。因此，应用软件设计包括 RFD 程序和 FFD 程序两部分，且均包括初始化程序、发射程序和接收程序、协议栈配置、组网方式配置程序以及各处理层设置程序。初始化程序主要是对 CC2430、USAR 串口、协议栈、LCD 等进行初始化；发射程序将所采集的数据通过 CC2430 调制并通过 DMA 直接送至射频输出；接收程序完成数据的接收并进行显示、远传及返回信息处理；PHY、MAC、应用层、网络层程序设置数据的底层、上层的处理和传输方式。

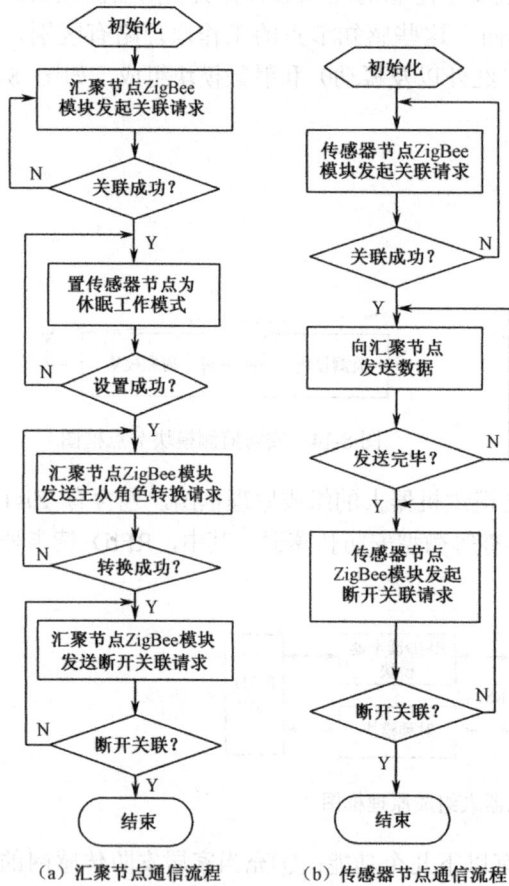

（a）汇聚节点通信流程　　　（b）传感器节点通信流程

图 8-16　ZigBee 网络通信流程框图

例如，对于一个温湿度测控系统，若采用主从节点方式传送数据，可将与 GPRS 连接的网关节点作为主节点，其他传感器节点作为从节点；从节点可以向主节点发送中断请求。传感器节点打开电源，初始化，建立关联连接之后直接进入休眠状态。当主节点收到中断请求时触发中断，激活节点，发送或接收数据包，处理完毕后继续进入休眠状态，等待有请求时再次激活。若有多个从节点同时向主节点发送请求，主节点来不及响应处理而丢掉一些请求时，则从节点在发现自己的请求没有得到响应后几秒钟再次发出请求直到得到主节点的响应为止。在程序设计中可采用中断的方法来实现数据的接收与发送。由于在本示例中，ZigBee 网络通信（包括汇聚节点、传感器节点）选用 CC2430 芯片作为 ZigBee 射频模块，其通信流程如图 8-16 所示。

在这种系统通信模式中，只允许在网关节点和汇聚节点之间交换数据，即汇聚节点向网关节点发送数据、网关节点向汇聚节点发送数据。当网关节点与汇聚节点之间没有数据交换时，感知节点处于休眠状态。

8.3.2　工业智能控制系统应用示例

在工业企业部门，为了提高产品整体质量，及时、准确地获取生产数据，并对数据进行及时分析处理，减少生产浪费，缩短产品周期，常需要组建企业内部的生产过程控制管理系统。作为企业内物联网应用系统设计示例，一个基于 RFID 技术的工业企业内部生产监控管理系统组成示意图，如图 8-17 所示。这个物联网系统主要包含有 GM 二维条码（电子标签）、RFID 读写器、中间件系统和互联网几个组成部分。

1．利用二维条码与RFID读写器感知节点数据

工业生产现场主要有生产设备、工作人员、生产原料、产品等构成。在方案的图 8-11 中，GM 二维条码贴于每件产品上，所使用的 RFID 读写器可为手持式或固定式，以方便地应用于生产过程。中间件系统含有 EPC 数据，后端应用数据库软件系统还包含 ERP 系统等。这些都与互联网相连，可及时有效地跟踪、查询、修改或增减数据。当在某个企业生产的产品被贴上存储有 EPC 标识的 RFID 标签后，则在该产品的整个生命周期，该 EPC 代码将成为它的唯一标识，以此 EPC 编码为索引就能实时的在 RFID 系统网络中查询和更新产品的数据信息。

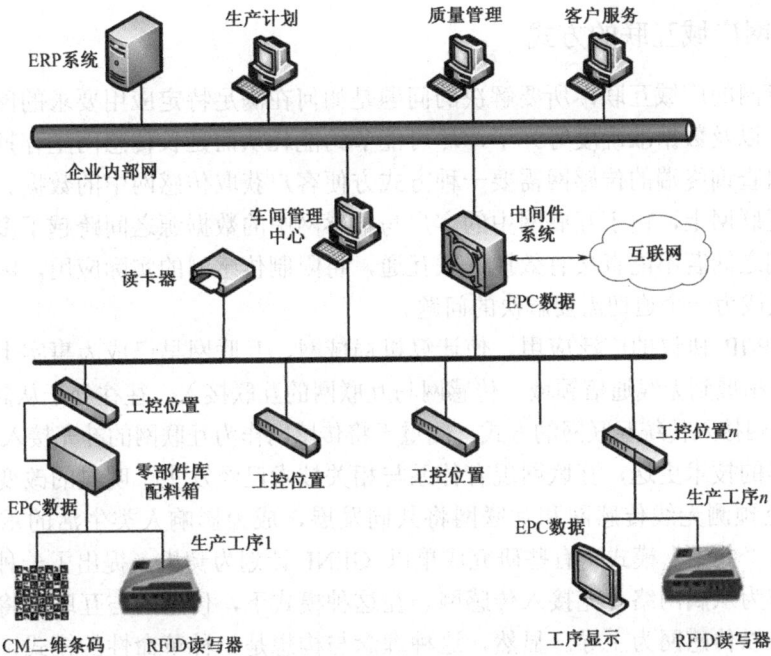

图 8-17　企业内生产管理应用系统组成示意图

2. 车间内各个流通环节对产品进行定位和定时追踪

在车间内每一道工序都设有一个 RFID 读写器，并配备相应的中间件系统，联入互联网。这样，在半成品的装配、加工、转运以及成品装配和再加工、转运和包装过程中，当产品流转到某个生产环节的 RFID 读写器时，RFID 读写器在有效的读取范围内就会监测到 GM 二维条码的存在。

对于某一个局部环节而言，其具体工作流程为：RFID 读写器从含有一个 EPC 的标签上读取产品电子代码，RFID 读写器将读取的产品电子代码传送到中间件系统进行处理；中间件系统以该 EPC 数据为数据源，在本地服务器获取包含该产品信息的 EPC 信息服务器的网络地址，同时触发后端应用系统以做更深层的处理或计算；由本地 EPC 信息服务器对本次阅读器的记录进行读取并修改相应的数据，将 EPC 数据经过中间件系统处理后，传送到互联网。

该方案的设计非常人性化和智能化，基于这样的通信平台，指挥操作员或者生产管理人员在办公室就可以对工业生产现场的情况进行很好的掌握，为工业生产提供了很多方便。

8.4　传感网的广域互联

传感网以其监测精度高、布网及使用灵活、可靠性高、经济性好等特点，在工业测控、环境监测、医疗监护、智能交通、智能家居、军事侦察等领域都具有非常广阔的应用前景。这些应用决定了它们不能完全孤立而必须与基础网络相联，以便通过基础网络上的设备方便地对其进行管理、控制与访问，或借助已有网络设施实现传感网的大规模组网。通过基础网络互联多个传感器网络，为用户提供大规模、大范围、多样化的信息服务是传感网的主要应用模式。

8.4.1 传感网广域互联的方式

对于传感网的广域互联，所要解决的问题是如何在满足特定应用要求的网络指标（如延时、可靠性，以及数据准确度等）下，尽可能节约能耗从而延长传感网生存期。对于这些应用，作为应用查询终端的传感网需要一种方式方便客户获取传感网中的数据。但是，通常实际客户处在互联网上，由于互联网中的客户与传感网中的数据源之间跨越了多种不同的通信体制，在它们之间若不能直接有效地互联互通，将限制传感网的实际应用，因此，传感网与互联网的互联成为一个迫切需要解决的问题。

由于 TCP/IP 协议的广泛应用，使计算机局域网、互联网早已成为事实上的网络协议标准，并且已经拓展到无线通信领域，传感网与互联网的互联接入，往往处于从属地位。即选用边缘网或末端网接入传统互联网的方式，侧重于将传感网作为互联网的补充接入现有体系。

经过多年的技术更迭，互联网现有体系与相关技术已经发生了明显的改变。最近，一些研究机构甚至预测无线传感网和互联网将共同发展，成为影响人类生活的重要技术和生产力，常称之为"共生"模式。有些研究成果以 GENI 计划为契机，提出了一种全新的模式，即把互联网作为从属网络补充接入传感网。在这种模式下，传感网与互联网将遵从全新的互联体系结构，以传感网为主导。显然，这种理念与构想是一种革命性的模式，但这种模式依赖于新型互联网体系结构、传感网组网技术、移动自组织架构、硬件系统的发展及人们对网络运用模式等各方面的革命性创新。当前，在传感网与互联网的融合互联接入策略上，从协议栈角度来看，主要有网关策略、覆盖策略和无线网状网策略 3 种类型。

1. 网关策略

传感网的广域互联方式比较多，有多种具体实现方案，但主要是网关策略。网关策略可以分为应用层网关（也称为代理接入方式）、时延自适应策略和虚拟 IP 策略三种方式。网关策略最明显的特点是：其协议都需要配置专用的网关节点，需要网关节点对传感网和互联网的数据进行双向分析，以解决传感网节点与互联网主机之间的数据交互问题。

1）应用层网关（代理）策略

应用层网关策略也被称为基于代理的策略，应用层网关（代理）一方面通过 IP 协议与互联网主机相连；另一方面与传感网连接。它通过一个代理来架设连接两个网络的桥梁，这也是一种最简单直接的方法。所谓代理接入是指汇聚节点通过某种通信方式接入代理服务器，然后再接入到终端用户所在的互联网。最简单的代理服务器是一个定制的程序，它运行在能访问传感网和互联网的网关上，如图 8-18 所示，因此也称为应用网关接入。互联网中客户机和传感器节点之间的交互都要通过代理，故传感网使用的通信协议可以任意选择。

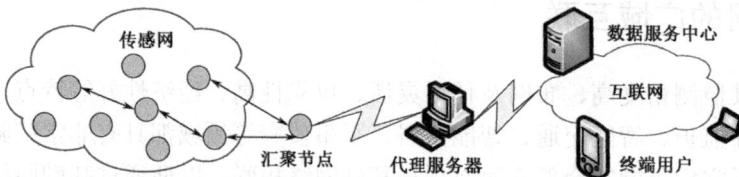

图 8-18 基于代理的接入方式

代理服务器能够工作于两种方式：作为中继或作为前端。作为中继时，它只是简单地将来自传感网的数据传递到互联网中的客户机。客户机必须根据代理的要求进行注册，代理将数据从传感网传输到已注册的客户机。当代理作为传感网的前端时，它提前搜集来自传感器的数据，并将信息存储在数据库中。客户机可以通过各种方式向代理查询特定传感器的信息，如通过 SQL，或基于 Web 接口查询。

基于代理的接入方式适用于传感网工作在安全，且距离用户较近的区域。其优点在于利用功能强大的 PC 机作为网关将两个网络分离开来，由此，可以在传感网中实现特殊的通信协议，不但减少了汇聚节点的软硬件复杂度，也减小了汇聚节点的能耗；此外，这种结构还可将汇聚节点收集的数据实时传输到代理服务器，再由代理服务器存储、处理和决策。

代理接入方式的缺点也很明显，作为前端的代理虽然可以配置安全措施，如用户、数据的认证，但是使用代理在传感网与互联网间引入了一个单一失效点。如果代理出现故障，所有传感网与传感网间的通信都将失效。一个可能的解决方法是利用一系列后备代理提供冗余，但增加了使用代理的复杂性。另外，还存在其他的缺陷，例如：一个代理通常专用于特定的任务或特定的协议，特定的应用需要特定的代理实现，代理之间没有通用的路由机制。当利用 PC 机作为代理服务器时其代价和体积均较大，不便于部署，在恶劣的环境中无法正常工作，尤其在军事应用中不利于网络节点隐蔽，容易被发现。

2）时延自适应网策略

类似于基于代理的接入方式，一种更为有效、通用性更强的网关接入方式是时延自适应网（Delay Tolerant Network，DTN）策略。DTN 是从 Ad Hoc、传感网等自组织无线网络中抽象出来的一种网络模型，其典型特征是节点之间的链路间歇性中断且中断持续时间较长，以至于在任意时刻源节点和目的节点间可能不存在路径。在延迟容忍的移动无线网络中，为确保消息，进行少副本、短延迟、少能耗的高效传递，选择合适的传输策略显然至关重要。

DTN 采用的设计理念是：①传输层与网络层要适应本地的通信环境；②采用 "non-chatty" 的通信模型；③采用存储－转发的技术进行数据传输；④针对丢失数据采用重传机制。因此，DTN 是一种基于存储－转发消息（Message）的体系结构，并在应用层与传输层之间加入了一个 bundle 层。通过 bundle 层内进行存储－转发路由，在一定程度上解决了长的可变时延、非对称的数据传输问题；同时采用 custody hop-by-hop 传输机制提供端到端的可靠传输，解决了链路数据传输高丢包、高错误率的问题。

DTN 一种是基于链路恢复的策略，主要是对协议栈进行改造，使不可靠、长时延链路具有常规链路的特征。然而，DTN 体系结构也面临着一些严峻考验：①DTN 采用存储-转发的数据传输方式，不能对实时性要求较高的数据提供较好的服务；②由于网络连接的间断性，DTN 不能对带宽要求较高，对抖动有限制的多媒体数据提供流量控制；③DTN 采用 hop-by-hop 的 custody 传输方式，在高时延、错误、持续连接的异构网络环境中，不能提供端到端的可靠性传输；④对于间断或者周期性连接中的路径选择和调度问题，DTN 并未提出有效的解决方法；⑤DTN 尚未开发出具体的路由算法，如何在 DTN 中提供最佳路由，提供动态的通信调度仍然是急待解决的问题。

3）基于虚拟IP地址的策略

基于虚拟 IP 地址的网关策略的主要思想是，在传感网内部标志和互联网协议的 IP 地址之间建立一套协议转换机制。

2. 覆盖策略

覆盖策略与网关策略最大的区别是没有明确的网关，协议之间的适配依赖于协议栈的修改。对于覆盖策略大体上可以分为两种方式：一种方式是采用互联网协议覆盖传感网协议的策略；另一种策略与之相反，采用传感网协议覆盖互联网协议。在覆盖策略中，比较典型的是直接接入方式。

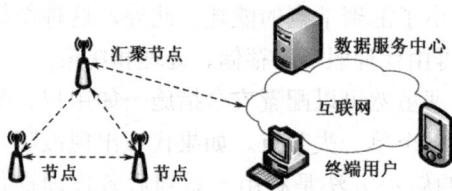

图 8-19 节点直接接入方式

直接接入方式是指将汇聚节点直接接入终端用户所在网络。直接接入的核心技术就是将 TCP/IP 协议覆盖传感网的通信协议，实现传感网与互联网的无缝联接。它只需将一个或多个传感器节点联接到互联网即可，不再引入中介节点或网关，如图 8-19 所示。用于传感网的 TCP/IP 协议，也可使用 GPRS 技术实现传感网的数据路由。

在图 8-17 所示的接入方式中，汇聚节点既可通过无线通信模块和监测区域内的节点无线通信，又可利用低功耗、小体积的嵌入式 Web 服务器接入互联网，实现传感网内部与互联网的隔离。嵌入式 Web 服务器可运行轻量级 TCP/IP 协议，并能提供安全认证机制。这样，在传感网内部可以采用更加适合自身特点的 MAC 协议、路由协议和拓扑控制，实现网络的能量有效性、扩展性和简单性等目标。

然而，一般的传感器节点由于缺少必要的内存和计算资源，无法运行完整的 TCP/IP 协议栈。虽然可将 TCP/IP 协议栈进行裁减以满足资源需求，但将 TCP/IP 协议用于传感网仍存在许多问题。例如：不适于无线环境、路由算法不适于传感网等缺陷。

若采用传感网协议覆盖互联网协议的策略，则会提高组网的灵活性，且适合于将异构传感网通过互联网互联。缺点是传感网协议种类众多，很难找到一个通用的覆盖模式；但随着网络应用模式或传感网协议的发展，传感网协议覆盖互联网的模式将会得到较大规模的应用。

3. 无线网状网策略

从网络结构来看，无线网状网（Mesh）不再是以往的基于有中心结构的星状网络连接，所有的接入点之间以完全对等的方式连接，因此增加了网络的可扩展能力。无线网状网能够为位于郊区的居民社区、临时性高密度集会场所或者所有无法铺设有线网的地区提供便捷有效的最后一公里接入。无线网状网由于可以利用多种通信手段（如 IEEE 802.11、WiMAX 等），被认为是一种有效的异构互联技术。

同样利用无线网状网良好的异构互联性质，可以将无线网状网作为一种全新的无线传感网接入手段。在无线传感网络中部署无线路由器，形成一种被称为网状传感网的网络结构。这些路由器装配有 IEEE E802.15.4 接口，可以与传感器节点直接通信。网状传感网络能够连接多个传感网络，提高网络的可扩展性和可靠性，提高数据吞吐量，并且能够支持节点移动性。

8.4.2 基于IPv6 的互联接入

目前，IPv6 已被认为是解决 IPv4 缺陷而应用于互联网的下一代网络协议。它具有地址资源丰富、地址自动配置、安全性高、移动性好等优点，能够满足传感网在地址、安全等方面的需求，所以在传感网络上使用 IPv6 协议已成为一种新的互联接入方式。

传感网与 IPv6 网络互联有 3 种可行的方案：Peer to Peer 网关方式、重叠方式和全 IP 互联方式。传感网无论是采用 Peer to Peer 网关方式还是重叠方式实现与 TCP/IP（v6）网络的互联，都必须经过某些特定节点进行传感网与互联网之间的协议转换或协议承载。为了更方便地实现传感网与 IPv6 网络的互联接入，以及更为充分地利用 IPv6 协议的一些新的特征，近年又提出了全 IP 互联接入方式。

1. Peer to Peer方式

Peer to Peer（P2P）是一种分布式系统，具有资源分散及健壮性等特点。在互联的传感网中引入 P2P 技术，可屏蔽底层网络差异、节点变化及异构访问方式，保证传感网灵活加入、变更或退出，为用户提供多个接入点，并使得整个系统易于部署、扩展。

所谓 P2P 方式是指通过设置特定的网关节点，在传感网与互联网的相同协议层次之间进行协议转换，实现网络之间的互联。按照网关节点所工作的协议层次不同，可进一步细分为应用网关和 NAT 网关两种接入方式。

（1）应用网关方式。在传感网与互联网之间设置一个或多个代理服务器，是实现二者互联的最简单方式。从协议角度看，由于代理服务器工作在应用层，因此又称为应用网关方式。图 8-20 给出了应用网关方式的协议栈结构。在该方式下，由于内外网在所有协议层次上都可以完全不同，所以传感网完全可以根据自身特点与要求设计相应的通信协议。在该方式下，只有网关节点才需要支持 IPv6 协议。

（2）NAT 网关方式。NAT 网关的功能主要包括两个方面：一是通过汇聚节点获取信息并进行转换，二是与互联网进行通信。假设在传感网中采用以地址为中心的私有网络层协议，而互联网采用标准的 IPv6 协议，由 NAT 网关在网络层完成传感网与互联网之间的地址和协议转换。NAT 网关方式的协议栈结构如图 8-21 所示。由此可以看出，在 NAT 网关方式，传感网与互联网在传输层（包括）以上各层都可以采用相同的协议，以便 TCP/IP 协议族的许多现有协议（如 UDP、FTP 等），能够在传感网中得到有效继承；在网络层，传感网也可不采用 IPv6 作为网络层协议。

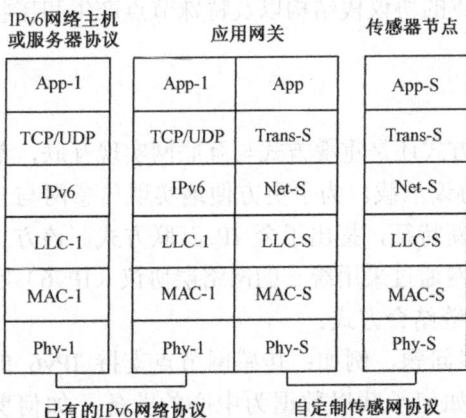

图 8-20 应用网关方式协议栈结构 　　　　图 8-21 NAT 网关方式协议栈结构

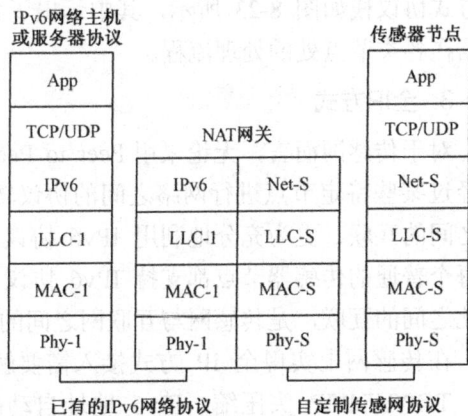

采用 NAT 网关实现传感网与 IPv6 网络互联的主要目的是降低数据分组在内网中传输所

带来的控制开销及能量消耗。

2. 重叠方式

所谓重叠方式是指在传感网与互联网采用不同协议栈的情况下，它们之间通过协议承载而不是协议转换实现彼此之间的互联。可将传感网与互联网之间的重叠方式细分为 WSN over IPv6 和 IPv6 over WSN 两种方式。

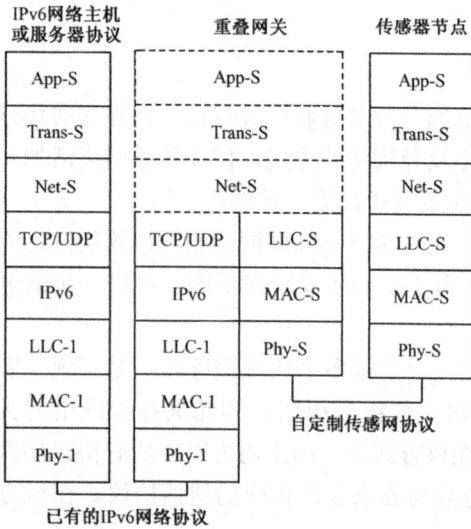

图 8-22　WSN over IPv6 方式的协议栈结构

（1）WSN over IPv6 方式。WSN over IPv6 方式类似于当前在互联网上实现专用网络连接的虚拟专用网（Virtual Private Network，VPN）。在该方式下，互联网上所有需要与传感网通信的节点以及连接内外网的网关节点被称作 WSN 的虚节点（Virtual Node），它们所组成的网络被称作传感网的虚网络（Virtual Network），虚网络被看作实网络（即传感网）在互联网上的延伸。在实网络部分，每个传感网节点都运行适应传感网特点的私有协议，节点之间的通信基于私有协议进行；在虚网络部分，传感网私有协议的网络层被作为应用承载在 TCP/UDP/IP 上，TCP/UDP/IP 以隧道的形式实现虚节点之间的数据传输功能。WSN over IPv6 方式的协议栈结构如图 8-22 所示。

（2）IPv6 over WSN 方式。对于互联网用户而言，由于它们可能需要对传感网内部的某些特殊节点，如具有执行能力的节点、担负某些重要职能的簇首节点等直接进行访问或控制，因而这些特殊节点往往也需要支持 TCP/IP（v6）协议。受通信能力的限制，这些节点与网关节点之间以及它们彼此之间可能并非一跳可达，因此，为了实现它们之间的数据传输，就需要通过一定的方式在已有的传感网协议上实现隧道功能，于是出现了 IP over WSN 的形式。在该方式下，传感网的主体部分仍采用私有通信协议，IPv6 协议只被延伸到一些特殊节点。该方式协议栈如图 8-23 所示，其中示出了各类节点的协议栈结构以及特殊节点产生和接收的数据在各类节点处的处理流程。

3. 全IP方式

对于传感网而言，无论采用 Peer to Peer 网关方式还是重叠方式与互联网实现互联，都必须经过某些特定节点进行网络之间的协议转换或协议承载。为了更方便地实现传感网与互联网之间的互联，更为充分地利用 IPv6 协议的一些新特征，提出了全 IP 互联方式。该方式要求每个普通的传感器节点都支持 IPv6 协议，内外网通过采用统一的网络层协议（IPv6）实现彼此之间的互联，是传感网与互联网之间的一种无缝结合方式。

在传感网上实现全 IP 方式接入需要解决许多问题，例如：传感网节点支持 IPv6 的程度，TCP/UDP/IP 头压缩，IPv6 地址自动配置，如何承载以数据为中心的业务，如何剪裁 TCP/IP 协议栈，怎样考虑节能的无线 TCP 机制等。因此，一些研究对全 IP 方式持赞同态度；也有一些研究对全 IP 方式持反对意见，尤其是剪裁 TCP/IP 协议栈问题。由于 IPv6 最初并没有考虑嵌入式应用，所以要想在传感网中实现 IPv6，就要在协议栈的裁减方面付出努力。从开放系统互联参考模型（ISO/OSI 7 层协议）的角度来看，没有必要在每一个无线传感节点上都实现高层协议栈。对于与人交互的节点，例如智能手持终端等，需要实现高层协议以实现友好的人机界面；而在某些情况，这些节点的功能则可以融入已有设备，例如 PC 机等，此时的协议栈就不必考虑存储容量问题。另外，对于那些不需要与人交互的节点，例如仅采集某种信息的感知节点，就不必实现高层协议，只要能够实现传输功能即可。当前，对全 IP 方式的争论仍在继续，需要以谨慎、细致的态度对其展开深入分析，以便得出更为科学合理的结论。

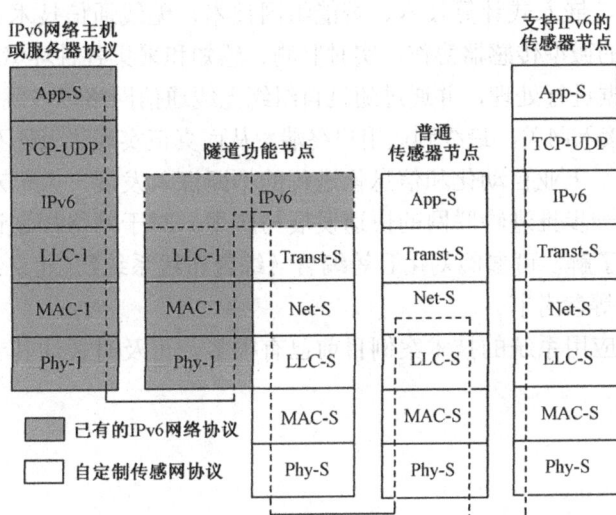

图 8-23　IPv6 over WSN 方式的协议栈

小结与进一步学习建议

物联网是在互联网基础之上，利用射频识别、感知技术、无线通信技术、计算机技术等，构造一个覆盖世界上万事万物的实物信息网络。与其说物联网是一个网络，不如说是一个应用业务集合体，将千姿百态的各种业务网络组成一个信息网络。因此，本章首先介绍了规划设计物联网的一些基本原则和设计步骤；然后就物联网应用系统规划、设计、系统集成方法进行了讨论，并给出了物联网在经济领域、公共管理领域和公众服务领域的具体应用系统，以及相应地物联网应用系统设计示例；最后讨论了传感网广域互联的技术和基于 IPv6 的互联接入方式。

目前，构建物联网的关键在于末梢网络。一个末梢感知节点的组成通常包括 4 个基本单元：传感单元（由传感器和模数转换功能模块组成，如 RFID、二维码识读设备、温感设备等）、处理单元（由嵌入式系统构成，包括 CPU 微处理器、存储器、嵌入式操作系统等）、通信单元（由无线通信模块组成，实现末梢节点间、以及与汇集节点的通信）和电源/供电部分。

物联网的底层包含传感网，借助 RFID 和传感器等实现对物件的信息采集与控制，通过传感网将一组传感器的数据汇聚，并传送到核心承载网络。核心承载网是基础通信网络，承担物物互联。物联网的上层主要负责信息的处理和决策支持。物联网可用的承载网络可以有很多种，根据应用的需要可以是公共通信网、行业专网甚至是新建的专用于物联网的通信网。因此，互联网既可以连接人也可以连接物，既可以连接虚拟世界也可以连接物理世界。一般来说，互联网最适合作为物联网的承载网络，特别是当物物互联的范围超出局域网时，或者当需要利用共同网络传输数据时；当然，并不是只有互联网才能作为物联网的承载网络。

规划设计物联网应用系统需要综合应用多项技术，除了传统的数据处理及通信技术外，尚需传感器技术、无线通信技术、IPv6、云计算等，以及定位、跟踪等辅助技术。在具体组建物联网时，一定要结合实际应用领域，充分考虑传感网的特点以及海量数据处理等问题，综合运用传感器技术、嵌入式计算技术、智能组网技术、无线通信技术、分布式数据处理技术，通过各类集成化的微型传感器协作，实时监测、感知和采集各种环境或监测对象的信息，通过嵌入式系统对数据进行处理，并通过随机自组织无线通信网络以多跳中继方式将所感知数据传送到汇聚节点和接入网关，最终到达用户终端，从而真正实现"无处不在"物联网。

随着全球一体化、工业自动化和信息化进程的不断深入发展，人们对社会生活质量要求也越来越高，必将进一步推进物联网的快速发展与应用。对于网络规划设计、综合布线系统设计等技术的进一步了解，可参阅刘化君等编著《综合布线系统》（北京：机械工业出版社，2014 年 5 月第 3 版）等参考书。

有关构建物联网应用系统的技术案例目前已有很多，可及时关注其专业报刊研究与发展的最新技术报导。

讨论与思考

1. 规划设计物联网一般应遵循哪些基本原则？为什么？
2. 通常，物联网设计需要经过哪几个步骤？
3. 物联网系统集成主要包含哪些内容，有哪些关键步骤？
4. 简述一个 RFID 系统基本组成部分，并简述其工作原理。
5. 设计一个基于 ZigBee 技术的智能家居网络系统。
6. 针对某个具体应用，试设计一个简单的传感网组网方案。
7. 上网查询最新资料，结合物联网工程实际，撰写一份物联网技术学习总结报告。
8. 在老师指导下，经调查形成一份物联网工程基本需求调查报告，并给出规范的设计方案。

参 考 文 献

[1] International Telecommunication Union UIT.ITU Internet Reports 2005:The Internet of Things[EB/OL].(2010-4-2) http://www.itu.int/publ/S-POL-IR.IT-2005/e.

[2] 刘化君，刘传清. 物联网技术[M].北京：电子工业出版社，2010.

[3] 刘化君，等. 计算机网络与通信（第2版）[M]. 北京：高等教育出版社，2011.

[4] 刘化君. 网络安全技术（第2版）[M]. 北京：机械工业出版社，2015.

[5] 刘化君. 计算机网络原理与技术[M]. 第2版. 北京：电子工业出版社，2012.

[6] [美]Jean-Philippe Vasseur，[瑞典]Adam Dunkels，著. 基于IP的物联网架构、技术与应用[M]. 田辉，等，译. 北京：人民邮电出版社，2011.

[7] 吴功宜，吴英. 物联网工程导论[M]. 北京：机械工业出版社，2013.

[8] 熊茂华，等. 物联网技术及应用开发[M]. 北京：清华大学出版社，2014.

[9] 崔艳荣，周贤善. 物联网概论[M]. 北京：清华大学出版社，2014.

[10] 薛燕红. 物联网导论[M]. 北京：机械工业出版社，2014.

[11] 曾宪武. 物联网通信技术[M]. 西安：西安电子科技大学出版社，2014.

[12] Siamak Azodolmolky，著. 软件定义网络：基于OpenFlow的SDN技术揭秘[M]. 徐磊，译. 北京：机械出版社，2014.

[13] 刘传清，刘化君. 无线传感网技术[M]. 北京：电子工业出版社，2015.

[14] 朱近之. 智慧的云计算：物联网发展的基石[M]. 北京：电子工业出版社，2010.

[15] 刘化君. 物联网体系结构的构建[J]. 物联网技术，2015(1): 18-20.